# USA · Der Osten

Manfred Braunger

DUMONT RICHTIG REISEN

# Inhalt

## Wissenswertes über den Osten der USA

## Wissenswertes für die Reise

# Unterwegs im Osten der USA

## Kapitel 1 Neuengland

# Inhalt

## Kapitel 2 Zwischen Atlantik und Großen Seen



## Kapitel 3 Die mittlere Atlantikküste

# Inhalt

## Kapitel 5 Florida

Inhalt

# Themen

# Alle Karten auf einen Blick

Am James River bei Jamestown ließen sich die ersten englischen Siedler nieder

# Wissenswertes über den Osten der USA

# Wo die Neue Welt am ältesten ist

**Europäer betrachten die USA nicht selten mit Skepsis. Das gilt vor allem für jene, die das Riesenland nur über die Medien und nicht aus eigener Anschauung kennen. Wer Amerika schon einmal bereist hat, sieht das Land in der Regel nicht unkritischer, gesteht aber ein, dass man sich der ›Faszination USA‹ nur schwer entziehen kann.**

## Annäherung an den Osten

Nicht weit entfernt von der weltbekannten, patinagrünen Freiheitsstatue ›schwimmt‹ vor der einzigartigen Postkarten-Skyline von Manhattan in der Upper Bay von New York City die winzige Insel Ellis Island. Zwischen 1892 und 1954 betraten dort 12 Mio. Einwanderer erstmals den Boden der Neuen Welt. Von ihnen stammt nachweislich fast die Hälfte der heute knapp 300 Mio. US-amerikanischen Staatsbürger ab. In der geräumigen Lobby des Ellis Island Immigration Museum türmten sich Reisetaschen, Koffer, Überseekisten und Körbe, in denen die Ankömmlinge aus aller Herren Länder ihre dürftigen Habseligkeiten an Land schleppten, einer unsicheren Zukunft entgegen. Der Gepäckberg symbolisiert den riesigen Einwandererstrom in die USA, ohne den weder die gigantische Landnahme jenseits des Mississippi noch der Aufstieg zur politischen und wirtschaftlichen Weltmacht möglich gewesen wäre.

Aber nicht nur die gewaltigen Wellen von Immigranten aus vielen Teilen der Welt machten die Atlantikküste zur Wiege der Nation. Seefahrer erforschten in den Jahrzehnten nach Christoph Kolumbus die unbekannte Ostküste des neu entdeckten Kontinents, ohne dass die Nationen Europas irgendwo einen bleibenden Stützpunkt errichtet hätten. Erst 1565 entstand mit der heute noch existierenden Stadt St. Augustine an der Ostküste von Florida die erste dauerhafte spanische Siedlung in der Neuen Welt. 1607 gingen die ersten englischen Kolonisten in Jamestown (Virginia) an Land und schufen die erste englische Siedlung auf dem Boden der heutigen Vereinigen Staaten von Amerika, die Bestand haben sollte. Nach und nach gründeten Zuwanderer aus Europa weitere Kolonien wie in Massachusetts, Pennsylvania, Rhode Island, Connecticut, Maryland und New Jersey, die sich als Bund von insgesamt 13 Kolonialgebieten im Jahr 1776 von England unabhängig erklärten.

Seit damals vergrößerten sich die Gründungsstaaten von Amerika durch die schrittweise Expansion nach Westen zu einem riesigen Gemeinwesen von 50 Bundesstaaten. Der ›jüngere‹ Westen besitzt zwar dramatische Landschaften, exotische Wüsten, weltberühmte Nationalparks und große Gruppierungen von Native Americans (Indianer), wie sie im Osten nicht zu finden sind. Dem stellt die Atlantikküste als touristische Highlights historische Stätten, Schlachtfelder des Revolutions- und Bürgerkriegs, Denkmäler und Museen gegenüber, welche die Rolle des Ostens als historisches Kerngebiet unterstreichen und die bewegte Entstehungsgeschichte der USA auf nachvollziehbare Weise dokumentieren.

Wer glaubt, dass der Osten außer faszinierenden historischen Spuren wenig an landschaftlichen Reizen zu bieten hat, täuscht sich jedoch. Von den zerklüfteten Steilküsten Neuenglands bis zu den Korallenbänken der Florida Keys imponieren die östlichen USA mit eindrucksvollen Naturszenerien, wie sie kaum in Europa zu finden sind. Die flammenden Herbstwälder von Vermont, Maine und New Hampshire, das grandiose Naturwunder der Niagarafälle auf der Grenze zwischen den USA und Kanada, das ländlich sympathische Pennsylvania mit seiner gänzlich unamerikanischen Amish-Bevölkerung, die vom Schriftsteller James Fenimore Cooper unsterblich gemachten Wildnisgebiete der Adirondack Mountains im nördlichen Staat New York, die vom Meer umspülte Inselwelt der Outer Banks von North Carolina, die entrückten Great Smoky Mountains oder die riesigen Sumpfgebiete der Everglades in Florida weisen das weit verbreitete Bild vom ausschließlich urbanisierten Osten der USA als Trugschluss aus.

Packende Kontraste zur üppigen Natur bilden zahlreiche dynamische Weltstädte. New York City hat sich vom brutalen Terroranschlag am 11. September 2001 erholt und seine ehemalige Dynamik zurückgewonnen, wenngleich die Erinnerungen an seine dunkelste Stunde noch lange wach bleiben werden. Das britisch angehauchte Boston, die Hauptstadt Washington D. C. als politisches und kulturelles Schaufenster Amerikas, Philadelphia mit Zeugnissen der Entstehungsgeschichte der Nation, Baltimore mit dem umtriebigen Inner Harbor, Atlanta als aufstrebende Metropole des Südens und das karibisch anmutende Miami – Zitadellen von Konsum und Kommerz, Trendsetter in Sachen Mode und Musik, Garanten für Kunst und Kultur und Inbegriff von ebenso abwechslungs- wie ereignisreichem City Life. Wer von den USA träumt, hat häufig diese vibrierenden Metropolen des Ostens vor dem geistigen Auge, in denen zwischen Stahlbetonriesen und Glasfassaden das urbane Leben schneller und mit höherem Druck durch die Großstadtadern zu pulsieren scheint als sonst irgendwo auf der Welt. So betrachtet, ist der Osten der USA ein äußerst facettenreicher Landesteil, eine Bühne des heutigen und gestrigen Amerika mit ständig wechselndem Programm. Sich dort auf Spurensuche nach den Wurzeln des Landes zu begeben, bedeutet in der Regel, auch Bekanntschaft zu machen mit zivilisatorischen Errungenschaften, mit modernsten Trends und mit dem typischen American Way of Life. Es bedeutet aber hier und da auch, mit den brennenden sozialen Problemen des Landes in Kontakt zu kommen.

**Graffiti ›Wissen ist Macht‹ an einer Hauswand im Stadtteil Soho in Manhattan**

# Steckbrief zum Osten der USA

## Daten und Fakten

**Name:** United States of America (USA)

**Fläche:** 9 809 431 km². Das entspricht etwa der 25-fachen Größe Deutschlands.
**Hauptstadt:** Washington D. C.
**Amtssprache:** Amerikanisches Englisch

**Einwohner:** 115 Mio.
**Bevölkerungsdichte:** 140 Einw./km².
80 % der Bevölkerung lebt in städtischen Ballungsgebieten.
**Lebenserwartung:** Männer: 74,5 Jahre, Frauen 80,2 Jahre.

**Währung:** US-Dollar ($). Der Dollar *(greenback)* ist in 100 Cents unterteilt. Noten gibt es als 1-, 2-, 5-, 10-, 20-, 50- und 100-$-Scheine.
**Zeitzonen:** Eastern Time (MEZ – 6 Std.) und Central Time (MEZ – 7 Std.).

**Landesvorwahl:** 001

**Landesflagge:** Die roten und weißen Streifen auf der amerikanischen Flagge stehen für die 13 Gründungsstaaten. Die 50 weißen Sterne in blauem Feld symbolisieren die 50 US-Bundesstaaten. Zur Farbensymbolik: Das Weiß versinnbildlicht Reinheit und Unschuld. Während Rot für Tapferkeit und Ausdauer steht, verweist die Farbe Blau auf die Tugenden Wachsamkeit, Beharrlichkeit sowie Gerechtigkeit.

## Geografie

Die Ostküste liegt zwischen dem 49. und 25. Breitengrad und reicht von Maine knapp 3000 km weit bis an die Südspitze von Florida. In der Breite dehnt sich das Gebiet von der Atlantikküste ca. 800 km nach Westen aus. An der Küste verläuft eine fast 1700 km lange Kette vorgelagerter Inseln und Sandbänke. Große Buchten wie etwa die Chesapeake Bay (Maryland/Virginia) haben sich dort gebildet, wo das Meer in Flussmündungen eingedrungen ist. Hinter der Küste erstreckt sich in der südlichen Hälfte eine größtenteils flache Küstenebene bis an den Fuß der Appalachen. Dieses vor allem von Laubwäldern bedeckte Mittelgebirge breitet sich von Kanada bis nach Alabama aus und besitzt im Mount Mitchell (2037 m) in North Carolina seinen höchsten Gipfel. Westlich der Appalachen bestimmt zwischen der kanadischen Grenze bzw. den Großen Seen und dem Golf von Mexiko ein riesiges Kontinentalbecken das Relief.

## Geschichte

Die erste ständige englische Siedlung auf amerikanischem Boden wurde 1607 in Jamestown (Virginia) gegründet. 1620 ließ sich eine Gruppe Puritaner in Plymouth (Massachusetts) nieder. 1733 lebten englische Siedler in 13 Kolonien entlang der Atlantikküste. Mit dem ersten Kontinentalkongress 1774 verschärfte sich der Widerstand der amerikanischen Kolonien gegen die als repressiv empfundene britische Politik. Im Zuge des Unabhängigkeitskriegs (1775–1783) trennten sich die USA vom Mutterland Großbritannien. Am 4. Juli 1776 proklamierten 13 Staaten in Philadelphia ihre Unabhängigkeit. Der Bürgerkrieg (1861–1865) setzte der Sklaverei ein Ende und förderte die Entwicklung der USA zum Nationalstaat. Industrie und Wirtschaft prägten in immer stärkerem Maß die Gesellschaft und bereiteten dem Aufstieg des Landes zur Weltmacht vor. Der New Yorker Börsenkrach im Oktober 1929 stürzte die USA in die Weltwirtschaftskrise, die US-Präsident Roosevelt mit dem Sozial- und Investitionsprogramm New Deal aufzufangen hoffte. Die Zeit nach dem Zweiten Weltkrieg stand im Zeichen wirtschaftlicher Prosperität einerseits und tief greifender gesellschaftlicher Umbrüche andererseits, wie sie etwa in der schwarzen Bürgerrechtsbewegung, den Demonstrationen gegen den Vietnamkrieg und einer Jugendbewegung im Zeichen von Flower Power ihren Ausdruck fand. Ende des 20. Jh. sahen sich die USA nach dem Zusammenbruch der UdSSR in der Rolle der einzig verbliebenen globalen Supermacht.

## Staat und Politik

Die USA besitzen ein präsidiales Regierungssystem mit einem auf vier Jahre gewählten Präsidenten an der Spitze. Seit 2001 ist der 2004 wieder gewählte George W. Bush im Amt. Die Legislative liegt in Händen des aus zwei Kammern, Senat und Repräsentantenhaus, bestehenden Kongresses. Die Abgeordneten des Repräsentantenhauses werden für zwei Jahre, Senatoren für sechs Jahre gewählt. Der Oberste Gerichtshof (*Supreme Court*) steht an der Spitze der Judikative. Die Stabilität der 1787 verabschiedeten, ältesten noch gültigen schriftlichen Verfassung der Welt (*constitution*) zeigt sich an bislang nur 27 Zusatzartikeln (*amendments*). Die Parteienlandschaft wird durch ein vom Mehrheitswahlrecht begünstigtes Zweiparteiensystem von Republikanern und Demokraten beherrscht.

## Wirtschaft und Tourismus

Die USA ingesamt erwirtschaften ca. 20 % des jährlichen Welteinkommens. Die wirtschaftliche Dynamik des Landes resultiert u. a. aus einem riesigen, gut erschlossenen Staatsgebiet mit gewaltigen Rohstoffvorkommen und einem Binnenmarkt von 298. Mio. Konsumenten. Zum realen Bruttoinlandsprodukt (BIP) tragen zu 56 % der Dienstleistungssektor, zu 14 % das verarbeitende Gewerbe und zu jeweils knapp 1,5 % Landwirtschaft und Bergbau bei. Der US-Tourismus registriert jährlich 40 Mio. ausländische Besucher, deren Ausgaben mit 90 Mrd. Dollar zu Buche schlagen.

## Bevölkerung und Religion

In die USA sind bis heute über 50 Mio. Menschen eingewandert und haben zur ethnischen und kulturellen Vielfalt des Landes beigetragen. Von der Gesamtbevölkerung des Ostens mit ca. 115 Mio. sind ca. 92 Mio. (77 %) Weiße, zu denen auch Menschen lateinamerikanischer Herkunft gehören. 15,5 Mio. (12,9 %) sind Afro-Amerikaner, 5,4 Mio. (4,5 %) Menschen asiatischer bzw. pazifischer Herkunft und ca. 1,8 Mio. (1,5 %) Native Americans bzw. Inuit. Etwa 62 % der Einwohner gehören ca. 238 Religionsgemeinschaften an. Davon bilden 26 % Katholiken, 27,5 % Protestanten (Baptisten, Methodisten, Lutheraner, Presbyterianer) und 2,6 % Juden die größten Gruppen.

# Natur und Umwelt

**Steilküsten mit Fjorden und Hummergründen, endlose Sandstrände, gewaltige Buchten, von Korallenriffen gesäumte Inseln, über 2000 m hohe Berge mit bunten Wäldern im Indian Summer und Wind umtoste, in Eis und Schnee erstarrte Gipfel: Zwischen Kanada und der Karibik könnte die Natur kaum vielfältiger sein.**

## Landschaftsformen

Die östlichen Bundesstaaten erstrecken sich entlang der Atlantikküste von der kanadischen Grenze bis an den Rand der Karibik, wo die Südspitze von Florida nur 150 km von der Insel Kuba entfernt ist. Auf Europa übertragen, würde dieses 1,2 Mio. km² große Gebiet von Paris bis nach Oberägypten reichen. Die gewaltige Nord-Süd-Ausdehnung von knapp 3000 km hat Konsequenzen für Klima, Flora und Fauna sowie für die Lebensweise der Menschen. Wenn man etwa die Waldgebiete in Neuengland mit den subtropischen Inseln in Florida oder den Sumpfgebieten im Südosten vergleicht, wird deutlich, dass sich die Landschaftstypen in diesem riesigen Gebiet zum Teil sehr deutlich voneinander unterscheiden. Drei **Großlandschaften** prägen das Relief: die Atlantische Küstenebene, das Hochland der Appalachen und westlich dieses Gebirgszugs das riesige Kontinentalbecken, das große Teile der zentralen USA bildet.

### Atlantikküste

Ein Blick auf die Landkarte zeigt, dass die amerikanische Atlantikküste durch Buchten, Landvorsprünge und Inseln stark zergliedert ist. So verdankt etwa Neuengland seine landschaftlichen Reize u. a. fjordartigen Buchten, in denen die Brandung bunte Hummerbojen vor der Kulisse malerischer Leuchttürme tanzen lässt. An dieser Küste liegt mit Acadia Neuenglands einziger Nationalpark. Ganz anders sieht der Atlantiksaum südlich von Virginia aus, wo lang gezogene Sandbankinseln wie natürliche Wellenbrecher das Festland gegen die Meeresbrandung abschirmen. Ein anderes Gesicht wiederum haben die subtropischen Florida Keys mit türkisgrünen Badebuchten und karibisch anmutenden Puderzuckerstränden, vor denen das drittgrößte Korallenriff der Erde verläuft. Der Sunshine State geht mit 13 000 km Küstenlinie ins Rennen um die Gunst der Badetouristen.

### Küstenebene

Während in Neuengland die Ausläufer der Appalachen teilweise bis an den Atlantik heranreichen, erstreckt sich von der Hudson-Mündung bis nach Florida landeinwärts eine flache, im Durchschnitt 300 km breite Küstenebene, in der die größten **Ballungsräume** des Ostens liegen: Boston, New York, Washington, Philadelphia und Atlanta. Neben der Siedlungsdichte sind in dieser nur wenig über Meereshöhe liegenden Region ausgedehnte Sumpfgebiete wie der Okefenokee Swamp typisch, aber auch Marschland wie in New Jersey und den Carolinas. Einen ähnlichen Charakter weist die Küstenebene nördlich vom Golf von Mexiko auf.

Wo das Meer in Flussmündungen eingedrungen ist, haben sich zum Teil riesige Buchten gebildet wie die Delaware Bay, Chesapeake Bay in Maryland und Virginia, Albemarle Sound in South Carolina und Tampa Bay an der Golfküste von Florida.

Große Flüsse wie Hudson, Delaware, Susquehanna, Potomac und Savannah führen

**Blick vom Blue Ridge Parkway in Virginia über die Bergwelt der Appalachen**

aufgrund der hohen Niederschläge ständig Wasser und sind in der Küstenebene schiffbar. Sie gewährleisten aber auch die Wasserversorgung der Städte und die Bewässerung von Agrarflächen. Gletscher der Eiszeit haben allein in Maine 2200 Seen hinterlassen. Zu den imposantesten Zeugnissen dieser Epoche gehören die fünf Großen Seen, Lake Ontario, Erie, Huron, Michigan und Superior an der kanadischen Grenze, das größte Süßwasserreservoir der Erde. An der Verbindung von Ontario- und Eriesee liegt mit den Niagarafällen eines der großen Naturwunder des Ostens.

## Die Appalachen

Vom Küstensaum steigt das Terrain von der Küstenebene über das Piedmont-Plateau an zu den grob in Nord-Süd-Richtung von Kanada bis nach Alabama verlaufenden Appalachen, einem der markantesten Kennzeichen des Ostküstenreliefs. Teil dieser **waldreichen Bergkette** sind die White Mountains in Neuengland, die Blue Ridge Mountains in Virginia und North Carolina und die Great Smoky Mountains an der Grenze zu Tennessee. Das aus Sedimentgesteinen bestehende, bereits im Paläozoikum vor 450 Mio. Jahren gefaltete Mittelgebirge besitzt im Mount Mitchell (2037 m) in North Carolina seinen höchsten Gipfel. Höchste Erhebung in den White Mountains in New Hampshire ist der Mount Washington mit 1917 m – an den Gipfeln der Sierra Nevada oder der Rocky Mountains gemessen ein Hügel. Seine Lage im Schnittpunkt dreier Sturmschneisen macht den Berg aber zu einer außergewöhnlichen arktischen Klimaoase. Selbst an warmen Herbsttagen, wenn der Indian Summer die Bergregion in einen Farbenrausch versetzt, empfängt der Gipfel Besucher mit eiskaltem Nebel, Sturmböen und einer in Eis erstarrten Landschaft, die man hier nicht für möglich hält.

## Zentrale Tiefebene

Westlich der Appalachen dehnt sich ein bis zu 2500 km breites **Kontinentalbecken** aus, das bis an den Fuß der Rocky Mountains

**In Florida gibt es aufgrund von Schutzmaßnahmen wieder mehr Alligatoren**

reicht. Als im frühen 19. Jh. die Entwicklung des Industrieraums im Nordosten der USA begann, kam vor allem den dort leicht abbaubaren Steinkohlevorkommen und Eisenerzlagerstätten große Bedeutung zu. Räumliche Nähe und steigender Bedarf an Metallen zur Herstellung von Eisenbahnen und Maschinen sorgten dafür, dass Pittsburgh 1815 zum Zentrum der Eisengießer, Werkzeugmacher und Maschinenhersteller wurde.

## Flora und Fauna

### Pflanzenwelt

Zu Beginn der europäischen Besiedelung war ungefähr die Hälfte des heutigen Staatsgebiets der USA von Wald bedeckt. Heute ist es noch etwa ein Viertel. Weit über dem nationalen Durchschnitt liegen der Bundesstaat Maine mit 80 und Vermont mit 65 % Wald, der in Pionierzeiten Bau- und Brennstoff, später auch Rohmaterial für Zellstoff- und Papierfabriken lieferte. Unter den Nadelhölzern überwiegen Balsamtannen, auf felsigem Untergrund auch Pechkiefern und in Küstennähe Weißfichten. Mischwald besteht aus Espen, Erlen, Schwarzeschen und Birken. Die Appalachen sind zum Teil von Sekundärwäldern bedeckt. Vor allem im 19. Jh. wurden riesige Flächen abgeholzt und brandgerodet. Die aus Zuckerahorn, Gelbbirken, Hickory, Rotfichten und Hemlocktannen bestehenden Wälder im Shenandoah National Park in Virginia sind allein den Aufforstungsbemühungen des National Park Service seit 1936 zu verdanken. Noch mehr unterschiedliche Baumarten als Shenandoah besitzt der Great Smoky Mountains National Park zwischen Tennessee und North Carolina mit über 120 Spezies. Dem Park kommt zugute, dass weite Teile nie oder nicht in dem Maß wie in Shenandoah abgeholzt wurden. Im Frühjahr und Frühsommer blühen Rhododendren und Azaleen und verwandeln die Bergwelt in ein Blumenparadies.

### Tierwelt

Bevölkerungswachstum und zivilisatorische Entwicklung haben die Lebensräume der Tiere in den USA seit der Kolonialzeit stark eingeschränkt und ihre Zahl zum Teil drastisch verringert. Bereits im 17. Jh. spielte für die in Nordamerika rivalisierenden europäischen Nationen der Pelzhandel mit den Indianern eine bedeutende Rolle. Die Jagd auf Elche, Schwarzbären, Weißwedelhirsche, Luchse, Kojoten, Wölfe und Waschbären war dabei zweitrangig. In erster Linie ging es Jägern und Fallenstellern um Biber, weil für die Herstellung von Filz Biberfelle unverzichtbar waren. Als Filzhüte in Europa immer mehr in Mode kamen, stieg die Nachfrage und nahm die Biberpopulation immer mehr ab, bis die Nager Ende des 19. Jh. fast ausgerottet waren. Erst Jahrzehnte später zeigten Maßnahmen zur Erhaltung der Tierart Wirkung.

### Bedrohte Arten

Von März bis September ist an der Atlantikküste zwischen Virginia und Florida Meeresschildkröten-Saison. Allein an den Stränden von Georgia werden jährlich bis zu 1500 Gelege von Unechten Karettschildkröten *(Caretta caretta)* gezählt, an der Ostküste Floridas liegt die Zahl bei ca. 14 000. Mehrere dortige Küstenorte wie Juno Beach und Hobe Sound haben sich auf abendliche Beobachtungstouren spezialisiert, bei denen Schaulustige an Strandabschnitte geführt werden, um Nestbau und Eiablage von Schildkröten zu beobachten. Zwei Monate später schlüpfen die Jungtiere und versuchen die ca. 3 km vor der Küste liegenden Seegrasgebiete zu erreichen, in denen die Überlebenschancen am größten sind. Viele Umweltgruppen organisieren den Schutz der Nester vor Kojoten, Waschbären, Gürteltieren und Füchsen.

Zu den bedrohten Tierarten gehört der Florida-Panther *(Puma concolor coryi)*, eine Pumaart, die im Sonnenscheinstaat fast nur noch auf Autokennzeichen auftaucht, mit denen eine Schutzkampagne propagiert und finanziert wird. Neben den Großkatzen haben viele Naturschützer ihr Herz an Seekühe *(Trichechus manatus)* verloren, in den USA Manatees genannt. Das täglich bis zu 50 kg Pflanzen konsumierende Säugetier mit bis zu 4 m Länge hat einen zerknautscht wirkenden Bulldoggenkopf. Von den harmlosen Riesen gibt es in den flachen, warmen Küstengewässern Floridas nur noch wenige Tausend Exemplare, weil sie durch die Motorisierung des Wassersports stark dezimiert wurden und die Weibchen nur alle drei bis fünf Jahre ein Junges zur Welt bringen.

## Die Jahreszeiten

Dem rauesten Klima an der Ostküste ist der Bundesstaat Maine ausgesetzt. In Caribou an der kanadischen Grenze liegen die maximalen bzw. minimalen durchschnittlichen Temperaturen im Januar bei –7 ° bzw. –17 °, im Juli bei 24 ° bzw. 12,5 °C, während sich Key West im äußersten Süden von Florida mit vergleichbaren 24 ° bzw. 18 ° im Januar und 32 ° bzw. 27 °C im Juli empfiehlt. Kaltluft aus dem Norden kann im Winter bis nach Florida vordringen, wo solche Einbrüche schon ganze Orangenplantagen vernichteten. Im Gegenzug schieben sich Fronten feuchtwarmer Luft im Sommer vom Golf von Mexiko weit die Ostküste hinauf. Der ungehinderte Luftaustausch wird durch die in Nord-Süd-Richtung verlaufenden Appalachen möglich, die mit ihren lang gezogenen Tälern den Transport von kalter oder warmer Luft begünstigen. Am schwersten ist bei den Hitzeeinbrüchen die Schwüle zu ertragen, die selbst das südliche Neuengland mit schweißtreibenden Tropentemperaturen überziehen kann.

In der nördlichen Hälfte der Atlantikregion gebärdet sich der Winter nicht selten extrem, mit arktischen Temperaturen bis unter –30 °C und Bergen von Schnee. Fast regelmäßig ›ertrinken‹ Maine, New Hampshire und Vermont in der kalten Jahreszeit bei klirrender Kälte in der weißen Pracht.

### Indian Summer

Schönste Jahreszeit in Neuengland ist der so genannte Indian Summer (s. S. 106). Genau datieren lässt sich diese mit grandiosen Laubverfärbungen aufwartende Jahreszeit nicht, weil sie von mehreren Faktoren abhängt. Aber im Großen und Ganzen geht es um die Zeit zwischen Mitte September und Ende Oktober, wenn sich warme Tage und kalte Nächte abwechseln und die Wälder von Maine bis New York in ›Flammen‹ stehen.

# Traumstraße des Ostens: der Intracoastal Waterway Thema

**Die legendäre Panamericana an der US-Pazifikküste, auch unter dem Namen ›Traumstraße der Welt‹ bekannt, hat an der Atlantikküste ein feuchtes Pendant: den 4827 km langen Atlantic Intracoastal Waterway (ICW) zwischen Boston und Key West in Florida.**

Kein Bootsrevier im Osten ist so populär wie diese zum Teil aus künstlichen Kanälen, größtenteils aber aus natürlichen Flüssen, Mündungsbuchten und Lagunen bestehende Traumwasserstraße, auf der einige Abschnitte auch über das Meer führen. Im Zeitlupentempo arbeitende Dreh- und Hebebrücken, die an Fahrten auf europäischen Kanälen erinnern, überspannen zahlreiche Passagen und tragen zur reizvollen Atmosphäre bei.

Der eigentliche Reiz des Wasserwegs besteht in seiner ständig wechselnden Kulisse. Auf manchen Abschnitten formen Urwaldufer grüne ›Tunnels‹, und Torfboden färbt das Wasser dunkelbraun wie starken Tee. Der Waccamaw River bei Georgetown in South Carolina mit einem von Sumpfzypressen gesäumten und von Seerosen bedeckten Ufer ist so eine Fabeletappe in die unverfälschte Wildnis. Dann wieder schippert man als Freizeitkapitän etwa in Florida durch Reviere mit türkisgrünem Wasser, durch das man Korallenstöcke und die exotische Unterwasserfauna- und flora auf dem Meeresboden erkennen kann. Aber auch dicht besiedelte Gebiete werden vom ICW nicht umgangen. Beweis dafür ist Fort Lauderdale, wo sich die feuchte Route ein, zwei Kilometer vom Meer entfernt mitten im Stadtgebiet in viele Kanäle verästelt, an denen geschniegelte Villen mit manikürten Vorgärten liegen.

Ein Problem während eines längeren Törns über den ICW stellt die Versorgung dar. An den Anlegestellen gibt es meist keine Einkaufsmöglichkeiten, und der nächste Supermarkt liegt in der Regel Meilen entfernt. Deshalb können Skipper an manchen Marinas für eine Versorgungsfahrt ein Courtesy Car kostenlos ausleihen.

Bereits im amerikanischen Bürgerkrieg erwiesen sich manche Abschnitte des ICW als günstige Routen zum Verschiffen von Truppen und Kriegsmaterial. Im Jahr 1919 machte der amerikanische Kongress den Weg frei zum Bau des ICW, um die wirtschaftliche Entwicklung in Küstennähe zu fördern. In den folgenden Jahren verwirklichte das United States Army Corps of Engineers das Projekt und kümmert sich seit damals um den technischen Zustand. Auf den meisten Abschnitten wird periodisch für eine Wassertiefe von vier Metern gesorgt. Außerdem müssen zwecks Orientierung Markierungen gesetzt und erneuert werden. Landseitig bestehen sie aus Pfählen mit nummerierten roten Dreiecken, seeseitig weisen ebenfalls mit fortlaufenden Nummern versehene grüne Quadrate den Weg. Zwar ist der mautfreie Wasserweg längst zu einem Mekka von Wassersportlern und Bootsfahrern geworden. Dennoch spielt er wirtschaftlich immer noch eine bedeutende Rolle als Transportweg für Massengüter. Lastkähne transportieren wie eh und je gewaltige Mengen an Treibstoff, Baumaterial, Getreide und Industriewaren. In der Chesapeake Bay und der Tampa Bay sind Containerriesen und Frachtschiffe aus aller Herren Länder ein gewohntes Bild. Fischerboote und Shrimpskutter erreichen ihre geschützten Liegeplätze meist auch nur über den ICW.

### Verrücktes Wetter

Im Südosten ist von Juni bis November Hurrikansaison. Manchmal ziehen die **Wirbelstürme** mit unvorstellbarer Gewalt und zerstörerischer Kraft über Meer und Land. Sie brauen sich in einer Tiefdruckrinne im Südosten vor der Atlantik- bzw. Golfküste zusammen, wenn das durch intensive Sonneneinstrahlung erwärmte Meerwasser verdunstet. Dadurch entstehen in der Atmosphäre riesige Wirbel, deren Richtung schwer zu prognostizieren ist. Im National Hurricane Center in Miami werden sämtliche Informationen über heranziehende Wirbelstürme gebündelt und ausgewertet. Das Zentrum ist auch dafür verantwortlich, rechtzeitig Warnungen zu veröffentlichen bzw. Evakuierungen anzuordnen.

## Umweltschutz

Die USA waren 1872 das erste Land der Welt, das mit der Gründung des Yellowstone National Park in Wyoming eine in späterer Zeit weltweit kopierte Naturschutzidee verwirklichte. Obwohl Amerika seitdem auf dem Gebiet des Tier-, Pflanzen- und Umweltschutzes zahlreiche Pioniertaten vollbrachte, überwiegt heute die Kritik an der **amerikanischen Umweltpolitik**, sind doch die USA für ein Drittel bis ein Viertel aller in die Atmosphäre ausgestoßenen Treibhausgase verantwortlich. Zwar existieren freiwillige Programme zum Klimaschutz. Trotzdem steigen die Emissionen jährlich um durchschnittlich 1,5 %. Eine der ersten Entscheidungen des 2001 ins Amt gekommenen Präsidenten George Bush war es, die Zustimmung seines Vorgängers Bill Clinton zum 1997 verabschiedeten Kyoto-Protokoll zurückzuziehen. Viele Kommunen betrachteten dies als schweren Fehler. Deshalb verpflichteten sich über 130 US-Städte, die Kyoto-Ziele einzuhalten oder zu übertreffen.

### Globaler Imperativ

Mittlerweile scheint sich auch in der Bush-Administration ein vorsichtiges Umdenken abzuzeichnen. Zusammen mit China, Indien, Südkorea und Australien schlossen sich die USA im Sommer 2005 zu einem klimapolitischen Bündnis zusammen. Der Ausstoß von Treibhausgasen soll nach dem Willen dieses Zusammenschlusses verringert werden, ohne dass in das wirtschaftliche Wachstum eingegriffen wird. In diesem Zusammenhang gewann auch das Argument an Gewicht, dass die in den südlichen Bundesstaaten als Folge der Erderwärmung vermehrt auftauchenden und intensiveren Wirbelstürme regelmäßig Schäden in Milliardenhöhe anrichten.

### Ökotourismus

Ökologisch verantwortlicher Tourismus ist in den letzten Jahren populär geworden. Das Konzept entstand in den 1960er Jahren in den USA, wo es in manchen Gegenden eine wichtige Rolle spielt, etwa in den Korallenbänken vor der Ostküste der Florida Keys. Wie hoch der Wert dieses Ökosystems eingeschätzt wird, zeigt folgendes Beispiel: Das Atom-U-Boot ›USS Memphis‹ setzte am 25. Februar 1993 in einem über 3000 Jahre alten Riff auf und zerstörte ein über 1000 $m^2$ großes Gebiet. Vier Jahre später wurde die Navy zur Zahlung von Schadensersatz in Höhe von 750 000 $ verpflichtet. Das Geld wurde für die Beseitigung der Schäden verwendet.

Ökotouristische Angebote gibt es gerade in Florida en masse. Ob die Programme auch das halten, was sie versprechen, ist eine andere Frage. Kritische Stimmen weisen zu Recht darauf hin, dass für den Ökotourismus erschlossene Gebiete häufig Massentourismus nach sich ziehen und die Frage, wie man überhaupt vor Ort gelangt, ausblenden. Mit gezielt versenkten Objekten wie Schiffswracks will man in den Korallenbänken neue Lebensräume schaffen, eine Methode, die in den USA bereits seit 1830 praktiziert wird. Fachleute sehen solche Aktionen mit Argwohn, weil sie u. a. vermuten, dass dadurch lediglich der Tauchtourismus gefördert und eine günstige Möglichkeit zur Entsorgung von Schrott geschaffen werden soll. Zudem glauben sie, dass der Bau künstlicher Riffe von der Hauptursache des Korallensterbens ablenkt: der beständig zunehmenden Wasserverschmutzung durch Städte und Gemeinden.

# Wirtschaft, Soziales und aktuelle Politik

**Die einzige Supermacht ist an ihren Grundfesten gemessen kein Land wie jedes andere. Für die einen der ›global player‹ schlechthin, machen andere ihre Meinung über das Amerika der Bush-Administration eher an gigantischer Verschuldung, Importrekorden und dem Verlust an Glaubwürdigkeit fest. Wie die Einschätzungen auch ausfallen mögen: Gleichgültig lassen die USA offensichtlich niemanden.**

## Supermacht oder taumelnder Gigant?

Die Superlative wiederholen sich: einzig verbliebene Supermacht, Wirtschaftsriese, Führer der westlichen Welt … Ob solche Einschätzungen der Realität entsprechen, ist häufig eine Frage des Blickwinkels. Wer die US-Wirtschaft von ihrer positiven Seite sieht, verweist gern auf ihr längstes kontinuierliches Wachstum ihrer Geschichte in den 1990er Jahren. Folge: Das 21. Jh. begannen die USA mit einer stärkeren Volkswirtschaft als jemals zuvor. Nach der Europäischen Union bildet das Land mit knapp 300 Mio. Konsumenten den zweitgrößten Binnenmarkt der Welt und erwirtschaftet über ein Viertel der globalen Produktion, obwohl nicht einmal 5 % der Weltbevölkerung auf amerikanischem Boden leben. Nach 4,4 % Wirtschaftswachstum im Jahr 2004 rechnen die Experten für 2005 mit 3,5 % bei einer entspannten Arbeitsmarktlage mit einer Arbeitslosenrate zwischen 5 und 6 %. Lobhudelei und maßlose Selbstüberschätzung, sagen andere. In der Tat sind so positive Beurteilungen Amerikas seit dem manipulationsverdächtigen Wahlsieg von Präsident George W. Bush Ende 2000 seltener geworden. Im Inneren führen Kritiker das immense Außenhandelsdefizit ins Feld, das u. a. durch steigende Lohnstückkosten verursacht wird und US-Produkten auf dem Weltmarkt die Konkurrenzfähigkeit raubt. So hat das Handelsbilanzdefizit die astronomische Summe von 500 Mrd. Dollar bereits überschritten. Über ihr Leistungsbilanzdefizit baut die Regierung nach Meinung vieler Fachleute hohe Schulden auf, deren Tilgung in der Zukunft immer schwieriger wird. Ihren früher markanten technischen Vorsprung haben die USA auf vielen Gebieten verloren. Auffallend ist auch, dass das Wachstum der industriellen Güterproduktion seit Mitte der 1980er Jahre von anderen Branchen wie Handel, Dienstleistungen und Finanzdienstleistungen überholt wurde. Computer werden nicht mehr im eigenen Land produziert, sondern aus Taiwan eingeführt. Importierte Maschinen und Automobile tragen das Zeichen ›Made in Germany‹, während Arbeitsroboter aus japanischer Fertigung stammen.

### Hightechoasen im Osten

Im Osten des Landes liegen innovative Wirtschaftsoasen, die Vergleiche mit dem legendären Silicon Valley geradezu provozieren. Ähnlich wie in den 1950er und 1960er Jahren die Auto-, Chemie- und Stahlbranche das Wirtschaftswachstum vorantrieben, gilt dort der Hightechsektor als zugkräftige Lokomotive. Ortskundigen als ›Route 128 Corridor‹ bekannt, ist die im Westen von Boston verlaufende Route 128 als führender Hightechstandort in Neuengland bekannt. Mitte der 1970er Jahre entstanden die ersten Firmen im Dunstkreis des berühmten Massachusetts

Institut of Technology in Cambridge, dessen Schwerpunkt heute auf Softwareherstellung und Biotechnologie liegt.

Nicht mit Hochtechnologie, sondern mit Geld, Aktien und Fonds hat sich der Financial District in Manhattan seine Reputation als bedeutendstes Finanzzentrum der westlichen Welt erstritten. Herz und Hirn des Stadtteils ist die 1792 gegründete New York Stock Exchange in der weltbekannten Wall Street. Kein anderer Platz der Welt symbolisiert Reichtum, Spekulantentum und Macht des Mammons besser als diese Einrichtung, an der Wertpapiere von über 1700 der größten US-amerikanischen Aktiengesellschaften gehandelt werden.

### ›Cybermania‹

Wer von Washington D. C. über den Potomac River nach Nord-Virginia fährt, gelangt auf einer mautpflichtigen Schnellstraße Richtung Washington Dulles International Airport in den so genannten Dulles-Korridor. Keine andere Ostküstenregion ist so komplett von Cybermania ›befallen‹ wie diese Technogemeinde um die Kommunikationsgiganten MCI und America Online (AOL). Von den mehr als 12 000 Hightechunternehmen im Großraum Washington konzentrieren sich viele in diesem Mekka des World Wide Web. Dass dieser Boom gerade in Nord-Virginia stattfindet, hängt mit dem nicht weit entfernten Pentagon zusammen. Auf die Entwicklung von Datenbanken und Kommunikationsnetzen spezialisierte Firmen bekamen vom US-Verteidigungsministerium Milliardenaufträge und konnten ihr in diesem Zusammenhang erworbenes Know-how auch kommerziell verwerten.

Auch der Sunshine State besitzt einen Wachstumspol. Floridas High Tech Corridor, dessen Triebfedern die University of South Florida und die University of Central Florida waren und sind, erstreckt sich von der Tampa Bay im Westen über den Großraum Orlando bis an die Space Coast an der Atlantikküste. In diesem Technologiegürtel liegen 110 Firmen der Luft- und Raumfahrtindustrie mit 12 500 Beschäftigen.

## Landwirtschaft

Trotz der starken Industrialisierung der Ostküstenstaaten spielt die Landwirtschaft seit langem eine bedeutende Rolle. In Anbetracht der natürlichen Voraussetzungen überwiegen in Neuengland Holz- und Milchwirtschaft, an der mittleren Atlantikküste der Anbau von Mais, Sojabohnen, Obst, Gemüse und Tabak, während im Süden Reis, Baumwolle, Zuckerrohr und Südfrüchte dominieren. Aus zaghaften Versuchen in der ersten Hälfte des 19. Jh. mit Orangen- und Zitronenbäumen entwickelte sich in Florida ein richtiges ›Orangenfieber‹, bis im Winter 1894/95 ein Kälteeinbruch fast sämtliche Kulturen vernichtete. Nur langsam erholte sich der Agrarzweig und wuchs zu einem profitablen Wirtschaftssektor heran, in dem heute über 100 000 Menschen arbeiten. Für viele Amerikaner ist ein Frühstück ohne Orangensaft kein Frühstück. Was zur ersten Mahlzeit des Tages getrunken wird, stammt in der Regel aus Florida. Die Märkte in Europa hingegen werden hauptsächlich mit brasilianischer Ware beliefert.

### Gentechnik im Agrarsektor

In den USA befinden sich gentechnisch veränderte Pflanzen seit 1996 im kommerziellen Anbau. Kulturflächen haben inzwischen massiv zugenommen, insbesondere bei Sojabohnen und Mais. Sowohl in Amerika als auch im Ausland werden genmanipulierte Produkte mit Skepsis, zum Teil auch mit Ablehnung betrachtet. Ein Handelsstreit zwischen den USA und der EU war vorprogrammiert. Das im September 2003 unterzeichnete Cartagena-Protokoll zur biologischen Sicherheit (Biosafety-Protokoll), das erste international verbindliche Abkommen, das genmanipulierte Organismen als potentielle Gefahr für menschliche Gesundheit und Umwelt einstuft, wurde von den USA abgelehnt.

Ähnlich wie beim Thema Umweltschutz zeigt sich, dass Regierungspolitik und Volksmeinung beim Thema genmanipulierte Nahrungsmittel auseinander klaffen. Im Allgemeinen wird Amerikanern hierzulande unterstellt, sie gingen mit diesem Thema gelassener um

**Hotelanlage in der Touristenhochburg Daytona Beach in Florida**

als Verbraucher in der Alten Welt. Umfragen ergaben jedoch, dass 80 bis 90 % aller US-Konsumenten eine klare Kennzeichnung von so genanntem Novel Food verlangen. Dass inzwischen 60 bis 70 % aller verarbeiteten Lebensmittel in den USA genetisch veränderte Bestandteile enthalten, wissen nur wenige.

### Problemzone Tabak

Schon in den 1980er Jahren begann die neue ›Tabak-Prohibition‹, die inzwischen gastronomische Betriebe, Flughäfen, Rathäuser, Finanzämter, Sportstadien und andere öffentliche Einrichtungen fest im Griff hat. Zigarettenkonzerne wurden mit einer Flut von Prozessen überzogen. Die Firmen ihrerseits warfen der Umweltbehörde EPA vor, Anti-Raucher-Kampagnen auf die wissenschaftlich nicht nachweisbare Behauptung zu stützen, dass passives Rauchen die Krebsgefahr erhöhe. Tabakproduzenten attackieren die EPA wegen vermeintlicher Heuchelei und Scheinheiligkeit, weil der Staat einerseits Tabakgenuss als die Gesundheit gefährdend einstuft, andererseits jährlich viele Milliarden Dollar Tabaksteuern kassiert. Hauptanbaugebiet in den USA ist North Carolina, wo die meisten Großfarmen bewirtschaftet werden. Im Jahr 1965 war Tabak dort noch das bedeutendste Agrarprodukt, heute rangiert es hinter Geflügel- und Viehzucht an dritter Stelle. Auch in Virginia, Florida, Georgia, Kentucky, Maryland, South Carolina und Tennessee fühlen sich Tabakfarmer in ihrer Existenz bedroht. Längst haben sie es satt, sich als Suchtgiftproduzenten beschimpfen zu lassen. Ihr Hauptargument: Wenn die Bundesbehörden mit öffentlichen Erklärungen gegen den Tabakkonsum zu Felde ziehen, warum richten sie entsprechende Kampagnen nicht auch gegen den Alkoholgenuss, was etwa den Winzern in Kalifornien und Virginia die Existenzgrundlage entziehen würde?

## Der Tourismus boomt

Wie in vielen anderen Ländern gehört in Amerika die Tourismusbranche zu den bedeutenden Wirtschaftszweigen. Was Besucher aus Deutschland anbelangt, war 1999 mit 2 Mio. Urlaubern ein Spitzenjahr. 2002 wurden in Folge des Terroranschlags am 11. September 2001 nur noch 1,2 Mio. deutsche Besu-

# Im Land von Bonus und Discount

Thema

**Günstige Euro-Dollar-Wechselkurse haben USA-Aufenthalte für Europäer zwar erschwinglicher gemacht als noch vor einigen Jahren. Trotzdem ist ein Urlaub im Osten der USA nicht zum Schnäppchenpreis zu haben. Die Preise in den Großstädten und in den touristisch interessanten Gebieten sind zum Teil gesalzen, wie beispielsweise Hotelpreise in Manhattan, Boston und Philadelphia, aber auch in vielen Küstenorten beweisen.**

Aber es gibt probate Mittel, um die Kosten drastisch zu senken. Wer Übernachtungen nicht vorgebucht hat, kann von Couponheften profitieren, die es gratis in Touristenbüros, Hamburgerfilialen und zum Ausdrucken im Internet gibt. Der Traveler Discount Guide deckt 48 US-Staaten ab und enthält Coupons für über 6000 Unterkünfte, in denen man bis zu 20 % sparen kann (www.travelerdiscountguide.com).

Ähnliche Rabattbroschüren sind Motel Coupons (www.motel-coupons.com), Florida Travel Saver (www.travelsaverguides.com), U.S. Travel Guide (www.ustravelguide.com), Room Saver (www.roomsaver.com) und Travel Coupons (www.travelcoupons.com). Im Kleingedruckten der Coupons steht, für welche Zeiträume und für wie viele Personen die Ermäßigungen gelten. Äußerst praktisch sind die Hefte auch deshalb, weil in ihnen detaillierte Pläne abgedruckt sind, mit denen die Suche nach entsprechenden Unterkünften zum Kinderspiel wird. Bei Destination Coupons (www.destinationcoupons.com) beispielsweise bekommt man neben Unterkünften auch ermäßigte Mietwagen und Campingplätze.

ADAC-Mitgliedern gewährt die hierzulande in allen Geschäftsstellen ausgestellte Bonuskarte der US-Partnerorganisation AAA (Triple A) reduzierte Preise in vielen Hotels und sogar in manchen Restaurants und Sehenswürdigkeiten. In New York, Boston und Philadelphia ist der ›CityPass‹ für mehrere Sehenswürdigkeiten gültig und verbilligt den Eintrittspreis um fast die Hälfte (zu kaufen in den betreffenden Museen und US-Reisebüros, Tel. 707-256-0490, Online-Kauf unter www.citypass.com). In zahlreichen Museen ist der Eintritt an bestimmten Tagen gratis (s. jeweilige Ortsinfos).

Ein freundlicher Urlaubsgruß für die Lieben zuhause per Telefon kann die Urlaubskasse kräftig strapazieren. Ferngespräche führt man besser nicht vom Hotelzimmer, sondern vom öffentlichen Telefon mit einer im Laden gekauften Telefonkarte. E-Mails ruft man vom Hotel aus mit dem eigenen Laptop am billigsten über lokale Einwahlknoten ab, weil dann nur der Preis für ein Ortsgespräch fällig ist. In vielen öffentlichen Bibliotheken und manchen Computergeschäften darf man für begrenzte Zeit kostenlos im Internet surfen, häufig allerdings keine Mails mit Attachment abschicken.

Auch beim Einkauf im Supermarkt gibt es Schnäppchen zu entdecken. Wer eine Postadresse in den USA angeben kann, bekommt in vielen Supermärkten und Kaufhäusern kostenlos eine Bonuskarte für verbilligte Bargeldeinkäufe. In vielen Märkten und in Wochenendausgaben von Zeitungen gibt es Coupons bündelweise, mit denen die Schnäppchenjagd zur sportlichen Herausforderung wird.

# Gambling als Entwicklungshilfe

Thema

**An der Ostküste ist Glücksspiel außer in Atlantic City verboten. Trotzdem gibt es zahlreiche Kasinos. Denn 1988 wurde mit dem Gaming Regulatory Act eine Art Entwicklungshilfegesetz verabschiedet, das Indianern das Recht zugesteht, in ihren quasi autonomen, häufig von Arbeitslosigkeit, Analphabetismus und Armut gekennzeichneten Reservaten Glücksspielbetriebe einzurichten.**

Diese Art von ›Entwicklungshilfe‹ machten sich etwa die Mashantucket-Pequot-Indianer zu Eigen. Die aus ca. 700 Stammesmitgliedern bestehende Gruppierung betreibt mit dem Foxwood-Kasino im nördlichen Connecticut eine der größten Glücksspielhochburgen des Ostens, die aus sämtlichen dort lebenden Native Americans längst Millionäre gemacht hat. Sie alle haben ein Anrecht auf Privilegien, die sich durchaus sehen lassen können: 60 000 $ Jahreseinkommen, ein Gratisheim, kostenfreie Schulausbildung für die Kinder, Golfplatzbenutzung usw. Neben den Menschen profitiert auch der Staat Connecticut vom Glücksspiel-Geschäft, weil das Kasino 25 % seiner Gewinne als Steuern abführen muss. Jahr für Jahr kommt so eine Summe von mehr als 200 Mio. US-$ zusammen.

Was im Einzelnen mit Kasinoeinnahmen geschieht, hängt von der jeweiligen Reservation ab. Manche Stämme verteilen die Einkünfte auf Pro-Kopf-Basis, andere legen das Kapital in Fonds an, aus deren Renditen Ausbildungsplätze, Arbeitsstätten und Altenheime finanziert werden. Die Cherokee in North Carolina etwa bauten zunächst ein Dialysezentrum auf, um die überdurchschnittliche Anzahl an Diabeteskranken behandeln zu können. Wie sich die Situation in Zukunft entwickeln wird, ist unsicher. Seit geraumer Zeit versucht fast jede Indianerreservation auf amerikanischem Boden, ins Geschäft mit Roulette und Spielautomaten einzusteigen. Aus diesem Grund wird auch die Konkurrenz zwischen den einzelnen ›roten‹ Kasinos immer größer, sodass zu vermuten ist, dass am Ende nur die großen Glücksspieltempel überleben.

Ein anderes Beispiel für erfolgreiches indianisches Management ist die Reservation der Oneida Nation bei Verona im nördlichen Bundesstaat New York. Schon vor Jahren wurde das dort liegende Turning Stone Casino Resort mit Poker-, Blackjack- und Würfeltischen, 2300 Spielautomaten, sieben Restaurants, Cafés und drei Hotels zu einem Erfolgsmodell, welches das ursprünglich ärmliche Indianerreservat völlig umkrempelte und über den 1100 Einwohnern einen warmen Dollarregen niedergehen ließ.

Vier Millionen Gäste statten dem Kasino bzw. den Hotels Jahr für Jahr einen Besuch ab und sorgen bis heute dafür, dass die Oneida-Wirtschaft mit jährlich dreistelligen Millionenumsätzen boomt. Neben dem Glücksspiel-Geschäft investierten die Indianer ihre Profite in eine Besteckfabrik, einen Verlag, ein Film- und TV-Unternehmen, eine Fluggesellschaft, Tankstellen für billigen Sprit, Einzelhandelsgeschäfte, die Souvenirs und Discount-Zigaretten verhökern, und in ein Online-Versandhaus für indianisches Kunsthandwerk (5218 Patrick Rd., Verona, Tel. 315-361-7711, Fax 315-361-7901, www.turningstone.com, ab 150 $).

**Indianische Skulptur in der Lobby des Foxwood Casinos in Connecticut**

cher registriert. Fachleute glauben, dass das sinkende Tourismusaufkommen auch mit einer Desillusionierung über die USA und deren internationaler Politik zusammenhing. Doch obwohl George W. Bush für eine zweite Amtszeit gewählt wurde, boomt der Amerikatourismus wieder. Der Grund dafür ist wohl die verblassende Erinnerung an den islamistischen Terrorakt und die Schwäche des amerikanischen Dollars gegenüber dem Euro. Zu den Hauptprofiteuren der neuen Tourismuskonjunktur gehört neben den attraktiven Metropolen der Ostküste u. a. Florida, dem Jahr für Jahr etwa 40 Mio. Urlauber eine Stippvisite abstatten und dem Land damit nicht nur Milliardenumsätze, sondern auch eine halbe Million Arbeitsplätze sichern.

## Die Gesellschaft

Sklaverei und Einwandererströme aus aller Welt ließen in den USA schon früh ein gesellschaftliches Mosaik aus unterschiedlichen Rassen, Ethnien und Nationalitäten entstehen. Religiöse Freiheit war für viele einer der Hauptgründe, in die Neue Welt aufzubrechen. Zwar sind nach dem ersten Zusatz zur Verfassung von 1791 Staat und Religion streng voneinander getrennt. Dessen ungeachtet ist offenkundig, dass sich George W. Bush in den Reihen der christlichen Fundamentalisten eine wichtige Wähler- und Unterstützergruppe verschafft hat und Kritikern Auftrieb gibt, die seit seinem Amtsantritt die Trennung von Staat und Religion in Gefahr sehen. Dass der Präsident von ›God's own country‹ seine Reden ans Volk regelmäßig mit dem Satz ›Gott segne Sie‹ beschließt, ist nur ein schwaches Indiz. Deutlichere Anzeichen sind der als Kreuzzug gegen das Böse propagierte Krieg in Afghanistan und im Irak. In beiden Konflikten begründete Bush seine Entscheidungen religiös und hob die angeblich gottgewollte Vormachtsstellung der USA hervor. In einer seiner ersten Amtshandlungen richtete der Präsident 2001 auf hoher Ebene die »White House Office of Faith-Based and Community Initiatives« mit dem Ziel ein, Barrieren für religionsbasierte Gemeinschaftsdienste abzuschaffen und ein neues Modell der Kooperation zwischen Regierung und glaubensbasierten Gruppen zu schaffen. Dem säkularen Verfassungsanspruch stehen aber nicht erst seit George W. Bush Bestrebungen gegenüber, den Alltag der Gesellschaft nachhaltig religiös auszurichten. Tägliche Schulgebete sind zwar nicht verfassungskonform, aber üblich. Und auf jeder amerikanischen Banknote steht der Satz ›In God we trust‹ – um nur zwei Beispiele zu nennen.

Unter Zuwanderern waren nicht nur viele Christen, sondern auch Anhänger religiöser Gemeinschaften wie Amish People, Shaker und Hutterer. Der amerikanischen Ideologie zufolge sollten sie sich ebenso wie alle anderen Gruppen in einer allumfassenden US-Gesamtkultur vereinen. Lange geisterte der Begriff des Schmelztiegels durch die Medien, wenn es darum ging, den Sollzustand der US-Gesellschaft zu beschreiben. Dieses Modell hat sich als Illusion herausgestellt. Heute ist eher von ethnischem Pluralismus oder ethnischem Separatismus die Rede.

## Bevölkerung

Im Osten der USA leben ca. 115 Mio. Menschen – über ein Drittel aller US-Amerikaner. Einen Schwerpunkt bildet der Staat New York, der hinter Kalifornien und Texas in der nationalen Rangliste mit 19 Mio. Einwohnern den dritten Platz belegt. Zu den bevölkerungsreichen Bundesstaaten gehören Florida mit 17 und Pennsylvania mit 12 Mio. Einwohnern. Im Gegensatz zu diesen dicht besiedelten Gebieten leben in Staaten wie Maine nur 1,3 Mio. und in Vermont nur 610 000 Menschen. Die stärksten Zuwächse zwischen 2000 und 2005 wurden in New York City, Atlanta und in Zentral-Florida registriert, wogegen sich das Bevölkerungswachstum in den Bundesstaaten New York, Ohio und Pennsylvania verlangsamte.

Ein prägendes Merkmal der modernen US-Gesellschaft ist ihr ständig multikultureller werdender Charakter. Konnte die Bevölkerung im Hinblick auf die Rassenzugehörigkeit vor 30 oder 40 Jahren im Grunde noch in Schwarz und Weiß eingeteilt werden, ergibt sich heute wegen der starken Einwanderung aus Asien, Lateinamerika, Afrika und der Karibik ein gänzlich anderes Bild. Die Vereinigten Staaten weisen mittlerweile eine größere Vielfalt von Rassen, Kulturen und Sprachen auf als jemals zuvor.

## Lateinamerikanisierung

Schlagzeilen machte vor wenigen Jahren das für Volkszählungen zuständige U.S. Census Bureau mit Schätzungen, dass die Hispanier die Schwarzen als größte Minderheitengruppe ablösen. Der in den 1970er Jahren geprägte Begriff ›hispanisch‹ bezeichnet spanischsprachige Einwohner lateinamerikanischer Herkunft. Sie wiesen in den letzten Jahren höhere Immigrations- und Geburtenraten auf und überflügeln deshalb die Afroamerikaner zahlenmäßig. Prognosen für das Jahr 2010 sagen für die Hispanier einen Anteil von 17 % und für 2050 von 23 % an der Gesamtbevölkerung voraus. Es wird bereits von einer Lateinamerikanisierung der USA gesprochen. Ein Vergleich bringt die Situation auf den Punkt: Die USA sind mit ca. 40 Mio. Hispanics das drittgrößte ›lateinamerikanische‹ Land der Welt.

## Native Americans

Die indianische Urbevölkerung wurde im 19. Jh. fast vollständig aus dem Osten verdrängt. Alle großen Reservationen, d.h. die von Native Americans selbst verwalteten Gebiete, liegen im Westen. Im Osten existieren nur noch kleine Nischen. Die Eastern Band of Cherokee Indians in North Carolina am Fuß der Great Smoky Mountains etwa besteht aus etwa 10 500 Nachkommen derer, die 1838 auf dem ›Trail of Tears‹ (Pfad der Tränen) unter unsäglichen Strapazen ins 2000 km entfernte Oklahoma deportiert wurden. Die Cherokee gehörten zusammen mit den Choctaw, Chickasaw, Creek und Seminolen zu den ›Fünf zivilisierten Stämmen‹, die hinsichtlich ihrer Sozialorganisation und Wirtschaftsform europäischen Staaten ähnelten. Erst die schwarze Bürgerrechtsbewegung der 1960er und 1970er Jahre beeinflusste Selbstbewusstsein und politisches Engagement der Native Americans, denen der Indian Self-Determination Act von 1974 weitgehende Befugnisse in ihren Reservaten einräumte.

# Geschichte

**Die Menschheitsgeschichte Amerikas spannt einen Bogen über 40 000 Jahre. Sie reicht von der Einwanderung der ersten Menschen in den bis dahin wahrscheinlich unbesiedelten Kontinent bis in die jüngste Vergangenheit, wobei nach wie vor Probleme virulent sind, die sich seit der Kolonisierung für indianische Ureinwohner und Nachfahren schwarzer Sklaven aus der weißen Dominanz ergeben haben.**

Im Jahr 1492 machte sich Christoph Kolumbus auf die Suche nach einem Seeweg nach Indien und ›entdeckte‹ den Kontinent, der später Amerika genannt wurde. Dass bereits 500 Jahre zuvor eine Gruppe Wikinger mit ihren schnellen Schiffen an der Atlantikküste Nordamerikas Labrador und Neufundland erreichten und vielleicht Richtung Süden bis nach Neuengland oder sogar bis an die Mündung des Hudson vordrangen, wird von der Geschichtsschreibung häufig ausgeblendet. Schließlich gründeten die Nordeuropäer keine dauerhaften Ansiedlungen und hinterließen in der Neuen Welt so gut wie keine Spuren.

## Erste Einwanderer

Viele Fragen zur indianischen Urbevölkerung Amerikas in präkolumbischer Zeit sind bis heute ungeklärt. Dass die Vorfahren von Cherokee und Comanchen, Seminolen und Irokesen vor ungefähr 18 000 bis 40 000 Jahren aus Asien über die damals verlandete Beringstraße einwanderten, galt lange Zeit als gesichert. Manche Forscher vermuten jedoch, dass Menschen auch aus anderen Teilen der Welt über den Seeweg nach Amerika kamen, etwa aus Sibirien über den Nordpazifik, über den Südpazifik oder sogar aus Europa.

Deutlicher beginnt sich die Vergangenheit erst abzuzeichnen, als die ersten Europäer in nachkolumbischer Zeit an der Ostküste auftauchten, wie etwa der Spanier Juan Ponce de León 1513 im Nordosten von Florida oder der italienische Seefahrer Giovanni da Verrazano 1524 bei Sandy Hook an der Küste von New Jersey. Er berichtete, dass dort etwa 2000 Mitglieder des zur Algonquin-Nation gehörenden Lenni-Lenape-Stamms lebten. 1534 stieß der damals 43-jährige französische Seefahrer Jacques Cartier aus St.-Malo an die ostkanadische Küste vor. In den Jahren danach versuchten seine Landsleute zum Teil im Wettstreit mit den weiter im Süden Schatz suchenden Spaniern, auf dem Kontinent Fuß zu fassen.

1564 bauten sie in der Nähe der heutigen Großstadt Jacksonville das Fort Caroline und gründeten die erste protestantische Gemeinde in den USA. Ein Jahr später war das Schicksal der jungen Kolonie bereits besiegelt, als die Spanier unter Pedro Menéndez de Aviles das Fort einnahmen und den Grundstein legten für das bis heute existierende St. Augustine, die erste ständige Siedlung von Europäern auf dem Territorium der späteren USA. Andere Nationen der Alten Welt ließen nicht lange auf sich warten. Der Engländer Henry Hudson segelte 1607 den später nach ihm benannten Fluss hinauf. Holländer landeten in den 20er Jahren des 17. Jh. in der Bucht von New York, und schwedische Pioniere bauten im Bundesstaat Delaware das Fort Christina, um ihre kleine Siedlung zu schützen.

# Die Cherokee auf dem ›Marsch der Tränen‹

Thema

**Über lange Zeiträume ihrer Geschichte hinweg erwies sich die Indianerpolitik der US-Regierung als zynisch und menschenverachtend. In kaum einem anderen Fall zeigte sich das brutale, das Recht beugende Verhalten so deutlich wie in der Zwangsumsiedlung der Cherokee im Jahr 1838 von Georgia nach Oklahoma.**

1828 war ein Schicksalsjahr für die Indianer des Ostens. Mit dem unter dem Spitznamen ›Indianerfresser‹ bekannten Andrew Jackson (1767–1845) kam als siebter US-Präsident ein ehemaliger General ins Amt, der alle Stämme des Ostens notfalls mit Gewalt zur Umsiedlung nach Oklahoma veranlassen wollte. Das Zielgebiet westlich des Mississippi war weißen Siedlern als ›Great American Desert‹ und damit als wertloses Niemandsland bekannt.

Gleich zu Beginn seiner Präsidentschaft gewährte Jackson dem Bundesstaat Georgia Unterstützung bei dessen Bemühungen, die polizeiliche und juristische Staatsgewalt auf die Gebiete der Cherokee-Indianer auszudehnen. Die Indianer sollten also durch erhöhten Druck aus ihrem angestammten Territorium vertrieben werden. Als auf dem Cherokee-Gebiet 1828 Gold gefunden wurde, überschlugen sich die Ereignisse. Weiße Goldsucher setzten ihre Ansprüche auf Indianerland per Faustrecht durch. Der Staat Georgia erließ gleichzeitig mehrere Staatsgesetze zur Entrechtung der Indianer. Und auch der amerikanische Kongress blieb nicht untätig.

Am 28. Mai 1830 verabschiedete er mit dem ›Removal Act‹ ein Gesetz, das der zwangsweisen Umsiedlung der östlichen Stämme in die ›Große Amerikanische Wüste‹ den Boden bereitete. Auf diese Weise sollten Siedlungsflächen für Weiße geschaffen werden, die den Erfolg der Cherokee-Farmer bis zu diesem Zeitpunkt ohnehin mit Hass und Missgunst betrachtet hatten. Die so genannten ›Fünf zivilisierten Stämme‹ – Creek, Choctaw, Chickasaw, Cherokee und Seminolen – schickten bis dahin ihre Kinder in Missionsschulen und bauten feste Häuser, die denen der Weißen in nichts nachstanden. Sogar Sklaven wurden beschäftigt, um die Ländereien zu kultivieren.

Die Urbevölkerung wehrte sich gegen den ›Removal Act‹, aber der Oberste Gerichtshof der USA ließ gerichtliche Klagen nicht zu, weil Indianer als Menschen ohne Bürgerrechte dazu nicht befugt waren. Im Jahr 1838 endete der Traum der Cherokee-Republik in Georgia, als 14 000 Stammesmitglieder auf den ›Trail of Tears‹ (Marsch der Tränen) nach Oklahoma gezwungen wurden. Auf dem langen Weg starben 4000 von ihnen an Schwäche und Krankheiten, während zur gleichen Zeit ihr Stammesland per Lotterie an weiße Siedler verhökert wurde. Etwa 1000 Cherokee gelang während des langen Marsches ins Exil die Flucht in die unwegsamen Wälder der Appalachen. Ein Händler namens William Holland erbarmte sich der Heimatlosen und erwarb in North Carolina ein beträchtliches Stück Land, auf dem er die Entwurzelten ansiedelte. Heute leben in der Cherokee Indian Reservation am Rand der Great Smoky Mountains etwa 10 500 Nachfahren der damals Vertriebenen. Andere versprengte Stammesnachfolger ließen sich in mehreren US-Bundesstaaten nieder.

# Die Europäer fassen Fuß

Am konsequentesten trieb England seine Ansprüche und seine Präsenz in Amerika voran. Erst die 1607 in Jamestown/Virginia gelandeten Siedler leiteten die britische Kolonisierung ein. Etwa 13 Jahre später segelten die Pilgerväter mit der ›Mayflower‹ über den Atlantik, um in Massachusetts den Boden für ein Leben nach eigenen religiösen und gesellschaftlichen Vorstellungen zu bereiten – der amerikanische Osten wurde eine britische Domäne.

Ob in Connecticut oder Maryland, New Jersey oder Pennsylvania: Im Lauf der Zeit entstanden unter dem Zustrom europäischer Einwanderer Kolonialterritorien, die sich immer stärker verselbstständigten, um sich schließlich im Zuge des Unabhängigkeitskriegs (1775–1783) vom Mutterland Großbritannien zu trennen. Bis heute wird der 4. Juli, an dem im Jahr 1776 in Philadelphia 13 Staaten ihre Unabhängigkeit proklamierten, als Nationalfeiertag begangen.

Die indianischen Ureinwohner des Landes stehen diesen alljährlich wiederkehrenden Festlichkeiten distanziert gegenüber. Ihnen brachten die ersten Neuankömmlinge aus der Alten Welt nicht nur glitzernden Tand, nützliche Arbeitsgeräte, Waffen und Ideen, sondern auch unbekannte Krankheiten, denen sie schutzlos ausgesetzt waren.

## Verdrängung und Entrechtung der Native Americans

Ihr kulturelles Erbe in Form von Tempelanlagen, Grabfeldern und geheimnisvoll aufgeschütteten Hügeln interessierte zunächst allenfalls Anthropologen und Historiker. Während der gewaltigen und gewalttätigen amerikanischen Expansion nach Westen im 19. Jh. verbreitete sich schnell die Auffassung, dass die Reste der indianischen Bevölkerung sich dem Leben der weißen Mehrheit anzupassen hätten. Im Osten wurden die ›Rothäute‹ jenseits des Mississippi in ein Territorium abgeschoben, das man per Gesetz als Indianergebiet ausgewiesen und von weißer Besiedlung ausgenommen hatte. Wenige Dekaden später war dieses Gesetz das Papier nicht mehr wert, auf dem es stand. Das weiße Amerika hatte in seinem Landhunger längst die endlosen Prärien im Zentrum des Kontinents ins Auge gefasst und im Zuge der Lewis & Clark-Expedition 1804–1806 bereits einen begehrlichen Blick auf die Pazifikküste geworfen.

In Florida war zwar kein Gold zu holen wie in Georgia und Kalifornien, aber das Land eignete sich für landwirtschaftlichen Anbau. Allerdings konnten sich weiße Pioniere und Bauern für ein Leben in diesen Landesteilen erst dann in größerer Anzahl begeistern, als die Regionen ›befriedet‹, also frei von potenziell feindlichen Indianern, waren. In drei Kriegen 1817–1818, 1835–1842 und 1855–1858 wehrten sich die Seminolen am Ende ohne Erfolg gegen Umsiedlung bzw. Vertreibung. Kleine Truppen lieferten der Armee zwar noch eine Zeitlang in sumpfigen Gebieten Rückzugsgefechte. Aber schließlich wurden die Florida-Indianer genauso wie die Cherokee nach Westen abgeschoben.

## Diskriminierung der Urbevölkerung

Jahrhundertelang wurden Native Americans massakriert und gefoltert, vertrieben und unterdrückt, von ihren Familien getrennt und versklavt, weil das weiße Amerika, von Wirtschaftsinteressen einmal abgesehen, ihre Kultur nicht akzeptierte und der Respekt vor ihrer spirituell-religiösen Geschichte sowie vor ihren sozialen Institutionen verloren ging. Der Instrumentalisierung ihrer Sprachen (die Navajo-Sprache wurde während des Zweiten Weltkriegs im Pazifik als Geheimcode verwendet) folgte diejenige ihrer Bräuche und Riten. In den USA ist es Usus, dass Football- und Baseball-Mannschaften kämpferische Namen tragen, etwa Washington Redskins (Washington-Rothäute), Atlanta Braves (Atlanta-Krieger) oder Cleveland Indians. Seit den 1970er Jahren machen sich zahlreiche Organisationen dafür stark, dass der amerikanische Profisport auf Bezeichnungen und Verhaltensweisen verzichtet, welche die Native Americans diskriminieren und ihre religiösen Zeremonien abwerten.

Bis zum Jahr 1924, als sie die Staatsbürgerschaft erhielten, waren Indianer Ausländer in ihrem eigenen Land. Kein Wunder, dass sie anlässlich der 500-Jahr-Feiern der ›Entdeckung‹ Amerikas durch Kolumbus eher von 500 Jahren Kolonialgeschichte und Unterdrückung, Ausbeutung, Versklavung und Genozid sprechen wollten.

### Indianerpolitik nach dem Zweiten Weltkrieg

Die Jahre nach dem Zweiten Weltkrieg standen im Zeichen der Politik der ›Indian Claims Commission‹. Sie wurde 1946 eingerichtet, um alle aus alten Verträgen der Indianer mit der US-Regierung resultierenden Gebiets- und Reparationsansprüche der Native Americans ein für allemal zu klären und abzugelten. Rechtmäßigen Landansprüchen sollte nicht durch Rückgabe, sondern durch finanzielle Entschädigungen weit unter dem tatsächlichen Wert entsprochen werden. Da die Kommission sich mit enormen Gebietsansprüchen beschäftigen und viele Landforderungen anerkennen musste, versuchten die in den 1950er Jahren dominanten konservativen Kräfte des Landes das Problem auf andere Weise zu lösen.

1953 verabschiedete der US-Kongress eine Resolution mit dem Ziel, den bis dato gültigen Sonderstatus der Reservationsindianer aufzuheben. Die Folgen waren katastrophal, nicht nur wegen der Konsequenzen in Bereichen wie Soziales und Bildung. Die Indianer verloren dadurch fast ihr gesamtes Reservationsgebiet und büßten ihre ohnehin nur rudimentär vorhandene Eigenständigkeit ein. Über 100 Stämme wurden zwischen 1954 und 1962 durch erzwungene Auflösung ausradiert.

Zur damaligen Zeit lernten die Indianer von der schwarzen Bürgerrechtsbewegung, sich zu organisieren und für ihre Rechte und Interessen zu kämpfen. Das war auch bitter nötig, wollten sie nicht Gefahr laufen, völlig verdrängt zu werden. Im Zuge der allgemeinen Reformpläne des neu gewählten Präsidenten John F. Kennedy und später auch unter den Präsidenten Johnson und Nixon reifte in der Administration die Einsicht, dass das Indianerproblem ohne ein größeres Selbstbestimmungsrecht für diese Volksgruppe nicht zu lösen war.

Die 1970er Jahre waren durch ein konstruktives Verhältnis zwischen Indianern und US-Regierung gekennzeichnet. Zahlreiche wichtige Gesetze zum Wohl der Ureinwohner in Bereichen wie Ausbildung, Selbstbestimmung, medizinische Versorgung und religiöser Freiheit wurden erlassen.

Mit der 1980 ins Amt gekommenen Regierung Reagan veränderte sich die Situation wieder zu Ungunsten der Native Americans. Präsident Bill Clinton war der erste Amtsinhaber überhaupt, der 1994 Vertreter sämtlicher 547 Stämme, die auf amerikanischem Boden leben, ins Weiße Haus einlud, um eine neue Partnerschaft zwischen Regierung und Urbevölkerung zu demonstrieren.

## Schwarze Bürgerrechtsbewegung

Vorrangige Stoßrichtung der allumfassenden FBI-Umtriebe in den 1960er Jahren war die schwarze Bürgerrechtsbewegung. FBI-Boss Edgar Hoover persönlich gab das Motto aus, »das Erstarken schwarzer Gruppen zu verhindern und ihr öffentliches Bild zu zerstören«. Im Februar 1968 erging die Anweisung an die COINTELPRO-Agenten, »den Aufstieg eines schwarzen Messias wie Martin Luther King oder Stokeley Carmichael zu verhindern«. Zwei Monate später traf King vor dem Lorraine Motel in Memphis eine tödliche Kugel.

Den Zorn des weißen Establishments hatte King nicht nur wegen seines entschiedenen Eintretens für die Gleichberechtigung der Afroamerikaner auf sich gezogen. Hinzu kam, dass er als einer der ersten Prominenten gegen den Vietnamkrieg protestierte.

### Schwarzes Bewusstsein

Ähnlich wie die Native Americans weisen auch die Schwarzen seit einigen Jahren durch ihre selbst gewählte Bezeichnung Afro-Americans darauf hin, dass sie in den USA nicht nur eine rassische Minderheit, sondern Teil der Gesamtgesellschaft sind. Gleichzeitig ist

**Jugendliche vor einem M. L.-King-Bild im Battery Park in Manhattan**

der Name ein Herkunftshinweis. Die ersten Schwarzen wurden schon wenige Jahre nach Gründung der englischen Kolonie Jamestown als Fronarbeiter in die Südstaaten verschleppt. Der Bürgerkrieg (1861–65) setzte der Sklaverei in den USA ein Ende, nachdem bis dahin 10–12 Mio. Schwarze in die westliche Hemisphäre deportiert worden waren.

Ein Meilenstein auf dem Weg zur Gleichberechtigung war erst 1954 mit einer Entscheidung des Obersten Bundesgerichts erreicht. Die Richter monierten die ›Farbenblindheit‹ der Verfassung und verboten die Rassentrennung in Schulen – für die schwarze Bürgerrechtsbewegung ein wichtiger Etappensieg auf dem Weg zur Gleichberechtigung.

# Zeittafel

| | |
|---|---|
| **Ab ca. 40 000 v. Chr.** | Die ersten Menschen wandern von Asien kommend über die Beringstraße nach Amerika ein. |
| **Um 1000 n. Chr.** | Wikinger stoßen mit ihren Schiffen bis an die Ostküste Nordamerikas vor. |
| **15.–16. Jh.** | Nach Christoph Kolumbus gelangen weitere Entdecker wie John Cabot, Giovanni da Verrazano und Jacques Cartier an die Nordostküste Amerikas. Der Spanier Juan Ponce de León betritt 1513 als erster Europäer den Boden Floridas. |
| **17. Jh.** | In Jamestown (VA) entsteht 1607 die erste permanente englische Niederlassung in Amerika. Danach erreichen englische Pilgerväter mit der ›Mayflower‹ Massachusetts, und niederländische Siedler legen den Grundstein für New York. |
| **Ab 1773** | Mit der ›Boston Tea Party‹ beginnt in Neuengland der organisierte Widerstand gegen England, der am 4. Juli 1776 in der Proklamation der amerikanischen Unabhängigkeit gipfelt. Der folgende Revolutionskrieg endet 1781 mit der Kapitulation Englands. |
| **1788** | Annahme der US-Verfassung |
| **1789** | George Washington, ehemaliger Oberbefehlshaber der amerikanischen Kontinentalarmee, wird erster US-Präsident (bis 1797). |
| **1812–1820** | Der zweijährige britisch-amerikanische Krieg endet 1814. Wenige Jahre später tritt Spanien für 5 Mio. Dollar Florida an die USA ab. Die erste große Einwanderungswelle des 19. Jh. lässt die Einwohnerzahl rapide nach oben schnellen. |
| **1861–1865** | Der amerikanische Bürgerkrieg endet mit der Kapitulation der Südstaaten. US-Präsident Abraham Lincoln fällt in Washington D. C. einem Attentat zum Opfer. |
| **1866–1869** | Der 13. Verfassungszusatz schafft die Sklaverei offiziell ab. Das 15. Amendment sichert allen US-Bürgern ungeachtet der Rasse und Hautfarbe das Wahlrecht. |
| **1903** | Die Gebrüder Wright schreiben in Kitty Hawk (NC) mit dem ersten motorisierten Flug Luftfahrtgeschichte. |

| | |
|---|---|
| Die Native Americans (Indianer) bekommen die Staatsbürgerschaftsrechte zuerkannt. | **1924** |
| Charles Lindbergh überquert als erster Pilot nonstop den Atlantik. | **1927** |
| Beginn der Weltwirtschaftkrise | **1929** |
| Nach dem japanischen Angriff auf Pearl Harbor 1941 werden die USA in den Zweiten Weltkrieg hineingezogen. Vier Jahre später findet die Jalta-Konferenz mit Roosevelt, Churchill und Stalin statt. | **1941–1945** |
| Der Oberste Gerichtshof erklärt die Rassentrennung in Schulen für verfassungswidrig. | **1954** |
| Präsident J. F. Kennedy wird in Dallas erschossen. | **1963** |
| Vietnamkrieg | **1963–1975** |
| Der ›Voting Rights Act‹ sichert allen afro-amerikanischen Bürgern das Wahlrecht. Martin Luther King wird in Memphis ermordet. | **1965** |
| Apollo-11-Mission: Neil Armstrong als erster Mensch den Mond. | **1969** |
| Der Watergate-Skandal zwingt Präsident Nixon zum Rücktritt. | **1973** |
| Das NASA-Raumflugprogramm erleidet einen schweren Rückschlag, als das Space-Shuttle ›Challenger‹ explodiert und alle Besatzungsmitglieder in den Tod reißt. | **1986** |
| Nach chaotischer Präsidentschaftswahl siegt George W. Bush. | **2000** |
| Selbstmordattentate am 11. September auf das World Trade Center in New York und das Pentagon bei Washington D. C. kosten fast 3000 Menschen das Leben. Die Doppeltürme des WTC stürzen ein. | **2001** |
| Mehrere Hurrikans ziehen den Südosten der USA und insbesondere Florida schwer in Mitleidenschaft. Zahlreiche Menschen verlieren ihr Leben. Die Sachschäden gehen in die Milliarden. | **2004–2005** |
| Jamestown in Virginia feiert den 400. Jahrestag der Gründung der ersten ständigen englischen Siedlung auf US-Boden. | **2006** |

# Gesellschaft und Alltagskultur

**Viele Amerikaner halten den American Way of Life für den passenden Schlüssel zur Glückseligkeit. Als Gemisch von Werten, gesellschaftlichen Normen, Konsumgewohnheiten und Mentalitäten wird die typische amerikanische Lebensart von den einen gepriesen, von den anderen verteufelt. Dazwischen bleibt wenig Raum.**

Vom Savoir-vivre der Franzosen einmal abgesehen gibt es vermutlich keine nationalspezifische Lebensart, deren weltweiter Bekanntheitsgrad mit dem American Way of Life konkurrieren kann. Die Gründe dafür liegen auf der Hand. Diese Lebensart kommt plakativ daher, ist stark konsumorientiert und wird als global kompatibles, prototypisches Verhaltensmuster betrachtet, das seine Kraft aus Coca-Cola und Cheeseburger und seinen ideologischen Unterbau aus der Bill of Rights bezieht, die das Streben nach Glück schon vor über 200 Jahren als fundamentales Menschenrecht festgeschrieben hat.

## Der American Way of Life

Auch die amerikanische Unabhängigkeitserklärung äußert sich zu amerikanischen Werten und nennt Normen und Überzeugungen, deren Gültigkeit nicht in Frage gestellt wird. Genauso wie die Bill of Rights betont sie das verfassungsrechtlich verbriefte unveräußerliche Recht auf Streben nach Glück *(pursuit of happiness)*. Dieser Grundgedanke führte während des wirtschaftlichen Aufschwungs in der ersten Hälfte des 20. Jh. zu einem bis heute fortlebenden Mythos der US-Gesellschaft, der besagt, dass es jedes Individuum vom Tellerwäscher zum Millionär bringen kann, wenn dieses Ziel nur entschlossen genug in Angriff genommen wird.

Der American Way of Life und der American Dream sind das Erfolgsduo der US-Gesellschaft. Bei der Konferenz der Vereinten Nationen für Umwelt und Entwicklung im Jahr 1992 in Rio de Janeiro verweigerte sich Präsident George Bush Senior dauerhaften Schritten, um die Umwelt vor menschlichen Aktivitäten zu schützen und prägte den seit damals häufig zitierten Satz, der American Way of Life sei nicht verhandelbar. Damit bescheinigte er der amerikanischen Lebensweise eine vitale Funktion in der US-Gesellschaft und eine die Mentalität der Amerikaner prägende Rolle. Tatsächlich liegt dem Lebenskonzept nicht nur das Recht des Individuums auf Chancengleichheit und größtmögliche Freiheit zugrunde, sondern sogar die tiefe Überzeugung, dass der American Way of Life überhaupt die einzig richtige Lebensart sei.

### Stützpfeiler Familie

Ein fester Pfeiler, auf dem die amerikanische Gesellschaft ruht, ist die Familie. Ähnlich wie in anderen westlichen Ländern hat es in den USA in den vergangenen Jahrzehnten signifikante Veränderungen in den Familienstrukturen gegeben: steigende Scheidungsraten, zerrüttete Ehen, immer mehr Alleinerziehende, Adoptivfamilien. Dennoch zeigen sich die Vereinigten Staaten als familienorientiertes Land, in dem die intakte Familie als uneinnehmbare Festung der viel beschworenen ›amerikanischen‹ Werte gilt.

Was das Zusammenleben in amerikanischen Familien nicht gerade leichter macht, ist die Tatsache, dass viele Erwachsene notgedrungen mehreren beruflichen Tätigkeiten nachgehen und sogar die Kinder als Babysitter oder Zeitungsboten Geldverdiener sind. Die USA gehören zwar zu den Industrieländern mit dem höchsten Pro-Kopf-Einkommen der Welt. Aber selbst Familien des Mittelstandes kommen mit einem einzigen Einkommen nicht mehr aus. Über die Hälfte aller über 16 Jahre alten Amerikanerinnen geht einer bezahlten Beschäftigung nach. Über 60 % der Mütter mit Kindern unter sechs Jahren arbeiten zumindest Teilzeit außer Haus.

## Soziales Engagement und Wohltätigkeit

In vielen Familien sind private Spenden und unentgeltliches Engagement etwa für die Gemeinde oder die Pfarrei üblich, getreu dem Satz von Präsident John F. Kennedy aus seiner Antrittsrede im Januar 1961: »Frage nicht, was dein Land für dich tun kann. Frage, was du für dein Land tun kannst.« Über 80 % aller Schüler beteiligen sich an außerschulischen Programmen wie Sport, Schülerzeitung, Theatergruppen, Diskussionsgruppen, Chor oder Schulorchester. Hinzu kommt bei vielen Jugendlichen die Mitarbeit in wohltätigen Organisationen und Verbänden wie etwa den Pfadfindern oder beim Umweltschutz. Populär sind ›Adopt a Highway‹-Programme, bei denen Schulklassen Patenschaften für bestimmte Straßenabschnitte übernehmen und sie sauber halten, oder Beautification-Aktionen, bei denen es um die Verschönerung von Straßenzügen oder Parks geht. Junge Menschen werden mit solchen Aktivitäten an ein soziales Engagement herangeführt, das sie auch als Erwachsene fortführen, ob bei der freiwilligen Feuerwehr, als Vorleserin in Behindertenheimen oder als Schülerlotse. Freiwillige gemeinnützige Arbeiten entsprechen in den USA jedes Jahr einer Arbeitsleistung von über 200 Mrd. $.

## Der ›göttliche Supermarkt‹

In keinem anderen westlichen Land ist die Zugehörigkeit der Einwohner zu einer religiösen Gruppierung prozentual so hoch wie in den USA. Diesbezüglich drängt sich ein Vergleich zwischen Religion und Wirtschaft auf, weil in beiden Bereichen eine hemmungslose Konkurrenz herrscht. Nach Meinung des Schriftstellers Malise Ruthven ist das religiöse Amerika »zu einem göttlichen Supermarkt geworden, wo sich für nahezu jeden erdenklichen Geschmack eine Kirche finden oder erschaffen lässt«.

Die Fanatisierung bestimmter religiöser Gruppierungen hat in Amerika schon früh zu Auswüchsen geführt, wie etwa die Hexenverfolgungen Ende des 17. Jh. in Salem in Massachusetts zeigen. Puritanisch orientierte Weiße waren häufig von der Überlegenheit ihrer Rasse überzeugt und betrachteten sie als gottgewollt. Hauptsächlich im Süden der Vereinigten Staaten verfolgten sie Schwarzen gegenüber eine rassistische Politik der Apartheid und gründeten 1915 in Georgia den neuen Ku-Klux-Klan, dessen Wurzeln ins 19. Jh. zurückreichen. Der Club der Kapuzenmänner soll heute noch etwa 7000 Mitglieder haben.

## Megakirchen

Der Kirchgang gehört in den USA, wo sich über 80 % der Bevölkerung als Christen bezeichnen, für viele gläubige Familien zur sonntäglichen Pflicht. So genannte Megakirchen, die konfessionell ungebunden sind und in Gottesdiensten über 2000 Besucher zählen, boomen im ganzen Land. Über 1000 dieser evangelikalen Einrichtungen soll es geben, die an der Evolutionslehre zweifeln, die Bibel für unfehlbar und Homosexualität für eine schlimme Sünde halten. Auch in den eigenen vier Wänden sind diese Kirchen und Prediger durch das Fernsehen präsent. So genannte Tele-Evangelisten besitzen oft eigene TV-Stationen, über die sie Einfluss auf die öffentliche Meinung nehmen und durch Spendenaufrufe erhebliche finanzielle Mittel sammeln. Mit der Wahrheit und Ehrlichkeit nehmen es manche fanatisierte ›Vertreter Gottes‹ allerdings nicht sehr genau, wie viele Fälle von Betrug und moralischer Verfehlung beweisen.

### ›Shop till you drop‹

Amerika wird aus gutem Grund als Konsumparadies apostrophiert. Gerade in den Ballungsgebieten des Ostens gibt es eine riesige Auswahl an Einkaufsmöglichkeiten von der Boutique bis zum Supermarkt, vom Gemüseladen bis zu Outlet-Mall und vom Farmers Market bis zum Flohmarkt. Längst wird Einkaufen nicht mehr als Notwendigkeit, sondern als vergnüglicher Zeitvertreib betrachtet. Und längst ist normales Shopping eine Verbindung mit Entertainment eingegangen, wofür amerikanische Werbestrategen Begriffe wie Retailtainment und Shoppertainment und Architekten die ›Mall‹ erfunden haben.

›Shop till you drop‹ (Einkaufen bis zum Umfallen) ist eine häufig zitierte Devise, die ungebremsten Konsum mit hoher Lebensqualität gleichgesetzt. Ein riesiges Warenangebot, lange Ladenöffnungszeiten, Sonderan- gebote en masse und eine allgegenwärtige Werbung haben sich als treibende Kräfte bewährt.

### Verbraucherschutz

Die Macht der Verbraucher ist in den USA heute eine fest etablierte Größe, die schon vor 100 Jahren in der amerikanischen Literatur thematisiert wurde. 1906 erschien das Buch ›Der Dschungel‹ des amerikanischen Schriftstellers Upton Sinclair, eine schreiende Anklage u. a. gegen die unhaltbaren hygienischen Zustände in den riesigen Schlachthöfen Chicagos. Folge war eine deutlich schärfere Gesetzgebung zum Schutz der Verbraucher. In den 1960er Jahren proklamierte Präsident John F. Kennedy das Recht aller Amerikaner auf sichere Produkte und umfassende Produktinformationen. Um dieselbe Zeit inszenierte der Rechtsanwalt Ralph Nader medienwirksame Boykottaktionen u. a. gegen die amerikanische Automobilindustrie und wurde zur Galionsfigur der Verbraucherschützer. Unter den heute knapp drei Dutzend großen Verbraucherschutzorganisationen ist die 1936 gegründete Consumers Union auf nationaler Ebene die einflussreichste.

## Kriminalität und Sicherheit

Nicht erst seit den Schießereien in Schulen, wie in Littleton (Colorado), Jonesboro (Arkansas), Pearl (Mississippi) und Springfield (Oregon) sowie den Terroranschlägen vom 11. September 2001 treibt die Frage der Sicherheit Amerikaurlauber um. Noch hautnaher hat die US-Bevölkerung damit zu tun.

Ein hoher Prozentsatz von Verbrechen in den Vereinigten Staaten steht im direkten Zusammenhang mit Drogenhandel und -konsum. Von der Regierung wurden spezielle Behörden eingerichtet, die grenzübergreifend mit anderen Regierungen zusammenarbeiten, um Drogenanbau und -schmuggel einzudämmen. Mit der Drug Enforcement

**›Deine Chance – nutze sie‹ – Bostoner Polizisten vor einer Werbewand**

Administration (DEA) ist dem US-Justizministerium eine sowohl national wie international operierende Anti-Drogen-Behörde unterstellt, die in vielen Hauptstädten der Welt vertreten ist und sogar eine eigene Flugzeugflotte für Operationen im eigenen Land und auf internationaler Ebene unterhält. In Schulen und gemeinnützigen Organisationen laufen zahlreiche Projekte, um über die Gefahren des Drogenkonsums aufzuklären und Drogenabhängigen zu helfen.

Andererseits sind Zusammenhänge zwischen Kriminalität und schrumpfendem Einkommen eindeutig nachweisbar, wenn etwa die Löhne am unteren Ende der Einkommensskala den Lebensunterhalt nicht mehr sichern können.

## ›Null Toleranz‹

Generell ist seit Anfang der 1990er Jahre eine sinkende Kriminalitätsrate feststellbar. In den Jahren 1992–2000 sank die allgemeine Verbrechensrate um 26,5 %. Zwischen 2003 und 2004 gingen Verbrechen wie Mord, Vergewaltigung und Raub um 1,7 %, Eigentumsdelikte um 1,8 % zurück. Manche Analysten führen das auf den verstärkten Polizeieinsatz speziell in großen Städten zurück. So zum Beispiel in Manhattan, wo der ehemalige Bürgermeister Giuliani schon 1994 eine ›Zero-Tolerance‹-Kampagne initiierte, die selbst bei kleineren Vergehen und Verstößen keine Nachgiebigkeit duldete und Kleindealer, Straßenstricher, Graffitisprüher und aggressive Bettler ins Visier der Polizei rückte.

Harte Konsequenzen drohten selbst den Schwarzfahrern. Bei entsprechenden Verkehrskontrollen stellte sich heraus, dass jeder 438. Verkehrsteilnehmer eine illegale Schusswaffe bei sich trug. Daraus ergab sich ein Handlungskonzept nach der Devise: Wenn wir Kleinigkeiten nicht mehr durchgehen lassen, erledigen sich die großen Probleme von selbst. Im Zuge dieser Kampagne wurde etwa die Gegend um den Times Square erkennbar sauberer und sicherer. Kritiker werfen dem Konzept aber vor, dass es sich als Teil eines neokonservativen Generalangriffs auf Sozialhilfe, Gesundheitsversorgung und sozialen Wohnungsbau u. a. gegen Arme und Obdachlose richtet, die der städtischen Ausrichtung auf die Bedürfnisse und Konsuminteressen einer privilegierten Stadtbevölkerung geopfert werden.

### Starke Waffenlobby

Bei der operativen Strategie des New York Police Department spielt die Waffenkontrolle eine wichtige Rolle, ein Thema, das Amerika seit Jahrzehnten spaltet. Zwischen Waffengegnern und schätzungsweise 60 bis 80 Mio. Schusswaffenbesitzern öffnen sich tiefe kulturelle und soziale Abgründe. Eine starke Lobby in Gestalt der ca. 3 Mio. Mitglieder starken National Rifle Association (NRA) hat bis heute die Eindämmung des privaten Schusswaffenbesitzes weitgehend verhindert.

## Sport und Freizeit

Sportliche Aktivitäten und Sportevents sind aus dem amerikanischen Alltag nicht wegzudenken. Neben typisch amerikanischen Nationalsportarten wie American Football, Baseball und Basketball sind auch Golf, Eishockey, Tennis und Autorennen populär. Wahrscheinlich haben nirgends auf der Welt berühmte Sportler in der Gesellschaft einen solchen Vorbildcharakter wie in den USA, und zwar ungeachtet ihrer Hautfarbe oder Religion. Die Verehrung der Stars nimmt zum Teil geradezu religiöse Züge an, was nicht nur an ihren außergewöhnlichen Leistungen, sondern auch an ihren Supergehältern und zum Teil am extrovertierten Lebenswandel liegt. Der legendäre Baseballheld Joe DiMaggio (1914–1999), der im ›Nebenberuf‹ mit Marilyn Monroe verheiratet war, kommt sogar in dem berühmten Filmsong ›Mrs. Robinson‹ des Gesangsduos Simon und Garfunkel vor.

Kein Wunder, dass die Heroen der großen Sportarten in eigens eingerichteten Ruhmeshallen gefeiert werden wie der Georgia Sports Hall of Fame in Macon (Georgia), der National Baseball Hall of Fame in Cooperstown (New York), der Pro Football Hall of Fame in Canton (Ohio), der Naismith Memorial Basketball Hall of Fame in Springfield (Massachusetts) und der International Tennis Hall of Fame in Newport (Rhode Island). Dem in den USA so populären Golfsport sind im Osten sogar zwei Museen gewidmet, die Georgia Golf Hall of Fame in Augusta (Georgia) und die World Golf Hall of Fame in St. Augustine (Florida). Der Golfprofi Tiger Woods schaffte es ebenso in die Forbes-Rangliste der 100 berühmtesten Menschen der Welt wie die Tennisschwestern Serena und Venus Williams und ihr Berufskollege Andre Agassi, der Basketballer Michael Jordan, der Radprofi Lance Armstrong und der Boxer Oscar de la Hoya.

### Mega-Ereignis Superbowl

Kein Sporteignis auf amerikanischem Boden kann mit dem so genannten Superbowl konkurrieren, dem Finale der amerikanischen Football-Profiliga NFL. Die TV-Sender können bei diesem gigantischen Event mit weltweiten Einschaltquoten von einer Milliarde Menschen rechnen. Das Endspiel der Sieger der beiden NFL-Ligen American Football Conference und National Football Conference findet seit 1967 jeweils am letzten Wochenende im Januar oder eine Woche später im Februar statt, wobei die Austragungsorte wechseln. Typisch für sportliche Großveranstaltungen dieser Art ist das stark patriotisch angehauchte Vorprogramm mit Hymnen, Fahnenträgern aller Waffengattungen und F 14-Kampfjets, die über das Stadion donnern.

## Der Umgang miteinander

Der Zwang zur Mobilität wirkt sich nach Meinung mancher Wissenschaftler negativ auf den Zustand der Gesellschaft aus. Beständiger Ortswechsel, so argumentieren sie, verhindere die lokale Verankerung und Verbindung von Menschen und erschwere die Gestaltung eines gesellschaftlichen Raums. Enge Bindungen einzugehen, Freundschaften zu schließen und gut nachbarschaftliche Verhältnisse zu pflegen, lohne sich unter diesen Umständen kaum. Besucher aus Europa nehmen den umgänglichen Charakter und die Unkompliziertheit der Amerikaner positiv zur Kenntnis, ebenso wie die fast allenthalben vorhandene große Hilfsbereitschaft. Aus dem zwang- und formlosen Umgang im zwischenmenschlichen Bereich auf einen Mangel an Umgangsformen zu schließen, wäre ein Fehler. Diesbezüglich korrektes Verhalten ist in den USA das A und O. Nachdem man sich kennen gelernt hat, nennt man sich zwar häufig beim Vornamen. Dabei hat diese Anrede nicht unbedingt den Charakter des deutschen ›Du‹, sondern ist deutlich distanzierter. Geschäftliche Kontakte beginnen in der Regel förmlich. Je nach Hierarchie bzw. gegenseitiger ›Chemie‹ kommt man dann mehr oder weniger schnell zum Vornamen, was den Umgang verbindlicher macht.

**Offizielle Feiertage**
New Year's Day (1. Jan.): Neujahr
Martin Luther King Day (3. Mo im Jan.): Geburtstag von M. L. King
Presidents' Day (3. Mo im Feb.): Geburtstag von George Washington
Memorial Day (letzter Mo im Mai): Totengedenktag; Beginn der Urlaubssaison
Independence Day (4. Juli): Unabhängigkeitstag)
Labor Day (1. Mo im September): Tag der Arbeit; Ende der Urlaubssaison
Columbus Day (2. Mo im Okt.): Erinnerung an die Landung von Christoph Kolumbus in Amerika
Veterans Day (11. Nov.): Gedenktag für die Kriegsveteranen
Thanksgiving Day (4. Do im Nov.): Erntedankfest
Christmas Day (25. 12.): Weihnachten

In Wahljahren kommt der **Election Day** hinzu, der Dienstag nach dem ersten Montag im November. Fällt ein Feiertag auf einen Sonntag, ist der darauf folgende Montag arbeitsfrei. Einzelne Bundesstaaten begehen weitere Feiertage.

## Feste und Veranstaltungen

Wichtigster Feiertag im Jahr ist der **Unabhängigkeitstag** am 4. Juli zur Erinnerung an die Unterzeichnung der Unabhängigkeitserklärung 1776. An diesem Tag ist ganz Amerika auf den Beinen, um an Paraden, kostenlosen Konzerten und vielen anderen kulturellen Veranstaltungen teilzunehmen. Auf Coney Island bei New York City findet am Nationalfeiertag seit 1916 der ›International Hot Dog-Eating-Contest‹ statt. Der Rekordhalter der letzten Jahre brachte es auf immerhin 53 Würste mit Brötchen innerhalb von zwölf Minuten. Abschluss des Tages bildet in vielen Städten ein Feuerwerk, das vor allem in New York City seinesgleichen sucht und regelmäßig den East River in ein funkelndes Lichtermeer taucht. Am besten kann man das nächtliche Schauspiel von der Südspitze von Roosevelt Island verfolgen. Am vierten Donnerstag im November feiern die Amerikaner im Familienkreis oder mit guten Freunden **Thanksgiving** (Erntedankfest), neben Weihnachten das wichtigste Familienfest. Fast überall läuft es nach einem festen Ritual ab. Die Hausfrau legt ihren ganzen Ehrgeiz in das Festessen, das in der Regel aus Truthahn mit Preiselbeersauce und variierender Füllung besteht. Zum Nachtisch ist der im Herbst ohnehin beliebte Pumpkin Pie, ein Kürbiskuchen, obligatorisch. Natürlich dürfen auch Marshmallows nicht fehlen, wovon in Amerika Jahr für Jahr etwa 45 Mio. kg konsumiert werden.

# Architektur und Kunst

**Manhattans gigantische Wolkenkratzerarchitektur, hauptstädtischer Neoklassizismus in Washington D. C., Art déco in Miami Beach, Weltliteratur aus dem Greenwich Village und aus Key West, Musikshows aus der Musicalwiege am Broadway, Countrymusic im Nashville-Stil und Pop-Art beispielsweise von Andy Warhol: Amerikas Kunst- und Kulturszene überschlägt sich in ihrem Facettenreichtum.**

## Highlights der Architektur

Himmelstürmende Gigantomanie ist nur eines zahlreicher Kennzeichen der Architektur im Osten. Einwanderertraditionen aus unterschiedlichen Teilen der Welt und eine Vielzahl von Baustilen gestalteten die USA seit der Unabhängigkeit 1776 äußerst vielfältig. Stand die Zeit vor 1860 vor allem bei Staats- und Verwaltungsbauten im Zeichen des Greek Revival, einer Hinwendung zu Vorbildern aus der griechischen Antike, so kam um 1825 mit dem viktorianischen Zeitalter ein Baustil in Mode, der sich in zahlreiche Stilrichtungen wie etwa Second Empire und Queen Anne aufspaltete. Über die Beaux-Arts-Periode mit monumentalen Portalen, Stuckaturen und üppigem Skulpturenschmuck und die Zeit des Art déco reichen die Architekturzeugnisse heute bis in die Postmoderne.

### Markenzeichen Wolkenkratzer

Woran denkt man zuerst, wenn von New York City die Rede ist? Wahrscheinlich an Manhattans Skyline, die sich im Wasser des Hudson und des East River spiegelt. Dabei wurde der erste Wolkenkratzer nicht einmal hier, sondern in Chicago nach Plänen des Architekten William Le Baron Jenny (1832–1907) zwischen 1883 und 1885 errichtet.

Jennys Prototyp machte auch in Manhattan Schule, wo Stararchitekt Louis Sullivan 1898 das mit einer Terrakottafassade versehene Bayard-Condict Building in der Bleecker Street nach dem neuen Prinzip entwarf. Die zwölf Stockwerke dieses Bauwerks wurden schon vier Jahre später durch Sullivans Kollegen David H. Burnham in den Schatten gestellt. An der Ecke Broadway und Fifth Avenue ragte auf einem dreieckigen Grundstück das Flatiron Building für die damalige Zeit geradezu irrwitzige 87 m in den Himmel, sodass die Bevölkerung schon bei der Einweihung des an ein Bügeleisen erinnernden Gebäudes einen Spitznamen parat hatte: Burnham's Folly – Burnhams Torheit.

Eine Renaissance des ›Größenwahns‹ läuteten die Architekten in den 60er und 70er Jahren des 20. Jh. mit dem Bau der Doppeltürme des World Trade Center ein, die am 11. September 2001 einem radikal-islamistischen Terroranschlag zum Opfer fielen. Kaum war der Schock über die grauenvolle Tat abgeklungen, deutete sich an, dass das unter dem Namen ›Ground Zero‹ bekannt gewordene Gelände neu bebaut werden würde. Nach endlosen Diskussionen präsentierten im Dezember 2003 die Architekten Daniel Libeskind und David Childs ihre Entwürfe, die als Herzstück des aus fünf Hochhäusern bestehenden Komplexes den so genannten Freedom Tower vorsehen. Der konische, mit einer prismenartigen Fassade und einem Stahl-Titan-Betonkern ausgestattete Turm soll die symbolische Höhe von 1776 ft. (541,32 m) erhalten, mit der an die Proklama-

**Auch nachts ein einzigartiges Erlebnis: das ›Hochhausmeer‹ von Manhattan**

tion der amerikanischen Unabhängigkeitserklärung am 4. Juli 1776 erinnert wird.

## Wie ›Vom Winde verweht‹

Für viele USA-Reisende ist allein das unvergleichliche ›Vom Winde verweht‹-Flair der Südstaaten eine Reise wert. Plantagen mit prächtigen Herrenhäusern wie etwa Drayton Hall bei Charleston oder Shirley Plantation am James River in Virginia versinken in subtropischer Vegetation und zeugen vom Reichtum und abgehobenen Lebensstil ehemaliger Pflanzer. Sklavenquartieren wie auf der Boone Hall Plantation bei Charleston erinnnern an die unselige Ära der Zwangsarbeit. Viele Anwesen stammen aus der Zeit vor dem amerikanischen Bürgerkrieg (1861–1865) und werden deshalb als Antebellum-Häuser bezeichnet.

## Im Bann der Painted Ladies

Am Antebellum-Trail in Georgia bestand die vor 1860 entstandene Architektur zum großen Teil aus dem seit ca. 1825 populären viktorianischen Stil, der sich in verschiedenen Strömungen manifestierte, wie Gothic Revival (Neogotik, aufgrund der Holzarchitektur auch Carpenter Gothic genannt), Italianate (an italienischen Villen orientiert), Second Empire (Periode des Zweiten französischen Kaiserreiches von 1852–1870), Romanesque Revival (Neoromanik) und Queen Anne (seit ca. 1890). Waren die meist aus Holz gebauten Häuser vor 1860 noch relativ simpel, entstanden gegen Ende des 19. Jh. vielerorts viktorianische Paläste, die wegen ihrer hübschen, zumeist pastellfarbenen Fassaden ›Gingerbread Houses‹ (Lebkuchenhäuser) oder ›Painted Ladies‹ genannt wurden. Quasi ein Open-Air-Museum viktorianischer Architektur ist Cape May an der Küste von New Jersey.

## Art déco

Als Mekka dieses Stils gilt das Stadtviertel South Beach in Miami Beach, Amerikas größter Art-déco-Distrikt. Manche Gebäude sehen aus wie gestrandete Ozeandampfer, die im Lauf der Zeit zu Stein erstarrten. Balkone täuschen die Sonnendecks von Luxuslinern vor. Statt aus Fenstern blicken die Bewohner aus runden Bullaugen, und Aufzugsschächte auf Dächern wachsen als altmodische Schornsteine von Dampfschiffen und Steuermannsbrücken in den Himmel. Stuckdekor gaukelt Betrachtern vor, die Häuserwände seien von Nieten mit runden oder eckigen Köpfen zusammengehalten.

Art déco, eine Abkürzung für *arts décoratifs,* bezeichnet eine Stilrichtung, die das Kunsthandwerk, aber auch Fotografie, Plakatkunst und Bildhauerei, Bühnenbilder und Kostüme des Theaters und vor allem die Architektur zwischen 1920 und 1940 beeinflusste. Wichtige Anregungen gingen von der Wiener Werkstätte, dem Deutschen Werkbund, der niederländischen Stijl-Bewegung und dem Bauhaus aus. Art déco verband Elemente des vorangegangenen Jugendstils mit dem Funktionalismus der 1920er Jahre und der Bewegung des Futurismus.

## Oasen der schreibenden Zunft

Amerika ist flächenmäßig so groß und historisch bedingt so unterschiedlich, dass die Literatur sowohl regional als auch thematisch sehr unterschiedlich geprägt ist. Das gilt etwa für die Südstaatenliteratur, in der nach dem Bürgerkrieg Niedergang und Pathos vergangener Größe beispielsweise in den Werken von William Faulkner und in Margaret Mitchells ›Vom Winde verweht‹ zum prägenden Motiv wurden. Neben geografisch gefärbten und themenbezogenen Schwerpunkten fällt gerade im östlichen Teil des Landes auf, dass sich Schriftsteller von bestimmten Kristallisationspunkten amerikanischer Kunst und Kultur magisch angezogen fühlten und bevorzugt dort arbeiteten.

### Literatenwinkel Greenwich Village

In keinem anderen Landesteil wurde mehr gedichtet und über Manuskripten geschwitzt, die Einsamkeit des Schreibens konsequenter im Alkohol ertränkt oder über den Endfassungen von Theaterstücken die Nacht zum Tag gemacht als im Stadtteil Greenwich Village in Manhattan. Die Liste der Poeten und Kritiker, Romanciers und Dramatiker, die dort arbeiteten, liest sich wie ein ›Who is Who‹ der amerikanischen Literatur. Das hat wahrscheinlich mit den unleugbaren ›Standortvorteilen‹ des Village zu tun. Man lebt dort quasi am Rand der Stadt, ohne die Hand vom hektischen Puls der Riesenmetropole nehmen zu müssen.

### Literaten auf der Spur

Theodore Dreiser (1871–1945) saß in der West 11th Street über dem sozialkritischen Roman ›Eine amerikanische Tragödie‹. Sinclair Lewis (1885–1951), ein unbestechlicher Beobachter der amerikanischen Mittelklasse, verließ 1910 seine Heimat Minnesota und mietete sich im Village in der Charles Street ein. Zwanzig Jahre später wurde er als erster Amerikaner mit dem Literaturnobelpreis ausgezeichnet. Der Dramatiker Eugene O'Neill (1888–1953), bezeichnenderweise in einem Familienhotel am Broadway geboren, arbeitete eine Zeit lang im Provincetown Playhouse (133 MacDougal St.). Der walisische Lyriker Dylan Thomas (1914–1953) saß am liebsten in der Eckkneipe White Horse Tavern (567 Hudson St.). Mit Susan Sontag (1933–2004) ließ sich eine der einflussreichsten Intellektuellen der USA und seit dem Jahr 2000 eine der hartnäckigsten Kritikerinnen der Bush-Regierung eine Zeit lang vom Greenwich Village inspirieren

### Höchste ›Dichterdichte‹

Die Insel und das gleichnamige Städtchen Key West am südlichen Ende der Florida Keys sind nicht nur ein reizvolles Tropenparadies. Seit den 1920er Jahren avancierten sie auch zum Sammelplatz bedeutender Literaten, die dort zumindest temporär lebten und arbeiteten. Heute sind lokalpatriotische Einwohner stolz darauf, dass der Flecken pro Kopf der Bevölkerung eine größere ›Dichterdichte‹ aufweist als jede andere amerikanische Stadt. Seine literarische Bedeutung begann mit Ernest Hemingway (1899–1961), der dort im Jahr 1931 Fuß fasste und mit Unterbrechungen bis 1961 blieb. Für den vor Ort verfassten Bestseller ›Der alte Mann und das Meer‹ bekam er den Literaturnobelpreis.

Im Jahr 1941 kam mit Tennessee Williams (1911–1983) eine weitere Berühmtheit nach Key West und blieb über drei Jahrzehnte. Ein mit Hemingway vergleichbarer Tennessee-Williams-Rummel existiert in Key West allerdings nicht. An der Duncan Street Nr. 1431 kaufte er sich ein bescheidenes weißes Holzhaus und stattete es ähnlich wie sein großer Kollege mit einem Swimmingpool und einem Arbeitszimmer aus, das er selbst Irrenhaus nannte. In der St. Mary Star of the Sea Catholic Church an der Truman Avenue soll sich der Schriftsteller, der mit ›Endstation Sehnsucht‹ und ›Die Katze auf dem heißen Blechdach‹ weltberühmt wurde, in nicht ganz nüchternem Zustand taufen lassen haben.

Anhänger von Robert Frost (1874–1963), einem der bedeutendsten amerikanischen Lyriker des 20. Jh., finden das ehemalige Cottage des Dichters beim Jessie Porters Heritage House Museum. Frost, in dessen Werk es häufig um die Natur Neuenglands ging, kehrte seiner Heimat Vermont in zahlreichen Wintern in den 1930er Jahren den Rücken, um die kalte Jahreszeit im karibisch angehauchten Key West zu verbringen.

### Horror, Krimi, Fantasy

Mit seinen Gruselgeschichten gilt Edgar Allan Poe gemeinhin als Begründer der ›Gothic Novel‹, wie in den USA das Genre der Schauerromane genannt wird. Wegbereiter war aber genau genommen der Schriftsteller und Journalist Charles Brockden Brown (1771–1810), der in Werken wie dem 1798 erschienenen Buch ›Wieland oder Die Verwandlung‹ effektvolle Elemente und Stilmittel einsetzte, wie sie später auch bei Poe und Nathaniel Hawthorne auftauchten.

In jüngerer Vergangenheit haben zahlreiche amerikanische Autoren das Horror-, Science-Fiction- und Fantasy-Genre für sich entdeckt, damit weltweit Millionenauflagen erzielt und haarsträubende Stoffe für einschlägige Filme produziert. Den Titel ›König des Horrors‹ trägt der 1947 in Portland (Maine) geborene Stephen King mit Stolz. Mit dem Roman ›Carrie‹ schaffte der Englischlehrer 1973 den Durchbruch und wurde im ausgehenden 20. Jh. zu einem der kommerziell erfolgreichsten und produktivsten Schriftsteller seiner Zeit.

Marion Zimmer Bradley (1930–1999) beschäftigte sich offenbar schon während ihrer Schulzeit in Albany, der Hauptstadt des Bundesstaats New York, mit fantastischer und Science-Fiction-Literatur. Wurde sie Anfang der 1970er Jahre mit einem Zyklus über den imaginären Planeten ›Darkover‹ zur Kultautorin einer damals noch bescheidenen Lesergemeinde, landete sie ein Jahrzehnt später mit den Romanen ›Die Nebel von Avalon‹ über die Zeit von König Artus und ›Die Feuer von Troja‹ zwei Erfolge, die ihren Namen international bekannt machten. Allein in Deutschland wurden von ihr mehrere Millionen Bücher verlegt.

Erfahrungen als ehemalige Polizeireporterin und Computeranalytikerin in der Gerichtspathologie kommen Patricia Cornwell zugute, die es mit Romanen wie ›Staub‹, ›Das fünfte Paar‹, ›Das letzte Revier‹ und ›Herzbube‹ zu einer der erfolgreichsten Thrillerautorinnen der Welt brachte. In ihrem Œuvre spielt die Gerichtsmedizinerin Kay Scarpetta die Hauptrolle. Als Kulisse dient u. a. Richmond in Virginia, wo die 1956 in Miami geborene Schriftstellerin seit den 1980er Jahren lebt.

## Musik und Kunst

### Musicalhimmel Broadway

Was im Allgemeinen unter dem Begriff Broadway verstanden wird, ist das Theaterviertel um den Times Square, das sich zwischen 41st und 53rd Street sowie zwischen der Sixth und Nineth Avenue ausdehnt. Jahraus, jahrein zeigen in dieser Gegend viele große und kleine Theater ihre Produktionen.

Broadwayproduktionen werden in drei unterschiedlichen Kategorien angeboten. ›On-Broadway‹-Stücke kommen in den gut drei Dutzend großen Theatern des Viertels auf die Bühne, die über 500 Zuschauerplätze haben. Was etwa im Majestic Theatre, im Astor Place

Theatre, im Palace Theatre und Winter Garden Theatre gezeigt wird, sind aufwändige und anspruchsvolle Inszenierungen bekannter Regisseure, die ebenso bekannte Schauspieler, Sänger, Tänzer, Bühnen- und Kostümbildner und Choreographen auf die Bühne bringen.

In etwa 50 kleineren Theatern mit weniger als 500 Plätzen bekommt das Publikum weniger spektakuläre ›Off-Broadway‹-Schauspiele und -Musicals zu sehen, in denen vor allem Nachwuchskünstler, manchmal auch die Stars von morgen, ihr Können beweisen. Einfachste Kategorie sind ›Off-Off‹-Broadway-Theater, in der Regel kleinere Häuser, Kellertheater, Clubs und eher experimentelle und avantgardistische Bühnen, auf denen es nicht weniger professionell zugehen muss als an den bekannten Theatern.

## Countrymusic

Neben Kultur- und Museumshochburgen existiert im östlichen Teil der USA noch eine weitere uneinnehmbare Festung – die Bastion der Countrymusic in Nashville (Tennessee). Seit in den 1920er Jahren Radiosender ›Cowboymusik‹ über den Äther schickten, befindet sich die Country- und Westernmusic auf einem Siegeszug durch überfüllte Konzerthallen und nur auf diese Musikrichtung getrimmte Radio- und Fernsehstudios. Nach und nach beeinflusste die einst als Hinterwäldlerunterhaltung verschmähte Musik auch andere Richtungen und schwang sich vor allem in den 1960er Jahren zu ungeahnten Höhen auf. Damals waren Loretta Lynn, Johnny Cash, Patsy Cline, Don Williams und Dolly Parton die Stars. Heute sind die Rascal Flatts, Randy Travis, Garth Brooks und Reba McIntyre die Zugpferde.

Countrymusic ist kein homogener Musikstil, sondern setzt sich aus unterschiedlichen Richtungen zusammen, die zum Teil regional, ethnisch oder vom Zeitgeist geprägt sind. Bekannte Richtungen sind etwa Bluegrass, Honkytonk, Rockabilly, Countrygospel, Nashville Sound, Western Swing und der hauptsächlich im Südwesten der USA verbreitete Tex-Mex-Stil.

## Bildende Kunst

In den USA hat die bildende Kunst, wenn man einmal von den indianischen Ureinwohnern des Landes absieht, erst relativ spät eine eigene Identität gefunden. Bis über die Mitte des 18. Jh. hinaus handelte es sich überwiegend um Kolonialkunst, was sich auch in der Bezeichnung der Stilepoche vor 1776 als Colonial Period ausdrückt. In der Malerei etwa entdeckt man erste spezifisch amerikanische Züge bei den Künstlern der so genannten Hudson River School wie Thomas Cole, Frederick E. Church, Asher B. Durand und John F. Kensett, die seit etwa 1825 die Landschaften des Hudson Valley im Bundesstaat New York detailgetreu in einem sich zwischen Romantik und Realismus bewegenden Stil auf Leinwand bannten. Die Bildhauerei der damaligen Zeit hingegen stand eher in der Tradition des Klassizismus, wie etwa die Skulpturen von Horatio Greenough (1805–1852) verdeutlichen, der George Washington als Zeus darstellte.

Neben der politischen begann sich im 20. Jh. auch die kulturelle Hegemonie der USA so stark zu etablieren, dass Kritiker am Ende den Begriff vom amerikanischen Jahrhundert prägten. US-Künstler stellten sich gegen alt eingesessene Traditionen und nach ihrer Meinung überkommene Vorstellungen von Kunst und gründeten nach dem Zweiten Weltkrieg mit dem abstrakten Expressionismus die erste echt amerikanische Malereibewegung, zu der etwa Jackson Pollock und Willem de Koonig gehörten. Auf sie folgte eine wiederum neue, an anderen Vorstellungen festhaltende Künstlergeneration, zu deren Einflussstärksten Kräften Robert Rauschenberg, Jasper Johns und Roy Lichtenstein gehörten. Sie komponierten ihre Werke aus unterschiedlichen alltäglichen Objekten vom Zeitungsausschnitt bis zur Getränkedose und vom Papierfoto bis zum Haushaltsgegenstand und trugen mit einer für sie typischen spielerischen Ironie neue Ideen zur Diskussionen darüber bei, was ihrer Meinung nach unter Kunst überhaupt zu verstehen ist. Zum bekanntesten Vertreter dieser Pop-Art wurde Andy Warhol.

# Essen und Trinken

**Gourmetwüste USA? Amerika hat in den letzten Jahren kulinarisch im internationalen Vergleich viel Boden gut gemacht. Ob im Toprestaurant in New York, bei der Dinner Show in Orlando, im Food Court in einer x-beliebigen Mall oder im Supermarkt um die Ecke: USA-Reisende können sich vernünftig, gesund und preiswert ernähren.**

Hartnäckig lebt in manchen Köpfen das Klischee fort, Amerikaner ernährten sich ausschließlich von Junkfood. Wer schon einmal in den USA unterwegs war, weiß es besser. Heute gibt es gerade in Großstädten zum Teil hervorragende Restaurants, in denen renommierte Chefs den Kochlöffel schwingen. Auch der kulturelle Pluralismus macht vor der Küchentür nicht Halt. Nationale und ethnische Küchen prägen die kulinarische Landkarte.

## Sterne am Gourmethimmel

Die Nachricht ließ aufhorchen. Der renommierte Michelin-Verlag produziert den ersten außereuropäischen Restaurant- und Hotelführer – und zwar über New York. Dass diese gastronomische Bibel nun auch die USA erreicht, kommt nicht von ungefähr. An der Ostküste haben sich seit Jahren dutzendweise Gourmetlokale etabliert, welche die amerikanische Küche in ein neues Licht rücken. Für hohe Qualität sorgt seit 1946 das Culinary Institute of America (CIA) in Hyde Park im Hudson Valley, die älteste und renommierteste Kochschule der USA, an der sich jedes Jahr etwa 2000 Studierende einschreiben (s. S. 196). Auch die James Beard Foundation trägt u. a. mit Stipendien zur ständigen Qualitätsverbesserung bei. Der jährlich in unterschiedlichen Kategorien vergebene ›James Beard Foundation Award‹ gilt als Oscar der Gastronomie.

Die Garde amerikanischer Spitzenköche, die ihr Handwerk in der Regel in vielen Ländern der Welt erlernten und ihre ›globalen‹ Erfahrungen in ihre heutige Küchenkunst einbringen, füllt Bücher. Das gilt besonders für den kulinarischen Olymp New York, wo Starkoch Charlie Palmer mit mehreren Toprestaurants vertreten ist. Der Absolvent des Culinary Institute of America eröffnete mit dem ›Aureole‹ (34 E. 61st St.) 1988 in New York sein erstes Toplokal, dem andere in Manhattan, Washington D. C. und Las Vegas folgten. Palmer gewann viele Preise. 1997 wurde er zum besten Chefkoch in New York gewählt.

Nicht nur in seiner Heimatstadt New Orleans ist der Name Emeril Lagasse für Kenner der Inbegriff von Spitzenküche. Der Grund dafür ist, dass der begnadete Küchenkünstler seit Jahren mit Kochsendungen im Fernsehen auftritt und eine riesige Fangemeinde hinter sich weiß. In Anbetracht seiner Popularität nannte ihn ein Promimagazin die ›gastronomische Version von Elvis Presley‹. Lagasse betreibt in den USA mehrere Restaurants, eines davon in den Universal Studios in Orlando.

Mit innovativen Interpretationen der klassischen französischen Küche, die er gelegentlich thailändisch verfeinert, hat sich Jean-Georges Vongerichten seit den späten 1980er Jahren in die Herzen einer internationalen Gourmetgemeinde gekocht. Neben mehreren Restaurants in New York ist er auch in London und Hongkong vertreten. Seine

**Der Tribeca Grill in Manhattan bietet eine innovative amerikanische Küche**

beiden französischen Lehrmeister Paul Haeberlin und Paul Bocuse sind eine Gewähr für die Qualität seiner Küche.

Ana Sortun gehört zu den neuen Sternen am kulinarischen Himmel über Amerika. Die aus Seattle stammende Starköchin machte ihr Diplom in Paris und arbeitete dann in Barcelona, der Türkei und Italien, ehe sie in Cambridge (Massachusetts) mit dem ›Oleana‹ (134 Hampshire St.) ihr erstes eigenes Restaurant eröffnete, dessen türkisch beeinflusste Küche von Kritikern über alle Maßen gelobt wird.

## Kulinarische Klassiker

Knapp 100 Mio. auf amerikanischem Boden grasende Rinder machen die USA geradezu zwangsläufig zu einem Land der Fleischesser. Kurzbratstücke wie Steaks kommen in ganz unterschiedlichen Arten auf den Tisch. Das saftige T-Bone-Steak wird vom Schlachter direkt an der Wirbelsäule abgetrennt und inklusive des t-förmigen Knochens gebraten. Beim Sirloin-Steak handelt es sich um ein sehr zartes Lendensteak, das gern mit gebratenen Zwiebeln und Knoblauchbutter, zum Teil auch auf Toast, gegessen wird. Andere Variationen sind das ca. 200 g schwere Rib-Eye-Steak aus dem mageren Kern der Hochrippe mit einem Fettkern, dem Auge (engl. *eye* = Auge), oder das Tenderloin Steak, ein Filetsteak. Festtage kommen kaum ohne den Klassiker Prime Rib aus, ein saftiger Braten aus dem vordersten Stück der Hochrippe (engl. *prime* = erste).

Vermutlich ist das Barbecue (BBQ) aus zwei Gründen in den USA der kulinarische Familienspaß schlechthin: Erstens kann man den Holzkohlegrill wegen der Rauchentwicklung nur im Freien in Betrieb nehmen, was der amerikanischen Vorliebe für Aktivitäten unter freiem Himmel entgegenkommt; zweitens handelt es sich bei vorzugsweise mariniertem und gegrilltem Fleisch wie Spareribs (Schälrippchen vom Schwein) um einen deftigen Gaumenschmaus, der als Fingerfood der amerikanischen Vorliebe, mit den Fingern zu essen, entgegenkommt. BBQs finden im Sommer häufig in öffentlichen Parks oder Freizeitanlagen als kulinarische Wettbewerbe statt.

Neben Fleisch und Geflügel steht an der Atlantikküste Seafood hoch im Kurs. Schaffen es in Florida Austern aus der Bucht von Apalachicola und rund um die Chesapeake Bay Blue Crabs (Blaue Schwimmkrabben) häufig auf den Speisezettel, gehören an der Küste von Maine Lobster (Hummer) fast zum Alltäglichen. In vielen Orten und selbst auf dem Land werden die Schalentiere in so genannten Lobster Pounds im Freien in großen Behältnissen gekocht. Häufig handelt es sich um Fischerkooperativen, die um ihre Bootsschuppen herum ein paar Holztische aufstellen, an denen die fangfrischen Leckerbissen auf Plastiktellern mit zerlassener Butter als Fingerfood serviert werden.

Eine andere Spezialität kommt auch aus Neuengland: Ahornsirup. Der Zuckerahorn macht im Indian Summer mit seinen Blättern nicht nur die Wälder bunt, sondern sorgt mit seinem honigähnlichen Saft für die unverzichtbare Zutat zu Frühstück-Pancakes oder heißen Waffeln. Ahornbäume werden ähnlich wie Gummibäume angezapft, dass der wässrig aussehende Saft in einen Eimer tropfen kann. Die Bernsteinfarbe bekommt er erst nach ca. zehn Stunden Kochzeit, wenn ein Großteil des Wassers verdampft ist.

## Dinieren als Abenteuer

Amerika wäre nicht Amerika, hätte es nicht auch für hungrige Besucher jede Menge Überraschungen parat. Zum ›Lucky Cheng‹ im East Village in New York (24 First Avenue) fühlen sich Gäste nicht nur wegen der fernöstlichen Speisen hingezogen, sondern auch wegen des Servicepersonals. Trotz Namen wie Princess Diandra oder Miss Understood lässt es sich nicht immer eindeutig einem bestimmten Geschlecht zuordnen, sodass das Restaurant seinen Beinamen ›Drag Queen Capital of the World‹ mit Fug und Recht trägt.

Ebenfalls in New York verwöhnt das erste Reispudding-Restaurant die Schleckermäuler der Welt. Hinter dem verheißungsvollen Namen ›Rice to Riches‹ verbirgt sich eine Milchreisbar, deren kunstvolle Kreationen nicht minder artistische Namen wie ›Understanding Vanilla‹ oder ›Forbidden Apple‹ tragen. Die süßen Träume kommen in drei Größen auf den Tisch: Solo (1 Person), Sumo (5 Personen) und Moby (10 Personen). Wer sich mit einer Portion zufrieden gibt, bezahlt je nach Topping ab 6 $ (s. S. 191).

In Orlando und Umgebung kann man sich während des Essens gut unterhalten lassen. Dinner Show heißt das Zauberwort, ein Spaß, für den man 40–50 $ berappen muss.

## Thema Alkohol

Die USA sind traditionell ein Land der Biertrinker. Vor allem Dosenbier steht hoch im Kurs, seit 1935 in Richmond (Virginia) der Gerstensaft erstmals in einer speziell beschichteten Metalldose auf den Markt kam. Seit damals hat der Sixpack seinen weltweiten Siegeszug angetreten. Dosen- und Flaschenbier gibt es in vielen Sorten und Größen. Neben amerikanischen Marken haben sich auch Importbiere aus aller Welt etabliert. Sehr beliebt, wenn auch etwas teurer als amerikanische Markenware, ist mexikanisches Importbier. In Bierkneipen, Bars und Restaurants wird das helle oder dunkle Kühle auch vom Fass gezapft, ohne Schaumkrone. Der Alkoholgehalt liegt in der Regel unter 4,5 %, weil höherprozentiges Bier nur noch als *malt liquor* verkauft werden darf. Bei Leichtbieren liegt der Alkoholgehalt unter 0,5 %. In den vergangenen Jahren sind im ganzen Land Klein- und Kleinstbrauereien wie Pilze aus dem Boden geschossen und machen den Riesenkonzernen mit eigenen Produkten hauptsächlich lokal und regional Konkurrenz.

War Wein vor einigen Jahrzehnten noch ein Getränk für Exoten, hat das internationale Savoir-vivre mit der Gourmetwelle auch das Weintrinken populär gemacht. Es gilt als schick und als Zeichen von Kultur, zum

Abendessen ein Glas Roten oder Weißen zu genießen. Aus Kalifornien, Washington und Oregon beziehen die Oststaaten zum Teil hervorragende Weine, denen gegenüber auch die Tropfen aus dem Piemont in Virginia in den letzten Jahren aufgeholt haben.

## Gesundheitswelle

Längst ist die Gesundheitswelle in den USA über Joggingprogramme und Aerobickurse hinausgeschwappt und hat den Sektor Ernährung überschwemmt. Gesunde Küche ist der neue Imperativ in einem Land, das unter 60 % Fettleibigen in seiner Bevölkerung ächzt. Der US-Filmemacher Morgan Spurlock drehte den provokanten Dokumentarfilm ›Super Size Me‹ über einen heroischen Selbstversuch: Er verzehrte 30 Tage lang nur Hamburger einer führenden Imbisskette und nahm nach eigenem Bekunden 12 kg zu.

Schon lange vorher wurde die leichte Küche in Amerika zum Thema. Die vegetarische Ernährung war ohnehin schon in aller Munde. Dann kam als ›Erfindung‹ der Westküste die Californian Cuisine aus frischen Zutaten nach dem Motto ›Salat und Gemüse statt Hamburger mit Pommes‹ hinzu. Wer sich nach dieser Devise ernähren will, stößt in den USA auf keine Probleme, weil entsprechende Gerichte in vielen Lokalen angeboten werden. Im neuesten Ernährungstrend heißt die Zauberformel *low carb* – wenig Kohlenhydrate. Die neue Diät empfiehlt Gerichte mit hochwertigem Eiweiß aus Fleisch, Fisch, Eiern und Milchprodukten, Hülsenfrüchten und Nüssen und verdammt Brot, Kartoffeln, Nudeln, Reis und sogar einige Gemüse als Dickmacher vom Speiseplan.

## Eine Institution: der Diner

In den USA gibt es ca. 195 000 Restaurants, Filialen von Hamburgerketten und andere Fastfood-Tempel nicht mitgerechnet. In diesem riesigen Angebot hat eine Kategorie einen ganz besonderen Platz: der Diner. Diese uramerikanische Institution genau zu definieren, ist schwierig. Am besten bekannt ist sie aus den Petticoat- und Musikboxzeiten der 1950er Jahre, als amerikanische Teens den Diner zum Kulttreff und das Ange-

**Typischer Diner aus den 1950er Jahren in den Universal Studios in Orlando**

bot an Milchshakes, Ice-cream Sundaes und Burgern zum kulinarischen Nonplusultra des American Way of Life machten.

Diners waren damals häufig Edelstahlwaggons mit Neonschmuck, ausgestattet mit roten Kunstledersitzecken und Plastiktischen. Die Idee soll auf einen gewissen Walter Scott aus Rhode Island zurückgehen, der seit 1872 aus einem Pferdewagen Essen an Fabrikarbeiter verkaufte. Im Lauf der Zeit wurden solche Wagen fest installiert und mit eigener Küche und Sitzgelegenheiten ausgestattet. In der Wirtschaftskrise der 1930er Jahren kamen erstmals ausrangierte Bahnwaggons in Mode, die bodenständige Gerichte wie Hackfleischbällchen, Burgers, Salate, Rippchen und das unverzichtbare 24-Stunden-Frühstück zu fairen Preisen anboten. Dieses Konzept ist bis heute unverändert geblieben. In Providence (Rhode Island) beschäftigt sich das American Diner Museum mit der Geschichte dieser Einrichtung (110 Benevolent St., Providence, RI 02906, Tel. 401-331-8575, www.dinermuseum.org).

## Verhalten im Restaurant

Wie es bei einem Abendessen in einem Restaurant zugeht, lässt sich am besten an einem konstruierten Beispiel zeigen. In Anbetracht des ›Ereignisses‹ verzichten Sie an diesem Abend auf Badesandalen und Strandkleidung und haben sich dezenter gewandet – mit Schlips und Jackett wäre ein Herr nicht ›overdressed‹ (zu gut angezogen). Auf die Krawatte kann man aber auch durchaus verzichten. Bei Ihrer Ankunft mit dem Mietwagen erwartet Sie ein Angestellter vor dem Restaurant neben einem Schild mit der Aufschrift ›Valet Parking‹. Das bedeutet, dass der Angestellte Ihren Wagen auf den Parkplatz fährt und Ihnen einen nummerierten Parkschein aushändigt. Das obligatorische Trinkgeld von einem oder zwei Dollar bezahlen Sie aber erst, wenn sie den Angestellten nach dem Restaurantbesuch um Ihren Wagen bitten.

In der Lobby fordert Sie das Schild ›Wait to be seated‹ auf zu warten, bis Sie an Ihren Tisch gebracht werden, der sich entweder in der ›Smoking Section‹ oder in der ›Non-Smoking Section‹ befindet. Falls Sie in der Nichtraucherzone platziert wurden, unterbinden Sie möglichst jegliches Gedankenspiel in Richtung ›Vielleicht doch eine Zigarette zum Nachtisch‹, weil sich die Gäste der einen Sektion gewöhnlich in einem Zustand der latenten Kriegsführung mit den Anwesenden in der anderen Sektion befinden.

### Wie man bestellt

Sobald Sie Platz genommen haben, wird sich der ›Waiter‹ bzw. die ›Waitress‹ (Bedienung) namentlich bei Ihnen vorstellen (›Good evening, folks, my name is Linda‹) und Ihnen die Menükarte reichen. Bei der Bestellung des Hauptgangs wird Ihnen Linda eine Reihe von Optionen anbieten. Erste Frage ist meist ›Soup or salad?‹ (Suppe oder Salat). Falls Sie Salat wählen, kommt die nächste Frage ›What kind of dressing do you prefer?‹ (Was für eine Salatsauce möchten Sie gern?). Gängige Geschmacksalternativen sind French, Italian, Thousand Islands, Ranch und Blue Cheese. Essen Sie Fleisch, will Linda wissen, wie Sie Ihr Steak gebraten haben wollen (›How would you like your steak cooked? Medium, well done or rare?‹ Wie möchten Sie Ihr Steak? Medium, ganz durch oder blutig?). Danach geht es um die Beilagen, wiederum nach dem Multiple-Choice-System: *baked potatoe* (eine Ofenkartoffel im Alufolienmäntelchen), *rice* (Reis), *french fries* (Pommes frites), *vegetables* (Gemüse). Die Nachspeise *(dessert)* besteht in den USA meist aus etwas Süßem, einem Eis oder vielleicht einem Stückchen Kuchen. Kaum hat man den letzten Bissen geschluckt, tritt Linda auch schon mit der letzten Frage des Abends an Ihren Tisch: ›Anything else you want tonight?‹ (Möchten Sie noch etwas?).

Bis man die Rechnung *(check)* auf dem Tisch hat, vergehen nur noch Sekunden. Nach dem Essen bei einem Glas Wein am Tisch sitzen zu bleiben, ist in den USA nicht üblich, Drinks ordert man an der Restaurant-Bar oder man sucht sich in der Nachbarschaft ein entsprechendes anderes Lokal.

# Kulinarisches Lexikon

## Allgemeines

| | |
|---|---|
| all you can eat | für einen Einheitspreis isst man, so viel man will |
| appetizer | Vorspeise |
| breakfast | Frühstück |
| check/bill | Rechnung |
| ... cheers! | ... auf Ihr Wohl! |
| cream | Kaffeemilch/Sahne |
| dinner | Abendessen |
| doggy bag | höfl. Umschreibung, den Rest des Essens einzupacken |
| dressing | Salatsauce |
| entrée | Hauptgang |
| ... for here or to go? | Zum Hieressen oder zum Mitnehmen? |
| help yourself | bedienen Sie sich selbst |
| lunch | Mittagessen |
| menu | Speisekarte |
| order | Bestellung |
| please wait to be seated! | Bitte warten Sie, bis Sie zu einem Tisch geleitet werden. |
| restroom/bathroom/ ladies, mens room | Toilette |
| tip | Trinkgeld |
| tax | Steuern |
| waiter/waitress | Kellner/Kellnerin |

## Fisch und Meeresfrüchte

| | |
|---|---|
| bass | Barsch |
| clam chowder | Venusmuschelsuppe |
| cod | Kabeljau |
| calamari | Tintenfisch |
| crabs | Krebse/Krabben |
| flounder | Flunder |
| haddock | Schellfisch |
| halibut | Heilbutt |
| lobster | Hummer |
| mackerel | Makrele |
| mussels | Miesmuscheln |
| oysters | Austern |
| prawns | Riesengarnelen |
| salmon | Lachs |
| scallops | Jakobsmuscheln |
| shellfish | Schalentiere |
| shrimps | Krabben |
| sole | Seezunge |
| swordfish | Schwertfisch |
| trout | Forelle |
| tuna | Tunfisch |

## Fleisch

| | |
|---|---|
| bacon | Frühstücksspeck |
| beef (rare, medium, well done) | Rindfleisch (innen blutig, rot, rosa, durch) |
| ground beef | Hackfleisch vom Rind |
| gravy | Bratensauce |
| ham | Schinken |
| porc chops | Schweinekoteletts |
| prime rib | saftige Rinderbratenscheibe |
| sausages | Würstchen |
| veal | Kalbfleisch |
| spare ribs | Schälrippchen |

## Geflügel/Wild

| | |
|---|---|
| chicken | Hähnchen |
| drumstick | Hähnchenkeule |
| duck | Ente |
| pigeon | Taube |
| quail | Wachtel |
| rabbit | Kaninchen |
| roast goose | Gänsebraten |
| turkey | Truthahn |
| venison | Reh bzw. Hirsch |
| wild boar | Wildschwein |

## Gemüse

| | |
|---|---|
| beans | Bohnen |
| cabbage | Kohl |
| carrot | Karotte |
| cauliflower | Blumenkohl |
| cole slaw | Krautsalat |
| cucumber | Gurke |
| eggplant | Aubergine |

| | |
|---|---|
| garlic | Knoblauch |
| lentils | Linsen |
| lettuce | Kopfsalat |
| mushrooms | Pilze |
| peppers | Paprika |
| peas | Erbsen |
| potatoes | Kartoffeln |
| squash; pumpkin | Kürbis |
| sweet corn | Mais |
| onion | Zwiebel |

## Süßspeisen

| | |
|---|---|
| blueberry muffin | Rührteiggebäck mit Blaubeeren |
| donut | Spritzkuchenring |
| honey | Honig |
| icecream | Speiseeis |
| cereals | unterschiedliche Getreideflocken |
| maple sirup | Ahornsirup |
| muffin | Kleingebäck, Muffin |
| oat meal | warmer Haferbrei |
| pancake | Pfannkuchen |
| sundae | Eisbecher mit unterschiedlichen Zutaten |
| sweetener | Süßstoff |
| waffle with strawberries | Waffel mit Erdbeeren |
| whipped cream | Schlagsahne |

## Zubereitung

| | |
|---|---|
| baked | im Ofen gebacken |
| boiled | gekocht |
| boiled egg | hartes Ei |
| broiled | gegrillt |
| deep fried | frittiert (meist mit Panade) |
| eggs, sunny side up | Spiegeleier (Eigelb nach oben) |
| eggs, over easy | Spiegeleier (beidseitig gebraten) |
| fried | in Fett gebacken (oft paniert) |
| hot | scharf |
| stuffed | gefüllt |

## Typische Gerichte

| | |
|---|---|
| Boston Baked Beans | getrocknete, mit Schweinefleisch und Melasse gekochte braune Bohnen |
| Boston Cream Pie | Süßspeise aus Eiercreme und Schokolade |
| Fry Bead | in schwimmendem Fett gebackener Fladen, wird mit Honig, Salat, Fleisch oder Fisch gegessen (Spezialität der Seminolen-Indianer) |
| Key Lime Pie | Limettentorte (Florida Keys) |
| Philly Cheese Steak | italienisches Brötchen mit Füllung aus dünn in Streifen geschnittenem Steak, Zwiebeln und Käse |
| crab cake | Frikadelle aus Krabbenfleisch |
| lobster roll | Sandwich mit Füllung aus Hummerfleisch, Mayonnaise, Sellerie und Estragon (Neuengland) |

## Getränke

| | |
|---|---|
| draught beer (on tap) | Bier vom Fass |
| icecube | Eiswürfel |
| iced tea | Tee über zerstoßenem Eis |
| juice | Saft |
| light beer | alkoholarmes Bier |
| liquor | Spirituosen |
| mineral water | Mineralwasser |
| pitcher | Krug (Bier) |
| wine | Wein |
| sparkling wine | Sekt |
| soda water | Mineralwaasser mit Kohlensäure |

Atlantas Skyline bei Nacht

# Wissenswertes für die Reise

## Amerikas Osten im Internet

Das Internet ist eine geradezu unerschöpfliche Informationsquelle. Nachfolgend sind einige lohnende Webadressen aufgelistet.

**www.fhwa.dot.gov/hep10/nhs:** Wer keine Landkarte zur Hand hat, kann über diese Seite alle Informationen über das National Highway System abfragen und Karten als pdf-Dateien über sämtliche US-Bundesstaaten downloaden.

**http://usa.usembassy.de/dindex.htm:** Umfangreiche, deutschsprachige Informationen über die USA von Geschichte über Regierung und Politik, Sport, Wissenschaft und Wirtschaft bis zu Reisen.

**www.northamerica.de:** Bunte Mischung aus Fakten über die USA und Reiseeindrücken inklusive Fotosammlung.

**www.flyi.com; www.airtran.com; www.flysong.com; www.flyted.com; www.frontierairlines.com; www.southwest.com; www.jetblue.com:** Auch in den USA gibt es Billigfluglinien, die an der Ostküste viele Verbindungen zwischen Großstädten bedienen.

**www.romwell.com/travel/advisory/atract/festi/amerfest.shtml:** Informationen über Feste und Festivals in allen US-Bundesstaaten.

**www.usatoday.com/travel/hotels/directory/phoneindex.htm:** Gebührenfreie 800-Telefonnummern vieler Motels und Hotels in den USA.

**www.fremdenverkehrsamt.com/usa.html:** Adressen von Tourismusvertretungen der US-Bundesstaaten in Deutschland oder in den USA mit Link zur Info-Bestellung.

**www.serv1.rz.fhhannover.de/usa:** Hilfreiche deutschsprachige Seite für Leute, die in den USA studieren oder ein Praktikum absolvieren wollen.

**http://icom.museum/vlmp/usa.html:** Knapp 1400 amerikanische Museen auf einen Blick mit Links auf die jeweiligen Webseiten.

**http://usacitylink.com:** Jede Menge Information über alle US-Bundesstaaten und die wichtigsten Städte inkl. Hauptsehenswürdigkeiten, Nationalparks und Universitäten.

## Auskunftsstellen in Deutschland

In Hamburg, Kiel, München, Heidelberg, Stuttgart, Freiburg, Nürnberg, Saarbrücken und Tübingen haben Deutsch-Amerikanische Kulturinstitute ihren Sitz. In Berlin, Köln, Frankfurt, Hamburg, Leipzig und München gibt es Information Resource Centers (IRC) der US-Botschaft und US-Konsulate, die Anfragen per E-Mail, Telefon, Fax oder Brief beantworten (U.S. Embassy Berlin, Information Resource Center, Hardenbergstr. 22–24, 10623 Berlin, Tel. 0 30/31 10 74 06, Fax 0 30/31 10 74 00, ircberlin@state.gov).

**Gesamte USA**
Visit USA Committee Germany e.V. (VUSA)
www.vusa-germany.de
Das Internetportal listet hilfreiche Adressen in Deutschland und den USA auf. Das »50 Sterne Magazin« mit USA-Themen gibt es gegen Einsendung von Briefmarken im Wert von 3 € bei: Presse & Touristikdienst, Sporthallenstr. 7, D–64850 Schaafheim.

**Capitol Region: Virginia, Washington und Maryland**
Claasen Communication
Hindenburgstr. 2, 64665 Alsbach
Tel. 0 08 00/96 53 42 64
www.claasen.de

**Neuengland**
Dörte Buss Consulting
Roonstr. 21, 90429 Nürnberg
Tel. 09 11/9 26 91 13
Fax 09 11/9 26 93 01
busscons@aol.com

**Great Lakes und Georgia**
c/o Travel Marketing Romberg
Wallstr. 56, 40878 Ratingen
Tel. 0 21 02/71 11 84, Fax 0 21 02/2 11 77
www.travelmarketing.de

**New York City, North Carolina, Fort Lauderdale**
Mangum Management GmbH
Sonnenstr. 9, 80331 München
Tel. 0 89/23 66 21 49, Fax 0 89/2 60 40 09

**Tennessee**
Tennessee Tourism Wolfgang Streitbörger
Horstheider Weg 106a, 33613 Bielefeld
Tel. 05 21/9 86 04 15, www.deep-south-usa.de

**Florida**
**Fort Myers & Sanibel**
c/o Vera H. Sommer
Würzburger Str. 20, 63739 Aschaffenburg
Tel. 0 60 21/32 53 03, Fax 0 60 21/32 53 02
www.fortmyers-sanibel.com/de

**Orlando**
Orlando Tourism Bureau
c/o Rukhsana Timmis Tourism Marketing
Angelbergstr. 7, 56076 Koblenz
Tel. 02 61/9 73 06 73, Fax 02 61/9 73 06 74
www.orlandoinfo.com/de
In Deutschland und Österreich gibt es gebührenfrei Informationen unter Tel. 08 00/1 00 73 25 (für die Schweiz lautet die allerdings gebührenpflichtige Tel. 0 49/60 27/40 11 07).

**Florida Keys**
c/o get it across Marketing
Neumarkt 33, 50667 Köln
Tel. 02 21/2 33 64 51, Fax 02 21/2 33 64 50
www.getitacross.de

**St. Petersburg/Clearwater Area**
c/o Schuch-Beckers Touristic Services GmbH
Alt Erlenbach 25, 60437 Frankfurt/M.
Tel. 0 61 01/4 40 52, Fax 0 61 01/45 24 83
www.stpete-clearwater.com

**Palm Beach County, Pennsylvania**
c/o Wiechmann Tourism Service GmbH
Scheidswaldstr. 73, 60385 Frankfurt
Tel. 0 69/25 53 82 60, Fax 0 69/25 53 81 00
www.palmbeachfl.de, www.pa-usa.de

## Auskunftsstellen in den USA

Jeder größere Ort verfügt über ein Informationsbüro (Visitor Center) oder eine Chamber of Commerce (Handelskammer), wo man Näheres über den Ort, Sehenswürdigkeiten, Hotels und Restaurants erfährt. Diese Informationsstellen vermitteln manchmal auch günstige Hotelzimmer. In der Nähe von Staatsgrenzen gibt es an den Interstates Welcome Centers mit kostenlosem Informationsmaterial.

## Diplomatische Vertretungen

### Botschaften der USA

**In Deutschland**
Neustädtische Kirchstr. 4–5, 10117 Berlin
Tel. 0 30/8 30 50, Fax 0 30/8 31 49 26
www.us-botschaft.de
Für Visa zuständige US-Generalkonsulate gibt es in Düsseldorf, Frankfurt, Hamburg, Leipzig und München.

**In der Schweiz**
Jubiläumsstr. 93, 3005 Bern
Tel. 0 31/3 57 70 11
Fax 031/3 57 73 44
http://bern.usembassy.gov
Im Jahr 2007 soll die Botschaft in die Sulgeneckstr. 19 umziehen. Ein amerikanisches Generalkonsulat gibt es in Zürich.

**In Östereich**
**Botschaft der USA**
Boltzmanngasse 16, 1091 Wien
Tel. 01/31 33 90, Fax 01/3 10 06 82
www.usembassy.at

### Botschaften in den USA

**Deutsche Botschaft**
4645 Reservoir Rd. NW
Washington D. C. 20007-1998
Tel. 202-298-81 40, Fax 202-298-42 49
www.germany-info.org
Deutsche Generalkonsulate gibt es in New York, Miami, Boston und Atlanta.

**Österreichische Botschaft**
3524 International Court NW
Washington D. C. 20008
Tel. 202-895-6 700, Fax 202-895-67 50
www.austria.org
Ein österreichisches Generalkonsulat gibt es in New York City.

**Schweizer Botschaft**
2900 Cathedral Ave. NW
Washington D. C. 20008
Tel. 202-745-79 00, Fax 202-387-25 64,
www. eda.admin.ch/washington_emb/e/home.html
Schweizer Generalkonsulate gibt es in New York, Boston und Atlanta.

## Karten

Zur allgemeinen Routenplanung ist der auch in Deutschland erhältliche Autoatlas von Rand McNally empfehlenswert. Für die Reise ist er allerdings ziemlich unhandlich und schwer. Am besten kauft man eine Regionalkarte über das zu bereisende Gebiet und besorgt sich in den USA bei Touristeninformationen oder Welcome Centers entlang der Interstates an den Staatsgrenzen Gratiskarten über die jeweiligen Bundesstaaten. ADAC-Mitglieder erhalten bei Vorlage der ADAC-Karte in den Filialen der AAA (American Automobile Association) kostenlos Straßenkarten und Info-Material.

## Lesetipps

**Roth, Philip:** Verschwörung gegen Amerika, Hamburg 2005. Was wäre passiert, wenn 1940 der antisemitische Fliegerheld Charles A. Lindbergh anstelle von Franklin D. Roosevelt US-Präsident geworden wäre?
**Hawthorne, Nathaniel:** Das Haus mit den sieben Giebeln, Zürich 2004. Schauplatz des Romans ist die historische ›Hexenhochburg‹ Salem in Massachusetts.
**Cornwell, Patricia:** Staub, Hamburg 2005. In Richmond (Virginia) spielender, im forensischen Milieu angesiedelter Krimi, der mit dem mysteriösen Tod einer 14-Jährigen beginnt.
**Berendt, John:** Mitternacht im Garten der Lüste, Gütersloh 1999. Alles dreht sich um tödliche Schüsse in der feinen Gesellschaft von Savannah. Der Täter ist bekannt, sein Motiv gibt Rätsel auf. Der Roman hat Savannah in den USA berühmt gemacht.
**Ames, Jonathan:** Henry und Louis, Hamburg 2002. Über den liebenswürdigen Überlebenskampf zweier sympathischer, wenn auch ziemlich schräger Typen in New York City.
**Starr, Jason:** Twisted City, Zürich 2005. Der schwarzhumorige Psychothriller beschreibt, wie ein New Yorker Angestellter durch eher banale berufliche und private Probleme aus dem Alltagstrott gebracht wird und schließlich auf die schiefe Bahn gerät.
**Moore, Michael:** Stupid White Men, München 2004. Bittere Gesellschaftskritik aus der Feder des Regisseurs, Autors und Fernsehmoderators Michael Moore über Amerika unter George W. Bush.
**Bender, Peter:** Weltmacht Amerika – Das Neue Rom, München 2005. Sind die Amerikaner die Römer unserer Zeit?

Dass der US-Osten bei Besuchern aus der Alten Welt so hoch im Kurs steht, hat Gründe. Die einen fühlen sich gut aufgehoben, weil die Ost-Amerikaner in Mentalität und Lebensweise doch in vielem mit Europäern vergleichbar sind. Die anderen machen sich auf den Weg, um in der Neuen Welt das zu finden, was es in Europa nicht gibt, wie etwa das ›Vom Winde verweht‹-Flair in den Südstaaten, die Karibikatmosphäre auf den Florida Keys, den Vergnügungskosmos in Orlando, die Ländlichkeit des Pennsylvania Dutch Country, Naturlandschaften und von Wolkenkratzerarchitektur geprägte Weltstädte.

## Die wichtigsten Sehenswürdigkeiten

### Highlights im Norden

Jeder Neuankömmling in **New York,** ob Erstbesucher oder ›Wiederholungstäter‹, sieht der fantastischen Wolkenkratzer-Skyline der Weltstadt mit klopfendem Herzen entgegen. Am besten sieht man sie von der Staten Island Ferry aus, die in Sichtweite der Freiheitsstatue zwischen Battery Park und Staten Island hin und her pendelt.

Wer den Besuch auf den Herbst verlegt hat, reist vom Big Apple meist weiter in Neuenglands ›flammende‹ Wälder, die sich im **Indian Summer** von ihrer schönsten Seite zeigen. Eine längere Stippvisite hat auf diesem Weg Neuenglands geschichtsträchtige Metropole **Boston** verdient. In der blätterbunten Jahreszeit trifft man viele Touristen in den Wäldern von Neuengland. Im Hochsommer zieht es Zehntausende an das grandiose Naturwunder **Niagarafälle** an der amerikanisch-kanadischen Grenze.

### Mittlere Atlantikküste

Wo die Wiege Amerikas stand, finden sich bedeutsame Spuren der US-Geschichte wie im Independence National Historic Parc mitten in **Philadelphia.** Das reizende Open Air Museum Colonial Williamsburg in **Virginia** inszeniert die Vergangenheit des Landes mit denkmalgeschützten Bauten aus der Kolonialzeit und kostümierten Schauspielern. Eine Schatztruhe nicht nur der Geschichte, sondern aller Wissensbereiche sind die berühmten Museen an der ›National Mall‹ in **Washington D. C.** Wer nach so viel Historie und Kultur bei Leichtverdaulichem verschnaufen will, ist auf der Kasinomeile am Boardwalk in **Atlantic City** gut aufgehoben.

### Perlen des Südens

Mit zauberhaften Stadtpalästen, Plantagen und Eichenalleen schaffen die beiden Städte **Charleston** (SC) und **Savannah** (GA) ein einzigartiges Südstaatenflair. Nicht um Vergangenes, sondern Zukünftiges geht es auf dem Weltraumbahnhof **Kennedy Space Center** in Florida, das Fernsehzuschauer von weltweit übertragenen Shuttle-Starts zur Internationalen Raumstation kennen. In einer guten Autostunde ist von dort das riesige Vergnügungspark-Paradies bei **Orlando** erreichbar. Im Stadtteil South Beach in **Miami Beach** geht es nur Puristen allein um die Architektur des größten amerikanischen Art-déco-Distrikts. Andere genießen auch das neonbeleuchtete Nachtleben unter Palmen am Ocean Drive. Fast genauso elektrisierend geht es in der Künstler- und Literatenhochburg **Key West** am Ende der Florida Keys zu.

## Vorschläge für Rundreisen

Der gesamte Osten der USA ist für eine einzige Reise zu groß, es sei denn, man hätte zwei oder drei Monate zur Verfügung. Urlauber mit kleinerem Zeitbudget bieten sich kürzere Touren an, die sich aus den in diesem Buch beschriebenen Kapitel zusammensetzen lassen.

**Das Portland Head Light zählt zu den schönsten Stationen an der Küste von Maine**

## Zweiwöchige Rundreise

Eine etwa 14-tägige Rundreise mit **Startpunkt New York** kann die neuenglische Küste entlang über Cape Cod nach **Boston** führen. Von dort fährt man immer in Küstennähe weiter bis zum **Acadia National Park** in Maine und biegt über Bangor Richtung Westen ab in die White Mountains in New Hampshire bzw. zum **Lake Champlain** in Vermont. In südlicher Richtung erreicht man von dort auf dem Boden des Staates New York die Hauptstadt Albany und kehrt über das **Hudson Valley** an den Ausgangspunkt zurück.

## Drei bis vier Wochen

Wer sich für meernahe Ferien entschieden hat, kann von **Atlanta** in Georgia über die Großstadt **Jacksonville** die Ostküste von Florida entlangfahren, wobei man einen Abstecher nach **Orlando** in das Imperium der Vergnügungsparks einplanen sollte. Schnellere Reisende können von **Miami** aus die subtropische Inselkette der **Florida Keys** besuchen. Andere fahren auf dem kürzeren Weg quer durch die südliche Florida-Halbinsel weiter nach **Naples** und folgen von dort in nördlicher Richtung der Küste des Golfes von Mexiko bis in den westlichen **Panhandle,** wo man von **Pensacola** mehr oder weniger auf direktem Weg nach Atlanta zurückkehren kann.

# Individualreisen

Der Osten ist ein Land des Individualverkehrs. Öffentliche Transportmittel sind bei weitem unpopulärer als in Europa. Am einfachsten ist man mit einem Mietauto unterwegs. Das spart Zeit, weil auch abgelegene, nicht ans öffentliche Verkehrsnetz angebundene Ziele leicht erreichbar sind, ist aber nicht die kostengünstigste Variante.

## ... mit dem Mietwagen

Mietwagen reserviert man am besten schon im Heimatland (s. S. 65). Die meisten Vermieter bieten **Pauschalarrangements** mit unbegrenzter Meilenzahl und Versicherung an.

Wer eine Mietwagenreise durch den amerikanischen Osten unternehmen will, sollte sich überlegen, ob ein Auto tatsächlich vom ersten bis zum letzten Tag angemietet werden muss. Viele Reisende beginnen einen Amerikaurlaub etwa mit einem mehrtägigen Aufenthalt dort, wo sie landen. Wer etwa nach New York fliegt und zwei oder drei Tage in der Stadt bleibt, ist gut beraten, vom Flughafen mit öffentlichen Transportmitteln in die Stadt zu fahren und den Wagen erst dann zu übernehmen, wenn die Überlandreise tatsächlich beginnt.

Kostensparend ist auch, wenn man eine Stadtbesichtigung am Abflugort ans Ende der Reise legt, weil man dann den Wagen früher zurückgeben kann. Bei einer mehrtägigen Reiseunterbrechung ein Mietauto abzugeben und vor der Weiterfahrt wieder ein neues anzumieten, kann unter Umständen wegen der höheren Einwegmieten teurer kommen, als das Fahrzeug die ganze Zeit über zu behalten.

## ... mit dem Campmobil

Wer sich per Campmobil (RV = Recreation Vehicle) auf den Weg durch den Osten der USA machen will, sollte darauf achten, ein Mietfahrzeug keinesfalls mit der maximal möglichen Personenzahl zu belegen, sondern eher die nächstgrößere Kategorie zu wählen. Vor allem auf Reisen mit Kindern sollte man dafür Sorge tragen, dass im Innenraum ausreichend Platz vorhanden ist, weil sonst Konflikte vorprogrammiert sind. Auch bei der Planung der zu fahrenden Meilen geht man eher großzügig vor. Die mit nichts in Europa zu vergleichende Weite des Landes wirkt erfahrungsgemäß verführerisch und lädt zu spontanen Abstechern und Ausflügen ein.

## ... mit Zug und Bus

Für den Personenzugverkehr ist in den USA seit 1971 die halbstaatliche Gesellschaft **Amtrak** zuständig (http://reservations.amtrak.com). Sie bedient die meisten großen Städte des Ostens mit einer Ausnahme: Die Hauptstadt von Tennessee, Nashville, hat keinen Bahnanschluss. Amtrak-Passagiere haben mehrere Möglichkeiten, zu reduzierten Preisen zu reisen. Jede Woche bietet die Gesellschaft auf ihrer Internetseite bestimmte Routen an, auf denen man bis zu 70 % sparen kann, sofern man die Tickets online bestellt (http://tickets.amtrak.com/itd/amtrak/Weekly Specials, siehe auch S. 64). Für normale Bahnreisen ist das Reservierungssystem der Eisenbahngesellschaft Amtrak im Internet nützlich (http://reservations.amtrak.com).

Die **Busgesellschaft Greyhound Lines** (www.greyhound.com) bedient ein umfangreiches Netz im ganzen Land, verkehrt aber hauptsächlich zwischen größeren Städten. Lokale und regionale Bustouren werden in vielen Städten von Hunderten Gesellschaften angeboten, nach denen man sich in den jeweiligen Visitor Informations vor Ort erkundigen kann (s. S. 64).

**Straßen-Kategorien**

Autofahrer bekommen es mit zahlreichen Straßen-Kategorien wie **Highways, Boulevards und Avenues** zu tun, die sich nur wenig voneinander unterscheiden. **Turnpikes und Tollways** sind mautpflichtige Schnellstraßen. Deutschen Autobahnen entsprechen am ehesten **Freeways** und quer durch den Kontinent führende **Interstates,** die in Nord-Süd-Richtung ungerade, in Ost-West-Richtung gerade Nummern tragen. **Expressways** sind Schnellstraßen mit Kreuzungen. Vorwiegend dem Freizeitverkehr dienende Straßen ohne Güterverkehr heißen **Parkways.**

**Bei Pannen** zeigt die hochgeklappte Kühlerhaube, dass Hilfe benötigt wird. Notrufsäulen sind in den USA dünn gesät. Dafür sind auf den amerikanischen Straßen mehr Streifenwagen unterwegs.

## Pauschalreisen

### Pauschalarrangement

Bequem reisen lässt es sich unter professioneller Führung. Das hat den Vorteil, dass man sich um nichts zu kümmern braucht und Sprachbarrieren kein Hindernis sind. Der Nachteil ist, dass man einem fest gefügten Reiseplan folgt und wenig Möglichkeiten hat, den Reiseablauf individuell zu beeinflussen.

**Studiosus Reisen** in München bietet im historischen Osten (Boston, New York, Washington D. C. und Pennsylvania Dutch Country) und in Neuengland (Indian Summer) 15-tägige Pauschalreisen an (Riesstr. 25, 80992 München, Tel. 0 89/50 06 00, www.studiosus.de). **Ikarus Tours** haben einen 6-tägigen New-York-Aufenthalt und eine Rundreise durch Neuengland im Programm, die sich nach Philadelphia und Washington D. C. erweitern lässt. Von Atlanta führt eine 14-tägige Südstaatentour u. a. durch Charleston und Savannah (Am Kaltenborn 49–51, 61462 Königstein, Tel. 0 61 74/2 90 20, www.ikarus.com). Auf den 16-tägigen Neuenglandtouren von **Wikinger-Reisen** besichtigen die Teilnehmer neben der Großstadt Boston auch die Ferieninsel Cape Cod, die zerklüftete Küste von Maine, den Arcadia National Park und die White Mountains in New Hampshire. Auch eine Wanderung auf dem Appalachian Trail und am Ende der Reise ein 2-tägiger New-York-Aufenthalt gehören zum Programm (Kölner Str. 20, 58135 Hagen, Tel. 0 23 31/90 46, Fax 0 23 31/90 47 04, http://wikinger-reisen.de).

### Motorradreisen

Nicht nur im Westen der USA, sondern auch in Florida sind Motorradreisen populär. Eine 11-tägige Gruppenreise per Harley Davidson durch den Sonnenstaat inklusive Besuchen im Kennedy Space Center, dem Everglades National Park, Key West und dem Golf von Mexiko organisiert **Roberts Motorradreisen** (Grasdorfer Str. 10, 30519 Hannover, Tel. 05 11/87 60 50, Fax 05 11/6 00 89 62, www.roberts-motorradreisen.de).

## Reisen mit Kindern

Ist der Nachwuchs groß genug, um längere Autofahrten nicht als quälend zu empfinden, ist das kinderfreundliche Amerika ein geradezu ideales Reiseland für die ganze Familie. Kinder bis zu 18 Jahren können kostenlos im Zimmer der Eltern untergebracht werden. Viele Museen stellen für kleine Besucher Ausstellungen zum Anfassen parat, so wie Zoos und Aquarien über eigens für Kinder eingerichtete *touch tanks* verfügen, offene Becken, in denen man Meerestiere berühren kann.

Für Familien bieten sich nicht so sehr stressige Großstädte, sondern attraktive Landschaften und schöne Strände an. Hauptsächlich im Süden wie etwa in Florida kommen kleine Wasserratten auf ihre Kosten, wo es flache und damit sichere Strände gibt. Da viele Strände abseits von bewohnten Gebieten liegen, muss man rechtzeitig für Essen und Trinken sorgen. Kleine Kinder nackt baden zu lassen, verstößt in den USA gegen die Sitten.

## Reisen mit Handicap

Viele Hotels und Motelketten verfügen über behindertengerechte Räume etwa mit größeren Badezimmern und breiteren Türen. In großen Museen und Vergnügungsparks sind Rollstühle eine Selbstverständlichkeit, und öffentliche Einrichtungen sind mit Rampen ausgestattet. Informationen finden Behinderte auf der englischsprachigen Internetseite der Society for Accessible Travel & Hospitality (SATH), einer gemeinnützigen Organisation für Behinderte auf Reisen (www.sath.org). Mietwagenfirmen können bei längerfristiger Reservierung speziell ausgerüstete Fahrzeuge zur Verfügung stellen.

## Einreisebestimmungen

Deutsche, Österreicher und Schweizer, auch Kinder jeglichen Alters (Babys!) benötigen für einen Aufenthalt bis zu 90 Tagen einen eigenen maschinenlesbaren Reisepass. Nach dem 25. Oktober 2005 ausgestellte Pässe müssen über ein digitales Lichtbild verfügen wie die bordeauxfarbenen maschinenlesbaren deutschen Reisepässe (Europapässe). Voraussichtlich ab dem 25. Oktober 2006 müssen sie zusätzlich mit biometrischen Daten in Chipform (sog. E-Passport) ausgestattet sein. Solche Pässe werden in Deutschland bereits ausgestellt. Jeder Reisende ist bei der Einreise zu einem digitalen Abdruck der Zeigefinger und einem digitalen Porträtfoto verpflichtet. Bereits im Flugzeug füllt man ein Einreise- und ein Zollformular aus. Ein Abschnitt des Formulars wird in den Pass geheftet und bei der Ausreise beim Check-in im Flughafen zurückbehalten.

### Erste Aufenthaltsadresse

Neueste Bestimmungen für die Einreise in die USA schreiben vor, dass neben den persönlichen Daten auch eine komplette Aufenthaltsadresse in den USA (z. B. Hoteladresse oder im Falle der Anmietung eines Autos die Adresse der Mietwagenstation) angegeben werden muss. Die entsprechenden Daten werden von den Fluggesellschaften erhoben und noch während des Flugs an die US-Behörden übermittelt. Unter der Webadresse www.skyways.de/usa.pdf kann man ein entsprechendes Formular downloaden.

## Reisevorbereitung

### Reisegepäck

Alle Gepäckstücke werden vor dem Abflug auf Explosivstoffe durchleuchtet. Koffer sollte man wegen möglicher manueller Nachkontrollen nicht abschließen. Die zuständigen Stellen haben notfalls das Recht, Gepäckstücke auch gewaltsam zu öffnen. Einige Fluggesellschaften haben ihre Freigepäckregeln geändert. Zur Sicherheit sollte man sich rechtzeitig bei der entsprechenden Fluglinie erkundigen, wie viele Gepäckstücke man mitnehmen kann und wie viel sie wiegen dürfen. Taschenmesser und andere spitzen Gegenstände sind im Handgepäck verboten.

### Haustiere und Wareneinfuhr

Für Haustiere benötigt man ein amtsärztliches Zeugnis. Die Einfuhr von 200 Zigaretten, 1 l Alkohol sowie Geschenken, deren Wert 100 $ nicht übersteigt, ist für Erwachsene von mindestens 21 Jahren zollfrei. Geldsummen über 10 000 $ müssen deklariert werden. Die Einfuhr von frischem, getrocknetem oder in Dosen eingemachtem Fleisch und Fleischprodukten ist nicht gestattet. Dasselbe gilt für Pflanzensamen. Bäckereiprodukte und haltbar gemachter Käse sind erlaubt. Die Einfuhr von Waffen ist verboten.

## Anreise

### ... mit dem Flugzeug

Reisende aus Europa kommen im Osten der USA mit dem Flugzeug normalerweise in New York (JFK), Boston (BOS), Philadelphia (PHL), Washington Dulles International (IAD), Atlanta (ATL), Miami (MIA), Tampa (TPA) oder Orlando (MCO) an. Fort Lauderdale (FLL) und Fort Myers (RSW) wurden in den letzten Jahren als Charterziele verstärkt angeflogen. Da in den USA das Flugzeug u. a. wegen der gewaltigen Entfernungen ein populäreres Transportmittel ist als in Europa, ist gerade der Osten von einem dichten Netz von Flugverbindungen überzogen. In der Hauptsaison des jeweiligen Zielgebiets sind Flüge teurer. Ein Schnäppchen kann man mit einem Air Pass machen. Große US-Fluggesellschaften bieten die Möglichkeit, in Verbindung mit einem

Transatlantikflug mindestens drei inneramerikanische Flüge zu buchen, deren Abflugorte und Ziele vorab festgelegt werden müssen. Mehrere Fluglinien wie die Lufthansa und Chartergesellschaften wie LTU bieten Fly & Drive-Programme inklusive Flug und Mietwagen an. Über das Reisebüro oder das Internet (in Suchmaschine Fly & Drive eingeben) kann man solche Angebote ebenfalls buchen.

### ... mit dem Schiff

Das einzige Schiff, das derzeit regelmäßig die Transatlantikroute zwischen Europa und der amerikanischen Ostküste befährt, ist der riesige Luxusliner Queen Mary II. Die meisten Abfahrten finden in Southampton (Großbritannien), einige aber auch in Hamburg statt. Ziel ist in der Regel New York City, einmal pro Jahr auch Fort Lauderdale in Florida. Überfahrten finden zwischen April und November statt und dauern jeweils 6 Tage (Informationen: Cunard Line, www.cunard.com).

## Verkehrsmittel im Land

### Inlandsflüge

Ähnlich wie in Deutschland bewegen sich auch am amerikanischen Himmel immer mehr **Billigflieger** (Internetadressen s. S. 56 ›Infos im Internet‹), die in absehbarer Zeit auch die Nordatlantikroute zwischen Europa und den USA bedienen sollen. Inneramerikanisch fliegt der Discounter **JetBlue Airways** (www.jetblueairways.com) viele Städte im Osten an, darunter Boston, New York, Washington D. C. und Fort Lauderdale. Einen Hin- und Rückflug von Boston nach Tampa (FL) kann man schon für ca. 69 $ bekommen. Die Tochtergesellschaft **Fly Song** (www.flysong.com) von Delta verkehrt hauptsächlich zwischen Boston, Hartford (CT), New York und mehreren Flughäfen in Georgia und Florida. Ein enges Liniennetz besitzt im Osten auch **AirTran** (www.airtran.com).

### Bahn

Im Land des Individualverkehrs spielen Züge bei der Personenbeförderung eine weit geringere Rolle als in Europa. Die am stärksten befahrene Region ist der Nord-Ost-Korridor zwischen Washington D. C. und Boston, wo mit dem **Acela-Express** ein auf dem französischen TGV basierender superschneller Zug verkehrt (Fahrtdauer 6 Std.). Andere Hauptstrecken führen von New York, Boston und Washington D. C. etwa nach Cleveland (OH), Pittsburgh (PA) und Miami (FL).

Mit dem **Amtrak USA Rail Pass** können Nichtamerikaner in den einzelnen Regionen der USA bzw. im ganzen Land am preisgünstigsten fahren. Der regional begrenzte Northeast Rail Pass ist in der Hauptreisezeit für 211 $ (15 Tage) bzw. 247 $ (30 Tage) zu haben. Größere Strecken kann man mit dem East Rail Pass fahren. Er kostet für 15 Tage im Hochsommer 325 $, für 30 Tage 405 $. Diese Pässe muss man vor Antritt der Reise kaufen (North America Travel House CRD International, Stadthausbrücke 1–3, 20355 Hamburg, Tel. 0 40/3 00 61 60 oder MESO Amerika-Kanada Reisen, Wilmersdorfer Str. 94, 10629 Berlin, Tel. 01 80/5 25 43 50).

### Bus

Die Linie **Greyhound** unterhält Busverbindungen sowohl im Nah- wie im Fernverkehr. **Peter Pan Bus Lines** (1776 Main St., Springfield, MA 01103, Tel. 413-781-2900, www.peterpanbus.com) verkehren im Linienverkehr zwischen vielen Städten im Nordosten und in der Region Mittlerer Atlantik, bieten aber auch Chartertouren an. Zahlreiche Charter-Bus-Linien bieten im Osten Bustouren an. Das gilt auch für Pauschaltouren inklusive Übernachtung ab Boston durch die bunten Wälder in Neuengland im Indian Summer: **Atlas Cruises & Tours** (5114 Okeechobee Blvd., Suite 201, West Palm Beach, Fl 33417, Tel. 561-687-33 01, www.atlastravelweb.com), **Collette Tours** (162 Middle St., Pawtucket,

RI 02860, Tel. 401-727-90 00, www.collette tours.com).

## Mietwagen

Mietwagen reserviert man am besten schon im Heimatland. Wer noch nicht 25 Jahre alt ist, sollte abklären, ob die jeweilige Firma ein Mindestalter verlangt. In den meisten Bundesstaaten ist die gesetzlich vorgeschriebene Haftpflichtversicherung eingeschlossen. Das gilt auch für den *collision damage waiver*, den Ausschluss der Selbstbeteiligung bei Fahrzeugschäden. Zum Anmieten eines Fahrzeugs sind Führerschein und Kreditkarte unabdingbar. An allen Flughäfen und in größeren Städten gibt es Mietwagenfilialen von **Alamo** (www.alamo.com), **Avis** (www.avis.com), **Budget** (www.budget.com), **Dollar** (www.dollar.com), **Hertz** (www.hertz.com) und **National** (www.nationalcar.com). **Rent-a-Wreck-Filialen** (www.rentawreck.com) findet man nur in Städten. Sie vermieten keine Autowracks, wie der Name vermuten lassen könnte, sondern ältere Modelle zu günstigeren Preisen.

Bei **Holiday Autos** (Tel. 018 05/17 91 92, www.holiday-autos.de) kostet ein Kleinwagen z. B. ab Washington D. C. mit Klimaanlage ›all inclusive‹ 170 €/Woche). Vermietfirmen bieten Einwegmieten an, bei denen man das Auto etwa in New York anmietet und in Miami abgibt. Dafür werden aber zum Teil saftige Aufschläge verlangt.

## Tanken

Im Jahr 2005 explodierten die Spritpreise auch in den USA und kletterten auf zuvor niemals gesehene Höhen von durchschnittlich fast 3 $ pro Gallone. Dennoch: An einer Straßenkreuzung zwei Tankstellen mit einer Preisdifferenz von 15 Cent pro Gallone zu finden, ist keine Seltenheit. Vor allem in abgelegenen Gebieten muss man mit extremen Preisen rechnen. Sie beziehen sich immer auf eine Gallone, d. h. 3,785 l.

Mit Mietwagen tankt man fast ausnahmslos *unleaded,* also bleifrei. An den meisten Zapfsäulen zahlt man per Kreditkarte. Hie und da muss man beim Tankwart eine Kreditkarte oder eine entsprechende Summe hinterlegen.

## Verkehrsregeln

In den USA gibt es Verkehrsregeln, die von denen in Europa abweichen. So darf man etwa in vielen Staaten selbst bei roter Ampel rechts abbiegen und auf mehrspurigen Straßen rechts überholen. Außer in New Hampshire besteht in allen Staaten **Anschnallpflicht**. Für Höchstgeschwindigkeiten gibt es keine einheitliche Regelung, aber auf Landstraßen sind meist 55, auf Interstates 65 Stundenmeilen erlaubt. Zur **Verkehrskontrolle** setzt die Polizei mobile Radargeräte ein. Wenn Kinder aus gelben Schulbussen ein- und aussteigen, ruht der Straßenverkehr in beiden Richtungen. Kreuzungen sind häufig mit Stoppschildern an jeder Straße versehen. Wer als Erster anhält, fährt auch als Erster weiter.

Auch von Staat zu Staat können sich Verkehrsregeln z. B. hinsichtlich Höchstgeschwindigkeit, Anschnallpflicht und Rechtsabbiegeregelung unterscheiden. Verbreitet sind so genannte ›Left Turn Center Lanes‹, d. h. zentrale Linksabbiegespuren. Auf größeren Ein- und Ausfallstraßen kann man auf ihnen, ohne den fließenden Verkehr zu behindern, abbiegen. Auf mehrspurigen Straßen ist häufig eine Spur mit dem Schild **›Car Pool Lane‹** bezeichnet, d. h. zur Rushhour darf diese Spur nur von Fahrzeugen mit einer Mindest-Insassenzahl benutzt werden.

Verstöße können sehr teuer werden. Teuer wird beispielsweise das Parken in **Tow-away-Zonen**, aus denen sofort abgeschleppt wird. Was Alkohol am Steuer anbelangt, herrschen strikte Regeln. ›Don't drink and drive‹ heißt es auf einem weit verbreiteten Warnschild: kein Alkohol am Steuer.

Die ausgezeichnete touristische Infrastruktur macht das Reisen im Osten leicht. Bei Unterkünften unterscheidet man zwischen Hotels (meist in der Stadt), Motels (praktisch, weil man direkt vor der Tür parkt), Inns (Häuser mit dem Charakter von Landgasthöfen) und Bed & Breakfast (Privatunterkünfte, meist in sehr gepflegten Häusern).

In amerikanischen Unterkünften wird dem Schlafkomfort gemeinhin hohe Priorität eingeräumt. Betten mit einer Breite von 90 cm oder 1 m wie hierzulande begegnet man in den USA nirgendwo. Gäste haben in besseren Hotels und Motels die Wahl zwischen ›Queen Size‹-Betten, was der Breite von ca. 1,40 m entspricht, und ›King Size‹-Betten, die sich als wahrlich königliche Liegewiesen mit Maßen von 2 x 2 m erweisen. Unter *twin beds* versteht man zwei Einzelbetten im Queen-Size-Format.

Praktisch sind in vielen Motels aufgestellte Waschmaschinen und Trockner, die man mit ein paar Münzen in Betrieb nehmen kann. Waschpulver zieht man aus Automaten oder bekommt ein Päckchen an der Rezeption. Notfalls muss man sich in den nächsten Supermarkt begeben. Münzwäschereien (Coin Laundries) findet man auch in jedem größeren Ort, da in den USA längst nicht jeder Haushalt mit einer eigenen Waschmaschine ausgestattet ist. In besseren Unterkünften gehören Bügeleisen, Bügelbrett und Kaffeemaschine oft zur Grundausstattung. Immer mehr Hotels bieten ihren Gästen neben in den nördlicheren Landesteilen beheizten Innen- bzw. Außenpools auch Fitness-Studios mit mehr oder weniger großem ›Maschinenpark‹ an. Sind Zimmer mit Minibars ausgestattet, informiert man sich vor einem Griff ins Volle besser über die Preise, die nicht selten ein Vielfaches dessen betragen, was man für ein Getränk oder einen Schokoriegel im Supermarkt bezahlt. Wertgegenstände bringt man im eigenen Safe im Zimmer unter oder kann sie an der Rezeption in Verwahrung geben.

Häufig trifft man in den USA auf Unterkünfte, die Zimmer inklusive mehr oder weniger gut ausgerüsteter Küchen vermieten. Je nach Hotelkategorie sind die zur Verfügung gestellten Utensilien sauber bzw. verwendbar. Küchenbenutzungen rentieren sich in der Regel nur bei mehrtägigen Aufenthalten, da sich der Einkauf von Putzmitteln (die oft nicht vorhanden sind) für einen einmaligen Gebrauch kaum lohnt.

Ist man in den USA gegen Abend auf der Suche nach einem Zimmer, stellt sich eine typisch amerikanische Praxis als sehr hilfreich heraus: Viele Hotels und Motels schalten nach 18 Uhr Leuchtreklamen mit der Aufschrift ›Vacancy‹ oder ›No Vacancy‹ an, sodass man schon vom Auto aus ohne auszusteigen sehen kann, ob Zimmer noch verfügbar sind oder ein Motel ausgebucht ist.

## Hotelkategorien

**Discount-Motels:** Am preisgünstigsten sind die großen Motelketten wie Motel 6 (www.motel6.com), Super 8 (www.super8.com), Red Roof Inns (www.redroof.com), Econo Lodge, Comfort Inn, Quality Inn, Sleep Inn, Rodeway Inn (alle unter www.choicehotels.com) und Days Inn (www.daysinn.com), die in der Regel ordentliche Zimmer mit normalem Komfort anbieten.

**Mittelklasse:** Etwas teurer, dafür auch besser ausgestattet, sind Unterkünfte von Ketten wie Travelodge (www.travelodge.com), Howard Johnson (www.hojo.com), Best Western (www.bestwestern.de), Embassy Suites (www.embassysuites.com), Hampton Inn (www.hamptoninn.com), Holiday Inn Express (www.ichotelsgroup.com), La Quinta (www.lq.com) und Ramada (www.ramada.com).

**Luxushotels:** Für anspruchsvolle Reisende eignen sich die Hotels von Hyatt (www.hyatt.de), Marriott und Courtyard by Marriott (http://marriott.com), Hilton (www.hilton.com),

**Fürstliches Ambiente im Bed & Breakfast Foley House Inn in Savannah**

Radisson (www.radisson.com), Ritz-Carlton (www.ritzcarlton.com), Westin und Sheraton (www.starwoodhotels.com) und Fairmont Hotels (www.fairmont.com).

## Bed & Breakfast

Bed & Breakfast-Unterkünfte sind im US-Osten stark verbreitet. Häufig handelt es sich um Privathäuser der gehobenen Kategorie mit antik oder plüschig eingerichteten Zimmern, in denen man TV oder andere Errungenschaften der modernen Technik meist vergeblich sucht. Dafür kann man in Himmelbetten schlummern, für traditionsfixierte Amerikaner Sinnbilder der guten alten Zeit. Nicht selten sind diese Unterkünfte luxuriös ausgestattet und kosten ein halbes Vermögen. In ländlichen Gegenden kann man aber auch preisgünstige Häuser finden. Manche B & Bs beherbergen nur Nichtraucher. Wer sich auf Englisch verständigen kann, wird seinen Spaß dabei haben, mit anderen Hausgästen beim Frühstück über Gott und die Welt zu plaudern.

## Ferienhäuser & Ferienwohnungen

Urlaubern steht in den USA ein gewaltiges Angebot an Ferienhäusern und -wohnungen zur Verfügung – von rustikalen Cottages für romantische Zweisamkeit bis zu luxuriösen Villen für mehrere Familien. Auch an Anbietern herrscht keine Not. Am besten gibt man in Internet-Suchmaschinen seine bevorzugten Ziele (Bundesstaat, Ort, Zeit) ein und sucht sich unter den Angeboten das adäquate heraus (Beispieladressen: www.reisetasche.de/usa_uebersicht.html, www.ferien hausurlaub.com).

## Reservierungen

Reserviert man ein Zimmer telefonisch, wird es nur bis 18 Uhr freigehalten. Fest buchen kann man über eine Kreditkartennummer. Dann muss allerdings bezahlt werden, auch wenn man die Reservierung verfallen lässt. Doppelzimmer können gegen einen geringen Preisaufschlag von mehr als zwei Personen bewohnt werden. Die Preise gelten immer für ein Zimmer und werden nicht nach Personen berechnet.

Was die Zimmerreservierung anbelangt, gilt die Faustregel: in Großstädten besser vorab buchen. Findet zum Zeitpunkt des Besuches zufällig ein Kongress oder ein wichtiges Sportereignis statt, kann man mit spontanen Hotelsuchen Pech haben. In ländlichen Gegenden ist diese Gefahr gering, sodass man sich auf eigene Faust auf die Suche machen und dabei noch versuchen kann, über Coupons oder Sonderangebote ein paar Dollars herauszuschlagen (s. S. 25). Vorteilhaft ist auch, dort wo man in den USA mit dem Flugzeug ankommt, ein Zimmer vorab zu buchen, da sich eine Hotelsuche nach einem langen Flug als eine unangenehme und eventuell zeitintensive Aufgabe erweisen kann. Neue Einreisebestimmungen machen die Angabe einer ersten Aufenthaltsadresse (etwa Hoteladresse) ohnehin zwingend notwendig (s. S. 63).

## Jugendherbergen

Wer mit kleinem Budget reist, kann durch Übernachtungen in Jugendherbergen *(hostels)* viel Geld sparen. In Großstädten sind die Unterkünfte häufig rund um die Uhr geöffnet (ca. 30–40 $/Bett), während sie auf dem Land tagsüber geschlossen sind und erst spätnachmittags öffnen (ca. 15 $/Bett). In der Regel werden Betten in Schlafsälen angeboten, manchmal auch etwas teurere Privatzimmer. In Hostels kommen nicht nur junge Rucksackreisende, sondern ganze Familien unter. In den meisten Häusern ist ein eigener dünner Stoffschlafsack obligatorisch (Hostelling International-USA, 8401 Colesville Rd., Suite 600, Silver Spring, MD 20910, Tel. 301-495-1240, Fax 301-495-6697, www.hiayh.org/hostels).

## Camping

Private, staatliche oder kommunale Campingplätze oder Stellplätze für Recreation Vehicles (Campmobile) gibt es wie Sand am Meer. Vor allem die Anlagen des National Park Service und Forest Service sind preisgünstig (ca. 5–10 $), wenn auch längst nicht so luxuriös ausgestattet wie etwa die entlang der gesamten Ostküste verteilten privaten KOA-Kampgrounds (20–30 $/Nacht, www.koa.com), auf denen man auch Cabins anmieten kann. Bei diesen Cabins handelt es sich um Holzhäuschen mit einem oder zwei Räumen für bis zu 6 Personen, die je nach Lage zum Teil mit Klimaanlage ausgestattet sind. Noch komfortabler sind Camping Lodges und Camping Cottages inklusive voll ausgestatteter Küche, Klimaanlage und Bad. Schlafsack und Küchenutensilien muss man selbst mitbringen. Für ein Cottage für 2 Personen muss man pro Nacht inklusive Stellplatz für ein Auto mit ca. 50–60 $ rechnen.

Wer mit dem Campmobil unterwegs ist, darf nicht an der Straße übernachten, sondern muss auf einen Campingplatz fahren. Die Chambers of Commerce sowie die Visitors Bureaus halten kostenlose Verzeichnisse über sämtliche Campinganlagen bereit.

## Baden

Die makellosesten Badestrände mit dem wärmsten Wasser liegen in Florida auf den Florida Keys sowie an der südlichen Atlantik- und Golfküste. Viele Strände sind flach und auch für Kinder geeignet. Manche wie in Daytona Beach dürfen gegen eine Gebühr mit dem Auto befahren werden. Myrtle Beach (SC), eine im Sommer stark frequentierte Badehochburg, ist eher für junge Leute und Camper geeignet. Von europäischen Touristen fast noch unentdeckt sind die wunderschönen Sandstrände im Florida-Panhandle.

## Golfen

Fabelhafte Voraussetzungen zum Golfen existieren 365 Tage im Jahr vor allem in Florida. Aber auch in anderen Staaten findet man hoteleigene oder öffentliche Anlagen, auf denen man spielen kann. Golfausrüstungen kann man im Allgemeinen leihen. Wer sich Geräte kaufen will, bezahlt in den USA weniger als in Deutschland.

## Tauchen

Seit Sir Walter Raleighs Flaggschiff ›Tiger‹ im Jahr 1585 aufgrund lief, sanken vor den Outer Banks (NC) über 1000 Schiffe, darunter die deutschen U-Boote U-85 und U-701, und machten diese Region zu einem der größten Schiffsfriedhöfe der Welt. Tauchausflüge organisiert **Outer Banks Diving** (Captain John Pieno, P. O. Box 453, Hatteras NC 27943, Tel. 252-986-1056, www.outerbanksdiving.com).

Die Florida Keys mit einem Korallenriff auf der Atlantikseite und zahlreichen künstlichen Riffs sind ein Taucherparadies. Besonders reizvoll machen das Unterwasservergnügen die Wracks alter spanischer Segelschiffe. Viele Tauchläden etwa in Key Largo und im John Pennekamp Coral Reef State Park bieten Ausrüstung und Führungen. Im Park kann man auch schwimmen, schnorcheln, campen und picknicken. Zum Angeln benötigt man eine Saltwater-Fishing-Lizenz. Glasbodenboote fahren übers Korallenriff (Mile Marker 102,5, Tel. 305-451-1202, www.pennekamppark.com).

## Wildwasser-Rafting

Vor allem in den Appalachen gibt es ›feuchte‹ Herausforderungen allererster Güte wie etwa den Chattooga River in South Carolina mit seinen wilden Stromschnellen. Die besten Verhältnisse herrschen im Frühjahr und Frühsommer bei hohen Wasserständen. Kinogänger kennen den ungestümen Fluss aus dem 1972 gedrehten Film ›Deliverance – Beim Sterben ist jeder der Erste‹ mit Burt Reynolds (**Wildwater Ltd.,** P. O. Box 309, Long Creek, SC 29658, Tel. 864-647-9587, www.wildwaterrafting.com).

Im Südosten von Tennessee wählten die Veranstalter der Olympischen Sommerspiele 1996 den Ocoee River als Austragungsort für die Wildwasserwettbewerbe (kommerzielle Anbieter: **Cherokee Rafting Service,** Hwy 64, P. O. Box 111, Ocoee, TN 37361, Tel. 423-338-5124, www.cherokeerafting.com, März–Okt.; **Nantahala Outdoor Center,** 13077 Hwy 19 W., Bryson City, NC 28713–9165, Tel. 423-338-5901, März–Okt.).

## Wandern

Ein beliebter Fernwander-Klassiker ist der über 4000 km lange Appalachian Trail durch die Appalachen, die man von den White Mountains in New Hampshire bis in die Great Smoky Mountains in North Carolina durchwandern kann (Informationen: **Appalachian National Scenic Trail NPS Park Office,** Har-

**Wanderer auf dem Gipfel des Mount Washington in New Hampshire**

pers Ferry Center, Harpers Ferry, WV 25425, Tel. 304-535-6331, www.nps.gov/appa). Ein anderer Fernwanderweg ist der Long Trail in Vermont (Informationen beim **Green Mountain Club,** 4711 Waterbury-Stowe Rd, Waterbury, VT 05677, Tel. 802-244-7037, www.greenmountainclub.org). Der zwischen 1910 und 1930 angelegte Weg folgt über 430 km Länge dem Kamm der Green Mountains von der Staatsgrenze zwischen Massachusetts und Vermont bis zur kanadischen Grenze.

## Wellness und Fitness

Viele größere Hotels bieten ihren Gästen ein Fitness-Studio zum Teil in Verbindung mit einem Wellness-Bereich an, um der steigenden Nachfrage nach gesundem Leben entgegenzukommen. Spas gibt es wie Sand am Meer. Die jeweiligen Angebote umfassen unterschiedliche Massagen, Behandlungen von Maniküre bzw. Pediküre bis Aromatherapien, Ayurveda und Haarentfernung (s. S. 402).

## Wintersport

Von der kanadischen Grenze im Norden bis nach Connecticut im Süden liegen in den sechs Neuengland-Staaten Dutzende Skigebiete. Die besten Voraussetzungen und die größte Schneesicherheit für das weiße Vergnügen bieten Vermont, New Hampshire und Maine, wo der Betrieb auf Abfahrts- und Snowboarding-Pisten, Langlaufloipen und Schneeschuh-Trails von November bis April/Mai traditionell ein einträgliches Geschäft ist. Neben den ›klassischen‹ Disziplinen spielt auch das Snowmobiling eine bedeutende Rolle, für das in ganz Neuengland Tausende von Kilometern zur Verfügung stehen.

Mehrere populäre Skizentren in den White Mountains sind von der I-93 leicht erreichbar wie **Bretton Woods** (Bretton Woods, Tel. 603-278-3320, www.brettonwoods. com), **Waterville Valley** (Campton, Tel. 603-236-8311, www.waterville.com), **Loon Mountain** (Lincoln, Tel. 603-745-8111, www.loonmtn.com).

## Shopping

USA-Kenner reisen mit leichtem Gepäck über den Atlantik, haben aber eine zusätzliche Tasche im Koffer, um auf der Rückreise die Einkäufe verstauen zu können. Zweierlei macht das Shopping im Osten so attraktiv: erstens das riesige Angebot, zweitens die günstigen Preise.

### Factory Outlet Malls

Mancherorts bilden Factory Outlet Malls ganze Stadtteile mit fußballfeldgroßen Parkplätzen zwischen den Verkaufsstellen einzelner Firmen bzw. Marken. In Freeport (Maine) war L. L. Bean (www.llbean.com) als Hersteller von Freizeitmode Pionier in Sachen Fabrikverkauf und öffnete das erste ganzjährig und rund um die Uhr geöffnete Shopping Center. Was auf dem amerikanischen Bekleidungsmarkt Rang und Namen hat, folgte bald. Inzwischen haben sich selbst internationale Firmen etabliert. Heute reihen sich an der Main Street Dutzende Geschäfte aneinander, die Marken wie Levis, Lee, Nike, Reebok, Wrangler und Calvin Klein weit unter Normalpreis verhökern. Ein weiteres Eldorado der Factory Outlets ist die Stadt Reading in Pennsylvania (www.readingberkspa.com/shopping/index.asp) mit einem gigantischen Angebot aus fast allen Branchen. Die in den Outlets angebotene Mode ist nicht immer der ›letzte Schrei‹. Häufig werden Modelle aus älteren Kollektionen angeboten.

Die größte Kette von Fabrikverkaufszentren sind die Prime Outlets (www.primeoutlets.com) mit landesweit über 50 Standorten hauptsächlich in den östlichen Bundesstaaten, allein vier davon in Florida. Eine zweite Kette nennt sich The Mills (www.millscorp.com) und ist ebenfalls schwerpunktmäßig im Osten mit über 40 Outlet Malls vertreten. Die Internetseite von OutletsOnline (www.outletsonline.com) gibt einen Überblick auch über andere derartige Shopping Malls. Fabrikverkauf gibt es nicht nur für Mode. Auch Schuhe, Reisegepäck, Haushaltswaren, Schokolade, Nüsse, Salzbrezeln, Bibeln und Gourmetdesserts, um nur einige Beispiele zu nennen, kommen zu reduzierten Preisen auf den Ladentisch.

## Souvenirs

Baseballmützen, Autokennzeichen mit Symbolen und Mottos sowie Orts- und Straßenschilder sind in vielen Souvenirläden die unübersehbaren Renner unter den Reiseandenken. In Indianerreservaten werden Schmuck und anderes Kunsthandwerk wie dekorative Decken und Körbe angeboten. Nashville ist für seine Westernmode und insbesondere für aufwendig verzierte Lederstiefel bekannt. Grundsätzlich sollte man beim Kauf von Reisemitbringseln etwa aus exotischen Fellen oder Tierhäuten aus Artenschutzgründen Vorsicht walten lassen.

## Verkaufsaktionen und Steuern

Auf Sommer- oder Winterschlussverkauf braucht man in den USA nicht zu warten. Sonderverkäufe *(sales)* und spezielle Feiertagsaktionen gibt es das ganze Jahr über. Schaufenster und Waren sind für die permanente Rabattschlacht unübersehbar ausgezeichnet. Nicht nur die Wirtschaft, auch der Staat versucht den Privatkonsum voranzutreiben. New Hampshire erhebt generell keine staatliche Verkaufssteuer und in Massachusetts, Pennsylvania und New Jersey ist Bekleidung steuerfrei. Dasselbe gilt in Delaware für alle Waren außer Automobilen. Wer größere Anschaffungen tätigen will, sollte sich überlegen, in welchem Bundesstaat eingekauft wird. Mit kostenlosen Einkaufskarten etwa von Supermärkten spart man viel Geld.

# Ausgehen

Während in ländlichen Gebieten nicht selten schon nach Sonnenuntergang ›die Gehsteige hochgeklappt werden‹, erweisen sich viele Städte im Osten der USA als Paradiese abendlicher bzw. nächtlicher Unterhaltung. Die gastronomische Szene setzt sich in Weltstädten wie etwa New York, Philadelphia und Miami aus Lokalen aller Preiskategorien zusammen und gestaltet sich durch eine Vielzahl ethnischer Küchen sehr abwechslungsreich. Häufig treffen sich Beschäftigte nach Dienstschluss in Kneipen und Bars zum After-Work-Drink, was zeitlich meist in die Happyhour zwischen etwa 16 und 19 Uhr fällt, in der Drinks und kleinere Gerichte zum halben Preis serviert werden.

Nachtschwärmer können in großen Städten aus einem kaum zu überbietenden Angebot an Schauspiel- und Musical-Theatern, Konzerten mit klassischer und moderner Musik, Comedy Clubs, Kabaretts, TV-Shows und Diskotheken aussuchen, in denen in der Regel erst nach Mitternacht Stimmung aufkommt, die bis in die Morgenstunden anhält. Selbst manche Museen und Kunstgalerien halten an bestimmten Werktagen ihre Ausstellungen bis um 22 Uhr geöffnet.

In Orlando schließen die großen Themenparks zwar relativ früh am Abend. Aber etwa die Universal Studios schufen außerhalb des Parkeingangs in der Nähe der großen Hotels mit City Walk ein Viertel, in dem Kneipengänger etwa zwischen dem Nascar Cafe im Rennsportdesign, der Bob-Marley-Bar oder dem Hard Rock Café mit Memorabilien berühmter Rocklegenden aussuchen können.

Ein spezielles Vergnügen sind die zahlreichen Spielkasinos, für die im Osten in erster Linie das Gambling-Mekka Atlantic City berühmt ist. Sie sorgen für Unterhaltung rund um die Uhr: mit Spieltischen, Automaten, Shows und ›All-you-can-eat‹-Buffets.

**In Mango's Tropical Café am Ocean Drive in Miami Beach**

## Maße, Gewichte und Temperaturen

### Längenmaße

1 inch (in.) – 2,54 cm
1 foot (ft.) – 30,48 m
1 yard (yd.) – 0,9144 m
1 mile (mi.) – 1,609 km

### Flächenmaße

1 sq mile – 2,5899 qkm
1 acre – 0,4047 ha
1 sq foot – 0,092903 $m^2$
1 sq inch – 6,452 $cm^2$

### Hohlmaße

1 pint (pt.) – 0,473 l
1 quart (qt.) – 0,946 l
1 gallon (gal.) – 3,785 l
1 fluid ounce – 29,5735 ml

### Gewichte

1 ounce (oz.) – 28,35 g
1 pound (lb.) – 453,592 g (16 oz.)

### Temperaturen

Sie werden in Grad Fahrenheit gemessen (°F). Für die Umrechnung gilt die Formel: Fahrenheit minus 32 dividiert durch 1,8 = Grad Celsius. Umgekehrt: Celsius multipliziert mit 1,8 plus 32 = Grad Fahrenheit.

## Öffnungszeiten

Die Öffnungszeiten von Geschäften variieren stark, da es in den USA kein Ladenschlussgesetz gibt. Kleinere Läden sind Mo–Sa von 9.30 bis 17, Supermärkte oft bis 21 Uhr geöffnet. Vor allem in Großstädten gibt es zahlreiche Geschäfte, in denen man rund um die Uhr einkaufen kann. Doch auch in ländlichen Gegenden werden Öffnungszeiten nicht selten sehr unkonventionell gehandhabt.

## Trinkgeld

Unter *tip* und *gratuity* versteht man in den USA Trinkgeld. Gepäckträger erhalten pro Gepäckstück einen Dollar. Taxifahrer erwarten ca. 15 % des Fahrtpreises. In Restaurants ist ebenfalls ein Tip von 15 % auf die Rechnungssumme obligatorisch, falls das Bedienungsgeld im Preis nicht enthalten ist. Ein Blick auf die Rechnung genügt. Auch der Zimmerservice erwartet einen Obolus von ca. 1 $ pro Nacht. Trinkgeld ist in den USA nicht nur eine Anerkennung für freundlichen Service, sondern ein fester Bestandteil des Lohnes.

## Zeit

Der amerikanische Osten liegt in zwei Zeitzonen. Der größte Teil des Reisegebiets fällt in die Eastern Time Zone (MEZ minus 6 Stunden). Lediglich das westliche Tennessee mit Nashville und der Panhandle in Florida gehören zur Central Time Zone (MEZ minus 7 Stunden). Vom ersten Sonntag im April bis zum letzten Sonntag im Oktober gilt in allen östlichen Bundesstaaten die Sommerzeit *(daylight saving time)*. Sie soll in Zukunft um vier Wochen ausgedehnt werden und vom 2. Sonntag im März bis zum 1. Sonntag im November gelten.

Der Tag in den USA ist nicht in 24 Stunden, sondern in zweimal 12 Stunden eingeteilt. Zwischen Mitternacht und 12 Uhr mittags wird der Uhrzeit ein AM (vor Mittag) hinzugefügt, in der übrigen Zeit ein PM (nach Mittag). Auch was die Schreibweise des Datums anbelangt, gibt es Unterschiede. In den USA wird zuerst der Monat, dann der Tag und schließlich das Jahr genannt. Für den 1. März 2006 würde das also bedeuten: 03/01/2006. Etwa bei Reservierungssystemen von US-Hotels muss dies unbedingt beachtet werden.

# Reisekasse und Reisebudget

## Währung/Geld

Banknoten (wegen der grünlichen Farbe auch *greenbacks* genannt) gibt es im Wert von 1, 2, 5, 10, 20, 50, 100, 500 und 1000 Dollar. Zwei-Dollar-Noten tauchen so gut wie nie auf und sind deshalb beliebte Sammlerobjekte. Alle Scheine haben die gleiche Farbe und Größe. 100-Dollar-Noten werden wegen der Falschgeldgefahr in vielen Geschäften argwöhnisch betrachtet bzw. gelegentlich gar nicht akzeptiert. Bringt man von zu Hause Dollars mit, sollte man gleich beim Kaufen auf der Bank Wert auf kleinere Scheine legen.

Als Münzen gibt es 1 Cent, 5 Cents *(nickel),* 10 Cents *(dime),* 25 Cents *(quarter),* 50 Cents und das seltene Ein-Dollar-Stück.

### Schecks und Kreditkarten

Dollar-Reiseschecks lassen sich wie Bargeld verwenden. Bei der Einlösung werden keine Gebühren fällig. Die Stückelungen sollten nicht größer als 50 $ sein. Kreditkarten machen das Bezahlen in vielen Geschäften, Hotels, Restaurants und sogar beim Tanken einfach, da man fast überall direkt an der Zapfsäule die Kreditkarte einstecken kann. Ohne ›Plastikgeld‹ ist etwa das Anmieten eines Fahrzeuges unmöglich, zumindest umständlich, weil man eine größere Summe als Garantie hinterlegen muss. Auch wer von unterwegs telefonisch etwa ein Hotel fest reservieren will, muss die Nummer seiner Kreditkarte angeben. Besonders verbreitet sind Visa, Mastercard und American Express. Mit einer PIN-Nummer *(personal identification number)* kann man an Geldautomaten *(ATM – automatic teller machines)* Bargeld abheben. Verwendet man dazu eine Kreditkarte, werden hohe Gebühren fällig. Auch mit der EC-Karte kann man an Automaten mit dem Maestro- bzw. Cirrus-Symbol Geld abheben. Die Gebühren sind niedriger als bei Kreditkarten. Citibank-Kunden können in den USA von ihren Konten kostenlos abheben.

Auf eine USA-Reise Euro-Währung mitzunehmen und unterwegs in amerikanische Dollar umzuwechseln, bringt keine Vorteile, sondern birgt nur das Risiko, dass man ständig viel Bargeld mit sich herumträgt. Außerdem kann man vor die Situation gestellt sein, dass etwa kleinere Banken auf dem Land die ausländischen Devisen gar nicht akzeptieren. Euroschecks haben ihre ursprüngliche Bedeutung als Zahlungsmittel verloren. In den USA kann man nichts mit ihnen anfangen.

Wer etwa von früheren USA-Reisen noch amerikanisches Münzgeld besitzt, tut gut daran, eine Handvoll Quarters (25-Cent-Münzen) bzw. ein paar kleine Dollarscheine einzustecken. Sie können das Ankommen erleichtern, wenn man Geld etwa zum Telefonieren oder für Kofferträger benötigt.

### Falschgeld

Falschgeld ist nicht nur in der Euro-Zone, sondern auch in Amerika ein heißes Thema. Viele Geschäftsleute scheuen 100-Dollar-Noten wie der Teufel das Weihwasser. Seit geraumer Zeit gibt es in den USA aber auch neue 20-Dollar-Noten, bei denen man nach Meinung von Experten verstärkt mit Fälschungen rechnen muss, da die technischen Fertigkeiten von ›Blütenherstellern‹ mit der digitalen Technik gestiegen sind. Am besten achtet man auf die drei zentralen Sicherheitsmerkmale der Scheine: Wasserzeichen, Sicherheitsfaden und eine 20 an der unteren rechten Ecke der Frontseite, deren Farbe beim Neigen des Scheins changiert.

## Preisniveau

In den USA sind manche Waren bzw. Dienstleistungen preisgünstiger als in Deutschland, andere teurer. Niedrigere Preise bezahlt man etwa für Benzin (obwohl die Spritpreise 2005 um zweistellige Prozentzahlen auf über 3 $ pro Gallone = 3,8 l zulegten), Textilien

(Jeans!), Schuhe und Obst. Besuche guter Restaurants, Eintrittsgebühren für Museen und Vergnügungsparks, Alkoholika und manche Lebensmittel wie etwa Frischmilch sind kostspieliger. Im Supermarkt kommt ein Pack mit 12 Dosen Budweiser auf 8 bis 9 $. Ein Päckchen Zigaretten ist in New York City, wo Spitzenpreise gelten, kaum unter 7 $ zu haben (außerhalb erheblich billiger).

## Auswärts essen

Für ein Frühstück in einem Coffee Shop muss man zwischen 5 und 7 $ veranschlagen. Fällt die Wahl auf ein schnuckelig aussehendes Café neben einem großen Hotel, kann sich die Rechnung auf das Doppelte belaufen. Ein Mittag- oder Abendessen in einem Food Court ist inklusive einem nicht-alkoholischen Getränk für ca. 5 bis 7 $ zu haben. Eine Flasche Bier kostet in einer normalen Bar etwa 3 bis 4 $. Ein Abendessen in einem ordentlichen amerikanischen Restaurant schlägt inklusive einem Getränk mit ca. 20 bis 30 $ zu Buche. Günstiger sind chinesische Restaurants oder Buffets, wo man für die Hälfte speisen kann.

## Fahrtkosten

Fährt man mit dem Greyhound-Bus von Washington D. C. nach Philadelphia, kostet das 25 $, von New York nach Boston 35 $. Mit der Bahn bezahlt man für dieselben Strecken 51 bzw. 69 $. Für ein Taxi vom Airport in Miami in die Lincoln Road in Miami Beach sind 28 $ fällig.

Wer etwa mit einem durstigen Wohnmobil in den USA unterwegs sein will, sollte bei der Reiseplanung die drastisch gestiegenen Benzin- und Dieselpreise (s. o.) berücksichtigen. Im Riesenland USA neigt man dazu, große Strecken zurückzulegen, was früher zu Zeiten der billigen Spritpreise nur wenig ins Gewicht fiel. Nach der Explosion der Treibstoffkosten können sich die Ausgaben in der Reisekasse aber stark bemerkbar machen. Deshalb: Grundsätzlich Preise vergleichen und darauf achten, welche Tankstellenketten in der jeweiligen Region Sprit am preisgünstigsten abgeben (die Preisunterschiede sind zum Teil erheblich). Vor Abstechern in strukturschwache Gegenden bietet sich an, den Tank aufzufüllen.

**Sperrung von EC-und Kreditkarten**

Bei Verlust oder Diebstahl von EC- und Kreditkarten können Sie die 2005 eingerichtete **Zentrale Sperr-Telefonnummer** anrufen:

**00 49/11 61 16**

**Weitere Sperrnummern:**

| **Karte** | **für Österreicher** | **für Schweizer** | **für Deutsche** |
|---|---|---|---|
| Master Card | 08 00/21 82 35<br>int. Sammelnummer | 08 00/89 70 92<br>0 01/63 67 22 71 11 | 08 00/8 19 10 40<br>aus den USA ohne Vorwahl |
| Visa | 08 00/20 02 88<br>int. Sammelnummer | 0 8 00/89 47 32<br>0 01/410/5 81 38 36 | 08 00/8 14 91 00<br>aus den USA ohne Vorwahl |
| American Express | 00 49/69/97 97 77 77 | 00 49/69/97 97 77 77 | 00 49/69/97 97 77 77 |
| Diners Club | 00 43/1/50 13 50 | 00 41/44/8 35 45 455 | 00 49/69/66 16 61 23 |

**Sperrnummer für Kreditkarte:** ______________

**Sperrnummer für Handy:** ______________

# Reisezeit und Reiseausrüstung

Amerikas Hauptreisezeit liegt zwischen Memorial Day (letztes Maiwochenende) und Labor Day (erstes Septemberwochenende). In diesen Zeitraum fallen die Sommerferien der meisten Schulen, und viele Familien nutzen diese Monate zum Ausspannen. Aus diesem Grund sind in der Hauptsaison Sehenswürdigkeiten und landschaftlich interessante Gegenden wie Nationalparks und State Parks ebenso wie Badeorte dem Ansturm einheimischer Touristen ausgesetzt.

Die besonderen klimatischen Verhältnisse im südlichen Florida verschieben die Hauptreisezeit dort auf November bis April. Einige Breitengrade weiter nördlich, etwa im Panhandle von Florida, in Georgia und den Carolinas, ist von Mai/Juni bis Oktober so genannte *Peak Season*. In Neuengland, New York State und dem nördlichen Pennsylvania muss man bereits ab Ende September bei tagsüber noch warmem Wetter mit kühlen Nächten rechnen, die den Indian Summer mit den verfärbten Laubwäldern ankündigen. Diese bunte Jahreszeit löst in Neuengland nach dem Hochsommer eine zweite Hochsaison aus, in der es fast noch turbulenter zugeht.

## Kleidung und Ausrüstung

Wer im Herbst an die nördliche Ostküste reist, tut gut daran, warme Kleidungsstücke mitzunehmen. Die kann man mitunter selbst im Hochsommer im südlichen Florida gebrauchen, weil in manchen Lokalen und Einkaufsmärkten die Klimaanlagen zuweilen für arktische Temperaturen sorgen. Grundsätzlich ist in den USA legere Freizeitkleidung üblich. Konzerte oder ähnliche Kulturveranstaltungen sollte man aber auch im unkonventionellen Amerika nicht ohne adäquate Kleidung besuchen.

Wichtige Reiseausrüstungen besorgt man zu Hause, um im Urlaub keine wertvolle Zeit zu vertrödeln. Da die Stromspannung in den USA 110 Volt beträgt, sind manche von zu Hause mitgebrachten Geräte nur zu betreiben, wenn sie von 220 Volt auf 110 Volt umgestellt werden können oder sich automatisch umstellen (wie etwa Laptops). Ein Adapter aus dem Fachhandel ist auf jeden Fall notwendig, da deutsche Stecker nicht in US-Steckdosen passen. Ständig benötigte Medikamente gehören ins Handgepäck, falls der Koffer auf dem Flug verloren geht. Muss man besondere Medikamente einnehmen, die in den USA eventuell als Drogen eingestuft werden könnten, ist es sinnvoll, ein ärztliches Attest oder ein Rezept bei sich zu haben.

## Wetter

Die amerikanische Ostküste dehnt sich zwischen Kanada und Karibik über eine Distanz von fast 3000 km in Nord-Süd-Richtung aus. Für das Klima einzelner Regionen ist dies von ausschlaggebender Bedeutung und macht für alle Landesteile gültige Angaben über das Wetter unmöglich. Aussagekräftiger sind Werte über den Norden, die Mitte und den Süden der Ostküste. Als Faustregel gilt: Je weiter nördlich man sich befindet, desto kühler sind die Lufttemperaturen und desto ungemütlicher wird das Baden im Meer. Die im Jahresdurchschnitt höchsten Temperaturen herrschen folglich am südlichen Ende der Florida Keys, wo das ganze Jahr über auch angenehme Badetemperaturen vorzufinden sind.

### Der Norden

In den sechs Neuenglandstaaten sowie den benachbarten Gebieten herrscht Kontinentalklima mit meist sehr frostigem Winter und schwül-warmen Sommertemperaturen, wobei sich die Klimawechsel in der Regel viel schneller vollziehen als etwa in Europa und meist auch extremer ausfallen. Die günstigste

Reisezeit dauert von Mitte Mai bis Mitte Oktober, wobei gerade die Herbstmonate zwischen Mitte September bis in den beginnenden November hinein prächtiges Wetter und vor allem grandiose Laubverfärbungen mit sich bringen können. Kein Wunder, dass der Indian Summer in Neuengland zur Hauptsaison zählt. Trotz der nördlichen Lage herrschen im Hochsommer in Neuengland nicht selten hohe Tagestemperaturen mit unüblicher Luftfeuchtigkeit. Der Grund: Da es keine in Ost-West-Richtung verlaufenden Gebirgszüge an der Ostküste gibt, können aus dem Süden schwül-warme Luftmassen ungestört bis in den hohen Norden vordringen. Umgekehrt kommt es in der kalten Jahreszeit hin und wieder vor, dass aus Kanada kommende Kaltluft an den Appalachen entlang bis in den Süden vorstößt. Solche Kaltlufteinbrüche bescheren der mittleren und südlichen Atlantikküste hin und wieder stattliche Schneemengen und dezimierten in Florida seit Beginn der Wetteraufzeichnungen schon mehrfach Teile der im Zentrum der Halbinsel liegenden Zitrusfruchtplantagen.

## Die Mitte

An der mittleren Atlantikküste herrschen von April bis Oktober überwiegend moderate Temperaturen. Dennoch steigen die sommerlichen Höchsttemperaturen nicht selten auf über 30 °C, während die Mindesttemperaturen kaum unter 20 °C sinken. Die Winter sind im Grunde genommen mit der kalten Jahreszeit in Deutschland vergleichbar, weil häufig mehr Regen als Schnee fällt und die Temperaturen zwischen dem Gefrierpunkt und ca. 8 °C pendeln. Trotzdem kann es gelegentlich zu heftigen Schneefällen kommen, die das öffentliche Leben hauptsächlich in den Großstädten manchmal temporär lahm legen.

Wer sich an der mittleren Atlantikküste auf Städtetouren konzentriert, ist mit dem Früh- bzw. Spätsommer besser beraten als mit dem Hochsommer, wenn die Häuserschluchten von Metropolen wie Washington D. C. und Philadelphia hin und wieder in schwüler Hitze schmachten und die Einwohner an den Wochenenden an die Meeresküste flüchten.

**Klimadaten New York**

| | J | F | M | A | M | J | J | A | S | O | N | D |
|---|---|---|---|---|---|---|---|---|---|---|---|---|
| Tagestemperaturen in °C | 3 | 5 | 10 | 16 | 22 | 27 | 30 | 29 | 25 | 19 | 12 | 6 |
| Nachttemperaturen in °C | -4 | -3 | 2 | 7 | 12 | 17 | 20 | 20 | 16 | 10 | 5 | -1 |
| Wassertemperaturen in °C | 2 | 1 | 3 | 7 | 12 | 16 | 18 | 19 | 17 | 13 | 9 | 4 |
| Sonnenstd./Tag | 5 | 6 | 7 | 8 | 8 | 9 | 9 | 9 | 7 | 7 | 5 | 5 |
| Regentage/Monat | 8 | 7 | 8 | 8 | 9 | 9 | 8 | 8 | 7 | 6 | 8 | 8 |

**Klimadaten Miami**

| | J | F | M | A | M | J | J | A | S | O | N | D |
|---|---|---|---|---|---|---|---|---|---|---|---|---|
| Tagestemperaturen in °C | 24 | 25 | 26 | 28 | 30 | 31 | 32 | 32 | 31 | 29 | 27 | 25 |
| Nachttemperaturen in °C | 15 | 16 | 18 | 20 | 22 | 24 | 25 | 25 | 24 | 22 | 19 | 16 |
| Wassertemperaturen in °C | 22 | 22 | 23 | 25 | 28 | 30 | 31 | 31 | 30 | 28 | 25 | 23 |
| Sonnenstd./Tag | 7 | 8 | 9 | 10 | 10 | 10 | 10 | 9 | 9 | 8 | 7 | 7 |
| Regentage/Monat | 5 | 5 | 5 | 5 | 9 | 14 | 13 | 15 | 14 | 11 | 7 | 5 |

**Die Golfküste von Florida ist für ihre dramatischen Sonnenuntergänge bekannt**

## Der Süden

Florida ist der südlichste Staat der Vereinigten Staaten. Im Sommer wie im Winter mäßigt das Meer Extremtemperaturen an den Küstensäumen. Grundsätzlich existieren auf der Halbinsel zwei Klimazonen mit sehr unterschiedlichen Wetterbedingungen, wobei die Trennlinie etwa auf Höhe von Orlando verläuft. Im nördlichen Landesteil herrscht gemäßigtes Klima, doch können Juli und August ebenso heiß werden wie im Süden. Im Winter fällt in den höheren Lagen des Panhandle gelegentlich Schnee, der aber höchstens wenige Stunden liegen bleibt. Südlich von Orlando herrschen subtropische Wetterbedingungen mit milden Temperaturen und wenig Feuchtigkeit von November bis April, der Hauptsaison. Von Mai bis Oktober sind die Tagestemperaturen höher, aber durch die Einflüsse des Meeres häufig sogar niedriger als beispielsweise in New York City. Diese Jahreszeit ist im Süden durch hohe Luftfeuchtigkeit und Gewitter bzw. Stürme durchschnittlich an jedem zweiten Tag gekennzeichnet. Mit den teils ausgiebigen Gewitterregen ist in der Regel ein Temperatursturz um mehrere Grade verbunden, was Sommertage sehr angenehm gestalten kann. Vor allem Hurrikans machen von sich reden, die Jahr für Jahr zwischen Juni und November über diesen Landesteil herfallen und zum Teil katastrophale Verwüstungen hinterlassen.

**www.wetter.net/n143.html:** Unter dieser Internetadresse bekommt man Wetternachrichten über die USA insgesamt oder über zahlreiche Städte inkl. Vorhersagen für die folgenden vier Tage.

# Gesundheit und Sicherheit

Das amerikanische Gesundheitswesen befindet sich auf hohem Standard, die Kosten stehen dem in nichts nach. Bei **medizinischer Versorgung** ist Vorauskasse üblich, was schnell sehr teuer werden kann. Gesetzliche Krankenkassen übernehmen keine in den USA anfallenden Arztkosten, sodass der Abschluss einer Auslandskrankenversicherung sinnvoll ist. Dabei sollte man auf die Konditionen achten und dafür Sorge tragen, dass auch eventuelle Rücktransporte im Versicherungskatalog enthalten sind. In den Gelben Seiten der Telefonbücher stehen die Adressen von Ärzten *(physicians)*, Zahnärzten *(dentists)* und Krankenhäusern *(hospitals)*. Auch große Hotels oder die Telefonvermittlung (Tel. 0) helfen bei der Adressensuche.

**Mückenschutz** ist in den USA wichtig, seit bekannt ist, dass der West-Nil-Virus von Stechmücken auf Menschen übertragen werden kann. Infektionen verlaufen in 80 % der Fälle harmlos. Bei Kindern, alten und geschwächten Menschen kann es zu Komplikationen kommen. Einzige Prophylaxe ist wirkungsvoller Schutz vor Stichen. Wer sich zwischen Juni und November in den USA aufgehalten hat, darf wegen einer potentiellen Virus-Übertragung nach der Rückkehr vier Wochen lang kein Blut spenden.

Bei der Einreise sind keine **Impfnachweise** notwendig. Eine Tetanus-Impfung sollte allerdings zum Standard gehören. Rezepte amerikanischer Ärzte werden in Pharmacies oder Drugstores angenommen, die sich oft in Supermärkten befinden. Dort bekommt man auch manche Medikamente, die hierzulande nicht frei verkäuflich sind.

Im Sonnenstaat Florida taucht vielerorts eine Baumart namens Gumbo auf. Einheimische sprechen gerne vom ›Touristenbaum‹, weil seine Stämme und Äste rötlich gefärbt sind und sich schälen. Um trotz intensiven Sonnenbadens nicht mit diesem Baum verglichen zu werden, bedarf es im Sommer einiger Vorsichtsmaßnahmen gegen **Sonnenbrand.** Am kräftigsten scheint die Sonne zwischen etwa 10 und 15 Uhr. Wer sich zu dieser Tageszeit an den ungeschützten Strand begibt, sollte Sonnenschutz mit einem Faktor von mindestens 15 verwenden (wer schon Vorbräune hat, benötigt einen geringeren Schutzfaktor). Selbst bei dunstigem Wetter sollte man sich vorsehen, da sich ultraviolette Strahlen durch Dunst nicht abhalten lassen. Auch Wasser schützt nicht vor Sonnenbrand.

Beim **Schwimmen im Meer** muss man evtl. mit Gefahren wie Strömungen und Gezeitenunterschieden rechnen. Gegen Strömungen anzukämpfen, bringt außer Kraftverlust in der Regel wenig. Besser lässt man sich in diesem Fall wegziehen, weil sich die Strömungsverhältnisse oft auf relativ geringen Distanzen verändern und man dann die Möglichkeit hat, diagonal auf das Ufer zuzuschwimmen.

Zu manchen Jahreszeiten tauchen an der Küste des Golfes von Mexiko, aber auch an manchen Atlantikabschnitten **Quallen** auf. Kommt man mit ihnen in Kontakt, kann man sich Hautverbrennungen zuziehen. Ein Profimittel zur Linderung: die betroffene Hautstelle erst mit einer Hand voll Sand abrubbeln, dann Fleischweichmacher, den man vorsorglich von zu Hause mitbringt, daraufstreuen.

**Vorsicht!** Wie in vielen Großstädten der Welt gibt es auch in den Ballungsräumen an der US-Ostküste Stadtteile mit sozialen Brennpunkten, die man meiden sollte, auch weil es dort in der Regel keine lohnenden Sehenswürdigkeiten gibt. In Städten gilt: Autofenster geschlossen halten, Autotüren grundsätzlich von innen verriegeln.

## Notruf: 911

Die Notrufnummer gilt landesweit. Ein Telefonist *(dispatcher)* verbindet mit Polizei, Feuerwehr oder Krankenwagen.

## Post

United States Postal Service (USPS) ist in den USA der Hauptanbieter neben zahlreichen privaten Firmen wie UPS, Fedex, Airborne und DHL. Wer bei diesen Firmen Serviceleistungen häufig in Anspruch nimmt, kann ein Kundenkonto einrichten und bekommt Prozente. Das Porto unterscheidet sich nach der jeweils gewünschten Zustelldauer. So kostet bei USPS ein regulärer Brief innerhalb der USA als First-Class Mail 0,37 $ (Zustelldauer: 3 Tage), als Priority Mail 3,85 $ (2 Tage) und als Express Mail 13,65 $ (Übernachtzustellung). Briefmarken bekommt man in Filialen von Zustellfirmen, an Hotelrezeptionen und in Souvenirshops.

Die meisten Niederlassungen von USPS sind von 8.30 bis 17.30 Uhr geöffnet, in großen Städten manchmal rund um die Uhr. Postfächer vermietet die US-Post nur an Kunden mit einem Wohnsitz im Land. Private Postanbieter bieten Postfächer auch Nicht-US-Bürgern an, sofern man das Fach im Voraus bezahlt. USPS befördert Postkarten/Briefe per Luftpost nach Europa in ca. eine Woche. Per Express geht die Zustellung schneller, wird aber auch erheblich teurer.

## Telefonieren

Das Telekommunikationsgeschäft liegt in Händen von Firmen, wie es sie hierzulande mittlerweile auch gibt. Um vom Hotelzimmer oder vom öffentlichen Telefon zu telefonieren, gibt es mehrere Möglichkeiten. Die preiswerteste sind **Prepaid Phone Cards.** Diese Plastikkarten sind so groß wie Kreditkarten und werden von unterschiedlichen Anbietern in Supermärkten, Souvenirshops, an Tankstellen und vielen anderen Läden verkauft, wobei sich der Preis nach gekauften Einheiten richtet. Die preiswerteste ist für 5 $ zu haben. Wie viele Einheiten telefoniert werden können, steht auf der Rückseite, allerdings bezogen auf nationale Einheiten. Man wählt die aufgedruckte 1-800- oder 1-888-Telefonnummer und wird dann aufgefordert, die ebenfalls auf der Karte freigerubbelte Geheimzahl einzugeben. Danach folgt wie bei einem normalen Telefongespräch die Nummer des gewünschten Teilnehmers.

Will man sich im Lande vom **Telefondienst** *(operator)* vermitteln lassen, wählt man Tel. 0. Für Auslandsgespräche gilt folgende Nummernfolge: 011 + Ländercode + Vorwahl (ohne 0) + Rufnummer (Ländercodes: Deutschland 49, Schweiz 41, Österreich 43). 800- bzw. 888-Nummern sind kostenlose Firmennummern etwa von Hotels, Bed & Breakfast-Unterkünften und Restaurants. Man kann sie nur innerhalb der USA anwählen, muss aber grundsätzlich zuerst eine ›1‹ wählen. Manche Hotels verlangen mittlerweile auch für das Anwählen dieser Nummern Gebühren.

### Mobil telefonieren

Prepaid Phone Cards kann man in den USA auch mit dem Handy nutzen. Grundsätzlich benötigt man in der Neuen Welt ein Tri-Band-Handy, für das im Ausland eine erhöhte Minutengebühr fällig wird. Wichtig ist, beim Provider herauszufinden, ob in den USA 1-800er-Nummern kostenlos angewählt werden können oder ob auch dafür die Auslands-Minutengebühr berechnet wird. Falls die für die Prepaid Phone Cards notwendige kostenlose Zugangsnummer auch tatsächlich ohne Berechnung angewählt werden kann, ist dies eine bequeme und preisgünstige Möglichkeit zum Telefonieren. Die Bezeichnung ›Handy‹ ist übrigens eine deutsche Erfindung. In den USA spricht man von *cell phone* oder *mobile phone.*

Eine zweite ›Handy‹-Variante ist der Kauf eines Prepaid-Telephone ohne Vertrag, ohne Aktivierungsgebühr, inklusive Gesprächsguthaben ab 30 Minuten. Über eine Codenummer kann man die Geräte nachladen. Das funktioniert aber auch, indem man in Fachgeschäften eine neue Karte mit einer Codenummer nachkauft, wenn das integrierte Einheitenguthaben abtelefoniert ist. Solche Karten und passende Handys bekommt man in Filialen großer Computergeschäfte bzw. Radio- und TV-Fachgeschäfte wie CompUSA, Best Buy, Office Depot, Office Max, Radio Shack und AT&T Wireless Stores.

## Unterwegs mit dem Laptop

Viele USA-Reisende haben einen Laptop oder einen Pocket-PC bei sich. Hotels und Motels werben auf ihren Transparenten mit zum Teil kostenlosen Wireless- oder/und verkabelten Highspeed-Internetanbindungen. Meist findet man im Zimmer ein spezielles Netzwerk-Ethernet-Kabel, das man mit dem Laptop verbindet, den Browser öffnet und sich bereits im Internet befindet. Man kann sich aber auch über die Telefonleitung einwählen. Die meisten Telefonapparate in den USA haben dafür einen speziellen Dataport, den man per mitgebrachtem Kabel mit dem Notebook verbindet (man kann auch das Telefon abkoppeln und das Telefonkabel direkt mit dem Notebook verbinden). Wichtig ist, der Einwahlnummer die Zahl voranzustellen, mit der man vom Hotelzimmer aus Verbindung nach draußen bekommt (meist eine 9). Danach folgt ein Komma wegen der notwendigen Zeitverzögerung, dann die eigentliche Nummer.

### Internetzugang

In den meisten Städten gibt es Cybercafés und Internetcafés, in denen man gegen wenig Geld online gehen kann. Gelegentlich handelt es sich dabei um normale Cafés, die lediglich einen Internetzugang besitzen, den man mit dem eigenen Laptop nutzen kann. Kostenlosen Internetzugang bieten öffentliche Bibliotheken und große Computerzentren an. Viele Hotels, Motels und Flughäfen verfügen mittlerweile über einen WLAN-Hotspot, über den man per Laptop Kontakt aufnehmen kann.

Die Website www.wififreespot.com führt alle kostenlosen WLAN-Spots von Flughäfen, Hotels und Campingplätzen auf. Auf der Internetseite www.worldofinternetcafes.de/North_America/USA sind Internetcafés in allen US-Bundesstaaten aufgelistet. Die Kaffee-Kette Starbucks bietet in Kooperation mit T-Mobile einen Highspeed-Wireless-Internetservice an. Was Gäste selbst mitbringen müssen, ist ein mit einer Wi-Fi (802.11b) Wireless Card ausgestattetes Notebook oder einen Pocket-PC.

Wer etwa AOL-Kunde ist, findet im Providermenü unter ›Einstellungen‹ die Nummer des jeweiligen lokalen Einwahlknotens heraus (das kann man auch schon zu Hause erledigen), über den man online geht (auch T-Online hat Einwahlnummern in den USA).

## Zeitungen & Zeitschriften

Zu den am weitesten national verbreiteten Zeitungen gehört ›USA Today‹, die man entweder an Zeitungskiosks oder an Münzautomaten kaufen kann. Neben anderen überregionalen Zeitungen wie etwa ›New York Times‹ oder ›Washington Post‹ gibt es viele lokale und regionale Blätter, in denen man meist vergeblich nach Weltnachrichten sucht. In großen Städten und auf internationalen Flugplätzen werden ausländische Tageszeitungen und Magazine in meist nur bescheidener Auswahl verkauft. Auch in den USA hat sich die Situation der Printmedien stark verändert. Zeitungen sind zunehmend der Konkurrenz durch TV und andere elektronische Medien ausgesetzt und vertrauen deshalb immer mehr auf eine Plattform im Internet.

Der Windjammer ›Mary Day‹ im Hafen von Camden in Maine

# Unterwegs im Osten der USA

LEGAL LOAD
LIMIT
24000
POUNDS

Kapitel 1

# Neuengland

# Auf einen Blick: Neuengland

## Eine Postkarten-Region

Blitzsaubere Dörfer mit weiß getünchten Holzhäusern inmitten von bunt verfärbten Laubwäldern: Die sechs Bundesstaaten im Nordosten kommen ihrem Bilderbuchimage in der Wirklichkeit sehr nahe. Aber Neuengland besitzt auch ein urbanes Gesicht mit Städten voller Vitalität und Historie, in denen sich die USA englischer präsentieren als irgendwo sonst auf amerikanischem Boden.

Landschaft, Klima und Vegetation Neuenglands sind wegen des eher nordeuropäischen Charakters Besuchern aus der Alten Welt geradezu vertraut. Das gilt auch für die Mentalität der Menschen, deren europäische Vorfahren vor fast 400 Jahren den Nordosten kolonisierten und den Grundstein für die heutigen USA legten. Erste Colleges und Universitäten wie die berühmten intellektuellen Kaderschmieden Harvard und Yale markierten Amerikas geistiges Zentrum, lange bevor um die Mitte des 18. Jh. die amerikanische Revolution Konturen anzunehmen begann. So ist nicht verwunderlich, dass Besucher fast überall auf historische Spuren stoßen, von den Hexenprozessen in Salem bis zur literarisch von Herman Melville verewigten Walfangindustrie am Cape Cod und von den ersten Schüssen des Unabhängigkeitskriegs bis zur berühmten Boston Tea Party, mit der Amerika einen wichtigen Schritt zur Abkopplung vom Mutterland England signalisierte.

Neuengland ist trotz seiner Geschichtsträchtigkeit nicht in der Vergangenheit stecken geblieben. Die gar nicht so heimliche Hauptstadt Boston zählt zu den modernen Metropolen des Landes mit vibrierendem City Life. Vor den Toren der Stadt zieht sich an der Route 128 ein Hightechsektor entlang, der als Neuenglands ›Silicon Valley‹ Wirtschaftsgeschichte schrieb. Selbst in abgelegenen Indianerreservationen hat die moderne Zivilisation mit Spielkasinos und Luxushotels ihre Pflöcke eingeschlagen. Die Mischung zwi-

schen gestern und heute und einer malerischen Naturszenerie machen die Region zu einem Reiseziel, das als ›Einstieg‹ in Sachen Amerika passender nicht sein könnte.

## Highlights

1 **Boston** und der geschichtsträchtige Freedom Trail im Zentrum der Metropole (s. S. 88).

2 **Indian Summer in den White Mountains:** New Hampshires ›flammende‹ Wälder in den White Mountains (s. S. 108).

## Empfehlenswerte Routen

**Rund um Cape Cod:** Die Straße um die Insel Cape Cod zeigt das Ferienparadies des Staates Massachusetts als auf drei Seiten vom Meer und auf einer Seite vom Cape-Cod-Kanal umspülten Küstenflecken mit typisch neuenglischen Ortschaften und naturbelassenen Stränden. Wer Zeit hat, schließt in seine Reiseroute einen Abstecher mit der Fähre auf die Inseln Martha's Vineyard (s. S. 122) und Nantucket ein (s. S. 124).

**Kancamagus Highway:** Die Strecke in den White Mountains von New Hampshire folgt einem alten Indianerpfad und verbindet die beiden Ortschaften Conway und Lincoln. Im Indian Summer gilt sie als eine der schönsten Routen in Neuengland (s. S. 110).

**Von Boston zum Acadia National Park:** Die Küstenroute verläuft zum Teil direkt an der Küste bzw. erlaubt Abstecher etwa zum malerischen Cape Ann (s. S. 135) und an der wild zerklüfteten Steilküste im Bundesstaat Maine in viele stimmungsvolle Fischer- und Ferienorte (s. S. 141).

## Reise- und Zeitplanung

Am schönsten zeigt sich die Region im Indian Summer, wenn sich die riesigen Laubwälder verfärben. Das kann sich von Jahr zu Jahr zeitlich unterscheiden, weil die in Nord-Süd-Richtung fortschreitende *foliage* (Laubverfärbung) von mehreren klimatischen Faktoren abhängt. Als Faustregel gilt, dass das ›Feuerwerk‹ in den Wäldern gegen Ende September beginnt und bis in den November hinein andauert. Über Radio, Zeitungen und Fernsehen kann man sich über den jeweiligen Stand der Laubverfärbung informieren und aus verlässlicher Quelle erfahren, wo der Indian Summer wann am schönsten ist. In der kalten Jahreszeit haben Wintersportler die Region für sich. Die Saison dauert von November bis April.

Was die Zeitplanung anbelangt, sollte man speziell für eine Küstenreise genügend Zeit einkalkulieren. Wer den Atlantiksaum wirklich kennen lernen will, ist speziell in Maine an der durch Buchten und Halbinseln stark zerklüfteten Küste auf viele Abstecher vom Highway 1 in abgelegene Orte angewiesen – ein zeitraubendes Unternehmen. Am besten plant man vorab bestimmte Umwege ein. Cape Ann, Boothbay Harbor und der Acadia National Park mit der Ortschaft Bar Harbor sollten auf jeden Fall dazugehören.

Einige Ziele wie New Haven, New London, Providence, Boston, Portland, Hartford, Springfield und Burlington sind auch mit dem Zug und dem Greyhound-Bus erreichbar.

### Richtig Reisen-Tipps

**Gipfelsturm auf den Mount Washington:** Ein unvergessliches Erlebnis ist eine **Fahrt** mit der **Cog Railway** oder mit dem Auto auf den nur 1917 m hohen Berg, der vom Tal aus einen völlig harmlosen Eindruck macht. Auf dem Gipfel herrschen jedoch meist arktische Klimaverhältnisse und dem Auge bietet sich eine bizarr vereiste Landschaft (s. S.111).

**Mit dem Fahrrad am Cape Cod:** Kein Gebiet an der Küste von Massachusetts eignet sich so gut für reizvolle Radausflüge wie Cape Cod (s. S. 125).

# 1 Boston

Cityplan S. 90

**Die inoffizielle Hauptstadt der Region als die ›Grande Dame‹ von Neuengland zu bezeichnen, trifft den Charakter der 600 000-Seelen-Metropole. Natürlich sieht man ihr das würdevolle Alter an und spürt ihre bewegte Vergangenheit auf Schritt und Tritt. Dennoch ist sie jung und lebhaft geblieben und hat gelernt, mit dem Zeitenwechsel zu leben.**

Blaue Stunde am Rande des Boston Common. Untergehakte Pärchen schlendern über die Fußwege am Schwanenteich. Ein Händler mit Irokesenfrisur schiebt seinen mit Stars & Stripes geschmückten Hot-Dog-Stand nach Hause. In einer Ecke des Parks lümmeln sich junge Leute auf dem Rasen und lauschen einer schwarzen Band, die gegen moderne Formen der Sklaverei anspielt. Transparente mit politischen Slogans flattern zwischen den Bäumen, als gelte es, die jahrhundertealte Rolle der Parkanlage als Ort politischer Kundgebungen und Demonstrationen neu zu beleben. Schon im 17. Jh. funktionierten die Bostonians die ehemalige Kuhweide in ein Versammlungsfeld um, auf dem die Geschicke des Landes diskutiert wurden.

Wer nach Boston kommt, will etwas über die geschichtliche Rolle der um 1630 von Puritanern gegründeten Stadt erfahren. Der lokale ›Strich‹ hilft dabei. Unübersehbar markiert eine rote Linie auf dem Straßenpflaster den Freedom Trail, an dem sich über ein Dutzend Originalschauplätze der Entstehungsgeschichte der USA wie in einem Open-Air-Museum aneinander reihen. Der Reiz des ›Pfades‹ besteht darin, dass er mitten durch das pochende Herz von Boston führt und seinen Absolventen erlaubt, den Ausflug in die wechselvolle Vergangenheit der Stadt hin und wieder mit einem ›Seitensprung‹ in eine Modeboutique oder in ein gemütliches Straßencafé zu verbinden.

Abseits des Freedom Trail hält Boston weitere historische Preziosen bereit wie den aus Ziegelbauten bestehenden Stadtteil Beacon Hill oder die altehrwürdige Harvard University in Cambridge. Auch die Museumsszene braucht den Vergleich mit anderen Großstädten nicht zu scheuen. Über all der Geschichte und Kultur könnte man fast vergessen, dass Boston auch eine Stadt zum Flanieren ist, in der die meisten Sehenswürdigkeiten und interessanten Stadtteile so kompakt beieinander liegen, dass man sie zu Fuß erreichen kann. Ohne aufdringlich zu wirken, macht es die stilvolle ›Grande Dame‹ von Neuengland ihren Besuchern leicht, sie zu mögen.

## Der Freedom Trail

Boston empfängt Besucher mit europäischem Charme, ohne den amerikanischen Akzent zu verbergen. Nicht nur Amerikaner wandeln andächtig über den gut 4 km langen **Freedom Trail** (Pfad der Freiheit, www.thefreedomtrail.org), an dem über ein Dutzend geschichtlich bedeutende Stätten liegen. Bostons bekannteste Stadttour beginnt am **Boston Common** 1, dem ältesten öffentlichen Park der USA, an dessen östlicher Flanke das **Visitor Center** an der Tremont Street hilfreiche Freedom-Trail-Pläne für eine Erkundung auf eigene Faust bereithält. Nach der Stadtgründung im Jahr 1630 hatte die grüne Oase zahlreiche Funktionen. Bis 1830 grasten dort Kühe lokaler Farmer, und bis 1817 wurden auf der Wiese zum Tode Verurteilte in aller Öffentlichkeit dem Strang übergeben.

Aber auch die Bürger der Stadt nutzten die weitläufige Grünanlage, um gegen die britische Politik zu demonstrieren, weil dort seit jeher Rede- und Versammlungsfreiheit herrschte. So wurde der Park mit seinen an den Unabhängigkeits- und Sezessionskrieg erinnernden Denkmälern über die Jahrhunderte zu einer unantastbaren Institution, seit der Amerikanischen Revolution getränkt mit dem Herzblut der örtlichen Bevölkerung.

## Das State House

Am nördlichen Rande des Boston Common hat am Hügelaufstieg in das Viertel Beacon Hill das **State House** **2** seinen Platz, Regierungssitz und Parlament des Bundesstaats Massachusetts. Als das nach Plänen von Charles Bulfinch errichtete Gebäude am 11. Januar 1798 eingeweiht wurde, besaß es die beiden Seitenflügel noch nicht, sie wurden erst später angebaut. Auffälligstes Merkmal ist die ursprünglich mit Holzschindeln gedeckte Kuppel, die später mit Kupferblech aus der Werkstatt der Revolutionslegende Paul Revere (s. S. 93) überzogen und 1874 vergoldet wurde. Im Innern ist die Doric Hall mit Statuen und Gemälden bedeutender historischer Persönlichkeiten wie George Washington und John Hancock ausgestattet. Auffälligstes Merkmal der Lobby sind zehn dorische Säulen, die früher einmal aus Pinienholz bestanden, dann aber durch feuersichere, mit Gips verkleidete Eisenträger ersetzt wurden (Beacon St./Park St., kostenlose Führungen Mo–Fr 10–16 Uhr, Voranmeldung obligatorisch unter Tel. 617-727-3676; das State House ist in dieser Zeit auch frei zugänglich).

## Mit dem Autor unterwegs

### Unbedingt ansehen!

**Freedom Trail:** Mitten durch Boston führt ein Besichtigungsweg mit über einem Dutzend historischer Stätten, von denen einige mit der amerikanischen Unabhängigkeitsbewegung zu tun haben (s. S. 88).

**Beacon Hill:** Unter den ältesten und schönsten Wohnvierteln der Stadt nimmt Beacon Hill mit seiner einheitlichen Ziegelbauweise eine besondere Stelle ein (s. S. 95 f.). Einen Blick in die Vergangenheit des Stadtteils erlaubt u. a. die gepflasterte **Acorn Street** (s. S. 96).

**Museen:** Um das exzellente **Museum of Fine Arts** und das **Isabella Gardner Museum** kommen Kunstfreunde nicht herum (s. S. 99 f.).

**Der Campus der berühmten Harvard University** und das Gelände des nicht weniger renommierten **Massachusetts Institute of Technology (MIT)** liegen beide in der Nachbarstadt Cambridge und sind von Boston aus leicht zu erreichen (s. S. 100).

### Gratisattraktionen

**State House:** Die Besichtigung des Sitzes von Regierung und Parlament des Bundesstaats Massachusetts lohnt sich nicht nur bei Regenwetter (s. S. 89).

### Hier tut sich etwas

Der quirlige **Quincy Market** mit dem davor liegenden **Faneuil Marketplace** ist an sonnigen Wochenenden ein Highlight während eines Stadtrundganges (s. S. 93).

## Kirchen mit Vergangenheit

Blickt man von der Tremont Street Richtung Stadtzentrum, erkennt man vor der Hochhaus-Skyline den nadelspitzen Turm der 1809 erbauten evangelischen **Park Street Church** **3**, in der heute noch Gottesdienste stattfinden. Der filigrane, 66 m hohe Turm der Kirche, der häufiger als andere Gebäude auf Postkarten zu sehen ist, wurde zu einer Art Wahrzeichen von Downtown Boston (Park/Tremont St., geöffnet Juli/Aug. Di–Sa 9.30–15.30 Uhr, sonst nach Voranmeldung). Bevor die Park Street Church gebaut wurde, stand an Ort und Stelle ein Kornspeicher, der dem angrenzenden **Old Granary Burial Ground** den Namen gab. Im Schatten der Baumkronen liegen die Gräber von Patrioten der amerikanischen Revolution: drei Unterzeichnern der Unabhängigkeitserklärung, John Hancock, Robert Treat Paine and Samuel Adams, und acht Gouverneuren. Eine Plakette am Zaun um den Friedhof besagt,

## Boston: Cityplan

### Sehenswürdigkeiten

1 Boston Common
2 State House
3 Park Street Church
4 Old South Meeting House
5 Old State House
6 Faneuil Hall
7 Quincy Market
8 Paul Revere House
9 Old North Church
10 Bunker Hill Monument
11 USS Constitution
12 Museum of Science
13 New England Aquarium
14 Boston Tea Party Ship
15 Acorn Street
16 Louisburg Square
17 Museum of Afro-American History
18 Otis House Museum
19 Copley Square
20 Prudential Center
21 Christian Science Church
22 Museum of Fine Arts
23 Isabella Stewart Gardner Museum

### Übernachten

1 Boston Harbor Hotel
2 Lenox Hotel
3 Newbury Guest House
4 Colonnade Hotel
5 Copley Square Hotel
6 Buckminster Hotel
7 Copley House
8 Constitution Inn
9 Howard Johnson
10 Boston International AYH Hostel

### Essen und Trinken

11 Durgin Park
12 La Famiglia Giorgio's
13 Il Villaggio
14 Black Rhino
15 Beacon Hill Bistro
16 Lala Rokh
17 Sonsie
18 Deli One

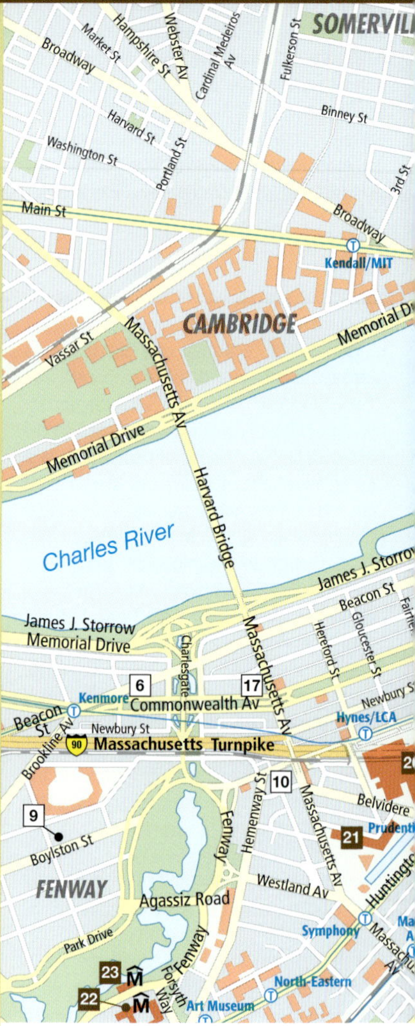


dass dort auch Paul Revere seine letzte Ruhestätte gefunden hat (Tremont St., tgl. 9–17 Uhr, Eintritt frei).

Kein Gebäude der Stadt spielte in der Revolutionsgeschichte zu Beginn der zweiten Hälfte des 18. Jh. eine so bedeutende Rolle wie das backsteinerne **Old South Meeting**

**House** **4** von 1729. Ursprünglich eine Kirche, wurde aus dem Ziegelbau in den 70er Jahren des 18. Jh. eine revolutionäre Keimzelle, von der wichtige Impulse für den Unabhängigkeitskampf ausgingen. Am 16. Dezember 1773 fand in und vor dem Gebäude eine Versammlung statt, bei der ca. 5000 Bürger unter Führung von Samuel Adams ihrem Zorn über die von London erhobene Teesteuer Luft machten. Als Indianer verkleidet, stürmten 90 Demonstranten zum Hafen, enterten die dort liegenden britischen Schiffe und kippten Tee im Wert von 18 000 Pfund Sterling ins Hafenbecken – eine Protestak-

**Das Old State House am Freedom Trail inmitten von Wolkenkratzern**

tion, die der Geschichte Amerikas eine Wende gab. Mit der legendären *Boston Tea Party* begann der aktive, schließlich zum Unabhängigkeitskrieg führende Widerstand der Kolonisten gegen England. Im Innern wurde die ganz in Weiß gehaltene Kirche in ein Museum umgewandelt, das sich – natürlich – mit den Ereignissen um die Boston Tea Party beschäftigt (310 Washington St., Tel. 617-482-6439, April–Okt. tgl. 9.30–17, sonst Mo–Fr 10–16, Sa–So 10–17 Uhr).

## Old State House

Bostons ältestes öffentliches Gebäude, das **Old State House** 5, diente nach seiner Fertigstellung im Jahr 1713 zunächst als Amtssitz des britisch-königlichen Gouverneurs und beherbergte dann die Regierung des Staates Massachusetts, bis 1798 das neue State House bezogen werden konnte. In den Räumlichkeiten hat die Bostonian Society Ausstellungen zur Geschichte der Stadt und des Staates Massachusetts eingerichtet. Vor dem Gebäude zeigen Markierungen die Stelle an, an der beim Boston Massacre fünf Zivilisten erschossen wurden. Sieben für das Blutbad verantwortliche britische Soldaten mussten sich später vor Gericht verantworten. Fünf wurden freigesprochen, zwei wegen Mordes verurteilt (State/Washington St., Tel. 617-720-1713, tgl. 9.30–17 Uhr).

## Faneuil Hall

Gegenüber vom hoch aufragenden Government Center mit dem festungsähnlichen Rathaus liegt an der Congress Street die als Markt- und Versammlungshalle genutzte **Faneuil Hall** 6 aus dem Jahre 1742. Am Vorabend der Revolution fanden im oberen Stockwerk, das bei Führungen besichtigt werden kann, zahlreiche Zusammenkünfte statt, bei denen über das Vorgehen gegen die Briten verhandelt wurde. Mit Schlachtengemälden und militärischen Utensilien dient das im Georgian Style erbaute Gebäude heute als Reliquienschrein des Unabhängigkeitskriegs (Faneuil Hall Marketplace, Tel. 617-523-1300, tgl. 9–17 Uhr, Gratisführungen von 9.30–16.30 Uhr alle halbe Stunde).

## Im North End

Neben der Faneuil Hall dehnt sich Bostons populärstes Touristenzentrum aus. Rund um den **Quincy Market** 7, eine lang gezogene Markthalle mit Säulenfassade, brodelt im Sommer das Leben. An Verkaufsständen gibt es Baseball-Mützen und Erdbeer-Käsekuchen-Eis, Luftballons oder Souvenirs, die wahrscheinlich aus Fabriken in Fernost stammen. In der Halle selbst wetteifern Seafood-Küchen und Pizzabäcker, fernöstliche Imbisse und Austerntheken um die Gunst des Publikums, das vor allem um die Mittagszeit den Quincy Market belagert, als seien im Rest der Stadt die Nahrungsmittel zur Neige gegangen (Faneuil Hall Marketplace, Öffnungszeiten hängen von einzelnen Geschäften ab, Tel. 617-523-1300).

Hinter dem Quincy Market schnitt bis 2004 mit der Central Artery (I-93) eine sechsspurige, völlig überlastete und unfallträchtige Hochschnellstraße mitten durch das Herz Bostons und teilte das Stadtzentrum in zwei Hälften. Mit einem Big Dig genannten Riesenprojekt schufen die zuständigen Behörden in den vergangenen Jahren Abhilfe, indem sie die hässliche Straßenverbindung auf bis zu zehn Spuren verbreiterten und in einen unterirdischen Tunnel verlegten.

Nordöstlich der ehemaligen Central Artery dehnt sich der Stadtteil North End aus. Einst von Iren bevorzugtes Wohn- und Geschäftsviertel, übernahmen in den vergangenen Jahrzehnten Italiener mit Läden, Restaurants und Cafés die Regie in diesem Teil von Boston. Der Revolutionsheld Paul Revere (1734–1818) kaufte dort 1770 das damals schon 90 Jahre alte, heute unter dem Namen **Paul Revere House** 8 bekannte Anwesen, das als ältestes Privathaus in Boston gilt. Revere war Silberschmied und stellte vom Silberlöffel bis zum Teeservice so ziemlich alles her, was man sich vorstellen kann. 1788 eröffnete er eine Eisengießerei und produzierte Metallteile für örtliche Schiffswerften, Kanonen und Glockengeläute. Am Abend des 18. April 1775 wurde er beauftragt, nach Lexington und Concord (s. S. 106 f.) zu reiten und die dort versteckten Revolutionäre Samuel Adams und John Hancock vor ihrer bevorstehenden Verhaftung durch die Briten zu warnen. Der so genannte Midnight Ride inspirierte Henry Wadsworth Longfellow 1860 zu seinem berühmten Gedicht ›Paul Revere's Ride‹, das ein Jahr später im ›Atlantic Monthly‹ veröffentlicht wurde und aus dem bis dahin anonymen Handwerker über Nacht einen Nationalhelden machte. Das zum Museum umfunktionierte Haus sieht im Innern so aus wie Ende des 17. Jh., als Paul Revere es verkaufte (19 North Sq., Tel. 617-523-2338, Mitte April–Ende Okt. 9.30–17.15, sonst bis 16.15 Uhr).

Nur etwa 40 Jahre jünger als das Haus von Paul Revere ist die im Georgian Style 1723 erbaute backsteinerne Episkopalkirche **Old North Church** 9. Das älteste Gotteshaus in Boston besitzt einen ähnlich spitzen Turm wie die Park Street Church, der während der Amerikanischen Revolution von den Patrioten als Signalturm zweckentfremdet wurde. Eine dort aufgehängte Laterne bedeutete ›Briten nähern sich zu Land‹, zwei Laternen hieß ›Briten nähern sich zu Wasser‹. Das im Turm befindliche Geläut aus fünf Glocken stammt aus England und soll das älteste auf amerikanischem Boden sein. Von der Kanzel dieser Kirche predigte Ende des 17. Jh. Pastor Increase Mather, der zusammen mit seinem Sohn Cotton zu den geistigen Vätern der Hexenhysterie in Salem gehörte (193 Salem St., tgl. 9–17 Uhr).

### Jenseits des Charles River

An der Mündung des Charles River in den Atlantik, wo die Charlestown Bridge von North

End ins benachbarte Charlestown hinüberführt, siedelte sich im 17. Jh. ein gewisser Reverend William Blackstone an und führte ein Einsiedlerdasein. In den 30er Jahren des 17. Jh. kam er mit einer Gruppe von Puritanern in Kontakt, die auf der Suche nach einem Siedlungsplatz waren. Der Geistliche bot den Pionieren an, zunächst einmal auf seinem Grund und Boden zu bleiben. Es dauerte nicht lange, bis er den Neuankömmlingen sein Grundstück verkaufte, die Flucht vor ihrer Intoleranz ergriff und damit quasi den Grundstein für die Gründung von Boston legte.

Auch später machte die Gegend um die Flussmündung noch Geschichte, wie der letzte Abschnitt des Freedom Trail mit dem **Bunker Hill Monument** **10** beweist. Nach einem Aufstieg über die 294 Stufen einer Wendeltreppe genießt man von der 60 m hohen Aussichtsplattform des Granitobelisken einen prächtigen Blick auf die Stadt und den Hafen. Das Monument erinnert an die erste größere Schlacht der Revolution vom 17. Juni 1775, bei der die schlecht ausgerüsteten und kaum ausgebildeten kolonialen Truppen den übermächtigen britischen Angreifern trotzten, bis ihnen die Munition ausging (tgl. 9–16.30 Uhr, kostenloser Aufstieg).

Letzter Besichtigungspunkt entlang des Freedom Trail ist am Jachthafen von Charlestown die **USS Constitution** **11**, das älteste noch intakte, 1797 in Boston vom Stapel gelaufene Kriegsschiff der USA. Es gehörte zu einer aus sechs Schiffen bestehenden, von George Washington in Auftrag gegebenen Flotte, deren Aufgabe in der Sicherung von Amerikas wachsenden maritimen Interessen bestand. Anlässlich ihres 200. Geburtstages im Jahr 1997 setzte sie zum ersten Mal nach über 100 Jahren Liegezeit Segel, schipperte eine Stunde lang übers Meer und verabschiedete sich mit einem donnernden Kanonensalut von den begeisterten Zuschauern.

Eine ähnliche Zeremonie wiederholt sich jedes Jahr am amerikanischen Unabhängigkeitstag. Aus diesem Anlass wird der imponierende Dreimaster von Schleppern, begleitet von den Fontänen der Feuerlöschboote, unter dem Jubel der Bostoner Bevölkerung durch den Hafen gezogen und dann wieder an der Liegestelle vertäut, wo der National Park Service ein Museum über die Geschichte des

**Das Museum of Science ist nicht nur für alle Technik-Begeisterten ein Erlebnis**

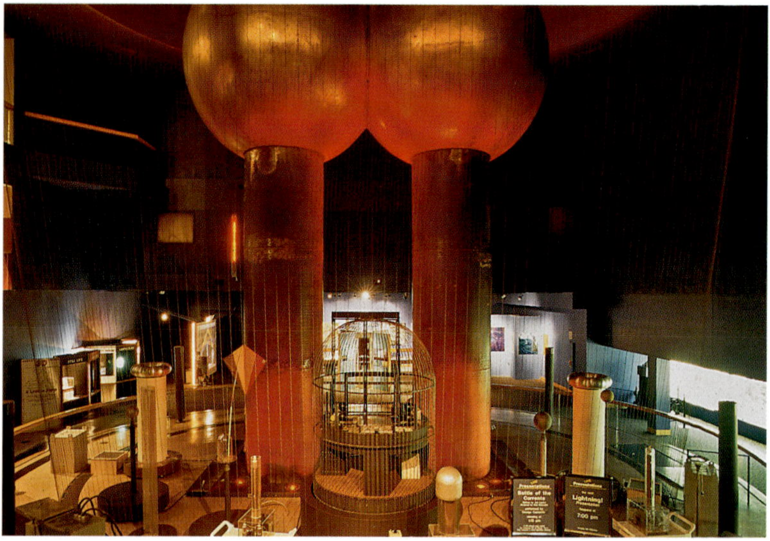

Schiffs unterhält (Constitution St., Tel. 617-426-1812, Gratisführungen auf dem Schiff tgl. 9.30–15.30 Uhr; Museum 9–17, im Sommer bis 18 Uhr).

Im **Museum of Science** 12 könnte man, ohne Langeweile zu bekommen, Tage verbringen. Fast 600 interaktive Einrichtungen zum Experimentieren und massenhafte Präsentationen zum Thema Naturwissenschaften machen das Museum zu einem kurzweiligen Vergnügen. Besucher können sich in der Computerabteilung über Hightech-Oldtimer und neueste Entwicklungen wundern, ein Saurierskelett studieren oder eine Reise durch den menschlichen Körper unternehmen (O'Brien Hwy, Rte 28, Tel. 617-723-2500, www.mos.org, tgl. 9–17, Fr bis 21 Uhr)

Ein paar Schritte vom Freedom Trail entfernt machen im **New England Aquarium** 13 über 20 000 Lebewesen aus allen Weltmeeren den historischen Sehenswürdigkeiten Konkurrenz, darunter Papageientaucher, Pinguine, Haie, Schildkröten und Muränen. Kernstück der Ausstellungen ist ein riesiger, zylinderförmiger Tank mit über 700 000 l Salzwasser samt Korallenriff und exotischen Bewohnern. Um den vier Stockwerke hohen Tank wurde eine Besichtigungsrampe gebaut. Mit dem Haupthaus ist ein Pavillon verbunden, in dem Delfine, Seelöwen und Seehunde Kunststücke vorführen. Das benachbarte IMAX-Theatre zeigt fesselnde Naturdokumentationen, die den Betrachter direkt in das Geschehen hineinversetzen (Central Wharf, Tel. 617-973-5200, www.neaq.org, im Sommer Mo–Do 9–18, Fr–So 9–19 Uhr, im Winter kürzer; IMAX-Theatre tgl. 9.30–22.30 Uhr).

### Am Inner Harbor

Südlich der Rowes Wharf überspannen mehrere Brücken mit dem Fort Point Channel einen Seitenarm des Boston Inner Harbor. An der Congress Street Bridge lag bis zum Jahr 2004 das so genannte **Boston Tea Party Ship** 14 an einer in die Jahre gekommenen Anlegestelle vor Anker, die einem Brand zum Opfer fiel. Bis Herbst 2006 soll an der alten Stelle ein neues Museum entstehen, das mit historischen Ausstellungen, Videopräsentationen und Memorabilien die Geschichte der berühmten Boston Tea Party erzählt. Am Abend des 16. Dezember 1773 stürmte nach einer Bürgerversammlung im Old South Meeting House eine Gruppe von als Mohawk-Indianer verkleideten Männern zur Griffin's Wharf, wo drei mit Tee der englischen East India Company beladene Schiffe lagen. In einer Blitzaktion gegen die britische Teesteuer enterten die Männer die Schiffe, schlugen mit Äxten 342 Teekisten auf und warfen sie in den Hafen. Die britische Regierung reagierte mit der Schließung des Bostoner Hafens und der Einschränkung von Freiheiten auf diese Provokation, was wiederum eine Sanktionspolitik der amerikanischen Kolonien zur Folge hatte. Im April 1775 gipfelte der Konflikt im Ausbruch des Unabhängigkeitskriegs.

Bislang war die ›Beaver‹ das einzige Museumsschiff an der Congress Street Bridge. Im Herbst 2006 soll mit zwei Nachbauten der ›Dartmouth‹ und der ›Eleanor‹ die ursprünglich aus drei Schiffen bestehende Teeflotte historisch korrekt vervollständigt sein.

Nur wenige Schritte trennen im Stadtteil North End den Freedom Trail von der **Waterfront**, die sich am Inner Harbor entlangzieht. Heute besteht sie aus zehn Kais, die allesamt vom Ende des 19. Jh. stammen und in jüngerer Vergangenheit modernen Bedürfnissen angepasst wurden. Blaue Schilder kennzeichnen den Harbor Walk (www.bostonhar borwalk.com), der nach seiner Fertigstellung auf 43 Meilen Länge von Charlestown im Norden bis nach Quincy im Süden führen und der Bevölkerung Gelegenheit geben soll, auf verkehrsberuhigten Fußwegen an der Waterfront entlangzuflanieren.

## Stadtteil Beacon Hill

Fleißige Lieschen in Rosa und Weiß ducken sich in handtuchschmalen Vorgärten hinter schmiedeeisernen Zäunen und backsteinbraunen Mauern. Geranien tupfen die Fensterbänke grün und rot. Bronzene Türbeschläge glänzen, als seien sie aus purem

**Brauereikultur:** Zu den letzten Relikten von Bostons ehemaliger Brauereikultur gehört die Samuel Adams Brewery, die kostenlose Touren auf ihrem Gelände und Besuche des Biermuseums anbietet (30 Germania St., Tel. 617-368-5080, www.samadams.com, Führungen Do 14, Fr 14 und 17.30, Sa 12, 13 und 14 Uhr, Mai–Aug. auch Mi 14 Uhr).

Gold gefertigt. Das Wohnviertel **Beacon Hill** mit vornehmen Ziegelgebäuden, efeuüberwucherten Fassaden und engen Gässchen ist ein romantischer Idyllwinkel, im Grunde genommen eine Kleinstadt mit gepflegten Straßenzügen mitten in der Großstadt. Wenn Einwohner ganze Rudel von Rassehunden Gassi führen und aus Garagen die verchromten Kühlergrills europäischer Nobelkarossen lugen, weiß man, dass man es mit einer Oase der gut situierten, vielleicht auch ein bisschen versnobten Gesellschaft von Boston zu tun hat.

Das Wohnviertel, wie es heute aussieht, entstand zwischen 1800 und 1850. Für die Ziegelbrennereien von Massachusetts müssen über Jahrzehnte lukrative Aufträge aus diesem Stadtgebiet eingegangen sein. Nicht nur die Reihenhäuser wurden aus Backsteinen errichtet, auch die Straßen, Wege und Gartenmäuerchen bestehen nach wie vor aus rotbraunen Ziegeln, was dem Viertel ein einheitliches Erscheinungsbild verschafft.

## Straßen in die Vergangenheit

Wie man sich Beacon Hill in der ersten Hälfte des 19. Jh. vorzustellen hat, zeigt die schmale, abschüssige **Acorn Street** 15 mit einem Pflaster aus runden, kokosnussgroßen Kieselsteinen, über das sich kein Autofahrer der Stadt traut. Ziel vieler Besucher und Amateurfotografen ist die herrschaftlich anmutende **Mount Vernon Street,** wo Efeu die Hauswände hinaufklettert und das Licht in den Gaslaternen auch tagsüber flackert. Hier wie anderswo in Beacon Hill sind die meisten Häuser privat bewohnt und können nur von außen besichtigt werden. Eine Ausnahme bildet das **Nichols House Museum,** das zeigt, wie die bessere Gesellschaft des Stadtteils im ausgehenden 19. und beginnenden 20. Jh. lebte (55 Mt. Vernon St., Tel. 617-227-6993, Mai–Okt. Di–Sa 12–16, Nov.–April Do–Sa 12–16 Uhr, Jan. geschl.).

Der Preis für ein Haus am **Louisburg Square** 16 ist selbst für Mitglieder der Bostoner High-Society kein Pappenstiel. Das ist umso erstaunlicher, als diese Gegend früher ein wenig einladendes, schmuddeliges Rotlichtviertel war, ehe Bostons soziale Aufsteiger das zeitlose Flair des Platzes entdeckten und in eine romantische Puppenstube im viktorianischen Stil verwandelten. Von 1885 bis 1888 lebte die bekannte Jugendbuchautorin Louisa May Alcott (1832–1888) in Haus Nr. 10.

## Black Heritage Trail

Die nördliche Flanke von Beacon Hill führte als ehemaliges Wohnviertel von Sklaven und Bediensteten lange ein kaum beachtetes Dasein. Erst nach der Schaffung des **Black Heritage Trail** in den 1970er Jahren erfuhr dieser Stadtteil eine touristische Aufwertung. Zu Beginn des 19. Jh. gab es dort eine große schwarze Gemeinde, deren Geschichte Hauptthema dieser Route und auch des **Museum of Afro-American History** 17 ist. Die im umfunktionierten African Meeting House, dem ältesten afro-amerikanischen Gotteshaus in den USA, eingerichteten Ausstellungen beschäftigen sich hauptsächlich mit der Antisklavereibewegung, in der Boston seit Beginn des 19. Jh. bis zum Ende des Bürgerkriegs 1865 eine zentrale Rolle spielte. Damals besaß die Stadt, die sich schon 1783 von der Sklaverei abgekehrt hatte, die größte freie Gemeinde von Afroamerikanern in den ganzen USA. Diese Menschen waren zwar keine Leibeigenen, wurden von der weißen Gesellschaft aber dennoch nicht respektiert und lebten in einer anderen Welt. Zu den führenden Köpfen der Abolitionisten gehörte William Lloyd Garrison (1805–1879), der in Boston mit dem ›Liberator‹ die wichtigste Zeitung der Bewegung herausgab. Zum Museum gehört auch die Abiel Smith School, an der seit 1835 schwarze Kinder unterrichtet wurden (46 Joy St., Tel. 617-725-0022, www.

afroammuseum.org, Mo–Sa 10–16 Uhr, Eintritt frei).

### Am Rand von Beacon Hill

Das dreigeschossige **Otis House Museum** 18 von 1796 macht mit einer rotbraunen Ziegelfassade auf sich aufmerksam, von der sich vier angedeutete weiße Säulen abheben. Besitzer Harrison Gray Otis kam durch Grundstücksspekulation zu Wohlstand, saß später im Kongress und stand der Stadtverwaltung von Boston als Bürgermeister vor. Er und seine Frau Sally waren für ihren verschwenderischen Lebenswandel bekannt, was das Interieur des Hauses mit wertvollen Tapeten, Kronleuchtern, Gemälden in schweren Rahmen, Teppichen und antikem Mobiliar zu erkennen gibt (141 Cambridge St., Tel. 617-227-39 56, Mi–So 11–16.30 Uhr, Führungen zur halben und ganzen Stunde).

An der **Charles Street,** die Beacon Hill im Westen begrenzt, herrscht eine hohe Dichte an Kunstgalerien, kleinen Restaurants, Blumengeschäften, Boutiquen und Antiquitätenläden. Auf diese Weise macht diese kommerzielle Meile wett, was es an Geschäften im übrigen Beacon Hill nicht gibt. Dabei wurde ganz im Sinne des historischen Charakters des Viertels auf Neonreklamen und andere Insignien der Moderne verzichtet.

## Back Bay und Umgebung

Verlässt man den Stadtteil Beacon Hill Richtung Boston Common bzw. Public Garden, überquert man die verkehrsreiche Beacon Street, für die meisten Fernsehzuschauer in den USA eine bekannte Adresse. Im Bull & Finch Pub, wo frisch gezapftes Bier in ›typisch englischem‹ Kneipenambiente serviert wird, entstanden die ersten Folgen der erfolgreichen TV-Serie ›Cheers‹.

In der Nähe beginnt die **Newbury Street**, Bostons bekannteste und teuerste Einkaufsstraße mit exklusiven Boutiquen, Antiquitätenläden und Galerien (211 Newbury St., Tel. 617-556-00 77). Auf der Konsummeile gelten zwei Gesetzmäßigkeiten: Je weiter man westlich in Richtung Massachusetts Avenue gelangt, desto ausgeflippter werden die Läden; und je weiter man sich dem Ritz-Carlton Hotel an der Arlington Street nähert, desto teurer und exklusiver wird das Warenangebot.

### Copley Square

Herzstück des Stadtteils Back Bay ist der **Copley Square** 19, auf dem Konsumentenherzen höher schlagen, seit der Platz Ende der 1980er Jahre neu gestaltet und mit einer glitzernden Shopping Mall ausgestattet wurde. Seit Anfang der 1970er Jahre ragt am Rande des Platzes der 62 Stockwerke hohe **John Hancock Tower** in den Himmel, das mit 241 m höchste Gebäude in Neuengland. Die Glasfassaden und die sich darin spiegelnden Gebäude der Nachbarschaft nehmen dem Riesen, der von Star-Architekt I. M. Pei entworfen wurde, etwas von seiner Wucht, hauptsächlich an wolkenlosen Tagen, wenn das Gebäude vor dem blauen Himmel fast durchsichtig wirkt.

Die schönste Spiegelung auf den Fassaden des Hancock Tower stammt von der **Trinity Church.** Ihr verlieh Architekt Henry Hobson Richardson 1877 ein neoromanisches Äußeres, das in reizvollem Kontrast zum modernen Nachbarn steht. Auffallend ist der relativ niedrige Turm. Da das gesamte Back-Bay-Gebiet früher ein sumpfiges Areal war und erst durch Auffüllung zum Baugebiet wurde, musste die Turmhöhe aus statischen Gründen bescheiden ausfallen.

### Boston Public Library

Auf der Westseite des Copley Square fügt die 1848 eröffnete **Boston Public Library** mit einer Fassade im Renaissance-Revival-Stil einen dritten Baustil zum Gesamtbild des Platzes hinzu. Sie war die erste öffentliche Bibliothek der USA, an der es möglich war, Bücher auszuleihen. Zu ihren Beständen gehört die umfangreichste amerikanische Sammlung von gegen die Slaverei gerichteten Publikationen und Dokumenten.

Einige der bekanntesten Maler der damaligen Zeit wie der aus Lyon stammende Puvis de Chavannes (1824–1898), Edwin Abbey

**Die Skyline von Boston vom Charles River aus gesehen**

(1852–1911) aus Philadelphia und der amerikanisch-italienische Gesellschaftsmaler John Singer Sargent (1856–1925) schmückten das Gebäude mit Wandmalereien. Auch ein Blick in die Bates Hall, den 66 m langen und 15 m hohen, mit einer gewölbten Decke ausgestatteten Lesesaal, lohnt sich. Für eine Pause bietet sich das elegante Restaurant Novel oder Sebastians Map Room Café im Gebäude an (700 Boylston St., Copley Sq., Tel. 617-536-5400, www.bpl.org, Mo–Do 9–21, Fr–Sa 9–17, Okt.–Mai auch So 13–17 Uhr, Gratisführungen zum Thema Architektur Mo 14.30, Di und Do 18, Fr–Sa 11 und So 14 Uhr).

An einem verregneten Tag ist **Copley Place** ein ideales Ziel, um trockenen Fußes ein paar Stunden Stadtluft zu schnuppern und vielleicht einzukaufen, falls das Budget dadurch nicht überstrapaziert wird. Denn Copley Place gibt sich betont luxuriös, mit entsprechenden Preisen. Aber auch mit einem sehr gediegenen Interieur und Filialen wohlklingender Namen wie Tiffany & Co., Armani, Gucci, Louis Vuitton, Hugo Boss und Christian Dior.

Anspruchsvolle Bostonbesucher können sich im Westin Hotel oder im Boston Marriott Copley Place einmieten und den gebotenen Luxus genießen (100 Huntington Ave., Mo–Sa 10–21, So 11–18 Uhr).

## Prudential Center

Aus den 1960er Jahren stammend, wurde der lange von der Bostoner Bevölkerung als hässlicher Riese abgelehnte Büro-, Hotel- und Shopping-Koloss 1993 umgebaut und erfuhr so eine entsprechende Aufwertung. Zur Imagebildung trägt zumindest um die Weihnachtszeit auch der größte Weihnachtsbaum der Stadt bei, den das **Prudential Center** 20 traditionell von der kanadischen Atlantikprovinz Neuschottland geschenkt bekommt

und reich geschmückt und illuminiert auf der Plaza an der Huntington Avenue aufstellt. Der Komplex bildet quasi eine eigene Kleinstadt mit Hotels, Kaufhäusern und über 100 Geschäften bzw. Boutiquen. Für das leibliche Wohl sorgt der Tower mit sieben Restaurants und einem Food Court. Auf der 50. Etage haben Besucher vom **Skywalk Observatory** einen Panoramablick über die Stadt und bei klarem Wetter bis zu 120 km weit ins Umland (800 Boylston St., www.prudentialcenter.com, Mo–Sa 10–21, So 11–18 Uhr, Skywalk Observatory, tgl. 10–22 Uhr, Erwachsene 9,50 $, Kinder unter 12 Jahren 6,50 $).

## Christian Science Church

›Gebet in Stein‹ nannte die Gründerin der Christian-Science-Kirche, Mary Baker Eddy (1821–1910), die 1894 erbaute **Christian Science Church** **21**, damals noch ein bescheidenes Gotteshaus. Der Um- und Ausbau führte 1906 zu einer kolossalen Basilika mit einer knapp 70 m hohen Kuppel im Stil der Neorenaissance. Trotz umgebender Anlagen mit akkurat gestutzten Bäumen, Blumenrabatten, Brunnen und einem über 200 m langen und 30 m breiten *Reflecting Pool* wirkt die bombastische Anlage seltsam karg und leblos. Die gesundheitlich schon als Kind angeschlagene Mary Baker Eddy hob ihre Glaubensgemeinschaft 1879 aus der Taufe und gründete später mehrere Tageszeitungen, darunter den heute noch aufgelegten Christian Science Monitor.

## Bedeutende Museen

Über eine Million Besucher jährlich statten dem ›Flaggschiff‹ der Bostoner Museumsszene eine Stippvisite ab, das allein durch seine Dimensionen beeindruckt. Die Qualität der Ausstellungen steht dem in nichts nach. Schon lange zählt das **Museum of Fine Arts**

**Erholsame Kunst-Pause im lichtdurchfluteten Café des Museum of Fine Arts**

22 zu den führenden Kunstmuseen der Welt mit einer ständigen Ausstellung, die Skulpturen, Gemälde, Drucke, Zeichnungen, Fotografien und Textilien umfasst. Dabei reichen die Epochen vom Altertum bis zur Gegenwart und die geografischen Schwerpunkte von Amerika über Europa bis nach Asien. Neben der islamischen und fernöstlichen Abteilung verdient hauptsächlich die Antikensammlung Aufmerksamkeit. Im Galleria Cafe oder Courtyard Café kann man seine Eindrücke verdauen (465 Huntington Ave., Tel. 617-267-9300, www.mfa.org, Mo–Di 10–16.45, Mi–Fr 10–21.45, Sa–So 10–16.45 Uhr).

Einen ganz anderen Eindruck als das Museum of Fine Arts macht das **Isabella Stewart Gardner Museum** 23. Der einem venezianischen Palazzo nachempfundene Bau mit Galerien um einen Innenhof imponiert nicht mit schieren Dimensionen, sondern mit einem eher gemütlich-verstaubten, etwas geheimnisvollen Flair, das den Wohnsitz der namengebenden, 1924 verstorbenen Kunstmäzenin noch heute erahnen lässt. Gemälde, Skulpturen und sonstige Utensilien lassen in ihrer Anordnung einen unorthodoxen Museumsstil erkennen. In der Nacht des 18. März 1990 drangen als Polizisten verkleidete Diebe in das Museum ein und entwendeten 13 wertvolle Gemälde, darunter drei Werke von Rembrandt und fünf von Degas. Trotz einer Belohnung in Höhe von fünf Millionen Dollar sind die Raritäten bis heute nicht aufgetaucht (280 The Fenway, Tel. 617-566-1401, www.gardnermuseum.org, Di–So 11–17 Uhr, Mo Ruhetag).

## Cambridge

**Reiseatlas:** S. 10, D 2
Ähnlich wie ›Rive Gauche‹ in Paris pflegt auch Bostons ›Left Bank‹ einen Ruf als von Studenten quirlig gemachter, eher der Gegenkultur zugeneigter Stadtteil. Gemeint ist damit Cambridge am linken Ufer des Charles River, eine eigenständige 100 000-Seelen-Stadt, die wegen ihrer geografischen Nähe zu Boston gemeinhin als Stadtteil der Metropole behandelt wird. Um den zentralen Harvard Square ballen sich Cafés voller junger Leute, Buchläden, Geschäfte mit Streetware,

# Bostons berühmter Sohn: John F. Kennedy

Thema

**Die U-Bahn-Haltestelle heißt Coolidge Corner und liegt im gutbürgerlichen Vorort Brookline. Von dort ist die vier Straßenblocks entfernte Beale Street zu Fuß zu erreichen, in der das grünblaue, zweistöckige Holzhaus Nr. 83 Besucher aus der ganzen Welt anzieht. In diesem bescheidenen Anwesen kam am 29. Mai 1917 der spätere US-Präsident John F. Kennedy zur Welt.**

Seine Eltern hatten das Anwesen drei Jahre zuvor für 14 000 Dollar erstanden. 1921 von einem Privatmann erworben, kaufte die Kennedyfamilie den Besitz 1966 zurück, um darin eine Erinnerungsstätte an den 1963 ermordeten Präsidenten einzurichten. Dieser Aufgabe verschrieb sich JFK's Mutter Rose mit Haut und Haaren, auch weil sich viele originalen Möbel und Memorabilien noch in ihrem Besitz befanden, darunter ein Piano, das Rose und ihr Mann Joseph als Hochzeitgeschenk bekommen hatten, ein von allen kleinen Kennedys getragenes Taufkleidchen und ein Holzkasten mit Karteikarten, auf dem die Größen und Krankheiten aller Kinder penibel vermerkt wurden. Natürlich fehlen in diesem Schrein auch die bevorzugten Kinderbücher und der Lieblingsteddy von JFK nicht (John F. Kennedy National Historic Site, 83 Beale St., Brookline, Tel. 617-566-7937, www.nps.gov/jofi, Mi–So 10–16.30, Führungen alle halbe Stunde, 15.30–16.30 Besichtigung ohne Führung möglich).

John verbrachte die ersten Jahre seines Lebens in seinem Geburtshaus bzw. einer zweiten Wohnung in Brookline, ehe die Familie 1926 nach New York City zog. Zehn Jahre später kehrte er in seine Geburtsstadt zurück, um bis 1940 an der Harvard University Politische Wissenschaften zu studieren. Bereits einen Monat nach seinem Studienabschluss veröffentlichte er seine Diplomarbeit über die Politik Großbritanniens unter dem Titel ›Why England Slept‹ (Warum England schlief) und verkaufte von diesem Buch 40 000 Exemplare. Nach einer Militärkarriere im Südpazifik und den ersten Schritten in der Politik hatte JFK von 1953 bis 1960 in Boston das Amt eines Senators des Staates Massachusetts inne, ehe er am 8. November 1960 zum Präsidenten der USA gewählt wurde. Am 22. November fiel er in einem offenen Wagen sitzend auf einer Fahrt durch Dallas/Texas einem Attentat zum Opfer. Bis heute kursieren verschiedene Verschwörungstheorien über dieses Attentat, das in der ganzen Welt Bestürzung auslöste.

In Boston erinnert neben dem Geburtshaus auch die John Fitzgerald Kennedy Library an den 35. Präsidenten der USA. Schon von weitem erkennt man die riesige US-Flagge, die den Standort der Bibliothek nahe am Wasser markiert. Der international bekannte Stararchitekt I. M. Pei entwarf den Komplex, den man durch eine gläserne Lobby betritt. Ausgestellt sind unter den vielen Dokumentationen auch zahlreiche Memorabilien von Amerikas bis heute jüngstem Präsidenten. Um Besucher auf das auch heute noch interessante Thema J.F. Kennedy einzustimmen, zeigt die Bibliothek einen halbstündigen Film, der viele offiziellen Anlässe und Begebenheiten aus der Amtszeit des Präsidenten in Erinnerung ruft (Columbia Point, Tel. 617-514-1600, www.jfklibrary.org, tgl. 9–17 Uhr).

Handzettel verteilende Demonstranten und Straßenmusiker. Wahrzeichen des Harvard Square war schon immer der Zeitungskiosk Out of Town Newspapers, der sich in seinem Blätterangebot genau so multikulturell und international präsentiert wie die aus aller Herren Länder stammende Kundschaft.

## Harvard University

Nur ein paar Schritte von diesem Zentrum entfernt dehnt sich der Campus der weltberühmten **Harvard University** aus, eine der ältesten und renommiertesten Universitäten der USA. Über das parkähnliche Gelände verteilen sich 400 Gebäude, die an englische Universitäten erinnern und mit ihren zum Teil von Efeu begrünten Fassaden deutlich machen, warum Harvard zum Kreis der so genannten Ivy League (Efeu-Liga) gehört, wie der ›Klub‹ der alten ostamerikanischen Spitzenuniversitäten auch genannt wird.

Ältestes Gebäude auf dem Harvard Yard ist die Massachusetts Hall von 1720. Früher waren dort eine Zeit lang die Soldaten der Kontinentalen Armee untergebracht, heute teilen sich Verwaltung und neu eingeschriebene Studenten den Bau. In der **Widener Library**, einer der größten Universitätsbibliotheken der Welt, sind die über 7,5 Mio. Bücher in Regalen mit mehreren Kilometern Länge untergebracht. Die breite Freitreppe des Gebäudes ist ein beliebter ›Logenplatz‹, um den Betrieb auf dem Campus in aller Ruhe zu studieren (kostenlose Campusführungen ab Holyoke Center Arcade, 1350 Massachusetts Ave., Tel. 617-495-1573, www.harvard.edu, Mitte Sept.–Mitte Mai Mo–Fr 10 und 14, Sa 14, Mitte Juni–Mitte Aug. Mo–Sa 10, 11.15, 14 und 15.15 Uhr).

## Massachusetts Institute of Technology

Harvard muss den Weltruhm mit dem 1861 gegründeten **Massachusetts Institute of Technology (MIT)** teilen, der weltbekannten Kaderschmiede mit Schwerpunkt auf Hightechforschung und -lehre sowohl im zivilen wie militärischen Bereich. Zuletzt machten die beiden Elite-Institute 2005 von sich reden, als es unter ihrer Federführung einem internationalen Forscherkonsortium gelang, das Schimpansen-Genom vollständig zu entziffern. Die ca. 10 000 Studenten, darunter mehrheitlich Frauen, können sich auch in Fachbereichen wie Architektur, Sozialwissenschaften und Medizin einschreiben. Zu den bahnbrechenden Leistungen des MIT gehört etwa die Entwicklung der Radartechnik und der automatischen Raumsondensteuerung des Apollo-Programms der NASA.

i **Greater Boston Convention & Visitors Bureau:** 2 Copley Pl., Suite 105, Boston, MA 02116-6502, Tel. 617-536-4100, Fax 617-424-7664, www.meetingpath.com und www.bostonusa.com. Eine Filiale gibt es auch am Boston Common, 147 Tremont St.

In Downtown Boston sind die meisten Unterkünfte sündhaft teuer. Kaum ein Zimmer ist unter 100 $ zu haben. Wer ein Auto fährt, kann in die Umgebung ausweichen, etwa an die I-95, wo an zahlreichen Ausfahrten preisgünstigere Motels liegen.

**Boston Harbor Hotel** [1]: 70 Rowes Wharf, Tel. 617-439-7000, Fax 617-330-9450, www.bhh.com. Top-Hotel mit 230 sehr komfortabel ausgestatteten Zimmern mit Blick auf den Hafen oder die Skyline von Boston. Zum Haus gehört ein Businesscenter. Ab ca. 390 $.

**Lenox Hotel** [2]: 710 Boylston St., Tel. 617-536-5300, Fax 617-266-7905, www.lenoxhotel.com. Über 100 Jahre alte Nobelherberge für Gäste, die eine gediegene Atmosphäre und eher konservativ ausgestattete Zimmer schätzen. Hier logierte Enrico Caruso und standen Tony Curtis, Ali MacGraw und Ryan O'Neil vor der Kamera. Ab ca. 220 $.

**Newbury Guest House** [3]: 261 Newbury St., Tel. 617-437-7666, www.hagopianhotels.com. Im Innern modernes B & B im viktorianischen Stil aus dem Jahr 1882. Ab ca. 140 $.

**Colonnade Hotel** [4]: 120 Huntington Ave., Tel. 617-424-7000, Fax 617-424-1717, www.colonnadehotel.com. Glanzstück des Hotels ist ein Pool auf dem Dach. Ab 140 $.

**Copley Square Hotel** [5]: 47 Huntington Ave., Tel. 617-536-9000, info@copleysquare hotel.com, www.copleysquarehotel.com. Bostoner Traditionshotel von 1891, in dessen Jazzclub Ella Fitzgerald und Billie Holiday auftraten. Es gibt ein hauseigenes Businesscenter und Wireless-Internet-Zugang auf jedem Zimmer. Ab 140 $.

**Buckminster Hotel** [6]: 645 Beacon St., Tel. 617-236-7050, Fax 617-262-0068, www.bostonhotelbuckminster.com. Hotel mit 94 Gästezimmern, darunter 24 Suiten mit etwas ältlicher Ausstattung, an der U-Bahn. Ab 133 $.

**Copley House** [7]: 239 W. Newton St., Tel. 617-236-8300, Fax 617-424-1815, info@copleyhouse.com, keine Webseite. Dreigeschossiges Stadthaus mit Studios und Zimmern inkl. kleiner Küche. Ab 120 $.

**Constitution Inn** [8]: 150 Second Ave., Charlestown, Tel. 617-241-84 00, Fax 617-241-2856, www.constitutioninn.com. Klimatisierte Gästezimmer, Swimmingpool und Fitnesscenter. Ab 119 $.

**Howard Johnson** [9]: 1271 Boylston St., Tel. 617-267-8300, Fax 617-864-0242, www.hojo.com. Kettenmotel mit Innenpool drei Blocks von der U-Bahn entfernt. Ab ca. 100 $.

**Boston International AYH Hostel** [10]: 12 Hemenway St., Tel. 617-536-9455, www.bostonhostel.org. Jugendherberge mit 205 Betten. Mit JuHe-Ausweis im Dreibettzimmer 35 $ pro Person, Privatzimmer für bis zu 3 Personen 89 $.

Besonderer Beliebtheit erfreuen sich die Spezialitätenstände im **Quincy Market**, die vor allem frisch zubereitete Meeresfrüchte und weitere Seafood-Spezialitäten im Angebot haben. Man kann an Tischen im ersten Obergeschoss oder draußen essen.

**Durgin Park** [11]: 340 Faneuil Marketplace, Tel. 617-227-2038, www.durgin-park.com, tgl. 11.30–22 Uhr. Seafood-Gerichte und traumhafte Desserts wie Indian Pudding aus Molasse und Maismehl mit einer Krone aus Vanilleeis. 15–35 $.

**La Famiglia Giorgio's** [12]: 112 Salem St., Tel. 617-367-6711, Mo–Sa ab 11, So ab 12 Uhr. Kleines, einfacheres Lokal mit bodenständiger italienischer Küche wie Parmesan-Hühnchen und großer Auswahl an Pasta-Gerichten. 15–25 $.

**Il Villaggio** [13]: 230 Hanover St., Tel. 617-367-2824, Mo–Sa ab 10, So ab 11 Uhr. Winziges Lokal mit hervorragenden Gerichten wie Hummerravioli, Gemüse-Lasagne oder Linguine Calamari. 15–30 $.

**Black Rhino** [14]: 21 Broad St., Tel. 617-263-0101, www.theblackrhino.com, tgl. 11–23 Uhr. Im Trend liegende Bar mit Live-Musik von Do–Sa. Speisen wie Sirloin Steak und gegrilltes Lamm. Ab 20 $.

**Beacon Hill Bistro** [15]: 25 Charles St., Tel. 617-723-1133, tgl. Frühstück, Lunch und Dinner, So Brunch. Gepflegtes Lokal im Beacon Hill Hotel, die Speisekarte für das Abendessen ist französisch geprägt. Ab 20 $.

**Lala Rokh** [16]: 97 Mt. Vernon St., Tel. 617-720-5511, Lunch Mo–Fr 12–15, Dinner tgl. 17.30–22 Uhr. Aromatische persische Küche wie etwa Chelo Kabob, ein einfaches, aber sehr schmackhaftes Gericht aus mariniertem Rindfleisch mit Basmati-Reis. Hauptspeisen ab 18 $.

**Sonsie** [17]: 327 Newbury St., tgl. Frühstück, Lunch und Dinner. Vom Lemon Caesar Salad (6,50 $) bis zu den Pasta mit Broccoli und Jakobsmuscheln (12,75 $) kommen ausgezeichnete Gerichte auf den Tisch. Ab 12 $.

**Deli One** [18]: 85 Arch St., Tel. 617-292-7825, Mo–Fr 6–15.30, Sa 7–13 Uhr. Üppiges Frühstück und zum Lunch tolle Sandwiches, griechische Platten, Pastagerichte und knackige Salate. Ab 5 $.

**Union Oyster House:** Das Lokal von 1826 gilt als ältestes Restaurant ganz Amerikas. Das Gästebuch strotzt vor prominenten Namen von Sir Laurence Olivier über Präsident George Bush bis Luciano Pavarotti und Liza Minnelli. Die Zwei-Personen-Vorspeise Hot Oyster House Sampler mit gegrillten Austern, Muscheln und Shrimps für 18,95 $ macht Appetit auf mehr, etwa Butterfly Shrimps, frische Jakobsmuscheln oder ein zartes Lachsfilet für 19,95 $ (41 Union St., Tel. 617-227-2750, tgl. ab 11 Uhr, So Brunch bis 15 Uhr).

**Copley Place:** 100 Huntington Ave., Tel. 617-369-5000, Mo–Sa 10–21, So 11–18 Uhr. Auf zwei Etagen elegante Boutiquen, Edelmarken wie Gucci, Tiffany und Louis Vuitton sowie das Nobelkaufhaus Neiman Marcus.

**Original Levi's Store:** Prudential Center, Boylston St., Tel. 617-375-9010, Mo–Sa 10–21, So 11–18 Uhr. Maßangefertigte Jeans nach Computervermessung.

**Jean Therapy:** 524 Commonwealth Ave., Tel. 617-266-6555, www.jean-therapy.com, Mo–Sa 11–19, So 12–18 Uhr. Hipper Jeansladen mit Riesenauswahl edelster Marken.

**Filene's Basement:** 426 Washington St., Mo–Sa 9–20 Uhr. Das Kaufhaus verkauft auf zwei Stockwerken Mode und Designerstücke zum Teil weit unter Normalpreis.

**Bull and Finch Pub/Cheers:** 84 Beacon St., Tel. 617-227-9605, www.cheersboston.com, tgl. ab 11 Uhr. Die Bar bildete die Kulisse der anfänglich auch dort gedrehten TV-Serie ›Cheers‹.

**The Big Easy:** 1 Boylston Pl., Tel. 617-351-7000, Do–Sa, vor 22 Uhr Eintritt frei. Tanzbar im New-Orleans-Stil mit Mardi-Gras-Stimmung, Live-Musik bzw. DJs.

**Roxy:** 279 Tremont St., Tel. 617-338-7699, Do–Sa ab 22 Uhr. Disco mit elegantem Interieur. Jeden Fr Tanzschule.

**Who's on First:** 19 Yawkey Way, Tel. 617-247-3353, Di–So ab 18 Uhr. In dieser großen Bar treffen sich Fans der Red Sox und viele Studenten vor und nach dem Baseball-Spiel.

**Wally's Café:** 427 Massachusetts Ave., Tel. 617-424-1408, www.wallyscafe.com, Mo–Sa 11–2, So 12–2 Uhr. Seit 1947 bestehendes Jazz-Lokal.

**Der Boston CityPass** kostet 39 $ und gewährt Eintritt zu sechs großen Sehenswürdigkeiten, die regulär das Doppelte kosten würden. Man bekommt den Pass etwa im New England Aquarium, dem Museum of Science und dem Museum of Fine Arts (Onlineverkauf unter www.citypass.com).

**Boston Symphony Orchestra:** 301 Massachusetts Ave., Tel. 617-266-1492, www.bso.org, Kartenvorverkauf Mo–Sa 10–18 Uhr. Unter Leitung von James Levine stehendes, weltbekanntes Orchester. Die Saison dauert von Sept. bis Mai.

**Hatch Shell:** Esplanade am Charles River, Tel. 617-727-5215. Konzertmuschel für viele kostenlose Sommerkonzerte, Filmvorführungen und Tanzabende.

**Boston Lyric Opera:** 265 Tremont St., Tel. 617-542-6772. Die Aufführungen finden im Shubert Theatre statt, Saison von Okt.–Mai.

**Boston Landmarks Orchestra:** Tel. 617-520-2200, www.landmarksorchestra.org. Das Orchester veranstaltet jeweils im Juli–Aug. eine Reihe klassischer Konzerte in öffentlichen Parkanlagen unter dem Motto ›Music Under the Sky & Stars‹.

**Theater:** Boston besitzt eine reiche Theaterszene mit zahlreichen Häusern, die Schauspiele, Musicals oder Broadway-Stücke aufführen: **Colonial Theatre,** 106 Boylston St., Tel. 617-426-9366; **Opera House,** 539 Washington St., Tel. 617-880-2400; **Shubert Theatre,** 265 Tremont St., Tel. 617-482-9393; **Wang Theatre,** 270 Tremont St. (Tel. 617-482-9393), **Wilbur Theatre,** 246 Tremont St., Tel. 617-423-4008, **Boston University Theatre,** 264 Huntington Ave., Tel. 617-266-0800 und **Loeb Drama Center,** 64 Brattle St., Cambridge, Tel. 617-547-8300.

### Feste/ Veranstaltungen

**Boston Marathon:** Jeweils im April findet mit dem Boston Marathon das bekannteste internationale Sportereignis von Neuengland statt, bei dem sich 20 000 Läufer auf die 42,195 km lange Strecke machen.

**Street Performers Festival:** Ende Mai verwandelt sich der Faneuil Hall Marketplace in eine Riesenbühne für Straßenmusikanten, Zauberer, Jongleure, Feuer- und Schwertschlucker und Komödianten.

Der amerikanische **Unabhängigkeitstag** (4. Juli) wird in Boston ab 28. Juni zusammen mit dem einwöchigen **Harborfest** (www.bostonharborfest.com) mit Konzerten, Hafenrundfahrten, dem kulinarischen Chowderfest

**Der Boston Marathon ist das wichtigste sportliche Ereignis der Stadt**

und selbstverständlich auch mit Feuerwerk gefeiert.

**Gruseltouren:** Historic Tours of America/Ghosts & Gravestones, Tel. 617-269-3626, www.ghostsandgravestones.com, 2-stündige nächtliche ›Frightseeing‹-Touren über Bostons Friedhöfe und zu anderen Gruselorte. Reservierung obligatorisch.

**Walbeobachtung:** Boston Whale Watch, 60 Rowes Wharf, Tel. 617-542-8000, www.beantownwhalewatch.com, 4-stündige Walbeobachtungstouren mit Erfolgsgarantie.

**Flugzeug:** Der Logan International Airport liegt 5 km östlich von Downtown jenseits des Boston Inner Harbor (www.massport.com/logan). Er ist der bedeutendste Flughafen in Neuengland und wird von vielen internationalen und US-Linien angeflogen. Schnellste und billigste Verbindung in die Stadt ist die Blue Line der U-Bahn (tgl. 5.30–0.30 Uhr). Kostenlose Shuttlebusse fahren von den Terminals zur U-Bahn. Man kann auch mit dem Bus (Tel. 1-800-235-6426) oder dem Wassertaxi Harbor Express fahren (Tel. 617-222-6999, www.harborexpress.com, Mo–Fr 5.45–23.25, Sa–So 8–22.15 Uhr, einfache Fahrt 10 $, Anlegestelle Long Wharf). Taxis in die Innenstadt kosten ca. 22 $.

**Bahn:** Die Amtrak-Schnellzüge Acela aus bzw. nach New York, Philadelphia und Washington D. C. bzw. die Züge über Cleveland nach Chicago benutzen die South Street Station (Atlantic Ave./Summer St.) und die Back Bay Station, 145 Dartmouth St., Tel. 1-800-872-7245, www.amtrak.com. Die Züge der Massachusetts Bay Transportation Authority (MBTA, Tel. 617-222-3200, www.mbta.com) ab North Station (135 Causeway St., Tel. 1-800-392-6100) sind Regionalbahnen, etwa nach New Hampshire und Maine.

**Bus:** Die South Street Station (siehe Bahn) ist der zentrale Bahnhof für die Greyhound-Busse, Tel. 1-800-231-2222, www.greyhound.com und die Vermont Transit Lines: Tel. 802-862-7812, www.vermonttransit.com/fares.html (Verbindungen in ganz Neuengland).

# New Hampshire und Vermont

Reiseatlas S. 2/3

**Ikonen der US-Geschichte liegen auf dem Weg nach New Hampshire, das im Indian Summer mit den White Mountains zu den attraktivsten Reisezielen in Neuengland zählt. ›Flammende Wälder‹ dekorieren in dieser Jahreszeit auch die Naturszenerien im Nachbarstaat Vermont – für Outdoor-Fans ein wahres Paradies.**

Eigentlich müsste der Bostoner Freedom Trail bis an den nordwestlichen Rand des urbanen Ballungsraumes verlängert werden. Denn die beiden dort liegenden Gemeinden Lexington und Concord waren nicht nur bedeutende Meilensteine im amerikanischen Unabhängigkeitskrieg. Sie wurden zu Synonymen für Freiheit und Vaterlandsliebe, in einem patriotisch geprägten Land wie den USA ein besonders angesehenes Prädikat. In den beiden Landgemeinden begann 1775 mit einigen Scharmützeln der Unabhängigkeitskrieg gegen England.

Auf Betreiben der beiden Revolutionsführer Samuel Adams und John Hancock, die beide auf den Suchlisten der Engländer ganz oben standen, hatten die Kolonisten begonnen, geheime Waffenlager anzulegen. Als die Briten anrückten, um Adams und Hancock dingfest zu machen und die Waffenlager auszuheben, waren die Amerikaner von Paul Revere schon gewarnt worden und hatten ihre kleine Freiwilligenarmee aufgestellt.

Um keine historischen Schauplätze, sondern um grandiose Naturszenerien geht es in den White Mountains von New Hampshire, wo der Tourismus schon lange eine Rolle spielt. Bestes Anzeichen dafür ist der 1869 vollendete Bau von Amerikas erster Zahnradbahn auf den zwar nicht einmal 2000 m hohen, aber im Permafrost liegenden Gipfel des Mount Washington – bis heute eines der spektakulärsten Reiseziele in Neuengland.

Ähnlich wie die Berge des nördlichen New Hampshire sind auch die Landschaften im kleinen Vermont Symbole unverdorbener Natur, in der bäuerliche Gehöfte, Dörfer und Kleinstädte das Bild bestimmen, in der es keine großen Städte gibt und qualmende Industrieanlagen dünner gesät sind als anderswo. Als der französische Entdecker Samuel de Champlain 1609 durch diesen Teil von Neuengland zog, fiel ihm angesichts der sattgrünen Berge nur eine Bezeichnung ein: ›Les Verts Monts‹ (Grüne Berge), was später zum heutigen Namen anglisiert wurde.

## Schauplätze der Revolution

### Lexington

**Reiseatlas:** S. 10, D 2

Wo sich im Stadtzentrum Massachusetts Avenue und Bedford Street kreuzen, steht auf einem aufgeschichteten Steinhaufen die berühmte, vom Bildhauer Henry Kitson in Bronze gegossene **Minuteman-Statue.** Sie stellt Captain John Parker dar, den Anführer einer aus 80 Mann bestehenden Bürgerwehr, die am 19. April 1775 in der so genannten Schlacht von Lexington in die erste blutige Auseinandersetzung des amerikanischen Bürgerkriegs verwickelt war. Briten und Amerikaner hatten sich bereits darauf geeinigt, keine Waffen sprechen zu lassen, als plötzlich ein Schuss fiel. Wer ihn abfeuerte, wurde nie geklärt. Ein Schusswechsel folgte, den acht Minutemen

(Freiwillige, die innerhalb einer Minute kampfbereit sein mussten) nicht überlebten.

Vor dem Scharmützel hatte sich die Bürgerwehr zwecks Beratung in ihrem Hauptquartier **Buckman Tavern** getroffen (1 Bedford St., Tel. 781-862-5598, www.lexingtonhistory.org, April–Okt. tgl. 10–16 Uhr, alle 30 Min. Führungen von Guides in historischen Kostümen).

Die britischen Soldaten zogen sich nach dem ersten Schusswechsel in die **Munroe Tavern** zurück und richteten dort ein Feldlazarett und das temporäre Hauptquartier von General Earl Percy ein (1332 Massachusetts Ave., Tel. 781-862-1703, www.lexingtonhistory.org, April Sa–So, Mai–Okt. tgl. 10–16 Uhr).

## Concord (MA)

**Reiseatlas:** S. 10, D 2

Nach den Ereignissen in Lexington marschierten die britischen Truppen Richtung Westen nach Concord, um von den Kolonisten gehortete Waffen und Munition zu konfiszieren. Als die britischen Rotröcke an der **Old North Bridge** über den Concord River ankamen, hatten sich dort bereits etwa 400 Minutemen verschanzt. Der idyllische Fluss, der sich durch ein waldreiches Gebiet windet, lässt nicht vermuten, dass an dieser Stelle die erste richtige Schlacht des amerikanischen Unabhängigkeitskriegs stattfand. Die Rebellen gewannen in dem Gefecht die Oberhand, die britischen Truppen mussten sich nach Boston zurückziehen.

Im **North Bridge Visitor Center** auf einem Hügel über dem Concord River wurde ein kleines Museum mit vielen Erinnerungsstücken wie Waffen und Uniformen eingerichtet (Minute Man National Historical Park, 174 Liberty St., Tel. 978-369-6993, www.nps.gov/mima, tgl. 9–17 Uhr). Ausstellungen über den Beginn der Amerikanischen Revolution sind auch im **Concord Museum** zu sehen. Es zeigt aber auch Erinnerungsstücke an Henry David Thoreau und Ralph W. Emerson (Lexington Rd., Tel. 978-369-9763, www.concordmuseum.org, Jan.–März Mo–Sa 11–16, So 13–16 Uhr, Juli und Aug. So bereits ab 9, sonst Mo–Sa 9–17, So 12–17 Uhr).

## Mit dem Autor unterwegs

### Das lohnt sich!

**Kancamagus Highway:** Zwischen Conway und Lincoln bildet diese Panoramaroute eine 33 Meilen lange Ost-West-Verbindung durch die White Mountains, im Indian Summer eine der schönsten Strecken (s. S. 110).

**Flume Gorge:** Gletscher gruben eine 12 km lange Schlucht in die White Mountains. Auf Treppen und Bretterstegen kann man sie durchwandern (s. S. 113).

**Das Shelburne Museum:** Das am Lake Champlain gelegenene Museum vermittelt nicht nur Einblicke in die Lebensweise der Menschen im 19. Jh., sondern ist auch ein lohnendes Ziel für Kunstliebhaber (s. S. 116).

### Abenteuerlich

Eine Fahrt mit der **Mount Washington Cog Railway** zum Gipfel des Mount Washington ist u. a. wegen des Klimaschocks auf dem permanent vereisten Gipfel ein ganz besonderes Erlebnis (s. S. 111).

### Shopping-Highlight

Man braucht dort nicht unbedingt einzukaufen: Der alte **Vermont Country Store** in Weston hat es auch in der Kategorie Alltagsmuseum zu Ansehen gebracht (s. S. 118).

Concord machte nicht nur Revolutionsgeschichte. Im 19. Jh. bildete sich dort eine bedeutende Literatenkolonie heraus. Nur einige Schritte von der Old North Bridge entfernt steht mit **The Old Manse** ein Anwesen, das der Großvater des Philosophen und Dichters Ralph Waldo Emerson (1803–1882) im Jahr 1770 bauen ließ und in dem Emerson einige Jahre seiner Kindheit verbrachte. Zwischen 1842 und 1845, als der frisch verheiratete Schriftsteller Nathaniel Hawthorne eine Zeit lang in den Einfluss der so genannten Transzendentalisten geriet, hatte das Anwesen mit ihm einen weiteren prominenten Bewohner (269 Monument St., Tel. 978-369-3909, www.thetrustees.org, Führungen Mitte April–Okt.

Mo–Sa 10–17, So 12–17 Uhr). Von 1835 bis 1882 bewohnte Emerson mit dem **Emerson House** ein zweites Anwesen in Concord, das noch so ausgestattet ist wie zu Lebzeiten des ehemaligen Hausherrn (28 Cambridge Turnpike, Tel. 978-369-2236, Führungen Mitte April–Okt. Do–Sa 10–16.30, So 14–16.30 Uhr).

Zum Kreis um Emerson gehörte auch Henry David Thoreau (1817–1862), der mit dem 1854 erschienenen Essayzyklus ›Walden oder Leben in den Wäldern‹ Berühmtheit erlangte. Darin plädierte er für das Recht und die Pflicht des Einzelnen, seine Entscheidungen frei von jeder Konvention und nur allein an der Natur orientiert zu treffen. In dem Werk verarbeitete er Erfahrungen, die er 1845 während eines freiwilligen Exils in einer selbst gebauten Bretterhütte am **Walden Pond** bei Concord machte. Wo er zwei Jahre lang sein ›Daseinsexperiment‹ durchführte, steht heute ein Nachbau seiner einstigen Behausung (Rte 126, Tel. 978-369-3254, www.mass. gov/dcr/parks/northeast/wldn.htm, Öffnungszeiten tgl. geöffnet von Sonnenauf- bis Sonnenuntergang).

Zur Literatenkolonie in Concord gehörte als einzige Frau Louisa May Alcott (1832–1888). Im **Orchard House** verfasste sie ihren zweiteiligen Roman ›Kleine Frauen‹, in dem sie ein typisches Bild des damaligen Familienlebens in den Neuenglandstaaten zeichnete (399 Lexington Rd., Tel. 978-369-4118, www.louisa mayalcott.org, April–Mitte Sept. Mo–Sa 10–16.30, So 13–16.30 Uhr, ). Alle genannten Literaten fanden ihre letzte Ruhestätte auf dem **Sleepy Hollow Cemetery,** der aus diesem Grunde den Beinamen Author's Ridge trägt (Rte 62 W.).

i **Concord Visitor Center:** 58 Main St., Concord, MA 01742, Tel. 978-369-3120, Fax 978-369-1515, www.concordchamberofcommerce.org.

**Vincenzo's Ristorante:** 1200 Main St., Tel. 978-318-9800, www.vincenzosrestaurant.com, tgl. Lunch und Dinner. Feine italienische Speisen in farbenfroher Umgebung. Ab 8 $.

**Bedford Farm Ice Cream:** 68 Thoreau St., im Sommer 11–21 Uhr. Rund 60 erstklassige Eisspezialitäten.

# 2 In die White Mountains

## Concord (NH)

**Reiseatlas:** S. 3, A 4

Die Hauptstadt von New Hampshire liegt am Merrimack River, eine gerade mal 40 000 Einwohner große Gemeinde gänzlich ohne Metropolen-Allüren. Das ändert sich nur alle vier Jahre, wenn in diesem Bundesstaat traditionsgemäß die ersten Entscheidungen im Vorwahlkampf zur Präsidentschaftswahl fallen und die ganze Nation auf den neuenglischen Winzling mit seinen knapp 2 Mio. Einwohnern blickt. Es gilt als ungeschriebenes Gesetz, dass jener Kandidat ins Weiße Haus einzieht, der in New Hampshire die ›Primary‹ gewinnt.

Das 1819 erbaute **Statehouse** ist das älteste Parlamentsgebäude der USA, in dem sowohl Senat als auch Repräsentantenhaus noch in ihren ursprünglichen Räumlichkeiten tagen. Der repräsentative Bau steht in einer Parkanlage voller Bäume, Sträucher und Denkmäler, die an berühmte Söhne des Landes erinnern. Im Innern gibt sich das Gebäude bescheidener als andere State Capitols, von Ausnahmen wie einem Mosaik über historische Ereignisse in der Senat Chamber abgesehen (107 N. Main St., Tel. 603-271-2154, Mo–Fr 8–16.30 Uhr).

Im **Museum of New Hampshire History** können an der Geschichte des Staates interesierte Besucher viel über dessen Vergangenheit erfahren, vom Indianerhäuptling Passaconaway bis zum Astronaut Alan Shepard, der als fünfter Mensch den Mond betrat (6 Eagle Sq., Tel. 603-228-6688, Fax 603-228-6308, www.nhhistory.org/museum.html, Juli–15. Okt. Mo–Sa. 9.30–17, So ab 12 Uhr, 16. Okt.–Juni gleiche Öffnungszeiten außer Mo).

i **Chamber of Commerce:** 40 Commercial St., Concord, NH 03301, Tel. 603-

224-2508, Fax 603-224-8128, www.concordnhchamber.com.

**Best Western Concord Inn & Suites:** 97 Hall St., Tel. 603 228-4300, Fax 603-228-4301, www.bestwestern.com. 66 Zimmer mit Kühlschrank, Kaffeemaschine, Mikrowelle sowie Schwimmbad, Whirlpool und Fitnessraum, Zeitung und Frühstück inbegriffen. Ab 89 $.
**Comfort Inn:** 71 Hall St., Tel. 603-226-4100, Fax 603-228-2106, www.choicehotels.com. Pool, Sauna und Fitnessraum, ordentliche Standardzimmer mit WLAN, Frühstück. Ab 89 $.

**Cat & Fiddle Restaurant:** 18 Manchester St., Tel. 603-228-8911, www.catnfiddle.com, tgl. 11–21, Fr, Sa bis 22 Uhr. Großes Familienrestaurant mit üppigen Portionen amerikanischer Kochkunst. Ab 12 $.
**Hermanos Cocina Mexicana:** 11 Hills Ave., Tel. 603-224-5669, www.hermanosmexican.com, tgl. außer Sonntagmittag 11.30–14.30, 17–21 Uhr. Von Nachos mit Chili, Guacamole und Bohnen bis zum Chimichanga, dazu werden süffige Margaritas serviert. In der Lounge So–Do Live-Jazz. Ab 12 $.

## North Conway

**Reiseatlas:** S. 3, A 3
Eine Sehenswürdigkeit ist der Ort mit seinen 2000 Einwohnern beileibe nicht. Die Qualitäten von North Conway liegen auf zwei anderen Gebieten: Es eignet sich hervorragend als Ausgangspunkt für Touren in die White Mountains und es bildet in diesem eher provinziellen Teil von New Hampshire das bedeutendste Wirtschaftszentrum. Entlang des Highway 16 reihen sich Motels aller Preiskategorien, Bed & Breakfast Inns, Cottages, Resorts, Restaurants, Shopping Malls und Supermärkte wie in einer mittelgroßen Stadt aneinander. Dazwischen verteilen sich Outlets mit Dutzenden Fabrikverkäufen für Textilien, Schuhe und Haushaltswaren.

Mitten im Ort am Village Green hält der 1874 erbaute, gelb getünchte Bahnhof mit roten Dächern die Erinnerung an alte Zeiten wach. Heute dient er als Station für die nostalgische, mit Dampf- und Diesellokomotiven ausgerüstete **Conway Scenic Railroad,** mit der jedes Jahr Tausende einen Ausflug nach Bartlett im Saco River Valley oder nach Conway unternehmen (Rte 16, 38 Norcross Circle, Tel. 603-356-5251, Fax 603-356-7606, www.conwayscenic.com, April–Dez.).

**Mount Washington Valley Chamber of Commerce:** an der südlichen Durchgangsstraße, P. O. Box 2300, North Conway, NH 03860-2300, Tel. 603-356-3171, Fax 603-356-7069, www.mtwashingtonvalley.org.

An der Durchgangsstraße gibt es viele Unterkunftsmöglichkeiten aller Preiskategorien.
**Adventure Suites:** 3440 White Mountain Hwy, Tel. 603-356-9744, www.adventuresuites.com. Originelles Hotel mit ›Themen‹-Suiten, die Wahl zu treffen fällt schwer: Auswahl zwischen römischem Spa mit Rundbett, Baumhaus mit Zeltunterkunft für Kids, ›Motorcycle Madness‹ mit integrierter Motorradgarage für Harley-Fans, Jacuzzi für 7 Personen und Toilettenpapierhalter im Harley-Look, ›Love Shack‹ mit Wasserbett und Deckenspiegel und diversen anderen Themen. Alle Suiten haben Jacuzzis. Ab 179 $.
**Grand Hotel at Settler's Green:** Rte 16 beim Settler's Green Outlet, Tel. 603-356-9300, Fax 603-356-6028, www.northconwaygrand.com. Großes Hotel mit Innen- und Außenpool, Fitnessraum, in Ideallage zum Einkaufen. So–Do 79 $, sonst 149 $.
**Hostel International White Mountains:** 36 Washington St., Tel. 603-447-1001, www.conwayhostel.com. Einfache Herberge in einem umgebauten Farmgebäude mit 5 Schlafsälen à 6 Betten und 5 Privatzimmern, in denen jeweils 5 Personen unterkommen können. Ab 22 $ pro Person.

**Moat Mountain Smokehouse:** 3378 White Mountain Hwy, Tel. 603-356-7100, www.moatmountain.com, tgl. 11.30–22 Uhr. Restaurant mit eigener Brauerei, gemütlicher Atmosphäre und üppigen Portio-

nen. Barbecue-Ribs und Holzofenpizza gehören zu den Hausspezialitäten. Ab 6 $.
**Delaney's Hole in the Wall:** 2980 White Mountain Hwy, Tel. 603-356-7776, www.delaneys.com, tgl. 11.30–23 Uhr. Der Nachfahre eines Mitglieds der Gang von Butch Cassidy und Sundance Kid stellt alles unter das Motto der ›Hole in the Wall-Gang‹. Spezialitäten sind Salate, Wings, Ribs und Chicken. Jeden Mittwoch Live-Musik. Ab 5 $.

Der Ort ist ein Einkaufsparadies und bietet rund 100 Fabrikverkaufsstellen mit Mode, Schuhen und Accessoires, u. a. von Nike, L. L. Bean, Polo Ralph Lauren und GAP. Da New Hampshire keine Verkaufssteuer verlangt, ist Einkaufen hier preiswerter als anderswo.
**North Conway Outlets:** Rte 1/Lafayette Rd, Mo–Sa. 10–21, So 10–18 Uhr.
**Settler's Green Outlet:** Rte 16, Mo–Sa 9–21, So 10–18 Uhr.

**Stables at the Farm by the River:** 2555 West Side Rd., Tel. 603-356-4855, www.farmbytheriver.com. Reitstall für Ausritte, Ponys für Kinder, Ausfahrten mit dem Pferdewagen. Übernachtung im gemütlich altmodischen B & B ab 100 $.

## Bretton Woods

**Reiseatlas:** S. 3, A 2
Aus der Entfernung könnte man meinen, am Fuß des Mount Washington sei ein weißes Traumschiff in einem Ozean aus Wäldern und Wiesen aufgrund gelaufen. Seit 1902 bestimmt das **Mount Washington Hotel** das Bild des Dorfes und verhalf ihm 1944 sogar in die Schlagzeilen der Weltpresse. In den noblen Sälen fand im Sommer 1944 auf Einladung von Präsident Franklin D. Roosevelt eine Weltwährungs- und Finanzkonferenz statt. Drei Wochen dauerten die Verhandlungen der 700 Delegierten aus 44 Ländern. Dann war ein Internationaler Währungsfonds zur Stabilisierung der nationalen Währungen sowie zur Förderung des Welthandels geschaffen.

Das Personal an der Rezeption hört nicht gerne, dass Horror-Autor Stephen King die Idee zu seinem Roman ›The Shining‹ offenbar nach einem Besuch im Mount Washington Hotel hatte. Umso erstaunlicher ist, dass das Management Starregisseur Stanley Kubrik 1980 erlaubte, einige Szenen der Verfilmung des Romans in Bretton Woods' Nobeladresse zu drehen.

**The Mount Washington Hotel:** Rte 302, Tel. 603-278-1000, Fax 603-278-8838, www.mtwashington.com. Sehr nobles Traditionshotel mit dicken Teppichen und schweren Kronleuchtern in der Lobby, das Weltgeschichte machte. Eigener 18-Loch-Golfplatz, Tennisanlagen, Reitstall, Massage. Nur mit Halbpension, ab 280 $.
**Bretton Woods Motor Inn:** Rte 302, Tel. 603-278-1000, Fax 603-278-8898, www.brettonwoods.com. Direkt beim Skigebiet gelegen. Das Motel hat Innen- und Außenpool sowie Sauna. Ab 99 $.
**Twin Mountain KOA Kampground:** Twin Mountain, 372 Rte 115, Tel. 603-846-5559, 20. Mai–16. Okt. Schöner bewaldeter Campingplatz auch mit Cabins, teilweise mit Küche. Cabins ab 48 $.

**Fabyan's Station:** Rte 302, Tel. 603-278-2222, tgl. 11–22 Uhr. Einfaches Restaurant in einem ehemaligen Bahnhof. Auf der Karte: Nachos, Burgers, Ribs. Ab 6 $.

## Kancamagus Highway

**Reiseatlas:** S. 3, A 3
Zwischen Conway und Lincoln stellt der **Kancamagus Highway** eine 33 Meilen lange Ost-West-Verbindung durch die White Mountains her. Die Route durch die Berglandschaft gehört zu den attraktivsten Strecken von Neuengland. Vom Tal des Swift River, in dem schon im ausgehenden 18. Jh. Holzfäller siedelten, steigt der Panorama-Highway zum 872 m hohen Kancamagus-Pass an.

Namen entlang der Route wie der des verlassenen Dorfes Passaconaway oder der Sabbaday Falls gehen auf indianische Ursprünge zurück. Mitte des 17. Jh. waren die White Mountains Jagdgebiet mehrerer Indianergruppen. Häuptling Passaconaway (Bä-

## Richtig Reisen-Tipp: Gipfelsturm auf den Mount Washington

Arktische Wetterbedingungen und eine museal anmutende Oldtimer-Lokomotive machen die Fahrt mit der **Mount Washington Cog Railway** auf den nicht einmal 2000 m hohen Gipfel des **Mount Washington** zu einem echten Abenteuer. Häufig toben auf dem im Permafrost liegenden Gipfel Orkane, weil der Berg im Schnittpunkt dreier Sturmschneisen liegt. Am 12. April 1934 wurde ein Weltrekord dokumentiert – eine nie mehr auf der Erdoberfläche gemessene Windgeschwindigkeit von 371,75 km/h.

Manchem Höhenwanderer, der den ›Hügel‹ falsch einschätzte, sind die extremen Klimaverhältnisse schon zum Verhängnis geworden. Auf jedem Bergausflug verschlingt das ›Schnauferl‹ 1 t Kohle und wandelt während des eineinhalbstündigen ›Gipfelsturms‹ 4000 l Wasser in heißen Dampf um. Steilster Streckenabschnitt ist die Jakobsleiter mit 37,4 %. Wenn man die Fahrt im Herbst unternimmt, beginnen sich die fast graslosen Flächen entlang der Schienentrasse bald durch Raureif zu ›verzuckern‹. Auf dem Gipfel herrschen schneidende Kälte und Schneechaos, sodass sich die meisten Besucher lieber ins geheizte Sherman Adams Building flüchten, um die weiße Pracht durch die Fensterscheiben zu bewundern (Talstation hinter dem Mount Washington Hotel, Tel. 603-278-5404, www.thecog.com, tgl. 9–15 Uhr).

Eine ebenfalls bequeme Art der Bergbesteigung ist die Fahrt mit dem Auto. An der Ostflanke des Berges beginnt in Pinkham Notch 14 Meilen nördlich von Glen mit der Mount Washington Auto Road eine 8 Meilen lange kurvige Mautstraße. Zwischen Mitte Mai und Mitte Oktober ist sie zwar grundsätzlich offen, Wettereinbrüche können sie aber jederzeit unpassierbar machen (Tel. 603-466-3988, www.mt-washington.com/autoroad, im Hochsommer tgl. 7.30–18 Uhr, sonst kürzer).

**In Eis und Schnee erstarrter Gipfel des Mount Washington**

renkind) vereinte im Jahr 1627 über ein Dutzend dieser Stämme in der Penacook-Konföderation. Die Panoramaroute ist nach dem Enkel des großen Häuptlings benannt.

## Lincoln

**Reiseatlas:** S. 3, A 3

Der Kancamagus Highway endet im kleinen Touristenzentrum Lincoln an der westlichen Flanke der White Mountains. Der Ferienort hat es als Ausgangspunkt für Touren in die nahe Bergwelt zu Ansehen gebracht, weil das Städtchen günstig an der großen Nord-Süd-Verbindung I-93 liegt und es vor Ort alles gibt, was ein Etappenziel braucht: Unterkünfte, Gastronomie und Einkaufsgelegenheiten. Vom Ortsrand führt eine 2 km lange Gondelbahn zum **Loon Mountain Park,** in dem Outdoor-Fans ihre Wochenenden gerne beim Reiten, Mountain Biking oder Wandern auf einem der Pfade verbringen, die zu von Gletschern ausgehobelten Höhlen führen. Von einem Aussichtsturm im Park hat man einen grandiosen Blick über die Umgebung (Gondelbahn, Tel. 603-745-8111, www.loonmtn.com, Mitte Juni–Mitte Okt. tgl., Ende Mai–Mitte Juni Sa–So).

Mit der **Hobo Railroad** können Familien eineinhalbstündige Rundfahrten entlang dem Pemigewasset River unternehmen und dabei

**Am Kancamagus Highway zeigt sich der Indian Summer von seiner schönsten Seite**

die idyllische Landschaft zwischen Lincoln und Franconia Notch kennen lernen (Hobo Junction Station, Rte 112, Tel. 603-745-2135, www.hoborr.com, Mai–Okt.).

**Lincoln-Woodstock Chamber of Commerce:** Rte 112, Tel. 603-745-6621, Lincoln, NH 03251, www.lincolnwoodstock.com.

**Woodwards Resort:** RR 3 (I-93, Exit 33), Tel. 603-745-8141, Fax 603-745-3408, www.woodwardsresort.com. Im Herzen der White Mountains gelegen, mit vielen Sportmöglichkeiten und gutem Restaurant, Innen- und Außenpool, Sauna, Tennisplätzen. Ab 89 $.

**Econolodge:** Rte 3, Tel. 603-745-2229, Fax 603-745-9829, www.econolodgeloon.com. Motelzimmer teilweise mit Jacuzzi. Zwei Cottages für 4–10 Pers. Innen- und Außenpool, Sauna, Fitnessraum, Frühstück inkl. Ab 80 $.

**Country Bumpkins Family Campground:** Rte 3, Tel. 603-745-8837, www.countrybumpkins.com, April–Okt. Platz mit warmen Duschen und beheizbaren Cabins mit TV und eigener Dusche. Cabins ab 55 $.

**Fratello's Restaurant:** Kancamagus Hwy, Tel. 603-745-2022, www.fratellos.com, tgl. Lunch und Dinner. Seafood, butterzarte Steaks und italienische Gerichte. Ab ca. 15 $.

**Profile Dining Room:** 664 Rte 3, Tel. 603-745-8000, www.indianheadresort.com, tgl. 7–15, 17–20.30 Uhr. Restaurant des Indian Head Resort mit guter Küche und großer Auswahl an Steaks, Seafood und Pasta. Ab 14 $.

**Elchbeobachtung:** Pemi Valley Excursions, Rte 112 gegenüber McDonalds, Tel. 603-745-27 44, www.i93.com/pvsr, Ende Mai–Mitte Okt., ab ca. 18 Uhr Touren zur Elchbeobachtung. Unbedingt reservieren! Erwachsene 20 $, Kinder 14 $.

**Freizeitpark:** Whale's Tale Water Park, Water Park Rte 3, Tel. 603-745-8810, www.whalestalewater park.com, Mitte Juni–Anfang Sept. tgl. 10–18 Uhr, Wasserpark mit Rutschen und Pools. 25 $, ab 15 Uhr 18 $.

## Franconia Notch

**Reiseatlas:** S. 3, A 2/3

Nördlich von Lincoln führen die I-93 und die parallel dazu verlaufende Route 3 durch die Franconia Notch, ein zum Teil enges Tal, in dem die hauptsächlichen Sehenswürdigkeiten im **Franconia Notch State Park** unter Schutz stehen. Die **Flume Gorge** ist eine zwölf Kilometer lange, von Gletschern gegrabene Schlucht zwischen der Franconia und der Kinsman Range und wird von hohen, vor Nässe glänzenden Steilwänden eingerahmt.

Durch den engen Canyon befördert der Wildbach Flume sein Wasser in zahlreichen Kaskaden talwärts. Selbst im Hochsommer poliert das eiskalte Nass die übereinander gestürzten Granitbrocken und schafft ein Klima wie im Kühlhaus, weil kaum einmal ein Sonnenstrahl in die Schlucht fällt. Ein teilweise aus Bretterstegen bestehender Pfad führt durch dieses Naturwunder (Visitor Center, Tel. 603-823-8800, www.flumegorge.com, Mitte Mai–Ende Okt. tgl. 9–16.30, im Hochsommer bis 17.30 Uhr).

In der Franconia Notch fährt die 80 Personen fassende **Cannon Mountain Aerial Tramway** in nur acht Minuten zum 1250 m hohen Gipfel des Cannon Mountain, auf dem man wandern und die fabelhafte Fernsicht genießen kann (Tel. 603-823-8800, Ende Mai–Mitte Okt. tgl. 9–17 Uhr, Erwachsene 10 $, Kinder 6 $).

## In die Green Mountains

### Montpelier

**Reiseatlas:** S. 2, E 2

Wer sich die Staatsmetropole von Vermont als urbanen Ballungsraum vorstellt, irrt. Mit gut 8000 Einwohnern, weiß getünchten Holzhäusern und liebevoll gepflegten Vorgärten sieht **Montpelier** eher wie ein verschlafenes Landstädtchen aus. Es überrascht nicht, dass manche das 1859 im Greek-Revival-Stil erbaute **Kapitol** auf den ersten Blick für ein aus der alten Zeit stammendes Luxushotel halten. Dorische Säulen zieren die graue Granitfassade, über der sich eine goldgedeckte Kuppel mit einer Statue von Ceres, der römischen Getreidegöttin, wölbt. In der Eingangshalle ist außer den Porträts der beiden aus Vermont stammenden US-Präsidenten Calvin Coolidge und Chester Arthur eine Büste von Abraham Lincoln zu sehen, die als Modell für eine viel größere Skulptur auf seinem Grab in Springfield (Illinois) diente (115 State St., Tel. 802-828-2228, kostenlose Führungen Juli–Mitte Okt. Mo–Fr 10–15.30, Sa 11–14.30 Uhr. Freier Zugang zum Gebäude Mo–Fr 8–16 Uhr).

i **VT Tourism & Marketing:** 6 Baldwin St., Montpelier, VT 05633-1301, Tel. 802-828-3676, www.travel-vermont.com. Informationen über Urlaub auf dem Bauernhof oder einer Farm unter www.vermontfarms.org.

### Barre

**Reiseatlas:** S. 2, E 2

Der größte Teil des steinernen Baumaterials für das Kapitol in Montpelier stammt aus der Nachbargemeinde Barre, genau genommen aus dem Steinbruch **Rock of Ages.** Seit 1885 sägen sich in diesem größten Granitsteinbruch der Welt Maschinen in eine Bergflanke und lösen Quader um Quader aus einem inzwischen 150 m tiefen Einschnitt heraus. In einer Fabrik gleich nebenan wird das tonnenschwere Rohmaterial zugeschnitten, poliert und etwa zu Bodenplatten weiterverarbeitet. In der ganzen Welt findet der so genannte Bethel-Granit aus Vermont Verwendung, von der Island Centre Plaza in Hongkong bis zum Rheinpark in Wiesbaden (Stadtviertel Graniteville, Tel. 802-476-3119, Mai–Okt. Mo–Sa 8.30–17, So 12–17 Uhr; Führungen Juni–Mitte Okt. Fr 9.15–15 Uhr).

### Burlington

**Reiseatlas:** S. 2, D 2

Lebhaftes Flair, das sich in Straßencafés, Restaurants und Kneipen vor allem entlang der zentralen Church Street bemerkbar macht, bringen die 10 000 Studenten der 1791 gegründeten University of Vermont in die Stadt. Und natürlich Kultur. Denn neben Ausstellungen und Kammermusikkonzerten veranstaltet die Universität alljährlich im Sommer ein viel beachtetes Mozart-Festival und im Royal Tyler Theatre von Anfang Juli bis Mitte August das Champlain Shakespeare Festival. Mit 40 000 Einwohnern ist Burlington die größte Stadt im Staat, die ihren Reiz vor allem der Lage am Ufer des **Lake Champlain** und ihrem Zentrum mit Häusern aus dem frühen 19. Jh. verdankt. In der Nähe des Hafens, in dem sich Fischerboote und Jachten aneinander reiben, beschäftigt sich das **ECHO at the Leahy Center** als Mischung von Aquarium und Wissenschaftszentrum

**Das idyllisch am Lake Champlain gelegene Burlington hat viele reizvolle Orte**

mit Natur, Ökologie, Kultur und Geschichte der Region um den Lake Champlain mit fünf Dutzend unterschiedlichen Fischarten, Amphibien und Reptilien, aber auch mit interaktiven Einrichtungen (1 College St., Tel. 802-864-1848, www.echovermont.org, tgl. 10–17, Do bis 20 Uhr).

**Chamber of Commerce:** 60 Main St., Suite 100, Burlington, VT 05401, Tel. 802-863-3489, Fax 802-863-1538, www.vermont.org. Die **Fletcher Free Library:** 235 College St., www.fletcherfree.org, bietet einen kostenlosen Internetservice an.

**Wyndham Burlington Hotel:** 60 Battery St., Tel. 802-658-6500, Fax 802-658-4659, www.wyndham.com. Beheiztes Schwimmbad, Whirlpool, schöner Blick auf den See. Ab 125 $.
**Anchorage Inn:** 108 Dorset St., South Burlington, Tel. 802-863-7000, www.vtanchorageinn.com. Unterkunft mit Pool, Whirlpool, Sauna. Ab 41 $.
**North Beach Campground:** 60 Institute Rd., Tel. 802-862-0942, Zelt- und RV-Platz mit Sandstrand am Lake Champlain.

**New England Culinary Institute:** 25 Church St., Tel. 802-862-6324, tgl. außer Mo Lunch und Dinner, So Brunch. Renommiertes Kochinstitut mit eigenem Café-Restaurant, die Gaumenfreuden reichen von Windbeutel bis Gorgonzola-Spinat-Ravioli, Ab 8 $.
**Leunig's Bistro:** 115 Church St., Tel. 802-863-3759, tgl., jeden Di, Mi u. Do Live-Jazz. Freundlich eingerichtetes Café im französischen Stil. Ab 8 $.

**Burlington Square Mall:** 5 Burlington Sq., Mo–Sa 10–21, So 12–18 Uhr. Über 40 Geschäfte unter einem Dach.
**Champlain Mill:** 1 Main St., Winooski, www.champlainmill.com, Mo–Sa 10–20, So 12–18 Uhr. Geschäfte und Restaurants in einer umgebauten Textilfabrik. Ein kleines Museum auf der ersten Etage dokumentiert deren Geschichte, kostenloser Eintritt.

**Dampfertouren:** Spirit of Ethan Allen, 348 Flynn Ave., Perkins Pier, Tel. 802-862-8300, www.soea.com. Ausflüge auf nachgebautem Mississippidampfer, Fahrbetrieb von Ende Mai bis Mitte Okt.

**Fähre:** Lake Champlain Ferries, King St. Dock, Tel. 802-864-9804, Fax 802-864-6830, www.ferries.com, Mai–Okt., Autofähre nach Port Kent, NY, Überfahrt 1 Std.
**Bahn:** Von Essex Junction besteht mit den Zügen der Amtrak Verbindung nach Boston und New York (29 Railroad Ave., Essex Jct., VT 05452).

## Stowe

**Reiseatlas:** S. 2, E 2
In der kalten Jahreszeit wird Burlington zum ›Basislager‹ von Wintersportlern, die in den Green Mountains Gelegenheit zum alpinen Skisport oder zum Skilanglauf finden. Der wahre Skizirkus spielt sich um den 1340 m hohen Mount Mansfield östlich von Burlington ab, wo die Ortschaft **Stowe** auf eine jahrzehntelange Wintersporttradition zurückblickt. Schon in den 1930er Jahren ›importierte‹ die lokale Tourismusbehörde mit Skilehrern aus Österreich alpenländische Atmosphäre in die Neue Welt, die sich heute in Namen wie Innsbruck Inn oder Mozart Festival niederschlägt, von der deftigen Vesper Knackwurst with Sauerkraut ganz abgesehen (Stowe Area Association, P. O. Box 1320, 51 Main St., Stowe, VT 05672, Tel. 802-253-7321, www.gostowe.com).

## Middlebury

**Reiseatlas:** S. 2, E 3
Seit über 200 Jahren besitzt die Kleinstadt mit dem **Middlebury College** eine Lehranstalt, an der über 2000 Studenten eingeschrieben sind. Einen noch weiter über die Orts- und Staatsgrenzen hinausgehenden Ruf besitzt die **UVM Morgan Horse Farm**, auf der Experten mit dem Morgan-Pferd seit über 100 Jahren das für Stärke und Schnelligkeit bekannte Symboltier des Staates Vermont züchten.

Die Anfänge gehen auf den Lehrer Justin Morgan zurück, der im ausgehenden 18. Jh. anstelle des Geldes für eine ausstehende Schuld ein Fohlen bekam, von dem das erste Morgan-Pferd abstammen soll (74 Battell Dr., Tel. 802-388-2011, www.uvm.edu/morgan, Führungen durch die Stallungen Mai–Okt. tgl. 9–16 Uhr).

## Am Lake Champlain

**Reiseatlas:** S. 2, D 1/2
Eine stimmungsvolle, historische Enklave bildet südlich von Burlington in Shelburne das **Shelburne Museum**. Auf einem parkähnlichen Gelände stehen über drei Dutzend Gebäude vorwiegend aus dem 19. Jh. Architektonischen Raritätenwert besitzt eine dreistöckige, runde Scheune, durch die man das Freilichtmuseum betritt.

Eine winzige Station der Küstenwache, Bahnhof, Schmiede, Postkutschenstation, Gefängnis und der 1906 vom Stapel gelaufene, längst ausgemusterte Raddampfer ›SS Ticonderoga‹ bilden ein nostalgieträchtiges Idyll, in dem auch eine gedeckte Brücke nicht fehlt und Handwerker in alten Trachten ihre Fertigkeiten zeigen. In zahlreichen Gebäuden sind Ausstellungen amerikanischer Volkskunst zu sehen. Kern des Museums bilden die Sammlungen der Museumsgründerin Electra Havemeyer Webb mit Skulpturen und Gemälden berühmter französischer Impressionisten wie Edgar Degas, Claude Monet und Edouard Manet (Rte 7, Mitte Mai–Mitte Okt. tgl. 10–17, Tel. 802-985-3346, www.shelburne museum.org).

Ein Schaufenster in die ländliche Vergangenheit sind die **Shelburne Farms.** Der Bauernhof entstand 1886 als Sommersitz eines Industriellen. Heute demonstrieren kostümierte Bewohner, wie man Käse herstellt, Möbel anfertigt oder mit Kleinvieh umgeht (Harbor/Bay Rd., Tel. 802-985-8686, www.shelburnefarms.org, Ende Mai–Mitte Okt. Führungen tgl. 9.30–15.30 Uhr).

Ziel vieler Familien ist die **Vermont Teddy Bear Company,** in der Besucher eine Führung durch eine Fabrik machen können, in der in zahlreichen Arbeitsgängen Teddybären in allen Farben und Formen entstehen (6655 Shelburne Rd., Tel. 802-985-3001, www.VermonTeddyBear.com, Mo–Sa 9–18, So 10–17 Uhr).

Jedes Jahr im Frühsommer zieht Pulverdampf über die mächtigen Mauern des **Forts Ticonderoga** an der Staatsgrenze zwischen Vermont und New York, wenn bis zu 200 Soldaten in traditionellen Uniformen eine Schlacht aus dem Siebenjährigen Krieg nachspielen. Als die Franzosen die Anlage 1755 auf einem schmalen Isthmus zwischen Lake Champlain und Lake George erbauten, trug sie noch den Namen Fort Carillon. Sie sollte den Wasserweg zwischen Kanada und den amerikanischen Kolonien sichern und den britischen Expansionsgelüsten einen Riegel vorschieben. Das gelang nur bis 1759, als englische Truppen die Anlage eroberten und auf den heutigen Namen umtauften. Im Jahr 1775 brachten amerikanische Revolutionstruppen das Fort in einem unblutigen Handstreich in ihre Gewalt, ehe den Briten zwei Jahre später die Rückeroberung glückte.

Das abgebrannte Fort Ticonderoga, das zu Beginn des 20. Jh. nach alten, französischen Plänen neu entstand, ist heute ein Museum mit alten Waffen und Ausrüstungsgegenständen, vor allem aber Memorabilien einfacher Soldaten, die in der Festung Dienst taten (Tel. 518-585-2821, www.fortticonde roga. org, Mai– Okt. tgl. 9–17 Uhr).

## Ski- und Wanderparadies Killington (VT)

**Reiseatlas:** S. 2, E 3

Unter den bekanntesten Skiparadiesen in den östlichen USA hat der nach dem 1292 m hohen **Killington Peak** benannte Ort einen klingenden Namen. Dutzende Lifte und Gondelbahnen, darunter eine der schnellsten der Welt zum Skye Peak (1158 m) erschließen die Gegend mit Bergen wie Snowdon Mountain (1095 m), Rams Head Mountain (1100 m) und Pico Mountain (1209 m) und über 200 zum Teil schwierigen Abfahrten.

Im Sommer blicken Wanderer der Fernwanderwege Appalachian Trail und Long Trail, die sich auf dem Killington Peak kreuzen, bei guter Sicht vom zweithöchsten Gipfel in Vermont in fünf Nachbarstaaten. Im ›Kunstort‹ selbst, der nach dem Zweiten Weltkrieg aus dem Boden gestampft wurde und deshalb eine typisch neuenglische Atmosphäre vermissen lässt, sorgen eine Eislauf- und Rodelbahn, Tennisplätze, Golfanlagen und zahlreiche Veranstaltungen für die Unterhaltung der Urlauber. Wer in den Ferien eine Spur mehr Abenteuer schätzt, kann auf dem Mad River in ein Kanu oder Kajak steigen.

**Chamber of Commerce:** 2064 Rte 4, Killington, VT 05751-9607, Tel. 802-773-4181, www.killingtonchamber.com.

**Birch Ridge Inn:** 37 Butler Rd., Tel. 802-422-4293, Fax 802-422-3406, www.birchridge.com. Manche Zimmer mit Whirlpool, manche nur mit Dusche. Hauseigenes Restaurant. Ab 120 $.

**Greenbrier Inn:** 2057 Rte 4, Tel. 802-775-1575, www.greenbriervt.com. Geräumige Zimmer mit Farb-TV und Kühlschrank, Außenpool. Ab ca. 80 $.

**Butternut on the Mountain Motor Inn:** Killington Rd., Tel. 802-422-2000, Fax 802-422-3937, www.butternutlodge.com. Ruhige, Motel-ähnliche Unterkunft mit einfachen Zimmern, Lounge mit offenem Kamin und Restaurant. Ab 60 $.

**Hemingway's:** 4988 Rte 4, Tel. 802-422-3886, www.hemingwaysrestaurant.com, Mi–So Dinner ab 18 Uhr. Eines der führenden Restaurants in Vermont mit eleganter Einrichtung und gediegener Atmosphäre. 4-gängiges Gourmetmenü 55 $.

**Charity's 1887 Saloon:** Killington Rd., Tel. 802/422-3800, tgl. ab 11.30 Uhr. Rustikales Lokal in einer umgebauten Scheune. Keine aufregende Küchenkunst, aber große Portionen und lockere Atmosphäre. Ab 6 $.

**Wobbly Barn:** Killington Access Rd., Tel. 802-422-6171, www.wobblybarn.com. Steakhouse mit Nachtclub (oder umgekehrt), seit über 40 Jahren eine lokale Institution, tgl. ab 16 Uhr.

# Von Plymouth bis Bennington

**Reiseatlas:** S. 2, E 4

Am 4. Juli feiern die Einwohner von **Plymouth** zwei Ereignisse: den amerikanischen Unabhängigkeitstag und den Geburtstag ihres ehemaligen Mitbürgers Calvin Coolidge (1872–1933), der von 1923 bis 1929 als 30. Präsident im Weißen Haus in Washington D. C. regierte.

Mit der **President Calvin Coolidge State Historic Site** wird die Erinnerung an den bekanntesten Sohn von Plymouth aufrechterhalten. Zentrum dieser Stätte ist das ehemalige Wohnhaus der Coolidge-Familie, in das der junge Calvin im Alter von vier Jahren einzog und in dem einige Jahre später seine Mutter und zwei seiner Geschwister starben. Die meisten Räume des Anwesens sehen heute noch so aus wie ursprünglich oder wurden mit viel Liebe zum Detail wieder in diesen Zustand versetzt, wie etwa die ehemalige Küche der Familie zeigt, die aussieht, als seien die Bewohner heute noch im Haus (3780 Rte 100 A, Tel. 802-672-3773, www.historicvermont.org/coolidge, Ende Mai–Mitte Okt. tgl. 9.30–17 Uhr).

## Weston

**Reiseatlas:** S. 2, E 4

Nur etwa 500 Einwohner leben in Weston im oberen Tal des West River, und doch ist das Bilderbuchdorf vielen Amerikanern ein Begriff. Der Grund dafür sind weniger die hübschen neuenglischen Holzhäuser als vielmehr der 1946 eröffnete **Vermont Country Store,** ein Laden aus Urgroßmutters Zeiten mit der längsten Süßigkeitentheke im Land. Von der Schubkarre bis zum Oberhemd, von Bohnen in Tomatensauce bis zur Rolle Stacheldraht verkauft das museale Geschäft so ziemlich alles, was das Herz begehrt.

Ein modischer Renner war in den 40er und 50er Jahren des 20. Jh. der Tangee-Lippenstift, der vielen heutigen, etwas älter gewordenen Kundinnen nach deren Eingeständnis zum ersten Kuss verhalf. Später vom Markt verschwunden, ist dieser nostalgieträchtige Kosmetikartikel in Weston immer noch ein Verkaufsschlager. Nach wie vor betreibt der Laden seinen Versandhandel und macht damit 100 Mio. Dollar Umsatz im Jahr (Rte 100, Mo–Sa 9–17, im Hochsommer bis 18 Uhr, So geschlossen, Tel. 802-824-3184, www.vermontcountrystore.com).

Ein weiterer Uraltladen aus dem Jahr 1891 ist der **Weston Village Store** mit einem Riesenangebot an nostalgischen Geschenken, Töpfereien, Büchern, Kerzen und T-Shirts (660 Main St., www.westonvillagestore.com, tgl. 9–17, Juli–Aug. bis 20 Uhr, Tel. 802-824-5477). Nur ein paar Schritte entfernt steht das **Weston Playhouse,** wo die älteste professionelle Theatergesellschaft von Vermont seit 1937 in jeder Saison Broadwaystücke und Musicals auf die Bühne bringt (Village Green, Tel. 802-824-5288, www.westonplayhouse.org).

## Bennington

**Reiseatlas:** S. 9, B 1

Der Patriotismus der knapp 10 000 Einwohner erwacht alljährlich Mitte August, wenn die Bürger zum x-ten Male in der *Battle of Bennington* in historische Uniformen schlüpfen und gegen feindliche britische Truppen ins Feld ziehen. Wie das Gefecht ausgeht, lehrt die Geschichte: Am 16. August 1777 errangen die amerikanischen Kolonisten den Sieg über eine britische Einheit. Dem Ereignis zu Ehren errichtete die Stadt 14 Jahre später das 94 m hohe **Bennington Battle Monument.** Ein Aufzug bringt Besucher zum Aussichtsdeck der Steinnadel, von wo der Blick 60 km weit in die angrenzenden Staaten Massachusetts und New York reicht (15 Monument Circle, Tel. 802-447-0550, www.HistoricVermont. org, tgl. 9–17 Uhr).

Neben historischen Artefakten, Möbelkollektionen, Puppen, Waffen, Uniformen und Gegenständen aus Glas besitzt das **Bennington Museum** eine große Sammlung von naiver Malerei der Volkskünstlerin Grandma Moses (1860–1961), in deren ehemaliger Schule viele Memorabilien an sie ausgestellt sind (75 Main St., Tel. 802-447-1571, www.benningtonmuseum.org, tgl. außer Mi 10–17 Uhr).

Die 1805 erbaute **Old First Church** ist die älteste Kirche in Vermont und gleichzeitig ein sehenswertes Beispiel postkolonialer Architektur. Auf dem benachbarten Friedhof ist der Dichter und zweimalige Pulitzerpreisträger Robert Frost (1874–1963) beerdigt (Rte 9/Monument Ave., Tel. 802-447-1223, www.oldfirstchurchbenn.org).

**Ein Besuch des Massachusetts Museum of Contemporary Art lohnt unbedingt**

Nur wenige Meilen südlich von Bennington verläuft die Staatsgrenze von Massachusetts. Gleich dahinter liegt im ehemaligen Industriestandort und Eisenbahnknotenpunkt North Adams mit dem **Massachusetts Museum of Contemporary Art** in einer leer stehenden Fabrikanlage ein äußerst interessantes Kunstmuseum mit einem anspruchsvollen Programm für Sonderausstellungen.

Häufig werden hier auch richtungweisende Werke moderner europäischer Künstler präsentiert wie der Neuen Leipziger Schule, aber auch Arbeiten internationaler Maler und Bildhauer ausgestellt, die nicht bzw. noch nicht Teil des etablierten Kunstbetriebs sind (87 Marshall St., Tel. 413-662-2111, www.massmoca.org, im Sommer tgl. 10–18, sonst 11–17 Uhr, Di Ruhetag).

i **Bennington Visitors Center:** 100 Veterans Memorial Dr., Bennington VT 05201, Tel. 802-447-3311, www.bennington.com.

**South Shire Inn:** 124 Elm St., Tel. 802-447-3839, Fax 802-442-3547, www.southshire.com. In einem Garten gelegenes viktorianisches Anwesen, nur für Nichtraucher. Ab 89 $.

**Best Western New Englander:** 220 Northside Dr., Tel. 802-442-6311, Fax 802-442-6311, www.bestwestern.com. Freundliche Zimmer, Pool, Jacuzzi. Ab 70 $.

**Bennington Cider Mill:** 1496 W. Rd., Tel. 802-442-4459, tgl. nur Lunch. Kleinere, sehr gut zubereitete Gerichte. Ab 6 $.

**Mahican Moccasins:** Rte 7, Pownal Center, 5 Meilen südlich von Bennington, Tel. 803-823-5294. Factory Outlet für traditionelle handgearbeitete Mokassins aus Reh- und Elchleder. Wer rechtzeitig eine Fußumrisszeichnung schickt, kann sich eine Maßanfertigung erstellen lassen.

**Aldi:** Am nördlichen Stadtausgang an der Rte 7, Filiale der deutschen Supermarktkette mit US-Waren zu Discountpreisen.

# Cape Cod

Karte S. 123

**Für Neuengländer ist Cape Cod so etwas wie Sylt für Deutsche: Garant sonniger, unbeschwerter Badeferien in einer vom Meer umspülten Landschaft. Hübsche, maritim geprägte Orte, Sandstrände, Dünenlandschaften, Wälder und zwei Inseln machen den Reiz der bizarr geformten Landzunge aus, die ein bekanntes Revier für Walbeobachtung ist.**

Unter Badeferien verstehen Neuengländer meist einen Urlaub am Cape Cod (Kap Kabeljau), dem vom warmen Golfstrom gestreichelten Topferienziel in Massachusetts. Der erst vor 12 000 Jahren am Ende der letzten Eiszeit bizarr geformte Küstenzipfel ist von rund 500 km Stränden und Dünen gesäumt, auf denen dünner Strandhafer versucht, die Sandkörner in der manchmal steifen Brise festzuhalten.

Kleine Seen und Tümpel, Marschlandschaften und salzige Wiesen, Wäldchen und typisch neuenglische Ortschaften mit Holzhäusern und nach Fisch riechenden Wasserfronten, an deren Anlegestellen sich die Shrimps-Kutter knarrend aneinander reiben, machen Cape Cod zu einem Freizeitrefugium. Für viele Besucher sind die beiden Inseln Martha's Vineyard und Nantucket der Hauptgrund für einen Abstecher ans Kap, weil sich dort trotz Kommerz und Schickeria noch naturbelassene Strände und zivilisationsferne Flecken finden lassen.

Zum idyllischen Bild gehören Windmühlen, mit denen früher Meerwasser zur Salzgewinnung in Verdunstungsbecken gepumpt oder Korn und Salz gemahlen wurde. Heute geben die flügelschlagenden Bauwerke wie etwa die Old East Mill in Sandwich oder die Mühle auf dem Village Green in Eastham attraktive Fotomotive ab.

Das gilt auch für die Leuchttürme, die seit dem 18. Jh. Schiffe um die trügerischen Gewässer des Kaps leiteten, wie die beiden Türme im Cape Cod National Seashore oder das malerische Nobska Light bei Woods Hole. Schon im 19. Jh. war Cape Cod ein Küstenabschnitt, der die reichsten Familien Amerikas anzog.

Damals machte die Wohlstandselite des Landes noch auf einer Halbinsel Urlaub. Das änderte sich 1914. In diesem Jahr wurde ein privater, gebührenpflichtiger Kanal fertig gestellt, der heute knapp 12 km lang, 147 m breit und 10 m tief ist. Ungefähr 20 000 Schiffe durchfahren jährlich den künstlichen Wasserweg, weil er die Wasserroute zwischen Boston und New York beträchtlich abkürzt und einige gefährliche Abschnitte meidet. Heute gelangen Cape-Cod-Touristen über zwei Brücken vom Festland über den Kanal: zwischen Buzzards Bay und Bourne sowie bei Bournedale an der Schnellverbindung von Boston nach Provincetown, die erst 1938 fertig gestellt wurde.

## Von Bourne nach Woods Hole

Auf der Inselseite des Cape-Cod-Kanals liegt mit **Bourne** eine Ortschaft, in die viele Besucher zum Einkaufen ins Outlet Center oder im September zum kulinarischen Bourne Scallop Festival kommen. Außerhalb der Stadt liegt in einem Waldstück aber eine historische Rarität, die einen Besuch genauso verdient. Im Jahr 1627 gründeten die Pilgerväter dort mit dem **Aptucxet Trading Post** 1 den ersten Laden auf US-Boden. Ein tief heruntergezogenes Schindeldach schützt den aus dunklem Holz rekonstruierten Bau, in dem die englischen Kolonisten mit den Holländern in New Amsterdam, dem heutigen New York, Waren tauschten. Neben indianischen Artefakten ist der geheimnisvolle ›Bourne-Stein‹ ausgestellt, eine Granitplatte mit zwei Runenreihen. Der Stein soll von Wikingern graviert worden sein, die ihre Schiffe vielleicht in bewährter Manier auf Baumstämmen über die Landenge zwischen Festland und Cape Cod transportierten, um die Seereise um das Kap zu vermeiden (24 Aptucxet Rd., Tel. 508-759-9487, Mitte April–Mitte Okt. Di–Sa 10–17, So 14–17 Uhr, im Juli–Aug. auch Mo).

Die Straße 28 führt an der Buzzards Bay entlang nach **Falmouth** 2, mit 30 000 Einwohnern die zweitgrößte Stadt von Cape Cod. Vor 150 Jahren roch es noch streng nach Tran, schallten die Hinterhöfe vom Gehämmer der Werften wider und karrten die Bauern ihr Gemüse auf den Markt, das sie dem mageren Boden abgerungen hatten. Heute drängt sich an Sommerwochenenden der Urlauberverkehr im Stop-and-go-Rhythmus durch die von hübschen Bed & Breakfast-Häusern gesäumten Straßen.

Für die meisten Besucher ist Falmouth nur eine Zwischenstation auf dem Weg nach **Woods Hole** 3 im äußersten Südwesten von Cape Cod. Der bedeutendste Fischereihafen am Kap ist zugleich An- und Ablegestelle der Fähren zur Insel Martha's Vineyard. Seine Attraktivität hat auch mit der Woods Hole Oceanographic Institution zu tun. Das Interesse daran stieg gewaltig, nachdem der am Institut tätige amerikanische Tiefseeforscher Robert D. Ballard mit dem ebenfalls in Woods Hole entwickelten Tauchboot ›Alvin‹ 1985 die gesunkene ›Titanic‹ entdeckt hatte. Vier Jahre später kam ein neuer Erfolg mit der Ortung des 1941 nach einem Seegefecht gesunkenen deutschen Schlachtschiffs ›Bismarck‹ in 4800 m Tiefe hinzu. Über die Arbeit der renommierten Forschungseinrichtung kann man sich im Ort in einem Besucherzentrum informieren (Information Office, 93 Water St., Tel. 508-289-2252, www.whoi.edu).

## Mit dem Autor unterwegs

### Insel-Highlights

Die Inseln **Martha's Vineyard** und **Nantucket** haben sich trotz des Touristenbooms der letzten Jahre viel Ursprüngliches erhalten (s. S. 122, 124). Auf Martha's Vineyard gibt es fabelhafte Badestrände. South Beach (Katama Beach) ist vor allem bei Surfern beliebt, während Lobsterville Beach am Gay Head als Familienstrand geeignet ist (s. S. 122).

### Naturparadies

Strand- und Dünenspaziergänge an den langen sandigen Abschnitten des **Cape Cod National Seashore** wirken wie Streicheleinheiten für die Seele (s. S. 127).
In Provincetown gehört **Whale Watching** zu den populärsten Freizeitaktivitäten (s. S. 128).

### Plimoth Plantation

Wie die ersten neuenglischen Siedler in der ersten Hälfte des 17. Jh. lebten, demonstrieren kostümierte ›Einwohner‹ des Open-Air-Museums **Plimoth Plantation** (s. S. 130).

Bevor man Woods Hole den Rücken kehrt, lohnt sich ein Abstecher zum 1829 erbauten Nobska Light am Nobska Point an der Südspitze des Orts. Die malerische Station der Küstenwache bekam ihren Turm erst 1876. Im Jahr 1985 verließ der letzte Leuchtturmwächter die Station, als sie auf automatischen Betrieb umgestellt wurde. Von ihrem Standort aus hat man einen schönen Blick auf den Vineyard Sound und die zahlreichen Inseln.

**Mit dem Auto Reisende:** Inselbesuchern wird empfohlen, Fahrzeuge in Cape Cod zu lassen und sich auf den Inseln mit öffentlichen Transportmitteln oder per Fahrrad zu bewegen. Vorteil: Als Passagier ohne Auto muss man nicht reservieren und setzt viel billiger über.
**Fähren:** Steamship Authority, Reservierungen Tel. 508-477-8600, www.steamshipau

thority.com. Täglich mehrere Autofähren nach Martha's Vineyard (45 Min.), Passagiere pro Überfahrt 6 $, Auto je nach Länge und Saison 35–72 $, Fahrräder 3 $.
**Island Queen:** Falmouth Harbor, Mai–Mitte Okt., Tel. 508-548-4800, www.islandqueen.com, Passagiere ohne Auto von Falmouth nach Oak Bluffs in 35 Min., keine Reservierung notwendig, Hin- und Rückfahrt Erwachsene 12 $.
**Falmouth/Edgartown Ferry:** 278 Scranton Ave., Falmouth, Ende Mai–Mitte Okt., Tel. 508-548-9400, www.falmouthferry.com. Fähre von Falmouth nach Edgartown auf Martha's Vineyard, nur Passagiere ohne Auto, Dauer 45 Min., Reservierung obligatorisch, Hin- und Rückfahrt Erwachsene 30 $.

## Insel Martha's Vineyard

Nach ca. 45 Min. Fahrt legen die Fähren von Woods Hole in Oak Bluffs oder in Vineyard Haven auf der etwa 170 km² großen, von 15 000 Menschen bewohnten Insel **Martha's Vineyard** 4 an. Das von wildem Wein überwucherte ländliche Eiland mit menschenleeren Stränden, auf dem 1974 der Film ›Der weiße Hai‹ gedreht wurde, war häufiges Urlaubsziel von US-Präsident Bill Clinton und der Kennedy-Familie.

An der Hafenfront von Oak Bluffs reihen sich viktorianische Holzhäuser aneinander, vor denen bunte Boote und Jachten im Wasser dümpeln. Im Ort präsentieren sich ›Pfefferkuchenhäuschen‹ mit hübschen Verzierungen in bonbonfarbenem Anstrich. Im Westen von Oak Bluffs liegt Vineyard Haven, das kommerzielle Inselzentrum, das ebenfalls von Fähren angelaufen wird. In der William Street hat die Ortschaft ihr früheres Gesicht teilweise beibehalten.

Am besten lernt man die Insel per Fahrrad kennen. Es gibt mehrere Verleiher, bei denen man neben einem Zweirad oder einem Motorroller auch einen Inselplan zur Orientierung bekommt. Bei Edgartown findet man eine dicke Markierung auf der Karte. Der Ort verdient diese Würdigung als wahres Schmuckstück. Die eleganten Herrenhäuser, die alt gediente Seebären vorzugsweise an der North oder South Water Street bauten, stammen aus späterer Zeit, als sich der Ort in der ersten Hälfte des 19. Jh. zu einem Zentrum des Walfangs entwickelte. Östlich des Hafens liegt Chappaquiddick Island, das per Pendelfähre erreichbar ist. Die einzige befestigte Straße führt nach Wasque mit einem Naturschutzgebiet und einem wenig frequentierten Strand.

Das Touristenzentrum von Martha's Vineyard liegt im äußersten Westen, wo die Insel die Form eines dicken Stiefels hat. Zwei flache Seen kennzeichnen die Landschaft an diesem Gay Head genannten Zipfel. Schon vor 5000 Jahren lebten dort die Wampanoag-Indianer, denen 1987 ein Teil ihres früher enteigneten Stammesgebiets zurückerstattet wurde. Die Natur zeigt sich an der Stiefelspitze mit über 50 m hohen Klippen aus farbigen Sedimenten von ihrer dramatischen Seite.

### Schöne Strände

Viele Küstenabschnitte sind in Privatbesitz, aber es gibt öffentlich zugängliche Strände. **South Beach** (Katama Beach) liegt 6 km südlich von Edgartown an der Katama Road. Der Strand wird von Surfern wegen der hohen Wellen geschätzt. Manche Abschnitte werden überwacht. Hier und da gibt es Toiletten. Am 3,5 km langen **Lobsterville Beach** am Gay Head ist das Wasser flach und gut für Kinder geeignet. Es gibt aber keine öffentlichen Parkplätze. Deshalb sollte man zum Strand radeln. Der schöne **Moshup Beach**, ebenfalls beim Gay Head, ist teilweise FKK-Strand.

i **Chamber of Commerce:** Vineyard Haven, Beach Rd., MA 02568, Tel. 508-693-0085, Fax 508-693-7589, www.mvy.com.

Für eine Übernachtung auf Martha's Vineyard bezahlt man im Sommer durchweg gesalzene Preise. Im Winter sind die Unterkünfte erschwinglich.

## Cape Cod

**Wesley Hotel:** 70 Lake Ave., Oak Bluffs, Tel. 508-693-6611, www.wesleyhotel.com. Viktorianisches Hotel direkt am Hafen mit 95 freundlich eingerichteten Räumen bzw. Suiten, alle mit Klimaanlage, nur Mai–Anfang Okt. Im Sommer ab 195 $.

**Edgartown Inn:** 56 N. Water St., Tel. 508-627-4794, www.edgartowninn.com. Zentral gelegenes Inn mit 12 Zimmern, teilweise ohne eigenes Bad, herzhaftes Frühstück gegen Aufpreis wird im Garten serviert. Nathaniel Hawthorne und John F. Kennedy wohnten schon hier. 100–250 $.

**Nashua House:** 30 Kennebec Ave., Oak Bluffs, Tel. 508-693-0043, www.nashuahouse.com. Kleines Hotel mit einfachen, hell eingerichteten Zimmern, nur Etagenbad. Im Sommer ab 129 $.

**Martha’s Vineyard Family Campground:** Edgartown Rd., Vineyard Haven, Tel. 508-

693-3772, www.campmvfc.com, 15. Mai–15. Okt. Einziger Campingplatz auf der Insel, auch mit Cabins für bis zu 4 Pers. 110 $.

**Among the Flowers Café:** Mayhew Ln., Edgartown, Tel. 508-627-3233, Juli–Aug. tgl. 8–22, sonst bis 16 Uhr. Straßenlokal in Hafennähe mit ausgezeichnetem Frühstück und ebenso gutem Dinner. Ab 10 $.
**The Newes from America:** 23 Kelley St., Edgartown, Tel. 508-627-4397. Gemütlicher Pub mit eigener Brauerei. Auf der Speisekarte stehen Clam Chowder, Burritos, Wings und Shrimps. Gerichte ab 8 $.

**Radverleih:** Martha's Bike Rentals, 4 Lagoon Pond Rd., Vineyard Haven, Tel. 508-693-6593, www.marthasvineyardbikes.com; Martha's Vineyard Strictly Bikes, 24 Union St., Vineyard Haven, Tel. 508-693-0782, www.mvstrictlybikes.com.

**Fähren:** Steamship Authority, Tel. 508-477-8600, http://web1.steamshipauthority.com, Pendelverkehr per Autofähre von Woods Hole nach Vineyard Haven bzw. Oak Bluffs in 45 Min., unbedingt reservieren.
Hy-Line, Ocean St. Dock, Hyannis, Anfang Juni–Mitte Sept., Tel. 508-778-2600, www.hy-linecruises.com, Passagierfähre (keine Autos), z. B. von Oak Bluffs nach Nantucket (2 Std. und 15 Min.) sowie Schnellfähre nach Martha's Vineyard (55 Min.).

## Von Hyannis nach Nantucket

### Hyannis

Schon vor Jahren wuchs das 10 000 Einwohner große **Hyannis** 5 wegen seiner verkehrsgünstigen Lage als Fährhafen für Martha's Vineyard und Nantucket zu einem stattlichen Ferienzentrum heran. Die beiden Inseln sind von dort in gut zwei Stunden erreichbar. Hyannis bietet sich mit Unterkünften, Restaurants und Einkaufsgelegenheiten zudem als Ausgangspunkt für Touren zu den meisten Sehenswürdigkeiten am Cape Cod an und bildet mit modernen Malls die beste Gelegenheit, etwa einen Regentag beim Shopping zu verbringen. Viele Sommer verbrachte US-Präsident John F. Kennedy mit seiner Familie den Urlaub in Hyannis. Heute erinnert das **John F. Kennedy Museum** mit über 80 Fotos aus den Jahren 1934–1963 und mit einem Video daran (397 Main St., Tel. 508-790-3077, www.hyannis.com/JFKMuseum.asp, Mitte April–Okt. Mo–Sa 9–17, So 12–17 Uhr).

Trotz seiner mit dem Meer aufs Engste verbundenen Geschichte besaß Cape Cod bis 2004 kein Maritimmuseum. Heute ist dieser Teil der Vergangenheit der Region im noch im Aufbau befindlichen **Cape Cod Maritime Museum** dokumentiert. In den kommenden Jahren sollen die Ausstellungen nach und nach ausgedehnt und um spezielle Themen erweitert werden (135 South St., Tel. 508-775-1723, www.capecodmaritimemuseum.org, Di–Do 11–16 Uhr). Zur Popularität von **Hyannis** trugen auch die Strände in der Umgebung bei, unter denen Craigville Beach westlich der Stadt der längste ist. An Sommerwochenenden findet man schon am späteren Vormittag keinen freien Parkplatz mehr, weil der auch als ›Muscle Beach‹ bekannte und hauptsächlich bei jungen Leuten beliebte Strand ein Beach-Mekka ist.

### Nantucket

Das hufeisenförmige Eiland **Nantucket** 6, dessen indianischer Name weit abgelegene Insel bedeutet, war Mitte des vergangenen Jahrhunderts neben New Bedford das berühmteste Walfangzentrum der USA. Der dort produzierte Tran rückte europäische Wohnstuben im Sinne des Wortes ›ins rechte Licht‹, bevor 1859 in Pennsylvania entdecktes Petroleum als Brennmaterial auf den Markt kam und das Naturprodukt verdrängte. An die alten Zeiten knüpft das **Whaling Museum** in Nantucket Town in einer ehemaligen Kerzenfabrik von 1848 an. Sehenswert sind vor allem die zahlreichen Scrimshaw-Stücke, kunstvolle Schnitzarbeiten aus Walzähnen oder -knochen, die an der neuenglischen Küste zu den typischen Mitbringseln zählen. An alte Walfängerzeiten erinnern neben Har-

## Richtig Reisen-Tipp: Mit dem Fahrrad am Cape Cod

Kein Gebiet an der Küste von Massachusetts eignet sich so gut für bequeme Radausflüge wie Cape Cod. Man strampelt in frischer Salzbrise, braucht keine großen Steigungen zu bewältigen und fährt abseits von Straßen, die man mit Autos teilen muss.

Was früher einmal die Schienenstrecke der Old Colonial Railroad war, ist heute der asphaltierte **Cape Cod Rail Trail,** der populärste Radweg am Kap. Er beginnt südlich von Dennis auf einem Parkplatz an der Kreuzung der Straßen 134 und 6 und führt über Harwich zum Nickerson State Park in East Brewster und weiter durch Marschland und Cranberry-Felder zum Salt Pond-Besucherzentrum im Cape Cod National Seashore. Dort besteht eine Verbindung zum 2,2 km langen **Nauset Trail**, der durch Marschland mäandert und schließlich an den Atlantikstränden endet. Zurück beim **Salt Pond Visitor Center** kann man dem nördlichen Abschnitt des Radwegs bis zu seinem Ende nach ca. 50 km in South Wellfleet folgen oder von dort noch die Abstecher zum Marconi Beach bzw. zum Le Count Hollow Beach absolvieren. Alle notwendigen Informationen gibt es beim Bike Depot 6 Trail Center (500 Depot St., North Harwich, Tel. 508-430-43 75, bike@ccrailtrail.com, www.ccrailtrail.com. Man kann dort auch Räder ausleihen).

Ein anderer befestigter Radweg ist der **Cape Cod Canal Bikeway.** Er führt von der Brücke in Sagamore ca. 8 Meilen weit zur Kanalbrücke bei Bourne und besteht aus dem asphaltierten, für Motorfahrzeuge gesperrten Zugangsweg zum Kanal. Noch kürzer ist der **Shining Sea Bikeway** zwischen Falmouth und Woods Hole, der über eine Distanz von nur 3,3 Meilen führt und sich vor allem für diejenigen eignet, die sich nicht zu sehr anstrengen wollen. Sportlich etwas anspruchsvoller ist der unbefestigte **Trail of Tears** in der West Barnstable Conservation Area. Der Pfad ist zum Teil sehr kurvig und führt über einige Anstiege und Gefällestrecken in bewaldetem Gebiet (Informationen über die erwähnten Radwege unter www.capecodbikeguide.com).

punen und Ausrüstungsgegenständen ein unter vollen Segeln stehendes Walfängerboot und das Skelett eines 13 m langen Finnwals (13 Broad St., Tel. 508-228-1894, www.nha.org, April–Nov. Mo-Sa 10–17, So 12–17 Uhr).

Das **Nantucket Life-Saving Museum** zeigt historische Fotos, Zeitungsausschnitte über spektakuläre Aktionen und viele Gerätschaften, die bei der Rettung von Schiffbrüchigen eingesetzt wurden (158 Polpis Rd., Tel. 508-228-1885, www.nantucketlifesavingmuseum.com, Mitte Juni–Mitte Okt. tgl. 9.30–16 Uhr).

An der Ostküste von Nantucket macht sich der Zeitenwechsel von Jahr zu Jahr stärker bemerkbar. Saßen in **Siasconset** früher unaufdringliche Millionäre und Großindustrielle in durchgewetzten Jeans und alten Pullovern in den Kneipen, so gilt das ehemalige Fischerdorf heute als Künstlerkolonie und Treffpunkt von Bohemiens, denen gutes Benehmen ein ebenso überflüssiger Wert zu sein scheint wie guter Geschmack. Die Straßenmode wird von ›Sex and the City‹-Epigonen beherrscht, die Kommunikation von jodelnden Handys, die schon in den 1990er Jahren auf die Insel herniederkamen, als E-Business-Könige mit Privatjets einschwebten und die Chauffeure der Jet-Set-Mogule deren Luxuskarossen von den Fähren fuhren. Trotzdem gibt es noch viele lohnende Ecken, die an das alte Nantucket erinnern, traumhafte Strände und stille Buchten.

Zum Baden bietet Nantucket zwei unterschiedliche Strandkategorien. Im Norden gibt sich die Brandung am Jetties Beach oder am Dionis Beach ruhig, während im Süden Strände wie Surfside Beach, Cisco Beach und

Miacomet Beach eher zum Surfen geeignet sind.

**Chamber of Commerce:** 48 Main St., Nantucket, MA 02554, Tel. 508-228-1700, Fax 508-325-4925, www.nantucket-chamber.org.

Wie in Martha's Vineyard reißen auch hier Hotelpreise große Löcher in den Reiseetat.
**Cliff Lodge:** 9 Cliff Rd., Tel. 508-228-9480, www.clifflodgenantucket.com. Stilvolles Haus von 1771 etwas außerhalb des Zentrums, das Frühstück wird auf der Veranda serviert. Ab 195 $.
**The Nesbitt Inn:** 21 Broad St., Tel. 508-228-0156, Fax 508-228-2446. Preiswerteste Möglichkeit zu übernachten. Kleines, sehr einfaches Inn, alle Zimmer mit Etagenbad. Ab 85 $.

Viele Restaurants akzeptieren keine Kreditkarten, sondern nur Bargeld.
**Black-Eyed Susan's:** 10 India St., Tel. 508-325-0308, April–Okt. tgl. 7–13, Mo–Sa 18–22 Uhr. Ständig überfülltes schickes Bistro mit wechselnden Menüs, Frühstück wird bis 13 Uhr serviert, kein Lunch. Alkohol sollte man selbst mitbringen gegen Korkgebühr. Reservierungen nur für das 18-Uhr-Dinner. Hauptgang 20–40 $.

**Chicken Box:** 14 Daves St., Tel. 508-228-9717, tgl. geöffnet. Reggae, Funk und Rock ab 10 Uhr, mit ›Smoking-Deck‹.

**Walbeobachtung:** Shearwater Excursions, Nantucket Town, Tel. 508-228-7037, www.explorenantucket.com. Diverse Touren, u. a. 6-stündige Walbeobachtungen.
**Strände:** Jetties Beach (North Shore), gut ausgestattet mit Umkleideräumen, Duschen, Toiletten und Sportanlagen; weiter westlich liegt hinter Dünen **Dionis Beach** mit ruhigem, für Kinder geeignetem Wasser (Toiletten, Lifeguard); am Surfeside Beach (South Shore) sind die Surfer in ihrem Element.
**Radverleih:** Island Bike Company, 25 Old South Rd., Nantucket Town, Tel. 508-228-4070, www.islandbike.com; Young's Bicycle Shop, 6 Broad St., Nantucket Town, Tel. 508-228-1151, www.youngsbicycleshop.com.

**Fähre:** Steamship Authority, Tel. 508-477-8600, http://web1.steamshipauthority.com, Autofähre (unbedingt reservieren!) in 2,5 Std. von Nantucket nach Hyannis.

## Nordöstliches Cape Cod

Lebte die 6600 Einwohner große Ortschaft früher vom Fischfang, Schiffsbau und der Salzherstellung, so hat sich **Chatham** 7 heute in einen ruhigen, romantischen Flecken verwandelt, der vielen aus dem aktiven Arbeitsleben ausgeschiedenen Menschen als

neue Heimat dient. An alte Zeiten erinnert die 1797 erbaute **Chatham's Old Grist Mill,** die der Müller zum Kornmahlen nur in Betrieb nehmen konnte, wenn die Windgeschwindigkeit mindestens 32 km/h betrug. Ab 40 km/h mussten entweder die Segel der Windmühle gerafft oder die Arbeiten eingestellt werden (Chase Park, Shattuck Pl., Anfang Juli–Anfang Sept. Mo–Fr 10–15 Uhr).

Im 130 Jahre alten ehemaligen Bahnhof der Chatham Railroad Company stellt das **Railroad Museum** die Überbleibsel der Eisenbahngesellschaft aus, deren Züge zwischen 1887 und 1937 Cape Cod bedienten. Nicht nur die Ausstellungen mit Bahnwaggons, Modellen und alten Fotos sind sehenswert. Auch das viktorianische Bahnhofsgebäude mit einem dekorativen Turm, dessen Stil manche als ›Eisenbahngotik‹ bezeichnen, ist ein Schmuckstück (153 Depot Rd., Mitte Juni–Mitte Sept. Di–Sa 10–16 Uhr).

Die gesamte dem Atlantik zugewandte Ostküste von Cape Cod wurde 1961 auf Betreiben von Präsident John F. Kennedy als **Cape Cod National Seashore** 8 dem National Park Service unterstellt. Die 40 Meilen lange Sanddünen- und Strandlandschaft mit Salzwassermarschen, Felsen und Wäldern ist am besten vom **Salt Pond Visitor Center** in Eastham zugänglich, weil dort Parkplätze angelegt wurden und Informationen über das Naturschutzgebiet zu erhalten sind. Außer diesem Zugang gibt es noch zahlreiche Richtung Meer führende Stichstraßen, die von der nach Provincetown führenden Route 6 abbiegen. Neben elf Wanderwegen und

**Die Dünenlandschaft im Nordosten der Landzunge Cape Cod**

mehreren zum Teil beaufsichtigten Badestränden (Mückenspray nicht vergessen!) können Outdoor-Fans im National Seashore einen speziell ausgewiesenen Bereich nutzen, der für Off-Road-Fahrzeuge freigegeben ist. Man muss sich jedoch vor einem Abstecher ins nicht asphaltierte Abseits im Besucherzentrum eine entsprechende Genehmigung *(permit)* holen (Salt Pond Visitor Center, Rte 6 in Eastham, Tel. 508-255-3421, www.nps.gov/caco, tgl. 9–16.30 Uhr, im Hochsommer länger).

## Provincetown

Größer könnten die Unterschiede zwischen früher und heute kaum sein. Im Jahr 1620 setzten im äußersten Norden von Cape Cod tugendhafte und gottesfürchtige Pilgerväter erstmals Fuß auf amerikanischen Boden, ehe sie in Plymouth eine Kolonie gründeten. Heute ist das exzentrische **Provincetown** 9 Neuenglands ungekrönte Hauptstadt von Schwulen und Lesben mit Transvestitenshows, Karaokebars und Bierkneipen und gleichzeitig eine im Sommer aus den Nähten platzende Urlauberhochburg.

Zwei Dutzend Galerien lassen erkennen, dass ›P-town‹ zu Beginn des 20. Jh. von Malern, Schriftstellern und deren Tross entdeckt wurde und sich seit damals von einem Fischereizentrum in eine Künstlerkolonie verwandelte. Die maritime Tradition halten heute neben immer noch vorhandenen Fischerbooten in erster Linie Ausflugsschiffe hoch, die Walbeobachtungstouren zur Stellwagen Bank anbieten. Diese etwa 10 km von der Stadt entfernte Sandbank umfasst mit ihrer Umgebung einen etwa 2000 km² großen, geschützten Meeresabschnitt, der wegen seines reichen Nahrungsangebotes eines der bekanntesten Walreviere an der Atlantikküste ist. Neben Buckel-, Mink-, Zwerg- und Finnwalen lassen sich dort von April bis November auch Delfine und Tunfische beobachten.

Auf dem Monument Hill erinnert das 77 m hohe **Pilgrim Monument** an die erste Landung der Pilgerväter in der Neuen Welt. Nach 116 Stufen wird man auf der Spitze des Turms mit einer wunderbaren Aussicht über den gesamten Norden von Cape Cod belohnt. Das zugehörige **Provincetown Museum** erzählt mit seinen Präsentationen Geschichten über die Zeiten der alten Walfänger und havarierten Schiffe, die vor den Küsten von Provincetown ein feuchtes Grab fanden (Tel. 508-487-1310, tgl. 9–17 Uhr).

**Chamber of Commerce:** 307 Commercial St. P. O. Box 1017, Provincetown, MA 02657, Tel. 508-487-3424, Fax 508-487-8966, www.ptownchamber.com.

**Cape Colony Inn:** 280 Bradford St., Tel. 508-487-1755, www.capecolonyinn.com. Modern eingerichtete Zimmer mit Bad, Klimaanlage und TV, beheizter Pool. Ab 129 $.

**Breakwater Motel:** 716 Commercial St., nur Mai–Okt., Tel. 508-487-1134, www.breakwatermotel.com. Einfaches Motel ohne viel Komfort. Ab 79 $.

**White Horse Inn:** 500 Commercial St., Tel. 508-487-1790. Anwesen aus dem späten 18. Jh. Das karge Mobiliar der Zimmer wird durch die zahlreichen Gemäde und den Discountpreis wettgemacht. Mit Etagendusche ab 70 $.

**Atlantic House:** 6 Masonic Pl., Tel. 508-487-3821, tgl. 21–1 Uhr. Auch Heteros beiderlei Geschlechts offen stehende Schwulenbar mit Tanzfläche. In der Macho Bar im Obergeschoss dominieren Lack und Leder. Jeden Fr Party zu einem bestimmten Thema. Cover Charge 10 $.

**Boatslip Beach Club:** 161 Commercial St., Tel. 508-487-1669, www.boatslipbeachclub.com. In diesem Gay-Lokal findet der ortsbekannte Tea Dance statt, eine im Freien veranstaltete Party.

**Governor Bradford:** 312 Commercial St., Tel. 508-487-2781, tgl. ab 10 Uhr. Das Lokal gehört zu den dünn gesäten Treffpunkten für nicht homosexuelle Gäste. Gelegentlich gibt es hier Live-Musik.

**Walbeobachtung:** Dolphin Fleet Whalewatch of Provincetown, Tel. 508 349-

1900, www.whalewatch.com, Abfahrt zu 3- bis 4-stündigen Walbeobachtungstouren ab Mac-Millan Pier, Ticketoffice am Ende des Piers.

**Portuguese Princess Excursions,** 70 Shank Painter, Tel. 774-487-1482, www.princess whalewatch.com. Von professionellen Naturschützern kommentierte Walbeobachtungstouren. Wer wider Erwarten keine Wale zu sehen bekommt, erhält eine Gratisfahrt.

## North Shore

Unter North Shore verstehen die Einheimischen die Südküste der Cape Cod Bay zwischen Orleans und Sagamore. Die Nebenstraße 6 A bummelt durch kleinere Gemeinden wie Brewster, Dennis und Sandwich, deren Ortskerne den Straßen- und Städtebau der vergangenen Jahrzehnte weitgehend unbeschadet überstanden.

Das 8500 Einwohner große **Brewster** 10 wird von vielen als der malerischste Ort am Cape Cod bezeichnet. In der ›Stadt der Hochseekapitäne‹ stehen zahlreiche stattliche Villen, die sich Seefahrer im 19. Jh. hatten bauen lassen und die heute als romantische Inns von Flitterwöchnern gerne für die schönsten Tage im Leben genutzt werden.

Im Jahr 1639 gegründet, ist **Sandwich** 11 die älteste Stadt am Cape Cod und deshalb auch die mit den meisten historischen Sehenswürdigkeiten. Schon wenige Jahre nach der Stadtgründung entstand mit der **Dexter Grist Mill** eine Kornmühle, vor deren Nachbau sich heute noch ein hölzernes Wasserrad dreht und den Mahlstein im Innern in Bewegung hält (am Shawme Pond, Tel. 508-888-4910, im Sommer tgl. 10–16 Uhr). Nur Schritte entfernt setzen historische Anwesen wie das 1741 errichtete Dunbar House (1 Water St.) und das Hoxie House von 1675 (18 Water St.) architektonische Akzente.

In die Ära der Glasherstellung führt das von 1825 bis 1888 in Betrieb befindliche **Sandwich Glass Museum,** dessen Produkte in ganz Amerika hoch geschätzt waren. Im Museumsshop werden Reproduktionen von originalen Stücken wie Kerzenleuchter, Krüge und Schalen, aber auch im eigenen Studio neu gefertigte Produkte verkauft (129 Main St., Tel. 508-888-0251, www.sandwichglass museum.org, Feb.–März Mi–So 9.30–16, April–Dez. tgl. 9.30–17 Uhr).

**Heritage Museums & Gardens** ist in Sandwich die populärste und zugleich unüblichste Sehenswürdigkeit, eine Mischung aus Open-Air-Museum, Autoausstellung, Park und Kunstgalerie. Früher einmal eine unrentable Farm, verwandelte der Besitzer Charles Dexter das weitläufige Gelände schon vor Jahrzehnten in eine Touristenattraktion. Ende Mai reisen Besucher zur Rhododendron-Blüte an, die Mitte Juli von der Lilienblüte abgelöst wird. Im Nachbau einer runden Shaker-Scheune sind Oldtimer-Autos ausgestellt. Neben einem Museum für Volkskunst besitzt das Museum mit der Old East Mill eine der schönsten historischen Windmühlen am Cape Cod (Upper Shawme Pond, Mai–Okt. Mo–Sa 9–18, Mi im Juli–Aug. bis 20, Nov.–April Mi–So 10–16 Uhr).

# Plymouth

Nur 20 Meilen trennen die Ortschaft Sandwich vom 46 000 Einwohner großen **Plymouth** 12, das zwar nicht mehr auf dem Boden von Cape Cod liegt, aber von dort gut erreichbar ist. In dieser Küstenstadt nahm Mitte Dezember 1620 die Geschichte von Neuengland ihren Anfang. Nach beschwerlicher, zweimonatiger Reise gingen damals an dieser Stelle 102 Emigranten an Land, die ihrer englischen Heimat den Rücken gekehrt hatten, um mit dem Schiff ›Mayflower‹ über den Nordatlantik zu segeln und in der fremden Welt ein neues Leben in religiöser Freiheit zu beginnen.

## Pilgrims machen Geschichte

Dieses historische Ereignis hat Plymouth so bekannt gemacht, dass jedes amerikanische Schulkind schon einmal von der Landung der alten Pilgrims gehört hat. Jedes Jahr strömen Besuchermassen zum Hafen der Stadt, wo ein offener Säulentempel an der Water Street über jenem Stein errichtet wurde, auf dem die

**Pilgerfrau in alter Tracht im Open-Air-Museum Plimouth Plantation in Plymouth**

Pilgerväter angeblich amerikanischen Boden betraten.

In der Nähe dümpelt der Nachbau des ursprünglichen Pilgerväterschiffs unter dem Namen ›Mayflower II‹ im Hafen, ein imponierender Dreimaster mit auffallend hohen Aufbauten und einer Takelage, wie man sie aus alten Seefahrerfilmen kennt. Kostümierte Bootsleute und Pilgerväter berichten an Bord von der 66 Tage dauernden Überfahrt, als seien sie selbst dabei gewesen. Bereits 1926 war aufgrund historischer Dokumente ein Modell der originalen ›Mayflower‹ angefertigt worden, das neben vielen Dokumenten im **Pilgrim Hall Museum** ausgestellt ist (75 Court St., Tel. 508-746-1620, www.pilgrimhall.org, tgl. 9.30–16.30 Uhr, Jan. geschlossen). Im Auftrag der britischen Regierung fertigte 1957 eine englische Werft die ›Mayflower II‹ als Geschenk an die USA an. Das Schiff segelte auf seiner einzigen Transatlantikfahrt nach historischem Vorbild von Plymouth in England nach Plymouth in Massachusetts und liegt seit damals im Hafen als Museumsschiff vor Anker – von einigen Reisen abgesehen wie etwa 1992, als der Oldtimer vier Monate lang in den Küstengewässern von Florida unterwegs war (tgl. 9–17 Uhr, Tel. 508-746-1622, www.plimoth.org, Kombinationsticket mit Plimoth Plantation Erwachsene 24 $).

## Plimoth Plantation

Die Neuankömmlinge aus England erwartete an der Küste von Massachusetts ein harter Winter. Bis zum Frühjahr des folgenden Jahrs war bereits die Hälfte an Krankheit, Hunger oder Erschöpfung gestorben. Wie die Nachfahren der wenigen Überlebenden ihr Dasein fristeten, demonstriert außerhalb von Plymouth das sehenswerte Open-Air-Museum **Plimoth Plantation.** Sobald man das Tor zum Village durchschritten hat, taucht man ein in die Welt des 17. Jh. In dem von Palisadenzäunen umgebenen Museumsdorf sitzen Frauen in knöchellangen Kleidern im Kreis ihrer Kinder vor strohgedeckten, aus schweren Holzdielen gebauten Häusern und pellen Erbsen aus Schoten oder trennen die Spreu vom Weizen, als sei das 21. Jh. noch in weiter Ferne. Authentizität hat oberste Priorität. Kommt man mit ›Einwohnern‹ ins Gespräch, merkt man schnell, dass sie ihre Rolle konsequent dem 17. Jh. anpassen und von der späteren Welt nichts wissen.

## Vergangenheit zum Anfassen

Alle Häuser sind mit gestampften Lehmböden ausgestattet wie zur Gründerzeit der Einwandererkolonie. In farbenfrohen Bauerngärten schauen Sonnenblumen über Bretterzäune und gedeihen Gemüse aller Art. Im Store House lagern Fässer und Kisten voller Nahrungsmittel, die in Gärten und auf Äckern produziert wurden, um auch im Winter überleben zu können. Felle und Häute wurden nach England verschifft, um Schulden zu bezahlen oder Waren zu kaufen, die es in der Neuen Welt nicht gab. Auf einem Feld außerhalb des Palisadenzaunes ist eine Gruppe von abenteuerlich ausgerüsteten Männern zum militärischen Waffendrill angetreten, um das Dorf notfalls gegen Angreifer schützen zu können (137 Warren Ave., Tel. 508-746-1622, www.plimoth.org, tgl. 9.30–17 Uhr, Kombinationsticket mit ›Mayflower‹ Erwachsene 24 $).

Die Pilgerväter kamen 1620 in kein menschenleeres Land. Vielerorts lebten Indianerstämme wie die Wampanoag (Menschen des Morgengrauens). Zur Plimoth Plantation gehört mit der Hobbamock's Homesite die kleine Siedlung von Hobbamock und seiner Familie. Er half den ersten Siedlern über den ersten Winter und brachte ihnen bei, mit den an der Ostküste vorhandenen natürlichen Ressourcen zu überleben.

**Plymouth Information Center:** 170 Water St., Plymouth, MA 02360, Tel. 508-747-7533, Fax 508-747-7535, www.visit-plymouth.com.

**Governor Bradford on the Harbor:** 98 Water St., Tel. 508-746-6200, Fax 508-747-3032, www.governorbradford.com. Näher bei der ›Mayflower‹ kann man in Plymouth nicht wohnen. Ordentliche Zimmer mit jeweils zwei Doppelbetten, Klimaanlage, TV und Gratiskaffee in der Lobby. Ab ca. 90 $.

**Hall's B & B:** 3 Sagamore St., Tel. 508-746-2835, www.visit-plymouth.com/halls.asp. Romantisch ausgestattete Zimmer mit Etagenbad in einem ruhig gelegenen viktorianischen Anwesen von 1872. Man kann zu Fuß den Hafen erreichen. 70–90 $.

**Pinewood Lodge Campground:** Rte 44 westlich von Plymouth, Tel. 508-746-3548, www.pinewoodlodge.com. Bewaldeter, modern ausgestatteter Platz an einem Seeufer mit Schwimmgelegenheit.

**Isaac's on the Waterfront:** 114 Water St., Tel. 508-830-0001, tgl. 11.30–22.30 Uhr. Bouillabaisse, Hummer oder Prime Rib mit Blick auf den Hafen. Ab 20 $.

**Hearth & Kettle Family Restaurant:** 25 Summer St., Tel. 508-747-7405, tgl. 7–22 Uhr, www.JohnCarverInn.com. Seafood-Spezialitäten, Prime-Rib, Brathähnchen, Käsekuchen – alles, was die amerikanische Küche hergibt. Ab 12 $.

**Lobster Hut:** 25 Town Wharf, Tel. 508-746-2270, tgl. Lokal im Stil einer Cafeteria, serviert werden Hummer, Shrimps und Fish and Chips. 10–20 $.

**Walbeobachtung:** Captain John Boats, 10 Town Wharf, Tel. 508-746-2643, www.captjohn.com. Moderne Flotte für 4-stündige Walbeobachtungstouren, Hafenrundfahrten, Hochseeangeln und Transfer nach Provincetown.

**Stadttouren:** Splashdown Amphibious Tours, Harbor Pl. und Village Landing, Tel. 508-747-7658, www.ducktoursplymouth.com. 1-stündige Stadttouren mit einem Amphibienfahrzeug zu Land und zu Wasser.

**Weinproben:** Plymouth Bay Winery, 114 Water St., Tel. 508-746-2100. Täglich kostenlose Touren und Weinproben auch mit Cranberry- und anderen Fruchtweinen.

# Neuenglands Hummerküste

Reiseatlas S. 10

**Über die gut 250 km lange Strecke durch drei Bundesstaaten verteilt sich ein echtes Kontrastprogramm: Hexenmuseum, stattliche Kapitänsvillen als Erinnerung an das goldene Zeitalter des Überseehandels, umtriebige Badeorte mit Provinzflair, historische Freilichtmuseen, Dichterklausen – von der abwechslungsreichen Küstenlandschaft mit Landvorsprüngen, Inseln, Traumstränden und Buchten ganz zu schweigen.**

Wenn Erholung suchende Einwohner von Boston an sengenden Sommerwochenenden die vor Hitze flimmernde Metropole hinter sich lassen, schlagen sie, falls Cape Cod nicht in Frage kommt, vorzugsweise einen nördlichen Kurs Richtung North Shore ein, wie der Atlantiksaum nahe der New-Hampshire-Grenze heißt. Wie eine Beinahe-Insel tastet sich dort Cape Ann mit Sandstränden und Buchten in den offenen Atlantik hinaus – ein ideales Ziel, um den Blick von gläsernen und stählernen Wolkenkratzerfassaden auf zerklüftete Steilküsten und Taucher in Neopren-Anzügen umzuprogrammieren, die mit kapitalen Hummern am Gürtel von ihren Beutezügen aus dem Meer auftauchen.

In einer halben Autostunde ist von Cape Ann aus der nördliche Nachbarstaat New Hampshire erreichbar. Von allen ans Meer grenzenden US-Bundesstaaten besitzt er den kürzesten Atlantikabschnitt mit gerade mal 18 Meilen. Wer auf dem Schild, das nördlich des Merrimack River die Staatsgrenze markiert, den Beinamen ›Granitstaat‹ entdeckt, wird sich auf der Küstenroute wundern, weil dort in erster Linie Sandstrände zu sehen sind. Aus Granit sind die Appalachen weiter im Landesinnern geformt. Am Küstensaum ist das Strandleben jenseits ausgedehnter Salzwiesen notgedrungen auf wenige Badeorte wie Seabrook, Hampton Beach und Rye beschränkt. An Hafenpromenaden reihen sich Motels, Hotels, Imbissstuben, Restaurants, Cafés und Bars aneinander, in denen im Sommer Hochbetrieb herrscht, obwohl die Übernachtungspreise vergleichsweise hoch sind. Nicht zu vergessen die vielen Restaurants, in denen Spezialitäten wie erstklassige Jakobsmuscheln, cremige Clam Chowders (Muscheleintöpfe mit Kartoffeln) und tadellose Hummer signalisieren, was Reisende auch weiter nördlich zu erwarten haben.

Nimmt man den Fuß nicht rechtzeitig vom Gas, hat man die Grenze zu Maine, dem größten Staat Neuenglands, überquert, bevor man sich dessen bewusst wird. In Kittery belagern Outlet Malls die Durchgangsstraße, ehe hinter dem Badeort York am Cape Neddick die umwerfende Postkartenansicht des Nubble Light auftaucht, als habe Walt Disney an diesem Landvorsprung für eine typisch neuenglische und vor allem fotogene Leuchtturmkulisse gesorgt.

## Salem

**Reiseatlas:** S. 10, D 1

Jahr für Jahr feiert die 40 000-Einwohner-Stadt im Juli mit dem **Salem Maritime Festival** ihr maritimes Erbe und ihre mit dem Meer verbundenen Traditionen. Bei dieser populären Veranstaltung öffnet der National Park Service gratis die Tore der **Salem Maritime National Historic Site,** die eingerichtet wurde, um die Seefahrtsgeschichte von Neuengland zu bewahren und zu interpretieren.

Die Bevölkerung hat bei diesem Fest Gelegenheit, einen originalgetreuen Nachbau des historischen Dreimasters ›Friendship‹ zu besichtigen, der nach seinem Stapellauf 1797 rund 15 Jahre lang die Handelsrouten nach Indien, China, Südamerika, Russland und Europa befuhr und der Stadt zu beträchtlichem Wohlstand verhalf, der heute noch in Salem sichtbar ist.

Ein Beweis für das goldene Zeitalter des Seehandels ist auch das 1762 erbaute **Derby House,** das einer der erfolgreichsten Kaufleute der Stadt und einer der ersten Millionäre der USA für seinen Sohn als Hochzeitsgeschenk bauen ließ. Hinter den grauen Holzfassaden des **West India Goods Store** von 1804 lagerten damals Waren aus aller Welt, und heute noch gehen dort mit Kaffee, Gewürzen und Tee Produkte über den Tresen, die einst per Segelschiff über die Weltmeere nach Salem transportiert wurden (Salem Maritime National Historic Site, 174 Derby St., Tel. 978-740-1650, www.nps.gov/sama, tgl. 9–17 Uhr).

### Peabody Essex Museum

Dass sich dieses älteste Museum Amerikas, das noch nie für längere Zeit geschlossen war, neben der Seefahrertradition auch mit Kunst und Kultur aus aller Welt beschäftigt, liegt nahe. Zu Zeiten des weltumspannenden Überseehandels gelangten exotische Kostbarkeiten aus aller Herren Länder nach Salem, sodass 1799 die Eröffnung eines Museums fast zwingend war. Heute ist der Komplex ein imponierendes Schaufenster in die Kulturen der Welt. Die Asienabteilung besitzt etwa ein komplettes Haus aus der Spätzeit der chinesischen Qing-Dynastie (1644–1911). Afrika ist mit frühen Werken von der Ost- und Westküste, mit Kunstgegenständen der Zulu und der Christen Äthiopiens aus dem 16. bis 20. Jh. wie Ikonen und Metallarbeiten vertreten. Zu den ältesten Stücken aus der Gründerzeit des Museums stammen Skulpturen und dekorative Gegenstände aus Ozeanien, die seit damals auf über 20 000 Stücke von 36 Inselgruppen in Polynesien, Melanesien und Mikronesien angewachsen sind. Zum Verschnaufen bieten sich das Gartenrestaurant oder das Atrium Cafe an (East India Sq., Tel. 978-745-9500, www.pem.org, tgl. 10–17 Uhr).

## Mit dem Autor unterwegs

### Sehenswerte Orte

Beim Gang durch **Salem** stoßen Besucher auf Spuren der Hexenverfolgung, des profitablen Überseehandels und des literarischen Schaffens von Nathaniel Hawthorne (s. S. 132). An der Küste des Bundesstaats Maine gehören die Küstenstädtchen **Boothbay Harbor,** (s. S. 146) **Camden** (s. S. 147) und **Bar Harbor** (s. S. 149) zu den sehenswertesten Orten.

### Malerische Leuchttürme

Das **Nubble Light** am Cape Neddick und das **Portland Head Light** gehören zu den schönsten Leuchttürmen der neuenglischen Küste von Maine und liegen an wildromantischen Atlantikabschnitten (s. S. 143).

### Shopping-Paradies

Nördlich von Portland liegt mit **Freeport** eines der größten Zentren für Fabrikverkauf in Neuengland. Gratis gibt es zwar auch dort nichts, aber die Preise sind zum Teil um über 50 % reduziert (s. S. 145).

### Hummer satt!

Jedes Jahr im August findet in Rockland das **Maine Lobster Festival** statt, bei dem regelmäßig bis zu 90 000 Besucher 30 000 Pfund Krustentiere verzehren (s. S. 146).

### Düstere Vergangenheit

Gerüchte und Verleumdungen führten 1692 zu einer Massenhysterie und in der Folge zu zahlreichen Hexenprozessen, in die über 160 Personen verwickelt waren, die zum Teil inhaftiert und ihres Besitzes beraubt wurden. 25 Frauen kostete die kollektive Paranoia das Leben. Einige junge Mädchen beschuldigten Mitbürgerinnen und Mitbürger, mit dem Sa-

**In Salem hat man nicht nur an Halloween mit dem Übernatürlichen zu tun**

tan im Bund zu stehen und sie verhext zu haben. Die Anschuldigungen richteten sich hauptsächlich gegen wohlhabende, alleinstehende Frauen, deren Lebensweise den Dogmen der puritanischen Gesellschaft widersprach.

Salem ›zehrt‹ noch heute von seinem Ruf als ›Hexenhauptstadt‹ der USA und vermarktet die wenig rühmliche Ära nach besten Kräften. Aufklärungsarbeit mit historischen Fakten kommt dabei nicht selten zu kurz, weil es hauptsächlich um Sensationsmache geht mit dem Ziel, Besuchern eine Gänsehaut zu bescheren. Das **Witch Museum** präsentiert neben unzähligen Dokumenten und Exponaten aus der Zeit der Hexenjagd eine audiovisuelle Show über die damaligen Ereignisse (Washington Sq., Tel. 978-744-1692, www.salemwitchmuseum.com, tgl. 10–17, Juli–Aug. bis 19 Uhr). Vor dem Museum steht eine vom Bildhauer Henry Kitson geschaffene düstere Skulptur des Stadtgründers Roger Conant, die ins Bild passt.

Das einzige original erhaltene Gebäude, das in Beziehung zu den Hexenprozessen steht, ist das **Witch House.** Über 40 Jahre lang lebte in diesem Anwesen aus dem 17. Jh. Richter Jonathan Corwin, der während der Hexenprozesse 19 Frauen an den Galgen schickte (310 Essex St., Tel. 978-744-0180, www.salemweb.com/witchhouse, Führungen März–Dez. tgl. 10–17 Uhr).

## House of Seven Gables

Die Hexenhysterie von 1692 bzw. die Werte- und Vorstellungswelt der neuenglischen Puritaner schlägt sich auch in den Werken des in Salem geborenen Schriftstellers Nathaniel Hawthorne (1804–1864) nieder, dessen Urgroßvater zu den Richtern der damaligen Prozesse gehörte. In einem schönen, geheimnisvoll anmutenden Garten liegt das von 1668 stammende, tatsächlich mit sieben Giebeln ausgestattete **House Of The Seven Gabels,** das Hawthorne im gleichnamigen Roman literarisch verewigte. Wegen seiner verwinkelten Bauweise wirkt das fast schwarz getünchte Gebäude mysteriös. Führungen vermitteln Einblicke in das Leben im 19. Jh. Auf dem gleichen Gelände steht auch Hawthornes Geburtshaus, das man ebenfalls besichtigen kann (54 Turner St., Tel. 978-744-0991, www.7gables.org, tgl.10–17, Juli–Okt. bis 19 Uhr).

**Salem Office of Tourism and Cultural Affairs:** 63 Wharf St., Salem, MA 01970, Tel. 978-744-3663, www.salem.org.

**Hawthorne Hotel:** 18 Washington Sq., Tel. 978-744-4080, Fax 978-745-9842, www.hawthornehotel.com. Traditionsreiches Hotel in Downtown, geschmackvoll eingerichtet. WLAN im Preis inbegriffen. Ab 104 $.
**Suzannah Flint House:** 98 Essex St., Tel. 978-744-5281, www.suzannahflinthouse.com. Hübsches, fast 200 Jahre altes B & B mit klimatisierten Zimmern. Ab 109 $.
**Coach House Inn:** 284 Lafayette St., Tel. 978-744-4092, Fax 978-745-8031, www.coachhousesalem.com. 1879 erbaute ehemalige Kapitänsresidenz mit 11 Zimmern, hohe Decken, Mobiliar im Stil des 19. Jh., kleines Frühstück inkl. Ab 105 $.

**The Grapevine Restaurant:** 26 Congress St., tgl., Tel. 978-745-9335, www.grapevinesalem.com, tgl. 17.30–22 Uhr. Hervorragendes italienisches Restaurant mit schönem Innenhof. Menü ca. 50 $.
**Nathaniel's:** 18 Washington Sq., im Hawthorne Hotel, Tel. 978-825-4311. Tgl. gegrillter Schwertfisch, Kalbsfrikassee oder Ravioli aus Wildpilzen – alles schmackhaft zubereitet. Am Sonntag gibt es einen Jazz-Brunch für 25 $.

Im **Broom Closet:** 3–5 Central St., Tel. 978-741-3669, tgl. außer Di, oder im **Crow Haven Corner:** 125 Essex St., Tel. 978-745-8763, können sich ›Hexen‹ mit dem Notwendigsten ausstatten, vom schwarzen Umhang bis zur Kristallkugel.

**Bahn:** Der gegenüber dem Bus etwas schnellere Vorortzug benötigt ab North Station in Boston ca. 35 Min. Infos unter www.mbta.com.
**Bus:** Von Boston fährt Bus Nr. 450 vom Haymarket in ca. 50 Min. nach Salem.

## Von Cape Ann nach Hampton Beach

Die weit in den Atlantik hineinreichende Halbinsel ist die Antwort von North Shore auf Cape Cod weiter im Süden. Felsige Küsten wechseln sich ab mit langen Sandstränden, vor denen alljährlich unterschiedliche Walarten, Delfine und seltener sogar Orcas auftauchen, was Walbeobachtungstouren auch hier zu einem schwunghaften Geschäft gemacht hat.

### Gloucester

**Reiseatlas:** S. 10, E 1
Das knapp 30 000 Einwohner zählende, auf Thatcher Island liegende Städtchen mit dem ältesten Hafen der USA gehört zu den beliebtesten Ferienzielen am Kap. Seine Geschichte reicht über 400 Jahre zurück, als der berühmte französische Seefahrer Samuel de Champlain dort im Jahr 1604 den Anker setzte und die Stelle bezeichnenderweise Le Beauport (Schöner Hafen) nannte.

Auch späteren Reisenden gefiel der Küstenflecken, wie etwa dem Erfinder und Kunstsammler John H. Hammond, der südöstlich von Gloucester 1928 das **Hammond Castle** errichten ließ, ein mit Zugbrücke und mittelalterlichen Türmen versehenes Anwesen. Er stattete seinen Wohnsitz darüber hinaus mit bemerkenswerten Arbeiten römischer, mittelalterlicher und aus der Renaissancezeit stammender Kunst aus, die man besichtigen kann (80 Hesperus Ave., Magnolia, Tel. 978-283-2080, www.hammondcastle.org, Fr–So 10–15 Uhr).

Gloucester machte im Jahr 2000 Leinwandkarriere mit dem Film ›Der Sturm‹ des deutschen Regisseurs Wolfgang Peterson. Er erzählt nach der Romanvorlage von Sebastian Junger die auf Tatsachen beruhende Geschichte des Fischerbootes ›Andrea Gail‹, das im Oktober 1991 in den fürchterlichen Hurricane Grace geriet und versuchte, seinen Heimathafen in Gloucester zu erreichen. Im Film spielt die örtliche Bar Crow's Nest eine Rolle, die allerdings nur im Innern dem Filmset gleicht (334 Main St.).

122629

i **Gloucester Visitor Welcoming Center:** Stage Fort Park, Gloucester, MA 01930, Tel. 978-281-8865.

**Julietta House:** 84 Prospect St., Tel. 978-281-2300, www.juliettahouse.com. Mit viel Liebe zum Detail eingerichtete Gästezimmer im viktorianischen Stil inkl. Frühstück. Ab 100 $.
**Sea Lion Motel:** 138 Eastern Ave., Tel. 978-283-7300, www.sealionmotel.com. Saubere, klimatisierte Zimmer mit Bad, Cottages und Unterkünfte inkl. Küche. Ab 75 $.
**Cape Ann Camp Site:** Atlantic St., West Gloucester, Tel. 978-283-8683, www.cape-ann.com/campsite. Jeder der 200 Stellplätze hat einen Picknicktisch und eine Feuerstelle.

**Walbeobachtung:** Cape Ann Whale Watch, 415 Main St., Tel. 1-800-877-5110, www.caww.com. Walbeobachtungstouren zur Stellwagen Bank, April–Nov.
**Captain Bill's Whale Watch,** 24 Harbor Loop, Tel. 978-283-6995, www.captainbillswhale watch.com. April–Nov. zwei Walbeobachtungstouren tgl.

## Rockport

**Reiseatlas:** S. 10, E 1
Im Jahr 2002 brachte die amerikanische Post eine 34-Cent-Briefmarke heraus, auf der hinter einem Schriftzug mit den Worten ›Greetings from Massachusetts‹ ein Bild vom Inner Harbor in Rockport samt einem rot getünchten Fischerschuppen zu sehen war. Der U.S. Postal Service hatte mit dieser Wahl ein glückliches Händchen, weil er damit ein symbolträchtiges Motiv aussuchte, das weit über die Grenzen des Bundesstaats hinaus bekannt ist. Schon lange ist besagter Fischerschuppen unter dem Namen **Motif No. 1** bekannt, weil kein Fotograf und kein Maler daran vorbeikommt. 1978 fegte zwar ein Sturm das wohl proportionierte ›Denkmal‹ von der Hafenmauer. Aber es war für die Stadtverwaltung keine Frage, den berühmten Blickfang so schnell wie möglich wieder aufzubauen.

**Im Hafen von Rockport am Cape Ann**

Rockport ist ein idyllischer, auf drei Seiten vom Meer umgebener Flecken, bei dem es nicht verwundert, dass er sich schon vor Jahrzehnten zum Fischerort mit Ambitionen einer Künstlerkolonie entwickelte, zumal die Überfischung dem traditionellen Broterwerb nach und nach das Handwerk legte. An heißen Sommertagen sind die Straßen des Orts leer gefegt, weil die Bevölkerung am kleinen Sandstrand Abkühlung sucht.

## Essex

**Reiseatlas:** S. 10, E 1
Das 4000-Seelen-Städtchen ist ein alter Werftenstandort, in dem das **Essex Shipbuilding Museum** an glorreiche alte Zeiten erinnert. Es besteht aus einem Komplex von Gebäuden am Essex River und stellt über 3000 historische Fotografien, Manuskripte, Dokumente über den Schiffsbau und über 500 alte Schiffsbauwerkzeuge aus. Glanzstück ist der auf dem Gelände ausgestellte Schoner ›Evelina M. Goulart‹ von 1927, der als eines von über 500 Schiffen in Essex vom Stapel lief (66 Main St., Tel. 978-768-7541, www.essexshipbuildingmuseum.org, im Sommer und im Herbst Do–Mo 10–17 Uhr).

Vielen Einheimischen ist Essex heute besser bekannt als Antiquitäten-Mekka mit etwa fünf Dutzend einschlägigen Geschäften, die sich auf ca. 2 km Länge an der Durchgangsstraße entlangziehen. Zu den bekanntesten zählt der von außen überladen, aber trotzdem attraktiv wirkende **White Elephant Shop** mit einem überdachten Vorbau, in dem man so ziemlich alles bekommt, was der Mensch nicht unbedingt braucht: Schaukelstühle, Porzellanfigürchen, Töpfereien, Musikinstrumente, Spielzeug, amerikanische Flaggen, gebrauchte Bücher und Postkarten ... Viele Gegenstände werden auch im Internet versteigert (32 Main St., Tel. 978-768-6901, www.whiteelephant shop.com, Mo–Sa 10–17, So 12–17 Uhr).

## Hampton Beach

**Reiseatlas:** S. 10, E 1
Am Atlantiksaum von New Hampshire gelegen, bietet der Badeort mit seinem kilometerlangen Strand ungetrübte Badefreude, be-

sonders für Familien. Im August wird eigens für Kinder das eine Woche dauernde Hampton Beach Children's Festival mit Zauberern, Clowns und einer abschließenden Kinderparade veranstaltet. Schon einen Monat früher können zukünftige Architekten und Landschaftsdesigner beim jährlichen Wettbewerb im Sandburgenbauen ihre Fantasie beweisen.

Findet kein Fest und kein Konzert auf der Seashell Stage am Strand statt, kommt als Vergnügungsbühne der drei Meilen lange Boardwalk ins Spiel. In über einem Dutzend Imbissbuden und Schnellrestaurants liefern sich Besucher Zuckerwatte- und Pizzaschlachten, schlendern durch Spielsalons oder plündern Eiscremeläden.

# Portsmouth

**Reiseatlas:** S. 10, E 1
Der Bundesstaat New Hampshire besitzt nur ein einziges maritimes Tor zur Welt: den knapp 30 000 Einwohner großen Seehafen Portsmouth am Piscataqua River. Zahlreiche elegante Anwesen dokumentieren die bedeutende wirtschaftliche und politische Rolle, welche die Stadt zunächst als Werftenstandort, dann als Überseehafen und Verwaltungszentrum spielte.

## Historische Anwesen

William Whipple, einer der Unterzeichner der Unabhängigkeitserklärung, lebte im **Moffat-Ladd House**. Die vornehme, mit wertvollem Mobiliar aus dem 18. Jh. ausgestattete Villa wurde 1763 von Whipples Schwiegervater John Moffat erbaut, der durch den Überseehandel ein Vermögen erworben hatte. Das Dach schmückt ein typischer Widow Walk, ein balkonartiger begehbarer Umlauf des Schornsteins (154 Market St., Tel. 603-436-8221, Mitte Juni–Mitte Okt. Mo–Sa 11–17, So 13–17 Uhr).

Noch herrschaftlicher präsentiert sich das **Governor John Langdon House** von 1784. Der einstige Hausherr, der seine Unterschrift unter die Verfassung der USA setzte, hatte für drei Amtsperioden den Posten des Gouverneurs von New Hampshire inne (143 Pleasant St., Tel. 603-436-3205, www.spnea.org/visit/homes/langdon.htm, Führungen Juni–Mitte Okt. Fr–Sa 11–16 Uhr).

Das backsteinerne **Warner House** im Georgian Style stammt aus dem Jahr 1716 und gehörte ursprünglich einem Schiffskapitän. Ein Besuch lohnt sich hauptsächlich wegen der beeindruckenden Wandmalereien u. a. mit den Darstellungen zweier Indianerhäuptlinge des Mohawk-Stammes und der noblen Einrichtung (150 Daniel St., Tel. 603-436-5909, Juni–Okt. Mo–Sa 11–16, So 12–16 Uhr).

## Strawbery Bank

Wie in einem typisch neuenglischen Fischerdorf fühlt man sich im Hafen am Piscataqua River, wo Schaluppen und kleine Fischkutter vor der Kulisse bunt getünchter Holzhäuser im Wasser dümpeln. Dort ließen sich 1630 die ersten englischen Siedler am Flussufer nieder, das mit wilden Erdbeeren bewachsen war – ihr Dorf nannten sie daher Strawbery Banke. Drei Jahre später, als Schiffsbau und Holzindustrie bereits eine Rolle spielten, änderte das Städtchen seinen Namen in Portsmouth. Die alten Pionierzeiten sind an dieser Stelle im **Strawbery Banke Outdoor Museum** noch sehr lebendig. 46 Häuser aus der Zeit zwischen 1695 und 1820 halten heute auf dem Areal die Erinnerung an die frühen Jahre von Portsmouth wach.

Als Kulisse für einen Film über die Geschichte Neuenglands würde sich das gepflegte Museumsterrain mit den kostümierten Dorfbewohnern bestens eignen. In einigen von ihnen wird gezeigt, wie einst mit einfachen Werkzeugen Boote gebaut, Töpferwaren hergestellt und Dachschindeln angefertigt wurden (Marcy St., Tel. 603-433-1100, www.strawberybanke.org, Mai–Okt. Mo–Sa 10–17, So ab 12 Uhr, sonst Do–Sa 10–14, So 12–14 Uhr, Jan. geschlossen).

## Umgebung von Portsmouth

Außerhalb des Stadtzentrums von Portsmouth überspannt die Memorial Bridge das breite Bett des Piscataqua River, in dem Badger Island wie ein Stützpfeiler liegt. Am Nord-

# Schlupfwinkel der Panzerknacker

Thema

**Nicht zu Unrecht hat sich für den sturmgepeitschten Atlantiksaum des Bundesstaats Maine der Beiname ›Hummerküste‹ eingebürgert. Die Jagd auf die Krustentiere besitzt dort eine lange Tradition, und Lobster, wie die Amerikaner die Leckerbissen nennen, gehören seit eh und je zu den ›Grundnahrungsmitteln‹ der Küstenbevölkerung.**

Hummer werden in den meisten Restaurants entlang der Küste serviert. Am originellsten sind aber nicht durchgestylte Lokale, sondern für den Bundesstaat Maine typische Einrichtungen: Lobster Pounds. Das sind sehr einfache Imbisse oder Fischereischuppen, in denen fangfrische Hummer abgekocht werden. Und zwar in Meerwasser – übrigens eine sehr schnelle Todesart. Sobald die braun-schwarzen Scherenträger im kochenden Sud liegen, verfärben sie sich attraktiv rot. Nach etwa einer Viertelstunde sind sie gar und werden traditionell mit heißer, zerlassener Butter gegessen. Um das Drumherum kümmern sich die Küchenmeister der Einfachlokale nicht. Die Leckerbissen werden auf Plastiktellern serviert, entsprechendes Werkzeug zum Brechen der Panzer inklusive.

Bei Überlandfahrten entdeckt man am späteren Vormittag oder am frühen Abend nicht selten neben einfachen Schuppen aufsteigende Dampffahnen – untrügliche Anzeichen dafür, dass man es mit einem Lobster Pound zu tun hat. Häufig befinden sich die ›Küchen‹ im Freien und bestehen aus einfachen, aus Ziegeln gemauerten Öfen mit Einsätzen für die Riesenbottiche, in denen die Krustentiere in einem Netz versenkt werden.

ufer des Flusses beginnt der Bundesstaat Maine. Von rauer Schönheit und einsamen Steilküsten ist zunächst nichts zu sehen. Dafür weisen riesige Schilder den Weg in die **Kittery Outlets,** die sich an der Durchgangsstraße auf fast zwei Kilometern Länge unübersehbar aufreihen. Über 120 Geschäfte von Levi's bis Liz Claiborne, Calvin Klein bis Timberland und Eddie Bauer, Puma und Reebok verscherbeln Markenartikel direkt aus der Herstellung (www.thekitteryoutlets.com, Mo–Sa 9–20, So 10–18 Uhr).

**Greater Portsmouth Chamber of Commerce:** 500 Market St., Portsmouth, NH 03802, Tel. 603-436-1188, www.portcity.org. Auf dem Market Square steht ein Informationskiosk.

**Martin Hill Inn:** 404 Islington St., Tel. 603-436-2287, www.martinhillinn.com. Aus zwei Gebäuden bestehendes B & B mit dekorativen Nichtraucher-Zimmern. 130–165 $.

**Wren's Nest Village Inn:** US Rte 1, Tel. 888-755-9013, www.wrensnestinn.com. Hübsch hergerichtetes B & B mit Indoor-Pool. Normale Zimmer, Suiten mit Jacuzzi und Cottages. 129–279 $.

**Blue Mermaid:** 409 The Hill, Tel. 603-427-2583, tgl. 11.30–21, Fr–Sa bis 22 Uhr. Spezialitäten wie Hühnchenbrust mit Banane, Walnuss und Kokosmilch oder Lachs in einer Kruste von schwarzem Mais mit Mango-Vinaigrette. Weniger Waghalsigen bleiben Alternativen wie Pizza und Burgers. Lunch ca. 10 $, Dinner ca. 15 $.

**Café Brioche:** 14 Market Sq., Tel. 603-430-9225, So–Do 11–16, Fr–Sa 11–19 Uhr. Ideal für Lunch oder frühes Dinner. Selbst gebackenes Brot, Quiches, Suppe, Salat und Sandwiches. Ab 4 $.

**Stadttour:** Portsmouth Harbor Trail, an der Touristenroute liegen die wichtigsten Sehenswürdigkeiten, Führungen Mo und Do–Sa 10.30 und 17.30, So 13.30 Uhr, Informationen beim Chamber of Commerce.

**Hafenrundfahrt:** Portsmouth Harbor Cruises, Ceres St. Dock, Tel. 603-436-8084, www.portsmouthharbor.com. Kommentierte Hafenrundfahrten Mai–Okt.

**Kajaktouren und -verleih:** Portsmouth Kayak Adventures, 185 Wentworth Rd., Tel. 603-559-1000, www.portsmouthkayak.com. Begleitete Kajaktouren und Kajakkurse im Piscataqua River Basin. Auch Kajakverleih.

**Brauereibesichtigung:** Portsmouth hat drei Brauereien, die besichtigt werden können, The Portsmouth Brewery, The Redhook Brewery und die Smuttynose Brewing Company, bei allen dreien gibt es auch Speisen. Infos beim Chamber of Commerce.

**Innerstädtischer Verkehr:** Von Juli bis Anfang Sept. fährt ein kostenloser Trolley die wichtigsten Punkte in Portsmouth an.

## Die Küste von Maine

### York und Cape Neddick

**Reiseatlas:** S. 3, B 4

Die malerische Küste von Maine beginnt erst in dem aus drei Ortsteilen bestehenden Städtchen York mit zahlreichen Häusern aus dem 18. und 19. Jh. An der Promenade drängen sich Kneipen, Restaurants und Discos aneinander, die im Sommer die Nacht zum Tag machen, wenn junge Leute an Wochenenden ihre Korsos fahren und aus jedem Lokal die neuesten Hits schallen. Nördlich von York biegt sich die Küstenlinie um eine sanfte Bucht, in der das Wasser selbst im Hochsommer einige Grade kälter ist als etwa am Cape Cod. Kleine Straßen führen über das bewaldete Cape Neddick, das wie eine Felskanzel in den Atlantik hinausragt. An der äußersten Spitze thront auf einer vom Festland durch eine schmale Passage getrennten baumlosen Insel mit **Nubble Light** eines der meist fotografierten Motive von Neuengland.

### Ogunquit

**Reiseatlas:** S. 3, B 4

Der indianische Name des Orts bedeutet ›schöner Platz am Meer‹. Schon im 19. Jh.

verstanden Investoren dies offensichtlich als Empfehlung, um an Ort und Stelle ein Ferienzentrum aufzubauen, das Ogunquit bis heute geblieben ist. Geschäfte mit Tand und Trödel, mit Mode und Markenartikeln säumen die gewundenen Straßen, in denen sich über zwei Dutzend Restaurants, Galerien und Hotels verstecken.

Ähnlich lebhaft geht es südlich der Ortschaft in **Perkins Cove** zu, wo eine Zugbrücke für Fußgänger den Hafeneingang überspannt und viele Besucher nur auf ein Segelboot mit hohem Mast warten, damit die Brücke hochgezogen wird. Kunstgalerien, Modeboutiquen und freundliche Restaurants gibt es wie Sand am Meer.

Eine Attraktion ist der kilometerlange, durch die Mündung des Ogunquit River vom Festland getrennte Ogunquit Beach. In der Verlängerung der Beach Street kann man zwar über eine Brücke zum Strand fahren. Die nervenaufreibende Parkplatzsuche kann man sich jedoch auch ersparen, wenn man vom Ortszentrum den Trolley zum Strand nimmt. Weiter nördlich überquert ein hölzerner Steg den Fluss zum Footbridge Beach, an dem es geruhsamer zugeht.

## Kennebunkport

**Reiseatlas:** S. 3, B 4

Zwar ist der gut 1000 Einwohner große Ort das ganze Jahr über ein Urlauberziel, doch herrscht im Hochsommer der größte Betrieb um den Dock Square mit seinen malerischen Holzhäuschen, wenn schon am frühen Vormittag Busse aus der ganzen Umgebung Neugierige ankarren. Der nicht direkt an der Küstenlinie, sondern weiter landeinwärts am Kennebunk River gelegene Ort galt vielen Amerikanern schon vor Jahrzehnten als ein stadtfernes Refugium zum Ausspannen. Auch Maler und Schriftsteller schätzten die ruhige Atmosphäre um den Hafen. Eine neue Dimension nahm der Massentourismus in den 1980er Jahren an – und zwar gewissermaßen aus politischen Gründen. Am Rand von Kennebunkport liegt am Cape Arundel direkt am Meer die Ferienresidenz der Bush-Dynastie, von der Kennebunkport einen zusätzlichen Tourismusschub erhielt, nachdem nicht nur George Bush Senior ins höchste Staatsamt gewählt wurde, sondern auch sein Sohn George.

Kennebunkports Badestrände heißen Gooch's Beach, Middle Beach und Mother's Beach und liegen südlich des Kennebunk River, wo die Beach Street ans Meer führt. Die beiden erstgenannten Strände werden vorwiegend von jungen Leuten frequentiert, während Mother's Beach ein Tummelplatz für Familien mit Kindern ist.

**Chamber of Commerce:** 17 Western Ave., Kennebunkport, ME 04043, Tel. 207-967-0857, Fax 207-967-2867, www.visitthekennebunks.com.

**Captain Lord Mansion:** 6 Pleasant St., Tel. 207-967-3141, Fax 207-967-3172, www.captainlord.com. Heute luxuriös ausgestattetes B & B, früher das Anwesen eines Kapitäns mit geschmackvollen Suiten in diversen Stilen. Ein wahres Fest fürs Auge. Ab 259 $.

**Fontenay Terrace Motel:** 128 Ocean Ave., Tel. 207-967-3556, Fax 207-967-4973, www.fontenaymotel.com. Einfache, klimatisierte Zimmer mit Bad, schöne Gartenanlage. Ab 125 $.

**The Kennebunker Cottages:** 195 Sea Rd., Tel. 207-967-3708, www.kennebunker.com. Kleine Häuschen mit Minimalausstattung wie beim Camping mit Platz für Barbecues. In der Gemeinschaftsküche kann gekocht werden, Cottages mit Küche nur wochenweise. 89 $.

**Yankeeland Campground:** 10 Meilen westlich an der Old Alfred Rd. (Rte 35), Tel. 207-985-7576, www.yankeelandcaground.com, Mai–Okt. Mit Pool, Laden, Sport- und Sanitäranlagen.

**White Barn Inn:** 37 Beach Ave., Tel. 207-967-2321, www.whitebarninn.com, tgl. 18–21.30 Uhr, im Jan. geschlossen. Toprestaurant mit Tophotel, das zu den besten in Amerika gehört, Herren brauchen ein Jackett, kein Krawattenzwang. Menü für 89 und 109 $.

**Idyllische Marschlandschaft im Hinterland der Küste bei Biddeford Pool**

**Alisson's Restaurant:** 11 Dock Sq., Tel. 207-967-4841, www.alissons.com, tgl. 11–21.30 Uhr, Pub bis 1 Uhr. Bei Einheimischen beliebtes Lokal mit guter Hausmannskost. Ab 8 $.

## Von Biddeford Pool bis Portland

**Reiseatlas:** S. 3, B 3/4

**Biddeford Pool** besteht aus einigen Dutzend am Küstenstreifen verstreuten Häusern. Das Meer ist von gelblichen, rund geschliffenen Felsen gesäumt, die wie schlafende Fabeltiere im Wasser liegen – ein wunderschönes Plätzchen, um nach einer anstrengenden Fahrt Ruhe und salzige Luft zu genießen. Im Hinterland der Küste dehnt sich eine sattgrüne Marschlandschaft aus, auf deren Wasserflächen sich die Schäfchenwolken am Himmel spiegeln.

Wer sich danach wieder ins Strandleben stürzen möchte, muss nur ins knapp 9000 Einwohner große **Old Orchard Beach** weiterfahren. Im Sommer bildet der 12 km lange Badestrand einen ausgelassenen Rummelplatz mit allen erdenklichen Kirmesvergnügungen wie der einzigen aus Holz gebauten Achterbahn des Bundesstaats, einem Wasserpark, einem

Riesenrad und jeden Donnerstag einem Feuerwerk. Von dem auf mächtigen Holzpflöcken stehenden, 150 m ins Meer reichenden Pier mit kleinen Läden, Verkaufsständen und Imbissbuden kann man den Strandbetrieb wie von einem Logenplatz aus verfolgen.

Auf der Fahrt nach Portland bietet sich ein kleiner Umweg über Cape Elizabeth an. Das **Portland Head Light** ist seit 1791 so malerisch auf einem zerklüfteten Felsvorsprung platziert, dass der Leuchtturm nicht nur Fotobände und Reiseführer, sondern auch Briefmarken und Packungen von Frühstücksflocken schmückt (1000 Shore Rd., Tel. 207-799-2661, www.portlandheadlight.com, tgl. geöffnet von Sonnenauf- bis Sonnenuntergang, Eintritt frei zum Gelände).

## Portland

**Reiseatlas:** S. 3, C 3

Krumme Pflasterstraßen, einladende Restaurants hinter viktorianischen Fassaden, adrette Boutiquen, hier und da eine in Malzgeruch gehüllte Minibrauerei, Kunst- und Antiquitätengalerien, Kaffeegeschäfte und an einer Wand ein überdimensionales Gemälde, das an die maritime Vergangenheit der Stadt erinnert. In den 1970er Jahren war die Stadtverwaltung das heruntergekommene Hafenviertel **Old Port** mit halb zerfallenen Ziegelhäusern leid und verwandelte es bis heute in ein einladendes Viertel, das nicht nur Besucher, sondern auch Einheimische anlockt.

Auf der gegenüberliegenden Seite der Commercial Street verläuft die Waterfront mit Lagerhallen, Schiffsanlegestellen, modernen Apartmentanlagen, Fischmärkten und Parkplätzen für Stadtbesucher, die an Bord von Ausflugsschiffen die reizvolle, von Inseln und Eilanden übersäte Casco Bay erkunden. Der Geruch von Teer, Salzwasser und Fisch beweist, dass die Wasserkante nicht nur das meerverbundene Schaufenster der Stadt, sondern gleichzeitig Herz und Seele der nur 65 000 Einwohner zählenden Stadt ist.

### Victoria Mansion

Zwei Querstraßen von der Waterfront entfernt erlaubt das einem italienischen Palazzo ähnelnde **Victoria Mansion** von 1860 einen Blick ins viktorianische Zeitalter. Besitzer Ruggles Morse hatte es im Hotelgewerbe zu einem Vermögen gebracht und wusste, wie man ein Haus mit edlem Mobiliar, Treppengeländern aus Mahagoni, Teppichen, Buntglasfenstern mit den Staatswappen von Maine und Louisiana und Gemälden in einen Palast verwandelt. Im Empfangsraum fällt neben einem Porträt des bärtigen Hausherrn ein offener, mit weißem Marmor verblendeter und mit grazilen Figuren von Tänzerinnen verzierter Kamin auf. Der im Innern von Trompe-l'œil-Malereien in ein Zelt verwandelte Turm des Gebäudes steht Besuchern nur bei speziellen Anlässen offen (109 Danforth St., Tel. 207-772-4841, www.victoriamansion.org, Mai–Okt. Di–Sa 10–16, So 13–17 Uhr, Juli–Okt. auch Mo 10–16 Uhr).

## Wadsworth Longfellow House

Der Stadtkern ist nicht so groß, dass man ihn nicht bequem zu Fuß erkunden könnte. Das eigentliche Zentrum liegt um den Monument Square, von dem man einen Abstecher zur reich verzierten **City Hall** machen kann. Auch der in einer Halle eingerichtete **Public Market** mit einem üppigen Angebot an Obst und Gemüse befindet sich gleich um die Ecke. In entgegengesetzter Richtung gelangt man über die Congress Street zum bekanntesten Gebäude der Stadt, dem 1785 errichteten, heute mit zeitgenössischem Mobiliar ausgestatteten **Wadsworth Longfellow House,** in dem Henry Wadsworth Longfellow (1807–1882) seine Jugend verbrachte. Auf Führungen durch das Haus sehen Besucher u. a. Longfellows Schreibpult und einen originalen Kasten, in dem der Dichter Papier und sein Schreibgerät aufbewahrte (489 Congress St., Tel. 207-774-1822, www.mainehistory.org, Führungen Mai–Okt. Mo–Sa 10–16, So 12–16 Uhr).

## Der Arts District

Das **Portland Museum of Art,** das größte Kunstmuseum des Bundesstaats, wurde 1882 gegründet und ist seit 1983 in einem architektonischen Meisterbau des international bekannten Architekten I. M. Pei beheimatet. Es präsentiert eine umfangreiche Sammlung amerikanischer Malerei des 18. bis 20. Jh., darunter Werke von Edward Hopper, Winslow Homer, Rockwell Kent, Andrew Wyeth und John Singer Sargent. In der Abteilung für europäische Kunst sind Arbeiten u. a. von Degas, Monet, Renoir, Picasso, Munch und Magritte zu sehen. Neben den Gemälden sind Skulpturen, Drucke, Fotografien sowie Arbeiten aus Glas und Keramik einen Besuch wert. Zum Museum gehört auch das 1801 im Federal Style errichtete McLellan House (7 Congress Sq., Tel. 207-775-6148, www.portlandmuseum.org, Ende Mai–Ende Okt. Sa–Do 10–17, Fr bis 21 Uhr).

## Desert of Maine

Vor 11 000 Jahren luden Gletscher nördlich von Portland bei **Freeport** Sandberge ab, die sich lange unter Gras und anderen Pflanzen versteckten. 1797 begann ein gewisser William Tuttle mit dem nicht ganz fachgerechten Anbau von Kartoffeln und setzte damit einen Erosionsprozess in Gang. Überweidung der Grasflächen tat ein Übriges, sodass schließlich ganze Areale freigelegt wurden und nach und nach die **Desert of Maine** entstand. Als einziges Gebäude blieb von Tuttles Farm eine Scheune aus Schindelholz mit einem kleinen Museum übrig. In der Dünenlandschaft liegt ein Campingplatz (Exit 19 oder 20 von der I-95, Desert Rd., Tel. 207-865-6962, www.desertofmaine.com, Mai–Okt. tgl. 9–17 Uhr)

i **Greater Portland Convention and Visitors Bureau:** 245 Commercial St., Portland, ME 04101, Tel. 207-772-5800, www.visitportland.com. Im Flughafen gibt es einen Informationsstand.

**Pomegranate Inn:** 49 Neal St., Tel. 207-772-1006, Fax 207-773-4426, www.pomegranateinn.com. Edles, mit modernen Gemälden dekoriertes B & B mit großzügigen Gemeinschaftsräumen und stilvollen Zimmern. Im Carriage House kommt man in einer originell dekorierten kleinen Wohnung unter. Im Sommer ab 165 $, sonst ab 95 $.

**Budget Inn of Portland:** 634 Main St., South Portland, Tel. 207-773-5722, Fax 207-773-6633. Einfaches Motel mit Standardzimmern. Ab 55 $.

**Wassamki Springs Campground:** 855 G. Saco St., Westbrook, Tel. 207-839-4276, www.wassamkisprings.com, 1. Mai–15. Okt. Bewaldeter Campingplatz westlich von Portland mit guter Ausstattung.

Portland ist für zahlreiche gute Restaurants bekannt.

**Fore Street:** 288 Fore St., Tel. 207-775-2717, Mo–Do 17.30–10, Fr–Sa bis 22.30, So bis 21.30 Uhr. Edle Küche in einem ehemaligen Lagerhaus, der Chefkoch ist ein Fan frischer Zutaten und wird von allen Gourmetzeitschriften gelobt. Viel Fisch, aber auch Steaks und sogar Pizza. Ab 15 $.

**Becky's Diner:** 390 Commercial St., Tel. 207-773-7070, www.beckysdiner.com, So–Mo 4–15, Di–Sa bis 21 Uhr. Idealer Frühstücksplatz für Frühaufsteher und Fischer, auch Lunch und Dinner sind gut und sehr preiswert. Ab 4 $.

**Maine Mall**, 364 Maine Mall Rd., South Portland, www.mainemall.com, Mo–Sa 9.30–21, So 11–18 Uhr. Über 140 Geschäfte, Restaurants, Imbissketten, Food Court.

**Touren:** Mainly Tours, 3 Moulton St., Tel. 207-774-0808, www.mainelytours.com, Mai–Okt. Trolley-Touren durch Stadt und Umgebung sowie zum Portland Head Light (s. S. 143).

**Postbootfahrt:** Casco Bay Lines, P. O. Box 4656, Tel. 207-774-7871, Fax 207-774-7875, www.cascobaylines.com, Mitte Juni–Anfang Sept. tgl. 10 und 14.15, Mo–Fr auch 7.45, sonst nur 10 und 14.45 Uhr. Dreistündige Fahrten durch die Casco Bay mit dem Postboot.

**Walbeobachtung:** Olde Port Mariner Fleet, Long Wharf, Commercial St., Tel. 207-775-0727, www.marinerfleet.com, Ende Mai–Okt. Walbeobachtungs- und Dinnertouren.

**Flugzeug:** Portland International Jetport, Tel. 207-772-0690, www.portlandjetport.org. Der Flughafen liegt 15 Autominuten südwestlich der Stadt. Zehn US-Fluglinien fliegen New York City, Philadelphia, Atlanta, Washington D. C., Pittsburgh, Chicago, Boston und Cleveland an. Für Fahrten in die Stadt stehen neben einem Shuttleservice (www.transportme.org) Taxis zur Verfügung, die ca. 15 $ kosten. Alle größeren Mietwagenfirmen sind vertreten.

**Bahn:** Amtrak Terminal, 100 Thompson's Point Rd., Portland Transportation Center, Tel. 1-800-872-7245, www.amtrak.com. Zwischen Portland und Boston verkehrt der Downeaster. Fahrtdauer 2,5 Std., 21 $.

**Bus:** Greyhound Station, 950 Congress St., Tel. 207-772-6587, www.greyhound.com. Verbindungen in alle größeren Orte.

# Zum Acadia National Park

## Von Freeport bis Boothbay Harbor

**Reiseatlas:** S. 3, C 3

**Freeport** steht mit 170 Fabrikverkaufsstellen, Designer Shops, Modeboutiquen und Lagerhallen voller Schuhe, Hosen, Blusen und Hemden für ungebremste Kauflust. Noch heute ist der 1911 eröffnete L. L. Bean's Store Herzstück des im Stil eines neuenglischen Dorfes angelegten Konsumparadieses. Dass etwa Textilien des Modekultlabels Banana Republic in einem hübschen Haus aus rotbraunen Ziegeln mit weißen Fensterumrandungen verkauft werden, Leder- und Haushaltswaren in weiß getünchten Holzhäusern mit blumengeschmückten Eingängen angeboten werden und hungrige Shopper im ›Azur Café‹ unter roten und grünen Sonnenschirmen Lobster Fettuccine Alfredo vertilgen, stattet die Main Street mit einem Flair aus, das man von einem Outletzentrum eigentlich nicht erwartet (die meisten Shops sind im Sommer Mo–Sa 10–21, So 10–19 Uhr, im Winter kürzer geöffnet).

Längst lebt das Städtchen **Wiscasset** nicht mehr vom Fischfang, Werften oder der Holzindustrie, sondern vom Tourismus. Wo sich früher Einwohner in altmodischen Läden mit dem Notwendigsten versorgten, stellen heute Antiquitätenshops und Kunstgalerien ihre Schätze aus. Besucher aus nah und fern stromern über die mit Ziegeln gepflasterten Gehsteige, um sich die Beine zu vertreten oder im bekannten **Sarah's Cafe** einen BBQ Turkey Burger zu vertilgen (Main/Water St., Tel. 207-882-7504, im Sommer tgl. 11–21 Uhr, im Winter kürzer, ab 4 $). An langen Warteschlangen gemessen ist **Red's Eats** ein noch populärerer Zwischenstopp. Der kleine Imbiss an der

**Boothbay Harbor gehört zu den Schmuckstücken der Küste von Maine**

Durchgangsstraße nicht weit von der Brücke über den Sheepscot River verkauft die besten Lobster Rolls weit und breit, d. h. mit Hummerfleisch belegte Brötchen, die man entweder mitnimmt oder vor dem Imbiss auf Gartenstühlen verzehrt (41 Water St., Tel. 207-882-6128, tgl. ab 11 Uhr).

Um die Wasserkante stehen in **Boothbay Harbor** zu Restaurants umfunktionierte ehemalige Lagerschuppen auf Pfählen im Wasser. Besucher flanieren über grobe Dielenstege an bunt getünchten Holzhäuschen vorbei, zwischen denen das Meer glitzert und der Blick auf die im Hafen tanzenden Segelboote und Fischkutter fällt. Die fünf Marinas des Orts gehören zu den bevorzugten Zielen von Hochseeseglern, die der Stadtkasse Jahr für Jahr etwa 3 Mio. $ an Gebühren einbringen.

Um ein 1847 errichtetes Rathaus sammeln sich im **Boothbay Railway Village** 28 Gebäude inklusive Kapelle und Feuerwehrstation, die ein richtiges Dorf bilden. In mehreren umgebauten Scheunen sind entweder Oldtimer-Lokomotiven und Waggons untergebracht, darunter auch in Kassel gebaute Loks, oder Automobile aus dem gesamten 20. Jh. Um das Gelände herum führt eine Schmalspurbahn, mit der man im Sommer eine Runde um das Village drehen kann (472 Wiscasset Rd., Tel. 207-633-4727, www.railwayvillage.org, Juni–Okt. tgl. 9.30–17 Uhr).

## Rockland

**Reiseatlas:** S. 4, D 2

Jedes Jahr im August fallen Zehntausende über den Ort an der Penobscot Bay her, um mit Pauken und Trompeten das örtliche **Maine Lobster Festival** zu feiern. Regelmäßig geht der Küstenflecken mit dem selbst gewählten Beinamen ›Hummerhauptstadt der Welt‹ bei diesem Großevent in den roten Schalen der gekochten Leckerbissen unter. In den letzten Jahren kamen im Durchschnitt 90 000 Besucher und verzehrten beachtliche 30 000 Pfund Krustentiere.

Kunstliebhaber schätzen das **Farnsworth Art Museum & Wyeth Center,** das Werke amerikanischer Künstler wie Gilbert Stuart, Thomas Sully, Thomas Eakins, Frank Benson, Childe Hassam und Maurice Prendergast ausstellt. Außerdem widmet das Haus der amerikanischen Künstlerfamilie Wyeth eine eigene Abteilung und stellt mehrere Skulpturen der Bildhauerin Louise Nevelson aus (16

Museum St., Tel. 207-596-6457, www.farnsworthmuseum.org, im Sommer tgl. 10–17 Uhr, im Winter kürzer).

**Visitor Information:** Harbor Park, 1 Park Dr., Rockland, ME 04841, Tel. 207-596-0376, www.rocklandchamber.org.

**Captain Lindsey House Inn:** 5 Lindsey St., Tel. 207-596-7950, Fax 207-596-2758, www.lindseyhouse.com. Das Haus wurde 1835 errichtet, heute ist das B & B eine hübsche Mischung aus Alt und Neu, alle Räume mit TV und WLAN. Ab 100 $.
**Navigator Motor Inn:** 520 Main St., Tel. 207-594-2131, www.navigatorinn.com. Direkt am Fährhafen gelegenes preisgünstiges Motel, alle Räume mit Kühlschrank. Ab 89 $.

**Primo:** 2 S. Main St., Tel. 207-596-0770, www.primorestaurant.com, Mi–Mo 17.30–21.30 Uhr. Die Senkrechtstarterin Melissa Kelly begeistert seit einigen Jahren ihre Gäste mit raffinierten Fischgerichten oder Pasta und Pizza. Menü ab 38 $.
**Conte's:** Am Hafen beim Restaurant Black Pearl, kein Telefon, keine Postadresse, keine Tischreservierung, keine Erwähnung durch das Chamber of Commerce, tgl. ab 17 Uhr. Die Speisekarte hängt auf Kartons gekritzelt an der Tür der windschiefen Bretterbude. Wer den Weg durch riesige frisch gebackene Brotlaibe und Batterien leerer Flaschen gefunden hat, genießt die gewaltigen Portionen von hervorragenden Speisen wie Hummer in Öl und Knoblauch. Der Stadtverwaltung ist das italienische Lokal mit seinem unorthodoxen Betreiber ein Dorn im Auge, die Gäste lieben es. Ab 12 $.

**Touren:** Fähren des Maine State Ferry Service setzen Besucher von Rockland auf die Insel Vinalhaven über. Das Auto kann man zwar mitnehmen, aber zweckmäßiger ist es, sich beim Spaziergang durch den Inselort mit Geschäften, zwei Inns und einem dekorativen Leuchtturm auf die eigenen Beine zu verlassen (517A Main St., Tel. 207-596-2202, bis zu 6 Fahrten pro Tag, hin und zurück 9 $).

## Camden

**Reiseatlas:** S. 4, D 2

Gibt sich die Landschaft entlang der mittleren Küste von Maine im Großen und Ganzen ziemlich flach, so ändert sich dies dort, wo sich die Camden Hills bis fast ans Meer vortasten und der Blick vom Gipfel des **Camden Hills State Park** an klaren Tagen weit über die Küste und die vorgelagerten Inseln reicht. Selbst wenn Nebelfetzen oder tiefe Wolken an den bewaldeten Hügelflanken hängen, verliert das Städtchen Camden seinen landschaftlichen Reiz nicht. Die hübschen Ziegelhäuser scharen sich um den malerischen Hafen, der zu den bekanntesten Seglerzielen an der nördlichen Atlantikküste zählt. Mel Gibson drehte vor Ort ›Der Mann ohne Gesicht‹, und Schauspielerkollegen John Travolta und Kirstie Alley sollen ebenso wie die Onassis-Familie auf den vor der Küste verstreuten Inseln ihre Sommersitze verstecken.

**The Belmont:** 6 Belmont Ave., Tel. 207-236-8053, Fax 207-236-9872, www.thebelmontinn.com. Inn vom Ende des 19. Jh. mit 6 romantischen Zimmern. Ab 175 $.
**Birchwood Motel:** Rte 1, Tel. 207-236-4204, keine Web-Page. Einfaches Motel, Frühstück inkl. 60–84 $.

**Cappy's Chowder House:** 1 Main St., günstig bis moderat, Tel. 207-236-2254, www.cappyschowder.com, tgl. 7.30–24 Uhr. In dem urgemütlichen Lokal bekommen die Gäste unten den Augen eines ausgestopften Elches keineswegs nur Cappy's bekannte Chowder serviert. Ab 6 $.
**Bayview Lobsters Inc.:** Bay View Landing, Tel. 207-236-2005, www.bayviewlobster.com, tgl. 11–22 Uhr. Hummer und Muscheln an einfachen Picknicktischen. Ab 8 $.

**The Leather Bench:** 34 Main St., Tel. 207-236-4688, hervorragende Auswahl von Ledergürteln und Taschen.

**Fahrradverleih:** Freds Bikes, 46 Elm St., Tel. 207-236-6664, Radverleih für Ausflüge in die Umgebung.

**Die wildromantische Küste bei Camden in Richtung Mount Desert Island**

**Touren:** Riverdance Outfitters, P. O. Box 10 72, Tel. 207-763-3139, www.riverdanceoutfitters.com. Hikingtouren, Insel-Biking, Kajaktouren auf dem Meer.

## Mount Desert Island

**Reiseatlas:** S. 4, E 2

Knapp 300 km$^2$ rauer Granitfels, grüne Wälder aus Balsamtannen und Buchten mit Jachthäfen machen fast die gesamte Fläche des Eilands aus, auf dem der Acadia-Nationalpark liegt. Eiszeitliche Gletscher gruben sich mit ihren kalten Krallen tief in die Küstenlinien der Insel und zerfransten sie mit tief eingeschnittenen Buchten, während im Inselinnern Seen wie Eagle Lake und Jordan Pond in Gletscherkuhlen zurückblieben. Fast zwei Dutzend abgerundete, beinahe vegetationslose Hügelkuppen aus Granit erheben sich über das dicht bewaldete Umland.

## Acadia National Park

**Reiseatlas:** S. 4, E 2

Höchster Berg des Nationalparks und gleichzeitig höchste Erhebung an der gesamten US-amerikanischen Atlantikküste ist der 466 m hohe **Cadillac Mountain.** Dauerregen, Nebel und Wolken hüllen ihn häufig ein. Aber wenn an klaren Sommertagen die Morgensonne, die an dieser Stelle auf den ersten Punkt der USA fällt, die gewaltigen Granitplatten auf dem Gipfel erwärmt, reicht der

Blick unter einem azurblauen Himmel über eine grandiose Naturkulisse aus Misch- und Nadelwäldern, Bergen, Seen und Inseln. 200 km Wanderwege sowie Rad- und Reitpfade durchkreuzen das Naturreservat, in dem Besucher mit etwas Glück auf Biber, Waschbären und Maultierhirsche treffen können.

**Hulls Cove Visitor Center:** Rte 3, Hulls Cove, P. O. Box 177, Bar Harbor, ME 04609, Tel. 207-288-3338, Fax 207-288-5507, www.nps.gov/acad, 15. April–Juni 8–16.30, Juli–Aug. bis 18, Sept–Okt. bis 17 Uhr. Alle Infos über den Park inkl. kurzem Film, auch in Deutsch. Rangeraktivitäten wie Wandertouren und Bootsausflüge Mitte Juni–Okt. Die Parkzeitung ›Beaver Log‹ informiert über alle Aktivitäten.

Auf dem Parkgebiet gibt es zum Übernachten keine Hotels oder Motels (s. Bar Harbor), sondern nur drei **Campingplätze**, Reservierung erforderlich unter Tel. 1-800-365-CAMP oder http://reservations.nps.gov: Blackwoods (ganzjährig, keine Hookups, fließend kaltes Wasser); Seawall (Mitte Mai–Ende Sept., hauptsächlich für Camper mit Zelten, fließend kaltes Wasser); Isle au Haut (Mitte Mai–Mitte Okt., Inselcampingplatz, per Auto nicht erreichbar).

**Touren:** Sieur de Monts Nature Center, 3 Meilen südlich von Bar Harbor an der Rte 3, Rangerführungen mit unterschiedlichen Themen.
**Klettern:** Otter Cliff am Otter Point südlich von Bar Habor ist eine unter Felskletterern beliebte Stelle mit zum Teil schwierigen Passagen; Informationen und Ausrüstung bei: Acadia Mountain Guides Climbing School, 198 Main Str., Bar Harbor, Tel. 207-288-8186, www.acadiamountainguides.com.

## Bar Harbor

**Reiseatlas:** S. 4, E 2
Einzig größerer Ort auf Mount Desert Island ist das lebhafte, im Hochsommer überlaufene Bar Harbor. Das trotz Tourismus familiär gebliebene Städtchen mit 4400 ständigen Einwohnern liegt an der Ostküste der Insel, die schon in den 1880er Jahren von wohlhabenden Industriellen und Bankiers entdeckt wurde. In den folgenden Dekaden gab sich an der Frenchman Bay die damalige Schickeria ein Stelldichein. Ein Großfeuer vernichtete 1947 den Inselflecken. Der Brand zerstörte nicht nur die vornehmsten Villen, sondern auch den Ruf der Millionärsenklave. Inzwischen haben Gäste mit schmaleren Brieftaschen die Superreichen ersetzt und einer einträglichen Touristenindustrie auf den Weg geholfen. Badevergnügen bieten die häufig steinigen Küstenabschnitte nur für ganz Verwegene. Selbst im Hochsommer wird das Wasser nicht wärmer als 13 °C.

Mit über 50 000 Exponaten dokumentiert das **Abbe Museum** die Geschichte der vergangenen 10 000 Jahre der im Bundesstaat Maine lebenden Native Indians. Bei den Exponaten handelt es sich um Töpferarbeiten, aus Stein und Knochen gefertigte Werkzeuge und archäologische Funde, die Aufschluss über die Kultur der Passamaquoddy-, Penobscot-, Micmac- und Maliseet-Stämme geben (Downtown, Tel. 207-288-3519, www.abbemuseum.org, tgl. 9–17 Uhr).

**Bar Harbor Chamber of Commerce:** 93 Cottage St., Bar Harbor, ME 04609, Tel. 207-288-5103, www.barharborinfo.com.

In Bar Harbor gibt es Unterkünfte wie Sand am Meer. An Sommerwochenenden oder im Indian Summer sollte man unbedingt rechtzeitig reservieren.

**Atlantic Oaks by the Sea:** 119 Eden St., Tel. 207-288-5801, Fax 207-288-8402, www.barharborresort.com. An der Frenchman Bay gelegener Hotelkomplex mit mehreren Gebäuden und unterschiedlichen Zimmerkategorien, teils mit kleinen Küchen. Ab 109 $.

**Coach Stop Inn:** Rte 3, 5 Meilen außerhalb des Orts, Tel. 207-288-9886, www.coachstopinn.com. Ehemalige Postkutschenstation von 1804, heute B & B. Ab 79 $.

**Llangolan Inn & Cottages:** 865 State Hwy 3, Tel. 207-288-3016, www.acadia.net/llangolan. 7 Meilen von Bar Harbor entfernt mit 5 freundlichen Zimmern (4 mit Gemeinschaftsbad) und Cottages inkl. Küche für 2–5 Personen. Zimmer ab 40 $, Cottages ab 55 $.

**Spruce Valley Campground:** 1453 State Hwy, Tel. 207-288-5139, www.sprucevalley.com, Mai–Okt. Gepflegter KOA-Platz mit beheiztem Pool, Shop, Spiel- und Sportanlagen sowie Shuttlebus in die Stadt.

**Hadley's Point Campground:** 33 Hadley Point Rd., 8 Meilen von Bar Habor, Tel. 207-288-4808, www.hadleyspoint.com, Mai–Okt. Nur einen Katzensprung vom Strand, jeder Platz mit eigenem Grill und Picknicktisch.

**The Pier Restaurant:** 55 West St., Tel. 207- 288-5033, tgl. Lunch und Dinner. Seafood, Steak, Pasta, schöner Blick auf den Hafen. Ab 15 $.

**Poor Boys Gourmet:** 300 Main St., Tel. 207-288-4148, Juni–Sept., tgl. ab 17 Uhr. Chicken und Pasta-Gerichte, sehr beliebt ist das ›All you can eat‹-Pasta-Buffet mit 13 Pastagerichten für jeweils 8,95 $.

**Nakorn Thai:** 58 Cottage St., Tel. 207-288-4060, April–Okt. tgl. ab 11 Uhr, So kein Lunch. Wer einmal kein Seafood möchte, ist hier bei original thailändischer Küche gut aufgehoben. Hauptgericht ab 8 $.

**Carmen Verandah:** 119 Main St., Tel. 207-288-2766, www.carmenverandah.com, April–Nov., Restaurant und Bar tgl. ab 11 Uhr. Jeden Abend ab 21.30 Uhr ist etwas los: Live-Musik von Blues bis Rock oder Musik vom DJ zum Tanzen.

**Touren:** Acadia & Island Tours Oli's Trolley, 1 West St., Harbor Pl. Bldg., Tel. 207-288-9899, www.acadiaislandtours.com, Mai–Okt. ab 10 Uhr, ein- bzw. 2,5-stündige Trolleytouren.

**Kajak:** Coastal Kayaking Tours, 48 Cotton St., Tel. 207-288-9605, www.acadiafun.com. Kajaktouren, auch für Anfänger.

**Hiken und Biken:** John D. Rockefeller Jr. ließ vor Jahrzehnten 45 Meilen ›Carriage Roads‹, (unbefestigte Wege) bauen, um sich mit Pferd und Kutsche durch den Acadia-Park bewegen zu können. Heute teilen sich Hiker, Biker und Reiter die autofreien Wege mit wunderbarer Aussicht. Wanderer können von Juli bis Columbus Day (2. Mo im Okt.) den kostenlosen Island Explorer Bus nutzen, der sie ab Parkeingang zu den Carriage Roads bringt. Mountainbiker starten ihre Tour meist am Haupteingang oder lassen sich die Räder dorthin bringen, etwa vom Ausstatter Acadia Bike (Bar Harbor, 48 Cottage St., Tel. 207-288-9605, www.acadiabike.com).

**Fähre:** The Cat, Bay Ferries, 121 Eden St., Tel. 207-288-3395, www.catferry.com, Juni–Okt. 2 x tgl. in jeweils knapp 3 Std. Nordamerikas schnellste Autofähre nach Yarmouth (Neuschottland/Kanada).

# Rhode Island und Connecticut

Reiseatlas S. 9/10

**Alte Walfängerzeiten und atombetriebene U-Boote, religiöse Toleranz und puritanische Engstirnigkeit, High-Society-Lebensstil und bäuerliches Ambiente, Provinznester und Universitätszentren prägen das Gesicht des Bundesstaaten-Duos. Zwischen Boston und New York gelegen, lernen Besucher in dieser Region das südliche Ende von Neuengland auf sehr abwechslungsreiche Weise kennen.**

Neuengland geht südlich von Boston mit zwei Bundesstaaten zu Ende. Little Rhody, wie der Bundesstaat Rhode Island von den gut 1 Mio. Einwohnern liebevoll genannt wird, ist mit 3144 km$^2$ der kleinste Staat der USA. Dafür verfügt er über den längsten offiziellen Namen: State of Rhode Island and Providence Plantations. Er leitet sich – so jedenfalls eine Version – von der Insel Rhode Island in der Narragansett Bay ab.

Im Jahr 1524 kreuzte der italienische Seefahrer Giovanni da Verrazano in diesen Gewässern und fühlte sich durch das Eiland an Rhodos erinnert. Damals war das Land von unterschiedlichen Indianerstämmen bewohnt, deren Erbe heute in vielen geografischen Namen fortlebt. Mit Stolz trägt der amerikanische ›Däumling‹ den Beinamen ›Land der Toleranz‹. Denn im Unterschied etwa zu Connecticut ließen sich dort Siedler nieder, denen das puritanische Klima in Massachusetts nicht zu liberal, sondern nicht liberal genug war. Wirtschaftlich gründete sich der Aufstieg von Rhode Island auf den internationalen Handel, bei dem vor allem die beiden Häfen Newport und Providence eine Rolle spielten.

Landschaftliches Herz von Rhode Island ist die verzweigte, von Inseln durchsetzte Narragansett Bay um den exklusiven Seglerhafen Newport. In diesem fabelhaften Seglerrevier mit tief eingeschnittenen Buchten, Inseln und Halbinseln wurde 1930 erstmals das berühmte Rennen um den America's Cup ausgetragen. Die reizvolle Küste war im 19. Jh. für die reichsten Leute des Landes Grund genug, sich dort Sommerpaläste und Residenzen von feudalem Zuschnitt bauen zu lassen.

Der Bundesstaat Connecticut spielte in der industriellen Entwicklung Amerikas wegen zahlreicher Erfindungen und neuer Pro-

## Mit dem Autor unterwegs

### Das lohnt sich!

Als Millionärsmeile wird in Newport der so genannte **Ten Mile Drive** apostrophiert, an dem einige der prächtigsten Villen der Ostküste liegen (s. S. 156).

Stimmungsvoll präsentiert **Mystic Seaport** die Seefahrervergangenheit der neuenglischen Küste (s. S. 158).

Zu den renommiertesten Bildungseinrichtungen auf amerikanischem Boden gehört die weltberühmte **Yale University** im Städtchen New Haven mit einem an alte englische Universitäten erinnernden Campus (s. S. 162).

### Gambling-Mekka mit Kultur

Die Hotelkasinos **Mohegan Sun Resort** und **Foxwoods Resort Casino** lohnen sich nicht nur wegen der Spielhöllen (s. S. 158).

Das **Mashantucket Pequot Museum & Research Center** zählt zu den größten und besten Indianermuseen der USA (s. S. 158).

duktionsmethoden eine bedeutende Rolle. Heute gehört er zu den großen Industrieregionen mit einem der höchsten Pro-Kopf-Einkommen der USA. In manchen städtischen Gebieten recken sich zwar Fabrikschlote in den Himmel, doch besitzt das Land speziell am Atlantiksaum sehenswerte Landschaften.

Die Küstenroute zwischen Mystic und der Universitätsstadt New Haven mit der berühmten Yale University gehört zu den besonders malerischen Abschnitten. Sie führt durch Ortschaften mit weißen Holzhäusern, hohen Kirchtürmen und gepflegten Gartenanlagen.

## Providence

**Reiseatlas:** S. 10, D 3
Manche unter den heute knapp 180 000 Einwohnern der Stadt erzählen, sie seien vor 15 Jahren noch froh gewesen, nach einem langen Arbeitstag der drögen, unattraktiven Stadt den Rücken kehren zu können. Seit damals intensivierte stadtkosmetische Programme haben daran viel verändert. Heute mögen die im größten Ballungsraum von Rhode Island lebenden Menschen ihre Stadt, und wer sie nur von früher kennt, wird sich die Augen reiben.

Die nach Boston und Worcester drittgrößte Stadt in Neuengland wurde 1636 von Roger Williams gegründet. Der Freidenker hatte die von Puritanern dominierte Massachusetts Bay Colony wegen seiner liberalen Auffassungen verlassen müssen. Zusammen mit anderen Verbannten ließ er sich unweit Grenze von Massachusetts am Providence River nieder, wo er in einer hügeligen Landschaft die erste Siedlung in Rhode Island aufbaute. Während sich in manchen Teilen Neuenglands im 17. Jh. ein Klima der Intoleranz ausbreitete, herrschte in Rhode Island eine liberale und aufgeschlossene Atmosphäre. Viele Pioniere und Siedler, die mit den religiösen Eiferern in ihren eigenen Kolonien nicht zurechtkamen, flüchteten nach Rhode Island.

### Providence: Cityplan

1 State Capitol
2 Roger Williams National Memorial
3 Waterplace Park
4 City Hall
5 Arcade
6 Federal Hill
7 First Baptist Church
8 Rhode Island School of Design
9 Brown University
10 John Brown House Museum

**Übernachten**
1 Courtyard by Marriott
2 State House Inn
3 Old Court B & B
4 Annie Brownell House
5 Ledbetter B & B

**Essen und Trinken**
6 The Capital Grille
7 Neath's
8 Ten Prime Steak & Sushi
9 Arcade Food Court

### Stadtrundgang

Bekanntestes Gebäude ist das 1901 aus weißem Georgia-Marmor erbaute **State Capitol** 1 unter einer frei tragenden Riesenkuppel, die nach dem Petersdom die zweitgrößte der Welt sein soll. Auf ihr erhebt sich mit der über 200 kg schweren und über 3 m hohen Bronzestatue Independent Man das staatliche Symbol von Freiheit und Toleranz, das an die Gründung von Rhode Island erinnert. Zu den bedeutendsten historischen Dokumenten, die im Regierungssitz zu sehen sind, zählt eine 1663 vom englischen König Charles II. ausgestellte Charta, in der den Rhode-Island-Siedlern das Recht auf freie Religionsausübung verbrieft wird (82 Smith St., Tel. 401-222-3983, www.state.ri.us, Mo–Fr 8.30–16.30 Uhr, Führungen nur nach Voranmeldung).

Das **Roger Williams National Memorial** 2 ist dem Stadt- und Staatsgründer gewidmet. Mit ihm und seiner Ära beschäftigt sich

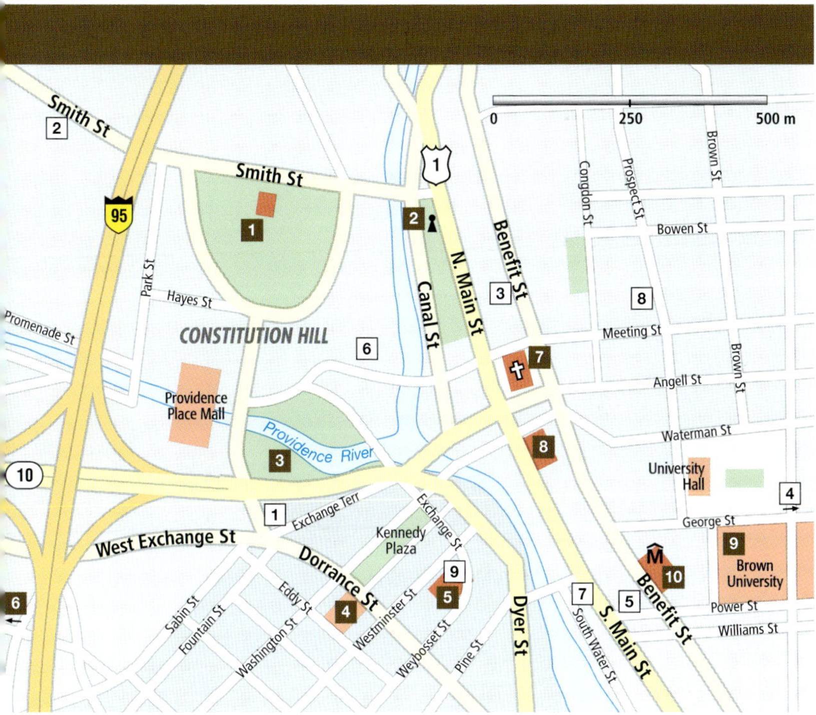


im Memorial Visitor Center eine Ausstellung. Wo sich die kleine Parkanlage mit dem Brunnen ausdehnt, standen einst die ersten Häuser der Stadt (282 N. Main St., Tel. 401-521-7266, www.nps.gov/rowi, tgl. 9–17 Uhr).

Jüngster Beweis für die bauliche Renaissance von Providence ist der **Waterplace Park** 3 mit einem Amphitheater für Konzerte, gepflasterten Wegen und Brücken, die zusammen mit den Gondeln auf dem Woonasquatucket River der Anlage venezianischen Charme verleihen sollen (am Memorial Boulevard).

Südlich des Kapitols liegt das Geschäftszentrum der Stadt um die Kennedy Plaza, deren Südwestseite von der monumentalen **City Hall** 4 mit der Stadtverwaltung dominiert wird. Die mächtige graue Granitfassade unter dem patinagrünen Dach macht einen geradezu wehrhaften Eindruck. Ältere Häuser säumen die sehenswerte Westminster Street mit vielen kleineren Geschäften. Nur wenige Schritte entfernt verbirgt sich hinter der aus dem Jahre 1828 stammenden, klassizistischen Säulenfassade der **Arcade** 5 die erste überdachte Shopping Mall der USA mit Geschäften, Restaurants und Imbissen auf zwei Etagen (65 Weybosset St., Tel. 401-598-1199, Mo–Sa 10–18 Uhr).

Im Stadtteil **Federal Hill** 6 westlich der I-95 um die Atwells Avenue wurden in den letzten Jahren zahlreiche restaurierte Häuser und Lokale zum Anziehungspunkt für Einheimische und Besucher. Der Grund: In diesem Teil von Providence gibt es viele Restaurants aller Kategorien und Geschmäcker. Dass die Stadt als Hochburg der Gastronomie gilt, hat sie u. a. diesem Viertel und einigen dort liegenden Toplokalen zu verdanken.

Die ältesten Wohnviertel der Stadt mit historischen Häusern liegen auf der Ostseite des Providence River. Parallel zum Fluss verläuft

**Passanten bei einer Ruhepause vor dem Rathaus**

die Benefit Street, die ›historische Meile‹ von Rhode Island. Von den 22 lokalen Baptistenkirchen ist die **First Baptist Church** 7 aus dem Jahr 1775 die älteste (75 N. Main St., Tel. 401-454-3418, Mo–Fr 9.30–15.30 Uhr). Auch die renommierte Einrichtung **Rhode Island School of Design Woods-Gerry Gallery** 8 hat dort ihren Standort und bildet mit japanischen Drucken, Gemälden europäischer Meister wie etwa französischer Impressionisten, amerikanischen Kunstwerken und orientalischen Kollektionen ein Ziel für Kunstliebhaber (62 Prospect St., Tel. 401-454-6142, www.risd.edu, Mo–Fr 8.30–16.30 Uhr).

Der wohlhabende und einflussreiche Kaufmann John Brown verlieh der **Brown University** 9 ihren Namen, die 1764 als siebte Universität in den USA unter dem Namen Rhode Island College in der Ortschaft Warren gegründet und sechs Jahre später nach Providence verlegt wurde. Die Hochschule mit ihren rund 8000 Studenten gehört damit zu den ältesten und berühmtesten Lehranstalten im Lande, den so genannten Ivy League Universities (Tel. 401-863-2378, www.brown.edu, Campustouren Mo–Fr 9–15 Uhr). Im Besitz der 1904 gegründeten **John Brown Library** sind ca. 40 000 Druckerzeugnisse aus der Zeit vor Beginn des 19. Jh. mit dem Schwerpunkt auf amerikanischer Geschichte. Eine echte Kostbarkeit unter den Raritäten ist neben uralten Landkarten die Erstausgabe eines Bandes mit Briefen von Christoph Kolumbus an Königin Isabella, aus denen die Monarchin von der Entdeckung der Neuen Welt erfuhr (Tel. 401-863-2725, Mo–Fr 8.30–17, Sa 9–12 Uhr).

Das 1786 aus Ziegeln im so genannten Georgian Style erbaute **John Brown House Museum** 10 lässt im Innern den immensen Reichtum des ehemaligen Hausherrn erkennen. Neben wertvollem Mobiliar ist eine Sammlung erlesener Silberwaren zu sehen. John Brown brachte es als Kaufmann im Chinageschäft zu einem riesigen Vermögen, von dem er beträchtlichen Einfluss auf die Geschicke der Stadt ableitete (52 Power St., Tel. 401-273-7507, www.rihs.org, Mai–Dez. Di–Sa 10.30–16.30, Jan.–April Fr–Sa 10.30–16.30 Uhr).

**Providence Warwick Convention & Visitors Bureau:** 1 W. Exchange St., Providence, RI 02903, Tel. 401-274-1636, Fax 401-351-2090, www.pwcvb.com.
**Rhode Island Tourism Division:** 1 W. Exchange St., Providence, RI 02903, Tel. 401-277-2601, Fax 401-277-2102, www.visitrhode island.com, Informationsstelle für den Bundesstaat Rhode Island.

**Courtyard by Marriott** 1: 32 Exchange Terrace, Tel. 401-272-1191, Fax 401-272-1416, www.marriott.com. Komfortables Stadthotel in zentraler Lage, mit Innenpool, Fitness- Businesscenter. Ab 110 $.
**State House Inn** 2: 43 Jewett St., www.providence-inn.com. B & B aus dem Jahr 1889, alle Zimmer mit Klimaanlage und Bad. 119–159 $.
**Old Court B & B** 3: 144 Benefit St., Tel. 401-751-2002, Fax 401-272-4830, www.oldcourt.com. B & B mit viktorianischer Ausstattung, aber modernen Betten. Im Sommer ab 115 $, im Winter ab 95 $.
**Annie Brownell House** 4: 400 Angell St., Tel. 401-454-2934, www.anniebrownellhouse.com. Haus vom Ende des 19. Jh., etwa vier Querstraßen von der Universität entfernt, Nichtraucherzimmer ohne TV. 95–115 $.
**Ledbetter B & B** 5: 326 Benefit St., Tel. & Fax 401-351-4699, keine Webseite. Fünf Gästezimmer, zwei davon mit eigenem Bad. 90–115 $.

**The Capital Grille** 6: 1 Union Station, Tel. 401-521-5600, www.thecapitalgrille.com, Lunch Mo–Fr 11.30–15, Dinner tgl. ab 17 Uhr. Porterhouse Steaks, Lamm, gegrillter Schwertfisch, in Sesamöl gebratener Tunfisch mit Ingwerreis ... alles vom Feinsten. Hauptgericht ab 25 $.
**Neath's** 7: 262 S. Water St., Tel. 401-751-3700, Mo Ruhetag. Der große Speisesaal war früher einmal eine Lagerhalle, Gerichte mit asiatischer Note. 20–30 $.
**Ten Prime Steak & Sushi** 8: 55 Pine St., Tel. 401-453-2333, www.tenprimesteak.com, Mo und Sa 17–22, Di–Fr 11.30–22 Uhr. Japanisch-amerikanische Küche in einem exotisch-exklusiven Ambiente, Topküche. Hauptgericht ab 18 $.
**Arcade Food Court** 9: 65 Weybosset St., Mo–Sa 10–18 Uhr. Großer Food Court mit unterschiedlichen Küchen, ideal für ein Lunch oder ein frühes Abendessen.

**OOP!:** 297 Thayer St., Tel. 401-397-5036, www.oopstuff.com, Mo–Sa 10–21, So 12–18 Uhr. Geschenkeladen mit Schmuck, Accessoires, Spielzeug und Kunsthandwerk.
**Wrentham Village Premium Outlets:** 1 Premium Outlets Blvd., Wrentham, www.premium outlets.com/wrentham, Mo–Sa 10–21, So 12–18 Uhr. Riesiges Zentrum von 170 Fabrikverkaufsstellen für Markenmode.

**Hot Club:** 575 S. Water St., Tel. 401-861-9007, www.thenetmill.com/hotclub, So–Do 12–1, Fr–Sa 12–2 Uhr. Der Club befindet sich in einem ehemaligen Kraftwerk. Dort wurden Szenen des Films ›There's Something About Mary‹ mit Cameron Diaz, Matt Dillon und Ben Stiller gedreht.

**Providence Performing Arts Center:** 220 Weybosset St., Tel. 401-421-2997, www.ppacri.org. Broadway-Show, Schauspiele, Konzerte.
**Gallery Night:** Jeden dritten Do im Monat veranstaltet die Stadt Providence zusammen mit Kunstmuseen und über zwei Dutzend Kunstgalerien von 17–21 Uhr die Gallery Night (Tel. 401-751-2628, www.gallerynight.info). Kunstfreunde können in dieser Zeit alle beteiligten Ausstellungen kostenlos besuchen und sich mit dem ArTrolley auch noch gratis von einer Sehenswürdigkeit zur nächsten fahren lassen.

**Stadtbesichtigung:** Mit dem Banner Trail zieht sich ein Touristenpfad durch Providence, an dem die meisten Sehenswürdigkeiten liegen. Stadtpläne mit dem eingezeichneten Fußweg gibt es bei der Touristeninformation und allen Informationskiosks (www.woonsocket.org/river/provtour.htm).

**Bahn:** Bahnhof, 100 Gaspee St., Tel. 1-800-872-7245, www.amtrak.com. Hochgeschwindigkeitsverbindungen mit dem Acela Express nach New York City, Boston und andere Ostküstenmetropolen. Von Providence nach Boston kostet die Fahrt 14 $.
**Öffentlicher Nahverkehr:** Das Nahverkehrssystem umfasst in Providence u. a. einen Trolley zu allen Sehenswürdigkeiten, Einzelfahrt 1,50 $, City Pass für alle Trolley- und Busverbindungen innerhalb der Grenzen von Rhode Island für einen Tag 6 $, Rhode Island Public Transit Authority: 265 Melrose St., Tel. 401-784-9500, www.ripta.com.

# Newport

**Reiseatlas:** S. 10, D 3
An der lebhaften Bowen's Wharf dümpeln im Sommer Dutzende Jachten im Wasser, von denen jede gut und gern so viel wert ist wie ein Zweifamilienhaus. Die Fischer, die an den Piers ihren Fang an Land schaffen, sind den Anblick von messingbeschlagenen Superseglern und Nachbauten aus glänzendem Mahagoni gewohnt. An Sommerwochenenden geht es um den Hafen zu wie auf einem Rummelplatz. Auf einer Anhöhe über dem Hafen thront mit der weiß getünchten Trinity Church von 1726 das weithin sichtbare Wahrzeichen des Städtchens (Queen Anne Sq., www.trinitynewport.org, tgl. 10–16 Uhr).

Das **Newport Art Museum** bietet amerikanischen Kunstschaffenden eine Bühne, um Gemälde, Skulpturen und Fotografien einer breiteren Öffentlichkeit zugänglich zu machen (76 Bellevue Ave., Tel. 401-848-8200, www.newportartmuseum.com, Mo–Sa 10–17, So 12–17, im Winter bis 16 Uhr, Mo Ruhetag).

Die Tennisgeschichte seit ihren frühesten Anfängen dokumentiert die **International Tennis Hall of Fame & Museum.** Natürlich haben neben vielen internationalen Stars auch die deutschen Helden des weißen Sports, Steffi Graf und Boris Becker, Eingang in die Ruhmeshalle gefunden (194 Bellevue Ave., Tel. 401-849-3990, www.tennisfame.com, tgl. 9.30–17 Uhr).

## Millionärsmeile

Zu den obligatorischen Besichtigungsrouten außerhalb von Newport gehört der **Ten Mile Drive** um die Südspitze von Rhode Island, an der die feudalsten Anwesen des Staates aufgereiht sind. Sämtliche Prachtvillen sind mit den Namen von Familien verbunden, die in der Geschichte der USA eine Rolle spielten. Das Interieur des dem Petit Trianon in Versailles nachempfundenen **Marble House** von 1892 wie etwa der Speisesaal aus lachsfarbenem Marmor ist vom Feinsten. Wen sich die Hauseigentümer zum Vorbild nahmen, gibt ein Gemälde zu erkennen, das den Sonnenkönig Louis XIV. zeigt (Bellevue Ave. Alle Mansions außer Astor's: Tel. 401-847-1000, www.newportmansions.org, tgl. 10–17).

Unumstrittener Glanzpunkt im Villenwinkel von Newport ist **The Breakers,** ein direkt an der Steilküste liegender, 70 Zimmer großer Palast, den Cornelius Vanderbilt 1895 errichten ließ. Die Familie hatte es im Schiffs- und Eisenbahnbau zu einem Milliardenvermögen gebracht und war offensichtlich bemüht, den Wohlstand entsprechend zur Schau zu stellen. So baute der Architekt Richard Morris Hunt nach dem Vorbild eines Genueser Schlosses aus dem 16. Jh. ein nobles Anwesen, das Besucher jede im Millionärsmilieu angesiedelte Seifenoperkulisse vergessen lässt (Ochre Point Ave.).

Neben The Breakers lohnt sich auch ein Besuch weiterer Villen. **Astor's Beechwood Mansion** (580 Bellevue Ave., Tel. 401-846-3772, www.astorsbeechwood.com, Führungen tgl. 10–16 Uhr), **Chateau-sur-Mer** (474 Bellevue Ave.), **The Elms** (367 Bellevue Ave.) und **Rosecliff Mansion** (548 Bellevue Ave.), wo 1994 ›Der große Gatsby‹ verfilmt wurde, gehören zu den schönsten. Um die Millionärsküste schlängelt sich mit dem **Cliff Walk** ein reizvoller Wanderpfad (www.newportcliffwalk.com).

**Visitor Information Center:** 23 America's Cup Ave., Newport, RI 02840, Tel. 401-845-9123 oder 1-800-976-5122, www.gonewport.com.

**Jachten im Seglerhafen des Städtchens Newport**

**Spring Street Inn:** 353 Spring St., Tel. 401-847-4767, www.springstreetinn.com. Liebevoll hergerichtetes viktorianisches B&B, Zimmer mit romantischen Himmelbetten. 119–299 $.

**Mill Street Inn:** 75 Mill St., Tel. 401-849-9500, Fax 401-848-5131, www.millstreetinn.com. Boutique-Hotel in einer restaurierten Sägemühle von 1815 mit eleganter Ausstattung. Ab 120 $.

**Motel 6:** 249 Connell Hwy, Tel. 401-848-0600, Fax 401-848-9966, www.motel6.com. Einfaches, ordentliches Kettenmotel. Ab 40 $.

**Black Pearl:** Bannister's Wharf, Tel. 401-846-5264, tgl. Lunch und Dinner. Im Sommer sitzt man draußen, beobachtet die Jachten im Hafen und genießt ein Black Angus T-Bone Steak (34 $) oder einen Shrimps-Cocktail (7,75 $).

**Wharf Pub & Restaurant:** 37 Bowens Wharf, Tel. 401-846-9233, tgl. 11.30–23 Uhr. Mini-Brauerei im touristischen Epizentrum mit einfacher, doch schmackhafter amerikanischer Küche. Ab 15 $.

**Newport Grand:** 150 Admiral Kalbfus Rd., Tel. 401-849-5000, www.newportgrand.com, tgl. 15–1 Uhr. Entertainmentkomplex mit Spielautomaten, Videowänden für Übertragungen von Sportereignissen, Restaurant.

**Rhino Bar & Grill:** 337 Thames St., Tel. 401-846-0707, www.therhinobar.com. Karaoke, Live-Musik, Tanz.

**Buskers Irish Pub & Restaurant:** 178 Thames St., Tel. 401-846-5856, www.buskerspub.com. Irischer Pub für Biertrinker; gutes Essen.

**Folk Festival** (August): Seit 1959 gehört das Newport Folk Festival zu den bedeutendsten Folkmusikveranstaltungen der USA. Aus der Taufe hob den Event Albert

**Mit dem Newport Summer Pass** können Besucher der Stadt bei Besichtigungen bis zu 30 % des Eintrittspreises sparen. Der für mehrere Sehenswürdigkeiten bzw. Aktivitäten gültige Pass kostet 25 $ (Erwachsene) bzw. 16 $ (Jugendliche) und wird im Visitor Center (s. S. 156) verkauft.

Grossman, der spätere Manager von Bob Dylan. Viele Stars der Szene traten in den vergangenen Jahren in Newport auf wie Joan Baez, Marc Cohen, Elvis Costello, Bob Dylan, James Taylor und Arlo Guthrie (www.newportfolk.com).

**Stadtbesichtigung:** Newport Walks, 270 Bellevue Ave., Tel. 401-841-8600, www.newportwalks.com. Geführte Touren mit unterschiedlichen Schwerpunkten zu Fuß durch Newport.
**Touren:** Newport Trolley Service, Ende Mai–Nov. tgl. ab Visitor Center, Tel. 401-781-9400, www.ripta.com. Touren auch zu den feudalen Mansions am Ten Mile Drive.
**Segeltörns und Motorbootexkursionen:** Classic Cruises of Newport, Christie's Landing, Tel. 401-849-3033, www.cruisenewport.com.

# Die Küste von Connecticut

## Mystic

**Reiseatlas:** S. 9, C 3
Im 2000-Seelen-Ort Mystic ist mit **Mystic Seaport** das größte Seefahrtsmuseum der USA die zugkräftigste Besucherattraktion. Während der Walfangzeit legten an diesem Küstenstreifen Flotten an, die man bei entsprechender Windrichtung schon riechen konnte, bevor man sie zu Gesicht bekam. Diese wenig romantischen Zeiten lassen sich an Bord der über 150 Jahre alten ›Charles W. Morgan‹ nachvollziehen, dem letzten nicht motorgetriebenen Walfängerschiff unter US-Flagge. An seiner Seite liegen das 1882 erbaute Ausbildungsschiff ›Joseph Conrad‹ und der Schoner ›L. A. Dunton‹, die man ebenfalls besichtigen kann.

Das Freilichtmuseum besteht aus einem romantischen Fischerdorf, in dem kostümierte Einwohner den Sommer über altes Handwerk demonstrieren und Besuchern das Leben im 18. und 19. Jh. vor Augen führen (75 Greenmanville Ave., Tel. 860-572-5315, www.mysticseaport.org, April–Okt. 9–17, sonst 10–16 Uhr, ).

Das **Mystic Aquarium** zeigt über 3500 Meerestiere in unterschiedlichen Lebensräumen wie einem subtropischen Mangrovensumpf oder einer Eismeerinsel. Bei Shows im Marine Theater sind mit Coco, Surfer, Tabor und Rider vier Seelöwen die Stars. Eine populäre Ausstellung beschäftigt sich mit der untergegangenen ›Titanic‹, von der ein 6 m langes Modell ausgestellt ist (55 Coogan Blvd., www.mysticaquarium.org, bei Exit 90 von der I-95 abfahren, tgl. 9–18, im Sommer bis 19 Uhr).

## Indianerkasinos

Nördlich von Mystic liegen bei Uncasville auf indianischem Territorium die beiden riesigen Hotelkasinos **Mohegan Sun Resort** (1 Mohegan Sun Blvd., Uncasville, Tel. 888-226-7711, www.mohegansun.com) und **Foxwoods Resort Casino** (39 Norwich Westerly Rd., Mashantucket, Tel. 1-800-FOXWOODS, www.foxwoods.com). Diese Spielhöllen bieten Arbeitsplätze für über 12 000 Nicht-Indianer und bescheren dem Mohegan-Stamm bzw. dem Mashantucket Pequot Tribe erkleckliche Einnahmen.

Neben dem eher leichten Vergnügen kommt auf dem Gebiet der Mashantucket Pequot Tribal Nation mit dem **Mashantucket Pequot Museum & Research Center** auch die Kultur nicht zu kurz. Zu den größten Indianermuseen der USA zählend, beschäftigen sich die Ausstellungen mit 18 000 Jahren Geschichte der Native Americans und mit Naturkunde. Selbst für Museumsmuffel sind die Multimedia-Ausstellungen in dem fünfgeschossigen Komplex ein Highlight (Tel. 860-396-6945, www.pequotmuseum.org, tgl. 10–16 Uhr).

### Am Thames River

**Groton** am Thames River ist Hauptstützpunkt der amerikanischen U-Boot-Flotte im Atlantik. Deshalb liegt nahe, dass nirgends in Amerika mehr U-Boote, mehr Dokumente und Fotografien zu sehen sind, die mit U-Booten in Verbindung stehen. Im **Submarine Force Museum** kann man neben anderen Typen die ›USS Nautilus‹ besichtigen, das erste atombetriebene U-Boot der Welt, das in den folgenden Jahren sämtliche Entfernungs- und Geschwindigkeitsrekorde brach (1 Crystal Lake Rd., Tel. 860-694-3174, www.uss nautilus.org, nur im Sommer 9–17 Uhr).

### New London

**Reiseatlas:** S. 9, C 3/4

Bis Mitte des 19. Jh. dominierte der Walfang die lokale Wirtschaft. Für 75 Walfängerschiffe war die Stadt Heimathafen. Heute ist sie ein wichtiger Militärstützpunkt. Im **EpiCenter & DNA Learning Center** lassen sich viele Naturgesetze an interaktiven Versuchseinrichtungen nachvollziehen. Bei Kindern steht der Touch Tank hoch im Kurs, wo man Meerestiere anfassen darf (33 Gallows Ln., Tel. 860-442-0391, www.science-epicenter.org, Di–Sa 10–17 Uhr).

Im Elternhaus von Eugene O'Neill, in dem der spätere Dramatiker von 1888 bis 1917 lebte, ist ein kleines Museum mit zahlreichen Memorabilien eingerichtet. Das viktorianische Anwesen mit überdachter Terrasse trägt den Namen **Monte Cristo Cottage,** weil O'Neills Vater Schauspieler war und für seine Rolle als Edmond Dantès in Alexandre Dumas Stück ›Der Graf von Monte Christo‹ bekannt wurde (325 Pequot Ave., Tel. 860-443-0051, www.oneilltheatercenter.org, wechselnde Öffnungszeiten). Am Hafen sitzt der in Bronze gegossene Eugene auf einem Felsblock und beobachtet die ein- und auslaufenden Schiffe.

## Im Hinterland

Der bei Old Lyme ins Meer mündende Connecticut River war in der ersten Hälfte des 17. Jh. eine Lebenslinie für die Bewohner im Küstenhinterland, die sich an seinen Ufern niederließen. Der Fluss entspringt nahe der kanadischen Grenze und mündet nach einer 650 km langen Reise durch vier neuenglische Staaten in den Atlantik. Eine Sandbank an der Mündung verhinderte die Entstehung eines Tiefseehafens und die Entwicklung größerer Städte am Unterlauf. So blieb das Tal bis heute, was es schon vor 100 Jahren war: abgelegene Provinz mit kleinen Städtchen und ländlichem Flair.

### Essex

**Reiseatlas:** S. S. 9, C 3/4

An die Ära des Schiffsbaus und die Binnenschifffahrt auf dem Connecticut River erinnert das kleine **Connecticut River Museum,** wo neben vielen nautischen Exponaten und Ausstellungen zur Geschichte des Flusstales eine Rekonstruktion des ersten, von David Bushnell erbauten U-Bootes ›Turtle‹ aus dem Jahr 1775 zu sehen ist (Main St., Tel. 860-767-8269, www.ctrivermuseum.org, Di–So 10–17 Uhr).

Einen kleinen Urlaub vom Auto erlaubt die **Valley Railroad,** die Touristen zwischen Essex und Chester befördert. Die Dampfloks und Waggons im Bahnhof, der aus einem restaurierten Depot samt Fahrkartenschalter besteht, stammen aus der Pionierzeit des Eisernen Pferdes. Die Eisenbahnfahrt kann man mit einer Dampfertour auf dem Connecticut River zwischen Deep River und East Haddam verbinden (Tel. 860-767-0103, www.essexsteamtrain.com, April–Ende Okt. Fahrten per Zug und Schiff).

### Hartford

**Reiseatlas:** S. 9, B 3

Während sich der Stadtkern ziemlich unauffällig präsentiert, zieht im Bushnell Park mit über 120 unterschiedlichen Baumarten das monumentale **State Capitol** mit seiner Zuckerbäckerarchitektur unter einer goldenen Kuppel die Blicke auf sich. Im dekorativ ausgestatteten Innern des 1876 fertig gestellten Marmor- und Granitgebäudes sind unter anderem eine Statue des Revolutionshelden Nathan Hale und das Feldbett von General Lafayette ausgestellt. Richtung Stadtzentrum am Rande des Bushnell Park erinnert der 30 m hohe und 10 m breite **Soldiers and Sailors Memorial Arch** an die Gefallenen des amerikanischen Bürgerkriegs (210 Capitol Ave., Tel. 860-240-0222, Mo–Sa 10.15–13.15, Juli/Aug. bis 14.15 Uhr kostenlose Führungen).

Das **Old State House,** 1796 nach Plänen von Charles Bulfinch erbaut, diente als Regierungssitz, bevor das Kapitol 1878 fertig gestellt war. Die Tagungsräumlichkeiten der ehemaligen Abgeordneten wurden in ihren ursprünglichen Zustand versetzt. Eine Multimedia-Präsentation erzählt die Geschichte der Stadt und des Gebäudes. Auf einer Etage stellt das **Steward's Museum** neben Gemälden kuriose Gegenstände wie etwa ein Kalb mit zwei Köpfen und einen von der Decke hängenden Riesenalligator aus (800 Main St. Tel. 860-522-6766, www.ctosh.org, Mo–Sa 10–16 Uhr).

Hartford war lange Zeit Heimat zweier bedeutender Schriftsteller. Das zweigeschossige **Harriet Beecher Stowe House** im Cottage-Stil des 19. Jh. ist nach Harriett Beecher Stowe (1811–1896), der Sklavereigegnerin und Schriftstellerin, benannt, unter deren 30 Werken sich mit ›Onkel Toms Hütte‹ ein Welterfolg befindet (77 Forest St., Tel. 860-522-9258, www.harrietbeecherstowe.org, Mo–Sa 9.30–16.30, So 12–16.30 Uhr, im Winter Mo geschlossen).

Nachbar von Harriet Beecher Stowe war 17 Jahre lang Mark Twain, der von 1874 bis 1891 das 19 Zimmer große viktorianische **Mark Twain House** bewohnte. Obwohl er eine Generation jünger war als seine Nachbarin, pflegten die beiden einen freundschaftlichen Kontakt und besuchten sich gelegentlich. Das Haus ist urgemütlich eingerichtet und zeigt in vielen Räumen mittelöstliche und asiatische Einflüsse, was auf die Firma Tiffany zurückgeht, die mit der Ausstattung des Interieurs beauftragt war (351 Farmington Ave., Tel. 860-247-0998, www.marktwainhouse.org, Mo–Sa 9.30–17.30, So 12–17.30 Uhr, Jan.–April Di geschlossen).

Zu den bekanntesten Töchtern der Stadt zählte die Schauspielerin Katherine Hepburn, die 1907 in Hartford geboren wurde und nach ihrem Tod am 29. Juni 2003 auf dem Cedar Hill Cemetery zur letzten Ruhe gebettet wurde. Auf der Grabstelle des Stars von über 75 Filmen steht ein grob zugehauener Granitblock, in den nur der Nachname eingraviert ist (453 Fairfield Ave., tgl. 7–17 Uhr, Westseite der Sektion 10).

**Greater Hartford Convention and Visitor's Bureau:** 31 Pratt St., Hartford, CT 06103, Tel. 860-728-6789, Fax 860-293-2365, www.enjoyhartford.com.

**Goodwin Hotel:** 1 Haynes St., Tel. 860-246-7500, Fax 860-247-4576, www.goodwinhotel.com. Gut ausgestattet mit Restaurant, Bar, Fitness-Studio. Ab 99 $.
**Super 8 Motel:** 57 W. Service Rd., Tel. 860-246-8888, Fax 860-246-8887, www.thesuper8.com/hartford03369. An der I-91 gelegenes Kettenmotel mit Standardzimmern. Ab 52 $.

**Black Eyed Sallys:** 350 Asylum St., Tel. 860-278-7427, Lunch Mo–Fr 11.30–16, Dinner Mo–Sa 17–23 Uhr, So Ruhetag, an manchen Abenden Blues & Jazz. Ausgezeichnete BBQs und Gerichte im Cajun-Stil von Louisiana. 10–20 $.

## East Haddam

**Reiseatlas:** S. 9, C 3
Neben der Zugbrücke über den Connecticut River steht das auf Musicals spezialisierte **Goodspeed Opera House** etwas verloren in der Landschaft. Früher ließen sich die Reichen und Schönen per Dampfschiff von New York in diesen Musentempel fahren, um Abwechslung vom Großstadtleben zu genießen. Heute testet das Haus neue Musical- und Ballett-Inszenierungen, die bei Erfolg später am Broadway auf die Bühne kommen. Bislang gelang dies immerhin 16 Produktionen (6 Main St., Tel. 860-873-8668, www.goodspeed.org, Spielsaison April–Dez.).

**Im Zuckerbäckerstil: das State Capitol in Hartford**

Südöstlich von East Haddam fließt der Connecticut River am **Gillette Castle** vorbei, das auf einem bewaldeten Bergrücken hoch über dem Ufer fast wie eine Loreley-Burg liegt. Der Schauspieler William Gillette hatte es um die Jahrhundertwende vor allem in der Rolle des Sherlock Holmes zu einem beträchtlichen Vermögen gebracht, das er 1914 in diesen exzentrischen Bau investierte. Viele Einrichtungsgegenstände brachte der Mime von Tourneen aus dem Ausland mit (67 River Rd., Tel. 860-526-2336, www.friendsofgillettecastle.org, tgl. 9–17 Uhr).

# New Haven

**Reiseatlas:** S. 9, B 4
Mit Cafés, schattigen Alleen und kleinen Geschäften strahlt der Kern der 125 000 Einwohner großen Stadt eine Atmosphäre aus, wie man sie von einer Studentenhochburg erwartet. Wie in vielen anderen Orten Neuenglands bildet auch in New Haven das **Green** den Stadtkern – ein von Bäumen bestandener Stadtpark, der ursprünglich tagsüber als Marktplatz und nachts als Viehweide diente.

## Yale University

Im Jahr 1638 gegründet, erlebte New Haven zu Beginn des 18. Jh. sein wichtigstes Ereignis, als mit der Collegiate School der Vorgänger der weltberühmten **Yale University** entstand. Die Elite-Universität gilt als Kaderschmiede vor allem für Studenten, die später eine diplomatische Laufbahn einschlagen wollen. Verspielte kleine Türme und Bauschmuck wie kunstvolle Inschriften und Figürchen prägen die Gebäude im unübersehbar britisch wirkenden Universitätsviertel. Einige davon lassen auf den ersten Blick mittelalterliche Ursprünge vermuten. In der Tradition des neogotischen Gothic Revival wurde zu Beginn der 1920er Jahre der mit einem Glockenspiel ausgestattete **Harkness Tower** errichtet, das Wahrzeichen von Yale. Ältestes Bauwerk ist die unscheinbare **Connecticut Hall** aus dem Jahre 1752 auf dem alten Campus (Mead Visitor Center, 149 Elm St., Tel. 203-432-2300, www.yale.edu/visitor, kostenlose Campusführungen Mo–Fr 9–14.30, Sa–So 11–16 Uhr).

## Museen

Die Universitätsstadt gibt sich mit einigen Museen als Hort von Kunst und Kultur zu erkennen. In den klimakontrollierten Räumen der **Beinecke Rare Book and Manuscript Library** lagern 500 000 Raritäten zwischen Buchdeckeln und mehrere Millionen Manuskripte und Dokumente von zum Teil unschätzbarem Wert, die nur innerhalb des Hauses eingesehen werden dürfen (121 Wall St., Tel. 203-432-2977, www.library.yale.edu/beinecke, Mo–Fr 8.30–17, Sa 10–17 Uhr).

Etwa 1900 Gemälde und 100 Skulpturen umfassen die Sammlungen des **Yale Center for British Art,** das sich insbesondere auf britische Kunst spezialisiert hat und sich dabei u. a. auf die Arbeiten von William Hogarth, Thomas Gainsborough, Joshua Reynolds, George Stubbs, Joseph Wright of Derby, John Constable und J. M. W. Turner stützen kann. Zu den Künstlern und Künstlerinnen des 20. Jh. gehören Stanley Spencer, Barbara Hepworth, Ben Nicholson, Rachel Whiteread und Damien Hirst (1080 Chapel St., Tel. 203-432-2800, www.yale.edu/ycba, Di–Sa 10–17, So 12–17 Uhr).

Meteoriten und Mineralien, Saurierknochen und indianische Artefakte, Pflanzen und Tiere aus Neuengland sowie Exponate auch aus Ägypten und dem pazifischen Raum sind die Schätze des **Yale Peabody Museum of Natural History** (170 Whitney Ave., Tel. 203-432-5050, www.peabody.yale.edu, Mo–Sa 10–17, So 12–17 Uhr).

Münzen aus der Zeit von Alexander dem Großen, römische Skulpturen aus vorchristlicher Zeit, afrikanische Skulpturen aus Guinea, Burkina Faso und Benin, Sammlungen von amerikanischem Mobiliar und Silber, Gemälde von Rubens, Manet und Picasso sowie Kunstgegenstände aus Asien und dem präkolumbischen Amerika machen den Besuch in der **Yale University Art Gallery** zu einem kurzweiligen Vergnügen (1111 Chapel

St., Tel. 203-432-0600, www.artgallery.yale.edu, Di–Sa 10–17, So 13–18 Uhr, Aug. geschlossen).

**Greater New Haven Convention & Visitors Bureau:** 59 Elm St. New Haven, CT 06510, Tel. 203-777-8550, www.newhavencvb.org.

**Swan Cove B & B Inn:** 115 Sea St., Tel. 203-776-3240, www.swancove.com. Einfachere Zimmer und Suiten im Romantikstil, kräftiges Frühstück. Im Winter ab 99 $, im Sommer ab 139 $.
**Colony Inn:** 1157 Chapel St., Tel. 203-776-1234, Fax 203-776-1234, www.colonyatyale.com. Beim Campus gelegenes Haus mit traditioneller Einrichtung und freundlichen Zimmern. Ab 110 $.
**Red Roof Inn:** 10 Rowe Ave., Milford, Tel. 203-877-6060, www.redroof.com. Außerhalb gelegenes Kettenmotel mit einfachen, sauberen Zimmern. Ab 60 $.
**Motel 6:** I-95 at Main St., Exit 55, Branford, Tel. 203-483-5828, www.motel6.com. Preiswertes Kettenmotel mit Standardzimmern außerhalb der Stadt. Ab 50 $.

**Southern Hospitality Soul Food:** 427 Whalley Ave., Tel. 203-785-1575, tgl. Lunch und Dinner. Ungewohnte Küche des amerikanischen Südens: nahrhaft, einfach, nicht gerade kalorienarm. Ab 12 $.
**Rainbow Cafe:** 1022 Chapel St., Tel. 203-777-2390, Fr–Sa 10–21, So–Do 11–20 Uhr. Breites Angebot auch für Vegetarier, Lokal nur für Nichtraucher. 7–20 $.
**Louis's Lunch:** 263 Crown St., Tel. 203-562-55 07, Di–Mi 11–16, Do–Sa 12–2 Uhr. Hier soll 1900 der erste Hamburger verkauft worden sein. Die handgemachten Varianten stellen das Fastfood heutiger Hamburgerketten weit in den Schatten. Ab 4 $.
Pizza- und Pasta-Liebhaber werden in Little Italy rund um den Wooster Square fündig, wo viele gute italienische Restaurants liegen.

**Barnes & Nobles:** 77 Broadway, Tel. 203-777-8440. Auch in diesem Haus der in ganz Nordamerika präsenten riesigen Buchhandelskette hat man nicht nur eine große Auswahl an ausländischen Büchern und Zeitungen, sondern kann auch einen Kaffee trinken.
**Boulevard Flea Market:** 500 Ella T. Grasso Blvd., Rte 10, ganzjährig Sa–So 7–16 Uhr, ältester Flohmarkt in Connecticut mit über 100 Händlern.

**Bar:** 254 Crown St., Tel. 203-495-1111, Unterhaltungskomplex mit Restaurant, mehreren Bars, Billard und Tanzfläche.
**Toads' Place:** 300 York St., Tel. 203-624-TOAD, www.toadsplace.com. Mi–Sa Live-Musik mit wechselnden regionalen Rock- und Pop-Größen.

New Haven besitzt renommierte Einrichtungen der darstellenden Kunst wie Long Wharf Theatre, Yale Repertory Theatre, Shubert Performing Arts Center, Yale University Theatre, Yale Cabaret, Lyman Center for the Performing Arts und das New Haven Symphony Orchestra (Informationen über Spielpläne bei dem Convention & Visitors Bureau).

**Bahn:** Shore Line East, State St. Station zwischen Court und Chapel St., Tel. 203-777-7433, www.shorelineeast.com. Nahverkehrszug zwischen New Haven und New London, die einfache Fahrt kostet 8,25 $.
Amtrak, Union Station, 50 Union Ave., Tel. 1-800-872-7245, www.amtrak.com. New Haven liegt an der Bahnstrecke New York–Boston und wird u. a. vom Hochgeschwindigkeitszug Acela Express bedient. Die Fahrkarte für die Strecke New Haven–New York Penn Station kostet 72 $, ein Ticket für den Regionalzug lediglich 37 $.
**Bus:** Greyhound Lines, Union Station, 50 Union Ave., Tel. 203-772-2470, www.greyhound.com. Verbindungen in alle größeren Städte, die Fahrkarte für die Strecke New Haven–New York City kostet 20 $.
**Öffentlicher Nahverkehr:** CTTRANSIT, Tel. 203-624-0151, www.cttransit.com, ist für den innerstädtischen Busverkehr zuständig.

Kapitel 2

# Zwischen Atlantik und Großen Seen

# Auf einen Blick: Zwischen Atlantik und Großen Seen

## Typisch amerikanisch

Im Städtedreieck New York City, Cleveland und Pittsburgh stand im 18. Jh. die Wiege der Industriellen Revolution in Amerika. Urbane Ballungsräume mischen sich mit beschaulichen Provinzflecken, spektakulären Naturwundern, historischen Stätten und den Uferlandschaften des größten Süßwasserspeichers der Erde, den Großen Seen.

Dies ist das Amerika der unentwirrbaren Schnellstraßenknäuel und der allgegenwärtigen Hochspannungsleitungen, der futuristischen Wolkenkratzeroasen aus Stahl, Beton und Glas und der brodelnden Industriereviere um Cleveland in Ohio, der einzigartigen Stadtgiganten wie New York City, aber auch der unverwechselbaren Mentalitäten, die von Forschern und Demoskopen als typischer für Amerika eingeschätzt werden als sonst irgendwo zwischen Atlantik und Pazifik.

Hier leben nicht nur Konzernbosse und Citysüchtige, sondern auch die kleinen Leute, die in aufgeräumten Kleinstädten ihren Vorgartenrasen stutzen, Wohltätigkeitsbasare arrangieren und an Halloween mit ihren als Monster verkleideten Kindern um die Häuserecken ziehen.

Obwohl der Region im Großen und Ganzen die landschaftliche Dramatik anderer Teile Amerikas fehlt, hat auch das Riesengebiet zwischen Atlantik und Großen Seen seine natürlichen Reize und sogar seine Highlights wie die weltbekannten Niagarafälle, die ›süßen Meere‹ an der Grenze zu Kanada, das ans deutsche Rheintal erinnernde Hudson Valley und nicht zuletzt die gewaltigen Wildnisgebiete wie die zum Teil noch unerschlossenen Adirondack Mountains im nördlichen Bundesstaat New York, in denen der Schriftsteller James Fenimore Cooper die Figuren seiner Lederstrumpf-Romane ihre Abenteuer bestehen ließ.

Nicht zu vergessen die historischen Meilensteine und auch die technischen Pionierleistungen wie beispielsweise die Geniestreiche von Thomas Edison, die der Nachwelt eine Wende gaben.

## Highlights

**3** **Manhattan:** Der Wolkenkratzerkern der Weltstadt New York City beeindruckt mit seiner unverwechselbaren Skyline (s. S. 168).

**4** **Niagarafälle:** Die größten Wasserfälle Nordamerikas liegen genau auf der Grenze zwischen den USA und Kanada (s. S. 201).

## Panorama-Routen

**Hudson Valley:** Die Route durch das Hudson Valley ähnelt auf verblüffende Weise einer Fahrt durch das Rheintal (s. S. 193).

**Schlucht des Niagara River:** Die Aussichtsstraße auf der US-Seite des Flusses führt entlang der Schlucht, die der Niagara River auf seinem Weg vom Erie-See zum Lake Ontario in den Felsgrund grub (s. S. 202).

## Reise- und Zeitplanung

Im Gebiet zwischen Atlantik und Großen Seen könnte man Wochen oder sogar Monate verbringen. Da aber kaum jemand über soviel Zeit verfügt, wird man sich diesen ›großen Brocken‹ einteilen müssen.

Durch das Hudson Valley bis nach Albany kann man in zwei, drei Tagen fahren, wird dann aber auf die eine oder andere Sehenswürdigkeit verzichten müssen. Das Weltwunder Niagarafälle hat zwei Tage verdient, weil man sich außer den Wasserfällen auch die Schlucht des Niagara River und die Stadt Niagara Falls (Kanada) ansehen sollte.

Auch ein Abstecher etwa in das nur eineinhalb Autostunden entfernte Toronto kann sich lohnen. Cleveland und Pittsburgh sind interessante Städte mit viel Kultur. Stadtmenschen investieren ihre Zeit besser dort als in der ländlichen Region im Süden von Pennsylvania, wenngleich die Ortschaften York und Gettysburg mit Sehenswürdigkeiten und historischen Stätten einen Besuch verdient haben. Viel Interessantes liegt auch zwischen Harrisburg und Newark, obwohl man sich hier in ca. drei Tagen auf die Highlights konzentrieren kann.

## Richtig Reisen-Tipps

**Wo CIA-Agententen Kochmützen tragen:** Am Culinary Institute of America (CIA), an dem Studenten das Kochen lernen, kann man sich von zukünftigen Kochstars bestens verpflegen lassen (s. S. 196).

**Bootstour im Hexenkessel:** Die Niagarafälle sind von den unterschiedlichsten Aussichtspunkten ein grandioses Erlebnis. Ihre ungeheuere Dynamik zeigt sich aber erst auf einer Bootsfahrt mitten im tosenden Hexenkessel der Horseshoe Falls (s. S. 206).

In diesem Teil der USA benötigt man nicht unbedingt einen Mietwagen, sondern kann zumindest die größeren Städte entweder mit dem Zug oder mit dem Bus erreichen. Das gilt jedoch nicht für die Heimat der Amish im Holmes County in Ohio, wo der Bummel über die Dörfer ohne eigenes Fahrzeug (ein Fahrrad tut es auch) schwierig wird.

## Klima und Reisezeit

Der Fernsehsender n-tv blendet vor Nachrichtensendungen Webcams aus aller Welt ein, die gelegentlich die Niagarafälle zeigen – in der kalten Jahreszeit eine vor Eis und Kälte starrende Szenerie. Wer das Naturwunder auf einer Reise im Bilderbuchformat sehen will, sollte am besten zwischen Ende Mai und September anreisen. Dann machen zwar auch die Amerikaner Urlaub, die Hotelpreise sind am höchsten und Zimmer am knappsten. Aber um diese Zeit herrscht in den Regionen an der kanadischen Grenze die größte Wettersicherheit, und alle Museen sind geöffnet. Spekuliert man auf die Laubverfärbung im Indian Summer, sollte man hauptsächlich den Oktober berücksichtigen, wenn zumindest tagsüber milde Herbstsonne die Wälder wärmt.

# 3 Manhattan

Citypläne
S. 172, 174

**Der Blick von der Staten Island Ferry auf Manhattan ist atemberaubend. Man wundert sich, warum die Insel unter dem Gewicht der gigantischen Wolkenkratzer nicht längst untergegangen ist. In der Stadt, die niemals schläft, gibt es nichts, was es nicht gibt. New York City und ganz besonders Manhattan sind ein eigener Kosmos.**

Manhattan ist schon mit vielem verglichen worden. Mag man sich über die Prädikate dieser Riesenstadt auch streiten, eines ist sie auf jeden Fall: einmalig. An keinem anderen Flecken der Welt ist man versucht, sich so sehr im Mittelpunkt der menschlichen Zivilisation, deren Errungenschaften und deren Auswüchsen zu fühlen wie in den steinernen und gläsernen Canyons von Manhattan. Wie ein gigantisches, von wuselnden Menschenmassen und endlosen Autoschlangen betriebenes Uhrwerk schiebt dieser urbane Moloch die Zeit vor sich her.

Dieses Uhrwerk setzte am 11. September 2001 (in den USA auf die Kurzform 9/11 gebracht) eine Zeit lang aus. Unmittelbar nach dem fürchterlichen Terroranschlag war der Pulsschlag von Big Apple nicht mehr zu spüren. Aber schon Stunden nach der Katastrophe änderte sich das Bild. Mit den Staubwolken über Manhattan verflüchtigte sich allmählich der tiefe, kollektive Schock, der die Stadt nach dem Einsturz der Zwillingstürme des World Trade Centers lähmte. Stockend kehrten die Lebensgeister des Epizentrums amerikanischer Urbanität zurück wie die zeitweilig gestörte Vitalfunktionen eines Schwerstverletzten. Heute ist New York wieder Boomtown, Megacity, Kulturmetropole, die City, die niemals schläft, ein alles bündelndes Brennglas. Mit dem unerschütterlichen Selbstvertrauen in die eigene Überlebenskraft ist auch die Normalität in die Stadt zurückgekehrt.

In New York City könnte man Monate verbringen und hätte immer noch nicht alles gesehen. Die wichtigsten Stadtteile mit den bekanntesten und lohnendsten Sehenswürdigkeiten liegen zwischen dem Battery Park an der Südspitze von Manhattan und dem Central Park, der grünen Oase der Stadt. Vor allem die südlichen Teile von Manhattan um das ehemalige World Trade Center haben sich nach 9/11 merklich verändert. Dort liegt das Finanzzentrum der Stadt, das den gesamten Stadtteil prägt. Weiter nördlich schließen sich das exotische Chinatown, das immer mehr eingeengte Litte Italy, das im Trend liegende Tribeca, die Künstleroase SoHo und das fast kleinstädtisch wirkende Greenwich Village an. Im Gegensatz dazu steht Midtown mit den großen Bahnhöfen von Manhattan, eleganten Einkaufsstraßen wie der Fifth Avenue, mit Luxushotels und vielen Sehenswürdigkeiten vom Empire State Building bis zum Museum of Modern Art. Östlich des Central Park sammeln sich die bedeutendsten Kunstmuseen der Stadt.

## Der Süden von Manhattan

Der Süden der Insel Manhattan, Lower Manhattan genannt, reicht vom Battery Park bis zur Houston Street. In diesem Stadtteil legten niederländische Pioniere im 17. Jh. mit der Gründung von Nieuw Amsterdam die Fundamente für das heutige New York. Ursprünglich nahm Manhattans Südzipfel ein viel kleineres Territorium ein. Anfang des 19. Jh. begann die Stadtverwaltung, durch

## Mit dem Autor unterwegs

### Blick auf die Skyline

**Staten Island Ferry:** Die für Fußgänger kostenlose Staten Island Ferry fährt an Ellis Island und der Freiheitsstatue vorbei nach Staten Island. Von der Fähre hat man einen grandiosen Blick nicht nur auf Miss Liberty, sondern auch auf die Skyline von Manhattan – an sonnigen Tagen ein ganz besonderes Erlebnis (s. S. 170).

### Zentrum der Weltfinanz

In **Lower Manhattan:** Von der hin und wieder aus Sicherheitsgründen geschlossenen Zuschauergalerie der **New York Stock Exchange** kann man die für Außenstehende recht chaotisch wirkenden Geschäfte der Börsenbroker verfolgen. Für mehr Durchblick sorgt eine Führung (s. S. 174).

### Aus der Vogelschau

**Empire State Building:** Seit der Zerstörung des WTC ist das Empire State Building wieder das höchste Gebäude der Stadt. Vom Observation Deck kann man den Blick über das Wolkenkratzermeer genießen (s. S. 183 f.).

### Für Unternehmungslustige

**Radeln im Central Park:** Der Central Park ist weitläufig und bietet eine Menge an interessanten Stellen und Sehenswürdigkeiten. Um ihn kennen zu lernen, steigt man am besten am Columbus Circle auf ein gemietetes Rad und lässt sich auf einer zweistündigen geführten Tour das Wichtigste zeigen (s. S. 187).

**Harlem für Gospelliebhaber:** Jeden Sonntag finden um 9 und 11 Uhr in der Abyssinian Baptist Church Gottesdienste mit Gospelgesängen statt, bei denen die Kirchenmitglieder im besten Outfit erscheinen. Wer teilnehmen will, sollte die Kleiderordnung berücksichtigen und frühzeitig erscheinen (s. S. 189).

**Prominenten auf der Spur:** So genannte On Location Tours bieten Touren zu Schauplätzen in Manhattan an, die in TV-Serien oder Kinofilmen eine Rolle spielten wie etwa ›Spiderman‹, ›Manhattan‹ oder ›Ghostbusters‹ (s. S. 192).

### Nichts riskieren!

**Central Park:** Tagsüber eine ideale Oase zum Ausspannen, wird der Park (s. S. 184 f.) nach Einbruch der Dunkelheit eine Zone, die man auf jeden Fall meiden sollte. Besonders unsicher ist der nördlichste Parkabschnitt, den man besser auch tagsüber nicht betreten sollte.

Auffüllen dringend benötigten Baugrund zu schaffen – eine bis heute praktizierte Art der Landgewinnung.

**Castle Clinton** **1**, eine ehemals kanonenbestückte Verteidigungsanlage zum Schutz des Hudson River, war nach seiner Fertigstellung im Jahr 1807 noch von Wasser umgeben und nur über einen Damm erreichbar. Ein kleines Museum dokumentiert in der Anlage heute die Einwanderungsgeschichte der Stadt (Battery Park, Tel. 212-344-7220, www.nps.giv/caci, tgl. 8.30–17 Uhr, Eintritt frei).

Gleichzeitig werden dort die Tickets für die Fähre nach Ellis Island und zur Freiheitsstatue auf Liberty Island verkauft. Die beiden Inseln liegen in der Bucht von New York und sind nur per Fähre erreichbar (Circle Line-Statue of Liberty Ferry, Tel. 212-269-5755, www.statueoflibertyferry.com).

### Ausflüge mit dem Schiff

Für viele New-York-Besucher ist die Fahrt zur berühmtesten Dame der Stadt ein absolutes Muss. Auf der winzigen **Liberty Island** **2** ragt die mit grüner Patina überzogene, 46 m hohe und 225 t schwere Freiheitsstatue weithin sichtbar empor. ›Miss Liberty‹ entstand 1885 nach Plänen des Colmarer Bildhauers Frédéric Auguste Bartholdi. Heute ist die Fackel tragende Gigantin mit einem stützenden

Rückgrat von Gustave Eiffel nicht nur ein unverwechselbares Symbol der USA, sondern auch das weltbekannte Wahrzeichen von New York (www.nps.gov/stli).

Wer das **Innere der Freiheitsstatue** besichtigen will, muss entweder rechtzeitig vor Ort erscheinen oder den Besuch vorab am Ticketschalter oder bei der betreffenden Fährlinie telefonisch reservieren, weil nur noch eine bestimmte Anzahl von Besuchern pro Tag zugelassen wird. Fackel und Krone der Statue sind aus Sicherheitsgründen nicht mehr zugänglich (Tel. 1-866-782-8834, von außerhalb der USA, NY Ticket Office, Tel. 212-269-5755, www.statuereservations.com, tgl. 8.30–18.15 Uhr, letzte Fähre 18.30 Uhr).

Bis in die 1980er Jahre bröckelten die Gebäude des ehemaligen Einwandererzentrums auf **Ellis Island** 3 vor sich hin, ehe der National Park Service das **Ellis Island Museum of Immigration** einrichtete. Zwischen 1892 und der Schließung von Ellis Island als Einwandererzentrale 1954 betraten rund 20 Mio. Immigranten auf dieser Insel erstmals amerikanischen Boden. Allein 1907 kamen knapp 1,3 Mio. durch diese ›Schleuse‹ ins Land. Sie wurden medizinischen Untersuchungen sowie politischen Befragungen unterzogen und mit einem Kreidestrich gekennzeichnet, wenn sie sich für die Einwanderung qualifiziert hatten.

Ein im Museum gezeigter Dokumentarfilm lässt so manches Einwandererschicksal wieder aufleben. In den Ausstellungen erfahren Besucher anhand von Fotos, Plakaten und Gebrauchsgegenständen Interessantes über die Jahrzehnte der Einwanderung oder können an Computern nach ausgewanderten Verwandten forschen. Außerhalb des Museums sind in die Wall of Honor die Namen von Hunderttausenden Immigranten eingraviert (tgl. 8.30–18.15 Uhr, letzte Fähre 18.30 Uhr).

Einen für Fußgänger kostenlosen Schiffsausflug in der Bucht von New York bietet ab Battery Park die **Staten Island Ferry** 4. Von der Fähre, die in einiger Distanz an Ellis Island und der Freiheitsstatue vorbeifährt, präsentiert sich die Wolkenkratzerlandschaft von Manhattan wie auf einer überdimensionalen Panoramapostkarte. Die Fähre verkehrt seit 1905 und transportiert jedes Jahr 20 Mio. Passagiere auf der 8,3 km langen Strecke (Abfahrten Whitehall Terminal, Battery Park, 24-Std.-Service, tgl. ca. alle 30 Min.).

## Rund um den Battery Park

Vom Battery Park sind es nur wenige Schritte zum klassizistischen US Customs House mit säulengeschmückter Fassade aus Marmor und bemalter Rotunde im Innern. Das dort untergebrachte **National Museum of the American Indian** 5 der berühmten Smithsonian Institution dokumentiert mit einer Mil-

**Auf einem Ausflugsboot vor der Skyline des südlichen Manhattan**

lion Objekten von Kleidung und Schmuck bis zu religiösen und zeremoniellen Gegenständen das Leben und die Kultur der Ureinwohner sowohl des süd- als auch des nordamerikanischen Kontinents von den präkolumbianischen Anfängen bis in die Gegenwart. In einem Videozentrum werden Filme über unterschiedliche Epochen der indianischen Geschichte gezeigt (One Bowling Green, Tel. 212-514-3700, www.nmai.si.edu, tgl. 10–17, Do bis 20 Uhr, Eintritt frei).

Zu den neueren Museen der Stadt zählt das **Skyscraper Museum** **6**, das sich mit dem beschäftigt, was New York so einmalig gemacht hat: seine gewaltige Ansammlung an Vertikalen. Dabei geht es natürlich um die bekanntesten Bauwerke der Stadt, vom 1902 von Daniel Burnham erbauten Flatiron Building über das Chrysler Building mit seiner einzigartigen Krone bis zum Empire State Building, das nach dem Zusammenbruch der Twin Towers 2001 wieder höchstes Gebäude der Stadt ist (39 Battery Pl., Tel. 212-968-1961, www.skyscraper.org, Mi–So 12–18 Uhr).

Zu den rekonstruierten historischen Bauten in Lower Manhattan gehört die ursprüng-

## Südspitze Manhattan: Cityplan

lich 1719 errichtete **Fraunces Tavern** 7. Dort eröffnete Samuel Fraunces 1762 eine Schenke. Zwanzig Jahre später verabschiedete George Washington im Long Room nach dem Ende des Unabhängigkeitskriegs seine Offiziere.

Das neben der Taverne aus vier Gebäudeteilen bestehende Museum zeigt Exponate aus dem 18. und 19. Jh. Im Restaurant im Erdgeschoss hat sich die Speisekarte seit den alten Zeiten allerdings stark verändert, denn die US-Regierung bewirtet in diesem Lokal des öfteren auch Staatsgäste (54 Pearl St., Tel. 212-968-1776, www.frauncestavernmseum.org, Di–Fr 12–17, Sa 10–17 Uhr, 16–36 $).

### Im Zentrum von Südmanhattan

Unumstrittener Nabel der amerikanischen Wirtschaft ist die **New York Stock Exchange** 8. Hier lag das Epizentrum des finanziellen Erdbebens, das im Oktober 1929 mit katastrophalen Erschütterungen die Weltwirtschaftskrise auslöste. Die größte Börse der Welt verbirgt sich hinter einer neoklassizistischen Säulenfassade von 1903, die deutlich macht, wie sehr die Architektur des amerikanischen Ostens zur damaligen Zeit von römischen und griechischen Vorbildern geprägt war. Denn viele renommierte Architekten hatten ihr berufliches Rüstzeug an der École des Beaux-Arts in Paris erworben, so auch der Börsenbaumeister George B. Post (Besichti-

## Sehenswürdigkeiten

1 Castle Clinton
2 Liberty Island
3 Ellis Island
4 Staten Island Ferry
5 National Museum of the American Indian
6 Skyscraper Museum
7 Fraunces Tavern
8 New York Stock Exchange
9 Trinity Church
10 Ground Zero
11 St. Paul's Chapel
12 South Street Seaport

gung: NYSE Interactive Education Center, 20 Broad St., Tel. 212-656-5165, www.nyse.com, Mo–Fr 9–16.30, Eintritt frei).

Bis zum Beginn der Wolkenkratzerära hielt der quadratische Turm der 1846 errichteten **Trinity Church** 9 den Höhenrekord in der Stadt. Ein kleines Museum dokumentiert die Geschichte der Kirche. Auf dem Friedhof haben Prominente wie Finanzminister Alexander Hamilton (1757–1804), der bei einem Duell ums Leben kam, und Robert Fulton (1765–1815), der Erfinder des Dampfschiffs, ihre letzte Ruhestätte gefunden (89 Broadway, www.trinitywallstreet.org, Mo–Fr 9–11.45 und 13–15.45, Sa 10–15.45, So 13–15.45 Uhr).

Mitten im Wolkenkratzerkern von Südmanhattan, wo früher das 420 m hohe World Trade Center (WTC) stand, klafft mit **Ground Zero** 10 eine riesige Baulücke. Über 50 000 Menschen arbeiteten in den Doppeltürmen des WTC, 1200 Firmen und Organisationen hatten dort ihren Sitz. Bereits im Februar 1993 hatte eine gewaltige Bombenexplosion in einer Tiefgarage den Nordturm erschüttert. Eine damit nicht vergleichbare Katastrophe folgte am 11. September 2001, als Anhänger der Terrororganisation al-Qaida die beiden Riesenbauwerke durch gezielte Abstürze zweier Zivilflugzeuge in die Türme zum Einsturz brachten. Die Bilder der brennenden und in sich zusammenbrechenden Wolkenkratzer gingen um die Welt und schlugen ein neues, brutales und menschenverachtendes Kapitel des Terrorismus auf. Für den Schauplatz des Kolossalverbrechens, bei dem 2749 Menschen ihr Leben verloren, war schnell ein Name gefunden: Ground Zero. Der Begriff soll erstmals 1946 in einem Bericht der ›New York Times‹ über das Epizentrum der Atombombenexplosion von Hiroshima aufgetaucht sein.

Nach den Aufräumarbeiten musste die unter den ehemaligen WTC-Fundamenten verlaufende U-Bahnstrecke wiederhergestellt und über die zukünftige Bebauung entschieden werden. Fast drei Jahre nach den Anschlägen wurde am 4. Juli 2004, dem amerikanischen Unabhängigkeitstag, auf Ground Zero der Grundstein für den **Freedom Tower** gelegt: ein 20 t schwerer, grauschwarzer, mit Granatsteinen gesprenkelter Granitblock aus den Adirondack Mountains im nördlichen Staat New York, auf dem eine Inschrift an die Opfer des Anschlags erinnert. Wie der Freedom Tower aussehen soll, war bis dahin noch nicht zur Gänze geklärt. Nach letzten Plänen soll es sich um einen 70 Stockwerke hohen konischen Wolkenkratzer mit einer prismenartigen Fassade und eine Stahl-Titan-Betonkern als Herzstück eines Gebäudeensembles handeln. Architekturkennern fiel auf, dass die jüngsten Entwürfe massive bauliche Maßnahmen zur Vorbeugung gegen terroristische Anschläge aufwiesen, wie z. B. einen Sockel aus praktisch nicht zu sprengendem Stahlbeton.

Westlich schließt sich an Ground Zero das beim Einsturz des WTC beschädigte **World Finance Center** an. Es besteht aus mehreren Gebäuden und entstand seit Ende der 1970er Jahre am Ufer des Hudson River als Teil von Battery Park City durch Aufschüttungen aus dem Aushub des WTC, wodurch sich die Fläche von Lower Manhattan um knapp 40 ha vergrößerte. Schaustück des Büro- und Geschäftskomplexes ist der verglaste Winter Garden, eine Mischung aus botanischem Garten und Atrium. Unter dem gewölbten Glasdach schaffen ebenmäßig gewachsene Palmen ein geradezu exotisches Flair.

## New York: Cityplan

### Sehenswürdigkeiten

1–12, s. S. 172

13 Brooklyn Bridge
14 Washington Square
15 Sheridan Square
16 St. Luke's Place
17 Times Square
18 New York Public Library
19 Rockefeller Center
20 St. Patrick's Cathedral
21 Museum of Modern Art
22 Carnegie Hall
23 Trump Tower
24 Waldorf-Astoria
25 United Nations
26 Chrysler Building
27 Grand Central Terminal
28 Empire State Building
29 Macy's
30 Penn Station / Madison Square Garden
31 Central Park
32 Museum Mile
33 American Museum of Natural History
34 Dakota
35 Lincoln Center
36 Columbus Circle

## Übernachten

1 Inter-Continental The Barclay
2 Holiday Inn
3 Washington Square Hotel
4 Quality Hotel on Broadway
5 Stanford
6 Howard Johnson Express Inn
7 Belleclaire Hotel
8 Pioneer of SoHo Hotel
9 Bowery's Whitehouse Hotel

## Essen und Trinken

10 Alain Ducasse at the Essex House
11 Cru
12 Sardi's
13 Bridge Café
14 Snack Taverna
15 Bubby's
16 Katz's Delicatessen
17 Kitchenette
18 Barney Greengrass
19 Rice to Riches
20 Serendipity 3

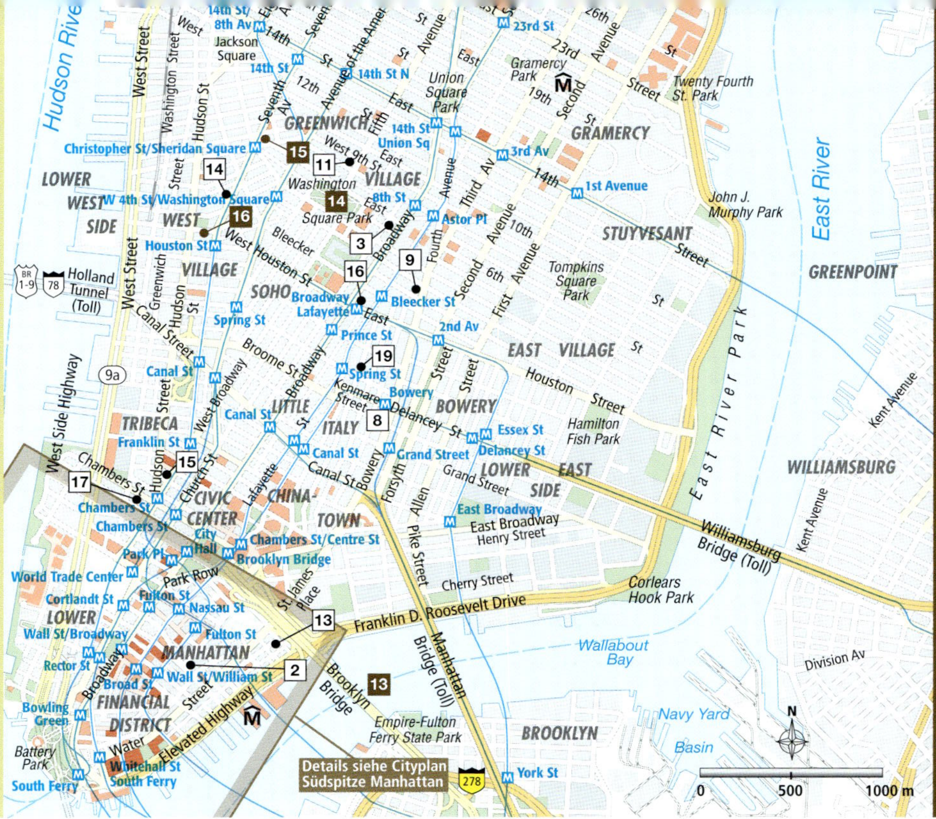

In der 1766 errichteten **St. Paul's Chapel** **11** nahm schon George Washington an Gottesdiensten teil. Den Terroranschlag auf das WTC überstand das Gebäude auf wundersame Weise, weil eine gewaltige Platane den vom Zusammenbruch der Twin Towers verursachten ›Regen‹ aus Schutt und Glas abschirmte. In den Tagen nach der Katastrophe wurde der ganz in Weiß gehaltene Innenraum spontan in ein Hilfszentrum verwandelt, das acht Monate lang in Betrieb war. Der schmiedeeiserne Zaun um das Kirchenareal mit daran befestigten Fahnen, Suchplakaten, Kindergedichten für umgekommene Familienväter, Feuerwehrhelmen und langen Namenslisten Verschwundener bildete eine niederschmetternde Galerie des Schmerzes und der Fassungslosigkeit (Church St., Tel. 212-233-4164, www.saintpaulschapel.org, Ausstellung Mo–Sa 10–18, So 9–16 Uhr, Gratiskonzerte Mo 13–14 Uhr).

## Am East River

Die Gegend um die Water Street muss im letzten Viertel des 19. Jh. besonders verrufen gewesen sein – ein Stadtteil mit billigen Absteigen für Seeleute, miesen Spelunken und Bordellen. Das seemännische Flair ist nur noch durch das **South Street Seaport Museum** **12** erhalten, ein Freilichtmuseum mit über einem Dutzend historischer Gebäude, darunter eine ehemalige Druckerei und das Titanic Memorial Lighthouse, das an die Toten des Schiffsunglücks von 1912 erinnert. Zahlreiche Restaurants, Galerien und Geschäfte locken vor allem Touristen an. Historischer Kern des Viertels ist die Schermerhorn Row, ein Häuserblock vom Beginn des 19. Jh. Zwei große Schiffe, der Viermaster ›Peking‹ von 1911 und die 1885 vom Stapel gelaufene ›Wavertree‹, liegen permanent vor Anker und können besichtigt werden (South St., Tel. 212-748-8600, www.southstseaport.org, April–Okt. Di–So 10–18, Nov.–März Fr–So 10–17 Uhr).

Neben South Street Seaport wurde **Pier 17** in ein Einkaufszentrum verwandelt, wo häufig auch Sport- und Musikveranstaltungen stattfinden. Auf dem obersten Stockwerk kann man sich im Food Court stärken oder von der Terrasse den erstklassigen Blick auf die Brooklyn Bridge und die Wolkenkratzerskyline von Lower Manhattan genießen.

Unter den baulichen Wahrzeichen von New York hat auch die **Brooklyn Bridge** **13** einen Stammplatz. Mit ihren beiden steinernen Pfeilern und dem Schwung der stählernen Trossen mutet die fotogene Konstruktion über den East River geradezu mittelalterlich an. Der aus Thüringen stammende John Roebling schuf damit ein technisches Wunderwerk, das nach dem Tod des Ingenieurs 1869 von seinem Sohn Washington vollendet wurde. Über 20 Jahre lang war das Bauwerk die längste Hängebrücke der Welt, die als erste stählerne Trageseile besaß. Auf einer vom Autoverkehr getrennten Ebene können Fußgänger, Jogger und Radfahrer unbehelligt von Blechlawinen den East River überqueren – ein ›Muss‹ für jeden New-York-Besucher.

## Vier ungleiche Stadtteile

Zwischen Chambers und westlicher Canal Street gelegen, gehört **TriBeCa** (Triangle Below Canal Street) zu den Aufsteigern unter den Neighborhoods in Manhattan. Vor wenigen Jahrzehnten noch tristes Lagerhausviertel, kam der Gegend in den 1980er Jahren der Umstand zugute, dass das nördliche Nachbarviertel SoHo immer teurer und für viele dort lebende Künstler und Bohemiens unerschwinglich wurde. Viele suchten sich in TriBeCa günstigeren Wohn- und Arbeitsraum. Heute liegt der Stadtteil als schickes Wohn- und Restaurantquartier mit teuren Lofts, Luxusapartments, exquisiten Cafés und Bars voll im Trend. Längst haben sich zu dort wohnenden Künstlern Rechtsanwälte, Broker und Banker gesellt, und wie früher in SoHo steigen auch in diesem Stadtteil die Preise.

Östlich von TriBeCa beginnt mit **Chinatown** eine andere Welt. Ältere Ziegelgebäude säumen die Canal Street und deren Umgebung, wo Gehsteige voll gepackt sind mit Sonnenbrillenauslagen, Kunstlederhandtaschen und Baseballmützen ambulanter afrikanischer Händler und den Straßenständen chinesischer Obst- und Gemüseläden. Auf

**Die imposante Brooklyn Bridge über den East River wurde bereits 1883 eingeweiht**

Ladentischen türmen sich bemalte Suppenschüsseln und Berge von Porzellanlöffeln, knollige Ginsengwurzeln und Meeresgetier, das seine langen Fühler spielen lässt. Fremde Gerüche von Jasmin und Lotus, exotische Schriftzeichen und ein nicht identifizierbares Stimmengewirr schaffen ein Flair, das eher an Schanghai oder Hanoi als an Manhattan erinnert. Neben chinesischen Lokalen gibt es vietnamesische, kambodschanische sowie thailändische, und selbst die Kochkunst der Einwanderer aus dem Reich der Mitte ist unterschiedlich, je nachdem, ob sie kantonesische Gerichte zubereiten oder Hunan-, Sechuan- oder Fujian-Spezialitäten anbieten.

Das rasante Wachstum von Chinatown wurde durch die Rückgabe der englischen Kronkolonie Hongkong an China 1997 vorprogrammiert. Am stärksten bedrängt wird durch die Ausbreitung der leistungsorientierten chinesischen Gemeinde **Little Italy,** wo sich früher die aus Sizilien und Neapel eingewanderten Italiener sammelten. Die rot-weiß-grüne Ära scheint aber zu Ende zu gehen, denn der italienische Stadtteil schrumpft im gleichen Maß, wie der asiatische sich ausdehnt. Ähnlich wie Chinatown glänzt auch Little Italy mit einer Restaurantszene, die sich vor allem entlang der Mulberry Street konzentriert. Den Sommer über sind die Gehwege in Straßencafés umfunktioniert, über denen Spruchbänder in den italienischen Nationalfarben im Wind flattern.

Von der Lower East Side führt die Houston Street nach Westen und markiert an der Kreuzung mit dem Broadway die Nordgrenze des Viertels **SoHo**. Aus bescheidenen Anfängen hat sich SoHo zum Viertel der Trendsetter, Avantgardisten und Überlebenskünstler gemausert. Modedesigner und Musiker, Maler und Literaten haben sich hinter gusseisernen Fassaden in den teils aus der zweiten Hälfte des 19. Jh. stammenden Cast-Iron-Häusern eingemietet und die Preise deutlich in die Höhe getrieben.

Im Zentrum des Viertels liegt die Spring Street, eine Adresse, die jedem echten Flaneur und jedem überzeugten Snob das Herz höher schlagen lässt. Exklusive Galerien wechseln sich dort mit im Souterrain versteckten Feinschmeckerlokalen und sündhaft teuren Edelboutiquen ab. Häufiger als sonst

# Cast-Iron Historic District in SoHo

Thema

**Im Jahr 1973 ›entdeckte‹ die New York City Landmark Commission mitten in Manhattan ein Juwel: die weltweit größte Ansammlung an Gebäuden mit gusseisernen Fassaden, die überwiegend aus der zweiten Hälfte des 19. Jh. stammen. Seit damals stehen mehrere Straßenzüge als Cast-Iron Historic District unter Denkmalschutz.**

Mit Dampf- und Sandstrahlern bewaffnet rücken Bataillone von Arbeitern, in Schutzanzüge gehüllt wie Astronauten, Schmutz und Ruß zu Leibe, der seit Dekaden die alten Häuser trist und unansehnlich macht. Im ›In‹-Viertel SoHo ist Stadtkosmetik angesagt. Es lohnt sich, alte Lagerhäuser und Kontore mit aufwendig ornamentierten gusseisernen Fassaden aufzupolieren und in luxuriöse Lofts oder in Galerien zu verwandeln.

Schon um die Mitte des 19. Jh. ließen sich wohlhabende Kaufleute in SoHo Geschäftshäuser errichten, die den geschäftlichen Erfolg der Bauherren widerspiegeln und deshalb möglichst repräsentativ wirken sollten. Dementsprechend war der Aufwand, der für die Gestaltung der Fassaden betrieben wurde. Neben Sandstein und Marmor zogen Architekten vor allem einen neuen Baustoff heran: Gusseisen.

Gusseisen besteht aus einer Eisenlegierung mit Kohlenstoff- und Siliziumanteilen, der Mangan, Schwefel, Phosphor, Chrom oder Nickel beigegeben wird. Der hohe Kohlenstoffanteil macht das Material resistent gegen Korrosion, verhindert Verbiegungen und lässt Gusseisen hohem Auflagedruck standhalten. In Formen gegossen wird im Prinzip jede Art von Dekoration möglich, wie sie bis dahin nur bei Steinmetzarbeiten üblich war. Aber Gusseisen als Baustoff hat nicht nur Freunde. Schon 1949 verfasste der englische Schriftsteller, Maler, Kunsthistoriker und Sozialphilosoph John Ruskin (1819–1900) mit dem Werk ›The Seven Lamps of Architecture‹ einen bedeutenden Beitrag zur Architekturtheorie, in dem er gusseiserne Ornamente als kalt, klobig und vulgär bezeichnete.

Finanzkräftige Investoren betrachten den Cast-Iron Historic District schon seit Jahrzehnten mit anderen Augen und machten ihn in den vergangenen Jahren zu einem im Trend liegenden Wohn- und Geschäftsviertel, das besonders bei Modelagenturen, Künstlern und Galeristen, aber auch bei bekannten Persönlichkeiten aus Film und Fernsehen hoch im Kurs steht. Mit beträchtlichem Aufwand wurden ganze Etagen in Millionen Dollar teure Lofts verwandelt, denen vom Fußboden bis zu den hohen Decken reichende Fenster ein ganz besonderes Aussehen verleihen.

Wohnflächen von über 500 $m^2$ sind nichts Außergewöhnliches in diesen Lofts, die häufig von bekannten Designern nach den Extrawünschen von Besitzern oder Mietern ausgestaltet werden. In vielen Erdgeschossen quartierten sich Boutiquen, Cafés und Restaurants ein, in denen man sich einen Eindruck von der Innenarchitektur der Cast-Iron-Häuser verschaffen kann. Äußerlich beziehen die größtenteils zwischen 1860 und 1890 entstandenen ehemaligen Lagerhäuser und Handelskontore ihre Attraktivität aus gusseisernen, schön mit Säulen, Türstürzen, Simsen, Portalen und Bögen verzierten Fassaden die wie durch Stadtsmog eingeschwärzte Steinmetzarbeiten aussehen.

**Noch immer ein Stadtteil mit besonderem Flair: Greenwich Village**

wo in der Innenstadt tragen die Häuserwände die Spuren nächtlicher Sprühorgien, und manch unscheinbare, blinde Mauer wurde unter den Pinselstrichen unbekannter Warhols zum flächendeckenden Monumentalgemälde.

## Greenwich Village

Ein Spaziergang durch Greenwich Village könnte vermuten lassen, der Stadtteil liege weit von der Glas- und Steinwüste des Wolkenkratzerkerns von Manhattan entfernt. Das Village gibt sich zwar nicht dörflich, wie der Name vermuten lässt, wirkt aber mit Reihenhäusern aus roten Ziegeln, winzigen Vorgärten und schmalen Gehsteigen im Schatten von Bäumen wie ein kleinstädtisches Idyll mit dem Charme des Gestrigen. Zum Flair trägt auch bei, dass das Straßenmuster nicht dem üblichen Schachbrettsystem entspricht, sondern mit krummen Häuserzeilen eher auf europäische Ursprünge schließen lässt.

Soziales Zentrum des Village ist der **Washington Square** 14, im ausgehenden 18. Jh. ein Friedhof für die Opfer ständig wiederkehrender Gelbfieber- und Typhusepidemien. Später wurden auf dem Platz Paraden veranstaltet und öffentliche Hinrichtungen vorgenommen, ehe die Stadtverwaltung einen Park anlegen ließ. Heute ist die Anlage insbesondere eine Begegnungsstätte, Jogginggelände und Freiluftbühne für öffentliche Konzerte und Auftritte von Straßenkünstlern. ›Wahrzeichen‹ des Platzes ist der **Washington Memorial Arch,** der anlässlich des 100. Jahrestags der Amtseinführung des ersten US-Präsidenten George Washington 1889 aufgestellt wurde – den hölzernen Bogen ersetzte man später durch einen Nachbau aus weißem Marmor. In der Nähe erinnert eine Skulptur an den spanischen Dichter Miguel de Cervantes (1547–1616), den Verfasser des weltberühmten Romans ›Don Quijote‹.

**Washington Square North** begrenzt den Park im Norden. Um 1830 war The Row, wie die Straße auch genannt wird, eine der exklusivsten Wohngegenden der Stadt mit prächtigen Häusern im damals modernen klassizistischen Stil. Im Haus Nr. 3 schrieb John Dos Passos ›Manhattan Transfer‹ (1925), in dem der Schriftsteller ein Bild der vielschichtigen und immer in Bewegung befindlichen Bevölkerung der Riesenstadt entwarf, deren sozialen und moralischen Niedergang er als unausweichlich betrachtete.

Die Umgebung um den **Sheridan Square** **15**, benannt nach dem Bürgerkriegsgeneral Philip Sheridan, und der benachbarte **Christopher Park** machten Ende der 1960er Jahre Geschichte. Schwule und Lesben begannen damals, sich gegen die fortwährende Diskriminierung durch die Polizei zur Wehr zu setzen. Wie sehr sich in den nachfolgenden Jahren die Einstellung der Öffentlichkeit den Gays gegenüber änderte, zeigt die Tatsache, dass Schwule 1994 die ersten Gay Games in der Stadt veranstalteten, zu denen 40 000 homosexuelle Sportler und Sportlerinnen nach New York kamen.

Einige Häuser um **St. Luke's Place** **16** haben Filmgeschichte geschrieben. Audrey Hepburn drehte im Haus Nr. 4 im Jahr 1967 den Thriller ›Warte, bis es dunkel ist‹ und wurde für diese Rolle für den Oscar nominiert. Im Haus Nr. 16 saß Theodore Dreiser (1871–1945) über dem Manuskript seines 1925 erschienenen Hauptwerks ›Eine amerikanische Tragödie‹. Das Werk dreht sich um einen authentischen Mordfall, an dem Dreiser die Frage nach Schuld und Sühne, Verbrechen und Reue untersucht. Von 1984 bis 1992 gehörte die ›Bill Cosby Show‹ zu den beliebtesten Fernsehserien der USA. In der Fortsetzungsgeschichte ging es um die afroamerikanische Familie des Frauenarztes Doktor Huxtable, als deren Heim im Vorspann des Films jeweils das Haus Nr. 10 am St. Luke's Place gezeigt wurde.

Die Nordgrenze des Greenwich Village wird durch die 14th Street gezogen, an welcher der Stadtteil **Chelsea** beginnt. Mitte des 19. Jh. trat der Schriftsteller Clement Clark Moore eine große Erbschaft an, die ihn zum Besitzer eines großen Teils von Chelsea machte. Unter seiner Regie entstanden die heutigen Straßenzüge, die sich bald in ein lebhaftes Viertel mit Geschäften und kleinen Werkstätten, Brauereien und Schlachthöfen verwandelten. Im 20. Jh. wurden immer mehr Apartmenthäuser errichtet, so dass dieses Gebiet nach und nach seinen Reiz einbüßte. Die Morbidität, die das **Chelsea Hotel** seit Jahrzehnten ausstrahlt, zog offenbar schon lange die Boheme an. Ernest Hemingway, Arthur Miller, Vladimir Nabokov, Bob Dylan, Janis Joplin und die Sex Pistols sind nur einige Namen bekannter Logis-Gäste. Im Jahr 1984 wurde das Haus unter Denkmalschutz gestellt, was das Management offensichtlich falsch verstand. Die Maßnahme bezog sich wohl kaum auf den Erhalt tröpfelnder Wasserhähne, blanker Stromleitungen und klemmender Schranktüren in den preisgünstigeren Zimmern (222 W./23rd St., Tel. 212-243-3700, Fax 212-675-5531, www.hotelchelsea.com, ab $ 175).

## Midtown

Ein Bündel breiter Arterien führt in das Herz von New York City, den **Times Square** **17**. Der lang gezogene Platz erhielt seinen Namen Anfang des 20. Jh., als die ›New York Times‹ dort ihre Redaktionsbüros einrichtete. Am 2.1.1905 begannen im Kellergeschoss erstmals die Maschinen zu stampfen und von Druckerschwärze noch feuchte Zeitungen auszuspucken. 1966 verkaufte der Verlag das Gebäude, in dem sich heute Büros befinden.

Neongirlanden, Laufschriften mit neuesten Weltnachrichten, gigantische Theaterreklamen und Werbewände für Musicals machen den zwischen Wolkenkratzerfassaden liegenden Platz zu einer aufregenden Großstadtbühne. Gleich um die Ecke wuseln am Abend Menschenmengen um die bekannten Bühnen im Theaterdistrikt. In Schnellimbissen hocken hungrige Passanten über Plastiktabletts, auf den Straßen konkurrieren Betreiber kleiner Brezel- und Hot-Dog-Stände miteinander, und aus Subway-Eingängen dringt der unverwechselbare Geruch der U-Bahnen.

Nach Einbruch der Dunkelheit verwandeln Werbeflächen, gleißende Straßenlaternen, Bürofenster und Autoscheinwerfer den Großstadt-Canyon in ein gigantisches Amphitheater, in dem Nacht für Nacht ein von Polizeisirenen und dröhnenden Motoren untermaltes hektisches Großstadtschauspiel über die Bühne geht. Publikum dieser Riesenshow bil-

**Das pulsierende Herz im Zentrum Manhattans: der Times Square**

den Schaulustige aus aller Welt, die sich mit einheimischen Geschäftsleuten, Polizisten, ambulanten T-Shirt-Verkäufern und langen Schlangen von Theaterfreunden mischen, die für Tickets anstehen. An den Glasscheiben der NASDAQ drücken sich Aktienanleger die Nasen platt, wenn TV-Journalisten vor laufenden Kameras und flimmernden Monitorwänden die Neuigkeiten der Technologiebörse präsentieren (www.timessquare.com).

## Bryant Park und Public Library

Verglichen mit dem Times Square ist der **Bryant Park** eine grüne Oase. Im Sommer treffen sich dort Leute zum Lunch, falls sie ihren Stammplatz nicht auf den Stufen der 1911 im Beaux-Arts-Stil errichteten **New York Public Library** 18 um die Ecke haben. Dort beobachten die beiden flankierenden Löwen aus Tennessee-Marmor ›Patience‹ (Geduld) und ›Fortitude‹ (Standhaftigkeit) das Gewusel von Menschen und Autos vor der Säulenfassade. Die Präsenzbibliothek verfügt über 6 Mio. Bücher und 17 Mio. Dokumente, darunter Raritäten wie eine Gutenberg-Bibel und eine Abschrift von Thomas Jeffersons Entwurf der amerikanischen Unabhängigkeitserklärung. Hinter der Eingangshalle glänzt die **Gottesman Exhibition Hall** mit wechselnden Ausstellungen unter einer wunderschönen Decke (Fifth Ave./42nd St., Tel. 212-930-0641, www.nypl.org, Di–Mi und Sa 11–18, Do–Fr 10–18 Uhr, So–Mo geschlossen).

## Rockefeller Center

Einige Straßenblocks weiter nördlich auf der eleganten Fifth Avenue breitet sich das **Rockefeller Center** 19 aus. Die ›Stadt in der Stadt‹ entstand zwischen 1931 und 1940, als Amerika von den Auswirkungen der Weltwirtschaftskrise geschüttelt wurde, viele Städter ihre Jobs verloren, die Mieten nicht mehr aufbringen konnten und jedes fünfte Schulkind in Manhattan an Unterernährung litt. In diesen Zeiten größter Not erschien Investoren das Rockefeller Center als adäquates Zeichen, um der Metropole die Zukunftsangst zu nehmen. 19 Bürohochhäuser umgeben die **Lower Plaza,** eine unterhalb der Straßenebene gelegene Fläche mit einem Café im Sommer und einer Eislauffläche im Winter. Ihr Symbol ist die vergoldete, 1934 aufgestellte Prometheus-Statue des Bildhauers Paul Manship.

Kern des Zentrums mit über 6500 Beschäftigten ist das 70 Stockwerke hohe **General Electric Building** mit Verwaltungsbüros und Studios des Fernsehsenders NBC. Der Entertainer David Letterman begann dort mit der ›Late Night Show‹, die er heute im Ed Sullivan Theater (1697 Broadway) für den Sender CBS produziert. Eine der schönsten Aussichten auf den Wolkenkratzerkern von Manhattan bietet der **Rainbow Room,** ein elegantes Lokal mit sich drehendem Tanzboden im 65. Stockwerk (Tel. 212-632-5145, 50–75 $). Nicht nur über der Erde lohnt das Rockefeller Center einen Besuch. Auf unterirdischen Etagen verteilen sich Ladenzeilen, Restaurants aller Preis- und Qualitätsklassen sowie ein Postamt.

Nach fast 20 Jahren öffnete das Rockefeller Center Ende 2005 wieder seine **Aussichtsplattform** im 70. Stock. Aus 260 m Höhe können Besucher den grandiosen Blick über Manhattan genießen. 1986 war das Observation Deck geschlossen worden, weil der Rainbow Room expandierte.

Auch die 1932 eröffnete **Radio City Music Hall** gehört zum Rockefeller Center. Außen beeindruckt sie mit Art-déco-Architektur, im Innern kann man neben den in Goldbronze gefassten Gipsdekorationen die Dimensionen bewundern, die sie einst zum größten geschlossenen Theater der USA machten. Bei den Eröffnungsfeierlichkeiten der Radio City Music Hall im Dezember 1932 waren Charlie Chaplin und Clark Gable mit von der Partie. In den folgenden Dekaden hatte der Lichtspielpalast geradezu ein Abonnement auf Filmpremieren. Seit dem Umbau Ende der 1970er Jahre werden große Konzerte und Shows veranstaltet (1260 Sixth Ave., Tel. 212-247-4777, www.radiocity.com).

## Fifth Avenue und Umgebung

Schräg gegenüber vom Rockefeller Center ragen die beiden 1888 erbauten neogotischen Türme der römisch-katholischen **St. Patrick's Cathedral** 20 in den Wolkenkratzerhimmel von Manhattan. Mit einer Höhe von 100 m waren die Zwillingstürme einst das Nonplusultra der New Yorker Hochbauten. Heute wirken sie im mehr als doppelt so hohen Hochhauskern der Stadt fast wie Miniaturen. Über die Hälfte der zahlreichen Buntglasfenster der Kirche wurde in Frankreich angefertigt.

An der Modehochburg Cartier vorbei gelangt man auf der Fifth Avenue zum **Museum of Modern Art** 21, das nach einem umfassenden Umbau und einer Erweiterung auf etwa das Doppelte der ursprünglichen Ausstellungsfläche neu eröffnet wurde. Trotz der Vergrößerung kann das Museum nur einen Teil seiner Bestände ausstellen, die aus ca. 150 000 Gemälden, Zeichnungen, Skulpturen, Drucken, Fotografien, Architekturmodellen und Designstücken bestehen. Hinzu kommen Filme, Videos und Multimediapräsentationen, Filmdrehbücher und historische Dokumente. In der Bibliothek des Hauses warten über 300 000 Bücher, Zeitschriften und Magazine auf Leser. Kern der Ausstellungen bilden über 3000 Werke der modernen Kunst seit dem Ende des 19. Jh. mit Arbeiten etwa von Paul Cézanne, Vincent van Gogh, Fernand Léger, Willem de Kooning, Auguste Rodin, Paul Gauguin, Henri Matisse, Georges Braque, Pablo Picasso, Lyonel Feininger, Claes Oldenburg, Yves Klein und Andy Warhol (11 W. 53th St., Tel. 212-708-9400, www.moma.org, tgl. 10.30–17.30, Fr bis 20 Uhr, Di Ruhetag).

Hinter der Fassade im Stil der italienischen Renaissance der weltberühmten **Carnegie Hall** 22 traten seit dem Eröffnungskonzert unter der Leitung von Peter Tschaikowsky 1891 von Opernstars bis Rockgrößen, von Instrumentalsolisten bis Sinfonie-Orchestern die Besten ihres Genres auf, darunter David Bowie, Liza Minelli, Leonard Bernstein, Luciano Pavarotti und die Beatles. In jüngerer Vergangenheit wurde das Gebäude im Innern verändert und auf drei Konzertsäle erweitert, unter denen das Isaac Stern Auditorium mit 2800 Plätzen der größte ist (154 W. 57th St., Tel. 212-247-7800, www.carnegiehall.org, tgl. 11–16.30 Uhr, Eintritt frei).

Mit dem 202 m hohen **Trump Tower** 23 ließ sich der um Selbstdarstellung bemühte Milliardär Donald Trump 1984 ein Denkmal errichten. Schaufenster des Riesenbaus ist ein fünf Etagen hohes, mit Bronzedekor und Wasserfall ausgestattetes Atrium aus lachsfarbenem Brecchia-Marmor, in dem teure Boutiquen und ein Café untergebracht sind. In den oberen Stockwerken wurden über 260 Luxusapartments eingerichtet (725 Fifth Ave., Tel. 212-832-2000, Mo–Sa 10–18, So 12–17 Uhr).

## Klassiker der Hochhausarchitektur

Halten sich in New York Staatsgäste auf, kommt für sie in der Regel nur ein Hotel in Frage: die edle und renommierte, vom Hilton-Konzern betriebene Nobelherberge **Waldorf-Astoria** 24. Neben gekrönten Häuptern aus aller Welt, Präsidenten, Wirtschaftsführern und Supersportlern stand das Hotel natürlich auch den Stars aus Film- und Showbusiness schon immer besonders nahe. Im Gästebuch stehen neben Diana Ross, Frank Sinatra und Ginger Rogers zig klingende Namen. Früher besaß das inzwischen um zwei Türme erweiterte Hotel noch einen eigens eingerichteten unterirdischen Bahnzugang, so dass die Prominenz im privaten Bahnwaggon anreisen konnte. Der Art-déco-Stil des Hotels kommt am schönsten in der wunderschönen Lobby zur Geltung (301 Park Ave., Tel. 212-355-3000, www.waldorf.com, ab ca. 200 $).

Der wirkliche internationale Hotspot von New York City sind die **United Nations** 25. Der Sydney-Pollack-Film ›Die Dolmetscherin‹ mit Nicole Kidman und Sean Penn rückt die Einrichtung ins Blickfeld des internationalen Kinopublikums. Die Anlage wirkt von außen trotz einiger Kunstwerke wie eine Sammlung anonymer Büroklötze. Das Gebäude der Vollversammlung, das der Öffentlichkeit im Rahmen von Führungen zugänglich ist, lohnt einen Besuch. Unter den zahlreichen Kunstwerken, die man dort bewundern kann, verdienen die Gemälde des französischen Malers Fernand Léger und die Buntglasfenster von Marc Chagall besondere Beachtung. Begrenzte Zahlen von Besuchern werden zu den Sitzungen der Vollversammlung, des Sicherheitsrats und zu anderen Veranstaltungen zugelassen (1st Ave., Tel. 212-963-8637, www.un.org/tours, Führungen auch in deutscher Sprache, tgl. 9.30–16.45 Uhr, Jan.–Feb. nur Mo–Fr).

Um ein Architekturdenkmal der besonderen Art handelt es sich beim 1929 im Art-déco-Stil errichteten **Chrysler Building** 26, das nach seiner Fertigstellung mit 319 m kurze Zeit das höchste Gebäude der Welt war. Dieser schönste Wolkenkratzer in New York besticht vor allem durch einen kunstvollen Turmaufbau und eine Eingangshalle aus afrikanischem Marmor. Einen Tag vor dem so genannten Schwarzen Donnerstag, als am 24. Oktober 1929 mit einem Kurssturz an der New Yorker Börse die Weltwirtschaftskrise begann, erlebte das Chrysler Building seinen Höhepunkt. In einer ›Nacht-und-Nebel-Aktion‹ schafften Arbeiter und Techniker das vorgefertigte Material für die 26 t schwere Spitze des Wolkenkratzers auf die 65. Etage. Dort wurden die Teile zusammengesetzt und innerhalb von nur eineinhalb Stunden zu einer 37,5 m hohen Krone montiert, mit der das Bauwerk den Eiffelturm überragte, der 40 Jahre lang das höchste Gebäude der Welt gewesen war (405 Lexington Ave.).

An Wochentagen wird der 1913 im Beaux-Arts-Stil fertig gestellte **Grand Central Terminal** 27 zum Ameisenhaufen, denn täglich strömen über eine halbe Million Pendler mit Regionalzügen aus den Vororten und aus dem benachbarten New Jersey zur Arbeit nach Manhattan. Dass es sich in den Augen der Bevölkerung bei diesem Terminal um mehr als nur um einen Bahnhof handelt, zeigte sich in den 1970er und 1980er Jahren, als die 114 m lange und zwölf Stockwerke hohe Bahnhofshalle abgerissen werden sollte. Prominente New Yorker vereitelten diesen Plan und sorgten dafür, dass der Terminal unter Denkmalschutz gestellt und in den 1990er Jahren gründlich renoviert wurde. In der mit Kronleuchtern und Marmorfußböden ausgestatteten Haupthalle wähnt man sich deshalb eher in einer überdimensionalen Hotellobby (www.grandcentralterminal.com).

Eine wortwörtlich ›herausragende‹ Sehenswürdigkeit ist das **Empire State Building** 28, mit 381 m Höhe allerdings schon lange nicht mehr das höchste Gebäude der Welt. Doch der 1930 bis 1931 in nur 19 Monaten aus 365 000 Tonnen Baumaterial inklusive 60 000 t Stahl, 30 000 $m^2$ Marmor, 20 000 $m^2$ Glas für die 6500 Fenster und 10 Mio. Backsteinen errichtete Wolkenkratzerklassiker gehört noch immer zu den bekanntesten Bauwerken des Landes. Das mag mit der Rolle des Gebäudes in Dutzenden Filmen wie ›King Kong‹ zusammenhängen, in dem ein liebeskranker Gorilla auf der Suche nach der Dame seines Herzens die graue Granitfassade hinaufkletterte.

Alljährlich steigen dem Empire State Building zehntausende Besucher aufs ›Dach‹, um die grandiose Aussicht vom Observation Deck auf der 86. Etage zu genießen (350 5th Ave., Tel. 212-736-3100, www.esbnyc.com, Observation Deck tgl. 8–24 Uhr, Erwachsene 14,50 $).

Aus dem 1857 eröffneten Miniladen des ehemaligen Walfängers Rowland Hussey Macy wurde das nach eigenem Bekunden ›größte Kaufhaus der Welt‹. Selbst wenn man die amerikanische Neigung zu Superlativen in Rechnung stellt: **Macy's** 29 ist tatsächlich ein gewaltiges Einkaufsparadies, das so ziemlich alles bietet, was die Kundin oder der Kunde braucht: Damen-, Herren- und Kindermode, Kosmetika, Elektrowaren, Elektronik, Haushaltsartikel, Delikatessen und sogar Reproduktionen von Kunstwerken des Metropolitan Museum of Art (151 W. 34th St./ Broadway, Tel. 212-695-44 00, www.macys.com, Mo, Do–Fr 9.45–20.30, Di–Mi 9.45–18.45, Sa–So 10–18 Uhr).

### Rund um die Penn Station

Neben dem Grand Central Terminal ist die **Penn Station** 30 das zweite große Drehkreuz der Stadt für Amtrak-Fernzüge in alle Teile der USA, Vorortbahnen und U-Bahnen. Speziell die Vorortverbindungen nach Long Island und New Jersey lassen das unterirdische Labyrinth während der Rushhour zu einem Bienenstock werden, in dem es chaotisch zugeht (33rd St., Tel. 212-630-6401, www.transitcenter.com). Teil des riesigen Bahnhofs ist der Port Authority Bus Terminal, dessen Busse nach New Jersey fahren (40th St. bis 42nd St., Tel. 212-564-8484). Dort halten auch die Fernbusse der Greyhound-Lines.

Der 20 000 Besucher fassende **Madison Square Garden** über dem Bahnhof ist Manhattans größte Halle für Sportveranstaltungen und Konzerte (Box Office Tel. 212-307-7171, www.thegarden.com).

Ein architektonisches Schmuckstück liegt hinter der Penn Station. Eine Freitreppe und eine aus 20 korinthischen Säulen bestehende Fassade kennzeichnen das 1913 im Beaux-Arts-Stil erbaute **General Post Office**. Über dem Säulenwald zieht sich eine über 80 m lange Inschrift an der Vorderfront des Gebäudes entlang mit einer Beschreibung des Postdienstes im Persischen Reich durch Herodot. Der Palast wird nur zu einem geringen Teil von der Post genutzt, so dass schon vor Jahren Pläne auftauchten, das Gebäude in die nach einem ehemaligen Senator benannte **Moynihan Station** für Fernverbindungen der Amtrak-Eisenbahn umzubauen (421 8th Ave., Tel. 212-330-29 00, info@moynihanstation.com).

## Central Park und Umgebung

Der Dichter und Journalist William Cullen Bryant verewigte seinen Namen nicht nur literarisch, sondern auch städtebaulich. Als Herausgeber der ›Evening Post‹ setzte er sich in den 1840er Jahren dafür ein, dass die Stadt im damals noch unbebauten Norden von Manhattan ein über 2000 ha großes Stück Land erwarb und einen Wettbewerb für Landschaftsarchitekten ausschrieb, um einen Park zu gestalten. Frederick Law Olmsted und Calvert Vaux erhielten im Jahr 1858 den Zuschlag für ihren Entwurf. Jahre vergingen, bis Tausende von Bäumen gepflanzt, Teiche angelegt, Hügel aufgeschüttet und Freiflächen planiert waren. Als dann Ende des 19. Jh. einige reiche New Yorker begannen, ihre Häuser entlang der Parkgrenze zu errichten, werteten sie die neu geschaffene grüne Oase der Stadt zusätzlich auf.

**Der Central Park macht seinem Namen als grüne Freizeitoase alle Ehre**

Seither ist der 4 km lange und 0,5 km breite **Central Park** 31 den New Yorkern ans Herz gewachsen – nicht nur, weil er ein ideales Gelände zum Joggen, Radfahren und Rollschuhlaufen ist. An Wochenenden pilgern ganze Familien über die 59th Street, wo der Natur mitten im Häusermeer ein Reservat eingeräumt wurde. Außerdem finden im Park häufig Konzerte und andere Kulturveranstaltungen statt.

An der Spitze des flachen, von Weiden umgebenen **Pond** tummeln sich im Winter Eisläufer und solche, die es noch werden wollen, auf dem **Wollman Rink.** Eislaufschuhe kann man vor Ort ausleihen. Wer sich nicht aufs Eis traut, kann zumindest den fabelhaften Blick auf die Wolkenkratzer-Skyline genießen (Tel. 212-439-6900, www.wollmanskatingrink.com, Mitte Okt.–Ende März).

Eisbären, Seelöwen, Pinguine und Affen haben im **Central Park Wildlife Center** eine adäquate Heimat gefunden. Eine besondere Attraktion ist der Seelöwenpool, wenn die Tiere ihre täglichen drei Mahlzeiten bekommen (11.30, 14 und 16 Uhr). Für die kleinsten unter den Besuchern bietet der **Tisch Children's Zoo** die Möglichkeit, Ziegen, Schafe und Hängebauchschweine aus nächster Nähe zu sehen; in einem Aviarium gibt es außerdem noch Frösche, Schildkröten und bunte Vögel (830 Fifth Ave., Tel. 212-439-6500, www.centralparkzoo.org, tgl. 10–16.30 Uhr).

## Museumsmeile

Im Umkreis des Central Park ließen sich nicht nur betuchte Bürger nieder, sondern auch die renommiertesten Museen der Stadt, weshalb die Fifth Avenue in Parkhöhe auch **Museum Mile** 32 genannt wird.

Die **Frick Collection** ist in der ehemaligen Residenz des Stahlindustriellen und Kunstsammlers Henry C. Frick (1849–1919) untergebracht, der diesen Stadtpalast 1914 im Stil von Louis XVI. erbauen ließ. Seit Jahrzehnten ist der Prachtbau das Refugium unschätzbarer Werke von Boucher, Holbein, Tizian, Rembrandt, Veronese, Turner, van Dyck, Vermeer und El Greco. Der Reiz dieser Ausstellung besteht nicht nur in der überragenden Qualität der dort zu sehenden Kunstwerke, sondern auch in der Präsentation in einem Wohnhaus, das diesen Charakter bewahrt hat (1st E./70th St., Tel. 212-288-0700, www.frick.org, Di–Sa 10–18, So 13–18 Uhr, Mo Ruhetag).

Mit 12 000 Gemälden, Drucken, Skulpturen, Zeichnungen und Fotografien gehört das **Whitney Museum of American Art** zu jenen Museen der Welt mit dem umfangreichsten und repräsentativsten Bestand an amerikanischer Kunst des 20. Jh. Die schwerreiche Bildhauerin Gertrude Vanderbilt Whitney gründete den Musentempel 1931, der einen gewichtigen Teil zum Ruf New Yorks als Stadt der Kunst beigetragen hat. Alle großen Kunstschaffenden Amerikas sind vertreten, von Warhol über Rauschenberg, Jasper Johns, Wesselman, Pollock, de Kooning, Basquiat bis Haring (945 Madison Ave., Tel. 212-570-3676, www.whitney.org, Mi–Do 11–18, Fr 13–21, von 18–21 Uhr Eintritt als Spende in einer Höhe nach eigenem Ermessen, Sa–So 11–18 Uhr).

Haftete dem Haus früher der Ruf eines verstaubten Refugiums für verschrobene Historiker und langweilige Wissenschaftler an, hat sich das **Metropolitan Museum of Art** längst zum bekanntesten und größten Museum in New York gemausert. Unter der Ägide des ehemaligen Direktors Thomas Hoving verwandelte es sich zwischen 1967 und 1977 in eine populäre Kulturinstitution und zu einem Kulturtempel von Weltformat. Zu Hovings Kabinettstückchen zählte der Erwerb des ägyptischen Tempels von Dendur, der in einem eigens errichteten Glastrakt untergebracht wurde. Kunst aus Amerika, Asien, Griechenland und dem Nahen Osten ist ebenso vertreten wie europäische Malerei (1000 Fifth Ave./82nd St., Tel. 212-535-7710, www.metmuseum.org, Di–Do und So 9.30–17.30, Fr–Sa bis 21 Uhr).

Zu den jüngsten Highlights der New Yorker Museumsszene gehört die **Neue Galerie/Museum for German and Austrian Art.** Auf zwei Stockwerken sind deutsche und österreichische Kunst und Kunstgewerbe des frühen 20. Jh. ausgestellt. Zu den Künstlern gehören beispielsweise Gustav Klimt, Egon Schiele, Oskar Kokoschka, Paul Klee, August Macke, Franz Marc, Otto Dix, George Grosz und Ludwig Mies van der Rohe. Im Museumscafé Sabarsky offeriert man alpenländische Spezialitäten wie Strudel und Linzer Torte (1048 Fifth Ave., Tel. 212-628-6200, www.neuegalerie.org, Sa–Mo 11–18, Fr 11–21 Uhr, Di–Do geschlossen).

Einem Schneckenhaus hat Architekt Frank Lloyd Wright das weltbekannte **Guggenheim Museum** nachempfunden, in dessen Innern sich die Etagen wie eine Spirale um ein bis unters Dach reichendes Atrium winden. Die Palette der modernen und avantgardistischen Künstler reicht von van Gogh bis Kandinsky, von Matisse bis Kokoschka und von Franz Marc bis Modigliani (1071 Fifth Ave./89th St., Tel. 212-423-3500, www.guggenheim.org, Sa–Mi 10–17.45, Fr 10–20 Uhr, Do Ruhetag).

Mit ca. 8000 Kunstwerken von ausschließlich amerikanischen Künstlern gilt das **National Academy Museum and School of Fine Arts** als eines der größten Museen der Welt dieser Art. Neben Sonderausstellungen zeigt das von Künstlern geleitete Haus auch eigene Bestände, etwa Werke bekannter ehemaliger Schüler der School of Fine Arts wie John Singer Sargent, Augustus Saint-Gaudens und Thomas Eakins (1083 Fifth Ave./89th St., Tel. 212-369-4880, www.nationalacademy.org, Mi–Do 12–17, Fr–So 11–18 Uhr).

Die Ausstellungen des **Cooper-Hewitt National Design Museu,** das zum berühmten Smithsonian Institute gehört, beschäftigen sich überwiegend mit dekorativer Kunst. Zu den berühmten Stücken gehört der nicht signierte Entwurf eines Kandelabers, den das Museum im Jahr 1942 zusammen mit vier anderen Zeichnungen von einem Londoner Händler für 60 $ erwarb. Im Jahr 2002 stattete ein schottischer Kunstexperte dem Museum einen Besuch ab und machte bei seinen Studien eine sensationelle Entdeckung: Der bislang anonyme Entwurf für diesen Kandelaber war von Michelangelo (2 E. 91st St., Tel. 212-849-8420, www.si.edu/ndm, Di–Do 10–17, Fr 10–21, Sa 10–18, So 12–18 Uhr).

Gemälde, Skulpturen, Fotografien, Drucke, Manuskripte und historische Objekte wie Münzen, zeremonielle Gegenstände und antike Fundstücke bilden im **Jewish Museum** eine der umfangreichsten und schönsten Sammlungen von Judaika in Amerika. Im Café Weissman können sich Besucher bei koscherer Küche eine Verschnaufpause gönnen (1109 Fifth Ave., Tel. 212-423-3200, www.thejewishmuseum.org, So–Mi 11–17.45, Do 11–20, Fr 11–15 Uhr).

## Central Park West

Zwar machen große Teile des **American Museum of Natural History** 33 mit Ausstellungen von Mineralien und Reptilien, Saurierskeletten und Südseemuscheln, indianischen Artefakten aus Südamerika und Kulturerzeugnissen asiatischer Völker einen leicht angestaubten Eindruck. Aber das Museum hat ein zweites Gesicht. Zum Haus gehört das neue **Rose Center for Earth and Space,** in welches das modernisierte Hayden Planetarium mit technisch perfekten Multimediashows integriert wurde. Eine vom Schauspieler Tom Hanks moderierte Space Show nimmt die Zuschauer mit auf eine abenteuerliche Reise durch die Galaxien. Wer Schulklassen aus dem Weg gehen will, sollte einen Besuch spätnachmittags planen (Central Park West/79th St., Tel. 212-769-5100, www.amnh.org, tgl. 10–17.45 Uhr, Space Show: So–Do und Sa 10.30–16.30, Fr 10.30–19.30 Uhr, alle 30 Min.).

Stadteinwärts liegt das Apartmenthaus **Dakota** 34, das von außen wie eine elegante Festung wirkt. In diesem Haus drehte Roman Polanski 1968 den Gruselfilm ›Rosemary's Baby‹ mit Mia Farrow und John Cassavetes in den Hauptrollen. Noch bekannter wurde der Bau durch seine zahlreichen prominenten Bewohner, wie Boris Karloff, Lauren Bacall, Leonard Bernstein, Roberta Flack, Kim Basinger und John Lennon, der am 8. Dezember 1980 vor dem Haus von einem geistesgestörten Fan ermordet wurde.

Die Witwe von John Lennon, Yoko Ono, ließ 1983 für den berühmten Beatle die **Erinnerungsstätte Strawberry Fields** anlegen. Ein schwarzweißes Mosaik schräg gegenüber vom Dakota Mansion markiert die Stelle am Rand des Central Park (zwischen 71st und 74th St.).

Dem in den 1960er Jahren erbauten **Lincoln Center** 35 mussten nicht nur rund 1500 Einwohner, sondern auch ein ganzes Slumviertel weichen. Das Kulturzentrum besteht aus acht Einheiten, u. a. dem Metropolitan Opera House, dem New York State Theater und der Avery Fisher Hall, in der das **New York Philharmonic Orchestra** zu Hause ist. Das 1842 gegründete Orchester rangiert seit langem unter den besten Amerikas. Es steht unter der Leitung von Lorin Maazel. Die Konzertsaison dauert von September bis Juni (65th St./Columbus Ave., Tel. 212-875-5900, www.newyorkphilharmonic.org).

Noch berühmter ist die **Metropolitan Opera,** seit der Eröffnung 1883 eines der führenden Opernhäuser der Welt. Die Saison geht von September bis Mai. Wer sich genauer für die ›MET‹ interessiert, kann sich einer Backstage Tour anschließen (64th St./Columbus Ave., Tel. 212-769-7020, www.metopera.org, Okt.–Juni Mo–Sa 15.30, So 10.30 Uhr).

Auf dem einzigen runden Platz in Manhattan, dem **Columbus Circle** 36, steht auf einer knapp 22 m hohen Marmorsäule eine Statue von Christoph Kolumbus, die von der italienischen Gemeinde New Yorks der Stadt anlässlich des 400. Jahrestags der ›Entdeckung‹ Amerikas 1892 zum Geschenk gemacht wurde. Auf der Säule sind die drei Schiffe ›Nina‹, ›Pinta‹ und ›Santa Maria‹ dargestellt, die 1492 zur Flotte des aus Genua stammenden Seefahrers gehört hatten.

Mit dem aus zwei 229 m hohen Türmen bestehenden **Time Warner Center** hat die Umgebung des Columbus Circle ihr Gesicht markant verändert. Neben dem luxuriösen Mandarin Oriental Hotel beherbergt der Komplex den größten Nahrungsmittelsupermarkt von Manhattan inklusive Café, Sushi-Bar und Treibhaus für frische Blumen, Büros des TV-Senders CNN, ein sündhaft teures Fitness-Studio, eine Reihe extravaganter Restaurants und Boutiquen und mit der **Frederick P. Rose Hall** ein eigens auf Jazzveranstaltungen zugeschnittenes Zentrum (33rd W./60th St., Tel. 212-258-9800, www.jazzatlincolncenter.org).

# Das nördliche Manhattan

Wo der Central Park im Norden auf Höhe des Cathedral Parkway bzw. der West 110th St. endet, beginnt mit Morningside Heights ein Stadtviertel, das vom Union Theological Seminary, dem Jewish Theological Seminary, dem Barnard College und vor allem von der Columbia University geprägt wird.

## Columbia University

Diese wie Yale, Princeton und Harvard zur so genannten ›Ivy League‹ gehörende Lehranstalt zählt zu den renommiertesten Privatuniversitäten des Landes und hat selbst über die Grenzen Amerikas hinaus einen hervorragenden Ruf. Unter dem Namen King's College durch königlichen Erlass von König Georg II. 1754 gegründet, können die dort eingeschriebenen 23 000 Studenten nach dem Grundstudium an über einem Dutzend Fakultäten studieren. Der Ruf der Columbia University beruht nicht zuletzt auf der Columbia Graduate School of Journalism, die in Fachkreisen auch ›das Journalisten-Harvard‹ genannt wird. Seit 1912 bekommt die schreibende Elite Amerikas an diesem von Joseph Pulitzer gegründeten Institut ihre akademischen Weihen. Man kann den Campus auf eigene Faust erkunden oder sich einer geführten Tour anschließen (Visitors Center, Zimmer 213 in der Low Library, Tel. 212-854-4900, Mo–Fr 11 und 14 Uhr).

## The Cloisters

Der Fort Tryon Park liegt zwar im äußersten Norden von Manhattan, ist aber wegen **The Cloisters** durchaus einen Besuch wert. Dabei handelt es sich um einen in den 1930er Jahren entstandenen Komplex, der aus vielen aus Europa importierten Gebäudeteilen besteht, die zum Teil bis auf das 12. Jh. zurückgehen. Neben den aus fünf französischen Klöstern stammenden Hauptteilen wurde etwa die Fuentiduena-Kapelle in Spanien in Einzelteile zerlegt und in New York wieder aufgebaut. Im Innern sind die Gebäude ausschließlich mit europäischer Kunst des Mittelalters ausgestattet, z. B. mit Portalen aus französischen Klöstern und Kirchen, Skulpturen und Gemälden aus dem 13. bis 16. Jh., Brüsseler Wandteppichen, Glasmalereien und wertvoller religiöser Kunst wie Kelchen und Monstranzen, die in einer Schatzkammer gesammelt sind (Fort Tryon Park, Tel. 212-923-3700, www.metmuseum.org, März–Okt. Di–So 9–17.30, Nov.–Feb. Di–So 9–17 Uhr, Mo Ruhetag).

## Harlem

Mag **Harlem** und **East Harlem** noch immer der Ruf eines von Armut und Kriminalität heimgesuchten Schwarzenghettos anhaften: Tatsache ist, dass sich die Zeiten in diesem Stadtteil geändert haben. Touristen brauchen keinen Bogen mehr um das Zentrum von Harlem zu machen, das vor Jahren noch zu den ›No-Go‹-Gebieten zählte. Kulturell zeigte sich Manhattans schwarzes Herz schon immer äußerst lebhaft und kreativ.

Günstige Immobilienpreise lockten in den vergangenen Jahren immer mehr Yuppies von Downtown Manhattan nach Harlem und leiteten eine Renaissance des Stadtteils ein, in dem abgelegene Straßenzüge nach wie vor wie zerbombt aussehen. Im Kern jedoch brach schon vor einigen Jahren die Bautätigkeit aus, und heute schießen neue Einkaufs- und Unterhaltungszentren wie ›Harlem USA‹ mit Kinos und Modeboutiquen an der 124th Street wie Pilze aus dem Boden. Selbst der ehemalige US-Präsident Bill Clinton mietete sich nach seinem Ausscheiden aus dem Amt in einem Penthouse-Office im 14. Stock des Bürogebäudes 55 West 125th Street in Harlem ein. In seiner Nachbarschaft investierte der ehemalige Basketballheld Magic Johnson in ein Kino und eine Filiale des Kaffeeriesen Starbucks.

## Clubs und Theater

Zu den beliebtesten Musiklokalen gehörten früher der Sugar Cane Club und der heute noch existierende **Cotton Club,** in dem Größen wie Bill ›Bojangles‹ Robinson, Lena Horne, Count Basie und Duke Ellington ihre Karrieren starteten. In den 1920er und 1930er Jahren war der Club das berühmteste

**Live-Musik im Sugar Hill Bistro in Harlem**

und exklusivste Nachtlokal Amerikas, in dem vorwiegend schwarze Künstler vor weißem Publikum auftraten. Der Club schaffte es 1984 sogar auf die Kinoleinwand in einer Verfilmung von Francis Ford Coppola unter dem Titel ›Cotton Club‹ mit Richard Gere und Nicholas Cage in den Hauptrollen (666 Malcolm X Blvd., Tel. 212-663-7980, www.cottonclub-newyork.com).

Hauptstraße und kommerzielle Hauptschlagader ist die Tag und Nacht belebte, mit Geschäften, Bars, Clubs und Restaurants ausgestattete 125th Street, die auch den Namen Martin Luther King Jr. Boulevard trägt. An ihr liegt mit dem **Apollo Theater** ein schon in den 1930er Jahren populäres Unterhaltungszentrum, in dem später Größen wie B. B. King, James Brown, Ella Fitzgerald, Stevie Wonder und Michael Jackson auftraten. Schon lange ist am Mittwochabend im Apollo die Nacht der Nächte, wenn Amateure zu ihren Instrumenten greifen, um das musikversessene Publikum zu unterhalten (253 W. 125th St., Tel. 212-531-5300, www.apollotheater.com).

## Gospels und Soul Food

Am Sonntagvormittag wird in Harlem vielerorts Halleluja gesungen. Die **Abyssinian Baptist Church** hat sich in den letzten Jahren gewissermaßen zu einem touristischen Hotspot entwickelt, und man braucht sich nicht zu wundern, wenn im Hochsommer Touristen aus aller Welt in Bussen zu den Gottesdiensten anreisen und sich unter die überwiegend schwarzen Einheimischen mischen, die allesamt im besten Sonntagsstaat zur Kirche gehen (132 Odell Clark Pl., 138th St., Tel. 212-862-7474, So 9 und 11 Uhr).

Neben Jazz-, Gospel- und Kunsthochburgen besitzt der Stadtteil Harlem auch kulinarische Highlights der besonderen Art wie etwa das Restaurant **Sylvia's,** wo typisches Soul Food im Stil der Südstaaten eine Besichtigungspause zu einem Event machen kann. Kalorienzähler machen am besten einen weiten Bogen um das Lokal, in dem Deftiges wie Spareribs, geschmorte Hähnchen und Bratfisch auf den Tisch kommen. Außer Hunger sollte man auch Zeit mitbringen. Meistens bilden sich lange Warteschlangen vor dem populären Esstempel, vor allem beim sonntäglichen Gospel-Brunch (328 Lenox Ave., zwischen 126th und 127th St., Tel. 212-996-0660, www.sylviasrestaurant.com, Mo–Sa 8–22.30, So 11–20 Uhr).

i **Visitor Information Center:** 810 7th Ave. zwischen 52nd und 53rd St. Tel. 212-484-1222, www.nycvisit.com, geöffnet Mo–Fr 8.30–18, Sa–So 9–17 Uhr. Auch für Touren und Veranstaltungen Tickets. Informationskioske in Chinatown (Kreuzung von Canal, Walker und Baxter St.) und in Harlem (163 W./125th St.).

**Inter-Continental The Barclay** 1: 111 E. 48th St., Tel. 212-755-5900, Fax 212-644-0079, www.ichotelsgroup.com. Elegantes Riesenhotel von 1927 mit 700 sehr gediegenen Zimmern und ausgezeichnetem Service. Ab 250 $.

**Holiday Inn** 2: 15 Gold St., Tel. 212-232-7700, Fax 212-425-0330, www.ichotelsgroup.com. Hotel mit 18 Etagen, Zimmer mit Bad oder nur Dusche, Fitnesscenter. Ab ca. 200 $.

**Washington Square Hotel** 3: 103 Waverly Pl., Tel. 212-777-9515, Fax 212-979-8373, www.wshotel.com. Im Herzen von Greenwich Village gelegenes Haus mit stilvoll dekorierten Zimmern und Art-déco-Mobiliar inkl. Frühstück und kostenlosem Highspeed-Internetzugang. Ab 190 $.

**Quality Hotel on Broadway** 4: 215 W. 94th St., Tel. 212-866-6400, Fax 212-866-1357, www.federal-hotel-worldwide.com. Hotel mit Fitnessraum und Flughafenshuttle, Zimmer mit TV, Dataport, Kaffeemaschine und Klimaanlage. Ab 180 $.

**Stanford** 5: 43rd W./32nd St., Tel. 212-563-1500, Fax 212-629-0043, www.hotelstanford.com. Praktisch in Midtown gelegenes Hotel mit eigenem Restaurant, Coffeeshop und Fitnesscenter. Ab 160 $.

**Howard Johnson Express Inn** 6: 135 E. Houston St., Tel. 212-358-8844, Fax 212-473-3500, www.hojo.com. Zimmer ohne großen Komfort, aber mit allem Notwendigen. Ab 100 $.

**Belleclaire Hotel** 7: 250 W. 77th St., Tel. 212-362-7700, Fax 212-362-1004, www.hotelbelleclaire.com. Helle, einfach eingerichtete Zimmer mit Bad. Ab 139 $.

**Pioneer of SoHo Hotel** 8: 341 Broome St., Tel. 212-226-1482, keine Webseite. Unterkunft in SoHo mit vier Stockwerken ohne Aufzug und Zimmer nur mit dem Nötigsten ausgestattet. Ab 90 $.

**Bowery's Whitehouse Hotel** 9: 340 Bowery St., Tel. 212-477-5623, www.whitehousehotelofny.com. Unterkunft für junge Rucksacktouristen, einfache klimatisierte Zimmer für 1–3 Personen, Etagenbad. Ab 28 $.

**Alain Ducasse at the Essex House** 10: 155 W. 58th St., Tel. 212-265-7300, www.alain-ducasse.com, So Ruhetag. Der französische Starkoch hat sich mit seinen exquisiten Kreationen längst für den Gourmethimmel qualifiziert. Ab ca. 60 $.

**Cru** 11: 24 Fifth Ave., Tel. 212-529-1700, www.cru-nyc.com, Mo–Sa 17.30–23 Uhr. Shea Gallante genoss eine Ausbildung am Culinary Institute of America und wurde 2005 zu einem der besten Köche Amerikas gekrönt. Spezialität: kalte Mozarellasuppe mit Basilikum und Aprikosen. 25–100 $.

**Sardi's** 12: 234 W. 44th St., Tel. 212-221-8440, Mo geschl. Beliebter Treff vor und nach dem Theaterabend mit exquisiter Küche. Ab 35 $.

**Bridge Café** 13: 279 Water St., Tel. 212-227-3344, So–Fr 11–24 Uhr, Sa ab 17 Uhr. Im Jahr 1794 eröffnetes Lokal, dem man das Alter ansieht, Hauptspeisen wie Wildpilzravioli (18 $), Heilbutt mit asiatischen Gemüsen (22 $) oder Buffalo Steak (27 $).

**Snack Taverna** 14: 63 Bedford St., Tel. 212-929-3499, Lunch Mo–Fr 12–15, Sa–So 12–16, Dinner Mo–Sa 18–23, So 18–22 Uhr. Ausgezeichnete griechische Gerichte. Vorspeisen 4–11 $, Hauptspeisen 17–19 $.

**Bubby's** 15: 120 Hudson St., Tel. 212-219-0666, www.bubbys.com, Mo–Fr 8–23, Sa 9–16.30, So 9–22 Uhr. Das Lokal ist stets gut besucht, weil nicht nur Insider die zwar einfache, aber ausgezeichnete Küche schätzen. 7–20 $.

**Katz's Delicatessen** 16: 205th E./Houston St., Tel. 212-254-2246, So–Do 8–22, Fr–Sa 8–3 Uhr. Koscheres Delikatessengeschäft mit Restaurant, Schauplatz einer Szene der Kultkomödie ›Harry und Sally‹ mit Meg Ryan und Billy Crystal; einsame Spitze: Corned Beef und heiße Pastrami. Ab 12 $.

**Kitchenette** 17: 80 W. Broadway, Tel. 212-267-6740, Mo–Fr 7.30–22, Sa–So 9–22 Uhr. Fabelhafte Backprodukte zum Frühstück, Bouletten aus Truthahnfleisch (15 $) und gute Salate (ca. 8–10 $) zum Abendessen.

**Barney Greengrass** 18: 541 Amsterdam Ave., Tel. 212-724-4707, Mo Ruhetag. Ausgezeichnete Seafood-Brunches in einem fast 100 Jahre alten Lokal, kleinere Gerichte wie etwa ein Sandwich mit gehackter Leber schon ab 6,50 $.

**Rice to Riches** 19: 37 Spring St. zwischen Mott und Mulberry St., Tel. 212-274-0008, tgl. ab 11 Uhr. Erster Reispuddingtempel Amerikas. Portionen ab 6 $.

**Serendipity 3** 20: 225 E./60th St., Tel. 212-838-3531. 7 Tage in der Woche, Fastfoodparadies, das für himmlische Nachspeisen bekannt ist. Ab 4 $.

**›Shop till you drop‹** (Einkaufen bis zum Umfallen): Dafür bietet New York die besten Voraussetzungen. Vom edelsten Outfit bis zur Ausrüstung für Spione – es gibt nichts, was es nicht gibt.

**Strand Book Store:** 828 Broadway, Tel. 212-473-1452, www.strandbooks.com. Riesiges Antiquariat mit Discountpreisen.

**Macy's:** 151 W. 34th St./Broadway, www.macys.com. Das größte Kaufhaus der Welt bietet immer etwas zum Sonderpreis an.

**Saks Fifth Ave.:** 611 Fifth Ave., www.saksfifthavenue.com. Neun Stockwerke voller feinster Garderobe.

**Century 21:** 22 Cortlandt St., Tel. 212-227-9092, www.c21stores.com, Mo–Fr 7.45–20, Sa 10–20, So 11–19 Uhr. Mode für Klein und Groß, Kosmetik, Accessoires, Elektronik und Wäsche zum Superpreis.

**Webster Hall:** 125 E./11th St., Tel. 212-353-1600, www.webster-hall.com, Do–Sa 22–4.30 Uhr. Riesiger Nachtclub und Unterhaltungskomplex mit Bars, fünf Tanzflächen und den heißesten DJs der Stadt.

**China Club:** 268 W./47th St., Tel. 212-398-3800, www.chinaclubnyc.com, Do–Sa ab 22 Uhr. Schicker Club, in dem sich Prominente wie die Hilton-Sisters, Melanie Griffith und Antonio Banderas sehen lassen.

**The Bitter End:** 147 Bleecker St., Tel. 212-673-7030, www.bitterend.com, So–Do ab 19.30, Fr–Sa ab 20 Uhr. Legendärer Club, in dem u. a. Bob Dylan, Neil Diamond und Stevie Wonder ihre Karriere begannen. Auch heute beginnt dort hin und wieder die Laufbahn eines späteren Stars.

**Lincoln Center for the Performing Arts:** 140 W./65th St., Tel. 212-875-5456, www.lincolncenter.org. In diesem Zentrum sind u. a. die berühmte **Metropolitan Opera** (Tel. 212-362-6000, www.metopera.org), das **New York City Ballet** (Tel. 212-870-5570, www.nycballet.com), das **New York Philharmonic Orchestra** (Tel. 212-875-5656, www.newyorkphilharmonic.org) und die **New York City Opera** (Tel. 212-870-5570, www.nycopera.com) zu Hause. Liebhaber klassischer Musik finden im Metropolitan Opera Shop CDs, Poster, Libretti und Musikliteratur.

**Opera Ebony:** 2109 Broadway, Suite 1418, Tel. 212-877-2110, www.operaebony.org. Amerikas älteste afroamerikanische Operngesellschaft präsentiert ihre Produktionen, die als Mischung von Spirituals, Blues, Jazz und Oper bezeichnet werden, u. a. im Aaron Davis Performing Arts Center in Harlem.

**Musicals, Broadway-Shows, Kabaretts und Kindertheater:** New Yorks diesbezügliches Angebot ist kaum zu überblicken. Ori-

**Fremdenführer:** Seit Gründung des Programms ›Big Apple Greeter‹ kann man sich New York für ein Trinkgeld von in der Stadt lebenden Amateur-Fremdenführern zeigen lassen. Information: Manhattan Borough President's Office, 1 Centre St., New York, NY 10007, Tel. 212-669-8159, Fax 212-669-3685.

entierungshilfe bietet die Webseite www.ny theatre.com mit aktuellen Veranstaltungen und nützlichen Hintergrundinformationen über die lokale Szene.

**Rock & Pop Music: Madison Square Garden:** (7th Ave./W. 33rd St., Tel. 212-465-6000, www.thegarden.com). Jahr für Jahr gehen ca. 600 Veranstaltungen mit 6 Mio. Zuschauern über die Riesenbühne. Neben Sportveranstaltungen gibt es auch Konzerte mit internationalen Stars wie den Rolling Stones.

### Feste/Veranstaltungen

**Chinesisches Neujahrsfest** (erste Februarhälfte): Ganz Chinatown steht Kopf, Straßenparaden mit Drachen und Böllern.

**St. Patrick's Day Parade** (17. März): Fest des irischen Schutzpatrons mit Paraden, Bands und Dudelsackspielern – und viel Bier.

**Independence Day** (4. Juli): Riesenfeuerwerk, das von Barkassen auf dem East River abgefeuert wird.

**New York Marathon** (Anfang November): größter Marathonlauf der Welt durch fünf New Yorker Stadtteile.

**Thanksgiving Day Parade** (24. November): Erntedankparade.

**New Year's Eve Ball Drop** (31. Dezember): Amerikas größtes Silvesterfest auf dem Times Square.

**Touren:** Circle Line, Pier 83, W. 42nd St., oder Pier 16, South Street Seaport, Tel. 212-563-3200, www.circleline.com. 3-stündige Schiffsrundfahrten um die Insel Manhattan.

**On Location Tours,** Touren zu Schauplätzen von TV-Serien oder Kinofilmen wie ›Spiderman‹ oder ›Manhattan‹. Treffpunkt tgl. 11 Uhr vor Ellen's Stardust Diner, 1650 Broadway, Ecke 51st St., Tel. 212-209-3370.

**Wellness:** Oasis Day Spa, Union Sq., 108 E. 16. St., Tel. 212-254-7722, www.oasisdayspa nyc.com, Mo–Fr 10–22, Sa– So 9–21 Uhr. Beauty- und Wellnesscenter.

**Juvenex Spa,** 32. St. zwischen 5th und 6th Ave., Tel. 646-733-1330, www.juvenexspa.com. Rund um die Uhr fernöstliche Massagen, Aromatherapie und Sauna im Jade-Iglu.

**Anreise mit dem Flugzeug:** Von Europa kommend, landet man meist auf dem John F. Kennedy Airport (JFK) oder im benachbarten Newark (New Jersey). Mit dem AirTrain (5 $) erreicht man vom JFK die U-Bahnstation Howard Beach und steigt um in die Subway A (2 $) nach Manhattan. Für ein Taxi nach Manhattan bezahlt man ca. 35 $. Außerdem gibt es einen Shuttle- (Tel. 1-800-258-3826) und Limousinenservice.

**Anreise mit dem Auto oder Bus:** New York City liegt an der Nord-Süd-Verbindung I-95 und ist von Westen über die I-80 erreichbar.

**Anreise mit dem Zug:** Per Hochgeschwindigkeitszug Acela Express ist Manhattan mit Großstädten wie Boston, Chicago, Philadelphia und Washington D. C. verbunden. Die Züge halten im Grand Central Terminal (42nd St./Park Ave., Tel. 1-800-872-72 45) oder in der Penn Station (7th Ave/33rd St., Tel. 1-800-872-7245), Greyhound-Busse kommen am Port Authority Bus Terminal an (Tel. 212-971-6300).

### Öffentlicher Nahverkehr

**Bus:** Bushaltestellen befinden sich an Straßenkreuzungen und sind durch gelbe Bordsteinmarkierungen und ein Buszeichen mit der Liniennummer erkennbar. Man wirft das Fahrgeld in Höhe von 2 $ (Expressbusse 3 $) passend in eine Box, keine Pennies, keine Banknoten, die Fahrer haben kein Wechselgeld. Wer umsteigen muss, lässt sich ein Transferticket geben, das er im nächsten Bus vorzeigt. Busse halten alle zwei bis drei Blocks, solche mit dem Zeichen ›limited‹ seltener. Fahrpläne erhält man an Verkaufsstellen in Downtown Manhattan.

**U-Bahn:** Die Eingänge sind durch einen stilisierten Globus gekennzeichnet, grüne Zeichen bedeuten, dass die Station rund um die Uhr besetzt ist, rote Zeichen verweisen auf kürzere Öffnungszeiten. Eine Metrocard für unbegrenzte Fahrten kostet 2 $. Internet: www.mta.nyc.ny.us. Der 1-Day-Funpass für unbegrenzte U-Bahn- und Busfahrten kostet 7 $, die 7-Day Unlimited Ride MetroCard 21 $ (für 30 Tage 70 $). Verkaufsautomaten gibt es an den Haltestellen.

# Das Hudson Valley

Reiseatlas S. 8

**Amerikas Wirtschafts- und Industriearistokratie ließ sich im Hudson Valley im 19. Jh. von den bekanntesten Architekten des Landes Residenzen und Paläste von fürstlichem Format bauen. Hier und da kommt in diesem schönen Flusstal, das mit bewaldeten Ufern an deutsche Rheinlandschaften erinnert, sogar Loreley-Atmosphäre auf.**

Sobald der urbane Flächenfraß nördlich von New York City abreißt und die Ausläufer des riesigen Ballungsraums nach und nach zurückbleiben, schmücken Wälder, Wiesen und Felder die Hügellandschaften des breiten Hudson Valley. Kein Wunder, dass diese Gegend für romantische Landschaftsmaler der so genannten Hudson River School wie Thomas Cole (1801–1848), David Johnson (1827–1908) und Thomas Doughty (1793–1856) in der ersten Hälfte des 19. Jh. zu einem attraktiven Sujet wurde, das sie mit strahlenden Farben und zum Teil mit geradezu übermütiger Fantasie auf Leinwand bannten. Damals war das Tal schon lange von weißen Einwanderern bewohnt, die sich dort schon im 17. Jh. niedergelassen und das Hudson Valley zu einem der ältesten Siedlungsräume im Osten der USA gemacht hatten.

Deutschen Immigranten fiel auf, dass das Tal in vielem dem Rheintal ähnelte, und noch heute wecken Ortsnamen wie Rhinebeck, Rhinecliff und New Paltz entsprechende Assoziationen. Doch statt trutziger mittelalterlicher Burgen blicken häufiger stolze Herrensitze und märchenhafte Paläste auf das Tal hinunter. Sie spiegeln das Leben und den fast unermesslichen Wohlstand bedeutender amerikanischer Dynastien wie der Vanderbilts, Roosevelts und der Rockefellers wider, die in den vergangenen Jahrhunderten an den Schalthebeln der wirtschaftlichen und politischen Macht in den USA saßen und im Hudson Valley unübersehbare Spuren hinterließen, denen Besucher heute mehr oder weniger neidisch folgen können.

Gut 500 km weit fließt der Hudson River von seinem Quellgebiet in den Adirondack Mountains im nördlichen Staat New York bis in die Bucht von New York City. Benannt wurde der Strom nach dem holländischen Entdecker Henry Hudson, der ihn im Jahr 1609 mit seiner ›Half Moon‹ befuhr. Er hatte sich von der mächtigen Mündung des Flusses beim heutigen New York in den Atlantik täuschen lassen und glaubte, auf diesem Seeweg die legendäre Nord-West-Passage in den Orient zu finden. In späterer Zeit war der Fluss eine wichtige Wasserstraße, an der die Ortschaften von der Schifffahrt profitierten, indem sie ihre Produkte leicht und schnell auf den Markt im boomenden New York City bringen konnten. Andererseits begannen die in und um Manhattan lebenden Menschen die Naturlandschaften an den Flanken des Tals zu entdecken, die auch heute noch mit ihren Wäldern – sommers wie winters – reizvolle Erholungsräume und Sportgebiete im Sommer sind.

## Südliches Hudson Valley

### Tarrytown

**Reiseatlas:** S. 8, F 4

Nur 30 Meilen vom hektischen Manhattan entfernt prägen Obstgärten und historische Anwesen die Ufer des Hudson River, der seine Wassermassen auf breiter Front nach Süden schiebt. Mit Lyndhurst baute dort 1838 der Architekt Alexander Jackson Davis einen neogotischen Palast, den gegen Ende

## Mit dem Autor unterwegs

### Fürstliche Villen

**Kykuit:** Die ehemalige Residenz der Rockefeller-Dynastie ist heute ein Kunstmuseum im Beaux-Arts-Stil mit wertvollsten Schätzen und einer Sammlung chromglänzender Oldtimer (s. S. 194).

**Vanderbilt Mansion:** In Hyde Park ließ sich der Industrielle Frederick Vanderbilt Ende des 19. Jh. einen Palast von seltener Pracht bauen – 50 Zimmer groß und in einem wunderschönen Park hoch über dem Hudson-Tal gelegen (s. S. 196).

### Verführerischer Geruch

**Knoblauchfestival in Saugerties:** Man muss nicht unbedingt ein Faible für Knoblauch haben, um sich auf diesem Fest wohl zu fühlen. Auch das musikalische Rahmenprogramm und die Stimmung machen den Besuch des Festivals lohnenswert (s. S. 198).

des 19. Jh. der Eisenbahnkönig Jay Gould zu seiner Residenz machte. Die edle Ausstattung des Anwesens, in dem das Jahr über viele Veranstaltungen stattfinden, wirft ein Licht auf den exquisiten Lebensstil der damaligen Highsociety (635 S. Broadway, Tel. 914-631-4481, www.lyndhurst.org, April–Okt. Di–So 10–17, Nov.–März Sa–So 10–15.30 Uhr).

Das 11 000 Einwohner zählende Tarrytown liegt an der Stelle, wo die Tappan Zee Bridge als eine der wenigen Brücken das Hudson Valley überspannt. Südlich davon lebte in einem **Sunnyside** genannten Haus aus dem 17. Jh. der Dichter Washington Irving (1783–1859), der hauptsächlich durch seine humorvollen, fantastisch-burlesken Erzählungen ›Die Sage von Sleepy Hollow‹ und ›Rip van Winkle‹ einer breiten amerikanischen Bevölkerung bekannt wurde. Kostümierte Guides führen Besucher durch das Haus (W. Sunnyside Ln., Tel. 914-591-8763, www.hudsonvalley.org, April–Okt. tgl. außer Di 10–17, Nov.–Dez. tgl. außer Di 10–16, März Sa–So 10–16 Uhr, Jan.–Feb. geschlossen).

## Sleepy Hollow

**Reiseatlas:** S. 8, F 4

Im Jahr 1996 beschlossen die Einwohner von North Tarrytown, ihrem Heimatort einen neuen Namen zu geben und sich dabei auf die Erzählung von Washington Irving zu beziehen, der auf dem örtlichen Friedhof begraben liegt (www.sleepyhollowcemetery.org). So entstand die Ortschaft **Sleepy Hollow**.

Zu den bekanntesten Einwohnern gehörten vier Generationen der schwerreichen Rockefeller-Familie, die sich im Jahr 1913 auf einem Hügel über dem Hudson-Ufer den Landsitz **Kykuit** bauen ließ. Inmitten von Gärten und Skulpturensammlungen mit Werken von Pablo Picasso, Alexander Calder, Henry Moore und Isamu Noguchi, ist das Beaux-Art-Juwel heute ein Museum mit wertvollen Kunstschätzen wie Antiquitäten, Keramikarbeiten und Gemälden. In einer Scheune sind Oldtimer-Automobile und ihre Vorgänger, Pferdekarren und -kutschen, untergebracht (200 Lake Rd, Pocantico Hills, Tel. 914-631-9491, www.hudsonvalley.org, Führungen tgl. 9–16 Uhr).

Weniger elitär und abgehoben präsentiert sich **Philipsburg Manor**, ein aus dem frühen 18. Jh. stammendes Herrenhaus, auf dessen Gelände eine Mühle samt Mühlenweiher und eine Scheune für romantisches Flair sorgen. An Sommerwochenenden erwacht das Leben auf diesem Besitz, wenn ›Einwohner‹ in Kostümen altem Handwerk nachgehen und Mammis in langen Röcken und Rüschenhäubchen über offenem Feuer Leckerbissen aus der Kolonialzeit zubereiten (Rte 9, Tel. 914-631-3992, www.hudsonvalley.org, April–Okt. tgl. außer Di 10–17, Nov.–Dez. tgl. außer Di 10–16, März Sa–So 10–16 Uhr, Jan.–Feb. geschlossen).

## West Point

**Reiseatlas:** S. 8, F 4

Drill und Disziplin haben im Hudson Valley eine exakte Adresse: West Point. In der dort befindlichen **United States Military Academy** wird seit 1802 die militärische Elite des Landes ausgebildet. Berühmte Generäle wie Grant, MacArthur und Eisenhower wurden in

**Sozusagen vor der Haustür von New York City: das Hudson Valley**

den im neogotischen wie Federalstil erbauten Ziegel- und Sandsteingebäuden dieser Militärakademie auf ihre Aufgaben vorbereitet. Im West Point Museum sind Uniformen, Flaggen, Waffen und Dokumente längst vergangener Kriege und militärischer Engagements der jüngeren Vergangenheit wie ›Desert Storm‹ ausgestellt (Tel. 845-938-3590, www.usma.edu, tgl. 10.30–16.15 Uhr).

## Hyde Park

**Reiseatlas:** S. 8, F 3
Neben Künstlern, Literaten und Wirtschaftsbossen fühlte sich im 19. und 20. Jh. auch die politische Elite des Landes zum Hudson Valley hingezogen. Bei Hyde Park erinnert das **Home of Franklin Delano Roosevelt** an den 32. US-Präsidenten (1882–1945), der sich häufig in seinem ›Springwood‹ genannten Landsitz von den Amtsgeschäften im Weißen Haus erholte, die er als einziger Präsident des Landes fast vier Amtszeiten lang von 1933 bis 1945 führte.

Besucher können durch das Anwesen flanieren und den ›Living Room‹ besichtigen, in dem Roosevelt gern saß und seinen liebsten Freizeitbeschäftigungen nachging: Briefmarken sammeln und Schiffsmodelle bauen. Das Schlafzimmer mit Büchern und Magazinen sieht noch genauso aus, wie bei seinem letzten Aufenthalt in Springwood im Frühjahr 1945 kurz vor seinem Tod (Rte 9, Tel. 845-229-9115, www.nps.gov/hofr, tgl. 9–17 Uhr).

Die First Lady Eleonore Roosevelt war eine auf Distanz bedachte Frau und richtete sich ihr bescheidenes privates Refugium einige Kilometer östlich von Springwood ein, zumal außer dem Präsidenten auch dessen Mutter in seinem Heim wohnte. Die **Eleonore Roosevelt National Historic Site** trägt nach dem Ortsteil auch den Namen ›Val Kill‹ (Rte 9, Tel.

## Richtig Reisen-Tipp: Wo CIA-›Agenten‹ Kochmützen tragen

Im Städtchen Hyde Park im Hudson Valley beherbergt ein früheres Jesuitenkloster seit 1972 mit dem CIA keine Außenstelle des amerikanischen Geheimdienstes, sondern das weltberühmte Culinary Institute of America. Unter Kennern ist die Akademie auch unter dem Beinamen ›Harvard der Kochkunst‹ bekannt. Die Kochschule entwickelte sich seit 1946 zu einer renommierten Einrichtung, an der 2000 Studenten das Küchenlatein lernen.

Tagtäglich bereiten die Studenten Tausende Mahlzeiten zu, die in den vier Restaurants des CIA und einem Café unter den argwöhnischen Blicken der Lehrer auf den Tisch kommen. Das **American Bounty Restaurant** hat sich auf typisch amerikanische Gerichte mit frischen Zutaten aus der Umgebung spezialisiert, während das französisch inspirierte **Escoffier Restaurant** Spezialitäten einzelner Regionen wie ländlich-deftige Provence-Mahlzeiten oder erlesene Pariser Gaumenfreuden zelebriert. Unter venezianischen Kronleuchtern können Gäste sich im **Ristorante Caterina de' Medici** mit italienischen Klassikern wie etwa Carpaccio vom Rind mit Limonensauce verwöhnen lassen. Kleinere Gerichte wie Sandwiches und Pizzen kommen im **St. Andrew's Café** auf den Tisch.

Dass auch die Herstellung von Kuchen, Torten und süßen Teilchen in der CIA-Ausbildung nicht fehlt, beweist das duftende Schlaraffenland im **Apple Pie Bakery Café** (1946 Campus Dr., Hyde Park, NY 12538-1499, Di–Sa 11.30–13 und 18–20.30 Uhr, außer Apple Pie Bakery Café Mo–Fr 8–18.30 Uhr, Reservierung unter Tel. 845-471-6608 oder www.ciachef.edu.) In allen Lokalen der CIA wird auf angemessene Kleidung Wert gelegt. Die Preise liegen in den Restaurants zwischen 20–50 $.

845-229-9115, www.nps.gov/elro, Mai–Okt., Führungen tgl. 9–17 Uhr, sonst Do–Mo).

Kurz nachdem Frederick Vanderbilt sein Anwesen **Vanderbilt Mansion** Ende des 19. Jh. hatte erbauen lassen, bezeichnete es ein Reporter der ›New York Times‹ als den schönsten Platz zwischen New York City und Albany. Etwa 60 Bedienstete kümmerten sich um die luxuriöse Riesenvilla, obwohl der Hausherr sich dort nur im Frühjahr und Herbst sowie gelegentlich im Winter für ein paar Tage sehen ließ.

Das änderte sich mit dem Tod von Fredericks Ehefrau Louise im Jahr 1926. Von diesem Zeitpunkt an lebte er bis an sein Lebensende zwölf Jahre später zurückgezogen in Hyde Park und kümmerte sich um Garten und Bäume. So wie der im neogriechischen Stil erbaute Palast mit seinen Säulenfassaden aussieht, muss er ein Vermögen gekostet haben. Die geradezu königliche Innenausstattung jedoch soll den Baupreis des feuerfest gebauten Bauwerks um das Zweifache übertroffen haben. An Mobiliar, Dekoration und Kunst war das teuerste gerade gut genug, wodurch das ganze Anwesen in eine atemberaubend prunkvolle, märchenhafte Kulisse verwandelt wurde (Rte 9, Tel. 845-229-91 15, www.nps.gov/vama, tgl. 9–17 Uhr).

i **Hyde Park Chamber of Commerce:** 532 Albany Post Rd., Hyde Park, 125 38, Tel. 845-229-8612, Fax 845-229-86 38, www.hydeparkchamber.org.

**Super 8 Motel:** 4142 Albany Post Rd., Tel. 845-229-0088, www.super8.com. Auf den freundlich eigerichteten Zimmern steht WLAN zur Verfügung, Frühstück inkl. Ab 80 $.
**Golden Manor Hotel:** 522 Albany Post Rd., Tel. 845-229-2157, Fax 845-229-6127, keine Webseite. Standardzimmer, Frühstück und Zeitung inkl. Ab 50 $.

**Culinary Institute of America:** 1946 Campus Dr., Tel. 845-451-15 88, www.ciachef.edu, Di–Sa 11.30–13, 18–21.30 Uhr. Gäste werden in drei ›nationalen‹ Restaurants (französisch, amerikanisch, italienisch) und zwei Cafés von den zukünftigen Starköchen verwöhnt. 20–50 $.

## Nördliches Hudson Valley

### Woodstock

**Reiseatlas:** S. 8, F 3

In den hügeligen Ausläufern der Catskill Mountains kam das 6300 Einwohner zählende Städtchen **Woodstock** auf ungewöhnliche Weise zu Weltruhm. Während der Flower-Power-Ära strömten 1969 Hunderttausende zum Rock- und Popfestival, das etwa 50 Meilen vom Ort entfernt bei Bethel stattfand. Joan Baez, Jimi Hendrix, Joe Cocker, Blood, Sweat & Tears, Grateful Dead, Jefferson Airplane, Janis Joplin, Carlos Santana und Bob Dylan versuchten damals, mit ihren Protestliedern gegen die Gewalt in der Welt und gegen den Vietnamkrieg anzusingen. Die internationale Rock- und Popgemeinschaft feierte 1994 das 25. Jubliläum des legendären Konzerts und Woodstock erlebte noch einmal den Ansturm der Massen, die auch dieses Mal jeglicher Organisation den Garaus machten.

Flaniert man heute durch den Ort, fallen nicht nur die bunt angemalten Holzhäuser auf, sondern auch Dutzende von Souvenirläden, in denen T-Shirts mit dem aufgedruckten Konterfei von Bob Marley oder anderen Größen aus Rock und Pop verkauft werden.

Woodstock bildet einen günstigen Ausgangspunkt für Abstecher in die Catskill Mountains. Am Rand dieses Mittelgebirges gelegen darf man den Namen des örtlichen Bear Café und die nach Bearsville weisenden Straßenschilder durchaus als Hinweis darauf verstehen, dass man sich in dieser Gegend die Wege mit Schwarzbären teilen muss. In der kalten Jahreszeit bilden die Skigebiete Hunter (www.huntermtn.com), Windham (www.windhammountain.com) und Belleayre (www.belleayre.com) beliebte Wintersportziele.

**Woodstock Chamber of Commerce & Arts:** Rock City Rd., Tel. 845-679-6234, www.woodstockchamber.com.

**Blue Pearl Guest Cottage:** 7 Wiley Ln., Tel. 845-679-1136, www.bluepearlguestcottage.com. Farbenfroh im toskanischen Stil eingerichtetes Cottage mit Küche für bis zu 4 Personen. 285 $.

**Woodstock Inn on the Millstream:** 48 Tannery Brook Rd., Tel. 845–679–82 11, www.woodstock-inn-ny.com. Kleines Motel im Stil eines B & B, idyllisch am Fluss gelegen, einst übernachteten Bob Dylan und Van Morrison hier. Ab 109 $.

**New World Home Cooking:** 1411 Rte 212, Tel. 845-246-0900, www.newworldhomecooking.com, Mo–Sa 17–21, Sa 12–15, So 11–14.30, 17–22 Uhr. Thailändisch oder kubanisch eingefärbte Gerichte aus frischen Zutaten. Ab 13 $.

**Bread Alone:** 22 Mill Hill Rd., Tel. 845-679-2108, tgl. 10–18 Uhr. Café mit feinem Holzofenbrot und guten Sandwiches. Ab 7 $.

Eine Broschüre der Chamber of Commerce informiert über alle Galerien, Kunstausstellungen, Museen und Künstlerateliers, die besucht werden können.

**Not Fade Away:** 15 Rock City Rd., Tel. 845-679-8663, Mo–Sa 10–19 Uhr. T-Shirts von Rockidolen, Batikarbeiten, Memorabilien an Woodstock.

### Annandale-on-Hudson

**Reiseatlas:** S. 8, F 2/3

Am 1860 gegründeten Bard College in **Annandale-on-Hudson** studieren die 1500 eingeschriebenen Studentinnen und Studenten zwar Tanz- und Theaterausbildung. Seit 2003 könnte man aber meinen, die Lehranstalt habe sich in jüngster Zeit auf moderne Baukunst spezialisiert. Denn Amerikas Stararchitekt Frank Gehry setzte mit dem **Fisher Cen-**

**Futuristisches Fisher Center for Performing Arts nach Plänen von Frank Gehry**

**ter for Performing Arts** einen baulichen Akzent in die Landschaft, der offenkundig auch einer Millionenstadt bestens zu Gesicht stünde.

Der im typischen Gehry-Stil errichtete Bau erinnert einerseits an einen Gartenpavillon, könnte aber auch ein hochtechnisches Labor aus einem zukünftigen Zeitalter sein. Welche Assoziationen das Zentrum für darstellende Kunst auch immer weckt: Es ist fantastisch (Bard College, Tel. 845-758-68 22, www.bard.edu).

### Saugerties

**Reiseatlas:** S. 8, F 2/3

Einmal im Jahr läuft das 5000-Seelen-Städtchen **Saugerties** am Hudsonufer zur Hochform auf, wenn am letzten Wochenende im September bis zu 50 000 Besucher zum berühmten Knoblauchfestival anreisen. Bei diesem von Musik begleiteten kulinarischen Fest demonstrieren Köchinnen und Köche, was man mit Knoblauch alles würzen kann: Pfannkuchen, Eiscreme, Kartoffelpüree, Pilze, Nudeln, Brezeln, Ravioli, Suppen, Popcorn, Seife, Bonbons und Biskuits für Hunde. Zu den einheimischen Spezialitäten zählen ›blooming onions‹, wobei große Zwiebeln auseinander gefaltet, in einen Teig getaucht und in Öl ausgebacken werden. Dass über dem Fest ein zarter Knoblauchduft liegt, bedarf keiner besonderen Erwähnung.

## Albany

**Reiseatlas:** S. 8, F 1/2

Die Hauptstadt des Bundesstaats New York ist mit 101 000 Einwohnern zwar nicht einmal so groß wie ein Stadtviertel von Manhattan, doch die selbstbewusste Kapitale versucht erst gar nicht, mit der ›großen Schwester‹ zu konkurrieren.

### State Capitol und City Hall

Das Kapitol gehört zu den wenigen in amerikanischen Hauptstädten, die nicht dem Vorbild in Washington D. C. nachempfunden sind. Der Regierungssitz in Albany, erbaut zwischen 1865 und 1899, erinnert mit einer monumentalen Freitreppe, die von kleinen Seitenbalkonen und patinagrünen Laternen flankiert ist, eher an ein französisches Renaissanceschloss. Steinmetzarbeiten zeigen Szenen aus der Landesgeschichte und Gesichter, die Freunden und Verwandten der einstigen 500 Steinmetzen ähneln sollen. Am Treppenaufgang sitzt der in Albany geborene Bürgerkriegsgeneral Philip Henry Sheridan auf einem bronzenen Ross. Im Innern ist der Baustil mit Anleihen an Romanik, Gotik und Renaissance nicht einheitlich, was seinen Grund darin hat, dass der reizvolle Bau Ergebnis mehrerer Architektenpläne war. 1911 wurde das Kapitol durch ein Feuer teilweise zerstört (Eagle St./Washington Ave., Tel. 518-474-2418, www.assembly.state.ny.us/Tour, einstündige Führungen tgl. 9–16 Uhr).

Vor dem Kapitol steht in der Eagle Street die **City Hall**, ein Werk des neuenglischen Architekten Henry Hobson Richardson (1838–1886), der eine Vorliebe für das Mittelalter hegte und seinen Bauten gern ein romanisches Aussehen gab. Mit dem angebauten quadratischen Turm sieht das Gebäude einer Kirche ähnlicher als einer Stadtverwaltung.

## Empire State Plaza

Südlich des Kapitols dehnt sich zwischen State Street und Madison Avenue die **Empire State Plaza** aus, in deren Pool sich bei windstillem Wetter das Kapitol, die umliegenden Regierungsgebäude und kulturelle Einrichtungen spiegeln.

Futuristisch mutet das **Performing Arts Center** aus dem Jahr 1979 an, das aus einem bestimmten Blickwinkel betrachtet wie eine riesige Satellitenschüssel aus Stahlbeton den Himmel nach neuen Ideen abzusuchen scheint. Das vom Volksmund The Egg genannte Gebäude beherbergt zwei Theater, das 450 Plätze große Lewis A. Swyer Theatre für Kammermusikkonzerte, Kabaretts, Lesungen und Multimediapräsentationen und das knapp 1000 Plätze große Kitty Carlisle Hart Theatre für größere Konzerte und Musicals (Center for the Performing Arts, Empire State Plaza, Tel. 518-473-1845, www.theegg.org).

Der aus Glas und Marmor bestehende **Corning Tower** ist mit seinen 42 Etagen das höchste Gebäude im Bundesstaat New York außerhalb von Manhattan. Auf dem obersten Stockwerk wurde ein Observation Deck eingerichtet, von dem man an klaren Tagen bis in die Adirondack Mountains und bis nach Massachusetts sieht (Empire State Plaza, Tel. 518-474-2418, tgl. außer feiertags 10–14.30 Uhr, Ausweiskontrolle, Mindestalter 16 Jahre).

Am südlichen Ende der Plaza zieht der Riesenbau des **New York State Museum** mit schießschartenförmigen Fenstern den Blick auf sich. Das Museum versucht alles Wissenswerte über den Bundesstaat New York zu bündeln und auf spannende Weise durch Ausstellungen zu vermitteln, etwa über die Adirondack Wilderness im nördlichen Teil des Staats, die Kultur- und Naturgeschichte seit dem Ende der letzten Eiszeit vor 12 000 Jahren oder das Harlem der 1920er Jahre. Außerdem gibt es eine beeindruckende Präsentation zum Terroranschlag auf das World Trade Center in Manhattan mit zerstörtem Feuerwehrgerät und Fundstücken wie einer völlig demolierten Aufzugstür und in der Hitze geschmolzenen Schlüsseln (Madison Ave., Tel. 518-474-5877, www.nysm.nysed.gov, tgl. 9.30–17 Uhr.

## Institute of Art and History

Um Geschichte und Kunst des oberen Hudson Valley seit dem 17. Jh. geht es im **Albany Institute of History and Art**, das über ausgesprochen umfangreiche Sammlungen von Gemälden, Zeichnungen, Drucken, Skulpturen, Möbelstücken, Tafelsilber, Keramik, Kostümen und historischen Artefakten verfügt. Dabei liegt der Schwerpunkt bei den historischen Gegenständen auf Objekten, die von der Bevölkerung tatsächlich benutzt wurden, vom Schaukelstuhl bis zur 130 Jahre alten Getränkeflasche (125 Washington Ave., Tel. 518-463-4478, www.albanyinstitute.org, Mi–Sa 10–17, So 12–17 Uhr, an Feiertagen geschlossen).

i **Albany County Convention & Visitors Bureau:** 25 Quackenbush Sq., Albany, NY 12207, Tel. 518-434-12 17, www.albany.org. Start der Trolleys für Stadtrundfahrten.

**The Morgan State House:** 393 State St., Tel. 518-427-6063, www.statehouse.com. Sehr schönes B & B in einem Stadthaus vom Ende des 19. Jh., elegante Lobby mit Holzfußböden und Stuck an den Wänden, große Küche, Terrasse im Hinterhof und geräumige, traditionell eingerichtete Zimmer inkl. Kabel-TV. 135–260 $.

**Days Inn:** 16 Wolf Rd., Tel. 518-459-3600, Fax 518-459-3677, www.daysinnalbany.com. Mit Swimmingpool und inkl. Frühstück. Liegt in der Nähe von zahlreichen Restaurants und einem Einkaufscenter. Ab 69 $.

Die **Lark Street**, für manche das Greenwich Village von Albany, ist ein für Shopper und Restaurantbesucher attraktiver Flecken: Ob indisch, mexikanisch, japanisch oder italienisch, hier findet jeder seine Lieblingsspeisen. Aber auch die **Central Avenue** bietet ein breites Spektrum an Lokalen.

**Beffs:** Everett St. 95 Everett St., Tel. 518-482-2333, tgl. Lunch und Dinner. Eindrucksvoll umfangreiche Speisekarte, die Portionen der deftigen Küche mit Wings, Burgern, Sandwiches, Salaten und Pizzen sind riesig, diverse Biersorten. Ab 5 $.

**Stuyvesant Plaza:** Western Ave., Ecke Fuller Rd., Tel. 518-482-8986, www.stuyvesantplaza.com, Mo–Fr 10–21, Sa bis 18, So 12–17 Uhr. Großes Einkaufszentrum für Mode, Musik und Elektronik, Kosmetik, Schmuck und Bücher; mehrere Restaurants, Imbisse und Cafés.

**Cafe Hollywood:** 275 Lark St.,Tel. 518-472-9043. Lebhaftes Musiklokal mit jungem Publikum.

**Nick's Sneaky Petes:** 711 Central Ave., Tel. 518-489-0000, www.nickssneakypetes.com, Do–Sa ab 22 Uhr. Dance Club, House & Techno, Hip Hop, jeder Tag hat seine spezielle Musik. Club mit Kleiderordnung: keine Kappen, keine Baggypants, keine Muscle-Shirts.

**Abendstimmung auf der Empire State Plaza in Albany**

# 4 Die Niagarafälle

Karte S. 203

**›Donnerndes Wasser‹ nannten die Indianer die Niagarafälle auf der Grenze zwischen den USA und Kanada. Über die drei Wasserfälle stürzt mehr Wasser als über jeden anderen Wasserfall Nordamerikas. Zu Recht gehören sie zu den spektakulärsten amerikanischen Naturwundern, und wer das grandiose Schauspiel je gesehen hat, weiß auch warum.**

Vom Lake Erie wälzt der breite, 36 Meilen lange Niagara River sein Wasser durch eine tiefe Schlucht in nördlicher Richtung zum Lake Ontario. Daran wäre im Grunde genommen nichts Aufregendes, existierte zwischen den beiden Seen nicht ein Höhenunterschied von gut 50 m, den der Fluss auf spektakuläre Weise überbrückt: durch die Niagarafälle. Zwar sind sie nicht besonders hoch, doch zählen sie durch ihre Länge, ihre gewaltigen Wassermassen und durch ihre atemberaubende Form zu den schönsten Wasserfällen der Erde. Über eine mehrere hundert Meter lange Abbruchkante stürzen die brodelnden Wassermengen in drei einzelnen Fällen in einem weißen Gischtnebel donnernd in die Tiefe.

Zu aller landschaftlichen Dramatik kommt hinzu, dass es sich bei diesem Naturschauspiel um einen echten ›Fall für zwei‹ handelt. Kanada und die USA teilen sich das nasse Wunder, weil die internationale Grenze zwischen den beiden Nachbarländern durch den Niagara River markiert wird und die Grenzlinie mitten durch die Fälle verläuft. Nur einen Katzensprung vom Ort des Geschehens entfernt überspannt die internationale Rainbow Bridge den Fluss, die weltweit zu den Brücken mit der grandiosesten Aussicht gehört. Sie stellt die Verbindung zwischen den beiden ungleichen Schwesterstädten Niagara Falls (USA) und Niagara Falls (Kanada) her.

Indianer hatten schon den ersten Europäern in der Neuen Welt von den ›donnernden Wassern‹ erzählt. Als erster Weißer bekam sie im Dezember 1678 der Jesuitenmissionar Louis Hennepin zu sehen. Ein Jahrhundert später kursierten Reisebeschreibungen, die es mit der Genauigkeit, wie sich in späteren Zeiten herausstellte, nicht allzu ernst nahmen. Galten die Fälle vor dem amerikanischen Bürgerkrieg noch als Symbol unverfälschter Natur, so änderte sich die Haltung der Menschen vor allem gegen Ende des 19. Jh. Im Zuge einer durch die fortschreitende Industrialisierung veränderten Weltsicht rückte eine Reihe von Industriebossen die Niagarafälle ins Zentrum utopischer Entwürfe zum Aufbau gigantischer Industriestandorte, die hydroelektrisch durch die Wasserkraft des Niagara River hätten versorgt werden sollen.

## Die amerikanischen Fälle

Seit vor etwa 12 000 Jahren die Eiszeit im Gebiet der Großen Seen zu Ende ging, grub sich der Niagara River rückschreitend eine tiefe Schlucht, in der die Wasserfälle rund 50 m in die Tiefe donnern. Bevor der Fluss zum Absturz ansetzt, wird er durch das auf US-Territorium liegende Goat Island in die amerikanischen und die kanadischen Fälle zweigeteilt.

Die **American Falls** 1 werden durch eine gerade, ca. 300 m lange Abbruchkante gebildet, über die etwa 10 % der gesamten Wassermenge des Niagara River stürzen. Nördlich der Fälle dehnt sich der **Prospect Park** 2 als Teil des 1885 eingerichteten Niagara

## Mit dem Autor unterwegs

### Nasses Weltwunder

**Cave of the Winds:** Hautnahe Begegnung mit den donnernden Wassermassen garantiert dieser Besuch auf US-Seite auf Goat Island (s. S. 202).
**Skylon Tower:** Von allen Aussichtstürmen bietet dieser Turm den besten Überblick über die Wasserfälle (s. S. 206).
**Horseshoe Falls:** Den schönsten Blick auf die Niagarafälle hat man von der kanadischen Seite, wo Wege unmittelbar an die Abbruchkante der Horseshoefälle führen und sich ein Panoramablick auf die American und Bridal Veil Falls auf der US-Seite bietet (s. S. 206).

### Gratisattraktion

**Niagara Power Project:** Das Kraftwerk vermittelt einen Eindruck von der Bedeutung und Rolle der Wasserkraft für den Bundesstaat New York (s. S. 205).
**Spielkasinos:** Die unterhaltsamen Gambling-Hochburgen auf der kanadischen wie amerikanischen Seite kann man in Straßenkleidung besuchen (s. S. 206, 207, 208).

Falls State Park aus, in dem zwischen Blumenrabatten Grasflächen in Gestalt der Großen Seen angelegt wurden. Im **Besucherzentrum** bekommt man alle Informationen und kann von dort aus mit dem **Niagara Scenic Trolley** zu zahlreichen Sehenswürdigkeiten fahren (Abfahrten ab 9.30 Uhr alle 15 Min.). Mit dem im Visitor Center verkauften ›Passport to the Falls‹ kann man bei Eintrittsgebühren bis zu 30 % sparen.

Den besten Blick auf die American Falls bietet der 80 m hohe, über die Abbruchkante der Schlucht hinaus gebaute **Observation Tower** 3. Seine gläsernen Aufzüge fahren nicht nur nach oben auf das Observation Deck, sondern auch nach unten auf den Talboden der Schlucht, wo die Exkursionsboote zu Ausflügen ablegen. Ein befestigter Weg und einige Stufen führen zum **Crow's Nest,** wo man den kalten Hauch der herabstürzenden Wasserkaskaden hautnah spürt.

Der südlichste Teil der American Falls ist durch die kleine Felseninsel Luna Island von den übrigen Fällen abgetrennt und trägt den Namen **Bridal Veil Falls** 4 (Brautschleierfälle), weil der Wind die Gischt des fallenden Wassers manchmal wie ein weißes Brautkleid auseinander faltet. Diese Fälle sind von **Goat Island**, der größten Insel im Niagara River, erreichbar. Wo das Wasser nach einem Fall aus 55 m Höhe auf den Felsen aufschlägt, befand sich vor Jahren noch eine Höhle, die immer weiter erodierte und dann schließlich aus Sicherheitsgründen gesprengt werden musste. Geblieben ist der Name **Cave of the Winds** für befestigte Wege und Treppen, die per Aufzug erreichbar sind und in unmittelbare Nähe der tosenden Wassermassen führen. Ohne Regenschutz wäre das eine ziemlich feuchte Angelegenheit, aber Regenponchos sind im Eintritt inbegriffen (tgl. 9–19.30 Uhr).

## Die Niagaraschlucht

Nördlich der Rainbow Bridge folgt der Robert Moses Parkway der Schlucht des Niagara River. Von der Straße sind zahlreiche Sehenswürdigkeiten erreichbar.

Das **Aquarium of the Niagara** 5 fällt auf mehrfache Weise aus dem Rahmen. Weltweit war es das erste Haus, das seinen Meereslebewesen einen Lebensraum nicht in richtigem Salzwasser aus dem Ozean schuf, sondern das Salzwasser selbst auf synthetische Weise herstellte. Außerdem gehört das Aquarium zu den wenigen auf amerikanischem Boden, die sich mit der Aufzucht von Peruanischen Pinguinen beschäftigen, die vom Aussterben bedroht sind. Von den ›Frackträgern‹ abgesehen, können sich Besucher über Seelöwen, Haie, Seepferdchen, Schildkröten, Piranhas, Aale, Robben und die in freier Natur selten gewordenen Seekühe aus Florida freuen (701 Whirlpool St., Tel. 716-285-3575, www.aquariumofniagara.org, tgl. 9–17 Uhr).

## Schlucht des Niagara River

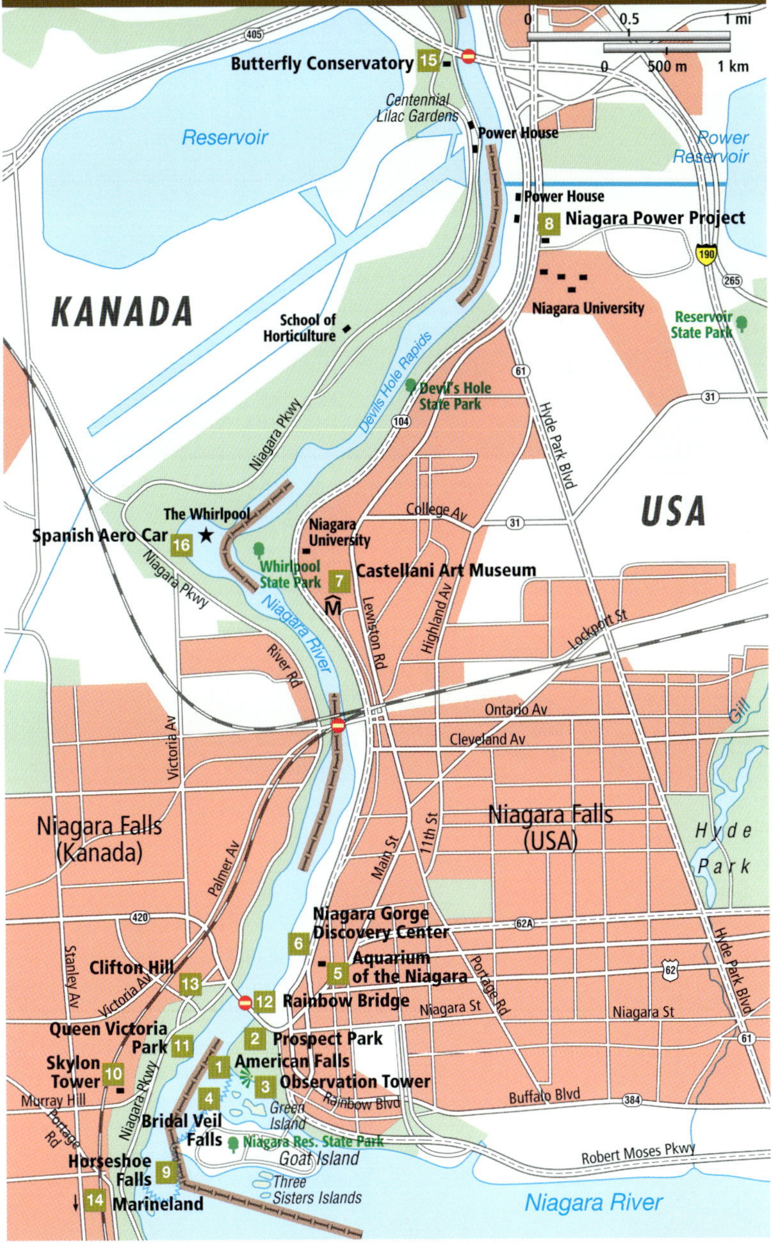

**Ausflugsschiff der ›Maid of the Mist‹-Flotte im Wassernebel der Niagarafälle**

Im **Niagara Gorge Discovery Center** 6, einer Art Schaufenster der lokalen Natur- und Zivilisationsgeschichte, erfahren Besucher interessante Details über die geologischen Formationen, Fossilien und Mineralien der Niagaraschlucht. Auf einer 180°-Leinwand zeigt eine Präsentation wie sich der Fluss in den vergangenen 12 000 Jahren in die Landenge zwischen Ontario und Erie-See grub (Robert Moses Pkwy, Tel. 716-278-10 70, www.niagarafallsstatepark.com, tgl. 9–17 Uhr). Teil des Zentrums ist das **Niagara Gorge Trailhead Building** als Ausgangspunkt für mehrere Pfade, die man zu Fuß oder per Fahrrad zurücklegen kann. Hier beginnen auch vier geführte Touren mit unterschiedlichen Zielen. Wer vorab seine Fitness testen will, hat dazu an einer 8 m hohen Kletterwand Gelegenheit.

Drucke, Fotografien, Gemälde, Zeichnungen und Skulpturen schaffen im **Castellani Art Museum** 7 einen Überblick über die Entwicklung der modernen Kunst seit etwa Mitte des 19. Jh. mit Arbeiten von Dalí, Modigliani und Picasso. Das Hauptgewicht der Ausstellungen liegt jedoch auf seit den 1970er Jahren entstandenen Werken von Künstlern wie Basquiat, Borofsky, Gilliam, Pfaff, Garet, Salle, Benglis, Haring und Baselitz (Campus der Niagara University, Lewiston Rd., Tel. 716-286-8200, www.niagara.edu/cam, Di–Sa 11–17, So 13–17 Uhr, Mo Ruhetag).

Am Oberlauf des Flusses noch vor den Wasserfällen liegen zwei Wasserkraftwerke, je eines auf der amerikanischen und auf der kanadischen Seite, die etwa die Hälfte des Wassers in ihre Turbinenanlagen abzweigen. Ein weiteres Kraftwerk ist das **Niagara Power Project** 8 sechs Kilometer nördlich der Wasserfälle, das etwa ein Sechstel des gesamten Strombedarfs im Bundesstaat New York deckt.

In zahlreichen Ausstellungen werden Themen rund um die Stromproduktion und den -verbrauch anschaulich dargestellt. Von einer Aussichtsplattform aus können sich Besucher einen Überblick über den Niagara River und das Wasserkraftwerk verschaffen (US 104, Tel. 914-681-6200, www.nypa.gov, tgl. 9–17 Uhr, Eintritt frei).

i **Niagara Tourism and Convention Corporation:** 345 3rd St., Suite 605, Niagara Falls, NY 14303, Tel. 716-282-8992, www.niagara-usa.com.

**Ramada Inn by the Falls:** 219 4th St., Tel. 716-282-1734, Fax 716-282-1881, www.ramadainnbythefalls.com. Neben dem Seneca-Casino. Mit Atriumrestaurant, manche Zimmer mit Whirlpool. Ab 89 $.

**Comfort Inn The Pointe:** One Prospect Pointe, Tel. 716-284-6835, www.comfortinnthepointe.com. Nahe an den Fällen gelegen, gute Zimmer, teilweise mit Whirlpool, Restaurant, Frühstück inkl. Ab 89 $.

**Travelers Budget Inn:** 9001 Niagara Falls Blvd., Tel. 716-297-3228, Fax 716-297-2790, keine Webseite. Unterkunft im Motelstil mit Standardzimmern. Ab 60 $.

Eine größere Auswahl an Unterkünften gibt es auf der kanadischen Seite. Vor allem entlang der Lundy's Lane liegen zahlreiche preisgünstige Motels.

**Niagara Falls Campground & Lodging:** 2405 Niagara Falls Blvd., Whitfield, Tel. 716-731-3434, www.gocampingamerica.com/nia

## Richtig Reisen-Tipp: Bootstour im Hexenkessel

Will man die Niagarafälle von ihrer abenteuerlichen Seite kennen lernen, bietet sich entweder von amerikanischer oder kanadischer Seite ein halbstündiger Bootausflug mit den **Maid of the Mist Boat Tours** an. Jeder Passagier bekommt einen Regenponcho und kann die Fahrt zunächst vorbei an den American und Bridal Veil Falls mitten hinein in den tosenden Kessel der Horseshoe Falls wahlweise im Freien oder geschützt in der geschlossenen Kabine des Exkursionsbootes genießen.

Bei dem sehr feuchten und dramatischen Erlebnis versucht der Kapitän, das in den Wirbeln und Strömungen des Flusses bockende Schiff so nahe wie möglich an die donnernde Wasserwand der Horseshoe Falls zu manövrieren. An die Reeling geklammert, versteht man im Tosen der Kaskaden sein eigenes Wort nicht mehr. An warmen Hochsommertagen legen manche Passagiere ihre Ponchos freiwillig ab, um die spektakulärste Dusche ihres Lebens in vollen Zügen zu genießen (Prospect Point, Tel. 716-284-8897, www.maidofthemist.com, Mitte Mai–Okt.).

garafalls. 6 Meilen von der Stadt entfernter Platz mit schattigen und sonnigen Plätzen, Swimmingpool und Cabins.

**Como:** 2220 Pine Ave., Tel. 716-285-9341, tgl. ab 11.30–22 Uhr. Familienrestaurant mit italienischen und amerikanischen Gerichten, So Brunch (Mai–Sept.). 7–18 $.
**Chu' Dining Lounge:** 1019 Main St., Tel. 716-285-7278, tgl. 11–23 Uhr. Große Auswahl an Gerichten für Liebhaber der fernöstlichen Küche. Ab 6 $.

**Art Park:** 450 S./4th St. Lewiston, Tel. 716-754-4375, www.artpark.net. Erholungspark und Amphitheater mit Konzerten, im Sommer jeden Diestagabend kostenlose Konzerte.

**Prime Outlets:** 1900 Military Rd., Tel. 716-297-0933, www.primeoutlets.com, Mo–Sa 10–21, So 11–18 Uhr. 150 Outlets mit Fabrikverkauf.

**Ballonfliegen:** Great American Balloon Co., 310 Rainbow Blvd. S., Tel. 716-278-0824, keine Webseite. Mai–Okt., 15-minütige Flüge über die Niagarafälle mit einem Heliumballon, Erwachsene 20 $, Kinder 10 $.
**Spielkasino:** Seneca Niagara Casino, 310 Fourth St., Tel. 716-299-1100. Großes Casino der Indianer mit ausgezeichneten Restaurants. Das ›All you can eat‹-Thunder Falls Buffet gibt es von Fr–Mo ab 11 Uhr für 20 $. Bei Drucklegung war das 26-stöckige Luxushotel mit eigenem Spa noch nicht eröffnet.

## Die kanadischen Fälle

Der sehenswerteste Teil der Niagarafälle sind die auf kanadischer Seite liegenden **Horseshoe Falls** 9, die ihren Namen von einer hufeisenförmig gebogenen, 671 m langen Abbruchkante ableiten. Sie bilden einen tosenden Kessel, in dem das Wasser unter einem gewaltigen Gischtschleier zu kochen scheint und der schon in vergangenen Jahrhunderten Entdecker und Missionare, Poeten und Schriftsteller zu geradezu mythischen Verklärungen des Naturschauspiels verleitete. Die unglaublichen Kaskaden treffen in der Tiefe mit so brachialer Wucht auf, dass sich dort mittlerweile eine 56 m tiefe Kuhle auf dem Talboden bildete. Jede Sekunde stürzen ca. 2 Mio. Liter Wasser über die Horseshoe Falls, je nach Jahreszeit kann es sogar noch mehr sein. Sowohl die kanadischen wie die amerikanischen Fälle werden im Sommer nachts beleuchtet.

Den besten Blick auf die Szenerie hat man vom kanadischen **Skylon Tower** 10, auf dessen 160 m hoher Plattform man sich wie bei einem Hubschrauberflug vorkommt. Die Panoramaaussicht reicht über das Reich des tosenden Wassers auf die beiden Anrainerstädte und die sich nach Norden ziehende Schlucht des Niagara River (5200 Robinson St., Tel. 905-356-2651, www.skylon.com, tgl. 8.30–1 Uhr).

Einige Schritte von der Basis des Turmes entfernt zieht sich der **Queen Victoria Park** 11 an den Horseshoe-Fällen bzw. an der Kante der Niagaraschlucht entlang, der man auf einem Fußweg bis zur **Rainbow Bridge** 12 folgen kann. Wem diese Annäherung an das Naturwunder immer noch zu distanziert ist, kann sich mit Ausflugsbooten sowohl vom kanadischen wie vom amerikanischen Ufer an den American und Bridal Veil Falls vorbei mitten in den brodelnden Hexenkessel der Horseshoe Falls fahren lassen.

## Die Stadt Niagara Falls (Kanada)

Während sich Niagara Falls (USA) den Charakter einer normalen amerikanischen Stadt erhalten und den Einstieg ins profitable Fremdenverkehrsgeschäft in den vergangenen Jahren verschlafen hat, vollzog Niagara Falls (Kanada) erfolgreich die Wende zum Touristenmekka. Um **Clifton Hill** 13 in der Nähe der Rainbow Bridge gruppieren sich Gruselkabinette, Eisdielen, ein Wachsfigurenmuseum und ähnliche Freizeiteinrichtungen, ganz abgesehen von Souvenirläden, deren Größe eher an Turnhallen denken lässt als an Geschäfte. Im Rainforest Café begrüßt ein aus Kunstnebel auftauchendes brüllendes Krokodil die Gäste, und Frankensteins Geisterbahn in der Nachbarschaft kommt auch nicht ohne Kirmesreize aus. Da passen Filialen von McDonald's, Kentucky Fried Chicken, Planet Hollywood und Hard Rock Café bestens ins Bild. Um den im Sommer gigantischen Besucherandrang zu bewältigen, stampfte der Ort eine geradezu unglaubliche Anzahl von Motels und Hotels aus dem Boden.

Noch zugkräftiger als Clifton Hill hat sich in den letzten Jahren die Spielkasinoszene erwiesen, die einen Hauch Las Vegas an die Niagarafälle gebracht hat. Als erste Gamblinghochburg eröffnete 1998 das **Casino Niagara** (www.casinoniagara.com), das weitere Investitionen der Privatwirtschaft und der öffentlichen Hand nach sich zog: Hotels, Restaurants, Parkanlagen, den Ozeanpark **Marineland** 14, den Schmetterlingsdom **Butterfly Conservatory** 15, botanische Gärten sowie Wander- und Fahrradwege. Die Stadt war in der Lage, die Zahl ihrer Besucher innerhalb eines Jahrzehnts von 8 auf 14 Mio. pro Jahr zu steigern. Während das bescheidenere Casino Niagara auf einheimische Gäste spekuliert, hat es das mondänere, 2004 eröffnete **Falls View Casino Resort** eher auf eine internationale Klientel abgesehen und zielt mit der 2005 eröffneten ersten Wedding Chapel im Kasino darauf ab, Niagara Falls wieder zu dem zu machen, was es einmal war: ultimatives Flitterwochenziel von ›Honeymooners‹ (www.fallsviewcasinoresort.com).

### Spanish Aero Car

Wo der Niagara River nördlich der Stadt einen fast rechtwinkligen Bogen schlägt, bildet der Fluss einen mächtigen Strudel mit dem Namen Whirlpool. Schon 1916 wurde an dieser Stelle eine Drahtseilbahn in Betrieb genommen, mit der Schaulustige in einer offenen Kabine die Schlucht in 76 m Höhe überqueren und ihre Gänsehaut genießen können. Da das heute noch existierende Oldtimer-Gefährt von einem spanischen Ingenieur konstruiert wurde, trägt es seitdem den Namen **Spanish Aero Car** 16. Bei schlechtem Wetter bzw. im Winter stellt die Bahn den Betrieb ein. Eine Ausstiegsmöglichkeit am anderen Ufer besteht nicht (3850 Niagara River Pkwy, Tel. 905-354-5711, Mo–Fr 9–17, Sa–So 9–18 Uhr).

i **Niagara Falls Ontario Convention and Visitors Bureau:** 5515 Stanley Ave., Niagara Falls, Canada L2G 3X4, Tel. 905-356-6061, Fax 905-356-5567, www.dis

**Tagesausflug nach Kanada:** Wer von den USA die kanadischen Fälle besuchen will, kann mit dem Auto oder zu Fuß problemlos einreisen. Man muss nur seinen Pass vorweisen und ein Zolldokument unterschreiben. An der Rainbow Bridge staut sich an Sommerwochenenden gelegentlich der Verkehr.

coverniagara.com. Alle nachfolgend angeführten Preise in US-$. Umrechnungskurs Anfang 2006: 1 € = 1,39 CN-$; 1 US-$ = 1,15 CN-$. In Niagara Falls (Kanada) kann man überall mit US-$ bezahlen.

**Fallsview Casino Resort:** 6380 Fallsview Blvd., Tel. 416-224-1772, www.fallsviewcasinoresort.com. Kasino mit luxuriösem 5-Sterne-Hotel, Zimmer teilweise mit Blick auf die Fälle. Von 129–489 $.
**Old Stone Inn:** 5425 Robinson St., Tel. 1-800-263-6208, www.oldstoneinn.on.ca. Etwas ältlich eingerichtet, aber komfortabel mit 114 Zimmern und Suiten, Pool im Innenhof, Restaurant. Ab 120 $.
**Falcon Inn:** 7865 Lundy's Ln., Tel 905-354-2279, www.falconinnniagara.com. Ordentliche Zimmer mit Farb-TV, Klimaanlage, manche mit Jacuzzi, Außenpool und Picknickstelle im Garten. Ab 32 $.

In der Stadt gibt es Restaurants wie Sand am Meer. Qualität wird aber nicht sonderlich groß geschrieben, wenn man von einigen teuren Lokalen einmal absieht.
**Beef Baron Restaurant:** 5019 Centre St., Tel. 905-356-6110, www.beefbaronrestaurant.com, Mai–Okt. tgl. 16–23, Nov.–April tgl. bis 22 Uhr. Familienrestaurant mit Prime Rib, Pastagerichten und Seafood, auch Kinderportionen. Ab 13 $.
**Betty's Restaurant:** 8921 Sodom Rd., Tel. 905-295-4436, tgl. ab 7, So ab 9 Uhr. Bodenständiges Lokal, in dem niemand den Tisch hungrig verlässt. Ab 10 $.

**Schmetterlinge:** Niagara Parks Butterfly Conservatory, Niagara River Pkwy, Tel. 905-356-8119, www.niagaraparks.com, tgl. 9–17 Uhr. Glasdom mit frei fliegenden Schmetterlingen aus aller Welt.
**Botanischer Garten:** Niagara Parks Botanical Gardens, 2565 Niagara Pkwy, Tel. 905-371-0254, www.niagara parks.com, geöffnet von Sonnenauf- bis Sonnenuntergang. Oase der Ruhe mit mehreren Hundert verschiedenen Baum- und Straucharten sowie Rosen- und Gemüsegärten.
**Freizeitpark:** Marineland Theme Park, 7657 Portage Rd., Tel. 905-356-9565, www.marinelandcanada.com, tgl. 10–17 Uhr, Okt.–Mitte April geschlossen. Mischung aus Meereszoo mit Orca-Shows, Zirkus und Volksfest.
**Whirlpool Aero Car:** 3850 Niagara Pkwy, Tel. 877-642-7275, www.niagaraparks.com, tgl. 10–16 Uhr, gutes Wetter vorausgesetzt. Oldtimer-Seilbahn über die Niagaraschlucht.
**Spielcasino:** Casino Niagara Falls, 5705 Falls Ave., Tel. 905-374-3598, www.discoverniagara.com. Rund um die Uhr geöffnetes Spielkasino mit 2700 Automaten und 135 Spieltischen, vier Restaurants und diversen Einkaufsmöglichkeiten.

**Flugzeug:** Nächstgelegener größerer Flughafen ist der Buffalo Niagara International Airport, Tel. 716-630-6000, www.nfta.com/airport. Er liegt ca. 10 Meilen östlich vom Zentrum von Buffalo und wird von mehreren amerikanischen Fluglinien frequentiert. Viele große Mietwagenfirmen haben dort Niederlassungen. Mit dem Niagara Falls Shuttle kann man nach Niagara Falls/USA (30 $) und nach Niagara Falls/Kanada (40 $) fahren.
Ein kleinerer Regionalflughafen ist Niagara Falls International Airport, Niagara Falls Blvd./Porter Rd., Tel. 716-297-4494.
**Bahn:** Amtrak Terminal (USA), 27th St./Lockport Rd., Tel. 1-800-872-7245, www.amtrak.com. Der internationale Zug Maple Leaf verkehrt zwischen New York und Toronto mit Halt in Niagara Falls.
Amtrak Terminal (Kanada), 4267 Bridge St., Niagara Falls (CN), Tel. 1-800-872-7245.
**Bus:** Greyhound Terminal, 303 Rainbow Blvd., Niagara Falls, NY, Tel. 716-282-1765, www.greyhound.com. Busverbindungen in die nähere und weitere Umgebung.
**Öffentlicher Nahverkehr:** Auf der US-Seite verkehren in der Stadt und Umgebung NFTA-Metro-Busse (gestaffelte Preise je nach Entfernung zwischen 1,50 und 2,25 $). Auf der kanadischen Seite fährt der Falls Shuttle zu allen Sehenswürdigkeiten und zur Motelmeile Lundy Lane (www.niagaratransit.com, Mai–Nov., Einzelfahrt Erwachsene 5,25 $, 5–12 J. 1,15 $, Tagespass 6,90 $).

# Das Südufer des Lake Erie

Reiseatlas S. 5/6

**Vor sich hin träumende Provinzflecken und dynamische Riesenstädte, verschlafenes Rebland und fetziges Stadtleben, biedere Kleinstadtviertel und mitreißende Kultur von Weltformat: die ›Südküste‹ am Lake Erie, dem zwölftgrößten See der Erde, präsentiert ein typisches, zugleich aber auch gegensätzliches Amerika.**

Ist in den USA vom ›Kernland Amerikas‹ die Rede, so meinen die Menschen in der Regel neben dem mittleren Westen auch die Bundesstaaten Ohio, Pennsylvania und New York, die an das Südufer des Lake Erie angrenzen. Ohio, das 1803 Bundesstaat wurde, spielte bei der Besiedlung der Region eine Schlüsselrolle; Pennsylvania trägt nicht zu Unrecht den Beinamen ›Wiege der Nation‹ angesichts seiner historischen Bedeutung im Unabhängigkeitsprozess; und der Staat New York war schon zum Zeitpunkt der amerikanischen Unabhängigkeit 1776 ein wirtschaftliches Schwergewicht. Davon abgesehen hängt diesem Landesteil der Ruf einer typisch amerikanischen Region an, in der Mentalitäten, Werte und Verhalten der Menschen am ehesten US-Normen entsprechen.

Entscheidend geprägt wird die Gegend durch den Lake Erie, dem im deutschen Sprachraum Theodor Fontane mit seinem Gedicht ›John Maynard‹ ein literarisches Denkmal setzte. Der zwölftgrößte See der Welt ist 388 km lang und 92 km breit und gehört im ›Fünfer-Club‹ der Großen Seen mit einer durchschnittlichen Tiefe von nur 19 m zu den flachsten. Er erwärmt sich aus diesem Grund am schnellsten und bringt es im Juli durchschnittlich auf 21 °C. Deshalb dauert die Urlaubssaison um den Lake Erie länger, der Fischreichtum ist größer und die Zeit der Vereisung fällt kürzer aus als anderswo in der Region.

Viele Gebiete am Ufer des Lake Erie sind eher provinziell, wie etwa am Purple Heart Highway in Pennsylvania oder am Chatauqua Wine Trail angesichts der Maisfelder und Weinanbaugebiete unschwer festzustellen ist. Am Südufer haben jedoch mit Buffalo, Erie und Cleveland auch drei Großstädte ihren Standort, die mit allen urbanen Prädikaten ausgestattet sind. Alle drei kamen durch den Güterverkehr auf den Großen Seen zu beträchtlichem Wohlstand. Cleveland entwickelte sich sogar zu einem der größten Zentren der Stahlproduktion in den USA: Den Energieträger Kohle bezog man aus dem Ohio Valley, der Rohstoff Eisenerz aus Minnesota. Hinzu kamen der Schiffsbau und die Aufarbeitung von Erdöl, das 1859 in Pennsylvania entdeckt worden war. Im 20. Jh. musste die Stadt Rückschläge einstecken, stieg in den letzten Jahren aber wie ein Phönix aus der Asche und wandelte sich in ein Touristenziel mit jährlich fast 10 Mio. Besuchern.

## Buffalo

**Reiseatlas:** S. 6, E 1

Der Industriestandort und Lake-Erie-Hafen **Buffalo** ist mit 360 000 Einwohnern die zweitgrößte Stadt des Staats New York und liegt im Kern eines urbanen Ballungsraums von etwa 1,3 Mio. Menschen. Im Sommer wird die Fußgängerzone um den Lafayette Square zur Flaniermeile, wo Leute auf dem Sockel des Soldiers and Sailors Monument in der Sonne sitzen und sporadische Open-Air-Konzerte genießen. Auf dem Niagara Square vor dem Rathaus erinnert ein Denkmal an den

## Mit dem Autor unterwegs

### Augen- und Ohrenschmaus

**Albright-Knox Art Gallery:** Das beste Kunstmuseum in Buffalo (s. S. 210).

**Rock and Roll Hall of Fame:** Sie zu besuchen ist in Cleveland architektonisch und wegen ihrer Ausstellungen ein Muss (s. S. 214).

**Cleveland Orchestra:** Ein Konzert des weit über die Grenzen Amerikas hinaus bekannten Orchesters in der Severance Hall gehört für jeden Musikenthusiasten zu den Topkunstgenüssen in Cleveland (s. S. 216).

### Cleveland am Abend

Die Stadtteile **Warehouse District** und **The Flats** mit Kneipen, Musiklokalen, schicken Bars und Restaurants sind Treffpunkte eines meist jüngeren Publikums (s. S. 218).

### Gratis ins Museum

**Kostenlose Museen in Cleveland:** Jeden Freitag kann man das **Museum of Contemporary Art Cleveland (MOCA)** kostenlos besichtigen (s. S. 218). Das **Cleveland Museum of Art** verlangt grundsätzlich keinen Eintritt (s. S. 216).

republikanischen US-Präsidenten William McKinley, der in der Stadt 1901 einem Mordanschlag zum Opfer fiel.

### City Hall

Wer sich einen Überblick über die Stadt verschaffen will, kann den Aufzug bis zum 28. Stock im **Buffalo City Hall Observation Tower** nehmen, wo der Blick von der Aussichtsplattform über die gesamte Umgebung bis nach Kanada reicht. Der 1932 eingeweihte Bau entstand im damals populären Art-déco-Stil und weist an seinen zum Teil von Säulen geschmückten Fassaden Friese mit figürlichen Darstellungen auf. Auch ein Blick in die von einem Dom überwölbte Lobby mit zahlreichen Statuen lohnt sich (65 Niagara Sq., Tel. 716-851-4200, Mo–Fr 9–15 Uhr, Eintritt frei).

### Kunst und Wissenschaft

Die in einem Greek-Revival-Gebäude befindliche **Albright-Knox Art Gallery** spannt einen 5000-jährigen Bogen von der Kunst der Antike bis zur Gegenwart mit Repräsentanten abstrakter Kunst wie Polly Apfelbaum, Lynda Benglis, Arthuro Herrera, Piet Mondrian, Jackson Pollock, Gerhard Richter und Pae White. Daneben sind Werke von Picasso, Degas, Willem de Kooning, Henri Matisse und Roy Lichtenstein, aber auch Skulpturensammlungen und wechselnde Ausstellungen etwa mit zeitgenössischer chinesischer Kunst zu sehen. Im eleganten Garden Restaurant kann man sich bei kleineren Gerichten stärken (1285 Elmwood Ave., Tel. 716-882-8700, www.albrightknox.org, Mi–So 10–17, Fr bis 22 Uhr).

Mit Themen wie etwa Raumfahrt, Naturgeschichte, Edelsteinen, Mineralien, Insekten, dem Leben im alten Ägypten, Geologie und Astronomie beschäftigten sich die Ausstellungen im **Buffalo Museum of Science**. Zu den jüngsten Errungenschaften gehört eine astronomische Abteilung, in der man auf der Basis eines satellitengestützten Systems die Erde vom Orbit aus betrachten kann (1020 Humboldt Pkwy, Tel. 716-896-5200, www.sciencebuff.org, Di–Sa 10–17, So 12–17 Uhr. Sonnenbeobachtung im Observatorium Juni–Aug. Di–Fr 11–13 Uhr).

i **Buffalo Niagara Convention & Visitors Bureau:** 617 Main St., Suite 400, Buffalo, NY 14203-1496, Tel. 716-852-2356, www.buffalocvb.org.

**Hyatt Regency:** Two Fountain Plaza, Tel. 716-856-1234, Fax 716-852-6157, www.buffalo.hyatt.com. Komfortable Zimmer, Swimmingpool auf der Dachterrasse, Fitnesscenter. Ab 160 $.

**Best Western Inn on the Avenue:** 510 Delaware Ave., Tel. 716-886-8333, Fax 716-884-3070, www.innontheavenue.com. Downtown-Hotel mit freundlich ausgestatteten Zimmern. Ab 100 $.

**Rue Franklin:** 341 Franklin St., Tel. 716-852-4416, Di–Sa 17.30–22 Uhr.

**City Hall in Buffalo mit dem Denkmal für den ermordeten US-Präsidenten McKinley**

Spezialitäten in diesem französisch inspirierten Lokal sind Hummer und Lamm. Di–Do festes Menü für 25–30 $.

**Andersons:** 2634 Delaware Ave., Tel. 716-873-5330, tgl. 8–19 Uhr. Imbiss mit den hier beliebten ›Beef on Weck‹-Kümmelbrötchen mit Roastbeef und Meerrettich. Ab 3,70 $.

**McKinley Mall:** 3701 McKinley Pkwy, Blasdell südlich von Buffalo, www.shopmckinleymall.com, Mo–Sa 10–21, So 11–18 Uhr. Riesiges Einkaufs- und Unterhaltungszentrum.

**Easternhills Mall:** Williamsville, 4545 Transit Rd., www.shopeasternhills.com, Mo–Sa 9–21, So 11–18 Uhr. Mall mit 85 Läden, großem Food Court und kostenlosem WLAN.

**Walden Galleria:** Cheektowaga, 1 Walden Galleria, www.waldengalleria.com, Mo–Sa 10–21.30, So 11–18 Uhr. 200 Geschäfte, Food Court, 12 Kinos.

**Club Marcella:** 622 Main St., Tel. 716-847-6850, www.clubmarcella.com. Heißester Nachtklub der Stadt mit zwei Tanzflächen, 3 DJs, Travestieshows und guten Cocktails.

**Crocodile Bar & Grill:** 88 W. Chippewa St., Tel. 716-853-2772, www.crocodilebar.com. 30 unterschiedliche Martinis.

**Chippewa Entertainment District:** Chippewa St. Rund 30 Bars und Nachtclubs sorgen für Abwechslung.

**Shea's Performing Arts Center:** 646 Main St., Tel. 716-847-1410, www.sheas.org. Zentrum der darstellenden Kunst mit Konzerten, Broadway-Shows und Musicals in einem restaurierten Kinopalast von 1927.

**Feste/Veranstaltungen**

**National Buffalo Wing Festival** (1. Septemberwochenende): Kulinarisches Fest, bei dem sich vieles, aber längst nicht alles um die Buffalo Wings (scharf marinierte Hähnchenflügel) dreht, denn es gibt ein breites kulturelles Beiprogramm (www.buffalowing.com).

**Bootstouren:** Miss Buffalo/Niagara Clipper Cruise Boats, Erie Basin, Marina, Tel. 716-856-6696, www.missbuffalo.com, Mai–Okt. Di–So. Kommentierte Ausflugsfahrten entlang der Waterfront.

**Freizeitpark:** Martin's Fantasy Island Grand Island, 2400 Grand Island Blvd., Tel. 716-773-7591, www.martinsfantasyisland.com, Juni–Aug. tgl. ab 11.30 Uhr, im Mai nur am Wochenende. Amüsier- und Wasserpark auf halber Strecke zwischen Buffalo und Niagara Falls.

**Flugzeug:** Buffalo Niagara International Airport, Tel. 716-630-6000, www.nfta.com/airport. Der Flughafen liegt 10 Meilen östlich der Stadt und wird von allen größeren US-Fluggesellschaften, aber auch Billigfliegern wie JetBlue angeflogen. Shuttlebusse in die Stadt für ca. 16 $. Alle großen Mietwagenfirmen sind vertreten.

**Bahn:** Amtrak Terminal, 75 Exchange St., Tel. 1-800-USA-RAIL, www.amtrak.com. Buffalo liegt an der Bahnstrecke Boston–Chicago. Eine Linie führt nach Toronto (Kanada).

**Bus:** Greyhound Terminal, 181 Ellicott St., Tel. 716-855-7531, www.greyhound.com, oder New York Trailways, gleiche Adresse, Tel. 716-852-1750, www.trailways.com. Busse in alle größeren Städte.

## Am Lake Erie

Von Buffalo folgt der Highway 5 unter dem Namen **Seaway Trail** auf ca. 90 Meilen dem Südufer des Lake Erie bis zur Staatsgrenze von Pennsylvania. Landschaftlich am reizvollsten ist die zweite Streckenhälfte ab Silver Creek, wo die Route durch das reizvolle, landwirtschaftlich intensiv genutzte Chautauqua County mit zahlreichen Weingärten führt.

Nimmt man ab Silver Creek den parallel zur I-90 verlaufenden Highway 20, gibt es zahlreiche Möglichkeiten, weiter ins Landesinnere auszuweichen und den am **Chautauqua Wine Trail** gelegenen Winzerbetrieben einen Besuch abzustatten. Kellereien wie Roberian Winery (2614 King Rd., Tel. 716-326-3100, zwischen Sheridan und Forestville), Woodbury Vineyards (3230 S. Roberts Rd., Tel. 716-679-9463, Fredonia), Vetter Vineyards Winery (8005 Prospect Station Rd., Tel. 716-326-3100, Westfield) und Schloss Doepken Winery (9177 Old Rte 20, Tel. 716-326-3636, Ripley) gehören zu einem guten Dutzend von Erzeugern, die an der Weinstraße zum Probieren einladen (www.chautauquawinetrail.org).

### Erie

**Reiseatlas:** S. 5, C 2

Mit 280 000 Einwohnern drittgrößte Stadt von Pennsylvania ist **Erie** zugleich die unumstrittene Hafenmetropole des Bundesstaats am Lake Erie. Ihren Namen leitet sie von den Eriez-Indianern ab, die zu Beginn des 17. Jh. noch in dieser Gegend lebten. Die so genannten Indianerkriege des Jahrs 1653 leiteten zusammen mit einer damals unter ihnen grassierenden Pestepidemie ihren Niedergang ein. Erste Europäer am Uferstreifen Pennsylvanias waren um 1753 Franzosen, ehe gegen Ende des 18. Jh. die amerikanische Besiedlung begann. Bis um die Mitte des 19. Jh. hatte sich Erie zu einem stattlichen, produktiven Gemeinwesen entwickelt, und auch heute noch hält das Wachstum an.

In seinem Kern wirkt Erie eigentlich nicht wie eine amerikanische Großstadt, weil die typischen Hochhäuser fehlen. Dafür spiegeln manche neoklassizistischen oder im Greek-Revival-Stil errichteten Gebäude die Vergangenheit wider, als der betriebsame Hafen der Stadt profitable Geschäfte bescherte. Entlang der West Sixth und der State Street reihen sich eindrucksvolle Prachtbauten aneinander wie etwa das **Custom House** aus dem Jahr 1839, in dem das **Erie Art Museum** untergebracht ist. Hinter der prächtigen, mit dorischen Säulen geschmückten Fassade aus Vermont-Marmor verbirgt sich ein Fundus von 4000 Kunstwerken, darunter amerikanische Keramiken, tibetische Malereien, japanische Fotografien aus dem 19. Jh., etruskische Töpfereien und Bronzegegenstände aus Indien. Jedes Jahr organisiert das Museum mehrere Wechselausstellungen (441 State St., Tel.

814-459-5477, www.erieartmuseum.org, Di–Sa 11–17, So 13–17 Uhr, Mi Eintritt frei).

Das **Erie Maritime Museum**, *das* museale Schaustück der Stadt, beschäftigt sich hauptsächlich mit den Großen Seen sowie ihrer Geschichte, Geologie und vielen ökologischen Themen. Mittelpunkt der interessanten Ausstellungen ist die aus dem Jahr 1990 stammende originalgetreue Rekonstruktion des historischen Seglers ›US Brig Niagara‹, mit dem Kapitän Oliver Hazard Perry 1813 einen legendären Seesieg über die Briten errang. Jeden Sommer unternimmt der imposante Segler als schwimmender Botschafter seiner Heimatstadt Fahrten auf den Großen Seen und an die Atlantikküste (150 Front St., Tel. 814-452-2744, www.brigniagara.org, April–Sept. Mo–Sa 9–17, So 12–17 Uhr, Jan.–März nur Do–So).

Westlich der Stadt ragt eine 11 km lange und 1300 ha große Halbinsel in den Erie-See hinein. Kilometerlange Sandstrände säumen das im **Presque Isle State Park** entstandene Ferien- und Freizeitparadies, durch das befestigte Wege zum Wandern, Skaten oder Radfahren führen. Insgesamt ein Dutzend Strände gibt es im Park, eine Marina für fast 500 Boote, Pavillons zum Picknicken, Angelplätze und sogar Gelegenheit zum winterlichen Eisfischen.

**Erie Area Convention & Visitors Bureau:** 109 Boston Store Pl., Erie, PA 16501, Tel. 814-454-7191, Fax 814-459-0241, www.visiteriepa.com.

**Boothby Inn:** 311 W. 6th St., Tel. 814-456-1888, Fax 814-456-1887, www.theboothbyinn.com. Die Themenzimmer sind geschmackvoll im französischen, japanischen, schottischen und afrikanischen Stil eingerichtet, Klimaanlage, CD-Player, Schreibtisch und Kabel-TV, Frühstück inkl. Ab 120 $.
**Lake Erie Lodge:** 1015 Peninsula Dr., Tel. 814-833-9855, Fax 814-835-3493, www.glasshouseinn.com. Rustikales Motel mit unterschiedlich großen Zimmern inkl. Frühstück, Außenpool, am Zugang zur Presque Isle gelegen. Ab 54 $.

**Sara's Campground:** 50 Peninsula Dr., Tel. 814-833-4560, www.sarascampground.com. Mit allen Annehmlichkeiten ausgestatteter Platz am See. Pro Nacht 20 $.

**Safari Grille:** 7792 Peach St., Tel. 814-868-9200, tgl. 11–22 Uhr. Safari-Ambiente mit exotischen Speisen wie Congo Coconut Shrimps oder in Soya, Ingwer und Ananas eingelegte Steaks. Ab 12 $.
**Quaker Steak & Lube:** 7851 Peach St., Tel. 814-864-9464, tgl. 11–23 Uhr. Lokal im ›Tankstellenlook‹ mit Motorsportatmosphäre. Auf der Karte: Riesensalate, Steaks, Sandwiches und vor allem Buffalo Wings in vielen Variationen. Ab 6 $.

**Touren:** Historical Society, 419 State St., Tel. 814-454-1813, Juni–Sept. Do 18.30 und 19.30 Uhr. Pferdekutschenfahrten entlang der Millionair's Row mit Weinprobe.
**Zoo:** 3 Meilen nördl. der I-90, Exit 7, Tel. 814-864-4091, www.eriezoo.org, tgl. 10–17 Uhr. Der Erie-Zoo ist Heimat von Gorillas und Orang-Utans, Löwen und Tigern, mit eigener Abteilung speziell für kleinere Kinder.
**Freizeitpark:** Waldameer Park & Water World, am Zugang zum Presque Isle State Park, Tel. 814-838-3591, www.waldameer.com, Ende Mai–Anfang Sept., wechselnde Öffnungszeiten. Vergnügungspark mit Wasserbecken, Rutschen und Fahrbetrieben.
**Golf:** In der Region um Erie liegen über zwei Dutzend Golfplätze unterschiedlicher Kategorien (www.eriegolfcourses.com).

# Cleveland

**Reiseatlas:** S. 5, A 3/4, Cityplan S. 215
Mitten im Zentrum der 500 000 Einwohner großen Metropole **Cleveland** reckt sich mit dem zum **Tower City Center** **1** gehörenden Terminal Tower von 1927 das bauliche Wahrzeichen von Cleveland in den Himmel und erinnert Amerikakenner an das Empire State Building in Manhattan. Im Innern laden Geschäftszeilen und Etagen voller Boutiquen und Spezialitätenläden zum Konsum ein. In

den letzten Jahren hat der Wolkenkratzer Gesellschaft bekommen. Selbst in seiner unmittelbaren Umgebung schraubten sich Konkurrenten wie der Key Tower respektlos in den Himmel, der mit 289 m zum höchsten Gebäude der Stadt wurde. Die Skyline ist allerdings nicht das einzige, was sich in der größten Hafenstadt des Bundesstaats Ohio verändert hat. Früher ein kohleschwarzer, wegen seiner Umweltsünden häufig gescholtener Industriestandort hat Cleveland sozusagen seine schmutzige Arbeitskleidung abgelegt, um sich für seinen Auftritt auf der Fremdenverkehrsbühne neu eingekleidet zu präsentieren.

## Public Square

Auf dem zentralen **Public Square** 2 mitten in der City erinnert eine Statue an den Stadtgründer Moses Cleaveland. Er legte den Grundstein 1796 aber nicht auf diesem Platz, sondern am Ufer des Cuyahoga River in den so genannten Flats. Bereits im 19. Jh. verzichtete man auf das ›a‹ im Namen des Stadtvaters und schrieb »Cleveland«. Mit dem im viktorianischen Stil errichteten Soldiers and Sailors Monument ist ein weiteres Denkmal den Teilnehmern des amerikanischen Bürgerkriegs gewidmet.

In starkem Kontrast zu den Wolkenkratzern um den Public Square steht die 1855 im neoromanischen Stil vollendete **Old Stone Church** 3, deren ganzer Stolz vier wunderschöne Tiffanyfenster und das Fenster des amerikanischen Künstlers John La Farge (1835–1910) sind.

## Sehenswerte Museen

In der Nachbarschaft der Arena residieren im **Great Lakes Science Center** 4 Wissenschaft und Technik. Auf mehreren Etagen können Besucher an über 400 interaktiven Einrichtungen technische Versuche anstellen, Naturgesetze nachvollziehen, einen künstlich erzeugten Tornado erleben und alles über Luftschiffe erfahren. Im Filmtheater Omnimax werden speziell produzierte IMAX-Filme auf eine sechs Stockwerke hohe Leinwand projiziert, sodass Zuschauer das Gefühl haben, mitten im Geschehen zu sitzen (601 Erieside Ave., Tel. 216-694-2000, www.glsc.org, tgl. 9.30–17.30 Uhr).

Das deutlichste Zeichen städtischer Wiederbelebung setzte in den 1990er Jahren die vom Stararchitekten I. M. Pei entworfene **Rock and Roll Hall of Fame** 5. In diesen Reliquienschrein können die Legenden des Rock and Roll erst ein Vierteljahrhundert nach der Aufnahme ihrer ersten Musiktitel Eingang finden. Wie eine futuristische Wasserburg erhebt sich die Hall of Fame am Seeufer, ein fantastisches Ensemble aus Glas und Beton, aus Schrägen, Rundungen, Vertikalen und Horizontalen, aus Pyramiden, Zylindern und Würfeln, das nach dem Willen des Architekten die Energie des Rock 'n' Roll widerspiegeln soll.

In den heiligen Hallen sind sie alle verewigt: Chuck Berry, James Brown, Ray Charles, Fats Domino, Jerry Lee Lewis, Elvis Presley, Roy Orbison, Muddy Waters, die Beach Boys, Bob Dylan, Simon & Garfunkel, Percy Sledge, U2, Bob Seger und viele andere. Auf Monitoren kann man sich auf die Suche nach seinen Favoriten begeben, Lebensdaten und Lebenswerke abfragen und natürlich Probehören (1 Key Plaza, 751 Erieside Ave., Tel. 216-781-7625, www.rockhall.com, tgl. 10–17.30, Mi bis 21 Uhr).

Das **Steamship William G. Mather Maritime Museum** 6 ist auf dem 1925 vom Stapel gelaufenen, 188 m langen Frachter William G. Mather untergebracht. Über 250 000 Arbeitsstunden investierten Freiwillige in die Restaurierung des 1980 außer Dienst gestellten Schiffs, das als eines der ersten auf den Großen Seen im Jahr 1946 mit Radar ausgerüstet worden war (1001 Easr 9th St. Pier, Tel. 216-574-6262, http://wgmather.nhlink.net, Juni–Aug. Mo–Sa 10–17.30, So 12–17.30 Uhr, sonst kürzer).

## Downtown

Das architektonisch reizvolle Einkaufszentrum **Galleria at Erieview** 7 mit hohen, lichten Innenräumen gehört zu den besten Shoppinggelegenheiten in der Innenstadt. Modeangebote reichen von Ann Taylor bis Eddie

## Cleveland: Cityplan

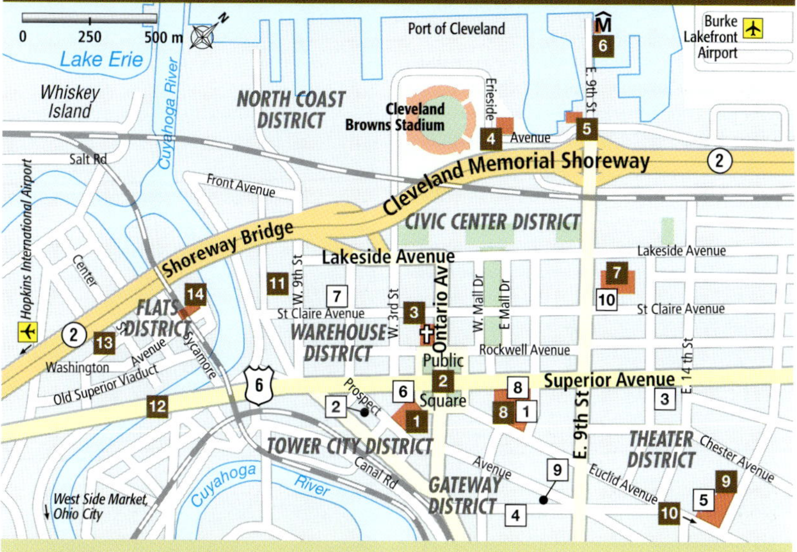


### Sehenswürdigkeiten

1 Tower City Center
2 Public Square
3 Old Stone Church
4 Great Lakes Science Center
5 Rock and Roll Hall of Fame
6 Steamship William G. Mather Maritime Museum
7 Galleria at Erieview
8 Cleveland Arcade / Hyatt Hotel
9 Playhouse Square District
10 University Circle
11 Warehouse District
12 Detroit-Superior Bridge
13 The Flats
14 Powerhouse Pub

### Übernachten

1 Hyatt Regency Cleveland at the Arcade
2 Renaissance Cleveland Hotel
3 Embassy Suites
4 Radisson Hotel Cleveland-Gateway
5 Comfort Inn Downtown

### Essen und Trinken

6 John Q's Steakhouse
7 Blue Pointe Grill
8 Vico
9 Winking Lizard
10 Food Court

Bauer. Hinzu kommen Geschäfte für Schuhe, Accessoires und Elektronik, Fitness-Studios und Restaurants (1301 E. Ninth St., Tel. 216-861-4343, www.galleriaaterieview.com, Mo–Fr 10–18, Sa 12–16 Uhr).

Vom Public Square biegt nach Osten mit der **Euclid Avenue** eine der großen Straßen der Innenstadt ab und stellt eine Verbindung mit dem ca. 8 km entfernten University Circle um die Universität her.

Nur Schritte vom Public Square entfernt steht mit der historischen **Cleveland Arcade** 8 ein glanzvolles, denkmalgeschütztes Gebäude, dem Europas größte Passage, die

Galleria Vittorio Emanuele II in Mailand, als Vorlage diente. Der Komplex aus zwei neunstöckigen und einem fünfstöckigen Trakt stammt aus dem Jahr 1890, als sich im Land eine wirtschaftliche Depression bemerkbar machte, das reiche Industrierevier Cleveland aber dank finanzstarker Investoren wie John D. Rockefeller trotzdem mit glanzvoller Architektur aufwarten konnte. Über dem fünfstöckigen Atrium mit umlaufenden Galerien wölbt sich ein Glasdach. Vor einigen Jahren zog das erste Hyatt Hotel der Stadt in die beiden Türme und die obersten drei Etagen des Atriums ein. Die beiden unteren Galerien stehen nach wie vor der Öffentlichkeit mit Ladengeschäften und einem Food Court zur Verfügung (401 Euclid Ave., Mo–Fr 6–19 und Sa 6–18 Uhr).

Als lebhafter Stadtteil und Hotspot der Kultur hat sich der **Playhouse Square District** 9 einen Namen gemacht. Neben Radio- und Fernsehstudios eines lokalen Senders, Restaurants und Cafés sind das Ohio, State, Palace, Hanna und Allen Theater für Theatergänger die großen Anziehungspunkte. Die opulent mit Treppen und Foyers, prunkvollem Dekor und zahlreichen Wandgemälden ausgestalteten Säle öffneten in den 1920er Jahren zunächst als Stummfilmkinos und Varietébühnen, gerieten aber seit den 1950er Jahren u. a. durch das Fernsehen in immer größere Schwierigkeiten und mussten schließen. Private Initiativen verhinderten den Abbruch und kümmerten sich um Investoren, die seit den 1980er Jahren die Renovierung der märchenhaft anmutenden Paläste finanzierten (www.playhouse square.com).

## University Circle

Seinem ›Kohlenpott-Image‹ setzte Cleveland schon frühzeitig seine Kunstbeflissenheit entgegen. Ein halbes Hundert wissenschaftliche, kulturelle und medizinische Institutionen haben ca. 8 km östlich des Stadtzentrums ihren Sitz im **University Circle** 10.

Wenn das weltbekannte, 1918 gegründete **Cleveland Orchestra** in der 2000 Plätze großen Severance Hall Konzerte veranstaltet, ist

ein ganz besonderer Kulturgenuss garantiert. Kritiker behaupten, schon Christoph von Dohnányi, der das Orchester fast 20 Jahre lang leitete, habe es geschafft, amerikanische Brillanz mit europäischer Tradition zu verbinden. Ähnliches gilt heute, da das Orchester unter der Leitung des österreichischen Dirigenten Franz Welser-Möst steht (11001 Euclid Ave., Tel. 216-231-1111, www.clevelandorchestra.com).

Hinter anderen renommierten amerikanischen Museen braucht sich das 1916 eröffnete **Cleveland Museum of Art** nicht zu verstecken. Unter Kennern gehören die in einem neoklassizistischen Gebäude eingerichteten Sammlungen schon lange zu den führenden Ausstellungen der USA. Neben amerikani-

**Hebebrücke am Cuyahoga River mit der Wolkenkratzer-Skyline von Cleveland**

schen und europäischen Kunstwerken liegt ein Schwerpunkt auf asiatischer Kunst, den das Museum seinem ehemaligen Direktor, dem Orientalisten Sherman E. Lee, verdankt. Als Rarität gilt etwa eine chinesische Holzskulptur aus dem 3. vorchristlichen Jh. In der europäischen Abteilung befinden sich Exponate aus der Zeit zwischen dem 14. und 20. Jh. mit Teilen des Welfenschatzes und Arbeiten von Riemenschneider, Dürer, Rembrandt, Velázquez, Turner, Picasso und Miró. Amerikanische Kunst spannt den Bogen vom 17. bis zum 20. Jh. (11150 E. Blvd., Tel. 216-421-7350, www.clevelandart.org, tgl. außer Mo 9–17, Mi und Fr bis 21 Uhr, Eintritt frei für permanente Kollektionen).

Mit hervorragenden naturgeschichtlichen Exponaten hat sich das **Cleveland Museum of Natural History** nationale Reputation erworben. Es besitzt Galerien mit Dinosauriern und anderen prähistorischen Kreaturen, kann Erdbeben simulieren und zeigt archäologische und botanische Fundstücke aus der Vergangenheit. Um funkelnde Exponate geht es in der Wade Gallery, die über 1500 Edelsteine ausstellt und als besondere Attraktion ein Stückchen Felsen vom Mond zeigt, das von den Astronauten der Apollo-12-Mission mitgebracht wurde. Im Shafran Planetarium vermitteln Multimediashows den Zuschauern einen Eindruck von fernen Galaxien und den Erkenntnissen der Wissenschaft über den Mond (1 Wade Oval, Tel. 216-231-4600, www.cmnh.org, Mo–Di und Do–Sa 10–17, Mi 10–22, So 12–17 Uhr; Planetarium: Tel. 216-231-1177, Mi 20.30–22 Uhr).

In den vergangenen Jahren hat sich das **Museum of Contemporary Art Cleveland (MOCA)** immer stärker zu einem Forum zukunftsweisender, zeitgenössischer, teilweise schon wieder etablierter moderner Kunst entwickelt, zum Bestand gehören etwa Arbeiten von Lichtenstein, Warhol, Christo und Oldenburg. Große Einzelausstellungen wurden auch Berühmtheiten wie Frank Gehry, Yoshitomo Nara, Douglas Gordon, Ilya Kabakov, Jim Hodges und Rona Pondick gewidmet (8501 Carnegie Ave., Tel. 216-421-8671, www.MOCA cleveland.org, Di–So 11–18, Do bis 20 Uhr, Fr Eintritt frei).

Clevelands älteste Kulturorganisation ist die **Western Reserve Historical Society**, die im Jahr 1867 gegründet wurde und mit ihrem Museum Einblicke in die Geschichte der Region und der Stadt gibt. Kern des Museums sind 20 Räume, die in Mobiliar und dekorativer Kunst unterschiedliche Zeitabschnitte zwischen 1770 und 1920 widerspiegeln. Im selben Gebäudekomplex sind weitere Ausstellungen untergebracht, wie das **Crawford Auto-Aviation Museum** mit Oldtimern und Flugzeugen und der Chisholm Halle Costume Wing mit historischer Mode (10825 E. Blvd., University Circle, Tel. 216-721-5722, Di und Do–Sa 9–17, Mi 9–21, So 12–17 Uhr, Mo Ruhetag).

## Viertel zum Ausgehen

Wie auch in vielen europäischen Metropolen ist es in Amerika Mode geworden, alte, dem Verfall preisgegebene Industrie- und Lagerhauskomplexe nicht abzureißen, sondern umzubauen und mit neuem Leben zu füllen. Cleveland folgte diesem Trend und verwandelte die rotbraunen Ziegelbauten im **Warehouse District** 11 über Jahre hinweg in Wohnungen, Lofts und ein attraktives Vergnügungsviertel mit Restaurants, Jazz- und Bierkneipen, romantischen Kaffeehäusern und Kleinstbrauereien, in die der untrügliche Malzgeruch den Weg weist.

Überquert man in westlicher Richtung die den Cuyahoga River überspannende **Detroit-Superior Bridge** 12, reicht der Blick aus der Höhe über das alte Industriegebiet **The Flats** 13, das eine ähnliche Entwicklung wie der Warehouse District durchgemacht hat. Wenn man sich auf dem Gang durch die Gassen Zeit lässt, hat man gute Chancen, ein Schauspiel besonderer Art verfolgen zu können. Hin und wieder schieben sich große Frachtschiffe im Zeitlupentempo durch die schmalen Windungen des Cuyahoga River.

Die Flats haben sich von einem schäbigen Schwerindustriestandort zu einem mittlerweile renommierten In-Viertel entwickelt. Ein Symbol für die Veränderung ist das Ziegelgebäude **Powerhouse Pub** 14 mit seinen beiden Schloten. Früher wurde dort Strom für die Straßenbahnen Clevelands produziert. Seit 1989 dient das Gebäude als Pub und Restaurant (2000 Sycamore St., Tel. 216-861-4982).

i **Visitors Information Center:** Convention & Visitors Bureau of Greater Cleveland, 50 Public Sq., 3100 Terminal Tower, Cleveland, OH 44113-2290, Tel. 216-621-7981, www.travelcleveland.com.

**Hyatt Regency Cleveland at the Arcade** 1: 420 Superior Ave., Tel. 216-575-1234, Fax 216-575-1690, www.cleve land.hyatt.com/hyatt. Nobelhotel in der unter Denkmalschutz stehenden Cleveland Arcade für gehobene Ansprüche. Ab 140 $.

**Renaissance Cleveland Hotel** 2: 24 Public Sq., Tel. 216-696-5600, Fax 216-696-0432, http://marriott.com. Fast 500 Zimmer großes Hotel für Anspruchsvolle mitten im Stadtzentrum mit allen Annehmlichkeiten. 139–229 $.

**Embassy Suites** 3: 1701 E. 12th St., Tel. 216-523-8000, Fax 216-523-1698, http://embassysuites.hilton.com. Alle Suiten bestehen aus einem Schlaf- und einem Wohnzimmer inklusive TV, Telefon, Kühlschrank, Kaffeemaschine, Mikrowelle und Dataport. Ab 139 $.

**Radisson Hotel Cleveland-Gateway** 4: 651 Huron Rd., Tel. 216-377-9000, Fax 216-377-9001, www.radisson.com. Einladend

eingerichtete Zimmer mit kostenlosem WLAN, Fitness-Studio und Morgenkaffee. Ab 130 $.
**Comfort Inn Downtown** 5: 1800 Euclid Ave., Tel. 216-861-0001, www.choicehotels.com. Kettenmotel mit sauberen Zimmern und einfachem Frühstück. Ab 79 $.

**John Q's Steakhouse** 6: 55 Public Sq., Tel. 216-861-0900, Lunch Mo–Fr 11.30–16, Dinner tgl. 16–23 Uhr. Alle butterzarten Steaks vom Angusrind: New York Strip Steak inkl. Beilagen 31 $, Filet Mignon 40 $.
**Blue Pointe Grill** 7: 700 W. St. Clair Ave., Tel. 216-875-7827, Lunch und Dinner, So nur Dinner ab 16 Uhr. Lokal mit nautischem Dekor und hauptsächlich Seafood-Gerichten von ausgezeichneter Qualität. Ab 30 $.
**Vico** 8: 1852 E. 6th St., Tel. 216-622-1440, tgl. außer So 11–19 Uhr. Kleines Lokal mit italienischen Pastaspezialitäten, Geflügel- und Kalbfleischspeisen. Ab 15 $.
**Winking Lizard** 9: 811 Huron Rd., Tel. 216-589-0313, tgl. 11–24 Uhr. Typische Sportbar mit rustikalem Ambiente voller Monitore für Sportübertragungen. Deftige amerikanische Speisen und viel Bier. Ab 8 $.
**Food Court** 10: Galleria at Erieview, 1301 E. Ninth St., Tel. 216-861-4343, Mo–Sa 10–20, So 11–18 Uhr. Ein halbes Dutzend unterschiedlicher Küchen auf einem Fleck. Ab 4 $.

**Galleria at Erieview:** 1301 E. Ninth St., Tel. 216-861-4343, www.galleriaaterieview.com, Mo–Sa 10–20, So 11–18 Uhr. Einkaufszentrum mit hohen, lichten Innenräumen und Läden für Mode und Accessoires.
**Cleveland Arcade:** 401 Euclid Ave., Mo–Fr 6–19 und Sa 6–18 Uhr. Einkaufspassage in einem historischen Atrium von 1890.

**House of Blues:** 308 Euclid Ave., Tel. 216-523-2583, www.hob.com/venues/clubvenues/cleveland, tgl. Shows ab 21 Uhr, So Gospel Brunch 10 Uhr. Der Schauspieler Dan Aykroyd gehört zu den Mitbegründern dieses Musikzentrums, in dem sich musikalische Shows und die Küche des Südens (Voodoo Shrimp, Tennessee Baby Back Ribs und Jambalaya) miteinander verbinden.
**Powerhouse Pub:** 2000 Sycamore St., Tel. 216-861-4982, www.thepowerhousepub.com. Lokal mit Kabarettprogrammen und einer populären ›Männer aus Stahl‹-Show mit männlichen Strippern jeden Samstagabend.

**Playhouse Square District:** Stadtviertel mit zahlreichen Theatern für Broadway-Shows, Schauspiele, Kabarett- und Ballettabende und Komödien (s. S. 216).
**Cleveland Orchestra:** Das bekannte Orchester konzertiert in Cleveland in der Severance Hall (s. S. 216). Im Sommer weichen die Musiker ins Blossom Music Center nach Cuyahoga Falls 35 Meilen südlich von Cleveland aus.

**Freizeitpark:** Cleveland Metroparks bilden einen Grüngürtel um die Stadt mit speziellen Wander- und Radwegen, Joggingpfaden sowie Gelegenheiten zum Reiten, Angeln, Picknicken und Wintersport (tgl. 6–23 Uhr).
**Zoo:** Cleveland Metroparks Zoo, 3900 Wildlife Way, Tel. 216-661-6500, www.clemetzoo.com, tgl. 10–17 Uhr. Die Welt der Tiere im Kleinen mit Arten aus allen Erdteilen. Jüngste Errungenschaft sind Tiere aus Australien.

**Flugzeug:** Cleveland Hopkins International Airport (CLE), Tel. 216-265-6030, www.clevelandairport.com. Der Flughafen liegt 10 Meilen südlich der Stadt. Der Shuttlebus braucht 25 Min. ins Zentrum. Ins Zentrum sind die Züge der roten RTA-Linie am günstigsten (Tel. 216-621-9500, www. gcrta.org, Ticket 1,25 $, Express 1,50 $). Alle großen Mietwagenfirmen haben Büros am Flughafen. Taxis: Yellow Cab, Tel. 216-623-1500, Grundgebühr 1,80 $ und weitere 1,60 $ pro Meile.
Den regionalen Luftverkehr wickelt vor allem Cleveland Burke Lakefront Airport (BKL) ab, 1501 N. Marginal Dr., Tel. 216-781-641.
**Bahn:** Amtrak Terminal, 200 Cleveland Memorial Shoreway, Tel. 216-696-5115, www.amtrak.com. Züge nach Chicago, New York, Washington D. C. und andere Großstädte.
**Bus:** Greyhound Station, 1465 Chester Ave., Tel. 216-781-0520, www.greyhound.com. Busverbindungen in viele größere Städte.

# Zwischen Cleveland und Pittsburgh

Reiseatlas S. 5, 11

**Mit Beharrlichkeit setzen ehemalige Industriemetropolen wie Cleveland, Akron und Pittsburgh ihrem überkommenen Negativ-Image ein neues Gesicht als Dienstleistungszentrum und Kulturmetropole entgegen. Während der Strukturwandel die großen Städte grundlegend verändert hat, ist die größte Amish-Gemeinde der USA ihren Werten und Traditionen seit 300 Jahren treu geblieben.**

Die Region zwischen Cleveland (Ohio) und Pittsburgh (Pennsylvania) ist in Amerika als einer der bedeutendsten Schwerindustriekorridore des Landes bekannt. Südlich von Cleveland hängen zwar immer noch Rauch- und Dampffahnen über dem ›Kohlenpottrevier‹, in dem 1868 das erste Stahlwerk eingeweiht wurde und John D. Rockefeller (1839–1937) zwei Jahre später mit der Standard Oil Company eine Erdölraffinerie gründete. Aber längst hat dort die traditionelle Industrieproduktion ihre führende Rolle eingebüßt, weil sich Cleveland in eine Stadt der Dienstleistungen und des Tourismus verwandelte.

Und Pittsburgh? Um 1850 läuteten dort Kohle, Erdöl und Erdgas ein neues Zeitalter ein. Stahlwerke und Hochöfen schossen wie Pilze aus dem Boden. In den 1870er Jahren war Pittsburgh mit etwa der Hälfte der nationalen Produktion an Gas und Eisen einer der bedeutendsten Industriestandorte der USA. Die Fabriken wucherten wie Krebsgeschwulste über die Stadtgrenzen und schufen eine Region, über der sich die Sonne hinter einem dichten Nebel aus Staub und Dreck versteckte. Nach 1945 setzte ein 500 Mio. Dollar teures Programm zur Luftverbesserung und Stadtsanierung ein. Gleichzeitig machte der Strukturwandel aus dem ehemaligen Kohlen- und Eisenpott eine moderne Stadt mit Forschungseinrichtungen und Dienstleistungsunternehmen. Anfang des 21. Jh. waren 85 % der arbeitenden Bevölkerung in nichtindustriellen Berufen tätig. In jüngster Vergangenheit mauserte sich die City zu einem der größten Zentren von Firmensitzen in den USA.

Doch die industrielle Vergangenheit der Region ist nur die eine Seite der Medaille. Zwischen Cleveland und Pittsburgh wird mehr als die Hälfte des Bodens für den Anbau von Mais, Weizen, Hafer und Sojabohnen sowie zum Teil auch für Viehhaltung und Milchwirtschaft genutzt. Die dort angesiedelte größte Amish-Kolonie der USA bewirtschaftet seit 300 Jahren die Böden und hat in den vergangenen Jahrzehnten mit ihrer alttestamentarischen Lebensweise dazu beigetragen, die Gegend auch touristisch interessant zu machen, was nicht zuletzt auch an den Reizen der abwechslungsreichen Landschaft liegt.

## Im Süden von Cleveland

**Reiseatlas:** S. 5, A 4
Nach dem amerikanischen Unabhängigkeitskrieg suchten viele Familien nach einem Fleckchen Erde, um sich anzusiedeln und dem Boden eine wenn auch magere Existenzgrundlage abzuringen. Die Connecticut Land Company verkaufte damals in Ohio billiges Land an Neuengländer, die im ausgehenden 18. Jh. südlich von Cleveland die Ortschaft Wheatfield gründeten. Wie diese Ortschaft im Jahr 1848 aussah, zeigt das Freilichtmuseum **Hale Farm & Village,** in

dem Einwohner in alten Kostümen das alltägliche Leben der damaligen Zeit nachstellen (I-77, Exit 143 Wheatley Rd., 2686 Oak Hill Rd., Bath, Tel. 330-666-3711, www.wrhs. org/halefarm, Ende Mai–Anfang Sept. Mi–Sa 11–17, So 12–17 Uhr, im Okt. nur Sa–So).

## Akron

**Reiseatlas:** S. 5, A 4

Lediglich ein kurzer Weg trennt die ländliche Idylle vom Industriestandort **Akron**. War die 225 000 Einwohner zählende Stadt in den USA in erster Linie als Zentrum der Gummi- und Reifenproduktion bekannt, so drängten sich in den vergangenen Jahren und Jahrzehnten andere Industriezweige wie die Polymer-Branche und Metall verarbeitende Industrien in den Vordergrund. Große Gummikonzerne besitzen aber immer noch ihre Hauptquartiere und Forschungseinrichtungen in der Stadt. Akrons Wirtschaft kommt der geografische Standort zugute, weil das Industrierevier quasi an der Schnittstelle zwischen den Industrieräumen der östlichen USA und des mittleren Westens liegt.

Mit nationaler wie internationaler Kunst ab Mitte des 19. Jh. beschäftigt sich das **Akron Art Museum**, das bislang weniger als ein Prozent seiner Sammlungen ausstellen konnte. Eine größere Bühne verschafft der Kunst der erweiterte Museumsbau, der im Sommer 2006 eröffnen soll und dann seine eindrucksvollen Bestände etwa von Andy Warhol, Frank Stella und Helen Frankenthal sowie zahlreiche Arbeiten berühmter Fotografen z. B. von Margaret Bourke-White und Robert Frank besser präsentieren kann (70 E. Market St., Tel. 330-376-9185, www.akron artmuseum.org, bis zur Eröffnung des Neubaus bleibt das alte Museum geschlossen).

Außer Löwen, Tigern und Bären zeigt der **Akron Zoological Park** ca. 400 unterschiedliche Tierarten. Mit einigen beschäftigen sich eigene Ausstellungen wie etwa mit dem Weißkopfadler, dem amerikanischen Wappenvogel, und mit Pinguinen. Zu den selteneren Arten, die in Akron zu sehen sind, gehören aus Asien stammende Rote Pandas (500 Edgewood Ave., Tel. 330-375-2550, www.akronzoo.org, Mai–Okt. 10–17, Nov.–April 11–16 Uhr).

### Mit dem Autor unterwegs

#### Wie zu Urgroßmutters Zeiten!

**Holmes County:** Die Heimat der Amish ist nicht nur wegen der traditionellen Lebensweise dieser Menschen sehenswert, sondern auch wegen der reizvollen Landschaft und der kleinen Ortschaften (s. S. 222).

#### Fabelhafte Aussicht

**Grandview Avenue:** Panoramastraße auf den Mount Washington südlich des Stadtzentrums von **Pittsburgh** mit fantastischem Blick auf die Stadt, vor allem am Abend (s. S. 228).

#### Pittsburgh am Abend

Die meisten Lokale für ein überwiegend junges Publikum findet man in Pittsburgh im Stadtteil **Strip District** und am **Station Square** am Südufer des Monongahela River (s. S. 228).

#### Unbedingt ansehen!

**Cathedral of Learning:** Im neogotischen Stil erbautes Universitätsgebäude in **Oakland** bei Pittsburgh mit einer grandiosen Halle und 23 Studienräumen, die im Stil unterschiedlicher Länder ausgestaltet sind (s. S. 229).

i **Akron Summit Convention & Visitors Bureau:** 77 E. Mill St., Akron, OH 44 308-1459, Tel. 330-374-7560, Fax 330-374-7626, www.visitakron-summit.org.

**Crowne Plaza Quaker Square:** 135 S. Broadway, Tel. 330-253-5970, Fax 330-253-2574, www.crowneplaza.com. Restaurant, Coffee Shop, Lounges, Innenpool, Fitness-Studio, Ladengeschäfte und über 200 komfortable Zimmer bzw. Suiten. Ab 140 $.

**Best Western Executive Inn:** 2677 Gilchrist Rd., Tel. 330-794-1050, Fax 330-794-8495, www.bestwestern.com. Tadelloses Hotel mit eigenem Restaurant, Lounge, Pool, Businesscenter und Kaffeemaschinen auf den Zimmern. Ab 65 $.

**Jillians':** 363 S. Main St., Tel. 330-252-0085, www.jillians.com, tgl. ab 11 Uhr. Lebhafte Sportbar und Restaurant mit zum Teil thailändisch inspirierten Gerichten wie Coconut Island Shrimps oder Ribeye Steak. 5–20 $.

**Don Drumm Studios & Gallery:** 437 Crouse St., Tel. 330-253-6268, www.dondrummstudios.com, Mo–Fr 10–18, Sa 10–17 Uhr. Kein Geschäft wie jedes andere: Artikel wie Vasen, Skulpturen, Puppen, Dekogegenstände von 500 Künstlern und Kunsthandwerkern.

**Mustard Seed Market & Café:** 3885 W. Market St., Tel. 330-666-SEED, www.mustardseedmarket.com. Ohios größter Ökoladen mit organischen Produkten, homöopathischen Mitteln und einem Café.

## In der Heimat der Amish

**Reiseatlas:** S. 11, A 1/2

Südwestlich des Industriekorridors Cleveland-Akron beginnt eine Welt, die unterschiedlicher kaum sein könnte. Zu Beginn des 18. Jh. siedelten sich im **Holmes County** in Ohio Anabaptisten an, die in Deutschland, Elsass-Lothringen und der Schweiz in der Ausübung ihres Glaubens immer stärker unter Druck geraten waren und sich deshalb für die Auswanderung in die USA entschieden hatten.

Die so genannten Amish verteilten sich über weite Teile Amerikas, bildeten aber in Ohio und dem benachbarten Pennsylvania die größten Gruppen heraus. Heute leben nirgendwo auf amerikanischem Boden mehr Amish als im Holmes County und den benachbarten vier Landkreisen mit mittlerweile 40 000 Menschen.

Nicht ihre große Anzahl macht das Besondere der Ohio-Amish aus, sondern ihre Lebensweise, die sich in den vergangenen 300 Jahren nicht grundsätzlich veränderte. Brüderlichkeit und kollektive Fürsorge sind ihre obersten Prinzipien. Staatliche Beihilfen wie Sozialhilfe oder Arbeitslosengeld lehnen sie kategorisch ab, weil sie sich lieber auf ihren Gemeinsinn und die gegenseitige Verantwortung verlassen. Was sie aber vor allem anderen von ihren Mitmenschen unterscheidet, ist ihre Ablehnung des technischen Fortschritts. Anstatt mit Autos fahren sie mit Pferdebuggies, und wenn man bei einer Fahrt übers Land irgendwo ein Gehöft entdeckt, zu dem weder Strom- noch Telefonleitungen führen, kann man sicher sein, dass es sich um eine Amish-Farm handelt.

Seit 1923 findet in der Ortschaft **Kidron** südwestlich von Canton wöchentlich eine Viehauktion statt, bei der nicht nur Amish, sondern auch deren amerikanische Nachbarn auf Kühe, Schafe und Ziegen bieten. Im größten Einkaufsladen ›Lehman's Hardware‹ wechseln Gerätschaften wie gasbetriebene Kühlschränke, Butterfässer für den Handbetrieb und Taschenlampen ohne Batterien ihre Besitzer, weil Amish keine Elektrogeräte kaufen. Vor dem Laden sind spezielle Parkplätze für Pferdebuggies ausgewiesen. Bei der Konkurrenz ›Kidron Town & Country‹ gehen mit typischen Amish-Hüten, altmodischen Schürzen, Rüschenhäubchen im Blümchendesign, Männerhosen mit Hosenträgern und Argo-Textilstärke Waren über den Tresen, die nur noch bei den Amish Verwendung finden.

**Schrock's Amish Farm & Village** liegt in den sanften Hügeln bei **Berlin** und sieht aus wie ein Bilderbuchbeispiel einer Amish-Farm: ein weiß getünchter Holzbau mit Blumenbeeten und sorgfältig gestutztem Rasen ums Haus. Im Innern bekommen Besucher in den zwar karg, aber nicht unkomfortabel ausgestatteten Räumen Einblicke in die bescheidene Lebensweise der Amish, die ihren Alltag ohne Elektrizität, aber mit Hilfe vieler Geräte meistern, die entweder von Hand oder etwa mit Gas betrieben werden können. Ein Minizug fährt Besucher auf einer knapp 2 km langen Gleisstrecke über die Farm (4363 State Rte 39, Berlin, Tel. 330-893-323, www.amish-r-us.com, tgl. 9–17 Uhr).

Besucher können auf der **Rolling Ridge Ranch** in **Millersburg** mit dem eigenem Auto

**Amish-Bauern auf einem Parkplatz für Pferdekutschen in Berlin**

über das Gelände fahren oder Tiere wie Zebras, Affen, Kamele und Rehwild von einem Pferdewagen aus füttern. In diesem Open-Air-Tiergehege versammeln sich über 400 Tiere aus allen Teilen der Welt. Zur Anlage gehört auch ein hauptsächlich bei Kindern beliebter Streichelzoo, in dem die kleinen Gäste die Tiere anfassen dürfen (3961 CR 168, Millersburg, Tel. 330-893-3777, keine eigene Webseite, Mo–Sa 9–17 Uhr).

Bei diesem größtenteils überdachten Markt in **Walnut Creek** handelt es sich nicht um einen Flohmarkt im üblichen Sinn mit gebrauchten Gegenständen, sondern um ausgedehnte Markthallen mit über 500 Einzelständen, an denen Antiquitäten, Volkskunst, Möbel, Kleidungsstücke, Spielzeug und viele ebenfalls von Amish-Familien hergestellte Nahrungsmittel wie Marmelade, Kuchen, Käse, Nudeln sowie Dekorationen für die Wohnung angeboten werden. An Imbissständen kann man Amish-Kost probieren (State Rte 39, Walnut Creek, Tel. 330-893-2836, www.amishfleamarket.com, März–Dez. Do–Sa 9–17 Uhr).

i **Holmes County Tourism Bureau:** 35 N. Monroe St., Millersburg bei Berlin, OH 44654, Tel. 330-674-3975, Fax 330-674-3976, www.visitamishcountry.com.

**Bluebird Inn Bed & Breakfast:** 5335 CR 626, Tel. 330-893-2276, www.bluebird-inn.com. Fünf Autominuten außerhalb von Berlin gelegenes Anwesen mit drei Gästezimmern, alle Zimmer haben Bad, TV und Klimaanlage, Frühstück inkl. Ab 110 $.
**The Barn Inn:** 6838 CR 203, Millersburg, Tel. 877-674-7600, www.thebarninn.com. Gästezimmer mit Himmelbetten in einer ehemaligen Scheune. Ab 99 $.
**Carlisle Village Inn:** Walnut Creek, 4949 State Rte 515, Tel. 330-893-3636, www.dhgroup.com/inns/cviwalnut/52. Gepflegtes Inn, alle Räume mit Amish-Möbeln ausgestattet. Ab 64,50 $.

**Dutchmann:** 4967 Walnut St., Tel. 330-893-2981, Mo–Sa 7–20 Uhr. Truthahn, Schinken und Koteletts mit Kartoffelbrei, deftige Soßen, viele Beilagen und köstliche Desserts. Ab 12,25 $ inkl. alkoholfreies Getränk.
**Mrs. Yoder's Kitchen:** Mt. Hope, SR 241, Tel. 330-674-0922, Mo–Sa 7–20 Uhr. Herzhafte Amish-Speisen, natürlich mit selbst gestampftem Kartoffelbrei, köstliche Kuchen. Ab 12 $.

**Touren:** Amish Culture Tours, 5568 Township Rd., Millersburg westlich von Berlin, Tel. 330-893-3248, www.buggytrailtours.com. Halb- und ganztägige Touren inkl. Mahlzeiten.

**Amish Country Tours of Ohio,** P. O. Box 170, Berlin, Tel. 330-674-4448, Fax 330-674-4424, www.amishkitchentours.com. Touren unterschiedlicher Länge und Thematik durch das Amish-Land.

**Country Coach Adventures,** Tel. 877-359-5282. Touren und Arrangements für Besuche in Amish-Häusern.

## Pittsburgh: Cityplan

### Sehenswürdigkeiten

1 Point State Park
2 Welcome Center
3 Market Square
4 PPG Place
5 Heinz Hall
6 Benedum Center / Performing Arts
7 Mellon Arena
8 Strip District
9 Andy Warhol Museum
10 Pittsburgh Children's Museum
11 National Aviary
12 Carnegie Science Center
13 Station Square
14 Monongahela Incline
15 Duquesne Incline
16 University of Pittsburgh

### Übernachten

1 Westin Convention Center
2 Sheraton Station Square Hotel
3 Renaissance Pittsburgh
4 Springhill Suites North Shore
5 Holiday Inn Express

### Essen und Trinken

6 Seventh Street Grille
7 Abruzzi's
8 1902 Tavern
9 James Street Tavern

# Pittsburgh

**Reiseatlas:** S. 11, C 2

Kaum eine andere amerikanische Großstadt hat in den letzten Jahrzehnten einen so dramatischen Wandel durchgemacht wie das 334 000 Einwohner große Pittsburgh. Durch die reichen Steinkohlevorkommen in der Region und die transporttechnisch hervorragende Lage am Zusammenfluss von Allegheny und Monongahela River zum Ohio River zur ›Steel City‹ Amerikas geworden, begann sich die Metropole schon vor Jahrzehnten im Zuge der Strukturkrise notgedrungen von Kohle und Stahl zu verabschieden – ein harter Weg, der sich am Ende aber auszahlte. Heute prägen Banken, Biotechnologie, Dienstleistungsgewerbe und vier Universitäten das moderne Gesicht von Pittsburgh, auf dem keine Rußflecken mehr zu erkennen sind.

## Downtown Pittsburgh

Wo sich der Allegheny und der Monongahela River treffen und zum Ohio River vereinigen, stand im **Point State Park** 1 die Wiege der Stadt. In ihrer Geschichte spielte die militärstrategisch günstige Lage am so genannten Golden Triangle eine ausschlaggebende Rolle. Im French and Indian War (1756–1763), wie der Siebenjährige Krieg in Amerika hieß, verdrängten die Briten ihre französischen Rivalen aus diesem Gebiet und bauten 1758 mit Fort Pitt den damals größten Militärposten in Nordamerika, aus dem sich Pittsburgh entwickelte.

In der Parkanlage mit einem großen Springbrunnen ist vom ehemaligen Fort nur noch das **Fort Pitt Blockhouse** übrig, das älteste Haus der Stadt. Im **Fort Pitt Museum** erinnern die Exponate an Zeiten, als Indianer, Franzosen, Briten und Amerikaner um die Kontrolle im westlichen Pennsylvania kämpften. In den Ausstellungen wird auch die amerikanische Revolution thematisiert (Point State Park; Tel. 412-281-9284, www.fortpittmuseum.com, Mi–So 9–17 Uhr).

Das Stadtzentrum von Pittsburgh dehnt sich auf dem Landdreieck zwischen Allegheny

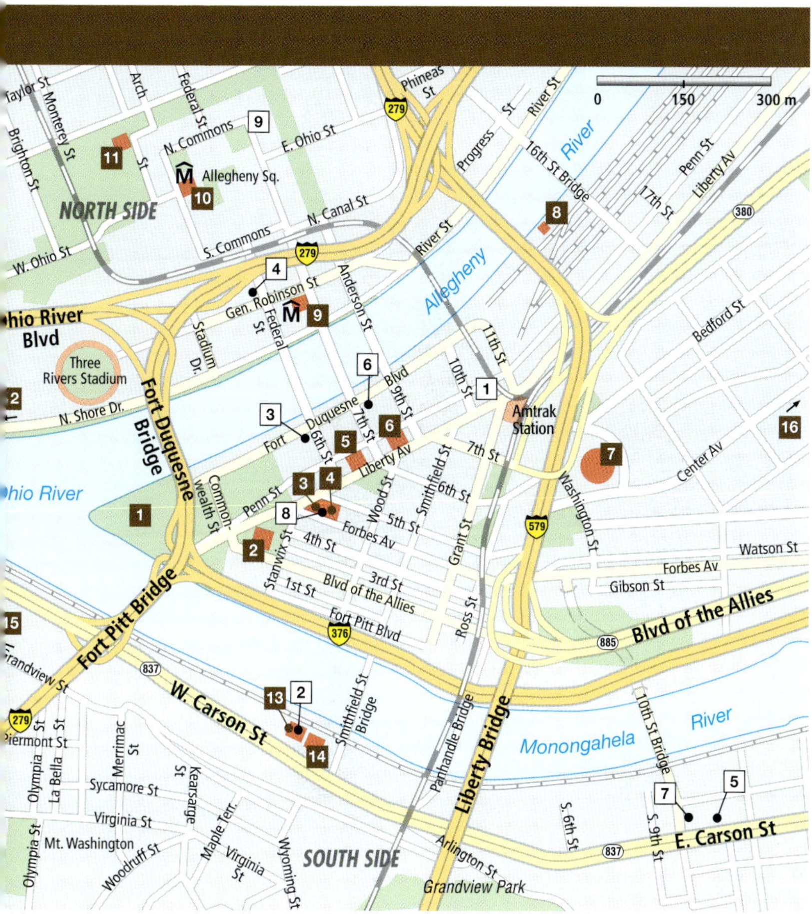


River im Norden und Monongahela River im Süden aus und ist so kompakt, dass man Downtown bequem zu Fuß erkunden kann.

Vom Point State Park gelangt man stadteinwärts zum **Welcome Center** 2 des Greater Pittsburgh Convention & Visitors Bureau, wo Besucher alle Informationen über die Stadt, ihre Sehenswürdigkeiten, Hotels und Gastronomie bekommen können (Liberty Ave. neben dem Gateway Center, Tel. 412-281-7711, www.visitpittsburgh.org).

An der südwestlichen Flanke des **Market Square** 3 lässt eine Häuserzeile aus älteren Bauten erkennen, wie das Zentrum im ausgehenden 19. Jh. ausgesehen haben mag. Die Ostseite des Platzes zeigt hingegen, welche Entwicklung die City in den vergangenen Jahrzehnten erlebte. Bänke laden dazu ein, auf dem durch Grünflächen gestalteten Platz zu verweilen, sich auszuruhen oder das geschäftige Treiben in der Stadt zu beobachten.

Zwischen Third und Fourth Avenue ragt seit den 1980er Jahren **PPG Place** 4 in den Himmel, ein futuristisch anmutendes Ensemble aus fünf einzelnen Gebäuden mit einer 40 Stockwerke bzw. 194 m hohen ›Kathedrale‹

**Alte und neue Architektur im Wolkenkratzerzentrum von Pittsburgh**

– allesamt bestehend aus schwarzen, mit hellen Aluminiumrahmen gegeneinander abgesetzten Glasflächen. Nirgends sonst wurde der gotische Baustil so spektakulär in der Postmoderne wieder aufgenommen. Steht man inmitten dieser gläsernen Canyonlandschaft, wähnt man sich in einer obsidianschwarzen, extraterrestrischen Kolonie. Im Innern des Komplexes sind Büroräume, aber auch ein Dutzend Restaurants und viele Läden und Boutiquen untergebracht. Vor dem Gebäude wird jedes Jahr zur Weihnachtszeit eine Eislauffläche um einen prachtvoll geschmückten Weihnachtsbaum aufgebaut (One PPG Place, http://corporateportal.ppg.com).

## Kunst und Theater

In der **Heinz Hall** 5 finden neben Konzerten des unter der Leitung von Lorin Maazel stehenden Pittsburgh Symphony Orchestra auch Broadway-Shows sowie Rock- und Popveranstaltungen statt. Seit über 100 Jahren prägt das Orchester das kulturelle Leben der Stadt entscheidend mit. Auf Tourneen in vielen Teilen der Welt hat das Ensemble seine hohe künstlerische Qualität und Professionalität unter Beweis gestellt. An 22 Wochen im Jahr bietet es Abonnementkonzerte und darüber hinaus Popkonzerte, Matineen, Kammerorchesterreihen, so genannte Happyhour-Konzerte und mehrere über das Jahr verteilte öffentliche Gratiskonzerte in diversen Stadtparks (600 Penn Ave., Tel. 412-392-4900, www.pittsburghsymphony.org).

Das heutige **Benedum Center for the Performing Arts** 6 wurde 1928 als Kinopalast eröffnet und 1987 nach einer umfassenden Renovierung unter dem neuen Namen wieder eröffnet. Alle dekorativen Details, wie Spiegel, bronzene Handläufe und Beleuchtungsanlagen, wurden im Originalstil belassen, auch der über zwei Tonnen schwere zentrale Kristallleuchter, der im 2800 Plätze großen Auditorium von der Decke hängt. Am St. Patrick's Day 1936 war der Kulturtempel von einer schweren Überschwemmung heimgesucht worden, bei der mehrere Personen im Innenraum drei Tage lang von der Außenwelt abgeschnitten waren, ehe sie von der Wasserschutzpolizei per Boot gerettet werden konnten (719 Liberty Ave., Benedum Center, Tel. 412-456-6666).

Das Benedum Center for the Performing Arts ist heute ständige Spielstätte für zwei Ensembles. Das **Pittsburgh Ballet Theatre** zeigt auf dieser Bühne klassisches Ballett und innovativen zeitgenösssischen Tanz. Die Saison dauert jeweils von Oktober bis April (2900 Liberty Ave., Tel. 412-281-0360, www.pbt.org). Und ebenso trägt die hier spielende **Pittsburgh Opera** jedes Jahr zwischen September und Mai entscheidend zur Vielseitigkeit und zum hohen Niveau des städtischen Kulturbetriebs bei. Nicht zuletzt ihrer herausragenden Qualität wegen sind die Aufführungen über die Jahre hinweg weit über die Grenzen der Stadt hinaus bekannt geworden (719 Liberty Ave., Tel. 412-281-0912, www.pittsburghopera.org).

Als Sport- und Konzertpalast erlebte die 1961 eröffnete **Mellon Arena** 7 schon viele Berühmtheiten wie Frank Sinatra, Elvis Presley, die Rolling Stones, die Beatles, die Countrylegende Garth Brooks, die Grateful Dead und Lenny Krawitz. Aber auch der Bau selbst hat Schlagzeilen gemacht mit einer der größten beweglichen Kuppeln der Welt. Ihre acht Einzelteile aus rostfreiem Stahl lassen sich innerhalb von nur zwei Minuten öffnen oder schließen (66 Mario Lemieux Pl., Tel. 412-642-1800, www.mellonarena.com).

## Strip District

Mitte des 19. Jh. ein Wohngebiet für 12 000 Menschen, hatte sich der Stadtteil **Strip District** 8 bis Ende des 19. Jh. in ein ziemlich heruntergekommenes, problembeladenes Viertel mit hoher Kriminalität verwandelt. Eine neuerliche Veränderung bedeutete der Zuzug von Firmen, Produktionsstätten und Versteigerungshallen im 20. Jh. Der Boom endete jedoch in den 1930er Jahren mit der Weltwirtschaftskrise und der katastrophalen Überschwemmung im Jahr 1936, ehe der Zweite Weltkrieg begann. Die nächste Metamorphose machte das Viertel in den letzten beiden Jahrzehnten des 20. Jh. durch, als sich der Strip District nach und nach in ein Restaurant- und Kneipenviertel verwandelte. In ehemaligen Lagerhäusern wurden unterschiedlichste Restaurants eröffnet, frühere Warenhäuser wandelte man in Bars und Diskotheken um. Jeweils im Herbst findet in den Straßen ein buntes Oktoberfest mit Spezialitätenständen und Musikgruppen statt.

## North Side

Von Downtown führen zahlreiche Brücken über den Allegheny River nach North Side. Bedeutendste Attraktion in diesem Teil von Pittsburgh ist das **Andy Warhol Museum** 9. In dieser Einrichtung für den berühmten Sohn der Stadt, der seinen Geburtsort an seinem 21. Geburtstag für immer verließ, sind auf sieben Etagen über 4000 Gemälde, Drucke, Zeichnungen, Skulpturen, Filme und Videobänder zu sehen, die den Pop-Art-Künstler selbst zeigen, von ihm angefertigt oder von ihm gesammelt wurden (117 Sandusky St., Tel. 412-237-8300, www.warhol.org, tgl. außer Mo 10–17 Uhr). Der Künstler wurde nach seinem Tod im Jahr 1987 auf dem St. John the Baptist Cemetery in Bethel Park südlich von Pittsburgh zur letzten Ruhe gebettet. Unter den Trauergästen waren u. a. seine Freunde Roy Lichtenstein, Liza Minnelli und Don Johnson.

Das in einer ehemaligen Post mit Nebengebäuden eingerichtete **Pittsburgh Children's Museum** 10 überrascht junge Besucher etwa mit dem Gravity Room, in dem der um 25° geneigte Fußboden und die entsprechend verschobene Einrichtung für eine Desorientierung der sinnlichen Wahrnehmung sorgen. Auch der Animateering Room bietet Ungewöhnliches. Kinder können hier interaktiv auf einem Monitor ihr eigenes Puppentheater mit selbst erfundenen Charakteren, eigener Musik und sogar eigenem Bühnenbild kreieren (10 Children's Way, Allegheny Sq., Tel. 412-322-5058, www.pittsburghkids.org, Mo–Sa 10–17, So 12–17 Uhr).

In die Welt der gefiederten Spezies taucht man im **National Aviary** 11 ein. Über 600 Vogelarten leben unter einem Dach, von riesigen Kondoren aus den südamerikanischen Anden bis zu winzigen Kolibris aus den Tropen und von bunten Papageien bis zu rosaroten Flamingos. Über den Tag verteilt können Besucher an Shows teilnehmen oder beobachten, wie die unterschiedlichen Vogelarten ihr Futter bekommen (Allegheny Commons West, Tel. 412-323-7235, www.aviary.org, tgl. 9–17 Uhr).

In der Nähe des Pittsburgh Steeler's-Stadium liegt das **Carnegie Science Center** **12**, in dem sich interessierte Besucher auf spielerische Weise mit Naturgesetzen, neuen Erfindungen und technischen Prinzipien vertraut machen können. Kinofans bekommen Einblicke in Filmproduktionen und erfahren Wissenswertes über Spezialeffekte, Stunt-Choreografie und Schminktechniken. Zum Museum gehören ein Planetarium und am Flussufer die **›USS Requin‹**, ein U-Boot aus dem Zweiten Weltkrieg (One Allegheny Ave., Tel. 412-237-3400, www.carnegiesciencecenter.org, So–Fr 10–17, Sa 10–19 Uhr).

## South Shore

Am Südufer des Monongahela River wurde um einen ausgedienten Bahnhof der **Station Square** **13** angelegt, ein Einkaufs-, Restaurant- und Unterhaltungszentrum. Vor allem an Wochenenden pilgern viele Pittsburgher über die Smithfield Street Bridge, um mit einem der ›Mississippi-Dampfer‹ der Gateway Clipper Fleet eine Ausflugsfahrt zu unternehmen. Die Strecke entlang des Monongahela River führt gewissermaßen in die Industriegeschichte der Stadt zurück, ist sie doch von schweren Gerätschaften und Maschinen aus der Ära der Kohle- und Stahlproduktion gesäumt. Zu den neueren Einrichtungen zählt der **Landing Tower** mit einer Aussichtsplattform mit Blick auf die Innenstadt, einer Anlegestelle für Boote und einem mit Helium gefüllten Ballon, mit dem man 130 m hoch in den Himmel aufsteigen kann.

Die Bergbahn auf den 200 m über die Stadt hinaus ragenden Mount Washington wartet mit zwei Superlativen auf. 1869 in Betrieb genommen ist die **Monongahela Incline** **14** nicht nur die älteste seilbetriebene Bahn der USA, sondern auch die steilste. Mit einem relativ gemächlichen Tempo von 6 Meilen pro Stunde wuchtet sie in Oldtimer-Kabinen bis maximal 23 Personen pro Fahrt über die knapp 200 m lange Strecke zwischen Tal- und Bergstation (E. Carson St., Tel. 412-361-0873, Mo–Sa 5.30–0.45, So und feiertags 8.45–24 Uhr).

Auch die aus den 1870er Jahren stammende **Duquesne Incline** **15**, eine zweite Bergbahn, steht unter Denkmalschutz. 1963 kam beinahe das Aus für den Oldtimer mit den roten Kabinen, doch bildete sich eine Bürgerinitiative, die dann selber zum Betreiber der Bahn wurde und so die Stilllegung verhinderte. Zwischen den Bergstationen der beiden Bergbahnen führt die **Grandview Avenue** als Panoramastraße über den Mount Washington, von wo man an klaren Tagen und vor allem abends einen fantastischen

**Blick von der Bergstation Duquesne Incline auf Pittsburgh und Monongahela River**

Blick auf die Stadt hat, wenn das letzte Sonnenlicht die Spitzen der Wolkenkratzer einfärbt, während in den Häuserschluchten bereits die Lichter eingeschaltet werden (1220 Grandview Ave., Tel. 412-381-1665, gleiche Betriebszeiten wie Monongahela Incline).

## Der Campus in Oakland

Im Stadtteil Oakland hat die **University of Pittsburgh** 16 ihren Platz. Auf dem Campus der 1787 gegründeten Universität, an der rund 35 000 Studenten eingeschrieben sind, liegen rund 70 zum Teil sehenswerte Gebäude.

Um ein wortwörtlich herausragendes Bauwerk handelt es sich bei der **Cathedral of Learning.** Der 163 m hohe neogotische Wolkenkratzer entstand zwischen 1926 und 1937. Betritt man das mit 42 Etagen ›höchste Schulhaus der Welt‹ durch den Haupteingang am Bigelow Boulevard, führt eine Treppe in den vier Stockwerke hohen Commons Room, der die Atmosphäre einer gotischen Kathedrale ausstrahlt, in die durch Buntglasfenster nur wenig Licht fällt. Zwischen den massiven Pfeilern stehen vereinzelte Tische, an denen Studenten ebenso arbeiten können wie in kleinen Nischen, die nur für ein Pult Platz haben (4200 5th Ave., Tel. 412-624-6000, tgl. außer So).

**23 Nationalitätenräume**, die einen Querschnitt durch viele Kulturen der Welt darstellen, wurden allesamt von den Angehörigen der Länder, die im Laufe der Geschichte nach Pittsburgh kamen, im Stil ihrer Heimat gestaltet. Unter einer steinernen Kuppel wirkt der armenische Raum spartanisch in seiner Ausstattung. Prächtig gestaltet hingegen ist der syrisch-libanesische Raum mit originalem Interieur samt Wand- und Deckenschmuck aus dem Mittleren Osten. Einige Buntglasfenster im deutschen Raum sind mit Darstellungen aus Grimms Märchen geschmückt. Weitere Räume wurden im klassizistischen, byzantinischen, romanischen und barocken Stil ausgestaltet oder führen Besucher u. a. ins Zeitalter der Renaissance oder des Empire. Selbst so exotische Kulturen wie das westafrikanische Ashanti-Reich des 18. Jh. sind vertreten.

Im Kulturkomplex **The Carnegie** sind ein Konzertsaal mit 2000 Plätzen, die Carnegie Library mit über vier Mio. Büchern, Dokumenten und Tonträgern, das Carnegie Museum of Art mit Kunstwerken des 19. und 20. Jh. und ein interessantes Naturkundemuseum untergebracht.

Viele Besucher fasziniert im **Carnegie Museum of Natural History** vor allem die Saurierhalle, die bis zum Jahr 2007 umgebaut und vergrößert wird, um etwa dem riesigen Fleischfresser Tyrannosaurus Rex und dem nach dem Museumsstifter benannten Diplodocus Carnegii mehr Raum zu verschaffen. In Fachkreisen zählen die Sammlungen von über 100 000 Dinosaurierknochen und Fossilienfundstücken zu den besten weltweit (4400 Forbes Ave., Tel. 412-622-3131, www.carnegiemuseums.org, Mo–Sa 10–17, So 12–17 Uhr, Sept.–Juli Mo Ruhetag).

Die Schätze des **Carnegie Museum of Art** lassen sich in Kategorien wie Architektur, dekorative Kunst, Film und Video, Malerei und Skulptur einteilen. Zu den wertvollsten Gemälden zählen Arbeiten von Degas, van Gogh, Hopper, Abbey und Joan Mitchell. In speziellen Ausstellungen beschäftigt sich das Museum mit der Architektur von Frank Lloyd Wright oder mit der Fotografie von Luke Swank (1890–1944) (Adresse und Öffnungzeiten wie Carnegie Museum of Natural History).

In Gestalt einer Kapelle steht auf dem Universitätsgelände das größte ›Denkmal‹, das jemals einem amerikanischen Komponisten gewidmet wurde. Stilistisch der Cathedral of Learning angepasst, erinnert das **Stephan C. Foster Memorial** an den 1826 in Lawrenceville (Pennsylvania) geborenen berühmten Songwriter Stephan C. Foster, von dem Hits wie ›Beautiful Dreamer‹ und ›My Old Kentucky Home‹ stammen. In der Museumskapelle sind Musikinstrumente von Foster, Kopien seiner Kompositionen und Memorabilien wie eine Geldbörse mit 38 Cent ausgestellt – der einzigen Habe des Musikers bei seinem Tod 1864 (Forbes Ave./Bigelow Blvd, Tel. 412-624-4100, Mo–Fr 9–16 Uhr).

Die kleine **Heinz Memorial Chapel** gibt sich durch einen nadelspitzen Turm zu erkennen. Im mit über 20 m hohen Buntglasfenstern, einer Orgel, Holzschnitzereien und einem Altar aus Marmor ausgestatteten Bau finden häufig Konzerte und andere Veranstaltungen statt (Fifth and Bellefield Ave., Tel. 412-624-4157, Mo–Fr 9–16, So 13–17 Uhr).

i **Welcome Center:** Liberty Ave. neben dem Gateway Center, Pittsburgh, PA 15219-1865, Tel. 412-281-7711, Fax 412-644-5512, www.visitpittsburgh.org.

**Westin Convention Center** [1]: 1000 Penn Ave., Tel. 412-281-3700, Fax 412-227-4500, www.starwood.com/westin. Großes, elegantes Luxushotel in Downtown mit Sauna, beheiztem Innenpool und Businesscenter. Ab 160 $.

**Sheraton Station Square Hotel** [2]: 300 West Station Square Dr., Tel. 412-261-2000, Fax 412-261-2932, www.sheraton.com. Einziges Hotel der Stadt am Wasser mit Innenpool, Whirlpool, Sauna, Fitness-Studio und sehr komfortablen Zimmern. Ab 160 $.

**Renaissance Pittsburgh** [3]: 107 6th St., Tel. 412-562-1200, Fax 412-562-1644, www.renaissancepittsburgh.com. Mitten in Downtown gelegenes Nobelhotel mit wunderschöner Lobby, Zimmer mit Bad oder nur Dusche, Fitnesseinrichtungen und Sauna. Ab 150 $.

**Springhill Suites North Shore** [4]: 223 Federal St., Tel. 412-323-9005, Fax 412-323-9555, http://marriott.com. Angenehmes Hotel, geräumige Suiten, Swimmingpool und Fitnesscenter. 109–159 $.

**Holiday Inn Express** [5]: 20 S. 10th St., Tel. 412-488-1130, www.ichotelsgroup.com. Größeres Hotel mit Innenpool, Fitnesscenter und Zimmern ohne großen Komfort. 108 $.

**Seventh Street Grille** [6]: 130 7th St., Tel. 412-338-0303, www.thegrilleonseventh.com, So–Do 11.30–22, Fr–Sa 11.30–24 Uhr. Saftiges Porterhouse Steak 24 $, Jakobsmuscheln, Shrimps und Muscheln in Knoblauchsauce 20 $.
**Abruzzi's** [7]: 52 S. 10th St., Tel. 412-431-4511, Mo–Sa 11.30–22, So 16–21 Uhr. Bei schönem Wetter kann man italienische Spezialitäten im Freien genießen. 10–25 $.
**1902 Tavern** [8]: 24 Market Sq., Tel. 412-471-1902, tgl. außer So 11.30–2 Uhr. Über 100 Jahre altes Lokal, breites Angebot an Fleischspezialitäten. Ab 15 $.
**James Street Tavern** [9]: 422 Foreland St., Tel. 412-323-2222, Mo–Fr Lunch, Mo–Sa Dinner. Zu typischen Louisiana-Spezialitäten wie Jambalaya und Gumbo gibt es Live-Musik mit New-Orleans-Jazz. Ab 14 $.

**Pittsburgh Mills:** Frazier Township, Rte 28 N., Exit 12A, www.pittsburghmills.com, Mo–Sa 10–21.30, So 11–19 Uhr. Einkaufszentrum mit über 200 Fabrikverkäufen, Boutiquen und Einzelhandelsgeschäften sowie Restaurants und Unterhaltungsmöglichkeiten.
**Shops at Station Square:** Station Sq., Mo–Sa 10–17, So ab 13 Uhr. In dem alten Bahnhof sind zahlreiche Geschäfte untergebracht.

Die besten Viertel für Nachtschwärmer sind der **Strip District** und der **Station Square** am Südufer des Monongahela River, wo sich viele Restaurants, Clubs, Bars und Kneipen befinden.
**Rosebud Café:** 1650 Smallman St., Mi–Sa, Tel. 412-261-2232. Die Gäste sitzen auf Sofas und in Sesseln wie in einem großen Wohnzimmer, Live-Musik oder DJ-Abende, bei manchen Konzerten wird Eintritt verlangt.
**Club Millennium:** 108 19th St., Tel. 412-281-6100, Fr–Sa 21–2 Uhr. Tanzclub mit modernstem Sound.

**Pittsburgh Symphony Orchestra:** 600 Penn Ave., Tel. 412-392-4900, www.pittsburghsymphony.org. Das Flaggschiff der Pittsburgher Musikszene veranstaltet die meisten Konzerte in der Heinz Hall.
**Pittsburgh Opera:** 719 Liberty Ave., Tel. 412-281-0912, www.pittsburghopera.org. Die Spielsaison dauert von Sept.–Mai.
**Benedum Center for the Performing Arts:** 719 Liberty Ave., Benedum Center, Tel. 412-456-6666. Zur Aufführung kommen insbesondere Broadway-Shows.
**Pittsburgh Ballet Theatre:** 2900 Liberty Ave., Tel. 412-281-0360, www.pbt.org. Klassisches Ballett und zeitgenössischer Tanz.

**Feste/Veranstaltungen**
**Carnegie International:** Seit über 50 Jahren jährlich veranstaltete Riesenschau über zeitgenössische Kunst mit bekannten Künstlern aus aller Welt (Okt.–April, www.cmoa.org).

**Touren:** Gateway Clipper Fleet, Station Square Dock, Tel. 412-355-7980, Fax 412-355-7987, www.gatewayclipper.com. Tagesausflüge, Dinnertouren und Fahrten bei Mondschein auf den Flüssen um Pittsburgh.

**Flugzeug:** Pittsburgh International Airport, Airport Pkwy, 19 Meilen nordwestlich der Stadt, Tel. 412-472-3525, www.pitairport.com. Der Flughafen wird von den meisten US-Gesellschaften frequentiert. Die beiden Terminals sind durch zwei U-Bahnen miteinander verbunden. Taxis und Shuttlebusse fahren ins Zentrum
**Zug:** The Pennsylvanian Terminal, Liberty Ave./Grant St., Tel. 412-471-6170, www.amtrak.com. Amtrak-Bahnhof für Verbindungen etwa nach Philadelphia, Chicago, Washington D. C. und New York City.
**Bus:** Greyhound Bus Lines, 55 11the St./Liberty Ave., Tel. 412-392-6513, www.greyhound.com. Verbindungen in alle größeren Städte.
**Öffentlicher Nahverkehr:** Busse und U-Bahn werden in Pittsburgh von der Hafenverwaltung (Port Authority Transit, Tel. 412-231-5707) betrieben. Die kürzeste U-Bahn der USA ist in Downtown kostenlos.

# Pennsylvania und New Jersey

Reiseatlas S. 13/14

**Kaum irgendwo sonst zeigt sich der amerikanische Osten so sympathisch provinziell wie zwischen Pittsburgh im südöstlichen Pennsylvania und der Atlantikküste bei Newark. Reisende lernen in diesem Gebiet nicht nur das Amerika der Kleinstädte kennen, sondern auch geschichtsträchtige Stätten, die in den USA jedem Schulkind geläufig sind.**

Seit der Kolonialzeit gehört Pennsylvania zu den führenden Industriestaaten der USA. Reiche Kohle- und Erdöllager halfen einer riesigen Eisen- und Stahlherstellung auf die Beine. Hinzu kamen im Laufe der Zeit Produktionsstätten anderer Branchen wie Textil-, Leder-, Tabak-, Nahrungsmittel- und Holzindustrie. In der südlichen Hälfte des Landes ist von Großindustrie auf einer Fahrt von Pittsburgh nach Osten genauso wenig zu spüren wie in New Jersey: Statt an Fabrikschlote gewöhnen sich die Augen an bewaldete Hügel, und wo man vielleicht moderne Bürotürme erwartet hätte, verstecken sich in Wiesen und Feldern Farmhäuser und dekorative Scheunen. In der hügeligen Landschaft mit Wäldern, niedrigen Bergketten, kleinen Seen und vielen Flüssen zeigt sich, dass die Natur diesen Teil des Ostens großzügig bedacht hat, von spektakulären Naturwundern einmal abgesehen.

Große Städte sind dünn gesät. Gemeinden und Kleinstädte sind provinziell eingefärbt, was in gewissem Maß sogar auch auf die nur 50 000 Einwohner große Hauptstadt Harrisburg zutrifft, die nicht einmal den Versuch unternimmt, die Rolle einer Metropole zu spielen. Im Bundesstaat Pennsylvania leben ca. 12,5 Mio. Menschen. Allein die Hälfte davon entfällt auf das urbane Ballungsgebiet um Philadelphia. Berücksichtigt man darüber hinaus die beiden in der staatlichen Rangliste auf Platz 2 und 3 rangierenden Großstädte Pittsburgh und Erie mit mehreren Millionen Einwohnern, wird deutlich, dass manche Landesteile von Pennsylvania relativ dünn besiedelt sind. Ähnliches gilt für das nordöstliche New Jersey.

Schnell wird klar, dass man sich nicht nur in einem unpreziösen Teil Amerikas bewegt, sondern sich auch abseits bekannter und stark frequentierter Touristenstraßen befindet. Das hat einen unschätzbaren Vorteil: Die Gegend kommt nicht gestelzt und gestylt daher, sondern gibt sich ganz unverkrampft als das zu erkennen, was sie tatsächlich ist: sympathische amerikanische Provinz.

Zuweilen macht der Süden von Pennsylvania Ausnahmen, vor allem dort, wo der Bundesstaat seinem Ruf als historische Schatztruhe gerecht wird. Gettysburg etwa war 1863 Schauplatz der entscheidenden Schlacht des amerikanischen Bürgerkriegs und ist mit einer Vielzahl von Gedenkstätten gepflastert – und in Anbetracht der historischen Bedeutung des Orts natürlich mit entsprechenden touristischen Einrichtungen. Historische Spuren findet man auch im Landstädtchen York und auf dem Staatsgebiet von New Jersey, wo der Morristown National Historic Park an den amerikanischen Revolutionskrieg erinnert.

## York

**Reiseatlas:** S. 13, A 2/3
Das 41 000 Einwohner große Städtchen **York** führt ein beschauliches Provinzdasein, blickt aber mit Stolz auf seine Geschichte zurück, als es 1777/78 ein halbes Jahr lang Haupt-

stadt der USA war. Die Mitglieder des Kontinentalkongresses waren damals vor den Briten aus Philadelphia geflohen und berieten im York County Colonial Courthouse die nächsten Schritte im Unabhängigkeitskampf. Seit damals ist zwar viel Zeit vergangen, die Ereignisse sind aber immer noch präsent. Ende des 20. Jh. beauftragte die Stadtverwaltung namhafte US-Künstler, Yorks bedeutende Historie in Dutzenden von großflächigen Wandgemälden zu thematisieren, die über das Stadtzentrum verteilt sind (www.ydr.com/murals).

## Golden Plough Tavern

Eine Reminiszenz an längst vergangene Zeiten ist das 1741 aus Fachwerk und Ziegeln erbaute, zum Teil mit Originalmobiliar ausgestattete ›Gasthaus zum Goldenen Pflug‹. Das Lokal spielte damals als gesellschaftliches Forum eine wichtige Rolle, weil Delegierte des Kongresses dort politische Probleme diskutieren konnten. Im benachbarten **Gates House,** das auf dem Gelände der Golden Plough Tavern steht, wohnte 1778 General Gates, der ein Jahr zuvor nach dem Willen hoher Nordstaatenmilitärs George Washington als Oberkommandierenden der Unionstruppen hätte ersetzen sollen. Dazu kam es jedoch nicht. Das **Bobb House** verschafft Besuchern einen Eindruck vom Leben in York um 1830 (157 W. Market St., Tel. 717-845-2951, www.yorkheritage.org, Di–Sa 10–16 Uhr, Touren stdl. ab 11 Uhr).

## Harley-Museum

Das Werksmuseum neben den Fertigungshallen zeigt die technische Entwicklung der Harley-Davidson-Motorräder seit 1903, als der ›Silent Gray Fellow‹ mit einem 3 PS starken Einzylinder-Viertakt-Motor mit 580 ccm auf den Markt kam. Jeder neue Typ wird durch Dokumentationen aus Prospekten, Zeitungsartikeln und Fotos vorgestellt, sodass sich eine lückenlose Chronologie der Produktion bis in die Gegenwart ergibt (1425 Eden Rd., Tel. 877-883-1450, www.harley-davidson.com, Mo–Fr 9–14 Uhr, Juni–Mitte Aug. auch Sa. Kostenlose Führungen, Mindestalter 12 Jahre).

## Mit dem Autor unterwegs

### Verstummter Schlachtenlärm!

**Gettysburg National Military Park:** Ein Gang über den geschichtsträchtigen Friedhof in Gettysburg erinnert an die 1863 geschlagene Entscheidungsschlacht im amerikanischen Bürgerkrieg und ist zugleich überzeugendes Argument für die Sinnlosigkeit des Krieges verstanden werden (s. S. 234).

### Geniestreiche

**Edison National Historic Site:** In Thomas A. Edisons ehemaligem Besitz in West Orange wird gezeigt, wo der geniale Tüftler mit welchen Erfindungen die technische Entwicklung der Welt vorantrieb (s. S. 243).

### Kostenloses Vergnügen

**Harley Davidson Motor Company:** Das Werksmuseum in York liefert nicht nur passionierten Bikern einen tiefen Einblick in die über 100-jährige Produktionsgeschichte des Kultmotorrades (s. S. 233).

**State Museum of Pennsylvania:** Das Museum in Harrisburg bietet eine umfassende Schau über den Bundesstaat, seine Kunst, Geschichte, Geologie, Archäologie, Völkerkunde, Wissenschaft und Industrie (s. S. 236).

**Hershey Chocolate World:** Wie Pralinen und andere Süssigkeiten hergestellt werden, dürfte keineswegs nur Schokoladenfans interessieren. Hershey einen Besuch abzustatten, reizt aber inbesonders diese (s. S. 239).

i **Downtown York Visitor Center:** 149 W. Market St., York PA 17402, Tel. 717-852-9675, www.yorkpa.org.

**Yorktowne Hotel:** 48 E. Market/Duke St., Tel. 717-848-1111, Fax 717-854-7678, www.yorktowne.com. Schönes altes Hotel in der Altstadt mit großen Zimmern und Suiten, Fitnesscenter. 120–135 $.

**Country Inn & Suites:** 245 St. Charles Way, Tel. 717-747-5833, www.countryinns.com/yorkpa. Großer Innenpool, Fitnesseinrich-

**Das Lincoln-Monument in Gettysburg, wo der Präsident eine berühmte Rede hielt**

tungen, einige Zimmer mit Whirlpool, kostenloser Internetzugang und Frühstück inkl. Ab 95 $.
**Indian Rock Campground:** 436 Indian Rock Dam Rd., Tel. 717-741-1764, www.gocampingamerica.com/indianrockpa, ganzjährig. Ruhiger Platz mit 70 Stellflächen.

**San Carlo's Restaurant:** 333 Arsenal Rd. Tel. 717-854-2028, tgl. 16–21 Uhr. Pasta, BBQ, Steaks, Schnitzel und Sandwiches in einer ehemaligen Scheune. Zwei Tanzflächen und eine Bar im Freien, So, Di, Do Karaoke, tgl. 16–2 Uhr. Ab 6 $.
**Isaac's Deli:** 2960 Whiteford Rd., Tel. 717-751-0515, Mo–Sa 10–21, So 11–21 Uhr. Riesige Auswahl an Baguette-Sandwiches, Suppen und Salaten. Ab 6 $.

**Central Market:** W. Philadelphia St., Di, Do, Sa 6–15 Uhr. Bauernmarkt.

**Farmbesuch:** Perrydell Dairy Farm, 90 Indian Rock Dam Rd., Tel. 717-741-3485, Mo–Sa 7–21, So 12–18 Uhr. Besuch einer Milchfarm, Sa kostenlose Führungen.

## Gettysburg

**Reiseatlas:** S. 13, A 3
In der wahrscheinlich blutigsten Schlacht zwischen den Nord- und Südstaaten im Juli 1863 wurden innerhalb von drei Tagen mehr als 50 000 Soldaten getötet, verwundet oder blieben vermisst. Seit damals genießt das 7000 Einwohner große Landstädtchen Gettysburg traurige Berühmtheit.

### National Military Park

Die Schlachtfelder und Friedhöfe des Orts wurden im **Gettysburg National Military Park** zusammengefasst, durch den eine Rundweg führt. Man beginnt die Tour am besten im **Visitor Center,** wo die Schlacht in allen Details dokumentiert ist. Besucher können sich Rangerführungen anschließen oder etwa mit einer ausgeliehenen Tonkassette das Gelände mit seinen Monumenten, Gedenktafeln, alten Geschützen und Statuen auf eigene Faust erkunden. Kritische Anmerkungen über den Sinn des historischen Gemetzels findet man gar nicht. Umso präsenter sind Pathos und Heldenverehrung. In der

Nachbarschaft des Besucherzentrums zeigt das **Cyclorama Center** in einer Licht- & Tonschau auf einem über 100 m langen Wandgemälde den Verlauf der Schlacht von Gettysburg (97 Taneytown Rd, Haupteingang beim Besucherzentrum an der State Rte 134 südlich der Stadt, Tel. 717-334-1124, www.nps.gov/gett, April–Okt tgl. 6–22, sonst 6–19 Uhr).

## National Cemetery

Auf dem **Gettysburg National Cemetery** befinden sich die Gräber von mehr als 6000 Soldaten, darunter 3512 Gefallene der Unionsarmee. Es dauerte vier Monate, ehe man die Toten nach der fürchterlichen Schlacht in der Umgebung gefunden und zur letzten Ruhe gebettet hatte. Bei der Einweihung des Friedhofs hielt der damalige US-Präsident Abraham Lincoln eine kurze Rede, die als ›Gettysburg Address‹ in die Geschichte einging. In der 3-minütigen Ansprache zu Ehren der Gefallenen legte Lincoln ein unerschütterliches Bekenntnis zum Fortbestand der amerikanischen Union ab (www.nps.gov/getc).

## Eisenhowers Altersruhesitz

Nach seinem Ausscheiden aus dem höchsten Amt im Staat zog sich der 34. US-Präsident Dwight D. Eisenhower 1961 in die ländliche Atmosphäre seiner Farm in Gettysburg zurück. Gelegentlich brach auf dem Altersruhesitz Hektik aus, wenn sich hohe Staatsgäste wie Winston Churchill, Nikita Chruschtschow oder General de Gaulle zu einem Besuch ansagten. Das Wohnhaus und die umliegenden Farmgebäude wurden so erhalten, wie sie zu Zeiten des berühmten Hausherrn aussahen (Tel. 717-338-9114, www.nps.gov/eise, Zugang nur per Shuttlebus ab National Military Park, tgl. 9–16 Uhr).

**Gettysburg Convention and Visitors Bureau:** 102 Carlisle St., Gettysburg, PA 17325, Tel. 717-334-6274, Fax 717-334-1166, www.gettysburg.com, www.gettysburgcvb.org.

Für eine Kleinstadt ist Gettysburg mit Unterkünften aller Preiskategorien bestens ausgestattet.

**Best Inn:** 301 Steinwehr Ave., Tel. & Fax 717-334-1188, www.gettysburgbestinn.com. Motel mit Außenpool, Gratisfrühstück, manche Zimmer mit Küche. Ab 75 $.
**Colton Motel:** 232 Steinwehr Ave., Tel. 717-334-5514, Fax 717-334-6116, keine Webseite. Einfache, saubere Zimmer und Parkplatz direkt vor der Tür. 50 $.
**Gettysburg KOA Kampground:** 20 Know Rd., Tel. 717-642-5713, www.koa.com, Mai–Okt. Gut ausgestatteter Platz mit Minigolf, Pool, Fahrradverleih, Cabins und komplett ausgestatteten Cottages.

**Dobbin House Tavern und Springhouse Tavern:** 89 Steinwehr Ave., Tel. 717-334-2100, www.dobbinhouse.com, tgl. 11.30–21 Uhr. Candlelight Dinner in einer traditionsreichen Taverne aus dem Jahr 1776, die Bedienungen tragen historische Trachten. Ab 18 $.
**Hickory Bridge Farm:** Orrtanna, 9 Meilen westlich von Gettysburg, Tel. 717-642-5261, www.hickorybridgefarm.com, Fr–Sa 17–20, So 12–15 Uhr. Üppiges Speisenangebot im Farmerstil in einer 150 Jahre alten Scheune mit vielen Antiquitäten. Daneben gibt es einen Country Store und ein kleines Farmmuseum. Menü inkl. Getränken 21,95 $.

**Gettysburg Village Factory Stores:** 1863 Gettysburg Village Dr., www.gettysburgvillage.com, Mo–Sa 10–9, So 10–18 Uhr. ›Dorf‹ mit über 70 Fabrikverkaufsstellen für Mode, Schuhe, Haushaltswaren, im Food Court kann man sich stärken.

**Battle of Gettysburg Re-Enactment** (2.–4. Juli): Nachstellung der größten Schlacht im amerikanischen Unabhängigkeitskrieg.

**Tierpark:** Land of Little Horses, 125 Glenwood Dr., Tel. 717-334-7259, www.landoflittlehorses.com, April–Aug Mo–Sa 10–17, So 12–17 Uhr. Spaß für Kinder: Streichelzoo, Hühnerrennen, Ponys, Zwergesel, Lamas, Ziegen und diverse Tiervorstellungen jeweils 11 und 14 Uhr.

# Harrisburg

**Reiseatlas:** S. 13, A 2
Die Hauptstadt von Pennsylvania zählt mit ca. 53 000 Einwohnern zu den kleinen Staatsmetropolen der USA. Im Jahr 1979 geriet die Stadt weltweit in die Schlagzeilen, als auf Three-Mile Island im Susquehanna River um ein Haar der Reaktorkern eines Atomkraftwerks geschmolzen wäre. Obwohl die ausgetretene radioaktive Strahlung eine sofortige Evakuierung der im Umkreis lebenden Menschen notwendig gemacht hätte, spielten die Betreiber den Vorfall herunter. Die folgenden Diskussionen über Sicherheitsfragen und gesundheitliche Schäden der Bevölkerung wie vermehrte Leukämiefälle veränderten die amerikanische Kernkraftpolitik nachhaltig.

Die Anfänge von Harrisburg gehen auf einen 1710 von John Harris gegründeten Handelsposten am Ufer des Susquehanna River zurück. Harris' Sohn John betrieb dort später eine Fähre über den Fluss, mit der er auf dem Weg nach Westen befindliche Pioniere übersetzte. Erst 1785 erfolgte die offizielle Gründung der Stadt, die Harris' Namen erhielt und 1812 zur Kapitale bestimmt wurde. Der sieben Jahre später erbaute erste Regierungssitz fiel 1897 einem Feuer zum Opfer. Aus der Anfangszeit der Hauptstadt stammen einige Häuser in der North Front Street (Governor's Row), die zwischen 1812 und 1840 erbaut wurden, darunter die Residenzen dreier ehemaliger Gouverneure.

## State Capitol

US-Präsident Theodore Roosevelt beschrieb das **Kapitol** des Bundesstaats Pennsylvania nach der Fertigstellung im Jahr 1906 als »das schönste Gebäude, das ich jemals sah«. Tatsächlich ist der Eindruck berückend, wenn man in der zentralen Lobby unter der gewaltigen Kuppel steht und den Blick durch das marmorne Ambiente mit eleganten Treppen, Denkmälern und Skulpturen schweifen lässt. Der 83 m hohen Kuppel diente der Petersdom in Rom als Vorbild. Die zentrale Marmortreppe wurde durch den Aufgang zur Pariser Oper inspiriert. Zwei Skulpturengruppen des aus Pennsylvania stammenden Bildhauers George Grey Barnard flankieren den Haupteingang (Capitol Hill, Tel. 717-787-6810, www.legis.state.pa.us, Mo–Fr 8.30–16, Sa–So 9, 11, 13 und 15 Uhr Gratisführungen).

## Sehenswerte Museen

Unter den Museen der Stadt ist das **State Museum of Pennsylvania** das bedeutendste. Die Ausstellungen sind den Gebieten Kunst, Geschichte, Geologie, Archäologie, Völkerkunde, Wissenschaft, Industrie und Technologie zuzuordnen. Besonders interessant sind indianische Artefakte, die von prähistorischen Steinwerkzeugen bis zu den kulturellen Zeugnissen der Oklahoma-Delaware-Indianer reichen, deren Vorfahren früher u. a. im östlichen Pennsylvania lebten (300 N. St. beim Capitol, Tel. 717-787-4980, www.statemuseumpa.org, Di–Sa 9–17, So 12–17 Uhr, Eintritt frei. Shows im Planetarium nur Sa–So 13.30 und 15 Uhr).

Das **Whitaker Center** bietet seinen Besuchern nicht nur naturwissenschaftliche Ausstellungen etwa über menschliche Bewegungen bei Tanz und Gymnastik, interaktive Einrichtungen und viele Ausstellungen über Technik, physikalische Phänomene und Mathematik. Im kulturellen Teil des Zentrums finden das ganze Jahr über Opern- und Theateraufführungen, Konzerte und Shows statt (222 Market St., Tel. 717-214-8201, www.whitakercenter.org; die einzelnen Teile des Zentrums haben unterschiedliche Öffnungszeiten).

Das **National Civil War Museum** bezeichnet sich selbst als das einzige Museum in den USA, das die Geschichte des amerikanischen Bürgerkriegs im Gesamten erzählt und dabei einen möglichst neutralen Standpunkt zwischen einer nord- und südstaatlichen Interpretation einzunehmen versucht.

In den Ausstellungen werden Waffen, Uniformen, Ausrüstungsgegenstände von Soldaten, Dioramen über das Leben an der Front und Schlachtenpläne gezeigt. Spezielle Abteilungen beschäftigen sich mit Sonderthemen, wie z. B. dem ersten Schuss in Fort Sumter in South Carolina, Frauen im Krieg,

**Das State Capitol bildet ein architektonisches Schmuckstück in Harrisburg**

Musik im Bürgerkrieg und der Schlacht von Gettysburg (1 Lincoln Circle at Reservoir Park, Tel. 866-258-4729, www.nationalcivilwarmuseum.org, Mi–Sa 10–17, So 12–17 Uhr).

## City Island

Auf Höhe der Walnut Street führt eine über 100 Jahre alte, für Autos gesperrte Eisenbrücke nach **City Island** hinüber. Die lang gezogene, vom Susquehanna River umspülte Insel wurde in den 1980er Jahren von der Stadtverwaltung als Naherholungsgebiet erschlossen. Neben einem Badestrand, Picknickplätzen, Minigolf, Sportanlagen und Möglichkeiten zum Wassersport gibt es dort ein kleines Dorf mit Imbisslokalen und Souvenirläden sowie einen Schaufelraddampfer (10 N. 2nd St., Tel. 717-233-7211).

i **Harrisburg-Hershey-Carlisle Tourism & Convention Bureau:** 25 N. Front St., Harrisburg, PA 17101, Tel. 717-231-7788, Fax 717-231-7790, www.visithhc.com. Informationen über den Bundesstaat Pennsylvania unter www.experiencepa.com.

Die meisten Hotels/Motels liegen außerhalb der Stadt nahe der Interstates.

**Crowne Plaza Harrisburg:** 23 S. Second St., Tel. 717-234-5021, Fax 717-234-6797, www.visithhc.com/z/crowneplaza. Zentral gelegenes Hotel mit komfortablen Zimmern, beheiztem Innenpool und Fitnessraum. Ab 149 $.

**Comfort Inn Riverfront:** 525 S. Front St., Tel. 717-233-1611, Fax 717-238-2172, www.comfortinn.com. Zentral gelegenes, gut ausgestattetes Hotel, Pool und Fitness-Studio. Ab 70 $.

# Underground Railroad: ›Sklaveneisenbahn‹

Thema

**Bedienungen in historischen Trachten tragen bei Kerzenschein üppige Dinnerplatten, knackfrische Salate und himmlische Desserts auf. In der Dobbin House Tavern in Gettysburg ging es nicht immer so vornehm zu. Im 18. und 19. Jh. diente die damalige Kneipe als Unterschlupf für entlaufene Sklaven auf dem Weg in die Freiheit.**

Nach dem Unabhängigkeitskrieg Ende des 18. Jh. war das Leben der Schwarzen in den nördlichen USA zwar schwer, aber sie waren frei – im Gegensatz zu ihren versklavten Brüdern und Schwestern in den Südstaaten. Nicht selten wurden sie von ihren Besitzern so gequält, dass sie in ihrer Verzweiflung Selbstmord begingen. Eine Flucht vor ihren Peinigern schien hoffnungslos, zumal der Kongress 1793 mit dem Fugitive Slave Law ein Gesetz erlassen hatte, das Sklavenbesitzern erlaubte, im ganzen Land nach entlaufenen Leibeigenen zu suchen.

Trotzdem wagten immer wieder Mutige zu fliehen. Hauptsächlich junge Männer begehrten gegen ihr Schicksal auf. Einige Flüchtlinge schlossen sich zu Gemeinschaften zusammen, die man *maroones* nannte. Viele flüchtige Schwarze hatten das sklavenfreie Kanada als Ziel. Der Weg dorthin war lang und gefährlich. Sowohl weiße wie schwarze Fluchthelfer riskierten ihr Leben, um den entsprungenen Sklaven zu helfen.

Ein Netzwerk von Fluchtwegen und Verstecken hatte sich bereits Anfang des 18. Jh. entwickelt. Wahrscheinlich wurde der Begriff Underground Railroad im Jahr 1831 geprägt, als ein wütender Besitzer seinen geflohenen Sklaven suchte. Dieser schien wie vom Erdboden verschwunden zu sein und seine Flucht ›on some underground road‹ fortgesetzt zu haben. Das Wort machte die Runde und mit der Zeit wurde aus der road eine railroad. Die Eisenbahn, die Amerika erschloss, wurde so zum Synonym für die Freiheit der Schwarzen. Verstecke wurden Stationen genannt, die Fluchthelfer waren Schaffner und die Fliehenden die Passagiere.

Viele Schwarze waren in dieser Organisation erfolgreiche ›Schaffner‹, am berühmtesten wurde Harriet Tubman aus Maryland. Als 19-jährige war sie nach Philadelphia geflohen, kehrte jedoch nach kurzer Zeit in ihre Heimat zurück, um ihre Schwester samt Kindern in die Freiheit zu holen. Um clevere Tricks war Harriet Tubman nie verlegen. Sie verkleidete ihre Mitreisenden, versteckte sie in doppelten Böden von Kutschen und nutzte auf raffinierte Weise gefälschte Sklavenpässe oder Freiheitspapiere.

Ständig waren Harriet Tubman Sklavenbesitzer oder bezahlte Häscher auf der Spur, die mit Hunden das wertvolle ›Menschenmaterial‹ jagten. Immerhin hatte ein junger und kräftiger Sklave einen Wert von 1000–2000 $. Im Lauf der Zeit mehrten sich die Steckbriefe, die eine Belohnung in Höhe von bis zu 40 000 $ für die Ergreifung der Sklavenbefreierin Tubman versprachen. Sie schüttelte jedoch sämtliche Verfolger ab und starb im gesegneten Alter von 92 Jahren.

Der Erfolg der Underground Railroad – man schätzt die Zahl der Geflohenen zwischen 1810 und 1850 auf einige Zehntausend – machte sich auf den Farmen des Südens bemerkbar. Die Sklavenbesitzer bekamen den Verlust ihrer Arbeitskräfte empfindlich zu spüren.

**Red Roof Inn-South:** 950 Eisenhower Blvd., Tel. 717-939-1331, www.redroof.com. Kettenmotel mit ausgezeichnetem Preis-Leistungs-Verhältnis. Ab $ 50.

**Country Oven Restaurant:** 300 N. Mountain Rd., Tel. 717-533-1717, tgl. 6.30–21 Uhr. Familienlokal in einem Best-Western-Hotel, in dem man sich im Coffeeshop oder im Restaurant bei Prime Rib, Seafood oder gebratenem Truthahn stärken kann. Ab 12 $.
**Firehouse:** 606 N. 2nd St., Tel. 717-234-6064, www.thefirehouserestaurant.com, tgl. 11–22 Uhr. Lebhaftes Restaurant mit Bar in einer ehemaligen Feuerwache. Typische amerikanische Kost von Burgern bis Salat. Ab 5 $.

**Broad Street Market:** 1233 N. Third St., www.broadstmarket.com. Seit 1860 bestehender Nahrungsmittelmarkt, zu dem die Stone Market Hall (Di–Fr 8–18, Sa 8–16 Uhr) und die Brick Market Hall gehören (Mi–Fr 8–18, Sa 8–16 Uhr).
**Harrisburg East:** I-83/Paxton St., Mo–Sa 10–21, So 12–17 Uhr. Riesige Mall mit über 90 Geschäften und Supermärkten.

**Ruby's Red Garter Saloon:** 300 S. Hershey Rd., Tel. 717-545-2338, www.pavones1.com/rubys.htm, Di–Sa ab 11, Mo ab 12 Uhr. Rustikales Lokal mit großer Bier- und Weinauswahl und deftigen Gerichten.
**Dragonfly:** 234 N. 2nd St., Tel. 717-232-6940, www.dragonflyclub.com, Do–Sa 21–2 Uhr. Nachtclub mit oft wechselndem Programm.

Harrisburg besitzt eine lebhafte **Kulturszene**. Das gilt für die darstellende Kunst (The Rose Herman Lehrman Arts Center, The Forum, Harrisburg Community Theater, Open Stage of Harrisburg, Harrisburg Ballet Company) ebenso wie für musikalische Veranstaltungen (Harrisburg Symphony Orchestra, Harrisburg Civic Opera, Harrisburg Choral Society, Chamber Singers of Harrisburg, Market Square Concerts, Central Pennsylvania Friends of Jazz).

**Raddampferfahrten:** Pride of the Susquehanna, Market St. an der Brücke nach City Island, Tel. 717-234-6500, www.harrisburgriverboat.com, Mai–Okt. Ausflüge und Dinnerfahrten mit dem Raddampfer auf dem Susquehanna River.

## Hershey

**Reiseatlas:** S. 13, A/B 2
Zehn Meilen östlich von Harrisburg liegt Amerikas Schokoladenhauptstadt. Im Jahr 1903 gründete Milton S. Hershey dort eine Schokoladenfabrik, um die herum über Jahrzehnte eine 13 000 Einwohner große Stadt entstand. Heute ist die Hershey Foods Corporation der größte Schokoladenhersteller Nordamerikas. Der süße Duft aus den Produktionsanlagen erfüllt die Straßen, von denen einige sprechende Namen wie etwa Chocolate Avenue oder Cocoa Avenue tragen.

### Das Hershey-Imperium

Das Schokoladenreich bietet mit mehreren Einrichtungen vielfältige Möglichkeiten zur Unterhaltung. Typische Rummelplatzattraktionen finden Besucher im **Hershey Park** vor, während es im **Zooamerica North American Wildlife Park** um Nordamerikas Fauna und Flora geht. Die schönen **Hershey Gardens** entstanden schon vor Jahrzehnten aus einem Rosengarten. Nicht nur um Schokoladenherstellung, sondern auch um die Kultur der Native Americans und das Alltagsleben in Pennsylvania im 19. Jh. geht es im **Hershey Museum**. Chromblitzende Oldtimer wiederum sind die Stars im **Antique Auto Museum at Hershey** (www.hersheypark.com).

Und wer schon immer ganz genau wissen wollte, wie Schokolade hergestellt wird, kann im offiziellen **Besucherzentrum des Hershey-Konzerns** eine Reise durch das Schokoladenimperium vom Kakaobohnenanbau bis zur Fabrikation unternehmen – probieren natürlich inklusive. Auf der Tour bekommen Besucher u. a. eine 3-D-Show zu sehen und können an interaktiven Einrichtungen bei einer Produktionslinie selbst Hand anlegen

(800 Park Blvd., Tel. 717-534-4900, www.hersheyschocolateworld.com, tgl. 9–20 Uhr, im Sommer länger, Eintritt frei).

**Bayleaf Brian Kent's:** 934 E. Chocolate Ave., Tel. 717-533-3539, www.briankents.com, Di–Sa 17–22 Uhr. Kleines, aber feines Restaurant, moderne amerikanische Küche, auf der Speisekarte stehen zahlreiche Fischgerichte. Ab 19 $.
**Kreider Farms:** 17 Briarcrest Sq., Tel. 717-533-8067, www.kreiderfarms.com, Mo–Sa 6–22, So 8–22 Uhr. Kräftige amerikanische Farmkost, sehr beliebt ist das Frühstück. Ab 6 $.

## Von Reading bis Newark

### Reading

**Reiseatlas:** S. 13, B/C 2
Das 80 000 Einwohner große **Reading** besitzt im Zentrum entlang der Fifth Street ein historisches Viertel mit Kirchen und Stadthäusern aus dem 18. und 19. Jh. Vor allem der nördliche Abschnitt der Fifth Avenue samt Umgebung ist von Gebäuden mit Fassaden unterschiedlicher Stilrichtungen gesäumt. Was die Stadt aber bekannt gemacht hat, sind die zahlreichen Outlet Centers, in denen man zu Fabrikpreisen einkaufen kann.

Im **Reading Public Museum**, zu dem ein großer Garten mit seltenen Bäumen gehört, sind Ausstellungen zu Themen wie Kunst, Wissenschaft, Geschichte und Fotografie zu sehen. Unter den Gemälden befinden sich Werke von Künstlern wie Edgar Degas, Lyonel Feininger, Max Beckmann, Albert Bierstadt, Paul Cézanne, Salvador Dalí, Francisco de Goya, Käthe Kollwitz, Claude Monet und Pablo Picasso. Populär sind die abendlichen Lasershows im Planetarium (500 Museum Rd., Tel. 610-371-5850, www.readingpublicmuseum.org, Di–Sa 11–17, Mi bis 20, So 12–17 Uhr, Mo Ruhetag).

Liebhaber fliegender militärischer und ziviler Oldtimer kommen in Flughafennähe im **Mid-Atlantic Air Museum** auf ihre Kosten (11 Museum Dr., Tel. 610-372-7333, www.maam.org, tgl. 9.30–16 Uhr).

Östlich des Stadtzentrums steht auf dem Mount Penn eine siebenstöckige, 186 m hohe **japanische Pagode**, aus der eigentlich ein Nobelhotel hätte werden sollen. Ein lokaler Geschäftsmann mit Kontakten nach Fernost baute die Anlage 1908 und stattete sie mit japanischen Antiquitäten aus, darunter einer über 250 Jahre alten Tempelglocke aus der Stadt Obama. Vom Aussichtsdeck reicht der Blick weit über die Stadt und das Schuylkill River Valley (Mount Penn, tgl. außer Mi und Do 12–17 Uhr).

**VF Outlet Village:** Hill Ave./Park Rd., Tel. 610-378-0408, www.vffo.com/reading.htm, Mo–Sa 9–19, So 12–17 Uhr. Riesiges Outlet u. a. mit Vanity Fair, Lee, Nautica, Wrangler, Lily of France.
**Down East Outlet:** 916 N. Ninth St., Tel. 610-372-1144, Mo–Sa 9.30–17.30, So 12–17 Uhr. Sportkleidung.
**J.C. Penney Outlet Store:** 3050 N. Fifth St. Hwy, Tel. 610-921-9201, www.jcpenney.com, Mo–Sa 10–21, So 11–17 Uhr. Kleidung für die ganze Familie.
**Burlington Coat Factory:** 3050 N. Fifth St. Hwy, Tel. 610-929-0168, Mo–Sa 10–21, So 10–19 Uhr. Jacken, Mäntel sowie Babykleidung und Schuhe zum Fabrikpreis.

### Allentown

**Reiseatlas:** S. 13, C 1/2
Nördlich von Philadelphia zieht sich das Lehigh Valley am gleichnamigen Fluss entlang, der bei Easton in den Delaware River mündet. Die beiden größten Städte in diesem breiten Tal sind Allentown und Bethlehem mit zusammen etwa 200 000 Einwohnern. Seit den 1960er Jahren hatte die Reion zum Teil harte Zeiten zu überstehen, nachdem viele traditionelle Produktionsstätten dem Strukturwandel zum Opfer gefallen waren und sich die neue Dienstleistungsgesellschaft noch nicht voll etabliert hatte.

Allentown wurde 1762 vom Obersten Richter William Allen gegründet, dessen Sohn sich mit **Trout Hall** 1770 ein Sommerhaus bauen ließ, das während des Unabhängigkeitskriegs zum Wohnsitz der Familie wurde.

Das Interieur des bescheidenen Gebäudes stammt größtenteils aus dem 18. Jh. und zeigt, wie die ›bessere‹ Gesellschaft in den damaligen Zeiten lebte (414 Walnut St., Tel. 610-820-4043, April–Nov. Di–Sa 12–15, So 13–16 Uhr).

Aus einer Stiftung erhielt das **Allentown Art Museum** im Jahr 1960 eine Reihe von italienischen, deutschen und niederländischen Gemälden, die heute noch den Grundstock der hauseigenen Kollektionen bilden. Sehenswert sind auch Textilsammlungen mit Quilts aus dem Pennsylvania Dutch Country sowie Stickereien aus Südeuropa, Asien und dem mittleren Osten. Eine besondere Architektur bietet die ursprünglich zu einem 1912 erbauten Haus gehörende Bibliothek, die von keinem Geringeren als Frank Lloyd Wright entworfen wurde (31 N. 5th St., Tel. 610-432-4333, www.allentownartmuseum.org, Di–Sa 11–17, So 12–17 Uhr).

Ein Raum im Untergeschoss der **Zion's Church** ist für viele Amerikaner ein Wallfahrtsort. Im so genannten **Liberty Bell Shrine** wurde die heute in Philadelphia ausgestellte Freiheitsglocke 1777 vor den Briten versteckt, die alle verfügbaren Glocken zur Herstellung von Munition und Kanonen einschmelzen ließen. Die Liberty Bell, die man dort neben Exponaten über den Revolutions- und Bürgerkrieg besichtigen kann, ist eine Kopie (622 Hamilton/Church St., Tel. 610-435-4232, Mo–Sa 12–16 Uhr).

**Lehigh Valley Conventions & Visitors Bureau:** 2200 Ave. A, P.O. Box 20785, Bethlehem, PA 18017, Tel. 610-882-9200, Fax 610-882-0343, www.visitallentownpa.com und www.lehighvalleypa.org.

**Crowne Plaza Allentown:** 904 Hamilton St., Tel. 610-433-2221, Fax 610-433-6455, www.allentownpahotel.com. Komfortables Hotel mit eigenem Restaurant, Sauna, Businesscenter und freundlichen Zimmern. Ab 120 $.

**Days Inn:** 2622 Lehigh St., Tel. 610-797-1234, Fax 610-797-3452, www.daysinn.com. Zweigeschossiges Motel ohne Aufzug, manche Zimmer mit Whirlpool, beheizter Innenpool. Ab 80 $.

**Econo Lodge:** 2115 Downeyflake Ln., Tel. 610-797-2200, Fax 610-797-2818, www.econolodge.com. Praktisches Motel mit ordentlichen Zimmern, aber ohne großen Komfort. Ab 43 $.

**Bayleaf Restaurant:** 935 Hamilton St., Tel. 610-433-4211, Mo–Fr 11.30–14 und 17–22, Sa ab 17 Uhr, So Ruhetag. Im eleganten Speiseraum kommen amerikanische und asiatische Gerichte auf den Tisch. Lunch ab 8 $, Dinner ab 15 $.

**The Shanty Restaurant:** 617 N. 19th St., Tel. 610-437-5358, Mo–Do bis 22, Fr–Sa bis 23, So bis 21 Uhr. Auf Seafood spezialisiertes Restaurant. Lunch ab 7 $, Dinner ab 15 $.

**Pennsylvania Shakespeare Festival** (Juni–Anfang Aug.): DeSales University, 2755 Station Ave., Tel. 610-282-9455, www.pashakespeare.org.

**Freizeitpark:** Dorney Park & Wildwater Kingdom, 3830 Dorney Park Rd., Tel. 610-395-3724, www.dorneypark.com. Wasserpark mit Riesenrutschen und Vergnügungspark mit vielen Fahrbetrieben.

**Weinproben:** Lehigh Valley Wine Trail, an dieser Touristenroute nördlich und westlich von Allentown liegen 9 Weingüter, in denen man Wein verkosten kann (www.lehighvalleywinetrail.com).

## Bethlehem

**Reiseatlas:** S. 13, C 1

Allentowns Nachbarstadt **Bethlehem** wurde 1741 von Anhängern der protestantischen Moravier-Sekte besiedelt, die aus Böhmen und Sachsen nach Pennsylvania eingewandert waren.

Im **Moravian Museum,** einem fünfgeschossigen Blockhaus, wird die rund 250-jährige Geschichte der Mährischen Kirche in der Neuen Welt nacherzählt. Die mit fast ebenso altem Mobiliar ausgestatteten Räume strahlen die kühle Distanz aus, welche die Sektenmitglieder bis heute dem diesseitigen

Leben gegenüber wahren (66 W. Church St. Bethlehem, Tel. 610-691-6055, www.historicbethlehem.org/museum, März–Nov. Do–Sa 10–17, So 12–17 Uhr).

## Morristown

**Reiseatlas:** S. 14, D 1

In der Nähe des 20 000 Einwohner großen Städtchens, wo im Winter 1779/80 die Revolutionstruppen unter George Washington ihr Lager aufschlugen, gründete die Regierung 1933 mit dem **Morristown National Historic Park** den ersten historischen Nationalpark der USA.

Im Mittelpunkt des Touristeninteresses stehen **Washington's Headquarters**. Eine Witwe hatte George Washington als Oberkommandierendem der Unionstruppen mit Ford Mansion ihr stattliches Anwesen als Hauptquartier überlassen. Unweit des Gebäudes steht in einer Parkanlage ein Museum mit historischen Ausstellungen. Dort wird auch ein 20-minütiger Film über die Ereignisse in und um Ford Mansion gezeigt. Nicht nur der beißende Jahrhundertwinter setzte damals der Armee zu, sondern auch die Tatsache, dass es den Soldaten angesichts gravierender Nachschubprobleme an Ausrüstung und Verpflegung fehlte (30 Washington Pl., Tel. 908-766-8215, www.nps.gov/morr, tgl. 9–17 Uhr).

Den flächenmäßig größten Teil des Morristown Park nimmt die **Jockey Hollow Encampment Area** ein, durch die eine zwei Meilen lange Autostraße führt. Über 10 000 Soldaten lagerten in dieser bewaldeten Gegend wochenlang bei 60 cm hohem Schnee in Zelten, bevor Blockhütten gebaut waren. Die Rundtour führt auf diesem parkähnlichen Gelände zu weiteren Sehenswürdigkeiten. Im **Wick House**, einer idyllischen Farm mit einem Bauerngarten, schlug Washingtons General Arthur St. Clair sein Hauptquartier auf. Auf dem weiteren Weg passiert man Blockhütten, die damals als Soldatenquartiere dienten sowie die Grand Parade, einen ehemaligen Parade- und Exerzierplatz mitten im Wald (südlich von Morristown an der Tempe Wick Rd., Jockey Hollow Visitor Center, Tel. 973-543-4030, www.nps.gov/morr, tgl. 8 Uhr bis Sonnenuntergang).

**Morristown County Visitors Center:** 6 Court St., Morristown, NJ 07960, Tel. 973-631-5151, www.morristourism.org.

**Summerfield Suites by Wyndham:** 194 Park Ave., Tel. 973-971-0008, Fax 973-971-0013, www.summerfieldsuites.com. Sehr gediegene Suiten mit einem oder zwei Zimmern. Ab 130 $.

**Morristown Inn Best Western:** 270 South St., Tel. 973-540-1700, Fax 973-267-0241, www.bestwestern.com. Angenehmes, ruhig gelegenes Hotel mit geräumigen, freundlich eingerichteten Zimmern, Sauna und Münzwaschsalon, Frühstück inkl. Ab 105 $.

**Rod's Steak & Seafood Grill:** 1 Convent Rd., im Madison Hotel, Tel. 973-539-6666, tgl. ab 11 Uhr, So kein Lunch. Steaks, gegrillte Lammkoteletts und Seafood in viktorianischem Ambiente. Dinner ab 20 $.

**Tim Schafer's Cuisine:** 82 Speedwell Ave., Tel. 973-538-7500, Mo–Fr 12–14 und 17–22, Sa–So ab 17 Uhr. Kleines Restaurant mit beachtlicher Küche, alkoholische Getränke muss man selbst mitbringen. Lunch ab 8 $, Dinner ab 18 $.

**Landschaftsgarten:** Frelinghuysen Arboretum, 53 E. Hanover Ave., Tel. 973-326-7603, www.arboretumfriends.org, tgl. 9–16.30 Uhr. Ehemalige Farm, die in einen Park mit seltenen Bäumen und herrschaftlichem Haus verwandelt wurde.

**Wellness:** Cascata, The Spa, 60 South St., Tel. 973-898-0808, www.cascatathespa.com. Wellnessprogramme von der Seetang-Ganzkörperbehandlung über Schwedenmassage bis zur Sauerstoff-Augenbehandlung.

## West Orange

**Reiseatlas:** S. 14, E 1

In West Orange lebte und arbeitete einer der größten amerikanischen Erfinder, Thomas A. Edison. Innerhalb von 44 Jahren ließ Edison

1093 Erfindungen patentieren, darunter so geniale und zweckdienliche Gebrauchsgegenstände wie Glühlampe und Batterie. Interessierten Besuchern wird im Museum eine Pionierleistung ganz besonderer Art gezeigt, der 1903 gedrehte Film ›The Great Train Robbery‹.

Die **Edison National Historic Site** sieht in etwa noch so aus wie 1887, als der geniale Tüftler Edison dort mit seiner Arbeit begann. In alten Holzschuppen und ehemaligen Fertigungshallen reihen sich alte Maschinen und Werkbänke aneinander. Daneben sind Produkte der Edisonschen Arbeitswut zu sehen, wie etwa der ›Urahn‹ des heutigen Telefons oder unterschiedliche Versionen von Kinematografen, mit denen die ›Bilder laufen lernten‹.

In der Nähe seines Laboratoriums kaufte Edison 1886 das auf einem Hügel gelegene **Glenmont Mansion**, eine rosafarben getünchte Villa. Die 23 Räume sind größtenteils noch wie zur Zeit des berühmten Bewohners möbliert, der kurz vor dem Einzug in das Anwesen die 19-jährige Tochter eines New Yorker Geschäftsmanns geheiratet hatte. Edison und seine Frau Minna sind in einer einfachen Grabstelle auf dem Familiengrund bestattet. Nach umfassendem Umbau und Renovierung sollen sowohl die Laboratorien wie Glenmont Mansion im Juni 2006 wieder eröffnet werden (Main St./Lakeside Ave., Tel. 973-736-0551, www.nps.gov/edis).

## Newark

**Reiseatlas:** S. 14, E 1

Größter urbaner Ballungsraum des Bundesstaats New Jersey ist mit 320 000 Einwohnern Newark, das nur acht Meilen von Manhattan entfernt liegt. Die Industriestadt, auf deren internationalem Flughafen jährlich etwa 25 Mio. Passagiere aus dem In- und Ausland abgefertigt werden, ist auch ein wichtiges Geschäfts- und Verkehrszentrum.

Zu den wenigen Sehenswürdigkeiten der Stadt zählt das ausgezeichnete **Newark Museum** mit amerikanische Malerei, einem Skulpturengarten, Münzsammlungen, einer tibetanischen Abteilung, einem Minizoo und einem Planetarium. Zum Museum gehört auch das renovierte Ballantine House, ein restauriertes viktorianisches Anwesen aus dem Jahr 1885 (49 Washington St., Tel. 973-596-6550, www.newarkmuseum.org, Mi–Fr 12–17, Sa–So 10–17 Uhr).

**Hampton Inn:** 250 Harmon Meadow Blvd., Tel. 201-867-4400, Fax 201-865-7932, www.hamptoninn.com. Motel mit Sauna und Fitnesseinrichtung, Gratisfrühstück. Ab 100 $.

**Red Roof Meadowlands:** 15 Meadowlands Pkwy, Secaucus, NJ 07094, Tel. 201-319-1000, Fax 201-319-1097, www.redroof.com. Einfacheres, aber ordentliches Motel, Zimmer mit Bad oder Dusche. Ab 80 $.

**Skaten:** Branch Brook Park Roller Skating Center: 7th and Clifton Ave., Tel. 973-482-8900, www.bbpskating.com, Mo–Fr ab 18, Sa ab 10.30, So ab 14 Uhr. Rollerskater-Zentrum, in dem man Skates auch ausleihen kann.

**Flugzeug:** Newark Liberty International Airport (EWR), Tel. 973-961-6000, www.newarkairport.com. Der Flughafen liegt 26 Meilen südwestlich von New York und wird von vielen nationalen wie internationalen Fluglinien angeflogen. Mehrere Busgesellschaften wie etwa NJ Transit (Tel. 973-762-5100) bieten Zubringerdienste an. Mit dem Airtrain Newark fährt man von den Ankunftsterminals zur Rail Link Station und steigt dann um auf die Züge von NJ Transit oder Amtrak etwa zur Penn Station in Manhattan. Taxis nach Manhattan kosten 50–75 $. Alle größeren Mietwagenfirmen sind auf dem Airport vertreten.

**Bahn:** Amtrak Terminal Penn Station, 1 Raymond Plaza W., Market St., Tel. 1-800-872-7245, www.amtrak.com. Newark ist Haltestelle des Hochgeschwindigkeitszugs Acela Express auf der Strecke Boston–New York City–Philadelphia–Washington D. C.

**Bus:** Greyhound Lines Terminal, Penn Station, 1 Raymond Plaza W., Market St., Tel. 973-622-6740. Busverbindungen in alle Teile der USA.

PLANET HOLLYWOOD

Kapitel 3

# Die mittlere Atlantikküste

# Auf einen Blick: Die mittlere Atlantikküste

## City Life und Landidylle

An der mittleren Atlantikküste ist der kräftige Pulsschlag des Ostens deutlich zu spüren. Der Reiz dieses Landesteiles besteht u. a. im relativ engen räumlichen Nebeneinander von dynamischen urbanen Ballungsräumen auf der einen und abgeschiedenen Naturlandschaften und provinziellen Ortschaften auf der anderen Seite.

Die *Metropolitan Areas* von Philadelphia, Washington D. C. und Baltimore gehören zu den bevölkerungsreichsten Stadtgebieten der USA mit den Plätzen 4, 7 und 19 in der nationalen Rangliste und zusammen etwa 14 Mio. Einwohnern. Hinzu kommt die Rolle von Washington D. C. als politische Schaltzentrale der Weltmacht USA und die historische und kulturelle Bedeutung von Philadelphia als Wiege der Nation. Umso erstaunlicher ist, dass man nur Autominuten von den städtischen Hotspots entfernt ursprüngliche Naturlandschaften, stille Meeresbuchten, von Salz und Sonne verwöhnte Badestrände, bewaldete Hiking Trails, fantastische Tropfsteinhöhlen, verschlafene Dörfer und Inseln findet, deren Namen selbst vielen Einwohnern der Region nicht geläufig sind. Kaum irgendwo im Osten zeigt sich die Atlantikküste von Buchten und Flussmündungen, von Halbinseln und Sandbänken so zerklüftet wie in den Bundesstaaten New Jersey, Maryland, Delaware, Virginia und North Carolina.

Neben Highlights in Stadt und Natur bietet die mittlere Atlantikküste historische Stätten wie Sand am Meer, die vor Augen führen, was für eine Entwicklung die USA seit ihren frühesten Anfängen in den vergangenen 400 Jahren hinter sich gebracht haben. Dabei handelt es sich nicht nur um Bürgerkriegsfriedhöfe oder von Denkmälern übersäte Schlachtfelder, sondern auch um lebendige Museumsdörfer wie im so genannten historischen Dreieck, in de-

nen die Vergangenheit des Landes anschaulich dargestellt wird.

## Highlights

5 **Philadelphia:** Mit dem geschichtsträchtigen National Historic Park (s. S. 254).

6 **Atlantic City:** Kasinomeile am Boardwalk (s. S. 276).

7 **Washington D. C.:** Die Museen an der ›National Mall‹ (s. S. 284).

8 **Williamsburg:** Historisches Open-Air-Museum in Virginia (s. S. 308).

9 **Luray Caverns:** Fantastische Unterwelt in Virginia (s. S. 316).

## Empfehlenswerte Routen

**Jamestown Discovery Trail:** Die 40 Meilen lange Touristenstraße führt als Hwy 5 südlich von Richmond (Virginia) am James River entlang nach Süden bis nach Jamestown. Am Weg liegen mehrere historische Plantagen mit sehenswerten Herrenhäusern (s. S. 309).

**Skyline Drive im Shenandoah National Park:** Auf der gesamten Länge des Nationalparks verläuft auf den Kammlagen der Appalachen in Virginia der 105 Meilen lange Skyline Drive, an dem 75 Aussichtspunkte liegen (s. S. 315).

**Blue Ridge Parkway:** Der 469 Meilen lange Parkway beginnt an der Südgrenze des Shenandoah National Park und führt auf dem lang gestreckten Rücken der Appalachen von Virginia durch North Carolina bis in den Great Smoky National Park auf der Grenze zum Bundesstaat Tennessee (s. S. 320).

## Reise- und Zeitplanung

Wer das Weltstadt-Duo Washington D.C. und Philadelphia einigermaßen kennen lernen und zumindest die wichtigsten Attraktionen bzw. die bedeutendsten Museen besichtigen will, sollte jeweils mindestens drei Tage veranschlagen. Dabei erweisen sich passionierte Museumsgänger einen Gefallen, wenn sie ihren Aufenthalt nicht in die Schulferien legen, sondern eher Anfang bis Mitte Mai bzw. nach dem ersten Septemberwochenende anreisen, wenn die amerikanische Reisesaison noch nicht begonnen hat bzw. bereits zu Ende ist.

Wie lange man für eine Fahrt um die Chesapeake Bay oder in die Appalachen braucht, hängt in erster Linie davon ab, was man alles sehen will. Grob geschätzt sollte man sich zwischen 4 Tagen und einer Woche Zeit lassen, um nicht allzu viel zu versäumen.

## Klima und Reisezeit

Da im Hochsommer in den Großstädten der mittleren Atlantikküste zuweilen eine unerträgliche Hitze herrscht, bietet sich für eine Städtereise eher der Frühsommer oder der Frühherbst an. Im Juli und August fliehen viele Einheimische an die Chesapeake Bay, an die nahe Atlantikküste oder auf die vom kühlen Meer umspülten Outer Banks, um in der frischen Brise Abkühlung zu finden.

### Richtig Reisen-Tipps

**Beach Bars:** Zu den neuesten Highlights in Atlantic City gehören die am Sandstrand zwischen Dünen gelegenen hippen Strandbars (s. S. 280).

**Pony Penning Day:** Wilde Ponys, seit mehreren Jahrhunderten im Süden von Assateague verbreitet, werden einmal im Jahr am so genannten Pony Penning Day zusammengetrieben, um sie zu versteigern (s. S. 306).

**Wie ›Vom Winde verweht‹:** Plantagen und Südstaatenvillen – ein Stückchen Alter Süden, der von der modernen Welt vergessen wurde (s. S. 309).

**Taucherparadies:** Vor der Küste der Outer Banks befindet sich einer der größten Schiffsfriedhöfe der Welt (s. S. 324).

# Durch das Zentrum von New Jersey

Reiseatlas S. 14

**Universitäres Flair auf dem hübschen Campus der berühmten Universität in Princeton, an der über 20 Jahre lang Albert Einstein forschte, Kleinstadtatmosphäre in Trenton, der Hauptstadt von New Jersey, und historische Spuren am Delaware River, wo sich im Revolutionskrieg das Schicksal der USA vorentschied: Der Korridor zwischen Manhattan und Philadelphia hat seine ganz besonderen Reize.**

Wer sich von New York City auf den Weg nach Philadelphia macht, wird sich schon unmittelbar hinter der Staatsgrenze von New Jersey über den Beinamen ›Gartenstaat‹ wundern. Von einer blumigen Naturoase ist im Herzen des Bundesstaats nichts zu sehen.

Seinen Ruf als Urlauberstaat – alljährlich kommen rund 50 Mio. vor allem amerikanische Besucher – verdankt New Jersey nicht seiner Funktion als Korridor zwischen New York City im Norden und Washington D. C. im Süden, sondern eher seinen ländlichen Gebieten in der südlichen Hälfte des Staatsgebietes und seinen langen Küstenabschnitten (s. S. 276 ff.). Annähernd 40 % der Staatsfläche sind bewaldet, so etwa nahezu das gesamte Gebiet Pine Barrens zwischen Camden und dem Atlantik. Aber auch das eher urbane New Jersey hat seine Reize, wie auf einer Reise durch den Korridor zwischen New York City und Philadelphia unschwer festzustellen ist.

Etwa 120 Meilen trennen die beiden größten Städte des amerikanischen Ostens voneinander. Auf dem New Jersey Turnpike lässt sich die Distanz in gut zwei Stunden bewältigen, falls der meist dichte Verkehr ein entsprechendes Tempo zulässt. Außer Mautstationen, Tankstellen, überdimensionalen Verkehrsschildern und Truckstopps bekommt man entlang der Autobahn allerdings nicht viel zu sehen. Diese gebührenpflichtige Route gehört zu den am stärksten frequentierten Schnellstraßen der USA. Interessanter ist die Fahrt ab Elizabeth auf der ›US 27‹. Die Nebenstrecke kommt meist ohne Kolonnenverkehr aus und führt durch kleinere Städte, in denen sich hier und da ein Stopp anbietet.

Ein Halt lohnt sich in Princeton, Trenton und Camden. Das hübsche Princeton ist Sitz der renommierten Princeton University, die einen Ruf ähnlich wie Harvard und Yale genießt. Über zwei Jahrzehnte lang forschte dort Albert Einstein am berühmten Institute for Advanced Studies. Trenton ist Hauptstadt des Bundesstaats New Jersey. Nordwestlich der Stadt im Washington Crossing State Park überstanden die von George Washington geführten amerikanischen Truppen im Revolutionskrieg gegen England eine kritische Phase. Und Camden verfügt am Delaware-Ufer mit seinem Aquarium über ein hervorragendes Schaufenster in die Welt der Meere.

## Jersey City

**Reiseatlas:** S. 14, E 1

Das 240 000 Einwohner große, 1630 von holländischen Siedlern gegründete **Jersey City** ist von Manhattan nur durch den Hudson River und die Staatsgrenze zwischen New York und New Jersey getrennt. Die zweitgrößte Stadt des ›Garden State‹ erstreckt sich über ein fast wie eine Halbinsel zwischen Hudson und Hackensack River bzw. Newark Bay liegendes Gebiet und bündelt zahlreiche große Verkehrsverbindungen, die sich aus dem Norden, Westen und Süden auf New York zu bewegen.

Südlich des Stadtzentrums zieht sich am Hudson-Ufer der **Liberty State Park** entlang. Auf einer gut ausgebauten Promenade kann man am Flussufer entlangspazieren und hat ständig die imposante Skyline von Manhattan, die Freiheitsstatue und Ellis Island vor Augen. Mit der ›Miss Freedom‹-Fähre können Besucher der Statue of Liberty und Ellis Island eine Stippvisite abstatten (Circle Line, Tel. 201-435-9499, tgl. außer bei schlechtem Wetter 9.30–15.30 Uhr).

## Princeton

**Reiseatlas:** S. 14, D 2

Die freundliche, europäisch wirkende Kleinstadt verdankt ihren Bekanntheitsgrad der weltbekannten Universität, die hauptsächlich in den Fachbereichen Mathematik und Physik viele Nobelpreisträger hervorbrachte und in einem Atemzug mit Harvard und Yale genannt wird. 1746 in Elizabeth als College of New Jersey gegründet, zog die Lehranstalt zehn Jahre später in die eben fertig gestellte **Nassau Hall** nach Princeton um, wo 1783 die Mitglieder des Zweiten Kontinentalkongresses tagten und den Ort ein halbes Jahr lang zur Hauptstadt der USA machten.

In der zunächst nur aus der Nassau Hall bestehenden, später um viele Einrichtungen erweiterten **Princeton University** bekamen viele Künstler und Schriftsteller wie T. S. Eliot und F. Scott Fitzgerald, spätere US-Präsidenten wie James Madison, Woodrow Wilson und Grover Cleveland und renommierte Wissenschaftler ihre akademischen Weihen. Thomas Mann übernahm 1938 eine Gastprofessur, bis er zwei Jahre später ins Exil nach Kalifornien übersiedelte.

### Campus-Architektur

Neben der Nassau Hall, dem ältesten Gebäude auf dem Campus, gibt es einige andere architektonische Schaustücke wie etwa die 1892 fertig gestellte **Alexander Hall** mit Ecktürmchen, Dachgauben und einer mit Skulpturen geschmückten Fassade. In der Nachbarschaft steht der **Blair Hall Tower** mit zwei achteckigen Türmen. Der zwischen 1925 und 1928 im neogotischen Stil errichteten **University Chapel** mit einer französischen Kanzel aus dem Mittelalter und schönen Buntglasfenstern diente die Kapelle des King's College im britischen Cambridge als Vorbild (Campus, Sept.–Mai Mo–Fr 8–23, Sa 7.30–18.30, So 7–23, sonst Mo–Sa 7.30–16, So 7–15.30 Uhr).

Die über 60 000 Kunstwerke des **Art Museum** stammen aus dem Zeitraum zwischen Antike und Gegenwart und konzentrieren sich geografisch auf den Mittelmeerraum, das westliche Europa, die USA und Lateinamerika (Campus der Universität, Tel. 609-258-3788, www.princetonartmuseum.org, beide Di–Sa 10–17, So 13–17 Uhr, Eintritt frei).

### Auf Einsteins Spuren

Albert Einstein war 1933 auf der Flucht vor dem Naziregime nach Princeton gekommen,

## Mit dem Autor unterwegs

### Unbedingt ansehen!

**Campus der Princeton University:** Sehenswertes Universitätsgelände mit historischen Bauten und zahlreichen öffentlichen Kunstwerken (s. S. 249 f.).

### Gratisattraktionen

**Liberty State Park:** Der Liberty State Park in Jersey City bietet einen wunderbaren Blick über den Hudson River auf Manhattan, die Freiheitsstatue und Ellis Island (s. S. 249).

**State House in Trenton:** Das Kapitol des Bundesstaats New Jersey ist wegen seiner sehenswerten Innenausstattung einen Besuch wert (s. S. 250).

### Trockenen Fußes ins Meer

**Adventure Aquarium in Camden:** Nach umfassendem Umbau und einer Erweiterung zählt das Aquarium am Delaware-Ufer zu den besten im Osten (s. S. 252).

**Einstein in Princeton:** Echte Einstein-Memorabilien finden sich dort, wo sie wohl kaum jemand vermuten würde: in der Strickmoden-Boutique Landau. Besitzer Robert Landau hat über Jahre hinweg Erinnerungsstücke, Dokumente und Fotos zusammengetragen und präsentiert sie im hinteren Ladenteil, als wolle er sein Privatmuseum vor der Welt verstecken (Landau's, 102 Nassau St., Tel. 609-924-3494, Mo–Sa 9.30–17.30, So 11.30–16.30 Uhr, Eintritt frei).

wo er die letzten 22 Jahre seines Lebens am Institute for Advanced Studies forschte. Sein Wohnhaus in der Mercer Street Nr. 112 ist in Privatbesitz und der Öffentlichkeit deshalb nicht zugänglich. Überhaupt überrascht in der Stadt, dass es nur ein einziges, erst im Jubiläumsjahr 2005 aufgestelltes Einstein-Denkmal gibt. Es steht vor der Borough Hall und besteht aus einer Büste, die auf einem hellgrauen Granitsockel mit informativer Inschrift ruht.

Dass in Princeton vergleichswenig wenig an den ehemaligen Mitbürger erinnert, entspricht durchaus dem Willen Einsteins, dem jeder Personenkult zuwider war. Lediglich die Historical Society of Princeton, die im Bainbridge House ein Heimatmuseum unterhält, ist im Besitz einiger Möbelstücke, die dem genialen Denker gehörten (158 Nassau St., Tel. 609-921-6748, www.princetonhistory.org, Di–So 12–16 Uhr).

**Chamber of Commerce:** 216 Rockingham Row, Princeton, NJ 08540-5758, Tel. 609-520-1776, www.princetonchamber.org.

**Holiday Inn:** 100 Independence Way, Tel. 609-520-1200, www.ichotelsgroup.com. Mit eigenem Restaurant, Pool, Fitness-Studio und Internet. Ab 109 $.
**Clarion Palmer Inn:** 3499 Route One S., Tel. 609-452-2500, www.palmerinnprinceton.com. Gutes Businesshotel mit Pool, Restaurant und Bar. Ab 99 $.

**Lahiere's:** 11 Witherspoon St., Tel. 609-921-2798, Mo–Fr 11.30–14, 17.30–21 Uhr, So Ruhetag. Traditionsreicher Familienbetrieb im Stadtzentrum, gediegene Atmosphäre und klassische Küche. Ab 26 $.
**Teresa's Pizzetta Café:** 21 Palmer Sq., Tel. 609-921-1974, Mo–Sa 11–23, So 12–22 Uhr. Populäres Lokal mit italienischen Gerichten. Ab 7 $.

**Princeton Forrestal Village:** College Rd. W./Rte 1, Tel. 609-799-7400, Mo–Sa 10–18, So 11–17 Uhr. Schönes Outlet mit Food Court.
**Honey West Boutique:** 63 Palmer Sq. W., Tel. 609-688-1914, Mo–Do 10–18, Fr–Sa bis 20.30, So 12–18 Uhr. Schicke Mode von amerikanischen Designern.

**Touren:** Führungen über den Campus der Princeton University, Orange Key Guide Service, Frist Campus Center, Tel. 609-258-1766, www.princeton.edu/frist/, Mo–Sa 10, 11, 13.30 und 15.30, So 13.30 und 15.30 Uhr.

**Bahn:** Princeton selbst hat keinen Bahnanschluss, aber Princeton Junction ca. 4 Meilen südöstlich ist Haltestelle der Regionalzüge zwischen New York und Philadelphia. Der Schnellzug Acela Express hält dort nicht.

## Trenton

**Reiseatlas:** S. 14, D 2
Die Stadt am Ufer des Delaware River ist seit 1790 zwar Hauptstadt des Bundesstaats New Jersey, zählt aber eher zu den touristischen Randerscheinungen. Die wirtschaftliche Entwicklung ließ bis nach dem Bürgerkrieg auf sich warten, als Töpfereien, Stahl- und Gummifabriken die Produktion aufnahmen. Zu den Söhnen der Stadt zählt John Roebling, der die Pläne für die Brooklyn Bridge in New York ausarbeitete.

Das 1792 errichtete **State House** ist der zweitälteste ununterbrochen genutzte Regierungssitz in den USA. Allerdings erfuhr das

Gebäude zahlreiche Veränderungen und Erweiterungen wie etwa nach einem Großbrand 1885. Führungen beginnen meist in der von Galerien umgebenen Rotunde, in der die goldbronzenen Balustraden auf dekorative Weise mit den rotbraunen Wänden harmonieren (W. State St., Information beim Office of Public Information, Tel. 609-633-2709, www.njleg.state.nj.us, Touren stdl. Mo–Fr 10–15, Sa 12–15 Uhr).

In der Nachbarschaft des State House ist das **Old Barracks Museum** in einem U-förmigen, 1758 aus Feldsteinen errichteten Gebäude untergebracht. Wie vier ähnliche, nicht mehr existierende Anlagen wurde es während des French and Indian War als Unterkunft für britische Soldaten gebaut, da sich die amerikanischen Siedler weigerten, Engländer in ihren Häusern einzuquartieren. In den Räumen zeigen Führer in historischen Kostümen, wie die damaligen Soldaten ihren Dienst versahen und ihren Alltag verbrachten (Barrack/W. Front St., Tel. 609-396-1776, www.barracks.org, tgl. 10–17 Uhr).

Jahrzehnte älter als die Old Barracks und das State House ist die ehemalige Residenz von William Trent, nach dem die Stadt benannt wurde. **Trent House** wurde von 1716 bis 1719 erbaut, als die Region um den Delaware River noch unberührte Wildnis war. Der Hausherr brachte es durch den Betrieb einiger Mühlen und als Kaufmann zu Wohlstand, den er teilweise in den Aufbau der späteren Hauptstadt investierte. Die von einem kleinen Park umgebene Villa gibt Besuchern Einblick in das unbescheidene Leben der Geldaristokratie im kolonialen Zeitalter, besonders die Innenausstattung ist sehenswert. In späterer Zeit diente das Anwesen vier Gouverneuren von New Jersey als Wohnsitz (15 Market St., Tel. 609-989-3027, www.williamtrenthouse.org, geführte Touren tgl. 12.30– 16 Uhr).

Um Archäologie, Dinosaurier, Malerei, Kulturgeschichte, Naturkunde und Mineralogie geht es im **New Jersey State Museum**. Zum Museum gehört ein 150 Plätze großes Planetarium mit wechselnden Shows. Museum samt Planetarium sollen nach der Renovierung 2006 wieder geöffnet werden (205 W. State St., Tel. 609-292-6464, www.state.nj.us/state/museum).

## Skulpturenpark

Östlich von Trenton stellen die **Grounds for Sculpture** moderne Skulpturen und Plastiken von Künstlern aus allen Teilen der Welt aus. Alle zwei Jahre werden die in einem Gartengelände aufgestellten Werke ausgetauscht, um möglichst vielen Bildhauern die Möglichkeit zu geben, ihre Arbeiten einer breiten Öffentlichkeit zugänglich zu machen. Zu den bisherigen ›Ausstellern‹ gehörten Patrick Dougherty, Sarah Haviland, J. Seward Johnson Jr., Brower Hatcher und Bruce Beasley. Manche Werke sind in geschlossenen Galerien untergebracht (18 Fairground Rd., Tel. 609-586-0616, www.groundsforsculpture.org, März–Nov. Di–So 10–18 Uhr).

i **Trenton Convention & Visitors Bureau:** Old Barracks Museum, Tel. 609-396-1776, www.ci.trenton.nj.us.
Informationen über New Jersey: **New Jersey Commerce & Economic Growth Commission:** P. O. Box 820, Trenton, NJ 08625-0820, Tel. 609-777-0885, www.state.nj.us/travel.

Die Stadt ist dafür ›berüchtigt‹, nur über wenige Hotels zu verfügen. Man muss eventuell in die Umgebung ausweichen.
**Marriott Trenton:** 1 W. Lafayette St., Tel. 609-421-4000, Fax 609-421-4002, www.marriott.com. Großes, gepflegtes Hotel mit Fitnessraum und Businesscenter, Zimmer mit Bad oder nur Dusche. Ab 180 $.

**Diamond's:** 132 Kent St., Tel. 609-393-1000, Mo–Fr 11.30–14.30, 17–22, Fr–Sa bis 24, So 17–22 Uhr. Gute Fleischgerichte, in der Cocktailbar darf geraucht werden. Ab 15 $.
**Delorenzo's Tomato Pies:** 530 Hudson St., Tel. 609-695-9534, Di–So 15.30–22, Fr 11–1 Uhr. Legendärer, einfacher Pizzaladen, Alkohol muss mitgebracht werden (BYO, Buy your own), Pizzas auch zum Mitnehmen, Achtung: Es gibt keine Toiletten. Ab 10 $.

## Washington Crossing State Park

**Reiseatlas:** S. 14, D 2

In der eisigen Weihnachtsnacht des Jahrs 1776 überquerten in Pennsylvania stehende amerikanische Truppen den Delaware River bei Titusville, um die in Trenton lagernden Briten zu überraschen. Während der so genannten ›Zehn kritischen Tage‹, die ausschlaggebend für den weiteren Verlauf des Unabhängigkeitskriegs waren, errangen die von George Washington geführten Revolutionstruppen erste Siege gegen die Briten. Im Visitor Center sind Schautafeln und Exponate aufgebaut, die über die Kämpfe detailliert Aufschluss geben. Die Swan Collection besteht aus rund 900 Uniformen, Orden und Waffen der damaligen Zeit.

Im Park stehen einige historische Gebäude wie das Ferry House, in dem Washington den Angriff auf Trenton geplant haben soll. Kostümierte Freiwillige bereiten über dem offenen Feuer einfache Gerichte nach Rezepten aus der Kolonialzeit zu. Südlich des Ferry House führt ein Holzsteg über die Route 29 und den parallel verlaufenden Delaware & Raritan Canal an das Ufer des Delaware River, wo die historische Flussüberquerung stattfand. Der in Schwäbisch Gmünd geborene, später in die USA ausgewanderte Maler Emmanuel Leutze (1816–1868) hielt die historische Szene in seinem berühmten Bild ›Washington überquert den Delaware‹ fest (River Rd., Tel. 215-493-4076, Mi–Sa 9–17, So 12–17 Uhr).

## Camden (NJ)

**Reiseatlas:** S. 14, D 2/3

Obwohl durch den mächtigen Delaware River vom Bundesstaat Pennsylvania getrennt, ist das rund 80 000 Einwohner zählende **Camden** Teil des Ballungsraumes Philadelphia, der sich in Richtung Osten bis nach Cherry Hill am New Jersey Turnpike erstreckt. Früher ein bedeutendes Industrie- und Transportzentrum für den Südwesten des Bundesstaats, verlor Camden diese Rolle im Laufe der Zeit, und ganze Stadtviertel versanken in Elend und Arbeitslosigkeit. Kein Wunder, dass in manchen Teilen die Kriminalitätsrate erschreckend hoch ist, weshalb Touristen diese besser meiden sollten.

Keine Sicherheitsbedenken müssen Besucher im Park am Delaware-Ufer haben. Anfang der 1990er Jahre unternahm die Stadtverwaltung konzentrierte Anstrengungen, um das vom Verfall bedrohte Zentrum vor dem völligen Niedergang zu retten und attraktiver zu gestalten. Ein erster Schritt war der Bau des Ulysses S. Wiggins Waterfront Park am Ufer des Delaware River, von wo man abends einen prächtigen Blick auf die lichterstrahlende, zum Greifen nahe Skyline von Philadelphia hat.

### Am Ufer des Delaware

Teil des Waterfront Park ist das hervorragende **Adventure Aquarium** mit über 500 unterschiedlichen Arten von Meeresbewohnern. Kern des Aquariums bildet ein fast 2,5 Mio. Liter fassendes Becken, das mit einer vom Boden bis zur Decke reichenden Glasfassade an das Ocean Realm Theater grenzt, in dem man wie in einem Kino sitzend zusehen kann, wie Stachelrochen, exotische Fische und Meeresschildkröten ihre Runden drehen. Plätze werden dort regelmäßig knapp, wenn Taucher zur Fütterung der Meereslebewesen in das Becken steigen.

In einem der westafrikanischen Fauna gewidmeten Teil leben Flusspferde, Krokodile, Stachelschweine, Schildkröten, über 1000 Fische und frei fliegende Vögel. Um noch exotischere Lebewesen geht es in der Jules Verne Gallery mit fantastischen Quallen, Riesentintenfischen und Seedrachen. Haie besitzen ein eigenes 1,5 Mio. Liter großes Becken, durch das ein gläserner Haitunnel führt, von dem aus man die großen und kleinen Exemplare aus nächster Nähe bewundern kann. Zum Aquarium gehören Außenbereiche, wo in der warmen Jahreszeit regelmäßige Shows mit Robben stattfinden (an der Wasserfront, tgl. 9.30–17 Uhr, Tel. 866-451-AQUA, www.adventureaquarium.com).

**Das Adventure Aquarium in Camden ist für Jung und Alt ein besonderes Erlebnis**

Zu den in jüngster Zeit geschaffenen Einrichtungen an der Waterfront kommt mit der **USS New Jersey** auch eine ältere Attraktion hinzu. Bereits seit Ende 1999 ist das hoch dekorierte, ausgemusterte Schlachtschiff der US-Marine am Delaware-Ufer verankert, das sich im 2. Weltkrieg, im Korea- und im Vietnamkrieg Meriten verdiente (62 Battleship Pl., Tel. 856-966-1652, www.battleshipnewjersey.org, im Sommer tgl. 9–17 Uhr, sonst kürzer).

Literaturkenner kommen nach Camden, um in die Fußstapfen einer amerikanischen Berühmtheit zu treten. Walt Whitman (1819–92) verbrachte die letzten 18 Jahre seines Lebens im zweigeschossigen **Walt Whitman House**. Dort sind außer Originalmobiliar viele Bücher, Manuskripte und Fotos des Dichters zu sehen, der auf dem Harleigh Cemetery an der Haddon Avenue bestattet wurde (328 Mickle St., Tel. 856-964-5383, Mi–Fr 9–12 und 13–18, Sa 10–12 und 13–18, So 13–18 Uhr).

**In Cherry Hill:**
Östlich von Camden liegt der Stadtteil Cherry Hill mit einigen Hotels. Sie bieten sich an, wenn die Unterkünfte in Philadelphia zu teuer oder ausgebucht sind.

**Clarion Hotel:** Rte 70 und I-295, Tel. 856-428-2300, Fax 856-354-7662, www.clarionofcherryhill.com. Gut ausgestattetes Hotel für gehobene Ansprüche mit Pool, Tennisplätzen und Fitnesscenter. Ab 120 $.

**Holiday Inn:** Rte 70/Sayer Ave., Tel. 856-663-5300, Fax 856-662-2913, www.holiday-inn.com. Mit Innen- und Außenpool, Fitnesscenter, eigenem Restaurant. Ab 90 $.

**Olive Restaurant:** 482 Eversham Rd., Tel. 856-428-4999, tgl. Lunch und Dinner. Schmackhafte mediterrane Küche. Dinner ab 10 $.

**Red Lobster:** 106 E. Marlton Park, Tel. 856-429-5088. Restaurantkette mit Seafood-Gerichten. Ab 10 $.

**Fähre:** River Link Ferry, Tel. 215-925-54 65, www.riverlinkferry.org, tgl. 9–18 Uhr. Pendelfähren zwischen Penn's Landing in Philadelphia und Waterfront Park in Camden, Hin- und Rückfahrtticket 6 $.

# Philadelphia und Umgebung

Reiseatlas S. 13/14

**Nach New York City ist Metro-Philadelphia mit fünf Millionen Einwohnern der zweitgrößte urbane Ballungsraum im Osten der USA und der fünftgrößte im Lande. Zur Bedeutung der Metropole der ›brüderlichen Liebe‹ trägt neben ihrer historischen Rolle im Unabhängigkeitsprozess ihr Reichtum an Kunst- und Kultureinrichtungen bei.**

## 5 Philadelphia

**Cityplan:** S. 258

Jeder US-Bundesstaat besitzt ein Motto. Für Pennsylvania steht unbescheiden ›America Starts Here‹ (Hier beginnt Amerika). 300 Jahre Geschichte belegen, dass der selbstbewusste Anspruch so vermessen gar nicht ist. Denn in der größten Stadt Philadelphia, griechisch für ›Stadt der brüderlichen Liebe‹, stand die Wiege der USA. Am 4. Juli 1776 proklamierte der Kongress vor Ort die Unabhängigkeit. Diese Erklärung, die neben der 1787 ebenfalls in Philadelphia verabschiedeten Verfassung zu den wichtigsten Dokumenten der US-Geschichte gehört, stand am Anfang der dynamischen Entwicklung des Landes zur Weltmacht.

Mit der Loslösung von Großbritannien läutete die berühmte Freiheitsglocke in Philadelphia eine neue Ära ein. Die junge Stadt hatte sich schon zuvor auf ihre eigenen Kräfte besonnen, wobei sich Männer wie Benjamin Franklin hervortaten. Er hatte 1731 die erste Leihbücherei der USA gegründet. Im Jahr 1740 entstand mit der University of Pennsylvania die erste Universität auf amerikanischem Boden, gefolgt 1790 von der ersten US-Börse.

Ganz entgegen der ursprünglichen Idee des Stadtgründers entwickelte sich Philadelphia im 19. Jh. nicht zu einer grünen Oase, sondern zu einem riesigen, qualmenden Standort der Schwerindustrie. Heute ist im Kern der Stadt davon nichts mehr zu sehen, weil Downtown in den 1990er Jahren eine umfassende Sanierung erlebte. Die bedeutendsten historischen Stätten, in einem historischen Nationalpark zusammengefasst, präsentieren sich in einem Zustand, der ihrer geschichtlichen Rolle im Staatsbildungsprozess entspricht.

Auch außerhalb der Stadt liegen interessante historische Sehenswürdigkeiten, aber auch die Siedlungsgebiete der alttestamentarischen Amish, die in den vergangenen Jahrzehnten aufgrund ihrer seit Jahrhunderten an einer technikfeindlichen Einstellung festhalten und mit ihrer bibelfesten Lebensweise zu einer Touristenattraktion wurden.

## Independence National Historical Park

Philadelphias historische Schatztruhe ist der vom National Park Service verwaltete Independence National Historical Park mitten im Zentrum. Innerhalb der geschichtsträchtigsten Quadratmeile der USA stehen ca. 40 Gebäude für Besichtigungen offen. Im Mittelpunkt des Parks erstreckt sich zwischen Fifth und Sixth Street die Independence Mall mit den Meilensteinen der amerikanischen Unabhängigkeitsgeschichte.

### Ikonen der US-Geschichte

Als erste Einrichtung dieser Art in Amerika beschäftigt sich das **National Constitution Center** **1** ausschließlich mit der Geschichte und Rolle der amerikanischen Verfassung und bedient sich dabei modernster Techniken, wie etwa bei einer einführenden, stark patriotisch angehauchten Multimedia-Präsentation auf einer 360°-Leinwand. Von der Grand Hall über dem Eingang reicht der Blick durch eine Glasfassade über die Independence Mall bis zur im Süden gelegenen Independence Hall, eine von den Architekten gewollte symbolische Sichtverbindung. In der Signer's Hall können sich Besucher unter die lebensgroßen Bronzeskulpturen der 41 Delegierten des Verfassungskonvents mischen, die am 17. September 1787 die amerikanische Verfassung unterzeichneten (525 Arch St., Independence Mall, Tel. 215-409-6600, www.constitutioncenter.org, tgl. 9.30–17, Sa bis 18 Uhr)

Das **Independence Visitor Center** **2** versteht sich nicht nur als zentrale Hauptanlaufstelle zur Orientierung über den Independence National Historical Park (INHP) und die Stadt Philadelphia. Neben einem Hotel- und Restaurant-Reservierungsdienst kann man Touch-Screens mit Beschreibungen von Ausflugszielen und Veranstaltungen in Anspruch nehmen und Tickets für örtliche Attraktionen kaufen. Im Videotheater bekommt man per Film einen Überblick über die Stadt und ihre Sehenswürdigkeiten (1 N. Independence Mall W., Tel. 215-925-6101, www.independence visitorcenter.com, tgl. 8.30–17 Uhr).

Mit dem **Liberty Bell Center** **3** steht auf der Independence Mall ein Gebäude, das die wohl bedeutendste historische Ikone der Stadt beherbergt: die Freiheitsglocke (s. S. 256). In jüngerer Vergangenheit zog sie zum dritten Mal um und soll jetzt ihren endgültigen Platz in einem aus viel Glas bestehenden Pavillon gefunden haben, der das Geläut mit der Independence Hall im Hintergrund ohne störende moderne Bauten zeigt (Market St. zwischen 5th/6th St., www.nps.gov/inde, tgl. ab 9 Uhr, Eintritt frei).

Jenseits der Chestnut Street, an der Pferdekutschen für Stadtrundfahrten parken und ein George-Washington-Denkmal steht, erlebte die **Independence Hall** **4** seit ihrer Fertigstellung in der ersten Hälfte des 18. Jh. wahrhaft historische Ereignisse. Im Mai 1775 trat in der Assembly Hall der Zweite Kontinentalkongress zusammen und beschloss, in den einzelnen Kolonien Vorbereitungen für die Verteidigung gegen englische Truppen zu treffen. Einen Monat später ernannten die Kongressmitglieder George Washington an dieser Stelle zum Oberbefehlshaber der Kon-

## Mit dem Autor unterwegs

### Historische Ikonen

**Independence National Historical Park:** Er umfasst die wichtigsten historischen Stätten in Philadelphia, von denen die meisten mit der Unabhängigwerdung der USA in Verbindung stehen (s. S. 254 ff.).

**Freiheitsglocke:** Amerikas bedeutendster historischer Schatz ist die so genannte Freiheitsglocke, die 1776 die Unabhängigkeit einläutete (s. S. 256).

**Library Hall:** Die Bibliothek besitzt einige der bedeutsamsten Dokumente der amerikanischen Geschichte (s. S. 257).

### Reading Terminal Market

**Reading Terminal Market:** Der überdachte Markt gehört mit seinem die Vergangenheit zum Leben erweckenden Flair zu den schönsten Märkten in den USA. Außerdem kann man dort gut und preiswert essen (s. S. 261).

### Kunstgenuss

**Philadelphia Museum of Art:** Das Kunstmuseum gehört zu den führenden in Amerika (s. S. 262).

### Ländliche Lebensform

**Amish Farm & House:** Eine Führung hilft, sich das bäuerliche Leben der Amish im südwestlichen Pennsylvania vorstellen zu können (s. S. 271).

### Für Gartenliebhaber

**Longwood Gardens:** Wer prächtige Gartenanlagen zu schätzen weiß, wird von diesem Park begeistert sein (s. S. 274).

# Liberty Bell: eine nationale Reliquie

Thema

**Für viele Amerikaner gibt es nur ein nationales Symbol für Freiheit und Unabhängigkeit: die Liberty Bell. Als Kopie schmückt sie zahlreiche Kapitole in den jeweiligen Bundesstaaten. Das Original ist im Independence National Historical Park in Philadelphia in einem eigens errichteten Pavillon ausgestellt.**

Die knapp 1000 kg schwere, zu 70 % aus Kupfer, 25 % aus Zinn und kleineren Blei-, Arsen-, Zink-, Gold- und Silberanteilen bestehende *Liberty Bell* blickt auf eine wechselvolle Vergangenheit zurück. Im Auftrag der Stadtverwaltung von Philadelphia wurde 1752 in England eine Glocke mit der Aufschrift aus dem dritten Buch Mose »... und ruft Freiheit für alle Bewohner des Landes aus« gegossen. Kaum war die Glocke zum ersten Mal erklungen, wies sie einen dünnen Sprung auf, der ihren Ton beeinflusste. Zweimal wurde sie von den lokalen Glockengießern Pass & Stow unter Verwendung des ursprünglichen Materials nachgegossen – und sprang jedes Mal wieder.

Um sie vor den Briten in Sicherheit zu bringen, die Kirchenglocken zu Munition und Kriegsgerät umschmolzen, versteckten Philadelphias Bürger das Symbol ihrer Unabhängigkeit im Krieg gegen England im 60 Meilen entfernten Allentown (s. S. 240). Zum letzten Mal erklang die Freiheitsglocke anlässlich der Feierlichkeiten zum 114. Geburtstag von George Washington im Jahr 1846. Danach wurde sie in der Independence Hall ausgestellt.

Anlässlich der 200-Jahr-Feiern der amerikanischen Unabhängigkeit im Jahr 1976 bekam sie einen eigenen, wegen des großen Besucherandrangs aber zu kleinen Pavillon, ehe sie im Jahr 2003 endgültig im heutigen Liberty Bell Center ausgestellt wurde. Ihre in einem Stahlrahmen befestigte Aufhängung besteht aus einem Joch aus Ulmenholz. Hatte die frühere ›Unterkunft‹ der Liberty Bell gerade einmal Platz genug für die Glocke selbst, ist der neue Pavillon mit einer zusätzlichen Ausstellung ausgestattet, die Wissenswertes und Interessantes über die Entstehungsgeschichte der Glocke und über ihre heutige Rolle als Freiheitssymbol vermittelt. Ausländische Besucher können sich in speziell eingerichteten Räumen in ca. einem Dutzend unterschiedlicher Sprachen über alle Exponate informieren und einen Film sehen, der im Auftrag des zuständigen National Park Service produziert wurde.

Landesweite, zum Teil heftige Diskussionen löste nach dem jüngsten ›Umzug‹ der Freiheitsglocke die Tatsache aus, dass in der begleitenden Ausstellung auch Dokumente gezeigt werden, die unbequeme geschichtliche Tatsachen belegen und in offenkundigem Widerspruch zu den mit der Liberty Bell in Verbindung gebrachten Idealen von Freiheit und Brüderlichkeit stehen.

Beim Bau des neuen Pavillons waren Bauarbeiter auf Überreste des 1832 abgerissenen Robert Morris Mansion gestoßen. In diesem Anwesen hatten die US-Präsidenten George Washington und John Adams gewohnt, solange Philadelphia zwischen 1790 und 1800 Hauptstadt Amerikas gewesen war. Historiker machten darauf aufmerksam, dass George Washington in diesem Haus während seiner Zeit im höchsten Staatsamt von 1789 bis 1797 acht Sklaven beschäftigte.

tinentalen Armee. Ein Jahr danach nahmen die Delegierten in diesem Gebäude die amerikanische Unabhängigkeitserklärung an. Ein ebenso tief greifendes Ereignis war die formale Verabschiedung der US-Verfassung durch die Federal Constitution Convention am 17. September 1787. Im Licht dieser historischen Ereignisse betrachtet trägt die Independence Hall ihren Ruf als nationaler Schrein zu Recht (Independence Mall, Tel. 215-597-8974, www.nps.gov/inde, tgl. 9–17 Uhr, Gratistouren).

## Schatztruhen für Kunstkenner

Die **Library Hall** 5, heute Bibliothek der American Philosophical Society, besitzt unschätzbare Raritäten. Dazu gehören die originalen Reiseaufzeichnungen der Lewis & Clark-Expedition von 1804 bis 1806, die einen schiffbaren Wasserweg zwischen Mississippi und Pazifik und die Möglichkeiten einer zukünftigen Zivilisierung dieses Gebiets erkundete. Außerdem besitzt die Bibliothek die amerikanische Unabhängigkeitserklärung in einer von Thomas Jefferson handgeschriebenen Fassung (105 S. Fifth St., Tel. 215-440-3400, www.amphilsoc.org/about/libhall.htm, Do–So 10–16, Mi 17–20 Uhr, Eintritt frei).

Neben der Library Hall präsentiert die **Second Bank of the United States** 6 ihre Greek-Revival-Säulenfassade. Das dem Parthenon nachempfundene ehemalige Bankgebäude aus dem Jahre 1824 besitzt eine erlesene Porträtsammlung von führenden Köpfen des Unabhängigkeitskriegs, der Unterzeichner der Unabhängigkeitserklärung und der amerikanischen Verfassung sowie Gemälde von hohen Militärs und Diplomaten der damaligen Zeit (420 Chestnut St., Tel. 215-965-2305, Mi–So 11–16 Uhr, Eintritt frei).

## Carpenter's Hall

Eine Videopräsentation gibt in der **Carpenters' Hall** 7 Nachhilfeunterricht in amerikanischer Geschichte. In dem Gebäude trat 1774 der First National Congress zusammen, um über die zunehmende Bevormundung der amerikanischen Kolonien durch England zu beraten. Deren Forderungen nach mehr Selbstständigkeit wurden von der Krone meist abschlägig beschieden, sodass der Kongress auf eine gemeinsame politische Linie gegenüber dem britischen Mutterland drängte. Unter Führung von John und Samuel Adams, die zu den einflussreichsten Anwälten der Unabhängigkeit gehörten, und inspiriert durch die flammenden Reden des Patrioten und späteren Freiheitskämpfers Patrick Henry, beschlossen die Delegierten aus zwölf Kolonien – Georgia fehlte – einen Boykott englischer Waren und die Errichtung von Import- und Exportsperren gegenüber England. Außerdem verlangten sie von der Krone die Streichung von Steuern und Abgaben, die nach dem Ende des Siebenjährigen Kriegs gegen Frankreich im Jahr 1763 erhoben worden waren, um die drückenden Kriegskosten auszugleichen und die britische Staatskasse zu füllen (Chestnut St. zwischen 3rd und 4th St., Tel. 215-925-0167, www.ushistory.org/carpentershall, tgl. außer Mo 10–16 Uhr, Jan.–Feb. außer Mo und Di, Eintritt frei).

## Auf den Spuren von B. Franklin

Jenseits der Chestnut Street errichtete das Multitalent Benjamin Franklin (1706–1790) im **Franklin Court** 8 im Jahr 1763 ein Haus, in dem der Drucker, Staatsmann, Autor, Erfinder, Diplomat, Philanthrop und Wissenschaftler die letzten fünf Jahre seines Lebens verbrachte. Sein Wohnhaus existiert seit 1812 nicht mehr, doch sind die Umrisse durch eine weiße Stahlkonstruktion markiert. Unter dem Franklin Court führt ein Museum mit einer Ahnengalerie, vielen Erinnerungsstücken und einem 22-minütigen Film über das Leben Franklins ein verborgenes Dasein (zwischen 3rd und 4th St. und Chestnut/Market St., Tel. 215-597-8974, www.ushistory.org/franklin/court, tgl. 9–17 Uhr).

Zum ›Inventar‹ des Franklin Court gehört Ralph Archbold, der seinen Stammplatz auf einer Holzbank unter einem Maulbeerbaum hat und seit über 30 Jahren als Franklin-Imitator auftritt. Mit schulterlangem, schütterem Haar sieht er so aus, wie man Franklin von alten Gemälden kennt.

## Philadelphia: Cityplan

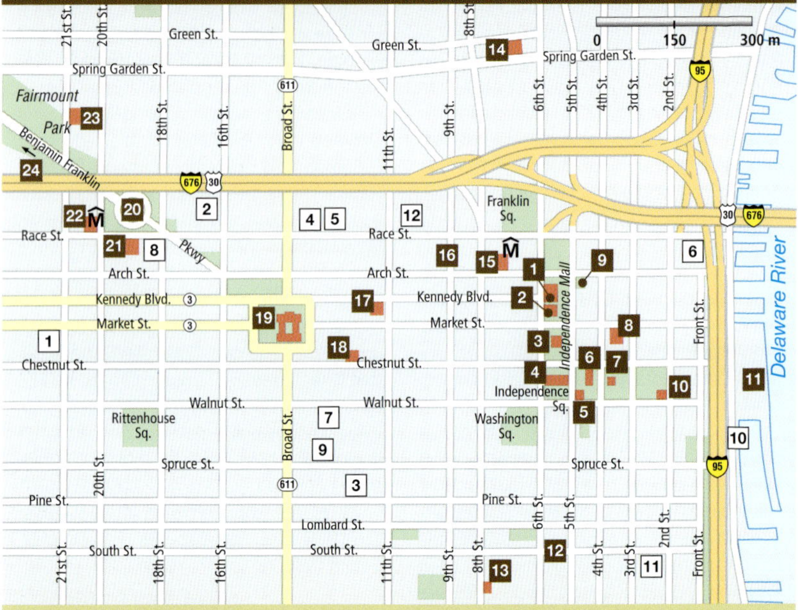


### Sehenswürdigkeiten

1 National Constitution Center
2 Independence Visitor Center
3 Liberty Bell Center
4 Independence Hall
5 Library Hall
6 Second Bank of the United States
7 Carpenters' Hall
8 Franklin Court
9 Christ Church Burial Ground
10 City Tavern
11 Penn's Landing
12 South Street
13 Italian Market
14 Edgar Allan Poe National Historic Site
15 African American Museum
16 Chinatown
17 Reading Terminal Market
18 Lord & Taylor
19 City Hall
20 Logan Square
21 Academy of Natural Sciences
22 Franklin Institute Science Museum
23 Rodin Museum
24 Philadelphia Museum of Art

### Übernachten

1 Crowne Plaza Philadelphia Center City
2 Wyndham Philadelphia
3 Alexander Inn
4 Hampton Inn Center City
5 Travelodge
6 Comfort Inn at Penn's Landing
7 Rodeway Inn

### Essen und Trinken

8 Fountain Restaurant
9 Vetri
10 Moshulu
11 Fez Maroccan Cuisine
12 Indonesia Restaurant

Nach seinem Tod im Jahr 1790 wurde Benjamin Franklin auf dem **Christ Church Burial Ground** 9 zur letzten Ruhe gebettet. Als Erinnerung an seine berühmte Devise »Ein gesparter Penny ist ein verdienter Penny« liegen auf dem Grab, das er mit seiner Frau Deborah teilt, häufig Ein-Cent-Münzen. Auf dem historischen Friedhof wurden auch vier weitere Unterzeichner der amerikanischen Unabhängigkeitserklärung bestattet (Ecke Fifth/Arch St.).

### City Tavern

Mit historischem Ambiente wartet die aus dem 18. Jh. stammende **City Tavern** 10 auf. Zur Begrüßung tritt das Personal in originalgetreuen Kostümen aus damaliger Zeit an. Gäste schreiten über knarzende Dielenböden und nehmen in einem der zahlreichen Speisezimmer Platz, die sich auf zwei Etagen verteilen, wo sich früher Berühmtheiten wie George Washington, Benjamin Franklin und Paul Revere die deftigen Speisen schmecken ließen. Der aus Deutschland stammende Chef Walter Staib, der sich ›Kulinarischer Botschafter der Stadt Philadelphia‹ nennen darf, sorgt auch in der Küche für historische Korrektheit und serviert etwa Spezialitäten wie Süßkartoffel-Bisquits, ein Leibgericht von Thomas Jefferson (Second/Walnut St., Tel. 215-413-1443, www.citytavern.com, Lunch tgl. außer So ab 11.30, Dinner tgl. ab 16, So ab 15 Uhr, Reservierung empfohlen, Dinner ab 18 $).

### Penn's Landing

Am Ufer des Delaware River liegt mit **Penn's Landing** 11 ein beliebtes Ausflugsziel innerhalb der Stadt. Hier soll William Penn im Jahr 1682 an Land gegangen sein. An dem parkähnlichen Ufersaum, an dem im Sommer häufig Big-Band-Konzerte und Jazz-Abende stattfinden, liegt der 1883 vom Stapel gelaufene portugiesische Segler ›Gazela‹ vor Anker, wenn er nicht gerade in seiner Funktion als ›schwimmender Botschafter von Philadelphia‹ auf Fahrt ist. Ein zweiter Oldtimer, die ›USS Olympia‹, war Flaggschiff von Admiral George Deweys Flotte in der Schlacht von Manila 1898 während des spanisch-amerikanischen Kriegs. Neueren Datums ist das U-Boot ›USS Becuna‹, das seit 1943 im Südpazifik Dienst tat, nach dem Zweiten Weltkrieg aber nur noch als Ausbildungsschiff genutzt wurde. In der Nähe liegt mit der im Jahr 1904 erbauten ›Moshulu‹ ein weiterer Oldtimer vor Anker. Der seetüchtige Viermaster wurde zum Restaurantschiff umgebaut und hat in Penn's Landing einen permanenten Liegeplatz gefunden (100 S. Columbus Blvd.).

## Society Hill

Südwestlich von Penn's Landing liegt der Stadtteil Society Hill. Er erhielt seinen Namen nach der Free Society of Traders, einer Gruppe von Geschäftsleuten, die auf Veranlassung von William Penn in Philadelphia ihre Unternehmen aufbauten. Zahlreiche Gebäude aus dem 18. und 19. Jh. verleihen Society Hill ein sympathisch-gestriges Ambiente. Um den Head House Square liegen einige traditionsreiche Restaurants. Früher verkauften auf diesem Platz die Bauern des Umlands ihre Erzeugnisse an die Städter.

Mit fast 500 Boutiquen, Galerien, Theatern, Nachtclubs, Cafés, Imbisslokalen und Restaurants ist die **South Street** 12 ein beliebtes Szeneviertel insbesondere auch für Nachtschwärmer. In die Jahre gekommene Hippies mischen sich unter Krawatte und Anzug tragende Geschäftsleute, Skater mit gepiercten Nasenflügeln teilen sich Kneipentresen mit platinblonden Kosmetikerinnen aus dem benachbarten Nagelstudio.

Dass es im lebhaftesten Unterhaltungs- und Gourmetviertel der Stadt immer wieder auch unkonventionell zugehen kann, machen Geschäftsnamen wie Zipperhead, Erogenous Zone, Condom Nation und Trash deutlich (Front bis 10th St. und Lombard bis Bainbridge St., www.southstreetnet.com).

Eine traditionelle, seit über 100 Jahren bestehende Institution in Society Hill ist der **Italian Market** 13, der sich im Wesentlichen auf der Nineth Street abspielt. Auf überdachten Gehsteigen türmen sich Kisten mit Obst, Karrenladungen frischer Wassermelonen, Plas-

PSFS

tiktonnen mit frischem Fisch und Blue Crabs aus der Chesapeake Bay. Wochentags platzt der Markt am Vormittag aus allen Nähten und erinnert mit seinem Chaos und seinen Gerüchen an Palermo oder Neapel. Zwischen den Auslagen verstecken sich kleine Cafés und Blumenläden, Geschäfte für Haushaltsartikel und Unterwäsche. Zwar hat sich über die Jahrzehnte das früher strikt italienische Gesicht des Marktes durch den Zuzug anderer Nationalitäten gewandelt. Aber im Großen und Ganzen dominiert nach wie vor das Farbentrio Grün-Weiß-Rot (9th St., Di–Sa 9–17, So 9–14 Uhr).

In die als Museum eingerichtete **Edgar Allan Poe National Historic Site** **14** zog der amerikanische Autor vermutlich zwischen Herbst 1842 und Sommer 1843, um es im April 1844 schon wieder zu verlassen. Bei Führungen durch das Anwesen bemühen sich die Parkranger nicht ohne Erfolg um spannende Geschichten. Die Führung endet im Keller. An einer Wand befindet sich der Abzugsschacht eines Kamins. In ›Die schwarze Katze‹ mauerte der Ich-Erzähler, der seine Frau mit einer Axt erschlagen hatte, dort ihren Leichnam ein (532 7th/Spring Garden St., Tel. 215-597-8780, www.nps.gov/edal, tgl. 9–17 Uhr).

## Stadtzentrum

Mit über 400 000 Ausstellungsgegenständen wie Dokumenten, Gemälden, Mobiliar, Fotografien, Büchern, Kleidung und Volkskunst informiert das **African American Museum** **15** über alle Aspekte des Lebens früherer afroamerikanischer Einwohner in Philadelphia – vom familiären Alltag bis zur Bürgerrechtsbewegung, von der medizinischen Versorgung bis zur Religion und von sportlichen Leistungen bis zu Kunst und Architektur. Jeden Februar veranstaltet das Museum eine **All-Night Jazz Jam** mit bekannten Interpreten (701 Arch St., Tel. 215-574-0380, www.aampmuseum.org, Di–Sa 10–17, So 12–17 Uhr).

**Blick über den Franklin Parkway auf den Rathausturm von Philadelphia**

Wo sich heute **Chinatown** **16** ausdehnt, gab es in den 1860er Jahren nur eine chinesische Wäscherei. Ungefähr zehn Jahre später eröffnete in der Race Street Nr. 913, wo heute eine Informationstafel steht, mit Mei-Hsian Lou das erste chinesische Restaurant, das in den nachfolgenden Jahrzehnten Dutzende von Nachbarn bekam. In jüngerer Vergangenheit wurde das Viertel durch die Eröffnung von vietnamesischen, burmesischen und japanischen Lokalen immer internationaler (9th bis 12th St./Vine bis Arch St.).

Der ›Bauch von Philadelphia‹ liegt mitten im Stadtzentrum in einem ehemaligen Bahnhof, dessen Terrain sich bis in die 1970er Jahre ca. 100 Markthändler mit den Reisnden und Bahnhofsangestellten teilen mussten. Nach vielen Berg- und Talfahrten in den vergangenen Jahrzehnten hat sich der 1892 gegründete **Reading Terminal Market** **17** als gastronomischer Basar etabliert und ist für viele Einwohner der Stadt zu einer unverzichtbaren Einrichtung geworden. Frankreichkenner fühlen sich zwischen Fleisch- und Wurstangeboten, Vitrinen voller Brathähnchen, duftenden Bäckereiprodukten und Blumenständen an die alten Hallen in Paris erinnert. Zur Popularität des vor Aktivitäten strotzenden Marktes tragen die zahlreichen Imbisse bei. Von Mittwoch bis Samstag schlagen Amish-Bäuerinnen aus dem Pennsylvania Dutch Country ihre Stände auf und tragen mit handgestickten Quilts, selbst gebackenen Kuchen und anderen Amish-Spezialitäten aus der eigenen Küche zur Vielfalt des Marktangebots bei (12th/Arch St., Tel. 215-922-2317, www.readingterminalmarket.org, Mo–Sa 8–18, Amish-Markt Mi 8–15, Do–Sa 8–17 Uhr).

Eines der ältesten, 1861 gegründeten Kaufhäuser der USA, das heute unter dem Namen **Lord & Taylor** **18** firmiert, baute im Jahr 1910 der Star-Architekt Daniel Burnham um und verwandelte es in einen Konsumtempel, der alles bis dahin Dagewesene in den Schatten stellte. Als der Palast seine Tore öffnete, stand die staunende Kundschaft in einer fünf Stockwerke hohen, von Galerien umgebenen und in

Goldbronze glänzenden Lobby, die sich mit einer barock wirkenden Orgel aus 30 000 Pfeifen eher wie eine Kathedrale präsentierte (zwischen Market/Chestnut St. und 13th/Juniper St., Tel. 215-241-9000, Orgelkonzerte tgl. 12 und 17, Mi 19 Uhr).

Unübersehbar dominiert am Schnittpunkt der beiden wichtigen Verkehrsadern Market und Broad Street die zwischen 1871 und 1901 erbaute **City Hall** 19. Bis 1988 war es verboten, über die 167 m hohe Spitze des Rathauses hinaus zu bauen. Der Himmel über Philadelphia war für den Staats- und Stadtgründer William Penn reserviert, dessen 11 m hohe Statue in luftiger Höhe den Rathausturm krönt. Einen ähnlichen Ausblick wie der bronzene Penn genießen Besucher der City Hall von der Plattform des Turmes. Mit 642 Räumen gilt der im Stil der französischen Renaissance errichtete Riesenbau als größte Stadtverwaltung in den USA (Market/Broad St., Eintritt frei).

## Logan Square

Die von Patina überzogenen Indianerfiguren der Swann Memorial Fountain auf dem **Logan Square** 20 symbolisieren die drei bedeutenden Wasserwege der Stadt – Delaware River, Schuylkill River und Wissahickon Creek.

Auf der Südseite des Platzes liegt die **Academy of Natural Sciences** 21 mit zahlreichen lebenden Exponaten wie Reptilien und Eidechsen. Vor allem die Saurierausstellung zieht viele Besucher an, in der Kinder durch den rekonstruierten Schädel eines Tyrannosaurus Rex klettern können. Ein Zeitsprung versetzt Besucher ins Erdmittelalter (19th St./Benjamin Franklin Pkwy, Tel. 215-299-1000, www.acnatsci.org, Mo–Fr 10–16.30, Sa–So 10–17 Uhr).

Von der Astronomie bis zur Militärtechnologie und vom überdimensionalen künstlichen Herzen bis zur Wetterkunde reicht die Spannweite des **Franklin Institute Science Museum** 22 mit vielen technischen Einrichtungen zum Ausprobieren. Nicht nur für Bücherwürmer ist die Free Library of Philadelphia mit über 2 Mio. Bänden ein Anlaufziel. Im Dachcafé kann man sich eine Rast vom anstrengenden Kulturbetrieb gönnen. Zum Museum gehört neben einem Planetarium ein IMAX-Theater mit Filmen über die Löwen der Kalahari, den menschlichen Körper und die Mondspaziergänge der Apollo-Astronauten (222 N. 20th St., Tel. 215-448-1200, www.fi.edu, tgl. 9.30–17 Uhr).

### Museum-Highlights

Nirgendwo außerhalb von Frankreich kommen Rodin-Bewunderer so auf ihre Kosten wie im **Rodin Museum** 23. Unverkennbares ›Wegzeichen‹ vor dem Haus ist die berühmte Skulptur ›Der Denker‹. Die Sammlung der Kunstwerke des berühmten französischen Bildhauers Auguste Rodin (1840–1917) war ein Geschenk des Geschäftsmanns Jules E. Mastbaum an die Stadt Philadelphia, die seit 1929 die unschätzbare Kollektion in diesem Gebäude ausstellt (22nd St./Benjamin Franklin Pkwy, Tel. 215-763-8100, www.rodinmuseum.org, Di–So 10–17 Uhr).

Der Franklin Parkway endet stadtauswärts mitten im antiken Griechenland – so könnte man zumindest meinen. Auf einer kleinen Anhöhe liegt wie ein gewaltiger Säulentempel das **Philadelphia Museum of Art** 24, dessen breite Freitreppe vielen Kinogängern von der Leinwand bekannt ist, weil dort Boxlegende Rocky Balboa alias Sylvester Stallone für den Film ›Rocky‹ seine Kondition trainierte.

In dem riesigen Komplex findet man neben Gemälden von Rubens, Renoir und van Gogh auch Werke von Künstlern des 20. Jh. wie etwa Alexander Calder, dessen monumentales Mobile die Eingangshalle über der großen Treppe schmückt. Impressionistische Gemälde, ein buddhistischer Tempel, ein japanisches Teehaus, von Amish People hergestellte Möbel, Trachten und Kostüme sowie der Nachbau eines französischen Klosters aus dem 12. Jh. sind Stationen, die Besucher auf ihrer Reise durch die Welt der Kunst kennen lernen (Benjamin Franklin Pkwy, Tel. 215-763-8100, www.philamuseum.org, Di, Do, Sa–So 10–17, Mi und Fr bis 20.45 Uhr).

**Swann Memorial Fountain auf dem Logan Square und Philadelphia Museum of Art**

**Independence National Historical Park / Visitor Center:** Third und Chestnut St., Tel. 215-597-8974, www.nps.gov.inpe.

**Crowne Plaza Philadelphia Center City** 1: 1800 Market St., Tel. 215-561-7500, Fax 215-561-4484, www.philadelphia.crowneplaza.com. Großes Stadthotel in idealer Lage zum Logan Square und zur Museumsmeile, eigenes Restaurant, Außenpool. Ab 200 $.

**Wyndham Philadelphia** 2: 17th/Race St., Tel. 215-448-2000, Fax 215-448-2864, www.wyndham.com/franklinplaza. 29 Stockwerke hohes Nobelhotel, 760 Zimmer, Steakhouse, Sportanlagen, Sauna, Fitnesscenter und gut ausgestattete Zimmer. 120–200 $.

**Alexander Inn** 3: 12th/Spruce St., Tel. 215-923-3535, www.alexanderinn.com. Größeres Inn in der Nähe des Pennsylvania Convention Center mit Fitnessgeräten, Health Club und Spa, Frühstück inkl. 90–190 $.

**Hampton Inn Center City** 4: 1301 Race St., Tel. 215-665-9100, Fax 215-665-9200, www.hamptoninn.com. Auf 12 Stockwerken verteilen sich Zimmer mit Bad oder nur Dusche und Ein-Zimmer-Suiten, Whirlpool, beheizter Innenpool, Fitnesseinrichtungen. Ab 100 $.

**Travelodge** 5: 1227 Race St., Tel. 215-564-2888, Fax 215-564-2700, www.travelodge.com/philadelphia30031. Zentral gelegenes Kettenmotel mit 50 ordentlichen Zimmern ohne großen Komfort. Ab 90 $.

**Comfort Inn at Penn's Landing** 6: 100 N. Columbus Blvd., Tel. 215-627-7900, Fax 215-238-0809, www.choicehotels.com. Eine der wenigen preiswerteren Unterkünfte in der Innenstadt, Standardzimmer. 90–140 $.

**Rodeway Inn** 7: 1208 Walnut St., Tel. 215-546-7000, Fax 215-546-7573, www.rodeway.com/hotel/PA271. Manche Zimmer mit Bad, manche nur mit Dusche, Bügeleisen und Föhn auf dem Zimmer, Frühstück ist im Preis inbegriffen. Ab 70 $.

**Fountain Restaurant** 8: Four Seasons Hotel, 1 Logan Sq., Tel. 215-963-1500, tgl. 6.30–14.30 und 17.45–23 Uhr. Elegantes Spitzenrestaurant mit hervorragender, einfallsreicher Küche. Am Abend ist Abendgarderobe obligatorisch. Ab 50 $.

**Vetri** 9: 1312 Spruce St., Tel. 215-732-3478, nur Dinner, So Ruhetag. Der mehrfach ausgezeichnete Chef Marc Vetri kocht italienisch. Eine seiner berühmten Nachspeisen heißt ›Chocolate Polenta Soufflé‹. Hauptgerichte ab 20 $, am Sa nur ein Menü mit 5 Gängen für 65 $ oder ein Menü mit 7 Gängen für 90 $.

**Moshulu** 10: 401 S. Columbus Blvd., Tel. 215-923-2500, www.moshulu.com, tgl. Lunch und Dinner ab 11.30 Uhr. Zum Restaurantschiff umgebauter, romantischer Viermaster mit exquisitem Speisen- und Weinangebot. 21–30 $.

**Fez Maroccan Cuisine** 11: 620 S. Second St., Tel. 215-925-5367, So–Do 17–22.30, Fr–Sa bis 23.30 Uhr. Man speist in einem marokkanischen Hochzeitszelt und bekommt von kostümiertem Personal ausgezeichnete nordafrikanische Gerichte serviert. 10–25 $.

**Indonesia Restaurant** 12: 1029 Race St., Tel. 215-829-1400, tgl. 11–23 Uhr. Hervorragendes fernöstliches Restaurant mit legerer Atmosphäre und exotischen Speisen vom Feinsten. 8–20 $.

**Jewelers' Row:** Sansom St. zwischen 7th/8th St. und 8th St. von Chestnut

**Im Szeneviertel South Street ist vieles schrill und bunt**

bis Walnut St. Seit über 150 Jahren bestehender Schmuckdistrikt mit mehreren Hundert Juwelieren und Schmuckdesignern.

**King of Prussia Mall:** nordwestlich von Philadelphia in King of Prussia, 160 N. Gulph Rd., Mo–Sa 10–21.30, So 11–19 Uhr. Riesige Mall mit allem, was Konsumentenherzen höher schlagen lässt.

**Souvenir Philadelphia:** 307 Arch St., Tel. 215-923-2565. Souvenirs, Souvenirs ... Wer ein Reisemitbringsel aus Philadelphia benötigt, wird hier sicherlich etwas finden. Die amerikanische Unabhängigkeitserklärung gibt es als Poster.

**World Cafe Live:** 3025 Walnut St., Tel. 215-222-1400, www.worldcafelive.com. Zum Abendessen gibt es tgl. Live-Musik.

**Tastytreats:** 613 S. Fourth St., www.fluidnightclub.com. Jeden Sa 22–2 Uhr Tanzparty, ab 21 J. Eintritt vor 24 Uhr 7 $, nach Mitternacht 10 $.

**The Five Spot:** 5 S. Bank St., Tel. 215-574-0070, www.thefivespot.com. Live-Musik, DJs, Tanz, Bars – der Club ist stadtbekannt.

**Redhead Lounge:** 135 S. 17th St., im historischen Latham Hotel, Tel. 215-563-8200. Pianobar mit Live-Musik ab 20 Uhr bei Kerzenlicht.

**Kimmel Center for the Performing Arts:** 260 S. Broad St., Tel. 215-790-5800, Tickets Tel. 215-893-1999. Der futuristisch anmutende Bau unter einem Glasgewölbe ist in Philadelphia die bedeutendste Hochburg der darstellenden Kunst. Teil des Zentrums sind die Verizon Hall für unterschiedliche Veranstaltungen und das Perelman Theater, das nur eines von über einem Dutzend Theatern in der Stadt ist.

**Academy of Music:** Broad/Locust St., Tickets Tel. 215-893-1999, www.academyofmusic.org. Philadelphias grandioses Opernhaus von 1857 bietet knapp 3000 Gästen Platz. Die Opera Company of Philadelphia und das Pennsylvania Ballet nutzen diese Spielstätte gemeinsam.

**Mann Music Center:** Fairmount Park, www.manncenter.org. In diesem Zentrum werden im Sommer Konzerte veranstaltet.

**Philadelphia-Pass:** www.philadelphiapass.com. Mit dem Pass können Besucher Sehenswürdigkeiten, Museen und Theater der Stadt kennen lernen und geführte City-Touren unternehmen. Der Ein-Tages-Pass beinhaltet den Eintritt zu 20 Attraktionen der Stadt. Hinzu kommen Ermäßigungen in elf Restaurants. Der Tagespass für Erwachsene kostet 39 $, für Kinder bis 12 J. 35 $, den Zwei-Tages-Pass gibt es für 64 bzw. 54 $, den 3-Tage-Pass für 84 $ bzw. 69 $ oder den 7-Tage-Pass für 105 $ bzw. 89 $.

**Old City Arts Association**: www.oldcityarts.org. Die Organisation veranstaltet jeden 1. Freitag im Monat zwischen 17 und 21 Uhr einen Open-House-Abend, an dem 26 Mitglieds-Galerien und kulturelle Organisationen der Stadt kostenlos besucht werden können.

**Feste/Veranstaltungen**
**Equality Forum** (April/Mai): Einwöchiges Gay-Fest, www.equalityforum.com.
**Manayunk Arts Festival** (Juni): Großes Kunstfestival im Freien, www.manayunk.com/manayunkartfest_files/artsfestival.html).
**Philadelphia Folk Festival** (Aug.): Fest der Folkmusik, www.folkfest.org.
**Puerto Rican Week Festival Parade** (Sept.): Puerto-Ricaner-Straßenfest mit großer Kostümparade.
**Philadelphia Fringe Festival** (Sept.): Kulturfest, www.livearts-fringe.org.
**Annual German-American Steuben Parade** (Sept.): Deutsch-amerikanische Parade mit Oktoberfest, www.steubenparade.com.
**Columbus Day Parade** (Oktober): Parade zu Ehren von Christoph Kolumbus.

**Touren:** Ghost Tours of Philadelphia, 5th/ Chestnut St., Tel. 215-413-1997, www.ghost tour.com/Philadelphia.htm. Geistertouren mit nächtlichen Besichtigungen von Friedhöfen und historischen Bauten.
**Independence Historic National Park,** kostenlose Parkranger-Führungen zu unterschiedlichen Themen.
**Aquarium:** Ausflug zum Adventure Aquarium. Vom Ferry Dock (Penn's Landing) legen die River-Link-Fähren nach Camden (NJ) zum Aquarium ab (Tel. 215-925-5465, www.riverlinkferry.org, tgl. 9–18 Uhr), s. S. 252.
**Golf:** Olde Course of Cobb's Creek Golf Club, 72nd St./Lansdowne Ave., Tel. 215-877-87 07, www.golfphilly.com. Der im Fairmount Park gelegene Platz ist einer der besten städtischen Golfanlagen in den USA.
**Eislaufen:** Blue Cross River Rink, 121 N. Columbus Blvd., Tel. 215-925-7465, www.river rink.com, Nov.–Feb. Mo–Do 18–21, Fr–Sa 12.30–22.30, So 12.30–21 Uhr. Eislaufbahn bei Penn's Landing mit Schlittschuhverleih.

**Flugzeug:** Philadelphia International Airport, Tel. 215-937-6800, www.phl.org. Der 8 Meilen vom Zentrum entfernte Flughafen wird von allen US-Fluggesellschaften und vielen internationalen Linien angeflogen. Jeden Tag starten und landen über 1000 Flugzeuge. Der Nahverkehrszug SEPTA bringt Reisende in ca. 30 Min. in die Stadt (6.10–0.10 Uhr). Ein Taxi ins Zentrum kostet ca. 21 $.
**Bahn:** Amtrak Terminal, 30th/Market St., Tel. 1-800-USA-RAIL. Bahnhof für die Amtrak-Fernverbindungen in alle Teile der USA. Die Züge von NJ Transit fahren nach Atlantic City.
**Bus:** Greyhound Lines Terminal, 10th/Filbert St., Tel. 215-931-4075, www.greyhound.com.
**Öffentliche Verkehrsmittel:** Innerhalb der Stadt verkehren Busse, U-Bahnen und Trolleys von SEPTA (Southeast Pennsylvania Transportation Authority, www.septa.org). Die Linie 76 (Ben FrankLine) hält an vielen Sehenswürdigkeiten. Mit dem DayPass (5,50 $) kann man einen Tag lang unbegrenzt alle Nahverkehrssysteme nutzen.

# Historische Stätten

## Valley Forge

**Karte:** S. 269

Der **Valley Forge National Historical Park** 1 hält die Erinnerung an den grimmigen Winter 1777/78 aufrecht, als George Washingtons Kontinentalarmee am Ende ihrer Kräfte, schlecht ausgerüstet und von Hunger und Krankheit geplagt, die bitterste Phase des Unabhängigkeitskriegs durchmachte. Bar jeglicher Motivation kam Ende 1777 ein zerlumpter Haufen von 12 000 amerikanischen Soldaten in dieser hügeligen Gegend an, um dort zu überwintern.

Entlang der Straße, die sich durch den hügeligen Nationalpark windet, liegen wieder aufgebaute Blockhütten, die den Soldaten als Unterkunft dienten. George Washingtons damaliges Hauptquartier befand sich im Wohnhaus eines Mühlenbesitzers, in dem heute ein Museum eingerichtet ist. Daneben reihen sich aus Baumstämmen gezimmerte Cabins aneinander, in denen Washingtons Leibgarde lo-

**Amish-Kinder auf dem Heimweg von der Schule**

gierte. An den großen General erinnert auch die Washington Memorial Chapel mit einem Läutwerk von 58 Glocken. Einen Überblick über die damaligen Kriegsereignisse geben Filme und Ausstellungen im Besucherzentrum.

Ende Februar 1778 zeichnete sich eine Wende ab. Zu diesem Zeitpunkt übernahm der preußische General Baron Friedrich Wilhelm von Steuben, der mit einem Empfehlungsschreiben des in Paris lebenden Diplomaten Benjamin Franklin in die USA gekommen war, die Ausbildung der Soldaten und machte aus ihnen innerhalb kurzer Zeit eine schlagkräftige, disziplinierte und moralisch gestärkte Armee. Von Steuben sprach kaum Englisch. Er verfasste seine Exerzieranleitungen in Französisch und ließ sie, ins Englische übersetzt, an alle Truppen verteilen. Später wurden seine im ›Blue Book‹ zusammengefassten Regeln ein Kasernenhofklassiker.

Als Washingtons Armee am 19. Juni 1778 in Valley Forge aufbrach, um die von Philadelphia nach New York abziehenden britischen Truppen zu verfolgen, hatte sie in einer prekären Situation einen entscheidenden Sieg davongetragen – den Triumph über sich selbst. Von Steuben hatte daran großen Anteil. Als er mit 64 Jahren im November 1794 einem Schlaganfall erlag, ließen die Amerikaner ihren Dank in seinen Grabstein meißeln: »Seine Dienste waren für die Erlangung der amerikanischen Unabhängigkeit unentbehrlich.«

i **Welcome Center:** 1400 Outer Line Dr., King of Prussia, PA 19406, Tel. 610-783-1077, www.nps.gov/vafo, tgl. 9–17 Uhr. Man kann besprochene Kassetten für eine Fahrt durch den Nationalpark ausleihen.

**Best Western King of Prussia:** 127 S. Gulph Rd., King of Prussia, Tel. 610-265-4500, Fax 610-354-8905, www.bwkop.com. Hotel mit beheiztem Außenpool, Spa, Fitnesseinrichtungen und Frühstück inklusive, in der Nachbarschaft der King of Prussia Mall. 70–119 $.

**Comfort Inn Valley Forge:** 550 W. DeKalb Pkwy, King of Prussia, Tel. 610-962-0700,

Fax 610-962-0218, www.comfortinn.com/hotel/PA189. Größeres Motel mit gut ausgestatteten Zimmern inklusive Minibar, Kühlschrank und Kaffeemaschine. Ab 80 $.

**Morton's the Steakhouse:** 500 Mall Blvd., King of Prussia, Tel. 610-491-1900, www.mortons.com, tgl. Dinner 17–22 Uhr. Es gibt zwar auch Seafood, aber die ausgezeichneten Steaks sind das Markenzeichen des Lokals. Ab 16 $.

**Peppers Italian Restaurant:** 239 Town Center Rd., King of Prussia, Tel. 610-265-2416, www.peppersitalianrestaurant.com., tgl. 11–2 Uhr. Italienische Küche mit Portionen für den großen Hunger. Zu den Spezialitäten gehört Chicken Amaretto. Dinner 10–18 $.

### Hopewell Furnace

An Sommerwochenenden erwecken kostümierte Arbeiter und Bauersfrauen in alten Trachten **Hopewell Furnace National Historic Site** 2 zum Leben. In einem großen Schuppen dreht sich ein gigantisches Wasserrad, das über Transmissionsriemen vorsintflutliche Apparaturen bewegt. Am Waldrand arbeiten Köhler in undurchdringlichem Qualm an einem Holzkohlemeiler. Ins Bild passen auch Bauersfrauen in knöchellangen Kleidern mit putzigen Rüschenhauben, die in mittelalterlich anmutenden Küchen werkeln oder mit langen Holzlöffeln in Messingbottichen heißen Apfelsirup rühren.

Wo sich heute das stimmungsvolle Museumsdorf ausdehnt, wurde 112 Jahre lang mit einfachen, aber dem damaligen technischen Stand entsprechenden Verfahren Roheisen hergestellt, wobei die Blütezeit zwischen 1820 und 1840 lag. So wie die Produktionsstätte damals aussah, wurde sie für heutige Besucher hergerichtet. Neben dem Ironmaster's Mansion kann man mehrere Gebäude besichtigen wie eine Schmiede, Scheunen, Ställe und Unterkünfte für die Beschäftigten. Für Besuche am lohnendsten sind Sommerwochenenden, wenn traditionell gewandete Einwohner in das Dorf zurückkehren und demonstrieren, wie die Menschen in der ersten Hälfte des 19. Jh. ihren Alltag und die unterschiedlichen Arbeiten bewältigt haben (Second Mark Bird Ln., Elverson, Tel. 610-582-8773, www.nps.gov/hofu, tgl. 9–17 Uhr).

## Pennsylvania Dutch Country

Südlich der in Ost-West-Richtung verlaufenden Interstate 76 dehnt sich die Hügellandschaft des **Pennsylvania Dutch Country** mit weiß oder rot getünchten Bauernhöfen, schlanken Silos und Feldern zwischen Dörfern und Wäldern aus. In diesem Teil von Pennsylvania dominiert nicht hoch technisierte Agrarindustrie, sondern traditionelle bäuerliche Produktionsweise. Das ist vor allem den Amish People zu verdanken, die ihre Felder wie in alten Zeiten bewirtschaften.

### Ein Film als Tourismusmotor

Seit Ende der 1980er Jahre hat sich Pennsylvania Dutch Country in eine Touristenattraktion verwandelt – Tendenz steigend. Auslöser dieser Entwicklung war der 1985 in die Lichtspieltheater gekommene Kinofilm ›Der einzige Zeuge‹. In diesem spannenden Thriller begibt sich der Polizist John Book, gespielt von Harrison Ford, zu den Amish, um einen Mord aufzuklären, den ein Amish-Junge beobachtete. Bald gerät er selbst in Gefahr und versteckt sich auf einer Farm im Pennsylvania Dutch Country. Dem Regisseur diente seinerzeit eine echte Amish-Farm inmitten von Lancaster County als Kulisse für große Teile der Dreharbeiten. Die Amish-Bevölkerung stand dem Projekt zu Beginn mit großen Vorbehalten gegenüber. Nachdem aber deutlich geworden war, wie feinfühlig, takt- und respektvoll der Film die Amish darstellte, verflogen die anfänglichen Ressentiments.

### Die Lebensweise der Amish

Die meist kinderreichen Amish-Familien – zehn Sprösslinge sind keine Seltenheit – führen ein einfaches Leben ohne Elektrizität oder Autos. Ihr traditionelles Transportmittel ist der so genannte Buggy, ein vierrädriger, meist geschlossener schwarzer Pferdewagen, des-

## Umgebung von Philadelphia

sen Außenbeleuchtung – ein Tribut an die moderne Zeit – nachts von einer Batterie gespeist wird. Verheiratete Männer tragen häufig einen Vollbart und sind schwarz oder dunkelblau gekleidet, während die Frauen ihr langes Haar unter Hauben verbergen und in der Öffentlichkeit nur in knie- oder knöchellangen Röcken zu sehen sind.

Je näher man Lancaster kommt, desto idyllischer werden die sanft geschwungenen Hügel, in denen Gehöfte, Tabakfelder sowie Viehweiden liegen. Wälder und Weiden wechseln sich mit Ackerflächen ab, auf denen drei Jahre lang jeweils unterschiedliche Getreide oder Gemüse angebaut werden. Im vierten Jahr liegt das Land brach und kann sich erholen. Amish-Farmer, deren Höfe durchschnittlich 25 ha groß sind, produzieren ihre Feldfrüchte weitgehend ohne Verwendung chemischer Hilfsmittel, was ihr Warenangebot für viele gesundheitsbewusste Kunden attraktiv macht. In der Regel sind Scheunen und Wohngebäude weiß getüncht und von amerikanischen Farmen dadurch zu unterscheiden, dass keine elektrischen Leitungen zu den Anwesen führen. Manche Farmer verkaufen ihre Produkte direkt an Kunden, die auf den Hof kommen und sich für selbst gemachte Marmelade, Getränke aus eigener Herstellung oder Quilts interessieren.

### Ephrata

Im Jahr 1732 ließ sich in **Ephrata** 3 eine pietistische deutsche Gemeinschaft nieder und baute eine der frühesten religiösen Gemeinschaften der USA auf. Gegründet hatte diese Sekte der aus Eberbach am Neckar stammende Bäckersohn Conrad Beissel (1691–1768), der 1720 in die USA auswanderte, sich in Pennsylvania der Tunker-Sekte anschloss und vier Jahre später eine eigene Sekte und das Kloster Ephrata aus der Taufe hob. Dorthin folgten ihm 300 Anhänger, um in asketischer Enthaltsamkeit zu leben und zu arbeiten. Vor allem als Drucker, Buchbinder und Kalligraphen machten sich die mildtätigen Brüder und Schwestern einen Namen. Im Jahr 1748 brachten sie mit der 1200 Seiten starken Mennoniten-Bibel ›Martyrs' Mirror‹ das umfangreichste Buch der amerikanischen Kolonialzeit heraus. Im Klostergarten steht ein knappes Dutzend restaurierter Holzgebäude, die grau und schmucklos ein Bild der Strenge des früheren Gemeinschaftslebens vermitteln. Zu Beginn des 19. Jh. existierte der Orden nicht mehr (632 W. Main St., Tel. 717-733-6600, Mo–Sa 9–17, So 12–17 Uhr).

Seit 1932 findet jeden Freitag am Ortsrand von Ephrata der **Green-Dragon-Markt** statt. Über 400 Bauern, Händler und Handwerker

# Bibel oder Bier: Amish-Teens beim ›Rumspringa‹

Thema

**Die Amish werden wegen ihrer tiefen Religiosität und ihres von vielen als vorsintflutlich empfundenen Lebenswandels gern in die Nähe von Heiligen gerückt. Dass diese Volksgruppe aber mit ähnlichen Problemen wie das übrige Amerika konfrontiert ist, beweist ein weithin unbekannter Amish-Brauch: das ›Rumspringa‹.**

Amish People leben zurückgezogen ihren alten Traditionen und Wertvorstellungen verhaftet inmitten der amerikanischen ›Coca-Cola-Kultur‹ – und doch weit außerhalb davon. Sie verzichten auf Strom, fahren anstatt mit dem Auto per Pferdebuggy zum Verwandtenbesuch oder zum Einkaufen, bestellen ihre Felder mit echten Pferdestärken und kleiden sich in einfache Trachten, die mit Häkchen und Ösen anstelle von Reißverschlüssen oder Knöpfen zusammengehalten werden.

Umso erstaunlicher ist, wie die stark religiös geprägten Amish-Familien mit ihren heranwachsenden Kindern umgehen. Sobald Teens das 16. Lebensjahr vollendet haben, kommt für viele von ihnen die ›Rumspringa‹-Periode, eine zeitlich nicht festgelegte Phase, in der sie in die sonst verbotene Welt der amerikanischen Gesellschaft mit allen ihren Auswüchsen eintauchen dürfen, um nach eigenem Gutdünken zwischen Bibel und Bier, zwischen Sitte und Sex zu entscheiden. Mit Handys ausgestattet, verabreden sich Jugendliche beiderlei Geschlechts zu teilweise wilden Partys auf abgelegenen Farmen, in Wäldern und sogar in alten Minenstollen. Alkohol fließt dabei gelegentlich in Strömen, und was die jungen Wilden über das jeweils andere Geschlecht theoretisch wissen, kann ohne elterliche Vergeltungsmaßnahmen in der Praxis überprüft werden.

Hin und wieder ufern ›Rumspringa‹-Feten dermaßen aus, dass die Polizei dem enthemmten Treiben ein Ende bereiten muss. In Leon (Ohio) musste sich der Sheriff bemühen, nachdem an einem Montagmorgen in einem Straßengraben außerhalb der Ortschaft ein totes Pferd und ein in Einzelteile zerlegter Buggy gefunden wurden. Im Laufe der Ermittlungen stellte sich heraus, dass es bei einem Pferdebuggyrennen zwischen drei Jugendlichen einen folgenschweren Crash gegeben hatte.

Wie lange die ›Rumspringa‹-Phasen dauern und was im Einzelnen alles erlaubt bzw. verboten ist, unterscheidet sich nicht nur nach den jeweiligen Familien, sondern auch nach ihrer religiösen Orientierung. Erhebungen zufolge soll die Rumtreiberphase bei den konservativsten Swarzentruber-Gruppen am ausgeprägtesten vollzogen werden. Weniger strenge New-Order-Gruppen mildern die Adoleszenzexzesse offenbar dadurch ab, dass von Gemeinden Sportveranstaltungen oder Konzerte arrangiert werden, bei denen sich Jugendliche kennen lernen dürfen.

Dass Amish-Eltern ihrem Nachwuchs große Freiheiten einräumen, hat einen guten Grund. Die Kinder sollen die Dekadenz der ›Außenwelt‹ kennen lernen und aus freiem Willen in den Schoß ihrer Gemeinschaft zurückkehren, um sich schließlich taufen zu lassen. Dann allerdings müssen sie sich dem strengen Reglement ihrer Gemeinden unterwerfen – und zwar für immer. Wer sich nach der ›Rumspringa‹-Zeit für die moderne Welt entscheidet, bricht mit Familie und Gemeinde – ebenfalls für immer.

verkaufen auf diesem Wochenmarkt entweder in Markthallen oder im Freien ihre Produkte. Hin und wieder kann man auch Viehversteigerungen miterleben (955 N. State St., Tel. 717-738-1117, www.greendragonmarket.com, Fr 9–21 Uhr).

## Lancaster

Bereits vor der amerikanischen Unabhängigkeit war **Lancaster** 4 ein wirtschaftliches und politisches Zentrum. Heute ist die Kleinstadt Agrarzentrum und Touristenmetropole des Pennsylvania Dutch Country. Eingebettet in die malerische und traditionsbewusste Region bewahrte der Ort den Charme des 19. Jh. bis in die Gegenwart. Zwar leben die Einwohner nicht in einem großen Freilichtmuseum, doch weit von den hektischen Metropolen der Ostküste entfernt folgen sie einem Lebensstil, dessen langsamerer Rhythmus auf Städter geradezu provokant beschaulich wirken muss.

### Stadtrundgang

Spitze Kirchtürme, rote Ziegelmauern, bunt getünchte Haustüren und sogar ein Gefängnis, das mit seiner mittelalterlichen Burgarchitektur als das schönste im Land gilt, machen aus Lancaster ein Schaufenster in die Vergangenheit. Der 1889 im neoromanischen Stil errichtete **Central Market** ist an seinen wuchtigen, quadratischen Türmen schon von weitem zu erkennen und gehört zu den ältesten überdachten Märkten in den USA. Wie schon immer bieten dort die Bauern des Umlandes frische Produkte wie Fleisch, Käse, Backwaren, Kunsthandwerk und Blumen an (King St./Queen St., Penn Sq., Tel. 717-291-4723, Di–Fr 6–16.30, Sa 6–14 Uhr).

Im Jahr 1770 eröffnet, ist der **Demuth Tobacco Shop** der älteste Tabakladen der USA und eine lokale Institution. Ein Blick in die Regale beweist, dass sich das Warenangebot seit damals nur unmerklich geändert hat: Pfeifen in allen Formen und Materialien, hübsch geschmückte Aschenbecher für drinnen und draußen, dekorative leere Zigarrenschachteln mit exotischen Aufklebern und natürlich Zigarren und Zigaretten in Riesenauswahl (114–120 E. King St., Tel. 717-397-6613, Mo–Fr 9–17, Sa 9–15 Uhr).

Wie es in dem von deutschen Einwanderern geprägten ländlichen Pennsylvania in der zweiten Hälfte des 19. Jh. zuging, ist bei einem Spaziergang durch das **Landis Valley Museum** leicht nachvollziehbar. Die Brüder Henry und George Landis trugen etwa 75 000 Ausstellungsstücke vom Blockhaus bis zum Waffeleisen zusammen, die ein Bild vom damaligen Leben vermitteln. Unter den originalen Gebäuden befinden sich eine Schenke, ein Schulhaus, eine Druckerei, ein Hotel und ein Bauernhaus, in dem eine Köchin Küchengeheimnisse aus Urgroßmutters Zeiten ausplaudert (2451 Kissel Hill Rd., Tel. 717-569-0401, www.landisvalleymuseum.org, März–Dez. Mo–Sa 9–17, So 12–17 Uhr).

Einen Einblick nicht nur in das traditionsverbundene Leben der Amish, sondern auch in deren Geschäftstüchtigkeit geben zahlreiche Häuser oder Gehöfte, die im Umkreis von Lancaster zur Besichtigung offen stehen. **The Amish Farm & House** besteht aus einem steinernen, über 200 Jahre alten Wohngebäude mit zehn Räumen. Küche, Schlafzimmer und Wohnzimmer sind so eingerichtet, als sei das Anwesen immer noch von einer Amish-Familie bewohnt. Das trifft zwar nicht mehr zu, aber wie eh und je leben Kleinvieh, Kühe und Pferde auf der Farm, die dadurch an Authentizität gewinnt (2395 Lincoln Hwy, Tel. 717-394-6185, www.amishfarmandhouse.com, Nov.–März tgl. 8.30–16, im Sommer bis 18 Uhr).

i **Pennsylvania Dutch Convention & Visitors Bureau:** 501 Greenfield Rd., an der Rte 30, Lancaster, PA 17601, Tel. 717-299-8901, Fax 717-299-0470, www.padutchcountry.com.

**Best Western Eden Resort Inn & Suites:** 222 Eden Rd., Tel. 717-569-6444, Fax 717-569-4208, www.edenresort.com. Großes, komfortables Hotel mit Pool, Sauna, Tennisplatz und Fitnessraum. Ab 110 $.

**Howard Johnson Inn:** 2100 Lincoln Hwy E., Tel. 717-397-7781, Fax 717-397-6340, www.howardjohnson.com. Alle Zimmer nur für Nichtraucher, mit Kaffeemaschine, manche mit Kühlschrank. Ab 75 $.
**Smucker's Farm Guest House:** 484 Peters Rd., östlich von Lancaster, New Holland, Tel. 717-354-6879. Übernachtung auf einer echten, noch bewirtschafteten Amish-Farm im Stil einer B & B-Unterkunft im normalen Zimmer oder einer Suite. Ab 69 $.
**Outdoor World Circle M Camping Resort:** 2111 Millersville Rd., Lancaster, Tel. 717-872-4651. Großer Campingplatz mit gutem Freizeitangebot für Kinder.

**Good 'n Plenty:** 150 Eastbrook Rd., Tel. 717-394-7111, www.goodnplenty.com, tgl. außer So 11.30–20 Uhr. Das Essen kommt in Schüsseln auf den Tisch, den man für Amerika unüblich mit anderen Gästen teilt. Deftige und leckere Pennsylvania-Dutch-Kost gibt dem Namen des Lokals Recht: gut und üppig. Dinner 17 $.
**Amish Barn Restaurant:** Rte 340, zwischen Bird-in-Hand und Intercourse, Tel. 717-768-8886, www.amishbarnpa.com, im Sommer 7.30–21, sonst 8–20 Uhr. Fleischgerichte, Gemüse und Backwaren nach Rezepten aus der Pennsylvania-Dutch-Küche. Dinner 10–19 $.
**Jennie's Diner:** Lincoln Hwy E. östlich der Kreuzung Rte 896 und Rte 30 E., Tel. 717-397-2507. Rund um die Uhr geöffnetes Diner mit opulentem Frühstück. Ab 5 $.

In Amish-Geschäften werden u. a. CDs mit kommentierten Führungen durch das Amish-Country angeboten. Zu beliebten Amish-Mitbringseln aus der Region zählen auch Spielzeug aus Holz sowie Quilts.
**Kitchen Kettle Village:** Rte 340, Intercourse östlich von Lancaster, Tel. 717-768-8261, www.kitchenkettle.com, Mo–Sa 9–17 Uhr. Ländlicher Komplex mit ca. 30 Läden, Amish-Geschäften und Restaurants.
**Rockvale Square Outlets:** Rtes 30/896, www.outletsonline.com, Mo–Sa 9.30–21, So 10–18 Uhr. Große Shopping-Mall für Waren direkt ab Fabrik.

## Nachbargemeinden

Das Straßendorf **Bird-in-Hand** 5 mit einer Hand voll älterer Gebäude ist bei Besuchern wahrscheinlich deshalb so beliebt, weil es die Atmosphäre einer alt und klein gebliebenen Landgemeinde ausstrahlt. Mit einigen Abstrichen. Der wachsende Tourismus hat in fast jedem Haus ein Geschäft entstehen lassen, und auf dem Bauernmarkt sind ebenso wie im Amish Barn Restaurant, das seit rund 30 Jahren deftige Regionalgerichte anbietet, mehr Fremde als Einheimische zu sehen.

An manchen Farmgebäuden fallen so genannte Hexenzeichen auf, farbige, geometrische Symbole. Von der heutigen Landbevölkerung als Schmuckelemente verwendet, entstanden sie aus Emblemen, mit denen frühe deutschsprachige Einwanderer Geburtsurkunden und Textilien kenntlich machten. Amish-Farmer lehnen die Zeichen ab, weil sie darin Sinnbilder des Aberglaubens sehen (Old Philadelphia Pike, www.bird-in-hand.com).

Nachbargemeinde von Bird-in-Hand ist mit **Intercourse** 6 eines der bekanntesten Dörfer im Pennsylvania Dutch Country. Seine Popularität verdankt es nicht nur seinem außergewöhnlichen Namen (engl. *intercourse* = Geschlechtsverkehr), dessen Ursprung nicht eindeutig geklärt ist. Intercourse gehört zu den typischen Amish-Dörfern und wurde deshalb auch für einige Szenen im Film ›Der einzige Zeuge‹ als Drehort ausgewählt. In zahlreichen hübsch hergerichteten Country Stores werden Amish-Produkte angeboten. Außerdem gibt es eine stattliche Anzahl von Restaurants und Unterkünften. Ein weiterer Beweis dafür, dass der Tourismus dort längst Fuß gefasst hat, ist eine kleine Band, die im Sommer populäre Melodien zum Besten gibt.

Zwei Meilen nördlich von **Strasburg** 7 bildet das **Amish Village** mit einem Bauernhof und zahlreichen Nebengebäuden wie Räucherkammer, Ställen, Schmiede, Wassermühle und einer winzigen Schule ein hübsches Dorf, das auf anschauliche Weise das von Traditionen und althergebrachten Werten

**Die Kutsche ist noch immer das wichtigste Fortbewegungsmittel der Amish**

bestimmte Leben der Amish zeigt (199 Hartman Bridge Rd., Tel. 717-687-8511, www.amishvillagestore.com, im Sommer Mo–Sa 9–16, So 10–17 Uhr, sonst kürzere Öffnungszeiten).

Mit der **Strasburg Rail Road** bringt sich das Eisenbahnzeitalter in Erinnerung. Neben wunderschönen, vor Lack und Chrom glänzenden alten und neueren Loks und Waggons sieht man einen rekonstruierten Bahnhof im Stil des frühen 20. Jh. Die Bahn unternimmt 45-minütige Fahrten mit Dampfloks durch die ländliche Umgebung. Auf den Ausflügen kann man sich an Bord auch kulinarisch verwöhnen lassen (Rte 741 E., Tel. 717-687-7522, www.strasburgrailroad.com).

**In Bird-in-Hand:**

**Touren:** Aaron & Jessica's Buggy Rides: 3121A Old Philadelphia Pike, Tel. 717-768-8828, www.amishbuggyrides.com. Von Mennoniten geführte Touren durchs Amish-Land.

**Abe's Buggy Rides,** Tel. 717-392-1794, www.800padutch.com/abes.html. Ausflüge mit dem Pferdebuggy.

**Amish Country Tours,** Tel. 717-768-3600. Touren per Kleinbus durch die Amish-Heimat.

## Im Brandywine Valley

### Chadds Ford

**Reiseatlas:** S. 13, C 3

Im September 1777 musste die Kontinentalarmee bei **Chadds Ford** eine Niederlage im Kampf gegen die Briten hinnehmen. Nach der gewonnenen Schlacht konnten die Engländer den Verteidigungsring um Philadelphia sprengen, was die Mitglieder des Zweiten Kontinentalkongresses dazu zwang, sich nach York abzusetzen. Das Schlachtfeld der größten Schlacht des US-Unabhängigkeitskriegs steht Besuchern zur Besichtigung offen. Auf dem Gelände sind u. a. das Hauptquartier von General George Washington und das Quartier des jungen Marquis de Lafayette zu sehen, der in Chadds Ford erstmals mit dem Kriegsgeschehen in Kontakt kam (Brandywine Battlefield Park, Chadds Ford, Tel. 610-459-3342, Di–Sa 9–17, So 12–17 Uhr).

**Malerische bäuerliche Landschaft mit sattgrünen Wiesen im Brandywine Valley**

Das **Brandywine River Museum,** das teilweise in einer renovierten Mühle aus dem 19. Jh. und in neueren Trakten untergebracht ist, zeigt Werke von Edward Moran, Asher Durand und der Wyeth-Familie sowie Illustrationen von Thomas Nast, Maxfield Parrish und Howard Pyle. Der Illustrator Pyle (1853–1911) hatte in Wilmington die Brandywine School of Painting gegründet und auch Newell Convers Wyeth unterrichtet, der sein Talent seinem Sohn Andrew und seinem Enkel Jamie vererbte. Am Fluss entlang führt ein Spazierweg vom Museum zum 1,5 km entfernten **John Chad House,** wo im 18. Jh. ein Schankwirt und ein Fährmann wohnten (US Rte 1, Tel. 610-388-2700, www.brandywine museum.org, tgl. 9.30–16.30 Uhr).

## Parks und Museen

**Reiseatlas:** S. 13, C 3

Für Naturfreunde sind die im Auftrag der schwerreichen DuPont-Familie entstandenen **Longwood Gardens** ein Muss. Der wunderschöne Park mit zahlreichen Springbrunnen, die gewaltige Wasserfontänen in den Himmel steigen lassen, entfaltet im Mai und Juni eine schier unglaubliche Pracht, wenn sich Azaleen und Magnolienbäume von ihrer schönsten Seite zeigen. Ein Teil der mehr als 11 000 Pflanzen gedeiht in riesigen Gewächshäusern, sodass man die Gärten auch an Regentagen und in der kälteren Jahreszeit besichtigen kann (Rte 1, Kennett Sq., Tel. 610-388-1000, www.longwoodgardens.org, tgl. 9–18 Uhr).

Mit **Nemours Mansion and Gardens** lebte Alfred I. DuPont seine royalistischen Ambitionen aus, indem er im Jahr 1910 ein Schloss im Stil von Ludwig XVI. errichten ließ. Die 102 Räume des Prachtbaus bilden ein Museum voller antiker Kostbarkeiten, orientalischer Teppiche, Gemälde alter Meister und schwerer, von Stuckdecken hängender Kristallleuchter. Der umgebende Park ist dem Vorbild Versailles nachempfunden (1600 Rockland Rd., Tel. 302-651-6912, www.nemours.org, Mai–Nov. Führungen Di–Sa 9–15, So ab 11 Uhr).

Mit dem **Winterthur Museum and Gardens**-Anwesen ließ sich der Kunstsammler Henry Francis DuPont eine Sommerresidenz erbauen, in der er von 1880 bis 1951 lebte. Der passionierte Sammler konzentrierte seine Leidenschaft vor allem auf Gegenstände, die zwischen dem 17. und 19. Jh. in Amerika gebraucht oder hergestellt wurden – Möbel, Textilien, Gläser, Porzellan und Teppiche. Nach seinem Tod wurde die aus 89 000 Exponaten bestehende Privatkollektion unter dem Namen Winterthur Museum and Gardens in ein Museum umgewandelt. Die Besichtigung der Gärten ist vor allem während der Blütezeit im Frühjahr ein unvergleichlicher Augenschmaus (Rte 52, Kennett Pike, Tel. 302-888-4600, www.winterthur.org, Di–So 10–17 Uhr).

## Wilmington

**Reiseatlas:** S. 13, C 3
Die mit gut 70 000 Einwohnern größte Stadt im Bundesstaat Delaware machte in den frühen 1990er Jahren negative Schlagzeilen als Drogenumschlagplatz und Verbrechensszene. Um die zunehmende Kriminalisierung trotz unterbesetzter Polizei in den Griff zu bekommen, war Wilmington die erste Stadt auf US-Boden, deren Zentrum quasi komplett mit Videokameras überwacht wird.

### Stadtrundgang

Die am Ufer des Brandywine River gelegene Anlage **Hagley Museum and Library** besitzt zwei Schwerpunkte. Auf der einen Seite spiegelt sie die Geschichte der berühmten DuPont-Familie wider, die Wilmington ihren Stempel aufdrückte. Sowohl Museum als auch Bibliothek machen den Lebensstil der damaligen Highsociety deutlich. Auf der anderen Seite dokumentieren die Ausstellungen mit Dampfmaschinen, Turbinen und Wasserrädern den industriellen Fortschritt, den das DuPont-Imperium vorantrieb und der Wilmington zur Chemiemetropole der USA machte (298 Buck Rd. E., Tel. 302-658-2400, www.hagley.org, März–Dez. tgl. 9.30–16.30, Jan.–März Mo–Fr eine Führung um 13.30, Sa–So 9.30–16.30 Uhr).

Schweden, Niederländer und Engländer waren vor über 350 Jahren die ersten weißen Siedler, die sich am Delaware River mit **Fort Christina** einen Stützpunkt bauten. Heute erinnert an die 1638 errichtete Befestigungsanlage nur noch ein 1938 von der schwedischen Regierung gestiftetes Monument am Ende der 7th Street und ein nachträglich aufgestelltes Blockhaus. Von 1698 stammt die **Old Swedes Church,** die zu den ältesten Kirchen der USA zählt und immer noch ihrem ursprünglichen Zweck dient.

Das **Delaware Art Museum** beschäftigt sich hauptsächlich mit amerikanischer Kunst seit dem 19. Jh. und zeigt Werke etwa von Thomas Eakins, John Sloan, Winslow Homer, Howard Pyle, Maxfield Parrish und der Wyeth-Familie. An der Gestaltung des neuen Museumsgebäudes hatten auch der Glaskünstler Dale Chihuly und der Beleuchtungskünstler James Turrell ihren Anteil (2301 Kentmere Pkwy, Tel. 302-571-9590, www.delart.org, Di, Do–Sa 10–16, Mi 10–20, So 12–16 Uhr).

**Greater Wilmington Convention & Visitors Bureau:** 100 W. 10th St., Tel. 302-652-4088, www.wilmcvb.org.

**Best Western Brandywine Valley Inn:** 1807 Concord Pike, Tel. 302-656-94 36, Fax 302-656-8449, www.brandywineinn.com. Package-Angebot: Doppelzimmer mit Frühstück und Eintritt für Museen bzw. Gärten für 2 Personen 115 $.
**Days Inn:** 5209 Concord Pike, Tel. 302-478-0300, Fax 302-478-0833, www.daysinn.com. Kettenmotel mit großen Zimmern. Ab 75 $.

**Columbus Inn:** 2216 Pennsylvania Ave., Tel. 302-571-1492, Mo–Fr 11–15 und 17–23, Sa–So 17–23 Uhr. Fleischgerichte vom Angus-Rind und Seafood, stattliche Weinauswahl. Dinner 17–29 $.
**Iron Hill Brewery & Restaurant:** 620 S. Madison St., Tel. 302-658-8200, Fax 302-266-9050, tgl. 11.30–1 Uhr. Gourmet-Pizzen, texanisch-mexikanische Gerichte, Hähnchen. Dinner 15–20 $.

**St. Anthony's Italian Festival** und **Greek Festival** (Juni): Mit Kulturprogramm und Freizeitangeboten.
**Caribbean Festival** (Juli): Mit Parade.

# Die Küste von New Jersey

Reiseatlas S. 14

**Seit das Gambling-Mekka Atlantic City wie ein Phönix aus Korruption, Skandalen und wirtschaftlichem Niedergang auferstanden ist, boomt der Tourismus an der Südküste von New Jersey intensiver denn je. Cape May mit seinem unvergleichlichen viktorianischen Ambiente und Badeorte mit breiten Sandstränden tragen ihren Teil zur Konjunktur bei.**

Die 130 Meilen lange Atlantikküste von New Jersey erstreckt sich von der Lower New York Bay bis in den Süden des Staates an die Mündung des Delaware River, der die Grenze zum benachbarten Bundesstaat Delaware markiert. Über 60 Badeorte, Ferienzentren, Vergnügungsparks, Golfplätze, Marinas und unverbaute Sandstrände reihen sich dort aneinander und bilden eine maritim geprägte Urlauberregion.

Touristisch betrachtet ist der Atlantikabschnitt von New Jersey zweigeteilt. Der nördliche Abschnitt beginnt mit der Halbinsel Sandy Hook in Sichtweite von Manhattan und reicht in südlicher Richtung bis in die Außenbezirke von Atlantic City. Dazwischen liegen Küstenorte wie Long Branch, dessen bessere Tage längst vorüber sind. Im 19. Jh. ein populärer Badeort, verlor der Flecken im 20. Jh. seine Anziehungskraft. Ein ähnliches Schicksal war anderen Gemeinden wie etwa Asbury Park beschieden. Der Ort erwachte allerdings im Sommer 2002 noch einmal aus seiner Lethargie, als Bruce Springsteen sein Album ›The Rising‹ vorstellte, wo er Ende der 1960er Jahre im örtlichen Stone Pony Club seine Karriere begonnen hatte.

Im Gegensatz zur in einen Dornröschenschlaf verfallenen Nordküste boomte der Tourismus auf dem südlichen Abschnitt zwischen Atlantic City und dem wunderschönen, viktorianischen Cape May. Entscheidende Dynamik geht dabei von der größten Gambling-Metropole des Ostens, Atlantic City, aus. Im ausgehenden 19. Jh. war die Stadt eines der großen Seebäder im Osten der USA mit einem Ruf, den in Europa das französische Biarritz oder das englische Brighton genossen. Doch 40 Jahre später regierten am Atlantiksaum korrupte Stadtpolitiker, unter deren Protektion während der Prohibition heimliche Schnapsspelunken, Bordelle und illegale Rennbahnen Hochkonjunktur hatten. Zu Beginn der 1970er Jahre hätte Atlantic City als ärmste Stadt im Staate New Jersey in das Guinness Buch der Rekorde gepasst. Heute steht das ›Las Vegas des Ostens‹ mit jährlich 30 Mio. Besuchern unangefochten an der Spitze der Touristenziele an der Atlantikküste.

## 6 Atlantic City

**Reiseatlas:** S. 14, E 3

Das Spielermekka **Atlantic City** hat einen unschätzbaren Standortvorteil. Es liegt im Schnittpunkt der größten Metropolen der Ostküste und ist von Philadelphia in nicht einmal einer, von New York City in zwei und von Washington D. C. in drei Autostunden erreichbar. So ist nicht verwunderlich, dass an Wochenenden Hotelzimmer grundsätzlich knapp und Kasinos stark frequentiert sind. Dabei spielt auch eine Rolle, dass der Abenteuerspielplatz am Meer in den vergangenen Jahren sein Provinzflair immer mehr abgelegt hat und mittlerweile Themenkasinos samt einer breiten Palette von Unterhaltungsmöglichkeiten besitzt, wie sie sonst nur in Las Vegas zu finden sind.

Am jüngsten Boom sind die Indianer Amerikas nicht ganz unschuldig. Seit die Native Americans in ihren Reservaten Glücksspieleinrichtungen betreiben dürfen, ist Atlantic City gezwungen, seine eigenen Gambling-Paläste attraktiver und damit konkurrenzfähig zu machen. Im Jahr 1980 gab es vier Spielerhochburgen, in denen die Roulettekugeln kreisten und die Black-Jack-Karten gemischt wurden. Mitte der 1990er Jahre hatte ein Dutzend Hotelkasinos Lizenzen erhalten, darunter prominente Gambling-Oasen wie das indisch-orientalische Taj Mahal und das Caesar's Atlantic City Hotel Casino im Stil des antiken Rom.

## Die großen Kasinos

Donald Trump, Amerikas bekanntester Immobilienzar, hat sich mit dem **Taj Mahal** den extravaganten Traum eines exotischen Glücksspielparadieses erfüllt, das selbst im extrovertierten Atlantic City aus dem Rahmen fällt. In dem mit Türmchen und Vorhallen, steinernen Elefanten und ›byzantinischem‹ Schnickschnack geschmückten Monumentalbau werden die Gäste von einer Armee Bediensteter umsorgt, die mit bunten Turbanen und wallendem Haremsdamen-Outfit ins Bild passen. Außer einem Drachenraum und einem Sultanspalast versuchen selbst die Namen hauseigener Restaurants wie ›Scheherazade‹ oder ›Bombay Cafe‹ ins orientalische Bild zu passen (1000 Boardwalk, Tel. 609-449-1000, www.trumptaj.com).

Ebenso wie das große Vorbild in Las Vegas hat sich auch **Caesar's Atlantic City** dem Thema antikes Rom verpflichtet. In Hallen aus Marmor begegnet man Cäsar und Kleopatra sowohl aus Marmor und Gips als auch aus Fleisch und Blut, wenn das Pärchen hin und wieder in filmreifer Kostümierung eine Kasinorunde dreht. In Kasinotrakten wie ›Cleopatra's Garden‹ und ›Palace Court‹ jaulen die Spielautomaten, während sich an der ›Toga Bar‹ spielmüde Gäste mit Long Drinks wie ›Aphrodites Kuss‹ oder ›Evas Versuchung‹ wieder in Gambling-Stimmung bringen wollen. Wer nach einem Zockermarathon Hunger verspürt, kann sich in ›Nero's Grill‹ oder im ›Gladiator Grill‹ stärken. Zum Shopping begibt man sich in die Via Appia, wo es vor extravagantem Juwelenschmuck nur so glitzert. Selbst bis zum Parkhochhaus folgt einem Julius Cäsar, der in zig-facher Betonkopie die Fassaden schmückt (2100 Pacific Ave., Tel. 1-800-443-0104, www.caesars.com).

Ein Hauch Las Vegas prägt auch den neuen Einkaufs- und Vergnügungskomplex ›The Quarter‹ im **Tropicana Casino.** Das 275 Mio. US-Dollar teure Projekt verdeutlicht besser als alles andere, wo die Kasinozukunft liegen wird. Im Tropicana-›Quarter‹ herrscht auf drei Stockwerken voller Shops und Restaurants karibisches Flair: Unter künstlichem Himmel und über gepflasterte Straßen bummeln Besucher an Palmen und Brunnen vorbei, die an die goldenen 1940er Jahre in ›Old Havanna‹ erinnern sollen, als Kuba noch nicht zu den Erzfeinden der USA gehörte. Hemingway hätte sich in der ›Rum Bar‹ des ›Cuba Libre Restaurant‹ bei einer der 60 Rumsorten wohl gefühlt. Wer kubanische Speisen genießen und danach zu Latin Music tanzen will, sollte rechtzeitig erscheinen. Epizentrum des Nightlife am Sonntagabend ist ›Planet Rose Karaoke‹ in der Tiffany Lounge, wo bei frene-

## Mit dem Autor unterwegs

### Schrille Kasinomeile

Auf der einen Seite Strand und Meer, auf der anderen Seite Kasino-Fassaden im Neonschein: Der **Boardwalk** in Atlantic City ist einer der Hauptanziehungspunkte der Gambling-Metropole (s. S. 277).

### Für Unternehmungslustige

Für diejenigen, die etwas erleben möchten, ist der Boardwalk in **Wildwood** mit seinem Wasserpark und einem gigantischen Unterhaltungsprogramm das Richtige (s. S. 282).

### Malerische Architektur

**Cape May** gehört zu den US-Städten mit den schönsten viktorianischen Straßenzügen in den USA (s. S. 282).

tischer Anfeuerung des Publikums unter 20 Karaoke-Sängerinnen und -sängern der Tagessieger ermittelt wird (S. Brighton Ave./ Boardwalk, Tel. 609-340-4000, www.tropicana.net).

## Die Piers

Vom **Boardwalk** abgesehen, ziehen außerhalb der Kasinos hauptsächlich die vier Piers Schaulustige und Flaneure an. Standen die seit 1870 erbauten ersten Landungsstege auf hölzernen Pfosten, sind die neueren Piers auf Stahl- und Betonpfeilern im Meeresboden verankert und mit immer raffinierteren Verlockungen ausgestattet.

Auf Höhe des Showboat Casino reicht der **Garden Pier** mehrere Hundert Meter ins Meer hinaus. Im ehemaligen Ballsaal arbeitete die Schauspielerlegende Rudolph Valentino als Tanzlehrer, bevor er seine Leinwandkarriere begann. Heute beherbergt der kulturbeflissene Pier das **Atlantic City Historical Museum** mit Präsentationen über die Geschichte der Stadt (Tel. 609-347-5839, www.acmuseum.org, tgl. 10–16 Uhr, Eintritt frei) und das **Atlantic City Art Center,** wo monatlich wechselnde Ausstellungen, Konzerte und Autorenlesungen stattfinden (Tel. 609-347-5837, www.acartcenter.org, tgl. 10–16 Uhr, Eintritt frei).

Der **Steel Pier** hatte schon immer einen anderen Charakter als der Garden Pier. Früher zogen Attraktionen wie boxende Kängurus, Siamesische Zwillinge, ein Wasserski fahrender Hund, tanzende Tiger und die dicksten Menschen der Welt das Publikum an. Auch die Ausstellung ›Meeresmonster‹ war sehr populär, bei der von Fischern an Land gebrachte seltsame Meereslebewesen zu sehen waren.

Am berühmtesten war aber die Zirkusnummer der blinden Reiterin Sonora Carver, die im Sattel sitzend mit ihrem Pferd von einem 12 m hohen Turm in ein Wasserbecken sprang. Ihre Geschichte wurde 1991 unter dem Titel ›Das Herz einer Amazone‹ verfilmt. Statt Varieté-Auftritten locken heute Rummelplatz- und Hightecheinrichtungen Besucher, die sich an Gummiseilen in den Himmel katapultieren lassen, auf einer Go-Kart-Bahn im Abgasdunst Runden drehen oder an einer Kletterwand ihre Sportlichkeit testen (Boardwalk, Mo–Fr 15–24, Sa–So 12–1 Uhr, www.steelpier.com).

Auf dem seit 1884 bestehenden **Central Pier** hat ebenfalls die moderne Technik mit Video- und Laserspielen Einzug gehalten. Außerdem können Besucher auf einer Rennbahn ihre Fahrküste überprüfen oder sich mit typischen Kirmesvergnügungen beschäftigen.

Mit einem Kostenaufwand von 145 Mio. US-Dollar entstand direkt vor dem Caesar's

**Eine der originellsten Architekturen am Boardwalk: das exotische Taj Mahal**

Hotelkasino der **Pier at Caesar's** als vierter und neuester Pier am Bordwalk. Vier Stockwerke hoch und über eine Brücke mit dem eigentlichen Kasino verbunden ragt der maritime Ableger in den Atlantik hinein. Neun Restaurants mit bekannten Küchenchefs wie Stephen Starr aus Philadelphia locken mit exklusiven Menüs und Panoramablick auf den Atlantik. Hinzukommen 100 Edelboutiquen wie Hugo Boss, Louis Vuitton und Gucci, ein Spa sowie eine Hochzeitskapelle. Der Höhepunkt ist eine Wasser-, Licht- und Sound-Show (www.pieratcaesars.com).

**Greater Atlantic City Convention & Visitors Bureau:** 2314 Pacific Ave., Atlantic City, NJ 08401, Tel. 888-228-4748, Fax 609-345-3685, www.atlanticcitynj.com, www.cityatlantic.com.

Wer in einem der Kasinohotels unterkommen will, spart Geld, wenn er von So–Do übernachtet. Freitags und besonders samstags kosten die Räume mindestens das Dreifache.

**Trump Plaza Hotel & Casino:** Mississippi Ave./Boardwalk, Tel. 609-441-6000, Fax 609-

## Richtig Reisen-Tipp: Beach Bars

Atlantic City hat den Weg zur coolen Party-Town eingeschlagen. Bester Beweis dafür sind die in jüngster Vergangenheit aus dem Boden gestampften Strandbars, mit denen Atlantic City sein Image als Rentnerrefugium endgültig ablegen will. Die **Hilton Beach Bar, Beach Bar at Trump Plaza, The Sand Box at Caesar's** und die **Bikini Beach Bar at Bally's** liegen gleich neben dem Boardwalk und sind über kleine Bretterstege erreichbar. Wo früher die stetige Ozeanbrise nur Schritte von den Kasinoeingängen entfernt Dünenlandschaften hatte entstehen lassen, räkeln sich heute *young and beautiful people* in Strandstühlen und nippen an exotischen Long Drinks.

Unter den hippen und schicken Beach Bars hat **Nikki Beach** in jüngster Vergangenheit den Vogel abgeschossen. Wer die Cover Charge in Höhe von 20 $ entrichtet hat, darf sich auf vietnamesischem Polstermobiliar aalen oder sich auf weißen Sonnenbetten zwischen überdimensionalen Plüschkissen ausruhen. Die überteuerten Drinks bei der »sexiest party on Earth« werden von ausgesucht hübschem Kellner-Personal serviert – bei Hochbetrieb lange Wartezeiten inbegriffen (vor dem Resorts Atlantic City, Tel. 609-340-6000, www.nikkibeach.com).

441-2729, www.trumpplaza.com. Luxushotel am Boardwalk mit zehn Restaurants und einem Fitnesscenter mit Tennisanlage. Ab 165 $.

**Borgata Hotel, Casino & Spa:** 1 Borgata Way, Tel. 609-317-1000, www.theborgata.com. Angenehm ausgestattete Räume und Suiten. Wer das Spa besuchen möchte, sollte das Package ›Rejuvenation‹ buchen, 1 Übernachtung, 2 x Frühstücksbuffet, 2 x 50 Min. Schwedische Massage oder Gesichtsbehandlung kosten dann 379 $, für die sonstigen Spa-Angebote gibt es 20 % Rabatt. Ansonsten Räume ab 149 $.

**Clarion West Atlantic City:** 6821 Black Horse Pike, Tel. 609-272-0200, www.choicehotels.com. Im ruhigeren Hinterland gelegen, ordentliche Zimmer, WLAN, Fitnesscenter. Ab 120 $.

**Days Inn Atlantic City Boardwalk:** Boardwalk/Morris St., Tel. 609-344-6101, www.daysinn.com. Standardmotel mit Außenpool, Frühstücksbuffet, direkt am Boardwalk. Ab 69 $.

**Blueberry Hill Campground:** Port Republic, 283 Clarks Landing Rd., Tel. 609-652-1644, Mai–Okt. 13 Meilen von Atlantic City gelegener Platz.

Wer sich bei dem großen Angebot an Restaurants nicht entscheiden kann, ist mit einem Besuch an einem Buffet nicht schlecht bedient. Ballys, Harrahs und Showboat gehören zu den Kasinos mit den beliebtesten ›All you can eat‹-Buffets.

**Cuba Libre Restaurant:** 2831 Boardwalk, Tel. 609-348-6700, www.cubalibrerestaurant.com, tgl. 11–23 Uhr, Fr–Sa länger. Kubanische Speisen und Getränke mit Salsa-Musik. Ab 10 $.

**Pho Hoa Cali:** 3808 Ventnor Ave., Tel. 609-340-0063, tgl. 10–21 Uhr. Feinste vietnamesische Nudelsuppen, Shrimps und Reisgerichte. 5–8 $.

**Wellness:** Bluemercury Spa, The Quarter, Tel. 609-347-7778, www.tropicana.net/spa, tgl. 9–20 Uhr. Topspa, das keine Wünsche offen lässt. Gesichtspflege ab 85 $, Schwedische Massage 95 $, alle anderen luxuriösen Bodytreatments 190 $.

Wenn die Beachbars schließen, sorgen die zahlreichen Bars und Dance Floors der Kasinos für ein abwechslungsreiches Nachtleben. Zu den beliebtesten gehören die diversen Bars im **Borgata**, **Caesar's** und **Tropicana**.

**Club Tru:** 9 S. Dr. Martin Luther King Blvd., Tel. 609-347-1616. Einer der besten Clubs der Stadt mit drei Tanzflächen und vier Bars – eine davon befindet sich unter dem Sternenhimmel.

**The Walk:** Michigan Ave./Arctic Ave., Tel. 609-343-0081, www.acoutlets.com, Mo–Sa 10–21, So 10–18 Uhr. Outlet u. a. mit Banana Republic, H&M.
**The Quarter:** 2801 Pacific Ave., www.tropicana.net. Schicke Läden in ›Old Havanna‹-Atmosphäre, u. a. Swarovski, Salsa Shoes mit Schuhen von Prada und Fendi.
**The Pier at Caesar's:** am Boardwalk, zahlreiche exklusive Geschäfte, gute Restaurants und vielfältige weitere Amüsier- und Freizeitangebote.

**Flugzeug:** Atlantic City International Airport, Tel. 609-645-7895, www.acairport.com. 10 Meilen von Downtown entfernt in Egg Harbor Township, Exit 9 vom Atlantic City Expressway. Auf dem Airport sind die Mietwagenfirmen Hertz, Avis und Budget vertreten. In die Stadt gelangt man mit dem Taxi oder den Yellow Van Shuttle Services (Tel. 1-800-224-9945).
**Bahn:** New Jersey Transit, Tel. 800-582-5946, www.njtransit.com. Direkte Bahnverbindung zwischen Philadelphia und Atlantic City.
**Bus:** Greyhound Terminal, 1901 Atlantic Ave., www.greyhound.com.
**Öffentlicher Nahverkehr:** Die Minibusse von Jitney fahren diverse Strecken, die Tickets sind preiswert (201 Pacific Ave., Tel. 609-344-8642, www.jitneys.net).

# Küstenorte

## Margate City

**Reiseatlas:** S. 14, E 3
Südwestlich von Atlantic City besitzt die Nachbargemeinde Margate City mit **Lucy,** dem Elefanten, eine häufig abgebildete Attraktion. Das sechs Stockwerke hohe, dekorativ bemalte Rüsseltier aus Holz und Blech wurde 1881 von einer Immobilienfirma als Werbeträger und Geschäftsbüro errichtet. Schon seit langem können Kinder darin herumtollen (9200 Atlantic Ave., Mitte Juni–Anfang Sept. tgl. 10–18, April–Mitte Juni und Anfang Sept.–Ende Okt. Sa, So 10–16.30 Uhr).

## Ocean City

**Reiseatlas:** S. 14, D/E 4
Unter den auf Familien eingerichteten Badeorten an der südlichen New-Jersey-Küste gehört Ocean City zu den bekanntesten. An der hölzernen Strandpromenade liegen Imbissstuben, Restaurants und Vergnügungseinrichtungen. Ganz bewusst versucht Ocean City, sich von der großen Schwesterstadt Atlantic City abzuheben. Statt Roulettetischen und Spielautomaten sind Strandspaß, Sonnenschirme und viele sommerliche Veranstaltungen von Venezianischen Nächten bis zum Wettbewerb im Sandburgenbauen ›in‹. Auf Höhe der Sixth Street liegt der Vergnügungspark **Gillian's Wonderland Pier** mit Riesenrad und Karussell. Nur ein paar Schritte entfernt garantiert **Gillian's Island Water Park** im Sommer feuchte Abkühlung mit abenteuerlichen Riesenrutschen (Plymouth Pl./Boardwalk, Tel. 609-399-0483, www.gillians.com, Juni–Aug. Mo–So 9.30–18.30 Uhr).

Viele der im **Historical Museum** ausgestellten Gegenstände stammen vom 1901 vor der Stadt gesunkenen Viermaster ›Sindia‹. Das Schiff lief auf dem Weg von Japan nach New York City auf Grund und tauchte bei Ebbe bis in die 1990er Jahre wie ein Geisterschiff aus dem Meer auf. Mittlerweile ist es ganz im sandigen Ozeanboden versunken.

Dass Ocean City 1879 von vier Methodisten-Pfarrern als ›moralisches Küstenresort‹ gegründet wurde, geht dem Ort heute noch nach. Das jahrzehntelange Sonntagsbadeverbot wurde 1987 zwar gekippt. Aber bis heute sind im Ort Verkauf und Konsum von Alkohol verboten.

**Ocean City Chamber of Commerce:** 854 Asbury Ave., Ocean City, NJ 08226, Tel. 609-399-1412, www.oceancityvacation.com, www.njoceancity.com.

**Brown's Nostalgia B & B:** 1001 Wesley Ave., Tel. 609-398-6364, www.brownsnostalgia.com. Kleines einfach ausgestattetes B & B nicht weit vom Boardwalk, die Zimmer teilweise mit Whirlpool, nur für Nichtraucher. Ab 125 $.

**Days Inn:** 7th St./Boardwalk, Tel. 609-398-2200, www.daysinn.com. Direkt am Boardwalk, beheizter Außenpool, Münzwäscherei, Zimmer und Suiten mit Küche. Ab 90 $.

**Cousin's:** 04 Asbury Ave., Tel. 609-399-9462, Mai–Okt. tgl. 16–22 Uhr. Suppen, Salate, italienische Spezialitäten, von 16 –17.30 Uhr ermäßigte Preise. Ab 10 $.
**Blue Planet Diner:** 841 Asbury Ave., Tel. 609-525-9999, www.blueplanetdiner.com, tgl. 8–22 Uhr. Frühstück bis 16 Uhr, Chicken, Sandwiches, Salate, Burger. Ab 6 $.

### Wildwood

**Reiseatlas:** S. S. 14, D 4
Der kleine Ort Wildwood mit 5400 Einwohnern wird in der Sommersaison von rund 250 000 Besuchern ›heimgesucht‹. Der 2,5 Meilen lange **Boardwalk** bildet das pulsierende Zentrum eines der größten Vergnügungsparks der Ostküste. Genau genommen setzt sich diese Fun-Zone aus zwei Wasserparks und dem gewaltigen Morey's Pier mit 80 rasanten und zum Teil haarsträubenden Fahrgeschäften zusammen, darunter Achterbahnen, die als ›schrei-therapeutische‹ Einrichtungen für sich werben. Hinzu kommen Myriaden von Souvenirshops, Imbissen, Zuckerwatte-Pavillons, Pizza-Bäckereien, Hamburgerfilialen, Spielecenters und Minigolfanlagen. Um die Besucher bei Laune zu halten, werden Wettbewerbe im Eiscreme-Essen, sommerliche Weihnachtsparaden, Schönheitswettbewerbe für Babys, Profiboxkämpfe, Beach-Yoga-Stunden, Talentsuchen, Wrestling-Abende, Gummienten-Regatten, Flohmärkte, Comicheft-Ausstellungen, Meisterschaften im Papierdrachenfliegen sowie Blues-Festivals veranstaltet. Übrigens: Einen Strand besitzt Wildwood auch.

## Cape May

**Reiseatlas:** S. 14, D 4
Der südlichste Badeort in New Jersey unterscheidet sich nicht nur durch seine exponierte geografische Lage an der Spitze einer Halbinsel von anderen Küstenflecken. Im Gegensatz etwa zu Wildwood zeichnet sich Cape May durch ländliche Entrücktheit, unverbrauchten Charme und wunderschöne viktorianische Straßenzüge aus.

Die einst von Leni-Lenape-Indianern bewohnte Gegend wurde 1623 unter Führung des aus Manhattan stammenden Holländers Cornelius Mey besiedelt. Bald folgten Fischer, Walfänger und Schiffsbauer, seit Mitte des 18. Jh. auch die Highsociety aus Großstädten wie Philadelphia und New York. Nach einem verheerenden Großbrand 1878 war die Asche noch nicht erkaltet, als sich die ersten Einwohner an den Wiederaufbau machten, dem Cape May heute sein unvergleichliches viktorianisches Flair verdankt. Über Jahre wurden die meisten der rund 600 ›Painted Ladies‹, wie diese Häuser auch genannt werden, restauriert. Hauptsächlich an der Columbia Avenue, der Hughes und Jackson Street stehen viele schöne Bauten mit teils prächtigen Gärten und gemütlichen Terrassen.

### Painted Ladies

Zu den schönsten Überbleibseln aus der viktorianischen Zeit zählen das **Wilbraham Mansion** (133 Myrthle Ave.) aus dem Jahre 1840, das 1872 im italienischen Renaissance-Stil erbaute **Mainstay Inn** (635 Columbia Ave.) und **The Abbey** (34 Gurney St.), das 1869/70 im neogotischen Stil entstand, mit originalem Mobiliar ausgestattet ist und heute wie viele andere viktorianische Schönheiten als B & B-Unterkunft geführt wird. Eine Ausnahme macht das 1872 als privater Herrenclub erbaute **Emlen Physick Estate** (1048 Washington St.), das heute vom Mid-Atlantic Center for the Arts als Museum des viktorianischen Zeitalters unterhalten wird.

Die äußerste Südspitze von New Jersey ist geografisch durch weitgehend unverbautes Land vom historischen Viertel getrennt. Seit 1859 wacht das Cape May Point Lighthouse über den Schiffsverkehr. 199 Stufen führen zur Aussichtsplattform hinauf, von der man den Rundblick genießen kann. Im Oil House neben dem Leuchtturm ist ein kleines, maritimes Museum eingerichtet (Tel. 609-884-5404, www.capemaymac.org, im Sommer tgl. 10–17 Uhr).

## Historic Cold Spring Village

Drei Meilen nördlich von Cape May gibt das Historic Cold Spring Village einen lebendigen Eindruck vom Leben der Siedler im 19. Jh. Auf dem bewaldeten Gelände stehen über zwei Dutzend historische Anwesen, darunter eine Schmiede und ein Schulhaus. ›Einwohner‹ in historischen Kostümen verrichten Arbeiten wie anno dazumal und demonstrieren handwerkliche Fertigkeiten, die heute fast vergessen sind. Unter den zahlreichen Veranstaltungen ragen Sommerkonzerte und das im Juni stattfindende Celtic Festival mit Tänzen und musikalischen Darbietungen heraus (720 Rte 9, Tel. 609-898-2300, www.hcsv.org, Mai–Juni Sa–So 10–16.30, Ende Juni–Anfang Sept. tgl. 10–16.30 Uhr).

**Chamber of Commerce of Greater Cape May:** 513 Washington St., Tel. 609-884-5508, www.capemaychamber.com.
**Cape May Welcome Center:** 405 Lafayette St., Tel. 609-884-9562.

**Southern Mansion:** 720 Washington St., Tel. 609-884-7171, www.southernmansion.com. Luxuriöses B & B in einer ehemaligen italienischen Villa von 1863, sehr geschmackvoll eingerichtet mit Antiquitäten. Ab 220 $.
**Chalfonte Hotel:** 301 Howard St., Tel. 609-884-8409, www.chalfonte.com, geöffent von Memorial Labor Day bis Columbus Day. Das Hotel empfängt seit 1876 Gäste. Zimmer mit und ohne eigenes Bad, alle ohne TV, Telefon und Klimaanlage. Familienzimmer und Cottages. Kinder haben einen eigenen Dining-Room. Im Preis inbegriffen sind ein üppiges Frühstück, ein hervorragendes 4-Gänge-Menü am Abend und alle Steuern. Ab 231 $.
**Gingerbread House:** 28 Gurney St., Tel. 609-884-0211, www.gingerbreadinn.com. Traditionell eingerichtete Unterkunft in einem viktorianischen Anwesen mit behaglichen, klimatisierten Zimmern, WLAN. 98–275 $.
**Beachcomber Camping Resort:** 462 Seashore Rd., Cape May, Tel. 609-886-6035, www.beachcombercamp.com, April–Okt. Mit vielen Freizeiteinrichtungen, Cabins und Trailer zum Anmieten.
**Cape Island Campground:** 709 Rte 9, Cape May, Tel. 609-884-5777, www.capeisland.com, Mai–Okt. Mit Pool, Tennisplätzen, Minigolf und Einkaufsmarkt.

**410 Bank Street:** 410 Bank St., Tel. 609-884-2127, tgl. 17–22 Uhr. Spitzenrestaurant mit Cajun-, kreolischer und karibischer Küche. Ab 10,95 $.
**Mad Batter:** 19 Jackson St., Tel. 609-884-5970, www.madbatter.com, Feb.–Dez. tgl. 8–22 Uhr. Mit Terrasse, herzhaftes Frühstück, zum Lunch und Dinner gute Fisch- und Fleischgerichte, Spezialität des Hauses sind Crab Cakes. Ab 10 $.

**Secret Garden Tours** (April): Besichtigung von besonders schönen Privatgärten.
Das Frühjahrsfest **Cape May's Spring Festival** und das **Cape May Jazz Festival** finden ebenfalls im April statt.
**Cape May Music Festival** (Mai).
**Victorian Week** (Sept./Okt.): Besichtigungstouren und Antiquitätenverkauf.

**Touren:** Atlantic Center for the Arts, 1048 Washington St., Tel. 609-884-5404, www.capemaymac.org. Angeboten werden u. a. Touren zu Fuß bzw. mit dem Trolley durch die Altstadt, auch bei Mondschein.

**Washington Street Mall:** www.washingtonstreetmall.com. Hübsche Fußgängerzone mit Geschäften vieler Branchen und guten Restaurants.

**Fähre:** Cape May Terminal, Tel.1-800-643-3779, Lewes Terminal, Tel. 1-800-643-3779, www.capemaylewesferry.com. Zwischen Cape May und Lewes (Delaware) gibt es mehrmals tgl. eine Verbindung, die Überfahrt dauert 75 Min. Bei schlechtem Wetter können sich Abfahrten verschieben.

# 7 Bundeshauptstadt Washington D. C.

Cityplan S. 286

**Sitz der mächtigsten Regierung der Welt, Standort nationaler und internationaler Vereinigungen und Organisationen, berühmte Museen und Kultureinrichtungen, Anziehungspunkt für Menschen aus aller Herren Länder: Die 572 000 Einwohner große US-Hauptstadt gibt sich selbstbewusst und mondän, ohne in Prahlerei zu verfallen.**

Die Regierungs- und Schaltzentrale der Weltmacht USA in ihrem zwar kompakten, aber dennoch aufgelockert wirkenden Zentrum erinnert eher an europäische Großstädte. Keine Glas- und Betongiganten kratzen am Himmel, denn kein Gebäude, vom Washington Monument zu Ehren des ersten amerikanischen Präsidenten George Washington abgesehen, darf höher sein als das Kapitol. Das ›unamerikanische‹ Bild ist dem französischen Architekten Pierre Charles L'Enfant, aber auch den Baumeistern der Denkmäler und architektonischen Wahrzeichen zuzuschreiben. Sie orientierten sich an Rom und Athen, als es darum ging, der Neuen Welt ein politisches Machtzentrum zu geben. Resultat war ein klassizistischer Rahmen aus weißem Marmor für das ›große Schaufenster‹ der Vereinigten Staaten.

Bis die Hauptstadt ihr heutiges Gesicht erhielt, vergingen fast 200 Jahre. Der US-Kongress tagte in acht verschiedenen Städten, bis sich Präsident George Washington 1790 für ein Areal am Ufer des Potomac River entschied. Da die Finanzen für das Projekt ›Hauptstadt‹ knapp bemessen waren, kam es schon bald zu Unstimmigkeiten zwischen dem großzügig planenden, selbstherrlichen französischen Architekten L'Enfant und seinen Auftraggebern. Zwei Jahre nach Beginn der Arbeiten war der Franzose seinen Job bereits los.

Von Stadtentwicklung im eigentlichen Sinn konnte man erst in den 1870er Jahren sprechen, als Washington D. C. durch den Zuzug Zehntausender befreiter Sklaven nach Ende des Bürgerkriegs schnell wuchs und der Ausbau der Regierungseinrichtungen zügig voranschritt. Damals war die National Mall samt umliegender Straßenzüge eine riesige Baustelle. Einige Wahrzeichen wie das Lincoln Memorial und das Jefferson Memorial entstanden erst im 20. Jh.

Washington D. C. ist keine Hauptstadt wie jede andere: Sie besitzt Sonderstatus. Die Abkürzung D. C. bedeutet District of Columbia, der von der US-Verfassung eigens geschaffen wurde, um die Institutionen des Bundes zu beherbergen und sie aus der Verwaltung von Einzelstaaten auszuklammern.

## Die National Mall

Die 3 km lange und drei Häuserblocks breite National Mall ist nicht nur Schaumeile der USA, sondern das politische und kulturelle Herz der Nation mit dem nationalen Parlament, dem Regierungssitz im Weißen Haus sowie den bedeutendsten Museen und Denkmälern des Landes.

### Capitol Hill

Die National Mall beginnt im Osten auf dem **Capitol Hill**. Auf der kleinen Erhebung thront mit dem **Kapitol** 1 der Sitz des aus Repräsentantenhaus und Senat bestehenden Parlaments. Der mächtige Kuppelbau, dem Petersdom in Rom nachempfunden, diente vielen State Houses der einzelnen Bundes-

## Mit dem Autor unterwegs

### Schaufenster der Hauptstadt

Der mächtige Kuppelbau des **Kapitols** ist Sitz des amerikanischen Parlaments und damit neben dem **Weißen Haus** das bedeutendste Gebäude der Hauptstadt (s. S. 284).

Die **Museen der Smithsonian Institution** gehören zu den besten des Landes und sind allesamt einen Besuch wert. Ein besonderer Publikumsliebling unter ihnen ist das **National Air and Space Museum** (s. S. 288).

Bahnhöfe sind normalerweise keine Sehenswürdigkeiten. Die grandiose **Union Station** macht eine Ausnahme (s. S. 294).

### Nostalgieträchtig

Ein nostalgisches Vergnügen sind die Kahnfahrten auf dem **Chesapeake and Ohio Canal.** Man muss nicht unbedingt selbst mitfahren, sondern kann die Kanalschifferei auch als Zuschauer erleben (s. S. 294 f.).

### Viertel für Nachtschwärmer

Wer abends die Kneipen- und Restaurantkultur der Hauptstadt genießen will, wird am ehesten im Stadtteil **Adams Morgan** und in **Georgetown** fündig (s. S. 294).

### Gratisattraktionen

Die Hauptsehenswürdigkeiten von Washington D. C. sind ein Schnäppchen: Alle **Museen der Smithsonian Institution** (s. S. 289) und alle **Monumente auf der National Mall** (s. S. 284 f.) können kostenlos besichtigt werden. Das gilt außerdem für die **National Archives** (s. S. 292)**, Ford's Theatre National Historic Site,** die **National Portrait Gallery,** den **National Zoo** und das **National Building Museum** (s. S. 293).

### Sicherheit

Immer wieder geistern Meldungen über unsichere Stadtviertel in Washington D. C. durch die Presse. Wer sich an den touristischen Brennpunkten auf der National Mall, in Downtown, Adams Morgan oder in Georgetown aufhält, muss sich über seine Sicherheit nicht mehr Sorgen machen als in jeder anderen Großstadt.

staaten als architektonisches Vorbild. Nach der Grundsteinlegung 1793 dauerte es bis zum Bürgerkrieg, ehe die knapp 79 m hohe Kuppel des Gebäudes fertig gestellt war. Die Verzögerung hatte nicht allein in den mangelnden Finanzen ihre Ursache. Nachdem die Briten das Bauwerk bei der Besetzung von Washington 1814 in Brand gesteckt hatten, war es höheren Instanzen zu verdanken, dass Teile des Gebäudes durch einen heftigen Platzregen vom Schlimmsten verschont blieben. Es bedurfte des Machtwortes von Abraham Lincoln, um 1863 die 4000 t schwere eiserne Kuppel fertig zu stellen und mit der fast 6 m großen Freiheitsfigur zu schmücken.

Ein riesiges Fresko mit Darstellungen aus der amerikanischen Geschichte schmückt die über 50 m hohe Kuppel im Zentrum des Kapitols. Mehrere Künstler benötigten für die Fertigstellung der Malereien über 75 Jahre. Einige historische Gemälde in der Rotunde schuf John Trumball, der die gemalten Szenen selbst als Adjutant von George Washington erlebt hatte. In der angrenzenden Statuary Hall ehren die amerikanischen Bundesstaaten ihre bedeutendsten Persönlichkeiten mit 100 Statuen (Tel. 202-225-6827, www.aoc.gov, nur Führungen Mo–Sa 9–16.30 Uhr, Ticketausgabe am Capitol Guide Service Kiosk südwestlich des Kapitols).

Für Amerikas 1935 fertig gestelltes höchstes Gericht, den **Supreme Court** **2**, wählte der Architekt Cass Gilbert ein klassizistisches Design mit einer imposanten Fassade aus korinthischen Säulen, die der Würde der Institution entsprechen sollte. Der Oberste Gerichtshof setzt sich aus acht Richtern *(Associate Justices)* und einem Vorsitzenden *(Chief Justice)* zusammen, die auf Vorschlag des US-Präsidenten auf Lebenszeit ernannt werden.

## Washington D. C.: Cityplan

### Sehenswürdigkeiten

1 Kapitol
2 Supreme Court
3 Library of Congress
4 Nat. Museum of the American Indian
5 National Air and Space Museum
6 Smithsonian Institution
7 US Holocaust Memorial Museum
8 Jefferson Memorial
9 Franklin Delano Roosevelt Memorial
10 Korean War Memorial
11 Lincoln Memorial
12 Vietnam Veterans Memorial
13 World War II Memorial
14 Washington Monument
15 National Museum of American History
16 National Museum of Natural History
17 National Gallery of Art
18 National Archives
19 J. Edgar Hoover Building
20 Old Post Office
21 D. C. Visitors Center
22 White House
23 Renwick Gallery
24 Ford's Theater
25 International Spy Museum
26 Chinatown
27 Union Station
28 Adams Morgan
29 Arlington National Cemetery
30 Georgetown

### Übernachten

1 Park Hyatt
2 Hotel George
3 Melrose Hotel
4 Jurys Normandy Inn
5 Comfort Inn Convention Center
6 Red Roof Inn Downtown
7 American Youth Hostels

### Essen und Trinken

8 City Zen
9 Capital Grille
10 Kinkead's
11 Old Ebbitt Grill
12 Dean & DeLuca

Aufgabe des Gerichts ist es, über die Verfassung bzw. die Verfassungsmäßigkeit von Gesetzen sowie von Anordnungen der Exekutive zu wachen und grundlegende Entscheidungen etwa in Fragen wie Bürgerrechte, Abtreibung, Sterbehilfe oder Todesstrafe zu treffen. Müssen die Richter etwas schriftlich dokumentieren, bedienen sie sich wie früher echter Federkiele. Im Erdgeschoss des Gebäudes wird ein Film über den Supreme Court gezeigt (1 First St. NE., Tel. 202-479-3000, www.

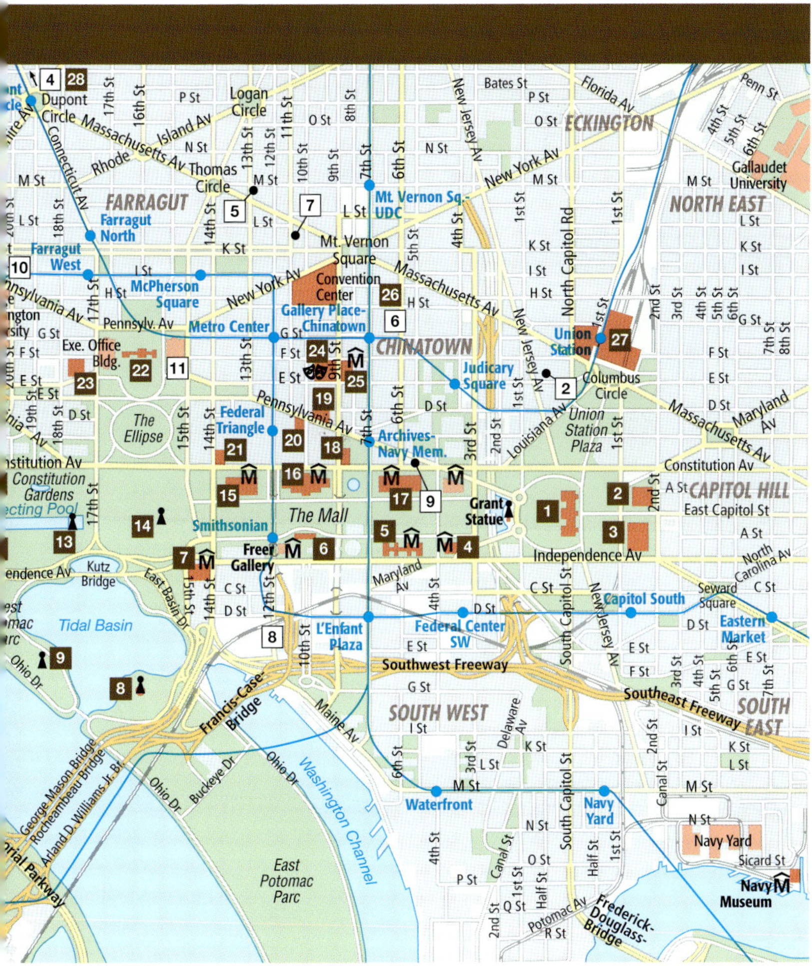


supremecourtus.gov, Mo–Fr 9–16.30, Führungen stdl. 9.30–15.30 Uhr, wenn das Gericht nicht tagt).

Alljährlich konsultieren über 800 000 Besucher die **Library of Congress** 3, das im Jahr 1800 gegründete ›Gedächtnis der Welt‹. In drei Gebäudeteilen sind auf insgesamt 800 km Regalen über 120 Mio. Manuskripte, Bücher, Fotografien und Karten in 500 Sprachen untergebracht. Längst wurde der gesamte Bücher- und Zeitschriftenkatalog per Computer erfasst und elektronisch zugänglich gemacht. Die Sammlung seltener Ausgaben besteht aus 6000 Büchern, die vor Beginn des 16. Jh. gedruckt wurden, darunter etwa eine von nur noch drei existierenden Gutenberg-Bibeln aus dem Jahr 1455 (101 Independence Ave. SE., Tel. 202-707-8000, www.loc.gov, Führungen Mo–Sa 10–17.30 Uhr). Ein ganz besonderer Ort für alle Bücherfreunde ist der großartige Lesesaal, über dessen Mamorwände sich eine kupfergedeckte Kuppel wölbt.

**Das National Air and Space Museum: eine Hauptattraktion an der National Mall**

## Berühmte Museen

Mit seinen rauen, geschwungenen Kalksteinfassaden erinnert das **National Museum of the American Indian** 4 an eine Klippe aus gelblichem Fels und fällt damit aus dem klassizistischen Architekturrahmen der National Mall. Die Kollektionen umfassen 800 000 Exponate, die 10 000 Jahre Geschichte von Tausend indianischen Kulturen von Nord-, Mittel- und Südamerika repräsentieren. Darunter sind ein geschnitzter Totempfahl der Tlingit, eine Bronzeskulptur der Pueblo-Indianer von New Mexico und Webarbeiten der Diné (Navajo). In den Ausstellungen geht es aber nicht nur um Kunst und Kultur, sondern auch um Präsentationen wie Our Lives, wo das Alltagsleben indianischer Gruppierungen im 21. Jh. vorgestellt wird (4th St./Independence Ave. SW., Tel. 202-633-1000, www.nmai.si.edu, tgl. 10–17.30 Uhr, Eintritt frei).

Nicht nur für technisch Interessierte ist das **National Air and Space Museum** 5 ein Glanzlicht. Die Exponate zur Geschichte der Fliegerei beginnen mit dem 1903 von den Gebrüdern Wright erbauten ›Flyer‹, mit dem die beiden Luftfahrtpioniere auf den Outer Banks von North Carolina die Tür zu einem neuen Zeitalter aufstießen. Die ›Spirit of St. Louis‹, mit der Charles Lindbergh als Erster den Atlantik überflog, ist ebenso zu sehen wie die Raumkapsel der Apollo-11-Mission. Die Zukunft wird von einem Originalmodell der ›Enterprise‹ aus der Fernsehserie ›Star Trek‹ repräsentiert. Im IMAX-Theater haben Besucher die Wahl zwischen vier spannenden Filmen auf Riesenleinwand (Independence Ave./4th St. SW., Tel. 202-357-1387, www.nasm.si.edu, tgl. 10–17.30 Uhr, Eintritt frei).

Da das Museum aus Platznot der Öffentlichkeit nur einen Bruchteil seiner Ausstellungsstücke zugänglich machen konnte, entstand in der Nähe des Washington Dulles International Airport (Virginia) mit dem **Steven F. Udvar-Hazy Center** eine in einem gewaltigen Hangar eingerichtete Filiale. Dort sind über 200 Flugzeuge ausgestellt, darunter das Space Shuttle ›Enterprise‹, die berühmte B-29 Superfortress Enola Gay und die legendäre Concord (14390 Air & Space Museum Pkwy, Chantilly, Virginia 20151, www.nasm.si.edu, tgl. 10–17.30 Uhr, Eintritt frei, aber der Parkplatz kostet 12 $).

Die **Smithsonian Institution** 6, die 16 Museen und Galerien sowie einen Zoo umfasst, gehört zu den renommiertesten Kultureinrichtungen der Welt. Die Gründung geht auf den britischen Wissenschaftler James Smithson zurück. Zwar betrat er nie amerikanischen Boden, doch vermachte er sein Vermögen in Höhe von 500 000 Dollar der Hauptstadt der USA, um eine Einrichtung »zur Mehrung und Verbreitung des Wissens« zu schaffen. Drei Jahre nach der Gründung 1846 zog die Smithsonian Institution in das neoromanische Castle, inzwischen ein Informationszentrum, das von einer Parkanlage und Museen umgeben ist wie dem **Arts and Industries Building** mit dem **Discovery Theater** (www.discoverytheater.si.edu), dem **Hirshhorn Museum** (www.hirshhorn.si.edu) mit über 6000 Gemälden und einem Skulpturengarten, der auf asiatische Kunst spezialisierten **Freer Gallery of Art** (www.asia.si.edu), der **Sackler Gallery** (www.asia.si.edu) mit chinesischen Sammlungen und dem **Museum of African Art** (www.nma fa.si.edu) mit afrikanischer Kunst (1000 Jefferson Dr. SW., Tel. 202-633-1000, www.si.edu/visit, alle Museen tgl. 10–17.30 Uhr, Eintritt frei).

## Gedenkstätten

Auf beklemmende Weise dokumentiert das **US Holocaust Memorial Museum** 7 die Tragödie von 6 Mio. Juden sowie 5 Mio. Romas, Zeugen Jehovas, polnischen und sowjetischen Kriegsgefangenen während der Nazi-Herrschaft in Deutschland. Auf drei Etagen werden Fotografien, Dioramen und Schautafeln als Zeugnisse der damaligen Zeit ausgestellt. Zu den bedrückendsten Exponaten gehören Massen von Schuhen und Brillen von KZ-Häftlingen, die in die Gaskammern geschickt wurden (100 Raoul Wallenberg Plaza, Tel. 202-488-0400, www.ushmm.org, tgl. 10–17.30 Uhr).

Im Jahr 1943 wurde zum 200. Geburtstag von Thomas Jefferson mit dem **Jefferson Memorial** 8 eines der jüngeren Monumente der Mall errichtet. Architektonisches Vorbild des runden Kuppelbaus mit Vorhalle war das römische Pantheon. Der mit 54 ionischen Säulen und einer 6 m hohen Bronzestatue ausgestattete Tempel ist eine Hommage an den Staatsmann und Architekten Thomas Jefferson. Die Innenwände sind mit Zitaten aus der Unabhängigkeitserklärung gestaltet. Bei den Einweihungsfeierlichkeiten konnte die Skulptur von Jefferson nur als Gipsmodell vorgestellt werden. Erst nachdem die kriegsbedingte Rationierung wichtiger Metalle aufgehoben worden war, konnte der Staatsmann in Bronze gegossen werden (900 Ohio Dr. SW., Tel. 202-426-6841, www.nps.gov/thje, tgl. 8–23.30 Uhr).

Das aus vier offenen Teilen bestehende **Franklin Delano Roosevelt Memorial** 9 erinnert an die vier Amtszeiten des 32. US-Präsidenten (1933–1945), zu dessen Verdiensten das während der Weltwirtschaftskrise initiierte Reform- und Hilfsprogramm New Deal gehörte (900 Ohio Dr. SW., Tel. 202-426-6841, www.nps.gov/fdrm, jederzeit zugänglich, Eintritt frei).

Mit 19 einzelnen Skulpturen amerikanischer Soldaten, die mit ihren Waffen in den Händen, angetan mit Stahlhelmen und Regenponchos, durch ein Feld gehen, wirkt das **Korean War Memorial** 10 wie eine eingefrorene Kriegsszene. Der Korea-Krieg zwischen 1950 und 1953 forderte auf US-Seite mehr als 54 000 Tote und Vermisste (Daniel French Dr. 4/Independence Ave. SW., Tel. 202-426-6841, www.nps.gov/kwvm, tgl. 8–24 Uhr, Eintritt frei).

Das westliche Ende der National Mall markiert das **Lincoln Memorial** 11, von dessen monumentaler Treppe man über das Washington Monument auf das entfernte Kapitol blickt. Der Bau zu Ehren des ehemaligen Präsidenten Abraham Lincoln entstand zwischen 1915 und 1922 nach Plänen von Henry Bacon, dem das Parthenon in Athen als Vorbild diente. Im Innern sitzt in einer offenen Halle, umgeben von in die Wände gravierten Auszügen aus der ›Gettysburgh Address‹ (s. S. 235), der marmorne Lincoln, den die Gebrüder Piccarilli nach dem Entwurf des Bildhauers Daniel Chester French aus Stein meißelten. Auf der Treppe des Memorials hielt im Jahr 1963 vor 750 000 Demonstranten der fünf Jahre später ermordete Martin Luther King nach einem Protestmarsch von Bürgerrechtlern seine berühmte Rede »Ich habe einen Traum«, in der er eine Politik der Rassengleichheit als Voraussetzung für eine friedliche Zukunft der USA beschwörte (23rd St. zwischen Constitution und Independence Ave. NW., Tel. 202-426-6841, www.nps.gov/linc, jederzeit zugänglich, Eintritt frei).

Sehr nüchtern und daher umso ausdrucksstärker zeigen sich die im Winkel zueinander stehenden, halb in die Erde gebauten schwarzen Granitwände des **Vietnam Veterans Memorial** 12, eine Hommage an die fast 60 000 amerikanischen Gefallenen des Kriegs in Vietnam. Tagein, tagaus pausen Freunde und Angehörige die Namen von Kriegsopfern ab, die in alphabetischer Reihenfolge eingraviert sind. Eine Jury wählte den Entwurf für das Denkmal 1980 aus 1421 eingereichten Vorschlägen aus. Der Plan stammte von der 21-jährigen Architekturstudentin Maya Ying Lin von der Yale University (Constitution Ave./Henry Bacon Dr. NW., Tel. 202-634-1568, www.nps.gov/vive, jederzeit zugänglich, Eintritt frei).

Nach 17 Jahren Diskussionen über Entwurf und Standort bekam das **World War II Memorial** 13 seinen Platz zwischen dem

**Das Jefferson Memorial zur Zeit der Kirschbaumblüte im Frühling**

Washington Monument und dem Lincoln Memorial. Der aus Granitstein bestehende Komplex um eine zentrale Wasserfläche zu Ehren der Gefallenen und Überlebenden des Zweiten Weltkriegs wurde seit seiner Fertigstellung zum Teil hart kritisiert, weil er auf banale Weise Trauer und Glorie in grauen Granit verpackt. »Mussolini würde es gefallen«, schrieb das ›TIME Magazine‹ über die Anlage, die Erinnerungen wachruft an das Pathos faschistischer Architektur (900 Ohio Dr. SW., Tel. 202-619-7222, www.nps.gov/nwwm, www.wwiimemorial.com, jederzeit zugänglich, Eintritt frei).

Im Zentrum der National Mall erhebt sich das zu Ehren des ersten US-Präsidenten errichtete **Washington Monument** **14**. Der 170 m hohe Marmorturm, das höchste Bauwerk der Staatsmetropole, wurde 1884 der Öffentlichkeit zugänglich gemacht. Ein Aufzug bringt alljährlich Hunderttausende Besucher zum Aussichtsdeck, von dem der Blick über den ganzen District of Columbia reicht. Das Bauwerk sieht zwar aus wie ein Obelisk, wurde in Wirklichkeit aber gemauert (W. 15th St./Constitution Ave., Tel. 202-426-6841, www.nps.gov/wamo, April–Anfang Sept. 8–24, sonst 9–16.30 Uhr, Eintrittskarten am Ticket-Kiosk, 15th St. ab 7.30 Uhr, Eintritt frei).

## Ausstellungen und Galerien

Als Tempel des technologischen und kulturellen Erbes der USA präsentiert sich das **National Museum of American History** **15**. Auf drei Stockwerken verteilt sich Sehenswertes aus so unterschiedlichen Bereichen wie medizinische Wissenschaften, Straßentransport, Elektrizität, Damenmode, Geschichte nach dem Bürgerkrieg, Keramik, Geld und Armee. Ein besonderes ›Juwel‹ ist das Original-Sternenbanner, das beim Angriff der Briten 1814 auf Baltimore über Fort McHenry wehte. Manche Besucher interessieren sich eher für Profanes, etwa die falschen Zähne von George Washington oder die Nachthemden, die von den im Weißen Haus residierenden First Ladies getragen wurden (14th St./Constitution Ave., Tel. 202-633-1000, www.americanhistory.si.edu, tgl. 10–17.30 Uhr, Eintritt frei. 2006 begann eine Renovierung des Museums mit

**Kirschblütenfest:** Am schönsten präsentiert sich das Jefferson Memorial im Frühjahr, wenn um das Tidal Basin die Kirschbäume blühen. Vor fast 100 Jahren machte der Tokioter Bürgermeister der Hauptstadt mehrere Tausend Kirschbäume zum Geschenk. Das National Cherry Blossom Festival wird jedes Jahr im März/April mit Konzerten, Feuerwerken und Paraden begangen.

zum Teil eingeschränkten Besuchsmöglichkeiten).

Umfangreiche Ausstellungen sowie einzelne Exponate über die Evolution des Menschen und die Entstehung von Kunst und Kultur, aber auch Dinosaurierskelette, Fossilien, präparierte Vögel, Säugetiere, Insekten, Mineralien und Meteoriten machen das **National Museum of Natural History** 16 zu einer Schatzkammer der Naturgeschichte. Zu den interessantesten Stücken gehören der 45,5-karätige Hope-Diamant aus Südafrika sowie die Originalmodelle eines afrikanischen Elefantenbullen und eines Blauwals. Aus einem Kohlebergwerk in Iowa stammt die größte, jemals ausgegrabene fossile Pflanze, 3,9 m lang, 3,7 m hoch und 16 t schwer. Teil des Museums sind auch das Johnson IMAX-Theater mit 3-D-Filmen etwa über die Tiefsee, eine Safari in Südafrika oder das Fahren mit einem Heißluftballon und das Fliegen mit Fluggeräten. Im IMAX & Jazz Café geht es jeden Freitag von 18 bis 22 Uhr bei Live-Musik und Filmen ganz unmuseal zu (10th St./Constitution Ave., Tel. 202-633-1000, www.mnh.si.edu, tgl. 10–17.30 Uhr, Eintritt frei).

El Greco, Rubens, Tizian, Rembrandt, Renoir, Cézanne und Whistler sind Künstler von Weltrang, deren Werke in einem der außergewöhnlichsten Kunsttempel der USA, der **National Gallery of Art** 17, präsentiert werden. Im **West Building,** nach Plänen von John Russell Pope 1941 fertig gestellt, bereiteten die Museumsplaner Künstlern vom 13. bis zum 20. Jh. eine Bühne. Als eine besonders wertvolle Rarität gilt das ›Bildnis der Ginevra Benci‹, das einzige Meisterwerk von Leonardo da Vinci, das außerhalb von Europa zu sehen ist. Das moderne Äquivalent zum klassizistischen West Building ist das 1978 erbaute **East Wing-Building** des Stararchitekten I. M. Pei. Die dort ausgestellten Gemälde, Grafiken und Skulpturen stammen ausnahmslos aus dem 20. Jh., etwa von Alexander Calder, Henry Moore, Pablo Picasso und Joan Miró (zwischen 3rd und 9th St. an der Constitution Ave. NW., Tel. 202-737-4215, www.nga.gov, Mo–Sa 10–17, So 11–18 Uhr, Eintritt frei).

# Stadtzentrum

## Pennsylvania Avenue

Heute bildet die **Pennsylvania Avenue** die Hauptschlagader der US-Metropole, auf der Persönlichkeiten wie John F. Kennedy zu Grabe getragen, Protestmärsche gegen Rassendiskriminierung und den Vietnamkrieg veranstaltet und Paraden abgehalten wurden. Suffragetten forderten auf diesem Straßenstück ihre politische Emanzipation ein, die Kapuzenmänner des Ku-Klux-Klan machten ihrem Hass gegen die Gleichberechtigung von Schwarz und Weiß Luft, und unter Führung von General Eisenhower wurde die Straße nach dem Zweiten Weltkrieg zur Bühne des Sieges über das Naziregime. Die Pennsylvania Avenue als eine moderne Triumphstraße zu bezeichnen, wäre also gar nicht so abwegig.

In den **National Archives** 18 lagern Dokumente von unschätzbarem Wert – nationale und internationale Verträge und Abkommen, Gesetzeswerke, Karten, Unterlagen über Landkäufe und -verkäufe sowie Hunderte Urkunden von der Unabhängigkeitserklärung über die US-Verfassung bis zu zwei ›Kapitulationserklärungen‹, der japanischen am Ende des Zweiten Weltkriegs und dem Rücktrittsschreiben von US-Präsident Nixon nach der Watergate-Affäre. Die wichtigsten Dokumente der US-Geschichte sind in der Rotunde in speziellen Vitrinen ausgestellt, in denen Heliumgas den Verfallsprozess des Papiers verhindert und andere Vorrichtungen diese Schätze vor Beschädigung oder Diebstahl schützen (700 Pennsylvania Ave. NW., Tel. 866-272-6272, www.nara.gov, tgl. 10–17 Uhr, Eintritt frei).

Zwei Institutionen, die miteinander verwandte Aufgaben wahrnehmen, sind durch die Pennsylvania Avenue, insbesondere auch durch teilweise ganz unterschiedliche Rechtsauffassungen voneinander getrennt: das Department of Justice (Justizministerium) und das **J. Edgar Hoover Building** 19, die Zentrale der Bundespolizei FBI, die von außen wie ein Hochsicherheitstrakt für Schwerstkriminelle aussieht. Das 1908 von Teddy Roosevelt gegründete FBI (Federal Bureau of Investigation) wurde seit 1924 von seinem Chef J. Edgar Hoover geformt (935 Pennsylvania Ave. NW., Tel. 202-324-3000, www.fbi.gov. Nach Renovierung Führungen voraussichtlich wieder ab Frühjahr 2007).

Zum Ausspannen bei einem gemütlichen Lunch ist das **Old Post Office** 20 auf halber Strecke zwischen Kapitol und Weißem Haus die richtige Adresse. Die 1899 errichtete, ehemalige Zentrale der Bundespost entging zweimal um Haaresbreite dem Abriss, ehe in dem neoromanischen Gebäude 1983 ein Atrium mit einer Mall und einem großen Food Court eingerichtet wurde. Auf dem Aussichtsdeck des 96 m hohen Glockenturms liegt Washington den Betrachtern zu Füßen (12th St./Pennsylvania Ave. NW., Tel. 202-606-8691, April–Sept. 7.30–23 Uhr, im Winter kürzer).

Das Besucherzentrum **D. C. Visitors Center** 21 befindet sich im Ronald Reagan International Trade Center Building. Touristen können sich dort bei den Tourismusexperten oder per Computer in ihrer Landessprache über Sehenswürdigkeiten, die gastronomische Szene oder Unterkünfte informieren bzw. buchen (1300 Pennsylvania Ave. NW., Tel. 202-328-4748, Fax 202-408-7956, www.dcvisit.com, Frühjahr/Sommer Mo–Fr 8.30–17.30, Sa 9–16 Uhr, So geschlossen, im Herbst/Winter kürzer).

Wie ein kleines Schloss liegt mit dem **White House** 22 der Regierungssitz des amerikanischen Präsidenten im üppigen Grün der White House Grounds. Kein anderes Machtzentrum der Welt demonstrierte bis zu den Anschlägen am 11. September 2001 Bürgernähe so konsequent wie der Amts- und Wohnsitz des amerikanischen Präsidenten, in dem Tag für Tag Touristen aus aller Herren Länder ein- und ausgingen. Gegenwärtig sind im Weißen Haus keine Besichtigungen möglich (1600 Pennsylvania Ave. NW., Tel. 202-456-2121, www.whitehouse.gov).

## Sehenswert in Downtown

Der Schwerpunkt der **Renwick Gallery** 23, Washingtons ältestem Kunstmuseum von 1869, liegt auf amerikanischer Kunst von der kolonialen Ära bis in die moderne Zeit. Zu sehen sind Werke u. a. von John Singer Sargent, Frederic Edwin Church, Albert Bierstadt, Mary Cassatt, Thomas Eakins, Thomas Cole, James Abbott McNeill Whistler und Edward Hopper. Die Ausstellungen umfassen außerdem holländische, französische und flämische Gemälde und über 5000 Fotografien, Zeichnungen und Drucke (W. 500 17th St. NW., Tel. 202-639-1700, www.corcoran.org, Mi–So 10–17, Do bis 21 Uhr, Eintritt frei, aber Spende erbeten).

Am Abend des 14. April 1865 fiel Abraham Lincoln im **Ford's Theater** 24 einem Mordanschlag zum Opfer. Der Präsident besuchte gemeinsam mit seiner Frau eine Aufführung des Stückes ›Our American Cousin‹, als er vom Schauspieler und glühenden Südstaatenverehrer John Wilkes Booth erschossen wurde. Das Attentat ist in einem Museum im Untergeschoss des nach wie vor in Betrieb befindlichen Theaters dokumentiert (W. 511 10th St. NW., Tel. 202-426-6924, www.fordstheatre.org, tgl. 9–17 Uhr, wegen Theaterproben zum Teil andere Öffnungszeiten, Eintritt frei).

Wanzen, Minikameras fürs Knopfloch im Revers, unsichtbare Tinte, in Armbanduhren versteckte Geheimkameras, Sabotagewerkzeug, Schuhe mit in den Absätzen eingebauten Funkgeräten, als Lippenstifte getarnte Schusswaffen, unter KGB-Mitarbeitern als ›Kiss of death‹ bekannt, Geräte zur Satellitenüberwachung und Geheimcode-Entschlüsselung: Selbst James Bond, dessen Walther PPK zu den Exponaten gehört, wäre vom Instrumentarium angetan gewesen, das sich im **International Spy Museum** 25 auf zwei Dutzend Räume verteilt. Spezialisten der CIA, des FBI, der US-Armee, Spionage-Insider der NATO und des KGB sollen beim Aufbau der Ausstellungen mit Rat und Tat geholfen haben (800 F St. NW., Tel. 202-393-7798, www.spymuseum.org, April–Okt. 10–20, Nov.–März 10–18 Uhr).

Durch den exotischen Friendship Arch an der 7th und F St. NW. gelangt man nach **Chinatown** 26, das nur wenige Straßenzüge umfasst. Wie in anderen Großstädten mit fernöstlichen Stadtteilen besteht auch Chinatown in der Hauptstadt aus einer erklecklichen Anzahl von asiatischen Restaurants, Suppenküchen und Imbissen, in denen man chinesische, kambodschanische und vietnamesische Gerichte probieren kann.

Andere Städte besitzen einen Bahnhof, Washington D. C. nennt mit **Union Station** 27 einen Palast sein Eigen, der vom berühmten Architekten David Burnham im Beaux-Arts-Stil entworfen und mit Blattgold, Marmor und Granit ausgeschmückt wurde. Ende der 1970er Jahre spielte die Stadtverwaltung mit dem Gedanken, das Terminal abzureißen. Schließlich entschied man sich aber zu einer Renovierung mit dem Ziel, dort neben dem normalen Bahnbetrieb eine Einkaufspassage mit mehr als 130 Läden, ein Kino und einen Food Court einzurichten (50 Massachusetts Ave., Tel. 202-289-1908, www.unionstationdc.com, Geschäfte Mo–Sa 10–21, So 12–18 Uhr).

## Außerhalb des Zentrums

Nördlich vom Dupont Circle dehnt sich der Stadtteil **Adams Morgan** 28 aus, einerseits ein typisches Wohnviertel mit Häusern aus braunen Ziegelsteinen, andererseits ein Restaurant- und Kneipenviertel, in dem unterschiedliche ethnische Gruppen und Bohemiens leben. An der 18th Street sowie der Columbia Road findet man zahlreiche ›exotische Restaurants‹ mit äthiopischer, thailändischer, chinesischer, mexikanischer oder karibischer Küche.

Das Viertel entstand in den 1920er Jahren, als reiche Bürger ansehnliche Häuser bauten. Als die Besserverdienenden nach dem Zweiten Weltkrieg in die Vorstädte zogen, wurden viele große Wohnhäuser in kleinere Einheiten mit erschwinglichen Mieten aufgeteilt, in die Einwanderer unterschiedlicher Nationalitäten sowie jüngere Einheimische einzogen. Jeweils im September feiern die Bewohner den Adams Morgan Day mit Tänzen, Ausstellungen und nationalen Spezialitäten aus vielen Teilen der Welt.

Mehr als 200 000 weiße Grabsteine erinnern auf dem riesigen Gräberfeld des **Arlington National Cemetery** 29 an Männer und Frauen, die im Dienste ihres Landes standen. Am meisten besucht sind die Gräber von Präsident John F. Kennedy und dessen Bruder Robert, die beide Attentaten zum Opfer fielen. Das aus weißem Marmor gefertigte Grabmal des unbekannten Soldaten steht für die Toten der beiden Weltkriege sowie des Korea-, Vietnam- und Golfkriegs. Traditionell wird das Monument von Soldaten der dritten US-Infanterie bewacht, deren zackiger Wachwechsel zu den Touristenattraktionen gehört. (www.arlingtoncemetery.com, Eintritt frei).

**Georgetown** 30 bewahrte viel von seiner Identität, was ihm heute als touristisch attraktive Atmosphäre zugute kommt. Jeder Einwohner der Hauptstadt kennt die Neighborhood als ›In‹-Viertel, in dem sich gute und teure Restaurants, Galerien und Boutiquen die Kundschaft teilen. Häuserzeilen aus dem 18. und 19. Jh. bestimmen das Straßenbild mit Erkern, bunt bemalten Türen und steilen Treppen zu den Hauseingängen. Früher verunzierte eine hässliche Zementfabrik das Potomac-Ufer in Georgetown. Nach dem Abriss entstand mit Washington Harbour ein zum Fluss hin offener Gebäudekomplex – eine ideale Bühne, um in der warmen Jahreszeit am Freitagabend das nahe Wochenende vorzubereiten. Epizentrum der feucht-fröhlichen Fete bilden mit **Tony & Joe's** und **Nick's Riverside Grill** zwei Open-Air-Bars am Rand eines illuminierten Springbrunnens, der mit in den Himmel steigenden Fontänen für Abkühlung sorgt. Drumherum erledigen dies Bier, Wein, Champagner, Cocktails und Säfte. Sobald die Dämmerung den Potomac River bleigrau färbt, machen an der Wasserkante die ersten Jachten fest. Auf gut gefüllten Kühlboxen sitzend zehren die Crews vom Mitgebrachten oder mischen sich unters Volk.

Der Gegensatz zum bunten Treiben in Georgetown könnte größer nicht sein: Wie eine nostalgische Erinnerung an die gute, alte Zeit mutet der **Chesapeake and Ohio Canal** mitten in Georgetown an, in dem krumme Bäume ihre Zweige baden. Mit breitkrempi-

**Georgetown hat sich zu einem beliebten Restaurant- und Geschäftsviertel entwickelt**

gen Hüten und weiten Hosen als Kanalschiffer kostümierte Park Ranger ziehen die Schiffe mit Muligespannen den Wasserweg entlang, so wie früher die Frachtkähne über den Treidelpfad bewegt wurden (Georgetown Ranger Station, 1057 Thomas Jefferson St., Tel. 202-653-5190, www.nps.gov/choh, Kanalfahrten Ende Juni–Ende Aug. Mi–Fr 11, 13.30 und 15, Sa–So 11, 13.30, 15 und 16.30 Uhr, sonst kürzer).

i **D.C. Visitors Center:** 1300 Pennsylvania Ave. NW., Ronald Reagan International Trade Center Building, Tel. 202-328-4748, Fax 202-408-7956, www.dcvisit.com, Frühjahr/Sommer Mo–Fr 8.30–17.30, Sa 9–16, So geschlossen, im Herbst/Winter kürzer.

**Park Hyatt** [1]: 1201 24th St. NW., Tel. 202-789-1234, Fax 202-419-6795, www.park.hyatt.com. Großes Nobelhotel mit Zimmern und Suiten, Whirlpool, beheizter Innenpool, Sauna, Businesscenter. Ab 200 $.

**Hotel George** [2]: 15 E. St. NW., Tel. 202-347-4200, Fax 202-347-0359, www.hotelgeorge.com. Modern eingerichtete, gemütliche Zimmer, die mit ihrem hippen Design aus dem üblichen Rahmen fallen, eigenes Bistro im französischen Stil. Ab 180 $.

**Melrose Hotel** [3]: 2430 Pennsylvania Ave. NW., Tel. 202-955-6400, Fax 202-775-8489, www.melrosehoteldc.com. Gepflegtes, günstig zwischen Downtown und Georgetown gelegenes Hotel mit eigenem Restaurant und Bar, sehr komfortabel ausgestatteten Zimmern, Fitness- und Businesscenter, freundlicher Service. Ab 170 $.

**Jurys Normandy Inn** [4]: 2118 Wyoming Ave. NW., Tel. 202-483-1350, Fax 202-387-8241, www.jurysdoyle.com. Zimmer bzw. Suiten mit mehr oder weniger großem Komfort mitten im Botschaftsviertel. 100–220 $.

**Comfort Inn Convention Center** [5]: 1201 13th St. NW., Tel. 202-682-5300, Fax 202-408-0830, www.comfortinn.com. Kettenmotel mit Standardzimmern, in der Hochsaison Mindestaufenthalt 2 Nächte. 120–180 $.

**Red Roof Inn Downtown** [6]: 500 H St. NW., Tel. 202-289-5959, Fax 202-289-0754, www.redroof.com. Kettenmotel mit Zimmern mit Bad oder nur Dusche, Sauna, wenige Fitnessgeräte. 120–150 $.

**Rangerin mit Besucher am Vietnam Veterans Memorial an der National Mall**

**American Youth Hostels** 7: 1009 11th St. NW., Tel. 202-737-2333, Fax 202-737-1508, www.hiwashingtondc.org. Betten in Schlafsälen, Küchenbenutzung, Münzwäscherei und Internetzugang. Ab ca. 30 $.

**City Zen** 8: im Mandarin Oriental, 1330 Maryland Ave. SW., Tel. 202-787-6006, Di–Do 18–21.30, Fr–Sa 17.30–21.30 Uhr. Chef Eric Ziebold wurde 2005 in die Rangliste der besten Köche aufgenommen. Zu seinen besonderen Spezialitäten gehören Ricottaknödel mit Artischocken und Zitronensauce. 3-Gänge-Menü 75 $.
**Capital Grille** 9: 601 Pennsylvania Ave. NW., Tel. 202-737-6200, www.thecapitalgrille.com, Mo–Sa Lunch, Dinner tgl. Gediegener Politikertreff mit hervorragenden Steak-Spezialitäten und Bar, in der Gäste rauchen dürfen. 20–40 $.
**Kinkead's** 10: 2000 Pennsylvania Ave. NW., Tel. 202-296-7700, www.kinkead.com, tgl. Lunch und Dinner. Kenner des populären Lokals schätzen vor allem Seafood-Spezialitäten wie rohen Tunfisch in Pfefferkruste. Hauptspeisen ab 20 $.
**Old Ebbitt Grill** 11: 675 15th St. NW., Tel. 202-347-4801, www.clydes.com, tgl. In Washingtons ältester Bar herrscht englische Klubatmosphäre, gegrillte Kalbsleber mit Kartoffeln und Zwiebeln 15,95 $, Parmesan-Forelle mit Sauce Hollandaise 16,95 $.
**Dean & DeLuca** 12: 3276 M St., Georgetown, Tel. 202-342-2500, tgl. 11–20 Uhr. Ausgezeichnetes Straßencafé mit himmlischem Backwerk und kleineren Gerichten. Zum Lokal gehört ein Supermarkt mit feinen, aber teuren Delikatessen. Ab 6 $.

**Gift Shop des Air & Space Museum:** Tel. 202-357-2700, www.smithsonianstore.com. Jedes Museum der Smithsonian Institution in der Hauptstadt besitzt ein Geschäft, in dem man für den herkömmlichen

Handel eher ungewöhnliche Gegenstände erwerben kann. Zumeist stehen sie mit dem Thema des jeweiligen Museums in Verbindung, im Shop des Air & Space Museum gibt es beispielsweise Fliegerjacken für Kinder.
**Shops at Georgetown Park:** 3222 M St. NW., Tel. 202-298-5577, www.shopsatgeorgetownpark.com, Mo–Sa 10–21, So 12–18 Uhr. Elegante Mall mit vielen Boutiquen, Spezialitätenläden und Food Court.

**9:30 Club:** 815 V St. NW., Tel. 202-393-0930, www.930.com, So–Do ab 19.30, Fr–Sa ab 21 Uhr. Der Club gehört zu den besten Lokalen mit Live-Musik. Man kann tanzen oder nur Zuschauer sein. Häufige Shows.
**Rhino Bar:** 3295 M St. NW., Tel. 202-333-3150, tgl. Im Zentrum von Georgetown gelegene populäre Kneipe für junges Publikum mit abendlichem Hochbetrieb.
**Bottom Line:** 1716 I St. NW., Tel. 202-298-8488, Mo–Do 11.30–1.30, Fr–Sa bis 2.30 Uhr. Lokal, in dem man essen, tanzen und sich mit Gleichgesinnten treffen kann.

**John F. Kennedy Center for the Performing Arts:** 2700 F St. NW., Tel. 202-416-8316, www.kennedycenter.com. Auf 5 Bühnen werden jährlich 2 Mio. Gäste unterhalten; Heimbühne der Washington National Opera und des National Symphony Orchestra, Führungen tgl. 10–13 Uhr.
Am Tag der jeweiligen Veranstaltung gibt es Eintrittskarten zum halben Preis bei: TICKETplace, 407 7th St. NW., Tel. 202-842-5387 oder online unter www.ticketplace.org, Di–Fr 11–18, Sa 10–17 Uhr.

**Feste/Veranstaltungen**
**Chinesisches Neujahrsfest** (Jan./Feb.): buntes Programm mit Umzügen.
**Kirschblütenfest** (März/April).
**St. Patrick's Day Parade** (März/April): Fest zu Ehren des irischen Nationalheiligen.
**Smithsonian Kite Festival** (März/April): (Papier)-Drachenfest.
**Washington International Film Festival** (April): Filmfestival u. a. mit Filmen aus Ländern wie China und Indien.
**Carnival Extravaganza** (Juni): Karibisches Karnevalsfest mit Steel Bands, kulinarischen Spezialitäten und Kostümparaden.
**Barbecue Battle** (Juni): Nationale BBQ-Meisterschaften.
**Festival of American Folklife** (Juli): Historisches Fest mit Kulturprogramm.
**Adams Morgan Festival** (Sept.): Kulturelles Stadtteilfest.

**Flugzeug:** In der Umgebung von Washington D. C. gibt es drei Flughäfen. Baltimore/Washington International Airport, Tel. 410-859-7992, www.bwiairport.com. Er liegt 30 Meilen nordöstlich von Washington. Der Nahverkehrszug MARC (Tel. 410-672-6169, www.mtamaryland.com) fährt in ca. 30 Min. zur Union Station. Ein Shuttlebus fährt stdl. vom Flughafen ins Stadtzentrum (www.supershuttle.com). Taxis kosten ca. 45 $.
Ronald Reagan National Airport, Tel. 703-417-8000, www.mwaa.com/national. Der Flughafen liegt 10 Meilen entfernt in Virginia. Von 7–22 Uhr gibt es alle 30 Min. Busverbindungen und von 5.30–24, Sa–So bis 2 Uhr alle 5 Min. U-Bahnverbindungen in die Innenstadt.
Washington Dulles International Airport, Tel. 703-572-2700, www.metwashairports.com. Er ist 26 Meilen entfernt in Virginia. Der Washington Flyer Expressbus verkehrt im 30-Min.-Takt (5.30–24 Uhr an Werktagen, 8–24 Uhr an Wochenenden, www.washfly.com) zwischen dem Flughafen und der Metrorail-Station (U-Bahn-Station) West Falls Church.
**Bahn:** Union Station, First St./Massachusetts Ave., Tel. 1-800-USA-RAIL, www.amtrak.com. Auf der Strecke New York–Philadelphia–Baltimore–Washington fahren die Acela-Schnellzüge. Andere Fernverbindungen gehen über Richmond nach Florida.
**Interstädtischer Verkehr:** Viele Sehenswürdigkeiten erreicht man mit der Metrorail (U-Bahn, wochentags bis 24, Sa–So bis 2 Uhr, www.wmata.com). Im Stadtgebiet gibt es zudem ein ausgedehntes Busnetz. Man kann von der Metro in den Bus ohne Extraaufschlag umsteigen, jedoch nicht umgekehrt. Auf dem Potomac: Wasserbusse zwischen Jefferson Memorial und Georgetown alle 20 Min.

# Rund um die Chesapeake Bay

Reiseatlas S. 13, 17

**Maryland, Delaware und Virginia teilen sich die riesige Chesapeake Bay. Zeigen sich die ersten beiden – von der Großstadt Baltimore einmal abgesehen – hauptsächlich von ihrer ländlichen Seite, gibt es nirgendwo in den USA so viele historische Stätten wie in Virginia, wo sich vor knapp 400 Jahren die ersten englischen Siedler niederließen und sowohl der Unabhängigkeits- wie der Bürgerkrieg tiefe Narben hinterließen.**

Seit Jahrhunderten bestimmen maritime Nähe und ausgeprägte Ländlichkeit das Leben der Menschen in Kleinstädten und Dörfern. Im Norden bildet die Delaware Bay die Grenze zum benachbarten New Jersey. Im Osten liegen die Atlantikstrände mit bekannten Badeorten, während im Westen der Hauptarm der 8300 km$^2$ großen Chesapeake Bay den Landesteil fast vom amerikanischen Kontinent abtrennt.

Die Chesapeake Bay gehörte früher einmal zu den ertragreichsten Fischgründen der Welt. Aber die Bestände sind wegen Überfischung und Wasserverschmutzung rückläufig. Trotzdem ist die Region immer noch ein Paradies für Feinschmecker, die einer besonderen Spezialität auf den Geschmack gekommen sind: Blue Crab. Diese Krustentiere, die ihren Namen wegen des grünblau gefärbten Panzers tragen, kommen immer noch in großen Mengen vor. Rund um die Bucht werden sie in vielen auf Seafood spezialisierten Restaurants vor allem auf zweierlei Art zubereitet serviert, im Ganzen gekocht oder als Crab Pie, einer großen, aus dem Krabbenfleisch zubereiteten Frikadelle nicht unähnlich.

An nur wenigen Stellen zeigt sich das moderne Amerika von einer so romantischen Seite wie in Virginia. Noch heute reichen die Baumwoll- und Tabakfelder hie und da von Horizont bis Horizont, und Pflanzerresidenzen mit weiß getünchten Säulenfassaden erinnern an eine glanzvolle Vergangenheit. Nostalgie und Melancholie vermischen sich, wenn Menschen bei historischen Festen in wallende Kleider und alte Uniformen schlüpfen, um frühere Zeiten aufleben zu lassen. Klangvolle Namen wecken Erinnerungen an indianische Ureinwohner, englische Seefahrer und europäische Siedler. Nirgendwo fühlt man sich mehr in alte Zeiten zurückversetzt als in Colonial Williamsburg, einem unter Denkmalschutz gestellten, aufwendig restaurierten Stadtteil, in dem ›Einwohner‹ in historischen Kostümen das Leben wie zu Kolonialzeiten nachspielen.

## Baltimore

**Reiseatlas:** S. 13, A 3/4, B 3/4
Eine bedeutende Hafenstadt war Baltimore schon immer, ein touristischer Geheimtipp ist die Metropole erst seit einigen Jahren. Doch noch immer kämpft Marylands größter urbaner Ballungsraum mit dem früheren Image eines langweiligen Industriestandorts, vermutlich auch deshalb, weil sich die urbanen Erneuerungsprogramme hauptsächlich auf den Inner Harbor und die in der Nachbarschaft liegenden Stadtviertel beschränkten.

### Am Inner Harbor

Der ›innere Hafen‹ von Baltimore liegt weit vom offenen Meer entfernt an einem Hauptarm der riesigen, tief ins Küstenhinterland hineinreichenden Chesapeake Bay. An Sommerwochenenden treten Orchester, Bands und Entertainer auf, um die Menschenmassen zu unterhalten. Einen hervorragenden Blick über den Hafen hat man vom Observation Deck auf der 27. Etage des World Trade Center direkt an der Wasserkante (401 E. Pratt St., www.baltimore.to/TopOfWorld, Mo–Sa 10–19, So 11–19 Uhr).

Eine exotische Welt mit 10 000 Lebewesen von Fischen über Vögel und Reptilien bis zu Amphibien umfängt Besucher im **Aquarium**. Längst ist das Haus über seine Funktion als Aquarium hinausgewachsen, wenngleich die Delfin-Shows und die Haibecken immer noch zu den populärsten Sehenswürdigkeiten gehören. Außer einem atlantischen Korallenriff kann man einen Regenwald besichtigen, durch dessen Bäume sich Affen hangeln. Zu den jüngsten Errungenschaften gehören eine Australien-Abteilung mit Lebewesen vom fünften Kontinent und ein neuer Außenpark (501 E. Pratt St., Pier 4, Tel. 410-576-3800, www.aqua.org, tgl. 9–17, Fr bis 20 Uhr).

## Museumsszene

Zum nautischen Flair des Inner Harbor trägt am meisten das **Baltimore Maritime Museum** bei. Mit dem ausgemusterten Leuchtfeuerschiff ›Chesapeake‹, das zwischen 1933 und 1973 als schwimmender Leuchtturm Dienst in der Mündung der Chesapeake Bay tat, liegt eines der reizvollsten Fotomotive im Hafen. Andere Schiffe kommen hinzu wie das U-Boot ›USS Torsk‹, das 1972 nach 11 884 Tauchgängen stillgelegt wurde. Die ›USS Taney‹ ist das letzte intakte Kriegsschiff, das den japanischen Angriff auf Pearl Harbour 1941 überstand. Die 1797 in Baltimore vom Stapel gelaufene Fregatte ›Constellation‹ lässt nicht nur Seglerherzen höher schlagen. Auch das runde, wie auf Spinnenbeinen stehende Seven Foot Knoll Lighthouse von 1856 ist Teil des Museums (Piers 3 und 5, Inner Harbor, Tel. 410-396-3453, www.baltomaritimemuseum.org, tgl. 10–17 Uhr, im Sommer länger).

Filme in einem IMAX-Theater, interaktive Einrichtungen für naturwissenschaftliche Versuche, ein Planetarium und viele Ausstellungen über unterschiedlichste Wissengebiete machen den Besuch im renovierten und vergrößerten **Maryland Science Center** zu einem kurzweiligen Vergnügen (601 Light St., Tel. 410-685-5225, www.mdsci.org, Mai–Sept. Do–Sa 10–20, So–Mi 10–18 Uhr, sonst kürzer).

Im Mittelpunkt des **Reginald F. Lewis Museum** steht das afroamerikanische Erbe des Bundesstaats Maryland, wobei es um die Auswirkungen von 200 Jahren Sklaverei auf die damalige und die heutige Gesellschaft geht. Thematisiert werden aber ebenfalls die Wertvorstellungen sowie die kulturellen Traditionen und Künste, welche die Sklaven bei ihrer Deportation aus Afrika mit sich brachten (830 E. Pratt St., Tel. 443-263-1800, www.africanamericanculture.org, Di–So 10–17 Uhr).

Matisse, Picasso, Renoir, Degas, Cézanne, van Gogh – das **Baltimore Museum of Art**

## Mit dem Autor unterwegs

### Großstadt – Kleinstadt

Das historische Schmuckstück **Annapolis** ist zwar Marylands Hauptstadt, nimmt sich neben dem Ballungsraum **Baltimore** mit seinem geschäftigen Inner Harbor aber wie ein Winzling aus (s. S. 298).

### Lohnende Ausflüge

Jeweils in der letzten Juliwoche werden im **Chincoteague National Wildlife Refuge** Horden wilder Ponys zusammengetrieben und bei einer Auktion zum Teil versteigert (s. S. 306.

Man muss keinen Hang zum Militärischen haben, um in Norfolk einer **Hafenrundfahrt** u. a. durch die Naval Station, die größte militärische Marinebasis der Welt, etwas abgewinnen zu können (s. S. 307).

### Malerische Vergangenheit

Kein amerikanisches historisches Freilichtmuseum ist so perfekt hergerichtet und organisiert wie das ausgesprochen unterhaltsame **Colonial Williamsburg** (s. S. 308).

**Baltimores Inner Harbor mit dem ausgemusterten Leuchtfeuerschiff ›Chesapeake‹**

ist das beste Kunstmuseum der Stadt, das in der Regel mit wechselnden Ausstellungen an die Öffentlichkeit tritt. Zur ständigen Sammlung des Hauses gehört europäische Kunst vom 15. bis zum 19. Jh. (10 Art Museum Dr., Tel. 410-396-7100, www.artbma.org, Mi–Fr 11–17, Sa–So 11–18 Uhr, Eintritt frei 11–20 Uhr jeden 1. Do im Monat).

Das **Walters Art Museum** hat sich hauptsächlich auf griechische, römische, asiatische Kunst sowie auf Werke der Renaissance spezialisiert. So werden u. a. tibetische Malerei, indische Miniaturen und Kunstgegenstände der Maya, Inkas und Azteken gezeigt (600 N. Charles St., Tel. 410-547-9000, www.thewalters.org, Mi–So 10–17, Fr bis 22, Sa 10–13 Uhr, Eintritt frei).

Wer die Zahnbürste sehen möchte, die mit der Apollo-Crew 1969 den Mond umrundete, ist im **National Museum of Dentistry** an der richtigen Stelle. Besucher erfahren alles über die Zahnpflege von vorgestern bis heute, sehen Briefmarken, die Zähnen gewidmet wurden, und können sich über den Beitrag afroamerikanischer Ärzte zur Zahnheilkunde informieren (31 S. Green St., Tel. 410-706-0600, www.dentalmuseum.umaryland.edu, Mi–Sa 10–16, So 13–16 Uhr).

## Little Italy und Fell's Point

Östlich des Inner Harbor schließt sich Little Italy an. Der Kern dieses kleinstädtisch wirkenden italienischen Viertels mit etwa zwei Dutzend Pasta- und Pizzarestaurants liegt an der Exeter Street um die Kirche St. Leo the Great, die in den 1880er Jahren von italienischen Einwanderern gebaut wurde.

Am Rande von Little Italy steht das 1793 erbaute **Star-Spangled Banner Flag House,** ohne dessen Besichtigung kein amerikanischer Besucher Baltimore den Rücken kehrt. In dem bescheidenen, von einem Flaggenpark samt Museum umgebenen Häuschen wohnte die Näherin Mary Pikkersgill, die den

Prototyp des heutigen Sternenbanners mit 13 Sternen und 13 Streifen anfertigte (844 E. Pratt St., Tel. 410-837-1793, www.flaghouse.org, Di–Sa 10–16 Uhr).

Im 18. Jh. entlud man am Ufer von **Fell's Point** vornehmlich Holz für den Schiffsbau in den umliegenden Werften. Im Zuge der Industrialisierung ließen sich dann in den kleinen Häusern entlang der schmalen Pflasterstraßen Arbeiter nieder, ehe das Viertel später langsam verkam. Erst in den 1980er Jahren verwandelten es Investoren in eine wieder mit Leben erfüllte Wohn- und Geschäftsgegend, wobei die alte Bausubstanz erhalten blieb. An fast jeder Ecke gibt es heute Kneipen und Restaurants mit dekorativen Aushängeschildern und ›Antikläden‹ mit mehr oder weniger originellen Schaufensterauslagen wie vom Trödelmarkt (www.fellspoint.us).

## Baltimore-VIPs

Das Enfant terrible der Rockmusik, Frank Zappa, war nicht der einzige bekannte Sohn der Stadt. Der gesellschaftskritische Essayist Henry Louis Mencken wurde 1880 in Baltimore geboren und lebte 68 Jahre lang in der Hollins Street. Krimiautor Dashiell Hammett erblickte 1894 in Baltimore das Licht der Welt. Edgar Allan Poe wohnte und arbeitete von 1832 bis 1835 in der Stadt und wurde auf dem Westminster Burying Ground zur letzten Ruhe gebettet (W. Fayette/Greene St.).

## Maryland Zoo

Um die afrikanische Fauna zu erleben, braucht man Baltimore nicht zu verlassen. Der Maryland Zoo ist für Elefanten, Nashörner, Leoparden, Löwen, Giraffen, Gazellen und Primaten zur Heimat geworden, in der die natürlichen Lebensräume der jeweiligen Tiere möglichst naturgetreu nachgebildet wurden. Außer Tieren vom Schwarzen Kontinent sind Vertreter vieler anderer Regionen der Welt präsent wie etwa Eisbären, die man durch ein unter der Wasseroberfläche liegendes Fenster beobachten kann (Druid Hill Park, Tel. 410-396-LION, www.marylandzoo.org, März–Dez. 10–16.30 Uhr, Jan.–Feb. geschlossen).

i **Baltimore Visitor Center:** 401 Light St., Baltimore, MD 21202, Tel. 1-877-BALTIMORE, www.baltimore.org, tgl. 9–18 Uhr. 11-minütiger Film über die Highlights der Stadt. Auskünfte für internationale Besucher vom Band unter Tel. 410-837-4636.

In Downtown sind Hotels sehr teuer, preiswerte finden sich eher Richtung Airport. Gute Angebote gibt es auch unter: www.baltimore.hotels-nb.com.

**Renaissance Harborplace Hotel:** 202 E. Pratt St., Tel. 410-547-1200, Fax 410-539-5780, www.renaissancehotels.com. Luxushotel am Hafen mit Innenpool, Sauna, Whirlpool, Sonnenterrasse und Fitnesseinrichtungen. 220–280 $.

**Mount Vernon Hotel:** 24 W. Franklin St., Tel. 410-727-2000, Fax 410-576-9300, www.mountvernonbaltimore.com. Mitten in der Stadt liegendes Hotel mit Standardzimmern, manche mit Whirlpool. 109–129 $.

**Motel 6:** Raynor Ave., I-695 Exit 8, Tel. 410-636-9070, Fax 410-789-0669, www.motel6.com. 6 Meilen südwestlich der Stadt, Kettenmotel mit freiem Morgenkaffee, Kinder übernachten umsonst. Ab 56 $.

**Prime Rib:** 1101 N. Calvert St., Tel. 410-539-1804, www.theprimerib.com, Mo–Sa 17–24, So 16–23 Uhr. Eines der populärsten Lokale der Stadt mit hervorragenden Fleisch- und Seafood-Gerichten. Herren sollten ein Jacket tragen. 21–42 $.

**Phillips Harborplace:** 301 Light St., Tel. 410-685-6600, www.phillipsseafood.com/phillipsharborplace, tgl. 11–22.30 Uhr. Eine städtische Institution mit Krabbenkuchen (24 $), Seafood-Platte (25 $), Shrimps-Salat (13 $), Phillips Bouillabaisse (17 $).

Auf der nördlichen und westlichen Seite ist der Inner Harbor von Shopping Malls mit Geschäften, Boutiquen und Food Courts umgeben.

**Lexington Market:** 400 W. Lexington St./Eutaw St., seit 1872 wird dort wochentags frisches Obst, Gemüse, Fleisch, Käse und Wurst verkauft.

**Arundel Mills:** 7000 Arundel Mills Circle, Hanover, Tel. 410-540-5110, www.arundelmills mall.com, Mo–Sa 10–21.30, So 11–19 Uhr. Riesenmall mit über 200 Outlets. Einige Hotels der Umgebung bieten ›Shop & Stay-Packages‹ an.

**Gardel's:** 29 S. Front St., Tel. 410-837-3737, www.gardels.com, tgl. ab 20 Uhr. Der Tango-Club mit drei Tanzflächen wurde nach einem Vorbild in Buenos Aires gebaut. Wer nicht tanzen will, kann sich an den argentinischen Fleischgerichten erfreuen.
**Buddies:** 313 N. Charles St., Tel. 410-332-4200, Pub & Jazz-Club, Live-Musik Do–Sa.

**Shows:** Hippodrome, 12 N. Eutaw St., Tel. 410-727-7787, www.hippodrome foundation.org. Im 1914 erbauten, ältesten Kinopalast der Stadt werden in prächtigem Interieur Shows im Broadway-Stil gezeigt.

**Flugzeug:** Baltimore/Washington International Airport, Tel. 410-728-0228, www.bwiairport.com. Der Flughafen befindet sich 10 Meilen südlich vom Stadtzentrum. Die meisten US- und zahlreiche internationale Fluglinien starten und landen dort. In die Stadt gelangt man mit dem Super Shuttle (Tel. 1-800-258-3826, www.supershuttle.com) oder per Bahn mit Light Rail Service. Ein Taxi für die 15-minütige Fahrt kostet ca. 20 $.
**Bahn:** Amtrak Terminal, Pennsylvania Station, 1500 N. Charles St., Tel. 1-800-872-7245, www.amtrak.com. Baltimore liegt an der Acela-Schnellverbindung zwischen Washington D. C. und Boston. Eine zweite Haltestelle liegt 1,5 Meilen vom Flughafen entfernt (Busverbindung zu den Terminals).
**Bus:** Busbahnhöfe, Baltimore Travel Plaza, 5625 O'Donnell St., Tel. 410-633-6389 und 210 W. Fayette St., Tel. 410-752-7682. Haltestelle der Busse von Greyhound (Tel. 1-800-231-2222, www.greyhound.com) und Peter Pan (Tel. 1-800-343-9999, www.peterpan bus.com).
**Wassertaxi:** Kane's Water Taxi, Tel. 1-800-658-8947, www.thewatertaxi.com. Verbindungen zwischen Inner Harbor und Fell's Point.

# Annapolis

**Reiseatlas:** S. 13, B 4
Die 1649 gegründete Hauptstadt des Bundesstaats Maryland liegt an der tief ins Hinterland reichenden Chesapeake Bay und ist mit dem Meer nicht nur durch die Lage verbunden. In mehreren kleineren Buchten in der Umgebung liegen Hunderte Segelyachten in idealem Gewässer, das die Kapitale zu einem bekannten Revier für den weißen Wassersport gemacht hat. Außerdem hat die US-Marineakademie als Ausbildungsstätte von Kadetten ihren Sitz im nur 35 000 Einwohner großen Städtchen. Für die Besichtigung des Zentrums benötigt man kein Auto.

## State House

Im Zentrum der Hauptstadt mit malerischem kolonialem Straßenbild und schönen, alten Ziegelfassaden steht auf einer Anhöhe das schmucke **State House** von 1772, das länger als jedes andere Parlament in den USA ständig genutzt wird. Mit der mehrstöckigen, hölzernen, im gediegenen Grau getünchten Kuppel ist es ein architektonisches Wahrzeichen der Stadt.

Die Abgeordneten tagen in einem alten Sitzungssaal, der noch so erhalten ist, wie ihn schon George Washington kannte. Denn 1783/84 diente das Gebäude ein halbes Jahr lang als amerikanisches Kapitol, bevor sich der Kongress endgültig in Washington D. C. einrichtete. Im Jahr 1783 trat George Washington in der Old Senate Chamber als Oberkommandierender der Unionstruppen zurück. Ein Jahr später ratifizierte an gleicher Stelle der Kontinentalkongress die Pariser Verträge, mit denen der Unabhängigkeitskampf offiziell beendet wurde.

Neben George Washington waren andere Berühmtheiten wie Thomas Jefferson und Benjamin Franklin häufig in der Stadt. Von Franklin soll der Blitzableiter auf der Spitze des State House stammen (State Circle, Tel. 410-974-3400, www.mdarchives.state.md.us, Mo–Fr 9–17, Sa–So 10–16, Touren 11 und 15 Uhr. Ein Ausweis mit Foto muss vorgezeigt werden, Eintritt frei).

## City Dock

Die von älteren Bauten gesäumte Main Street führt vom Church Circle bergab zur Waterfront an der Chesapeake Bay. Statt alter Segelschiffe mit exotischen Waren legen dort heute durchgestylte Schickimickies mit modernen Wellenflitzern und Waterscooters an, wodurch die Wasserkante von Einheimischen spöttisch zur Ego Alley umgetauft wurde. Im 18. Jh. war das **City Dock** Anlegestelle von Sklavenschiffen.

Mit einem von ihnen kam der junge Afrikaner Kunta Kinte nach Amerika, dessen Sklavenschicksal Alex Haley in seinem Roman ›Roots‹ verewigte. Der Autor selbst sitzt in Bronze gegossen an der Wasserkante und beobachtet die Szenerie. Wer sich ihm anschließen will, nimmt am besten vor der aus dem 18. Jh. stammenden Middleton Tavern unter der rot-weiß gestreiften Markise Platz. Im Innern gibt sich das Lokal museal mit Musketen aus dem Bürgerkrieg, alten Kadettenuniformen und nautischen Ge- mälden an den Wänden (2 Market Space, Tel. 410-263-3323, www.middletontavern.com, Mo–Fr 11.30–1.30, Sa–So 10–1.30 Uhr).

## US Naval Academy

Nur Schritte entfernt beginnt das Areal der **US Naval Academy**, einer traditionsreichen Ausbildungsstätte der US-Kriegsmarine auf dem Terrain des früheren Fort Severn. Dreimal im Semester treten die weiß uniformierten Kadetten während ihrer 4-jährigen Ausbildung zu einer großen Parade an. Von Kasernenhof-Atmosphäre ist auf dem Gelände nichts zu spüren. Die mit bunten Markisen geschmückten Offiziersunterkünfte entlang der King George Street muten eher an wie elegante Strandhotels. Bei Führungen durch die Akademie spazieren Besucher u. a. durch die blitzsauberen Gänge der Schlafsäle und entdecken hie und da Bilder berühmter Ehemaliger wie etwa des ehemaligen US-Präsident Jimmy Carter und des früheren Präsidentschaftskandidaten Ross Perot, die beide vor Ort ihr Examen ablegten. In der Preble Hall zeigt das Naval Academy Museum Modelle amerikanischer und englischer Kriegsschiffe (Armel-Leftwich Visitor Center, 52 King George St., Tel. 410-263-6933, www.usna.edu, Mo–Sa 9–17, So 11–17 Uhr, Besucher ab 16 J. benötigen einen Ausweis.).

i **Annapolis & Anne Arundel County Conference & Visitors Bureau:** 26 West St., Annapolis, MD 21401, Tel. 410-280-0445, Fax 410-263-9591, www.visitanapolis.org.

**Annapolis Bed & Breakfast Association:** Tel. 410-626-1506, Fax 410-263-4841, www.annapolisbandb.com. Zusammenschluss empfehlenswerter B & Bs im alten Zentrum der Stadt.

**Charles Inn:** 74 Charles St., Tel. 410-268-1451, www.charlesinn.com. B & B-Unterkunft aus der Zeit des Bürgerkriegs mit gemütlich ausgestatteten Räumen. Ab 125 $.

**Loews Annapolis Hotel:** 126 West St., Tel. 410-263-7777, www.loewsannapolishotel.com. Luxuriöses Hotel mit allem Komfort in zentraler Lage. 99–259 $.

**Super 8:** 74 Old Mill Bottom Rd. N., Tel. 410-757-2222, www.super8.com. Motel 4 Meilen vom historischen Distrikt mit einfach eingerichteten Zimmern. 75–120 $.

**Cherry Hill Park:** College Park, 9800 Cherry Hill Rd., Tel. 301-937-0722, www.cherryhillpark.com, ganzjährig. Sehr gut ausgestattet, Trailer, Cabins und Jurten können angemietet werden.

**Treaty of Paris:** 16 Church Circle, Tel. 410-263-2641, www.annapolisinns.com/dining.php, tgl. Lunch und Dinner. Amerikanische Gourmetküche in der gediegenen Atmosphäre des 18. Jh., guter Sonntagsbrunch 10–14.30 Uhr. Ab 18 $.

**Rams Head Tavern:** 33 West St., Tel. 410-268-4545, www.ramsheadtavern.com, Mo–Sa 11–2, So 10–2 Uhr. 170 Biersorten, Live-Auftritte, Biergarten, Sonntagsbrunch und eine Speisenauswahl von scharfem ›Jamaican Jerk Rasta-Pasta‹ bis zum normalen Burger. Ab 8 $.

**Chick and Ruth's Delly:** 165 Main St., Tel. 410-269-6737, www.chickandruths.com, Mo–

Di 6.30–16, Mi, Do, So bis 22 Uhr, Fr–Sa bis 23.30 Uhr. Delikatessengeschäft und Diner mit gutem Frühstück, Sandwiches, Burgern und Salaten. Ab 4 $.

**Pennsylvania Dutch Farmers Market:** 2472 Solomons Island Rd., Do–Fr 10–18, Sa 9–15 Uhr. Spezialitäten aus den Küchen der Amish und Mennoniten.

**Arundel Mills:** Hanover, 7000 Arundel Mills Circle, www.arundelmills.com, Mo–Sa 10–21.30, So 11–19 Uhr. 220 Geschäfte, u. a. Outlets von Saks Fifth Avenue und Banana Republic.

**Rams Head Tavern** (s. unter Restaurants), eines der beliebtesten Lokale für den Abend, oft spielen bekannte Musiker.

**Maryland Seafood Festival** (am zweiten Wochenende im Sept.): Sandy Point State Park, Tel. 410-268-7682, www.mdseafoodfestival.com, Fr–So ab 11 Uhr. Auf diesem Fest dreht sich fast alles um Fisch und Meeresfrüchte.

**Maryland Renaissance Festival** (Ende August bis Anfang Oktober): Bei dem mittelalterlichen Spektakel in Crownsville bei Annapolis geht es mit Ritterspielen und Leiermusik rundum mittelalterlich zu. Für Essen und Trinken ist natürlich auch gesorgt. Besucher können sich historische Kostüme kaufen oder ausleihen (ab 20 $) und sich so gewandet auf dem Festival sogar trauen lassen (Rte 450, Tel. 800-296-7304, www.rennfest.com, Sa–So 10–19 Uhr).

**Stadttouren:** Three Centuries Tours of Annapolis, 48 Maryland Ave, Tel. 410-263-5401, www.annapolis-tours.com, tgl. ab 9.30, Nov.–März nur So 14.30 Uhr. Im Stil des 18. Jh. gekleidete Führer leiten Touren durch das historische Annapolis.

**Segs in the City,** 42 Randall St., 410-263-2344, www.segsinthecity.net. Das Unternehmen bietet 2-stündige Besichtigungstouren mit dem futuristischen zweirädrigen Transportmittel Segway Human Transporter an, einem kleinen batteriebetriebenen Roller, tgl. 10 und 14.30, Mi 12.30 und 17 Uhr.

**Romantische Stimmung nach Sonnenuntergang auf Chincoteague Island**

## Atlantikküste

**Reiseatlas:** S. 18, D 1
Bekanntester und beliebtester Badeort von Delaware ist das mit einer breiten Promenade ausgestattete **Rehoboth Beach**. Bis ins letzte Viertel des 19. Jh. war der Küstenabschnitt fast unzugänglich, ehe eine Eisenbahnlinie und in den 1920er Jahren eine Straße gebaut wurde. Den Beinamen ›Sommerhauptstadt der USA‹ trägt der Ort nicht ohne Grund. In der Urlaubssaison flüchten viele Regierungsangestellte aus dem brütend heißen Washington D. C. zur Abkühlung ans Meer. Die gesamte Delaware-Küste gilt unter Windsurfern und Seglern als bevorzugtes Wassersportrevier. Viele Fahnen in Regenbogenfarben kennzeichnen Rehoboth Beach als beliebten Treffpunkt von Homosexuellen. Trotzdem ist der Ort auch ein Ferienparadies für Familien geblieben.

An der Südspitze einer 16 km langen Insel gelegen, hat sich **Ocean City** über die Jahre zum bekanntesten Seebad an der Maryland-Küste entwickelt. Rummelplatzeinrichtungen, Wasserparks, Minigolf-Anlagen, Achterbahnen, Go-Kart-Bahnen, Souvenirshops und Schnellimbisse wie Sand am Meer machen die Strandpromenade zu einem sommerlichen Spielplatz für Familien mit Kindern. Auf dem Pier ist schon von weitem ein gewaltiges Riesenrad erkennbar.

**Ocean City Convention & Visitors Bureau:** 4001 Coastal Hwy, Ocean City, MD 21842, Tel. 410-289-8181, www.ococean.com.

Hotels in Ocean City sollten in der Hauptsaison mindestens drei Tage im Voraus reserviert werden.
**Days Inn Boardwalk:** Boardwalk/23rd St., Tel. 410-289-7161, www.daysinnboardwalk.com. Direkt am Sandstrand gelegen, 3 Pools. Ab 115 $.
**Quality Inn Oceanfront:** 54th St. 5400 Coastal Hwy, Tel. 410-524-7200, www.ocmdhotels.com. Direkt am Strand, Pool, Coffeeshop, Bar, Zimmer teilweise mit Küche. Ab 99 $.
**Bayshore Camping:** Ocean View, Rd. 1, Tel. 302-539-7200, www.bayshorecampground.com, Mai–Okt. Ruhiger Platz für Wohnmobile (RV).
**Assateague State Park:** Berlin, Rt. 611, 7307 Stephen Decatur Hwy., Tel. 410-641-2120, Mitte April–Okt. Großer Platz für RV und Zelt, kleiner Camperladen.

**Fager's Island:** 60th St. at The Bay, Tel. 410-524-5500, www.fagers.com, tgl. 11–24, Bar bis 2 Uhr. Hervorragendes Seafood-Restaurant, die Getränkekarte umfasst mehr als 100 Biersorten und gutes Weinangebot, darüber hinaus schöne Aussicht auf den Ozean. Lunch ab 8 $, Dinner ab 24 $.
**Antipasti:** 3303 Coastal Hwy, Tel. 410-289-4588, www.ristoranteantipasti.com, tgl. Lunch und Dinner. Viel gelobter Italiener, Hausspezialität ist Filetto ai Pepi, butterzartes Steak mit Knoblauch und italienischen Kräutern. Ab 19 $.

**Party Block:** 17th/Coastal Hwy., Tel. 410-289-6331. 3 Clubs in einem Block.
**Seacrets:** 49th St./The Bay, Tel. 410-524-4900, www.seacrets.com. Atmosphäre wie auf Jamaica, Live-Bands, direkt am Strand.

## Virginias Inselreich

### Chincoteague Island

**Reiseatlas:** S. 18, D 2
Inmitten von Salzmarschen versteckt sich an der Atlantikküste das 12 km lange und 2,5 km breite **Chincoteague Island,** die einzige Ferieninsel des Bundesstaats Virginia. Im späten 17. Jh. gründeten Seeleute das gleichnamige Fischerdorf, das heute ein winziges Touristenzentrum bildet, in dem Urlauber hauptsächlich von der ländlich-maritimen Atmosphäre angezogen werden. Wie eh und je spielt die Austern- und Muschelzucht als Erwerbsquelle eine wichtige Rolle. Mehr darüber erfährt man im kleinen **Oyster & Maritime Museum** (7125 Maddox Blvd., Tel. 757-336-6117, Mai–Sept. tgl. 10–17 Uhr). Die landschaftlich reizvolle Insel eignet sich für

Aktivitäten unter freiem Himmel wie Radfahren, Wandern, Vögel beobachten und Kajaktouren in den flachen Gewässern.

**Chincoteague Chamber of Commerce:** 6733 Maddox Blvd., Tel. 757-336-6161, www.chincoteaguechamber.com.
**Virginia Welcome Center:** New Church, VA 23415, Tel. 757-824-5000, Fax 757-824-0294. Informationszentrum über den Bundesstaat Virginia.

**Refuge Inn:** 7058 Maddox Blvd., Tel. 757-336-5511, www.refugeinn.com. Standardzimmer oder geräumige Suiten mit Küche in reizvoller Anlage mit Pool, Kinderspielplatz, Radverleih. Ab 85 $.
**Best Value Inn & Suites:** 6151 Maddox Blvd., Tel. 757-336-6562, www.bestvalueinnva.com. Alle Zimmer mit Balkon, zum Teil mit Küchen, Pool, Picknickplatz. Ab 65 $.
**Tom's Cove Park:** am südöstl. Ende der Insel, Tel. 757-336-6498, www.tomscovepark.com, März–Nov. Camingplatz mit Pool und Laden.

## Richtig Reisen-Tipp: Pony Penning Day

Weit über Virginia hinaus bekannt wurde das **Chincoteague National Wildlife Refuge** durch wilde Ponys, die es seit mehreren Jahrhunderten im Süden von Assateague gibt. Wie sie auf die Insel kamen, ist ungewiss. Wahrscheinlich lief im 16. Jh. vor der Küste der Insel ein spanisches Schiff mit Ponys an Bord auf Grund, die sich an Land retten konnten. Den größten Besucherstrom erleben die beiden Inseln alljährlich in der letzten Juliwoche beim Pony Penning Day. Mehrere zehntausend Schaulustige reisen an, wenn ›Salzwasser-Cowboys‹ die wilden Ponys am Mittwoch zwischen 7 und 13 Uhr von Assateague Island über die Wasserstraße nach Chincoteague Island treiben, wo viele Tiere bei einer Auktion am Donnerstagvormittag versteigert werden.

**Chincoteague Inn:** 6262 Marlin St., Tel. 757-336-6110, tgl. 11.30–23.30 Uhr. Shrimps, Austern, Crab Cakes, Steaks und Pizzen am Intercoastal Waterway, mit Bar und Live-Musik. Ab 8 $.

### Assateague Island

Chincoteague Island ist vom knapp 60 km langen **Assateague Island** durch eine Wasserstraße getrennt, die seit 1962 von einer Brücke überspannt wird. Assateague erstreckt sich im Norden an der Küste von Maryland hinauf bis fast nach Ocean City. Im südlichen Teil der Insel wurde 1943 das **Chincoteague National Wildlife Refuge** – trotz des verwirrenden Namens auf Assateague gelegen – eingerichtet, in dem Otter, Rehwild, Waschbären, Kaninchen und zahlreiche seltene Vogelarten leben.

Von Chincoteague Island aus unternimmt ein kostenloser **Island Trolley** (Tel. 757-336-3696) im Sommer kommentierte Wildlife-Touren in diesem Gebiet (tgl. 10, 13 und 16 Uhr, außerhalb der Hochsaison nur Sa–So).

### Chesapeake Bay Bridge-Tunnel

Der knapp 30 km lange **Chesapeake Bay Bridge-Tunnel** zwischen Cape Charles und Norfolk stellt die Verbindung von Eastern Shore über die Mündung der Chesapeake Bay ins festländische Virginia her. Die Straße verläuft teilweise als Brücke, taucht aber an zwei Stellen in einem Tunnel unter das offene Meer. Als ›Stützen‹ fungieren vier künstlich aufgeschüttete Inseln. Die südlichste davon, Sea Gull Island, dient als Aussichtspunkt und Rastplatz mit Restaurant. Wegen der Fischwanderungen zwischen der Bucht und den Küstengewässern gilt die 190 m lange Pier als einer der besten Anglerplätze weit und breit (www.cbbt.com, Pkw 12 $).

## Hampton Roads

**Reiseatlas:** S. 17, C 3
Unter Hampton Roads verstehen Einheimische zweierlei: einmal die Buchten und Wasserstraßen um die Mündung des James Ri-

ver, zum anderen die um diesen natürlichen Hafen liegenden sieben Städte Norfolk, Virginia Beach, Portsmouth, Chesapeake, Suffolk, Hampton und Newport News, die mit 1,6 Mio. Menschen den bevölkerungsreichsten Ballungsraum des Staates Virginia bilden.

Zu Bürgerkriegszeiten war **Norfolk** einer der wichtigsten Häfen der Konföderation. Noch heute demonstriert mit der Naval Station die größte militärische Marinebasis der Welt ihre Rolle, wenn ein Großteil der dort beheimateten 130 Schiffe im Hafen vor Anker liegt. Bei einer Hafenrundfahrt bekommt man einen Eindruck von den riesigen Schiffen, unter denen sich mit der ›USS Enterprise‹ der erste atombetriebene Flugzeugträger der Welt befindet. Norfolks größte Attraktion ist das **National Maritime Center Nauticus,** in dem es u. a. eine Multimediaschau über exotische Meereslebewesen gibt, von denen man kleine und ungefährliche Exemplare im Touch Tank anfassen kann. Nebenan liegt das Battleship ›USS Wisconsin‹ vor Anker, das größte und letzte im Auftrag der US-Navy gebaute Schlachtschiff (1 Waterside Dr., www.nauticus.org, im Sommer tgl. 10–18, sonst kürzer).

Unter den Kunstmuseen der USA nimmt das **Chrysler Museum** einen der vordersten Ränge ein. Neben Werken großer Meister wie Rubens und Renoir, Picasso und Gainsborough wartet das Museum vor allem mit einer eindrucksvollen Sammlung von Kunstwerken aus Glas auf, die von historischen Stücken aus dem antiken Rom bis zu Tiffanylampen reichen (245 W. Olney Rd., Tel. 757-664-6200, www.chrysler.org, Mi 10–21, Do–Sa 10–17, So 13–17 Uhr).

**Norfolk Convention and Visitors Bureau:** 232 E. Main St., Norfolk, Virginia 23510, Tel. 757-664-6620, www.norfolkcvb.com.

**Courtyard by Marriott:** 520 Plume St., Tel. 757-963-6000, Fax 757-963-6001, http://marriott.com. Nur zwei Blocks vom Waterside Festival Marketplace entferntes, gut ausgestattetes Stadthotel mit Pool, Fitness-Studio und Waschautomaten. 149–189 $.

**Tides Inn:** 7950 Shore Dr., Tel. 757-587-8781, keine Webseite. Motel mit großem Pool und ordentlichen Zimmern. 50–95 $.

Am **Waterside Festival Marketplace** ist abends jede Menge los. Nur einen Steinwurf vom Wasser entfernt, reihen sich drei Dutzend Bars, Diskotheken, ein Comedy Club, Geschäfte und Restaurants aneinander, vor denen man teils unter freiem Himmel speisen kann.

**Hafenrundfahrt:** Carrie B, Waterside Festival Marketplace, Tel. 757-393-47 35, www.carriebcruises.com, tgl. 2,5-std. kommentierte Hafenrundfahrten u. a. zur Naval Station.

## Historisches Dreieck

Nirgends auf dem Boden der USA präsentiert sich die angloamerikanische Geschichte des Landes so kompakt wie im ›historischen Dreieck‹ südöstlich der Hauptstadt Richmond. Zentrale Verkehrsverbindung durch den dort 1936 angelegten Colonial National Historical Park ist der Colonial Parkway von Jamestown über Williamsburg bis nach Yorktown.

### Jamestown

**Reiseatlas:** S. 17, B 3

Im Mai 1607 ratterten am Ufer einer kleinen Insel im James River die Anker der drei Schiffe ›Susan Constant‹, ›Godspeed‹ und ›Discovery‹ in den schlammigen Grund. Zu Ehren des englischen Königs nannten die an Land gehenden 104 Engländer ihre zukünftige Heimat Jamestown, die erste permanente englische Siedlung in Amerika. Gründe für derartige koloniale Unternehmungen in die weitgehend unbekannte Neue Welt gab es im damaligen England in Hülle und Fülle. Manche träumten von großen Reichtümern. Andere hatten die Bekehrung der Indianer, patriotische Träume von der Vorherrschaft Englands oder neue Märkte in Übersee im Sinn.

In Jamestown erinnern nur noch karge Spuren an die Zeit der ersten Besiedlung.

**Lebendige Geschichte: das Open-Air-Museum Jamestown Settlement**

Ältestes Relikt ist ein Kirchturm aus den 40er Jahren des 17. Jh., der in die 1907 erbaute Memorial Church integriert wurde. Kapitän John Smith zu Ehren, der die Siedler hierher brachte, wurde zu Beginn des 20. Jh. eine Statue errichtet.

Da Jamestown Schauplatz zahlreicher Zusammenstöße zwischen Engländern und Indianern war, widmeten die Siedlernachfahren ein weiteres Denkmal der indianischen Häuptlingstochter Pocahontas, die Smith das Leben rettete. Hie und da stehen einige von den ersten Siedlern gepflanzte Maulbeerbäume, mit denen sie eine Seidenproduktion begründen wollten. Von später errichteten Gebäuden sind meist nur markierte Grundrisse oder zerfallene Mauern übrig (Rte 31 S., Tel. 757-898-2410, www.nps.gov/colo, tgl. 9–17 Uhr).

Unweit der ursprünglichen Siedlung entstand 1957 mit Jamestown Settlement ein historisches Freilichtmuseum mit einem rekonstruierten Dorf der Powhatan-Indianer und einer Siedlung, die das Leben der Pioniere von Jamestown zeigt. In hübschen Lehmhäusern erledigen ›Einwohner‹ in historischen Kostümen alltägliche Arbeiten. Am Flussufer liegen originalgetreue Nachbauten der ehemaligen Schiffe vor Anker, mit denen die ersten Siedler den Atlantik überquerten (Route 31 S., Tel. 757-253-4838, www.historyisfun.org, tgl. 9–17, in der Hauptsaison bis 18 Uhr).

## 8 Williamsburg

**Reiseatlas:** S. 17, B 3

Nirgends sonst in den heutigen USA fühlt man sich so sehr ins 18. Jh. versetzt wie in Williamsburg, von 1699 bis 1780 blühende Hauptstadt von Virginia und ein politischer wie kultureller Mittelpunkt, der es mit Philadelphia, Boston und New York aufnehmen konnte. Nach der Unabhängigkeit begann der Stern von Williamsburg zu verblassen, weil sich die dynamischen Metropolen im Osten in den Vordergrund drängten. Bis ins 20. Jh. fiel der Ort in einen langen Dornröschenschlaf. Die Gebäude verkamen, und Un-

## Richtig Reisen-Tipp: Wie ›Vom Winde verweht‹

Eine romantische Reise führt über den 40 Meilen langen **Jamestown Discovery Trail** (Rte 5) nördlich des Historischen Dreiecks. Am idyllischen Nordufer des James River liegen Winzlingsdörfer, Ackerland, Maisfelder, kleine Wäldchen und Marschland, aber auch mehrere historische Plantagen.

**Evelynton Plantation** war bis nach dem Bürgerkrieg im Besitz einer unbeugsamen Südstaatenfamilie. Die um 1847 gegründete Plantage hatte im Bürgerkrieg schwer zu leiden. Die Gebäude fielen beinahe komplett einem Brand zum Opfer und wurden zwei Generationen nach Kriegsende wieder aufgebaut (6701 John Tyler Hwy, Charles City, Tel. 804-829-5075, www.jamesriverplantati ons.org, tgl. 9–17 Uhr).

**Sherwood Forest** gehörte John Tyler, der seinem Nachbarn William Henry Harrison im Präsidentenamt folgte, nachdem dieser seine Inauguralrede nur kurz überlebt hatte. Da sowohl John Tyler als auch sein Sohn Harrison Tyler noch im hohen Alter Nachkommen zeugten, ging die Plantage im Unterschied zu anderen in den vergangenen 150 Jahren durch die Hände nur weniger Generationen, was dem Anwesen viel von seiner Authentizität bewahrte (5416 Tuckahoe Avenue, Tel. 804-282-1441, www.sherwood forest.org, tgl. 9–17 Uhr).

Das Haupthaus der **Berkeley Plantation** versteckt sich in einer am Flussufer liegenden Parkanlage zwischen hohen Bäumen. Alljährlich gedenkt man auf der Plantage des Erntedankfestes, das 1619 an dieser Uferstelle des James River erstmals auf US-Boden gefeiert wurde (12602 Harrison Landing Rd., Charles City, Tel. 804-829-6018, www. berkeleyplantation.com, tgl. 9–17 Uhr).

**Shirley Plantation** schließlich, die älteste Plantage an dieser Route, wurde 1613 nur sechs Jahre nach Jamestown gegründet. Das zwischen 1723 und 1738 errichtete Herrenhaus sieht noch so aus wie früher. Im Innern ist es mit Ahnengalerien, antikem Mobiliar und Erinnerungen an die früheren Besitzer geschmückt. Den First des Haupthauses ziert eine stilisierte meterhohe Ananas, einst ein Symbol der Gastfreundschaft (501 Shirley Plantation Rd., Charles City, Tel. 804-829-5121, Fax 804-829-6322, www.shirley plantation.com, tgl. 9–17 Uhr).

kraut fraß sich durch die ehemals hübschen Gärten der stattlichen Bürgerhäuser. Eine neue Ära begann im Jahr 1926 mit der Restaurierung der kolonialen Metropole.

### Colonial Williamsburg

Auf 70 ha bilden in **Colonial Williamsburg** mittlerweile sieben Dutzend wiederhergestellte Gebäude ein idyllisches Dorf im Stil des 18. Jh. mit einem aus Ziegeln erbauten Pulvermagazin, einer Kirche und weiß getünchten Häusern, in die man am liebsten selbst einziehen würde. Kneipenbesuche etwa in **Chownings Tavern,** zu der ein silberner Krug den Weg weist, müssen zu Fuß unternommen werden, weil Colonial Williamsburg für Autos gesperrt ist.

Unweit von Robertsons Windmühle hämmern Küfer an neuen Fässern, während der Grobschmied am Schraubstock ein Scharnier für eine alte Tür anfertigt. Auf den ungeteerten Straßen sind Touristenführerinnen in knöchellangen Röcken auf dem Weg zum **Kapitol,** einer Rekonstruktion des originalen Gebäudes, das von 1705 stammte und nach einem Brand 1753 wiederaufgebaut wurde. Dort saßen die Ratsherren über den Entwürfen zur Unabhängigkeitserklärung, bevor das Dokument 1776 in Philadelphia verabschiedet wurde.

Im Governor's Palace von 1720 residierten sieben britische Vizekönige und während der Revolution die beiden Gouverneure Patrick Henry und Thomas Jefferson. Auch dieser Bau ist eine Rekonstruktion nach Originalplänen. Das nach dem berühmten englischen Baumeister benannte Wren Building des William and Mary College wurde im Stil des frühen 18. Jh. restauriert (preisgünstigste Eintrittskarte ist das Colonial Sampler Ticket für 1 Tag, 34 $ für Erwachsene, 16 $ für Kinder und Jugendliche von 6–17 J.).

**Colonial Williamsburg Visitors Center:** 421 N. Boundary St., P. O. Box 3585, Williamsburg, VA 23187, Tel. 757-253-0192, www.visitwilliamsburg.com.

**War Hill B & B:** 4560 Long Hill Rd., Tel. 757-565-0248, www.warhillinn.com. Zimmer, Suiten und Cottages teils mit offenem Kamin. Ab 85 $.
**Aldrich House:** 505 Capitol Court, Tel. 757-229-5422, Fax 757-229-1749, www.aldrichhouse.com. Zimmer zum Teil mit Baldachinbett und offenem Kamin. Ab 100 $.

**Freizeitpark:** Busch Gardens Williamsburg, Exit 242A von der I-64, Tel. 1-800-343-7946, www.buschgardens.com, im Sommer tgl. ab 10 Uhr, Schließzeiten unterschiedlich. Vergnügungspark mit historischen Themen, 9 Nationalitätendörfern und über 40 Fahrbetrieben.
**Wasserpark:** Water Country USA, 176 Water Country Pkwy, Tel. 1-800-343-7946, www.watercountryusa.com, tgl. 10–18, im Hochsommer bis 20 Uhr. Riesiger Wasserpark, der für abenteuerliche Abkühlung sorgt.

**Bahn:** Williamsburg Transportation Center, 468 N. Boundary St., Tel. 757-229-8750. Bahnhof wenige Blocks vom historischen Zentrum entfernt für die Amtrak-Züge aus bzw. nach Washington D. C.
**Bus:** Greyhound-Busse, Tel. 757-229-1460. Abfahrt am Bahnhof in der Boundary St.

### Yorktown

**Reiseatlas:** S. 17, B/C 3
Dritte Ortschaft im historischen Dreieck ist Yorktown, berühmt geworden durch die letzten Tage des Unabhängigkeitskampfes. Im Jahr 1781 standen den britischen Truppen unter General Cornwallis die von Marquis de Lafayette, General Rochambeau und George Washington befehligten französisch-amerikanischen Streitkräfte in einer entscheidenden Schlacht gegenüber.

Am 28. September begannen etwa 9000 Amerikaner und 7800 Franzosen mit der Belagerung der 8000 Briten, die drei Wochen später kapitulierten. An den Sieg erinnern eine weiße Triumphsäule, aufgeschüttete Wälle und zahlreiche Kanonen auf dem damaligen Schlachtfeld (Rte 1020, www.historyisfun.org).

## Richmond

**Reiseatlas:** S. 17, A 2/3
Die Hauptstadt von Virginia wurde im Laufe ihrer Geschichte zu einer kleinen historischen Schatztruhe. Doch ist die 200 000 Einwohner zählende Metropole am James River kein verstaubtes Freilichtmuseum.

### State Capitol

Nach dem Kapitol in Annapolis ist das **State Capitol** in Richmond – 1788 nach den Plänen von Thomas Jefferson fertig gestellt – das zweitälteste noch genutzte Parlamentsgebäude in den USA. Dem Architekten und späteren US-Präsidenten soll das römische Maison Carrée im südfranzösischen Nîmes als Vorlage gedient haben.

In der Rotunde befindet sich die einzige Statue von George Washington, für die der Präsident Modell stand, in diesem Falle dem französischen Bildhauer Jean Antoine Houdon. Um das lebensgroße Kunstwerk aus Carrara-Marmor, das vor der Verschiffung in die USA 1796 im Louvre in Paris ausgestellt war, sind die Büsten sieben weiterer ehemaliger Präsidenten aus Virginia versammelt. Im Park des Kapitols ist George Washington mit einer Reiterstatue verewigt, die in München gegossen wurde (9th/E. Grace St., Tel. 804-786-43 44, http://legis.state.va.us, wegen Umbauarbeiten ist das Kapitol voraussichtlich bis Ende 2006 geschlossen).

**Blick auf das Washington-Denkmal beim State Capitol und das Rathaus**

## Sehenswerte Museen

Für Einheimische ist das **Museum of The Confederacy** das bedeutendste Geschichtsmuseum der Stadt. In der Südstaaten-Metropole residierte von 1861 bis zum Ende des Bürgerkriegs der Präsident der Konföderation, Jefferson Davis. Er richtete im 1818 erbauten Brockenbrough House seinen Amtssitz ein. Seit jenen Tagen gilt das Gebäude als ›Weißes Haus der Konföderation‹. Im Jahr 1976 baute die Stadt Museumstrakte an, in denen heute Waffen und Uniformen, Kostüme und Dokumente ausgestellt sind, die allesamt aus dem Süden oder von der konföderierten Armee stammen (1201 E. Clay St., Tel. 804-649-1861, www.moc.org, Mo–Sa 10–17, So 12–17 Uhr. Kombiticket ist auch für das Weiße Haus gültig).

Eine breite Palette berühmter Werke von Künstlern wie Monet, Renoir, Degas, Picasso und der Pop-Art-Ikone Andy Warhol bietet das **Virginia Museum of Fine Arts.** Außerdem sind neben Kunstwerken aus dem antiken Griechenland und dem alten Rom Masken und Skulpturen aus Westafrika, englisches Silber und die Pratt Collection, eine der größten Sammlungen russischer Kunst außerhalb Europas, zu sehen (200 N. Blvd., Tel. 804-340-1400, www.vmfa.state.va.us, Eintritt frei, aber eine Spende in Höhe von mindestens 5 $ wird erwartet). Im ältesten, zwischen 1737 und 1740 erbauten Haus von Richmond ist das **Poe Museum** untergebracht. Zahlreiche Objekte wie etwa ein mit Monogramm verzierter Spazierstock erinnern an den Schriftsteller, der in Richmond aufwuchs, dort heiratete und als Autor des ›Southern Literary Messenger‹ literarische Anerkennung fand (1914–16 E. Main St., Tel. 804-648-5523, www.poemuseum.org, Di–Sa 10–17, So 11–17 Uhr).

i **Metro Richmond Convention & Visitor's Bureau:** 550 E. Marshall St., Richmond, VA 23219, Tel. 804-782-2777, Fax 804-780-2577, www.richmond.com.
**Richmond Region Visitor Center:** 405 N. 3rd St., Richmond, VA 23219, Tel., 804-783-7450, www.richmondcenter.com.

Viele Hotels und Motels aller Kategorien liegen entlang der W. Broad St. nordwestlich des Stadtzentrums parallel zur I-64. Auch am Exit 61 und 92 von der I-95 befinden sich mehrere Übernachtungsmöglichkeiten.
**Jefferson Hotel:** 101 W. Franklin St., Tel. 804-788-8000, Fax 804-225-0334, www.jeffersonhotel.com. Sehr stilvolles, teilweise eindrucksvoll mit Wandteppichen, Marmorsäulen, Skulpturen und Buntglasdecken ausgestattetes historisches Hotel von 1895 mit geradezu königlicher Lobby. Ab 165 $.
**Virginia Cliffe Inn:** 2900 Mountain Rd., Glen Allen, 12 Meilen nördlich von Richmond, Tel. 804-266-7344, Fax 804-266-2946, www.bbonline.com/va/cliffeinn. Romantische Nobeladresse mit fünf geräumigen Nichtraucherzimmern mit eigenem Bad. Ab 100 $.

**Limani Fish Grill:** 3123 W. Cary St., Tel. 804-353-7117, tgl. 11.30–14.30 und 18–22 Uhr. Die servierten Fischgerichte sind mediterran geprägt. Dinner 18–30 $.
**Southern Culture:** 2229 Main St., Tel. 804-355-6939, Mo–Sa 17–23.30, so auch 11.30–14.30 Uhr. Küche des amerikanischen Südwestens und Spezialitäten aus Louisiana. Dinner 7–17 $.

**Wildwasserfahrten:** Richmond Raft Co., 4400 E. Main St., Tel. 804-222-7238, Fax 804-222-1709, www.richmondraft.com. Abenteuerliche Wildwasserfahrten mit dem Floß, So–Fr 54 $, Sa 58 $/Person, Dauer: ab 4 Std., beste Jahreszeit ist Frühjahr.

# Fredericksburg

**Reiseatlas:** S. 17, A 1
In Ranglisten amerikanischer Kleinstädte mit hoher Lebensqualität rangiert das 20 000 Einwohner zählende Fredericksburg auf vorderen Plätzen. Die Attraktivität verdankt der Ort nicht nur dem historischen Stadtbild mit gepflasterten Gehwegen, Blumentöpfen vor hübsch hergerichteten Geschäften und amerikanischen Flaggen als Nachweis patriotischer Gesinnung. Touristisch profitiert Fredericksburg vor allem von der Tatsache, dass George Washington auf der nahe gelegenen Ferry Farm aufwuchs und ein Teil seiner Familie später in Fredericksburg lebte.

## Historische Anwesen

In der am Ufer des Rappahannock River liegenden Stadt kann man der ausgeschilderten Heritage Tour folgen, die zu den meisten Sehenswürdigkeiten führt wie etwa **Kenmore Mansion,** einem für Washingtons Schwester Betty und deren Ehemann erbautes Anwesen mit einer wunderschönen Stuckdecke im Speiseraum. Am Ende jeder Führung durch das Haus werden in der Küche Tee und selbst gemachter Lebkuchen gereicht (1201 Washington Ave., Tel. 540-373-3381, www.kenmore.org, tgl. 10–17 Uhr, im Haus nur Führungen).

Washingtons Mutter wohnte seit 1772 im **Mary Washington House,** das George gekauft hatte, damit sie in der Nähe ihrer Tochter Betty sein konnte. Das Haus, in dem Mary die letzten 17 Jahre ihres Lebens verbrachte, ist größtenteils mit dem Mobiliar ausgestattet, mit dem die Familie bereits auf der Ferry Farm gelebt hatte (1200 Charles St., Tel. 540-373-1569, März–Nov. Mo–Sa 9–17, So 12–16 Uhr, sonst kürzer).

In der Nähe beweist die 1760 erbaute **Rising Sun Tavern**, dass es sich in den Schenken des 18. Jh. gut feiern ließ. Das ehemalige Lokal wurde in dem Zustand erhalten wie um den Beginn des 19. Jh. und ist größtenteils mit originalem Mobiliar ausgestattet (1304 Caroline St., Tel. 540-371-1494, März–Nov. Mo–Sa 9–17, So 12–16 Uhr, sonst kürzer).

Aus demselben Jahrhundert wie die Rising Sun Tavern stammt der **Hugh Mercer Apothecary Shop**, in dem sich die Zecher am Tag danach mit Pülverchen gegen Kopfweh versorgen konnten. Auch Mary Washington versorgte sich in diesem Reich der Dosen, Flakons und Flaschen mit Medizin (1020 Caroline St., Tel. 540-373-3362, März–Nov. Mo–Sa 9–17, So 12–16 Uhr, sonst kürzer).

Neben George Washington war der 5. US-Präsident James Monroe die zweite Berühmtheit in der Geschichte von Fredericksburg. Im **James Monroe Museum** erinnern

**Spar-Pass:** Mit dem ›Pass to Historic Fredericksburg‹, der dem amerikanischen Reisepass ähnelt, erhält man verbilligten Eintritt zu den neun Hauptsehenswürdigkeiten in der Stadt. Zwecks Orientierung enthält der Pass auch eine Karte. Er wird im Visitor Center für 29 $ verkauft.

Memorabilien, Möbel und Dokumente an den ehemaligen Präsidenten (1817–25), der zuvor US-Botschafter in Paris gewesen war (1794–96). An der Rückwand des Hauses nimmt eine Gedenktafel Bezug auf die von ihm entworfene berühmte Monroe-Doktrin. Dieses Dokument von 1823 lehnte die Einmischungen anderer Mächte in inneramerikanische Angelegenheiten strikt ab (908 Charles St., Tel. 540-654-1043, www.umw.edu/jamesmonroemuseum, März–Nov. Mo–Sa 10–17, So 13–17 Uhr, sonst kürzer).

i **Fredericksburg Visitor Center:** 706 Carolina St., Fredericksburg, VA 22401, Tel. 540-373-1776 oder 1-800-678-4748, www.fredericksburgva.com, tgl. 9–17, im Sommer bis 19 Uhr.

**Howard Johnson Hotel:** 5327 Jefferson Davis Hwy, Tel. 540-898-1800, www.hojo.com. Große Zimmer mit Kaffeemaschine, Außenpool und Restaurant auf dem Gelände. 70–110 $.
**Best Western Fredericksburg:** 2205 William St., Tel. 540-371-5050, www.bestwestern.com. Hotel mit über 100 Zimmern mit zwei Queen-Size-Betten oder einem King-Size-Bett, Außenpool, Waschautomaten. 70–90 $.
**Aquia Pines Campground:** 3971 Jefferson Davis Hwy, Stafford, Tel. 540-659-3447, www.aquiapines.com. Zum Teil bewaldeter Platz mit Stellplätzen und geräumigen Cabins.
**Fredericksburg KOA:** 7400 Brookside Ln., Tel. 540-898-7252, www.koa.com. Gut ausgestatteter Platz mit Cabins und Schwimmbad.

**Augustine's:** 525 Caroline St., Tel. 540-310-0063, Di–Do 17–21, Fr–Sa 17–22 Uhr. Elegantes, romantisches Lokal mit guter Küche. Auf ordentliche Kleidung wird Wert gelegt. Dinner 21–40 $.
**La Petite Auberge:** 311 William St., Tel. 540-371-2727, tgl. 11.30–14.30 und 17.30–22 Uhr. Französisch angehauchte Küche in einem bistroähnlichen Lokal. Dinner 10–26 $.

**Antique Court of Shoppes:** 1001 Carolina St., Mo–Do 10–17, Sa 10–18, So 12–18 Uhr. Zwei Dutzend Antiquitätengeschäfte mit Uhren, Gegenständen aus Silber, wertvollem Porzellan und Glaswaren.

# Alexandria

**Reiseatlas:** S. 17, B 1
Eine Gruppe schottischer Tabakhändler gründete 1749 die heute 130 000 Einwohner zählende Stadt Alexandria. Der zur Gründerzeit noch kleine Hafen am Ufer des Potomac River wuchs zu einem bedeutenden Umschlagplatz heran, an dem wichtige Güter von Schiffen aus England entladen wurden, während vornehmlich Tabak aus der riesigen Kolonie Virginia auf die Reise nach Europa ging.

## Das historische Stadtzentrum

Ältestes Gebäude im historischen Kern von Alexandria war das 1749 erbaute **Ramsay House,** das 1949 abbrannte und durch das jetzige Anwesen ersetzt wurde. In den Räumen befindet sich das städtische Visitor Center (s. S. 314). Das **Gadsby's Tavern Museum** besteht aus zwei Gebäuden, die im ausgehenden 18. und 19. Jh. ein beliebter Ort für Feiern und Zusammenkünfte vor allem der Stadthonorationen waren. George Washington feierte hier zweimal seinen Geburtstag. Andere berühmte Gäste waren etwa John Adams, Thomas Jefferson, James Madison und der Marquis de Lafayette (134 N. Royal St., Tel. 703-838-4242, http://gadsbys.home.att.net, April–Sept. Di–Sa 10–17, So–Mo 13–17 Uhr).

Ebenso alt wie das historische Gasthaus ist der 1792 eröffnete **Stabler-Leadbeater Apothecary Shop.** Die bis 1933 geöffnete

Apotheke erteilt heute aber nur noch musealen Anschauungsunterricht in Sachen Pulver und Pillen, die früher in hübschen Dosen und von Hand gefertigten Flaschen aufbewahrt wurden (107 S. Fairfax St., Tel. 703-836-3713, www.apothecarymuseum.org, Mo–Sa 10–16, So 13–17 Uhr).

## Waterfront

Neben dem alten Kern mit ziegelgepflasterten Gehsteigen ist die **Waterfront** der sehenswerteste Teil von Alexandria. Um den kleinen Hafen mit Ausflugsbooten herrscht an Sommerwochenenden Hochbetrieb. Urlauber und Einheimische sitzen im Restaurant nur Schritte vom Wasser entfernt unter Sonnenschirmen und genießen die entspannte Atmosphäre.

Mittelpunkt der Promenade am Potomac River bildet das **Torpedo Factory Art Center.** In den insgesamt zehn im Jahr 1918 als Torpedofabrik erbauten Gebäuden wurde noch im Zweiten Weltkrieg Munition hergestellt. Heute sind über 80 Studios eingerichtet, in denen man Malern und Bildhauern bei der Arbeit zusehen kann (105 N. Union St., Tel. 703-838-4565, tgl. 10–17 Uhr). Außerdem befindet sich das **Alexandria Archaeology Museum** in den alten Werkshallen, in dem über 5000 Jahre alte prähistorische Steinwerkzeuge aus der Region ausgestellt sind (Tel. 703-838-4399, Di–Fr 10–15, Sa 10–17, So 13–17 Uhr).

## Mount Vernon

Neun Meilen südlich von Alexandria steht mit Mount Vernon der letzte Wohnsitz von George Washington, der neben dem Herrenhaus aus insgesamt einem Dutzend Gebäuden wie einer Kornmühle, Ställen und Scheunen besteht. Er bezog die Plantage am Ufer des Potomac River 1759, nachdem er Martha Dandridge Custis geheiratet hatte. Das Bett, in dem er 1799 starb, ist neben zahlreichen anderen Memorabilien wie etwa seinem Schwert zu sehen. Nebengebäude wie etwa Sklavenhütten brannten 1835 ab, wurden später aber wieder aufgebaut. Der erste US-Präsident ist gemeinsam mit seiner Frau auf dem Grundstück bestattet (George Washington Memorial Pkwy, Tel. 703-799-8697, April–Aug. 8–17, März, Sept. und Okt. 9–17, Nov.–Feb. 9–16 Uhr).

**Visitor Center:** 221 King St., Alexandria, VA 22314, Tel. 703-838-4200, Fax 703-838-4683, www.funside.com. tgl. 9–17 Uhr.

Da Alexandria zum Einzugsbereich von Washington D. C. gehört, sind die Hotelpreise sehr hoch.

**Holiday Inn Old Town:** 480 King St., Tel. 703-549-6080, Fax 703-684-6508, www.ichotelsgroup.com. Das einzige Hotel im historischen Zentrum, Swimmingpool, Fitnessraum, Sauna, Standardzimmer oder Suiten. Ab 210 $.

**Best Western Old Colony:** 1101 N. Washington St., Tel. 703-739-2222, Fax 703-549-2568, www.bestwestern.com. Kleineres Hotel mit 49 Zimmern auf zwei Etagen (kein Aufzug), Fitnesseinrichtungen, Businesscenter. Ab 160 $.

**Red Roof Inn:** 5975 Richmond Hwy, Tel. 703-960-5200, Fax 703-960-5209, www.redroof.com. Außerhalb gelegenes Kettenmotel mit Restaurants in der Nachbarschaft. 70–95 $.

**Bull Run Regional Park Campingground:** Fairfax Station, 5400 Ox Rd., I-66, Exit 52, nordwestl. von Alexandria, Tel. 703-631-0550, Mitte Mai–Mitte Okt. Einfache Zeltplätze, aber auch für Wohnmobile mit Stromanschluss, Minigolf und kleiner Pool in der Nähe.

**Fish Market:** 105 King St., Tel. 703-836-5676, tgl. 11–24 Uhr. Fisch, Sandwiches und Pasta in lebhafter Atmosphäre, Do–Fr ab 20 Uhr Live-Musik. Hauptgang ab 14 $.

**King Street Blues:** 112 N. St. Asaph St., Tel. 703-836-8800, tgl. 11.30–2 Uhr. Kombination von Restaurant und Bar mit jungem Publikum und guter Küche wie etwa BBQs, Mo–Fr 16–19 Uhr Happy Hour. Dinner 7–14 $.

**Fahrradverleih:** Big Wheel Bikes, 2 Prince St., Tel. 703-739-2300, www.bigwheelbikes.com.

# Die Appalachen

Reiseatlas S. 15/16

**Bewaldete Bergzüge, in denen sich Waschbären und Luchse gute Nacht sagen, grandiose Tropfsteinhöhlen, stattliche Präsidentenresidenzen, nach Rot- und Weißwein duftende Weingüter, blühende Rhododendren und Azaleen: In den Appalachen und ihrer ländlichen Umgebung gibt es nicht nur Landschaft zu bestaunen.**

Westlich von Washington D. C. sind die Appalachen in nicht einmal zwei Autostunden erreichbar: ein wasserblauer Höhenzug, der sich beim Näherkommen immer deutlicher vom Himmel abhebt. Zu den spektakulärsten Landschaften in dieser von Kanada bis nach Alabama reichenden Bergkette zählt der Shenandoah National Park, dessen indianischer Name ›Tochter der Sterne‹ bedeutet – auch wenn die höchsten Erhebungen des bewaldeten Mittelgebirges nicht über 1200 m hinausreichen. Die Appalachen sind unter den Einheimischen eine beliebte Freizeitregion. Über 500 Meilen Wanderwege inklusive des Appalachian Trail erschließen die hauptsächlich im Herbst stark besuchte Gegend, wenn sich im Indian Summer die Eichenwälder grandios verfärben. Aber auch im Frühling zur Blütezeit von Büschen und Wildblumen hat der Park Naturfreunden viel zu bieten. Selbst unter der Erdoberfläche hat der Landesteil seine Reize, wie die Luray Caverns mit ihren tropfsteindekorierten Höhlenpalästen beweisen.

Am Fuß des Gebirgszuges dehnen sich bis ins Zentrum von Virginia die Hügel des Piedmont aus, in denen sich Weinberge und Obstplantagen abwechseln. Die Gegend wird landwirtschaftlich intensiv genutzt, seit einigen Jahrzehnten vor allem von Weinbauern, die in den Fußstapfen des ersten ernsthaften, wenn auch wenig erfolgreichen Winzers, Thomas Jefferson, einen neuen Agrarsektor begründeten. Obwohl bereits das Universalgenie Jefferson sein Leben lang mit der Kultivierung von Reben experimentierte, entstand erst im 20. Jh. in der Gegend zwischen Charlottesville im Süden und der Maryland-Grenze im Norden ein wichtiges Anbaugebiet für Wein. 1985 gab es dort 29 Winzerbetriebe, heute sind es ca. 100. Jahr für Jahr finden in Virginia über 300 Weinfeste statt. Selbst in der kalten Jahreszeit bieten die Weinbauern Veranstaltungen mit Weinproben, Lagerfeuern und leckeren Speisen an, besonders um den Valentinstag Mitte Februar.

Wenn die Region auch hauptsächlich provinziell geprägt ist, bieten einige Ortschaften kleinstädtische Abwechslung. Allen voran gilt das für Charlottesville, das sich wegen der 1819 von Thomas Jefferson gegründeten University of Virginia als eines der bedeutenden universitären Zentren der östlichen USA rühmen kann. Auch Roanoke besitzt eine Universität, hat sich aber eher als kommerzielles Zentrum einen Namen gemacht.

## Shenandoah National Park

**Reiseatlas:** S. 16, E 1

Der nördliche Zugang des 80 Meilen langen Parks liegt beim Städtchen **Front Royal**, das sich seit der Gründung des einzigen Nationalparks von Virginia im Jahr 1926 in ein kleines Touristenzentrum verwandelte.

Prachtstraße des Nationalparks ist der bei Mile 0 am südlichen Stadtausgang von Front Royal beginnende **Skyline Drive.** Er verläuft größtenteils auf dem zwischen 850 und 1100 m hoch gelegenen Kamm der viel be-

## Mit dem Autor unterwegs

### Prächtige Unterwelt

Die **Luray Caverns** mit ihrem unterirdischen Tropfsteinreich gehören zu den schönsten und größten Höhlen in den östlichen USA (s. S. 316).

### Hier lebten Präsidenten

Thomas Jeffersons ehemaliger Wohnsitz **Monticello** in der Nähe von Charlottesville ist ein Wallfahrtsort für viele Amerikaner (s. S. 318). Ein reizvolles Kontrastprogramm zu dieser Residenz bietet die Farm **Ash Lawn-Highland** des fünften US-Präsidenten James Monroe (s. S. 318).

### Natur pur

Speziell während der Waldverfärbung im Herbst ist die Fahrt über den **Skyline Drive** im Shenandoah National Park ein großartiges Naturerlebnis (s. S. 315). Die Fortsetzung der Kammstraße weiter südwestlich ist der legendäre **Blue Ridge Parkway** durch die Appalachen-Landschaften (s. S. 321).

sungenen Blue Ridge Mountains, wie die Appalachen auf ihrem zentralen Abschnitt auch heißen. An über fünf Dutzend Aussichtspunkten kann man kleine Spaziergänge oder Wanderungen machen und das Panorama der gerundeten Bergkuppen genießen. Mehr als 100 Baumarten und 1500 andere hochwüchsige Pflanzen sind auf dem Parkgebiet heimisch. Hinzu kommen die meisten in Nordamerika vorkommenden Vögel und Säugetiere wie Waschbären, Opossums, Luchse, Schwarzbären und Stinktiere.

Im Frühjahr blühen Rhododendren, Azaleen und Wiesenblumen; im Herbst wird die Fahrt zur Farbenschau, wenn sich die Blätter der unterschiedlichen Eichenarten, der Hickory-Bäume und der Birken ab Mitte Oktober in leuchtendes Rot oder Gelb verfärben und der tiefblaue Himmel einen fast kitschigen Kontrast bildet. Am wenige Meilen hinter dem Parkeingang gelegenen Dickey Ridge Visitor Center wissen die Ranger am besten Bescheid über Wanderpfade und Aussichtspunkte (3655 Hwy 211 E. Luray, VA 22835-9036, Tel. 540-999-3500, www.nps.gov/shen, tgl. 9–17 Uhr).

Innerhalb des Nationalparks liegen drei rustikale Lodges. Reservierungen laufen über den Konzessionär ARAMARK Sports and Entertainment (P. O. Box 727, Luray, VA 22835, Tel. 540-743-5108, www.visitshenandoah.com).
**Skyland Resort:** Meile 41.7, 177 Zimmer, einfache Cabins und moderne Suiten. Ab 62 $.
**Big Meadows Lodge:** Meile 51, ca. 100 Zimmer für unterschiedliche Ansprüche. Ab 67 $.
**Lewis Mountain Lodge:** Meile 57,5, rustikale kleine Hütten mit eigenem Bad ab 71 $; fest eingerichtete Zelte kosten 25 $.
**Campgrounds:** Mathews Arm bei Meile 22,1; Matthews Arm bei Meile 22,2; Big Meadows bei Meile 51,3; Lewis Mountain bei Meile 57,5 und Loft Mountain bei Meile 79,5. Außer Matthews Arm sind alle Plätze mit Duschen ausgestattet und haben einen kleinen Laden.

Innerhalb des Parks gibt es folgende Restaurants: **Elkwallow Wayside,** Meile 24,1; **Panorama Restaurant,** Meile 31,5; **Skyland Restaurant,** Meile 41,7; **Big Meadows Wayside,** Meile 51,2; **Big Meadows Lodge,** Meile 51,2; **Loft Mountain Wayside,** Meile 79,5.

## 9 Luray Caverns

**Reiseatlas:** S. 16, E 1

Die **Luray Caverns** bilden das größte und schönste Höhlensystem der östlichen USA nach der Mammoth Cave in Kentucky. Alljährlich zieht die bis zu 50 m tiefe fantastische Unterwelt 500 000 Besucher an, denen sich ein faszinierendes Reich aus Tropfsteinwänden, barock geformten Stalagmiten, zierlichen Stalaktiten und versteckten Pools präsentiert. Eine 1954 vom Ingenieur Leland Sprinkle erfundene Elektronikorgel, die statt Pfeifen bis zu 400 Mio. Jahre alte Stalagmi-

**Grandiose Unterwelt mit Tropfsteinformationen: die Luray Caverns**

ten benutzt, macht den Cathedral Room zu einem kleinen Disneyland (970 Hwy 211 W., Luray, Tel. 540-743-6551, www.luraycaverns.com, Führungen im Sommer tgl. 9–18 Uhr, sonst kürzer).

## Charlottesville

**Reiseatlas:** S. S. 16, E 2
Sanft gewellte Hügel kennzeichnen die Piedmont-Region im Zentrum von Virginia bis an den Fuß der Appalachen. Zu den größeren Städten der Gegend gehört das 50 000 Einwohner große Charlottesville mit einer reizvollen Fußgängerzone im Zentrum und der von Thomas Jefferson gegründete **University of Virginia.** Der Lehrbetrieb begann 1825, nachdem die zum Teil von Jefferson entworfenen Gebäude fertig gestellt waren. Zu den Absolventen gehörten Edgar Allan Poe, dessen Studentenbude besichtigt werden kann, und der spätere US-Präsident Woodrow Wilson, der für seinen 14-Punkte-Friedensplan am Ende des Ersten Weltkriegs den Friedensnobelpreis erhielt (US 29/250 Bus, Tel. 434-924-7969, http://scs.student.virginia.edu, Sept.–April tgl. außer an Examenstagen).

i **Charlottesville/Albemarle Convention & Visitors Bureau:** P. O. Box 178, 600 College Dr., Charlottesville, Virginia 22902, Tel. 434-977-1783, Fax 434-295-2176, www.charlottesvilletourism.org.

**Inn at Monticello:** Rte 19, Tel. 804-979-3593, Fax 434-296-1344, www.innatmonticello.com. Restauriertes Anwesen aus den 1850er Jahren mit 5 Gästezimmern mit eigenem Bad. 140–200 $.
**Courtyard by Marriott:** 638 Hillsdale Dr., Tel. 434-973-7100, Fax 434-973-7128, www.courtyard.com/choch. Gästezimmer und Suiten mit Kühlschrank, Kaffeemaschine und kostenlosem Internetzugang. Ab 90 $.
**Budget Inn University:** 140 Emmet St., Tel. 434-293-5141, Fax 434-979-4529, www.budgetinncha.com. Einfaches Motel mit Außenpool, kleines Frühstück inklusive. 42–82 $.
**Charlottesville KOA Kampground:** 3826 Red Hill Rd., Tel. 434-296-9881, www.charlottesvillekoa.com. Ruhiges, bewaldetes Ge-

lände mit Pool, Laden, Stellplätzen für Zelte und Campmobile, Cabins.

**Blue Light Grill:** 120 E. Main St., Tel. 433-295-1223, www.bluelightgrill.com, tgl. Dinner ab 17.30 Uhr. Seafood-Spezialitäten, lange Weinliste, lokale Biere und delikate Appetizers. Dinner ab 15 $.
**Hardware Store:** 316 E. Main St., Tel. 434-977-1518, tgl. Lunch und Dinner. Früher ein Eisenwarenladen, heute werden Salate, Rippchen, Crêpes und Seafood serviert. Ab 4 $.

## Umgebung von Charlottesville

Das rustikale Gasthaus **Mitchie Tavern** aus dem späten 18. Jh., früher günstig an einer Postkutschenroute gelegen, wurde 1927 an den heutigen Standort versetzt. Zu den Nebengebäuden zählen eine Räucherkate, eine Küche und ein Brunnenhaus. Gäste werden mit Gerichten nach Rezepten aus dem 18. Jh. wie etwa einem deftigen Standardmenü aus Brathähnchen und geräucherten Rippchen und Nachtisch bewirtet. Zur Taverne gehört ein winziges Weinmuseum (683 Jefferson Pkwy, Tel. 434-977-1234, www.michietavern.com, Mittagessen tgl. 11.30–15 Uhr, Standardmenü 15 $, Museum tgl. 9–17 Uhr).

Thomas Jefferson (1743–1826), 3. Präsident der USA, der sich auch als Architekt hervortat, begann 1769 mit dem Bau seines klassizistischen Wohnsitzes **Monticello,** der erst 1808 fertig gestellt wurde. Die Eingangshalle ist mit zahlreichen ›Souvenirs‹ ausgestattet, die von der Lewis & Clark-Expedition 1804 bis 1806 in den Westen der USA mitgebracht wurden, darunter ein Bisonschädel, Hirschgeweihe und Mastodonknochen.

Jefferson war begeisterter Gärtner, der viele Kreuzungsversuche unternahm, allerdings daran scheiterte, guten Wein anzubauen. Er starb 1826 im Alter von 83 Jahren und wurde auf dem Familienfriedhof am Hang unterhalb seiner Residenz bestattet (Exit 64 von der I-64, Tel. 434-984-9822, www.monticello.org, März–Okt. 8–17, Nov.–Feb. 9–16.30 Uhr; der im Conventions & Visitors Bureau, s. S. 317, verkaufte ›President's Pass‹ ist auch für Ash Lawn-Highland und die historische Michie Tavern gültig, Erwachsene 26 $).

**Weinproben:**
In der Umgebung von Charlottesville bieten sich Weinproben bei folgenden Winzereien an: **Oakencroft Vineyard & Winery** (1486 Oakencroft Ln., Tel. 434-296-4188, www.oakencroft.com, April–Dez. tgl. 11–17 Uhr, pro Wein 1 $); **First Colony Winery** (1650 Harris Creek Rd., Tel. 434-979-7105, www.firstcolonywinery.com, tgl. 11–17 Uhr, Führungen und Proben gratis); **Blenheim Vineyards** (31 Blenheim Farm, Tel. 434-293-5366, www.blenheimvineyards.com, Führungen nur nach Voranmeldung, Proben tgl. 9–17 Uhr gratis); **Jefferson Vineyards** (1353 Thomas Jefferson Pkwy, Tel. 434-977-3042, www.jeffersonvineyards.com, Führungen tgl. 12–16 Uhr, Proben tgl. 11–17 Uhr, pro Wein 1 $). Auf den Weingütern werden keine Speisen serviert. Informationen: www.virginiawines.org/wineries/index.html.

Wirkt Monticello etwas förmlich, so macht **Ash Lawn-Highland** einen reizvoll ländlichen Eindruck. Die von Gärten umgebene Tabakplantage mit ihren weiß getünchten Holzgebäuden war von 1799 bis 1823 Wohnsitz des fünften US-Präsidenten James Monroe (1758–1831). Das Anwesen ist bescheiden eingerichtet, was weniger dem Geschmack, sondern eher den finanziellen Verhältnissen des Hausherrn entsprach. Während seiner Amtszeit als Botschafter in Paris hatte er sich hoch verschuldet. 1825 sah er sich sogar dazu gezwungen, den Besitz zu verkaufen (1000 James Monroe Pkwy, Tel. 434-293-9539, www.ashlawnhighland.org, April–Okt. 9–18, Nov.–März 11–17 Uhr).

Dritter Präsident aus der Gegend um Charlottesville war der im **Montpelier Mansion** in der Ortschaft Orange residierende James Madison (1751–1836). Das 1760 erbaute Herrenhaus liegt in einem Park, ist aber nur noch mit wenigen Originalstücken ausgestattet, da der Präsident große Teile seines Besitzes verkaufen musste, um die Spielschulden seines Stiefsohns zu begleichen. Bis voraussichtlich 2007 wird das Haupthaus umgebaut und in den Zustand wie zu Lebzeiten von Madison versetzt, ist aber Besuchern dennoch zugänglich (11407 Constitution Hwy, Tel. 540-672-2728, www.montpelier.org, Nov.–März 9.30–16.30, sonst bis 17.30 Uhr).

## Lexington

**Reiseatlas:** S. 16, D 2
Auf der historischen Landkarte der USA nimmt das Städtchen einen bedeutenden Platz ein – nicht weil es den Vorstellungen von einer hübschen Landgemeinde entspricht, sondern weil es eine Zeit lang Heimat zweier berühmter Südstaatenhelden war, Robert E. Lee und Thomas J. ›Stonewall‹ Jackson.

General Lee, im Bürgerkrieg Oberbefehlshaber der Army of Northern Virginia in den Streitkräften der Südstaaten, amtierte von 1865 bis 1870 als Präsident der örtlichen Hochschule, die 1871 in Washington and Lee University umbenannt wurde. In der **Lee Chapel** auf dem Campus wurde der 1870 verstorbene Robert E. Lee in der Familiengruft zur letzten Ruhe gebettet. Der 1867 errichtete Ziegelbau dient als Museum mit zahlreichen Porträts sowie einer marmornen, liegenden Lee-Statue des Bildhauers Edward Valentine. Im Untergeschoss der Kapelle ist das spartanisch ausgestattete Arbeitszimmer des Generals zu sehen (Campus, Tel. 540-458-8400, http://chapelapps.wlu.edu, April–Okt. Mo–Sa 9–17, So 13–17, sonst bis 16 Uhr, Eintritt frei).

Südwestlich von Lexington wusch der Cedar Creek eine Kalksteinformation zu einem riesigen Naturbogen aus, die so genannte **Natural Bridge**. Thomas Jefferson war von dieser Naturattraktion so beeindruckt, dass er das gesamte Gelände 1774 kaufte. Heute ist der Bogen in Privatbesitz und wird nach besten Kräften vermarktet. Auf dem Terrain befindet sich auch das **Monacan Indian Living History Village**, ein indianisches Open-Air-Museum mit Handwerks- und Kochdemonstrationen (Rte 11 S., Natural Bridge, VA 24578, Tel. 540-291-2121, April–Mai und Nov. 9–17, Juni–Okt. 10–18 Uhr).

**Reizvolle Landschaft am Fuß der Appalachenkette**

## Roanoke

**Reiseatlas:** S. 15, C 3
Nachts gibt sich die 95 000 Einwohner große Stadt schon aus der Ferne durch einen riesigen, roten Neonstern zu erkennen, der vom Mill Mountain den Bürgern ›heimleuchtet‹. Das Zentrum liegt um den historischen Market Square. Bauern aus dem Umland verkaufen dort im Sommer auf dem überdachten Farmer's Market jeden Samstag Vormittag frisches Obst und Gemüse und bringen auf diese Weise ländliches Flair in die Stadt.

Die Ausstellungen des **Virginia Museum of Transportation** erinnern an die Zeiten, als Roanoke noch ein wichtiger Knotenpunkt der Norfolk & Western Railway sowie der Shenandoah Valley Railroad war. Nostalgieträchtig sind die alten Dampf- und Dieselloks, die beim jährlichen Eisenbahnfest zusammen mit penibel restaurierten Waggons eingesetzt werden (303 Norfolk Avenue, Tel. 540-342-5670, www.vmt.org, Mo–Fr 11–16, Sa 10–17, So 13–17 Uhr).

Drei unterschiedliche Zeitabschnitte in der Geschichte Virginias beleuchtet der unterhaltsame **Virginia's Explore Park**. Eine Indianersiedlung erinnert an die Native Americans, welche die Region im 17. Jh. bewohnten; ein Pionierdorf demonstriert das Leben der englischen Einwanderer um 1740, und ein Bauernhof mit Schmiede und Schulhaus sieht aus wie eine Filmkulisse aus der Mitte des 19. Jh. (Meile 115, Blue Ridge Pkwy, Tel. 540-427-1800, www.explorepark.org, Mi–Sa 10–17, So 12–17 Uhr).

Die Fahrt auf den Mill Mountain lohnt sich wegen des Ausblicks und wegen des **Mill Mountain Zoological Park** mit seinen Tigern, Schneeleoparden, asiatischen Reptilien und vielen Vogelarten. Er gehört zu den wenigen Tierparks, in denen Besucher Rote Pandas zu sehen bekommen (J. P. Fishburne Pkwy/Prospect Rd., Tel. 540-343-3241, www.mmzoo.org, tgl. 10–16.30 Uhr).

**Roanoke Valley Convention & Visitors Bureau:** 101 Shenandoah Ave. NE., Roanoke, VA 24016, Tel. 540-342-6025, www.visitroanokeva.com.

**Best Western Valley View:** 5050 Valley View Blvd., Tel. 540-362-2400, Fax 540-362-2400, www.bestwestern.com. Größeres Hotel mit Innenpool, Kaffeemaschine auf jedem Zimmer. 60–150 $.
**Sleep Inn:** 4045 Electric Rd., Tel. 540-772-1500, Fax 540-772-1500, www.choicehotels.com. Alle Zimmer des ordentlichen Motels mit kostenlosem Internetzugang und Frühstück. 40–100 $.

**Roanoker Restaurant:** 2522 Colonial Avenue SW., Tel. 540-344-7746, Mo–Do 7–21, Fr–Sa 7–22, So 8–21 Uhr. Amerikanische Kost, nach Großmutters Rezepten zubereitet. Dinner 5–11 $.
**Historic Brugh Tavern:** Meile 115, Blue Ridge Pkwy, Tel. 540-427-2440, Mi–Do 11–21, Fr–Sa 11–22, So 12–21 Uhr. Im Virginia's Explore Park gelegenes historisches Gasthaus, umfangreiche Speisekarte mit Zwiebelsuppe, Seafood-Platten, Rippchen oder Steaks. Dinner ab 12 $.

**Binaba Shop:** 120 E. Campbell Ave., Tel. 540-345-7064, www.binabamission.org. Von einem gemeinnützigen Verein betriebener Laden mit Gegenständen aus Afrika wie Schmuck, Masken, Dekorationsstücken, Stoffen und Kleidung.

**Bahn:** Das ehemalige Eisenbahnzentrum ist nicht mehr an das Schienennetz der Amtrak angeschlossen. Die nächsten Bahnhöfe sind Clifton Forge und Lynchburg.

## Blue Ridge Parkway

**Reiseatlas:** S. 15, A/B/C 3/4
In unzähligen Liedern besingen Amerikaner die ›Blauen Berge‹ und meinen damit die lang gezogene Mittelgebirgskette der Appalachen. Der Beiname passt. Aus den Tälern aufsteigender Dunst taucht die Berglandschaft in wässrigblaue Aquarellstimmung. Von Kanada bis nach Alabama bildet der Höhenzug das steinerne Rückgrat des amerikanischen Ostens. Früher gingen in den riesigen Wäldern

Indianer auf Hirsch- und Bärenjagd oder sammelten Beeren und Wurzeln. Heute liegen in den dünn besiedelten Regionen einsame Berghöfe kauziger, als hinterwäldlerisch verschriener Hillbillies.

Südöstlich von Roanoke gelangt man auf den **Blue Ridge Parkway**, die viel gerühmte Panoramastraße durch die Appalachen. Sie beginnt im Norden im Shenandoah National Park und zieht sich auf insgesamt 467 Meilen Länge von Virginia durch North Carolina bis in die Cherokee Indian Reservation am Fuß der Great Smoky Mountains. Der Parkway wurde 1935 mitten in der Weltwirtschaftskrise als Arbeitsbeschaffungsmaßnahme begonnen, aber erst 1987 fertig gestellt und war Amerikas erste ausschließlich dem Ausflugsverkehr vorbehaltene Straße, an der es keine Werbeschilder, nur wenige Raststellen und außer Natur wenige andere Besichtigungspunkte gibt.

Zu den bekanntesten Sehenswürdigkeiten auf dem Staatsgebiet von Virginia gehört bei Meile 176 mit **Mabry Mill** eine restaurierte, in den 1930er Jahren aufgegebene Getreidemühle. In der warmen Jahreszeit demonstrieren Männer und Frauen in historischen Kostümen beim Apfelsirupkochen oder Schmieden das früher karge Leben der Bergbevölkerung in den Appalachen. Wer sich für aus den Appalachen stammende Bluegrass Music interessiert, kann beim **Blue Ridge Music Center** (Meile 213) einen Halt einlegen. Zwischen Juni und September treten dort auf einer Außenbühne und in einem Amphitheater Musiker und Bands auf. Das Besucherzentrum hält eine große Auswahl von CDs und Büchern über diese Musikrichtung bereit (wer wann auftritt, ist über die Internetseite www.ncta.net zu erfahren).

Bei Meile 217 überquert der Parkway die Staatsgrenze von North Carolina und windet sich an Aussichtspunkten, Informationsstellen, einem mineralogischen Museum und einigen wenigen Restaurants vorbei Richtung Südwesten. Markierungen weisen auf Wanderpfade hin, auf denen man die abwechslungsreiche Natur der Appalachen hautnah kennen lernen kann. Am gesamten Parkway gibt es nur eine einzige Tankstelle. Aber an vielen Kreuzungen kann man die Panoramastraße verlassen, um in der näheren Umgebung zu tanken (www.blueridgeparkway.org).

**Ein beliebtes Ausflugsziel: die Mabry Mill am Blue Ridge Parkway**

# Im Inselreich der Outer Banks

Reiseatlas S. 22

**Sand, Salz, Sonne, Wind und Brandung sind die ›Ingredienzien‹, die einen Inselurlaub zum Erlebnis machen. Ein Besuch bei den Luftfahrtpionieren Gebrüder Wright, eine Besteigung der höchsten Düne des amerikanischen Ostens und eine Tauchexkursion zu einem Schiffswrack können aus dem Erlebnis sogar ein richtiges Abenteuer machen.**

Wie ein schmaler, 280 km langer, hin und wieder von Durchlässen unterbrochener Naturdamm aus Sand schützen die bis zu 50 km vor dem Festland liegenden Outer Banks die Küste von North Carolina sowie den Albemarle und den Pamlico Sound. Ein Blick auf die Landkarte genügt, um zu erkennen, dass es sich bei dieser von der Virginia-Grenze bis zum Cape Lookout National Park im Süden erstreckenden merkwürdigen Inselkette um ein besonderes Naturphänomen handelt.

Einerseits wird die Sandbank seit ihrer Entstehung von Stürmen und Hurrikans, aber auch von normalen Meeresströmungen permanent verändert. Nichts bleibt dort, wie es ist. Jeder Wellenschlag verändert die größtenteils unverbauten Strände. In Brandungsnähe stehende Ferienhäuser bekommen den Wandel der Küstenlinie am ehesten zu spüren, wenn etwa heftige Wirbelstürme ganze Strandabschnitte verschwinden lassen oder neue schaffen. Andererseits wurde North Carolinas atlantischer ›Balkon‹ von der Natur mit geradezu paradiesischer Lieblichkeit ausgestattet, die sich in vielen Teilen der Outer Banks mit Dünen und Strandhafer noch vollkommen naturbelassen zeigt. In einigen Gebieten teilen sich wilde Pferde die Inselwelt mit über 250 unterschiedlichen Vogelarten.

Die ständigen Veränderungen durch natürliche Einflüsse betreffen nicht nur die Inselkette selbst, sondern auch den davor liegenden Meeresboden. Seekarten konnten in der Vergangenheit gar nicht so schnell angepasst werden, wie sich die Verhältnisse vor den Outer Banks änderten. Die Seefahrer wussten ein Lied davon zu singen. Kein Wunder, dass die Meeresabschnitte den Beinamen ›Friedhof des Atlantik‹ erhielten, weil dort in den vergangenen Jahrhunderten Tausende Schiffe nach Havarien sanken – für Taucher ein wahrer Glücksfall. Die kommerzielle Entwicklung um Kitty Hawk und Nags Head, wo die Gebrüder Wright Fliegereigeschichte schrieben, zeigt, welche Zukunft eventuell auch anderen Inselteilen bevorsteht. Das Freizeitpotential der Inselkette ist zu optimal, als dass es den Augen von Investoren auf Dauer verborgen bleiben könnte.

## Kitty Hawk

**Reiseatlas:** S. 22, F 1
Der nördlichste Ort der Outer Banks wäre ein anonymer Inselflecken geblieben, hätten die Gebrüder Orville und Wilbur Wright zwischen Dünen und Wäldchen nicht Luftfahrtgeschichte geschrieben. Am 17. Dezember 1903 absolvierten sie mit ihrem Eigenbau namens ›Flyer‹ den ersten motorisierten Flug der Menschheitsgeschichte – 36 m weit. Am selben Tag folgten drei weitere fliegerische Pioniertaten, wobei man beim letzten Versuch immerhin eine Distanz von 260 m überwand. Dort, wo sich bei Kill Devil Hills die höchsten Sanddünen der Ostküste auftürmen, erinnert auf einem Hügel ein 20 m ho-

hes Granitdenkmal an das bahnbrechende Unternehmen der Brüder. Neben dem ursprünglichen Flugfeld stellen das Besucherzentrum des **Wright Brothers National Memorial** und eine Nebenhalle viele Objekte aus knapp 100 Jahren Fliegerei aus, natürlich auch eine Rekonstruktion des *Flyer* (US 158 Bypass, Milepost 8, Kill Devil Hills, Tel. 252-441-7430, www.nps.gov/wrbr, im Sommer 9–18, im Winter 9–17 Uhr).

## Nags Head

**Reiseatlas:** S. 22, F 1

Supermärkte, Shopping Malls, Imbissketten, T-Shirt-Läden – Nags Head ist das urbane Herz der Outer Banks, das in den zurückliegenden Jahren immer größer wurde.

Mitten in der Ortschaft reicht die größte Düne der amerikanischen Atlantikküste im **Jockey's Ridge State Park** bis an die Durchgangsstraße heran. Ihre Höhe variiert zwischen 25 und 35 m, weil der Wind die Sandinsel ständig verändert. Mag sie auch auf den ersten Blick wie eine kleine Wüste aussehen, gedeihen in diesem im Sommer heißen und trockenen Lebensraum doch zahlreiche Pflanzen wie Myrthenwachs und Lorbeerbäume. Früh am Morgen sind die Chancen gut, Hasen, Füchsen, Waschbären und Eidechsen zu begegnen. Wegen der ständigen Brise ist der State Park bei Familien beliebt, die Drachen fliegen lassen. Es gibt auch Unternehmen, die sich auf Hang Gliding spezialisiert haben (Carolista Dr., Meile 12 am Hwy 158 Bypass, www.nagshead.worldweb.com, im Sommer tgl. 8–20 Uhr, im Winter kürzer).

Unter den zahlreichen hölzernen Piers auf den Outer Banks ist die 1939 erbaute **Jennette's Pier** die älteste. Sie hat zudem am meisten zu bieten, weil sie nicht nur als Anglerpier dient, sondern auch als Meeresgalerie der besonderen Art. Im Innern sind rekordverdächtige präparierte Fische wie Tigerhaie, Barrakudas und Schwertfische ausgestellt, die Anglern vor den Outer Banks an den Haken gingen (7223 South Virginia Dare Trail, Tel. 252-441-6421, www.jennettespier.net, tgl. 8–18 Uhr).

### Mit dem Autor unterwegs

#### Luftfahrtgeschichte

**Wright Brothers National Memorial**: Wo die Gebrüder Wright Luftfahrtgeschichte schrieben, ist bei Kitty Hawk u. a. der ›Flyer‹ zu sehen, mit dem die Pioniere den ersten motorisierten Flug der Welt absolvierten (s. S. 323).

#### Aktiv-Urlaub im und am Meer

**Sanddüne:** Bei Nags Head gibt es die größte Düne der nordamerikanischen Atlantikküste (s. S. 323).

**Tauchexkursionen:** In den Gewässern vor den Outer Banks gehören sie wegen der zahlreichen Wracks zum Abenteuerlichsten, was die Ostküste zu bieten hat (s. S. 324).

#### Unbedingt anschauen!

Das schwarz-weiß gestreifte **Cape Hatteras Lighthouse** ist das unverwechselbare Wahrzeichen der Outer Banks (s. S. 325).

**Cahoon's Cottages:** 7213 South Virginia Dare Trail, Tel. 252-441-5358, Fax 252-441-1734, www.cahoonscottages.com. Kleine Häuschen nur Schritte vom Strand entfernt mit Blick aufs Meer oder zur Hofseite, alle mit Bad und Küche. Ab 150 $.

**Sandspur Motel & Cottage Court:** 6607 Virginia Dare Trail, Tel. 252-441-6993, www.sandspur.net. Motel mit Standardzimmern oder Cottages mit Küche, aber ohne Telefon. Zimmer ab 45 $, Cottages ab 70 $.

**Tale of the Whale Restaurant:** Nags Head Cswy, Tel. 252-441-7332, tgl. Dinner ab 18 Uhr. Fischrestaurant am Meer mit gutem Ruf, Jakobsmuscheln in Buttersauce 20 $, Flunderfilet 18 $, Meeresplatte u. a. mit Flunderfilet, Shrimps und Jakobsmuscheln 21 $.

**Gleitschirmflüge:** Kitty Hawk Kites Hang Gliding School, Jockey's Ridge State Park, Carolista Dr., Tel. 252-441-2426, Fax 252-441-7432, www.kittyhawk.com/hg. Gleitschirmflüge auch für Anfänger, Tandemflüge.

## Richtig Reisen-Tipp: Taucherparadies

Ein besonderes Taucherziel ist das deutsche U-Boot ›U-85‹, das 1942 vor der Küste von Nags Head vom US-Zerstörer ›Roper‹ im flachen Wasser entdeckt und versenkt wurde. Die 46-köpfige Besatzung kam dabei ums Leben. Heute liegt ›U-85‹ für Taucher leicht erreichbar in 30 m Tiefe. Im Zweiten Weltkrieg trugen die Meeresabschnitte vor den Outer Banks auch den Namen ›Torpedo Junction‹ wegen der vielen deutschen U-Boote, von denen einige dort ein nasses Grab fanden. Aber zum Schiffsfriedhof wurde dieser Abschnitt der Atlantikküste schon viel früher. Seit Sir Walter Raleighs Flaggschiff ›Tiger‹ im Jahr 1585 diese warmen Gewässer des Golfstroms befuhr, wurden über 2000 Havarien dokumentiert. Noch heute sind mehr als 1500 auf Grund liegende Wracks bekannt. Viele davon liegen so günstig, dass sie von Tauchern mit entsprechender Ausrüstung unter spezieller Anleitung problemlos aufgesucht werden können.

Auf den Outer Banks gibt es zahlreiche Unternehmen, die sich auf Tauchexkursionen spezialisiert haben:

**Nags Head Diving:** Tel. 252-473-1356, www.nagsheaddiving.com. Man kann unter professioneller Anleitung Tauchkurse absolvieren und Boote bzw. Ausrüstung leihen.

**Nags Head Pro Dive Center:** Tel. 252-441-7594. Viele Exkursionsmöglichkeiten sowie Verleih jeglicher Ausrüstung für Taucher.

**Outer Banks Diving:** 7540 Hwy 12, Hatteras, Tel. 252-986-1056, www.outerbanksdiving.com. Spezialist für Wracktauchen in den warmen Golfgewässern.

# Roanoke Island

**Reiseatlas:** S. 22, F 1

Im Schutz der nördlichen Outer Banks liegt auf der dem Festland zugewandten Seite Roanoke Island. Bereits seit dem ausgehenden 16. Jh. bewahrt die Insel ein düsteres Geheimnis, das schon Generationen von Historikern zu lüften versuchten – erfolglos.

## Historische Spuren

Im Frühjahr 1585 segelten auf Betreiben des Seefahrers Sir Walter Raleigh, der im Auftrag von Königin Elizabeth I. in Amerika die britische Vormachtstellung gegenüber den Spaniern verteidigen sollte, 500 Mann an die Küste von North Carolina, um auf Roanoke Island eine Kolonie zu gründen und Fort Raleigh zu bauen. Ihr Führer John White reiste zwei Jahre später nach England zurück, um dringend notwendige Nahrungsmittel und Ausrüstung zu besorgen. Als er 1590 nach Roanoke Island zurückkehrte, waren seine Landsleute verschwunden. Als einzige Spur hinterließen sie das in die Rinde mehrerer Bäume geritzte Wort Croatan. Was es bedeutet, konnten Wissenschaftler bis heute nicht herausfinden. Vermutlich zogen die Siedler nach der Abreise von White gen Norden, wo sie wahrscheinlich von den Powhatan-Indianern umgebracht wurden. An ihr mysteriöses Verschwinden erinnert seit 1937 das jeden Sommer im **Waterside Theater** aufgeführte Drama ›The Lost Colony‹ des Pulitzerpreisträgers Paul Green (am Nordende von Roanoke Island, Tel. 252-473-5772, www.nps.gov/fora, Juni–Aug. tgl. 9–20, sonst bis 17 Uhr, Besichtigung frei).

In Sichtweite der Waterfront der Ortschaft Manteo liegt auf Ice Plant Island eine Rekonstruktion des Seglers **Elizabeth II.** vor Anker, mit dem die Kolonisten der so genannten *Lost Colony* nach Amerika fuhren. Beim Bau des Schiffes bedienten sich die Handwerker ausschließlich traditioneller Methoden und Materialien. Kostümierte Seeleute erzählen Besuchern an Bord äußerst spannende Geschichten über die rätselhafte Kolonistensiedlung von Fort Raleigh. An Land demonstriert ein Schmied alte Handwerkskunst (Roanoke Island Festival Park, Tel. 252-475-1500, www.roanokeisland.com, April–Okt. tgl. 9–19, März und Nov.–Dez. tgl. 10–17 Uhr).

### North Carolina Aquarium

Was in den Gewässern von North Carolina schwimmt, kreucht und fleucht, ist im **North Carolina Aquarium** in Becken und Tanks zusammengefasst. Dabei geht es nicht nur um Meereslebewesen, sondern auch um die ›Einwohner‹ von Flüssen und Seen. In zwei *touch tanks* können Besucher Einsiedlerkrebse oder Stachelrochen berühren. Neben Ausstellungen über Hurrikans kann man auch vor Terrarien mit Schwarzen Witwen, Taranteln und Giftschlangen Gänsehaut bekommen (3 Meilen nördlich von Manteo, Tel. 252-473-3494, www.ncaquariums.com, tgl. 9–17 Uhr).

**Outer Banks Visitors Bureau:** 1 Visitors Center Circle, Manteo, NC 27954, Tel. 252-473-2138, Fax 252-473-5777, www.outerbanks.org.

**Roanoke Island Inn:** Waterfront, Manteo, Tel. 252-473-5511, www.roanokeislandinn.com. Von außen zugängliche Gästezimmer mit Kaffeemaschine, nur Ostern bis Okt. 108–168 $.
**Wanchese Inn:** Wanchese im Süden der Insel, Tel. 252-475-1166, www.wancheseinn.com. Hübsches B & B in ruhiger Lage mit Zimmer inklusive Frühstück. 89–109 $.
**Dare Haven Motel:** Manteo, Tel. 252-473-2322, www.darehaven.com. Einfache Motelzimmer mit bescheidenem Komfort inklusive Kühlschrank. 60–80 $.

**Full Moon Café:** Queen Elizabeth St., Manteo, Tel. 252-473-MOON, www.thefullmooncafe.com, tgl. Lunch und Dinner. Außer Seafood und Geflügelgerichten große Auswahl an vegetarischen Speisen. Ab 18 $.
**Hurricane Mo's Restaurant:** Pirates Cove Marina, Tel. 252-473-2266, tgl. Lunch und Dinner. Seafood, Steaks, Pasta-Gerichte in lockerer Atmosphäre und mit Blick auf den Roanoke Sound. Ab 12 $.

## Der Inselsüden

**Reiseatlas:** S. 22, F 2
Inn Naturschutzgebiet **Pea Island National Wildlife Refuge** verbringen Tausende Schnee- und Kanadagänse, über zwei Dutzend Entenarten, Regenpfeifer, Tundraschwäne, Wanderfalken und andere gefiederte Spezies wie Möwen und Reiher den Winter.

Die Insel erhielt ihren Namen, weil Schneegänse bevorzugt nach Strand-Platterbsen als Futter suchen. Von Mai bis September patrouillieren Naturschützer an den Stränden, um die Gelege von Schildkröten aufzuspüren und deren Eier notfalls an geschützte Stellen zu bringen. Der warme Golfstrom, der vor der Küste vorbeizieht, sorgt für ein mildes Klima selbst in der kalten Jahreszeit (www.fws.gov/peaisland).

Wie sehr die Kräfte der Natur auf die Outer Banks einwirken, zeigt das berühmte, diagonal schwarz-weiß gestreifte **Cape Hatteras** Lighthouse, mit 63 m der höchste Leuchtturm Nordamerikas. Die Küstenerosion bzw. der ansteigende Meeresspiegel bedrohten das aus 1,2 Mio. Ziegelsteinen gemauerte Bauwerk, sodass es 1999 ca. 150 m weiter landeinwärts versetzt werden musste. Das Licht der Küstenstation ist an klaren Tagen aus 50 Meilen Entfernung zu erkennen. 268 Stufen führen auf die Aussichtsplattform, von der man einen fantastischen Ausblick genießt (Tel. 252-995-4474, www.nps.gov/caha, April–Okt. tgl. 10–14, im Hochsommer bis 18 Uhr, Eintritt frei).

Vom kleinen Fischerort **Ocracoke** setzen Autofähren in zweieinviertel Stunden nach Cedar Island über, von wo man aufs Festland Richtung Morehead City weiterreisen kann.

**Fähre:** www.ncferry.org. Wer garantiert einen Platz auf der Fähre haben möchte, sollte vorab telefonisch reservieren und sich spätestens 30 Min. vor Abfahrt am Terminal einfinden. Reservierung für Ocracoke, Tel. 1-800-345-1665 oder 252-928-3841; für Cedar Island, Tel. 1-800-856-0343 oder 252-225-3551, Pkw 15 $.

Kapitel 4

# Der Süden

# Auf einen Blick: Der Süden

## Nostalgisches Amerika

Georgia, Tennessee und South Carolina hängt bis heute das Image des alten, traditionsverbundenen Südens an. Über 200 Jahre lang schufteten auf Baumwoll- und Reisplantagen aus Afrika stammende Sklaven, ehe das Ende des Bürgerkriegs dieser Art von Zwangsarbeit ein Ende bereitete. Geblieben sind aus dieser Epoche Klischees und Reminiszenzen, denen niemand so bleibenden Nachhall verschaffte wie Margaret Mitchell mit dem Roman ›Vom Winde verweht‹.

Beim genaueren Hinsehen zeigt sich, dass viele Klischees durchaus als Beschreibungen des heutigen Zustandes dienen können. Denn die Landesteile südlich der Mason-Dixon-Linie (Grenzlinie zwischen Pennsylvania und Maryland), die in der ersten Hälfte des 19. Jh. die Demarkationslinie zwischen Sklaven haltenden und anderen Staaten definierte, weisen tatsächlich Unterschiede zu den Nordstaaten auf. Die einen hatten ihre ökonomische Basis in der Landwirtschaft, die anderen in der Industrie. Daraus resultierten unter anderem sozio-kulturelle Gegensätze, die sich durch alle Gesellschaftsschichten und Parteien ziehen und auch nach Ende des Bürgerkriegs das Verhältnis zwischen Nord und Süd prägten.

Von den großen Metropolen Atlanta und Nashville einmal abgesehen, zeigt sich der Süden eher von einer provinziellen Seite. Das gilt sowohl für die Berglandschaften in den südlichen Appalachen als auch für die Landstriche in Tennessee, Georgia und den Carolinas. Selbst die an der Küste liegenden Schönheiten Savannah und Charleston verbergen ihren städtischen Charakter hinter einer romantischen Kulisse aus Eichenalleen, Antebellum-Palästen und Plantagen, die zuweilen wie Kinokulissen längst vergangener Zeiten wirken

## Highlights

**10** **Savannah:** In der Küstenstadt könnte man vielerorts meinen, die Zeit sei in der weit zurückliegenden Vergangenheit irgendwann stehen geblieben (s. S. 369).

**11** **Charleston:** Mit eleganten Villen, schönen Gärten und historischen Plantagen gehört der Küstenort in South Carolina zu den schönsten Städten des amerikanischen Ostens (s. S. 379).

## Empfehlenswerte Routen

**Durch die Blauen Berge:** Auf der Route durch die Blauen Berge gehört der Abschnitt zwischen dem Lake Lanier, der Indianerreservation der Cherokee nördlich davon und Knoxville in Tennessee zu den schönsten Appalachenlandschaften (s. S. 342 ff.).

**Antebellum Trail:** Auf der Touristenroute zwischen Athens und Macon in Georgia liegen mehrere Ortschaften und Kleinstädte aus der Zeit vor dem amerikanischen Bürgerkrieg (1861–1865) mit ausgesprochen sehenswerter Architektur (s. S. 358).

**Die Küste von Georgia mit den Golden Isles:** Auf mehreren Inseln dominiert typisches Südstaatenflair, das man auf dieser Küstenroute in vollen Zügen genießen kann. Gleichzeitig gibt es auf einigen dieser Inseln wie Jekyll Island und Sea Island eine exklusive Gastronomie und Hotellerie (s. S. 364).

## Reise- und Zeitplanung

Die Entfernungen im Süden der USA sind groß, doch die Landschaften hier sind ausgesprochen unterschiedlich und eine Reise entsprechend abwechlungsreich. Das Gleiche lässt sich von den Sehenswürdigkeiten sagen. Um die gesamte Teilregion zu bereisen, benötigt man sinnvollerweise ungefähr drei Wochen. Falls noch andere Ziele wie etwa die mittlere Atlantikküste oder Florida auf dem Reiseplan stehen, wird man sich nach dem Baukastensystem einen Routenplan zusammenstellen müssen.

### Richtig Reisen-Tipp

**Countrysound zum Anfassen:** Die Tennessee-Hauptstadt Nashville ist der richtige Ort, um in die Countrymusic-Szene einzutauchen. Die besteht aus Kneipen, Clubs, zum Teil nur sporadisch eingerichteten Bühnen und natürlich der bekannten Grand Ole Opry, in der sich Stars und Sternchen der Öffentlichkeit präsentieren (s. S. 356).

Vom Ausgangspunkt Atlanta ist auf jeden Fall eine Fahrt über den Antebellum Trail an die Küste und eine Besichtigung der Golden Isles sowie der beiden Küstenstädte Savannah und Charleston empfehlenswert. Nach einem zweitägigen Aufenthalt in der Georgia-Metropole sollte man für diese Routen etwa 8 Tage veranschlagen, auf die Gefahr hin, vor allem in den beiden Küstenstädten noch lange nicht alles gesehen zu haben.

Nimmt man sich von Atlanta aus den Great Smoky Mountains National Park und Tennessee zum Ziel, benötigt man durch die Blauen Berge mindestens 3 Tage Zeit. Schließt man Chattanooga und Nashville mit ein, kommt man auf eine Woche, falls man in der Countryhochburg der Musik- und Kneipenszene einen oder auch mehrere Abende verbringen möchte.

## Klima und Reisezeit

An der Küste von Georgia und South Carolina herrschen zwischen Juni und Ende August zum Teil schwülheiße Temperaturen. Für einen Küstenbesuch, bei dem Badeferien nicht im Vordergrund stehen, wählt man besser Mai oder September mit etwas angenehmeren Temperaturen. In den weiter im Hinterland der Küste liegenden Landesteilen bzw. in den Appalachen ist man am besten zwischen Mai und Oktober unterwegs. Das gilt auch für den Bundesstaat Tennessee.

# Atlanta

Cityplan S. 334

**Drehscheibe des Verkehrs, Medienzentrum des amerikanischen Südens, Sitz nationaler wie multinationaler Firmen – Georgias Hauptstadt Atlanta besitzt nicht viel vom typischen Südstaatencharme, sondern präsentiert sich eher als pulsierende Geschäftsmetropole.**

Georgias Hauptstadt versteckt ihre Scarlett-O'Hara-Romantik in den Außenbezirken, in denen Besserverdienende reizvolle Häuser bewohnen. Im Zentrum aus Glas und Beton hingegen wird sichtbar, wie sich die Metropole im 21. Jh. versteht: als urbaner, dynamischer ›Aufsteiger‹, der in den vergangenen Jahrzehnten immer mehr in die Rolle eines regionalen Südstaatenzentrums schlüpfte. Die 420 000 Einwohner große Stadt – im Großraum leben etwa 4,5 Mio. Menschen – befindet sich zu Beginn des 21. Jh. unter den fünf am schnellsten wachsenden Ballungsgebieten im Land. Das eigentliche Wachstum findet dabei nicht im Stadtkern, sondern in den Vororten statt. Selbst Durchreisenden fällt auf, dass die von Wolkenkratzerinseln, Asphaltschluchten und Autobahnkreuzungen geprägte Metropole mit dem im Süden gängigen ›Magnolienmythos‹ nicht viel zu tun hat.

Atlanta versinnbildlicht das neue Gesicht des alten Südens mit internationalem Make-up – Firmensitzen von Dutzenden Banken aus aller Welt und Niederlassungen von über 1000 multinationalen Gesellschaften. In dieses Bild passt, dass etwa 10 % aller Einwohner des Großraumes keine gebürtigen Amerikaner sind, sondern im Ausland auf die Welt kamen.

Atlantas internationales Image ist damit noch nicht erschöpft. Unter der tatkräftigen Führung von Martin Luther King, der hier geboren wurde, entwickelte sich im amerikanischen Süden eine schwarze Bürgerrechtsbewegung, deren ziviler Ungehorsam und gewaltfreier Protest Vorbild für viele Organisationen in anderen Ländern werden sollte.

Atlanta ist eine junge Stadt. Im Jahr 1837 gegründet, hatte sie 27 Jahre später bereits den ersten Teil ihrer Geschichte hinter sich. 1864 rückte der Nordstaatengeneral William T. Sherman nach 117-tägiger Belagerung mit seinen Truppen in die damals 15 000 Einwohner große Gemeinde ein und statuierte ein beispielloses Exempel. Nach der Evakuierung der Bevölkerung ließ er jene Straßenzüge in Schutt und Asche legen, die dem vorausgegangenen Artilleriebombardement noch nicht zum Opfer gefallen waren. Nur etwa 10 % der Häuser blieben unbeschädigt.

## Sehenswert in Downtown

Atlanta besitzt mit **Downtown** zwar ein kompaktes Wolkenkratzerzentrum mit Finanzinstituten, Bürohochhäusern und Shopping Malls. Kennzeichnender für die Stadt sind eher ihre Neighborhoods, Stadtteile mit zum Teil sehr unterschiedlichem Charakter. Seit kurzem versuchen die Stadtväter, Downtown durch neue Einrichtungen vor allem im Umkreis des Centennial Olympic Park neue Impulse zu verleihen. Das eigentliche Zentrum von Downtown befindet sich um die **Five Points Station** **1** mit den zentralen Haltestellen der Bus- und U-Bahnlinien. In den umliegenden Straßen blüht das Geschäft der Straßenhändler. Dazwischen verkünden Prediger ihre Heilsbotschaften, während Banker und Büroangestellte aus den benachbarten Glastürmen bei schönem Wetter ihren Lunch im Freien verzehren. In dieser Gegend ist unübersehbar, dass Atlantas Bevölkerung zu zwei Dritteln aus Afroamerikanern besteht.

Riesenandrang herrscht häufig vor **The World of Coca-Cola** 2, wo der berühmtesten Limonade der Welt ein unübersehbarer Gebäudekomplex gewidmet ist. Über 1000 Exponate von alten Plakaten über noch ältere Flaschen bis zu einer Abfüllanlage drehen sich um den Durstlöscher und dessen Firmenzentrale in Atlanta. Natürlich können Besucher auch probieren, und zwar nicht nur die allseits bekannte Coca-Cola, sondern andere, in vielen Ländern der Erde hergestellte Marken mit deutlichen Geschmacksunterschieden. Im Jahr 2007 soll am Centennial Olympic Park nach dem Willen des Konzerns ein noch gewaltigeres Coca-Cola-›Museum‹ eröffnet werden (55 Martin Luther King Jr. Dr., Tel. 404-676-5151, www.woccatlanta.com, Juni–Aug. Mo–Sa 9–16, So 11–17, sonst wochentags bis 17 Uhr).

In der Nachbarschaft lässt **Underground Atlanta** 3 bei Besuchern häufig ein Gefühl der Enttäuschung zurück, weil es der in Broschüren und Informationen propagierten Attraktivität nicht gerecht wird. Auf einer unterhalb der Straße liegenden Ebene befinden sich dort, wo früher Dampflokomotiven Waggons rangierten, Restaurants, Läden und mobile Verkaufsstände mit Baseballmützen, Sonnenbrillen und T-Shirts mit ›Atlanta‹-Aufdrucken, die Touristenherzen höher schlagen lassen oder auch nicht (50 Upper Alabama St., Tel. 404-523-2311, www.underground-atlanta.com, tgl. 10–20 Uhr, Lokale länger).

Das **CNN Center** 4 ist nach dem 1980 von Ted Turner gegründeten Nachrichtensender benannt. Im riesigen Atrium des Gebäudes gibt es neben dem Omni Hotel und einem Food Court die Möglichkeit, bei Touren durch die CNN-Studios Einblicke in die Arbeit der Nachrichtenredaktionen und der Spezialeffekte-Zauberer zu bekommen (1 CNN Center, Tel. 404-827-2300, www.cnn.com/studiotour, Studiotouren tgl. 9–17 Uhr).

## Um den Centennial Olympic Park

Vor dem CNN Center dehnt sich mit Rasenflächen, Brunnen, Teichen, einem Reflecting Pool, Blumenrabatten, einem Amphitheater und einem Besucherzentrum der zur Olympiade 1996 angelegte **Centennial Olympic Park** 5 aus. Er zollt auch den beiden Opfern Tribut, die während der Spiele bei einem Bombenanschlag ums Leben kamen. Schaustück des Parks ist der Fountain of Rings (Brunnen der Ringe), der weltgrößte Brunnen, der das

## Mit dem Autor unterwegs

### Unbedingt anschauen!

Im Hauptsitz des Medienunternehmens **CNN** kann man in Atlanta auf einer Studiotour den Nachrichtenmachern über die Schulter schauen (s. S. 331).
Im Stadtteil **Sweet Auburn** folgen Besucher den Spuren des Bürgerrechtlers Martin Luther King (s. S. 335).

### Freizeitvergnügen

Der **Zoo Atlanta** hat in den letzten Jahren bzw. Jahrzehnten viel an Reputation gewonnen und zählt heute zu den besten Tierparks der USA (s. S. 335).
Außerhalb von Atlanta bildet der **Stone Mountain Park** ein unterhaltsames Refugium mit zahlreichen Freizeitaktivitäten (s. S. 339).

### Gratisattraktionen

Der **Oakland Cemetery** mit dem Grab von Margaret Mitchell und das **Georgia State Capitol** mit seinem Museum über den Bundesstaat Georgia können kostenlos besichtigt werden (s. S. 332).

### Nightlife in vielen Facetten

Im Stadtteil **Buckhead** kommt nach Sonnenuntergang keine Langeweile auf. Das hippe Viertel genügt mit seiner Gastronomie- und Kneipenszene auch gehobenen Ansprüchen (s. S. 339).

### Vorsicht bei Nacht!

Nachts sollte man die Gegend um Five Point lieber meiden und keine öffentlichen Parks betreten.

olympische Symbol der fünf zusammenhängenden Ringe mit 25 Wasserdüsen darstellt (International Blvd./Techwood Dr., www.centennialpark.com, tgl. 7–23 Uhr).

Allein die Zahlen sind beeindruckend. Das neue **Georgia Aquarium** 6 beherbergt über 100 000 Lebewesen von mehr als 500 unterschiedlichen Arten in fast 30 Mio. Liter Meer- und Süßwasser. Schon in den ersten Monaten nach der Eröffnung stellte sich heraus: Unumstrittene Stars sind mit Ralph und Norton zwei harmlose Walhaie, die größte Fischart der Erde, die in allen tropischen und subtropischen Ozeanen der Welt verbreitet ist. Erwachsene Exemplare können es auf ein Gewicht von weit über 20 000 kg bringen. Im Unterschied zu Haien sind Walhaie keine Jäger, sondern ernähren sich von Plankton. Mit den beiden Riesen buhlen fünf Beluga-Wale und viele andere interessante und zum Teil seltene Arten um die Gunst des Publikums (255 Baker St., Tel. 404-581-4000, www.georgiaaquarium.org).

Der Coca-Cola-Konzern plant für 2007 eine neue Attraktion: ein der weltberühmten Limonade gewidmetes **Coca-Cola Museum** 7, das etwa doppelt so viel Ausstellungsplatz bieten soll wie das gegenwärtige Gebäude.

## Georgia State Capitol

Ein unübersehbarer Wegweiser in Downtown ist das 1889 vollendete **Georgia State Capitol** 8 mit einer glänzenden Kuppel, die mit einheimischem Gold aus Dahlonega gedeckt wurde. Die Rotunde ist mit einer beeindruckenden 77 m hohen Decke und zahlreichen Büsten berühmter Bürger aus Georgia ausgestattet. Breite Treppen führen ins zweite Obergeschoss in die Sitzungssäle von Repräsentantenhaus und Senat, in denen sich die Delegierten während einer 40-tägigen Sitzungsperiode ab Mitte Januar zu Beratungen treffen. Im Stockwerk darüber zeigen die Ausstellungen des Georgia Capitol Museum mit Baumwolle, Pfirsich und Erdnuss die wichtigsten Agrarprodukte des Landes, außerdem Flora und Fauna sowie Mineralien und indianische Artefakte (206 Washington St., Tel. 404-656-2844, www.sos.state.ga.us, Mo–Fr 8–17, Führungen Mo–Fr 10, 11, 13 und 14 Uhr, Eintritt frei).

## Atlanta: Cityplan

### Sehenswürdigkeiten

1 Five Points Station
2 World of Coca-Cola
3 Underground Atlanta
4 CNN Center
5 Centennial Olympic Park
6 Georgia Aquarium
7 Coca-Cola Museum
8 Georgia State Capitol
9 Oakland Cemetery
10 Cyclorama
11 Zoo Atlanta
12 Sweet Auburn
13 Jimmy Carter Library and Museum
14 Fernbank Museum of Natural History
15 Fox Theatre
16 Margaret Mitchell House
17 Woodruff Arts Center
18 Atlanta Botanical Garden

### Übernachten

1 Omni Hotel
2 Shellmont Inn
3 Holiday Inn-Express
4 Howard Johnson Plaza Suites
5 E Hotel Downtown
6 Stratford Inn
7 Stone Mountain State Park Camping

### Essen und Trinken

8 Morton's Steakhouse
9 Ray's in the City
10 The Abbey
11 Thelma's Kitchen

## Südlich des Zentrums

Im Südosten von Downtown liegt der **Oakland Cemetery** 9 mit dem bescheidenen Grab von Margaret Mitchell, die mit dem Roman ›Vom Winde verweht‹ Weltruhm erlangte. Touristen machen sich in der Stadt vergeblich auf die Suche nach Tara, dem Landsitz

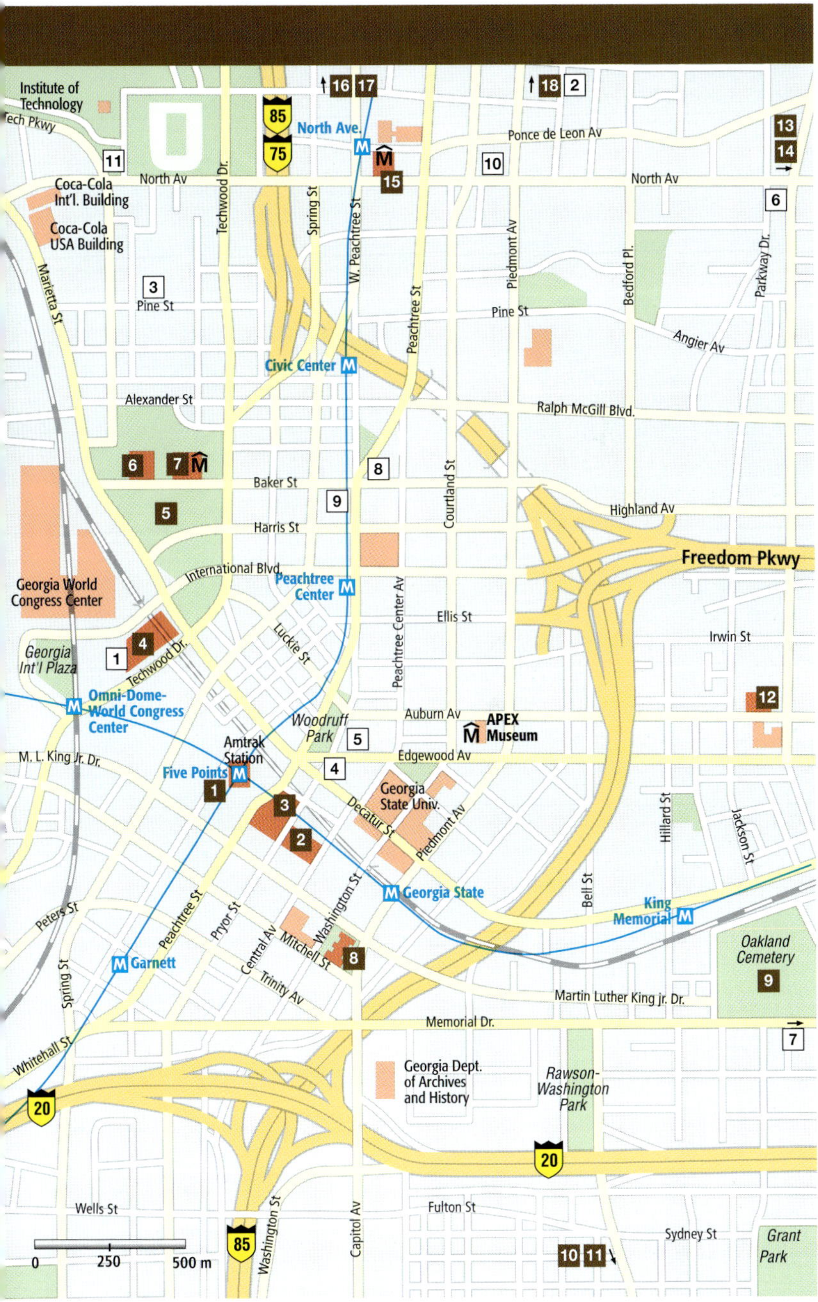
Institute of Technology
Tech Pkwy
16 17
18 2
85
75
North Ave.
Ponce de Leon Av
13
14
11
10
15
North Av
Coca-Cola Int'l. Building
Coca-Cola USA Building
Techwood Dr.
Spring St
W. Peachtree St
Piedmont Av
Bedford Pl.
Parkway Dr.
6
3
Pine St
Marietta St
Peachtree St
Angier Av
Civic Center
Alexander St
Ralph McGill Blvd.
6
7
8
Baker St
9
Courtland St
Highland Av
5
Harris St
Freedom Pkwy
International Blvd.
Peachtree Center
Georgia World Congress Center
Ellis St
Peachtree Center Av
Luckie St
Irwin St
4
1
Georgia Int'l Plaza
Techwood Dr.
Omni-Dome-World Congress Center
12
Auburn Av
APEX Museum
Woodruff Park
5
Amtrak Station
M. L. King Jr. Dr.
Edgewood Av
4
Five Points
1
3
Georgia State Univ.
Decatur St
2
Piedmont Av
Hillard St
Jackson St
Bell St
Washington St
Georgia State
King Memorial
Peters St
Peachtree St
Pryor St
Central Av
Mitchell St
8
Oakland Cemetery
9
Spring St
Garnett
Trinity Av
Martin Luther King jr. Dr.
Memorial Dr.
7
Whitehall St
Georgia Dept. of Archives and History
Rawson-Washington Park
20
20
Wells St
Washington St
Capitol Av
Fulton St
Sydney St
Grant Park
85
10 11
0
250
500 m

Coke
EQUITABLE

der Familie von Scarlett O'Hara. Als David O. Selznick Ende der 1930er-Jahre das Bürgerkriegsepos verfilmte, stand die Plantage in den Kulissen von Hollywood in Kalifornien (248 Oakland Ave.).

Als die Filmtechnik noch in den Kinderschuhen steckte, begannen 1885 deutsche Künstler in Wisconsin mit dem größten Ölgemälde der Welt, das die im Bürgerkrieg ausgetragene ›Schlacht von Atlanta‹ darstellt. Ein späterer Besitzer vermachte das gigantische Kunstwerk der Stadt Atlanta, die es im feuersicheren **Cyclorama** 10 als Rundgemälde zur Schau stellt. Das benachbarte Museum zeigt künstlerische Arbeiten, Dokumente und Memorabilien, die die Zeit des Bürgerkriegs thematisieren (800 Cherokee Ave., Tel. 404-624-1071, www.webguide.com/cyclorama.html, tgl. 9–16.30 Uhr).

Im Grant Park zwei Meilen südlich von Downtown haben neben Nashörnern, Löwen, Elefanten, Zebras und Giraffen zwei seltene Vertreter der asiatischen Fauna ein Heim gefunden: die beiden Pandabären Lun Lun und Yang Yang. Ein Schwerpunkt des **Zoo Atlanta** 11 ist die Primatenabteilung, die sich erfolgreich um die Aufzucht und das Verhaltensstudium von Gorillas kümmert (800 Cherokee Ave., Tel. 404-624-5822, www.zooatlanta.org, tgl. 9.30–16.30 Uhr).

## Sweet Auburn

In der Ära der Rassentrennung lebten im Stadtteil **Sweet Auburn** 12 bis in die 1950er Jahre Afroamerikaner, die den Aufstieg in die Mittelklasse geschafft hatten. Die Häuser entlang der Auburn Avenue, der historischen Vorzeigemeile, wurden von der Nationalparkverwaltung in den 1990er Jahren mit Blick auf die Olympischen Spiele zum Teil restauriert, wieder aufgebaut und in eine heute populäre Sehenswürdigkeit verwandelt, die hauptsächlich durch Erinnerungen an den Bürgerrechtler Martin Luther King geprägt ist. Die mit ihm zusammenhängenden Stätten werden als **Martin Luther King Jr. National Historic Site** vom National Park Service verwaltet.

**Atlantas modernes Wahrzeichen: World of Coca-Cola**

### Erinnerungen an M. L. King

**Auburn Avenue Nr. 501** ist eine bekannte Adresse in Atlanta. In dem bescheidenen, zweigeschossigen Haus im Queen-Anne-Stil kam am 15. Januar 1929 der spätere Führer der schwarzen Bürgerrechtsbewegung Martin Luther King zur Welt. Die Zimmer zeigen, dass die Familie in bescheidenem Wohlstand lebte. Viele Fotos zeigen King als Kind im Kreis seiner Familie (Tel. 404-331-5190, www.nps.gov/malu, tgl. 9–17 Uhr). In derselben Straße steht mit der **Ebenezer Baptist Church** jene Kirche, in der schon Kings Großvater und Vater als Prediger tätig waren und er selbst in die Fußstapfen seiner Vorfahren trat (450 Auburn Ave., tgl. 9–17 Uhr, www.ebenezer.org, Eintritt frei).

Bedeutendste Stätte im Viertel ist das **Martin Luther King Jr. Center for Nonviolent Social Change,** eine Anlage mit Ausstellungs- und Verwaltungsräumen um einen Springbrunnen. Mitten in einem Pool steht der weiße Marmorsarkophag Kings. Tagtäglich entladen hier Busse aus dem ganzen Land neben Schulklassen die unterschiedlichsten Gruppen von Besuchern vor allem schwarzer Hautfarbe, für die Kings letzte Ruhestätte zum Wallfahrtsort geworden ist (449 Auburn Ave., Tel. 404-331-6922, www.nps.gov/malu, tgl. 9–18, im Winter bis 17 Uhr).

## Rundgang in Midtown

Folgt man von Downtown in nördlicher Richtung der zentralen Peachtree Street, gelangt man jenseits der Ponce de Leon Avenue in den Stadtteil Midtown mit einigen Kunst- und Kultureinrichtungen, aber auch grünen Oasen mitten in der Stadtlandschaft.

Östlich von Midtown erinnert das **Jimmy Carter Library and Museum** 13 an den ersten US-Präsidenten (1976–1980) aus Georgia. Schautafeln, Fotos, Filme und Gemälde dokumentieren die Karriere von Jimmy Carter vom Erdnussfarmer bis ins höchste Staatsamt. In einem Raum ist das Oval Office des Weißen Hauses genauso rekonstruiert, wie es zu Carters Amtszeit aussah. Zu den jüngsten Exponaten gehört der Friedensnobelpreis, der ihm im Jahr 2001 verliehen wurde (441 Freedom Pkwy, Tel. 404-865-7100, www.jimmycarterlibrary.org, Mo–Sa 9–16.45, So 12–16.45 Uhr).

Mit der Naturgeschichte Georgias beschäftigt sich das um einen verglasten Lichthof angelegte **Fernbank Museum of Natural History** 14, in dessen Lobby man auf deutschem Boden steht. Die mit Fossilien versetzten Platten stammen von der Schwäbischen Alb. In diesem interaktiven Wissenschaftsmuseum können sich Besucher mit der amerikanischen Fauna ebenso wie mit Umweltproblemen beschäftigen. Beeindruckende Filme etwa über den Grand Canyon sind im IMAX-Theatre zu sehen (767 Clifton Rd., Tel. 404-929-6300, www.fernbank.edu/museum, Mo–Sa 10–17, So 12–17 Uhr). In der Nachbarschaft geht der Blick im **Fernbank Forest and Science Center** weit über Georgia hinaus. Im Planetarium und astronomischen Observatorium bringen Vorführungen Besuchern den Kosmos näher (156 Heaton Park Dr., Tel. 678-874-7102, Zeitplan der Shows unter http://208.63.68.213/nowshowing.html).

Ursprünglich Tempel einer Sekte, wurde der Bau elf Jahre nach seiner Fertigstellung 1926 als **Fox Theatre** 15 in neuer Pracht eröffnet. Opulenter orientalischer Dekor macht den Innenraum zu einem richtigen Märchenreich. Von Opern über Broadway Shows und Ballettaufführungen finden auf der Bühne das Jahr über unterschiedliche Kulturereignisse statt. Bei Führungen kann man das grandiose Theater besichtigen (660 Peachtree St., Tel. 404-688-3353, www.foxtheatre.org, Führungen Mo, Mi, Do 10, Sa 10 und 11 Uhr).

## Margaret Mitchell House

Wenige Straßenzüge entfernt zeigt das **Margaret Mitchell House** 16 viele Memorabilien an die berühmte Schriftstellerin, die von 1925 bis 1932 mit ihrem Ehemann John Marsh in diesem Haus wohnte und den größten Teil des Romans ›Vom Winde verweht‹ schrieb. Jahrelang war das Anwesen vom Abriss bedroht, ehe es 1997 nach einer von einem deutschen Autokonzern finanzierten Renovierung als Museum eröffnet werden konnte. Die einstündigen Führungen beginnen im Besucherzentrum mit einem 17-minütigen Film über das Leben der berühmten Schriftstellerin. Die ehemaligen Wohnräume sind im Großen und Ganzen immer noch so ausgestattet wie zu Lebzeiten von Margaret Mitchell. Unter anderem sind ihre Schreibmaschine und der Pulitzer Prize ausgestellt, den sie für ihren Bestseller bekam (990 Peachtree St., Tel. 404-249-7015, www.gwtw.org, tgl. 9–16 Uhr).

**Ein Wandgemälde, das an für Atlanta wichtige Ereignisse und Personen erinnert**

## Robert W. Woodruff Arts Center

Das **Woodruff Arts Center** 17 nennt sich auch Woodruff's Village, weil sich der gesamte Komplex wie ein kleines Kunst-Dorf aus verschiedenen Kultureinrichtungen wie dem Alliance Theater, einem Kunstmuseum und einer Kunsthochschule zusammensetzt. Namensgeber des Zentrums war Robert W. Woodruff, ehemaliger Coca-Cola-Präsident und Philanthrop. Die Konzerte des renommierten Atlanta Symphony Orchestra finden in der 1800 Zuhörer fassenden Symphony Hall statt (www.woodruffcenter.org).

Wegen seiner runden Fassaden aus weißen Keramikkacheln ist das von Richard Meier entworfene **High Museum of Art** leicht erkennbar. Seine Exponate reichen von Keramiken, Zeichnungen, Skulpturen etwa von Alexander Calder, Textilien, Film- & Videokunst, Gegenständen aus Glas und Metall bis zu Gemälden, Drucken und Fotografien (1280 Peachtree St. SW., Tel. 404-733-4400, www.high.org, Di–Sa 10–17, So 12–17 Uhr, jeden 3. Freitag im Monat bis 22 Uhr).

## Atlanta Botanical Garden

Auf einer Fläche von 12 ha bietet der **Atlanta Botanical Garden** 18 mitten in der Stadtlandschaft in der Nachbarschaft des Piedmont Park eine grüne Naturoase von großer Vielfalt.

# ›Vom Winde verweht‹: Margaret Mitchell

Thema

**Bis heute wurde in Amerika kein Roman so häufig verkauft wie ›Vom Winde verweht‹ von Margaret Mitchell. Seit der Niederlage der Südstaaten im amerikanischen Bürgerkrieg wurde der Glanz früherer Zeiten in der Literatur oft thematisiert. Aber niemand traf die Volksseele mit der Darstellung so sehr wie die Autorin aus Atlanta.**

Margaret Mitchell kam am 8. November 1900 in Atlanta als Tochter eines Rechtsanwalts und einer Frauenrechtlerin irischer Abstammung zur Welt. Von 1922 an arbeitete sie als Journalistin für das ›Atlanta Journal‹. Eine schwere Arthritis machte ihr das Gehen manchmal unmöglich und zwang sie vier Jahre später, ihre journalistische Karriere aufzugeben. Immer häufiger und immer länger ans Bett gefesselt, begann sie Bücher regelrecht zu verschlingen, bis ihr zweiter Ehemann ihr 1926 eine Schreibmaschine schenkte, mit der sie ›Vom Winde verweht‹ begann.

Zehn Jahre schrieb Margaret Mitchell auf ihrer schwarzen Remington 2000 an diesem Epos, das den von 1861 bis 1865 dauernden amerikanischen Bürgerkrieg aus der Sicht der Südstaaten schildert und dabei den Schauplatz Atlanta in den Vordergrund rückt. Was den über 1000 Seiten umfassenden Roman aber zum Beststeller machte, war nicht der historische Hintergrund, sondern die Schilderung der unglücklichen Liebe zwischen der schönen, egoistischen, schwierigen und unwiderstehlichen Baumwoll-Farmerstochter Scarlett O'Hara und dem charmanten Abenteurer Rhett Butler.

Jahre später reiste ein Verleger auf der Suche nach neuen Autoren durch Georgia und lernte zufällig Margaret Mitchell kennen. Erst nach lebhaften Auseinandersetzungen vertraute sie ihm ihr Manuskript an, das am 10. Juni 1936 als Roman auf den Markt kam. Im Oktober waren bereits über eine Million Exemplare über den Ladentisch gegangen. Wenig später erwarb der Filmproduzent David O. Selznick die Filmrechte für die damalige Riesensumme von 50 000 $. Ein Jahr später wurde die Schriftstellerin mit dem begehrten Pulitzer-Preis für Literatur ausgezeichnet und war von da an eine amerikanische Berühmtheit.

Das von Selznick produzierte Leinwandepos wurde in Atlanta 1939 in Anwesenheit der beiden Hauptdarsteller Clark Gable und Vivien Leigh uraufgeführt. Seit der Veröffentlichung des Wälzers mitten in der Weltwirtschaftskrise haben Millionen von Lesern und Kinogängern mit den Hauptfiguren Scarlett O'Hara und Rhett Butler geliebt, gekämpft und gelitten. Obwohl nicht sozialkritisch angelegt, griffen Roman und Film rassistische Fragen auf und machten sie zu einem öffentlichen Thema.

Noch zu Lebzeiten von Margaret Mitchell erhofften Verlag und Leserschaft eine Fortsetzung der Geschichte – am besten mit Happy End. Doch die Schriftstellerin ließ sich durch nichts zu einem zweiten Teil bewegen. Der war der Schriftstellerin Alexandra Ripley vorbehalten. Von einer enormen Werbekampagne unterstützt, wurde 1992 deren Roman ›Scarlett‹ veröffentlicht.

Am 11. August 1949 wurde Margaret Mitchell vor ihrem Haus von einem betrunkenen Taxifahrer angefahren und so schwer verletzt, dass sie einige Tage später starb. Ihr Grab befindet sich auf dem Oakland Cemetery.

Im Dorothy Chapman Fuqua Conservatory etwa sind seltene und vom Aussterben bedrohte tropische und in wüstenhaften Trockengebieten lebende Pflanzenarten zu bewundern. Mit Akribie kümmert sich das Gartenpersonal auch um die Pflege und Aufzucht von fleischfressenden Pflanzen, die in freier Natur wegen der sich verschlechternden Umweltbedingungen immer rarer werden. In der Orangerie liegt der Schwerpunkt auf wirtschaftlich verwertbaren tropischen und subtropischen Bäumen, die Zitrusfrüchte, Zimt, Kakao, Kokosnüsse, Papayas, Oliven und Vanille liefern (1345 Piedmont Ave. NE., Tel. 404-876-5859, www.atlantabotanicalgarden.org, April–Sept. 9–19, Okt.–März 9–17 Uhr).

## Buckhead

Die Stadtlandschaft des Ballungsraumes Atlanta zieht sich in allen Himmelsrichtungen weit auseinander. Nördlich von Midtown, etwa 6 Meilen von Downtown entfernt, hat vor allem der Stadtteil **Buckhead** in den letzten Jahren als hippes ›In‹-Viertel von sich reden gemacht. Neben riesigen Einkaufs-Malls wie Lenox Square und Phipps Plaza renommiert das Viertel, auch als ›Beverly Hills des Ostens‹ apostrophiert, mit Luxushotels, erstklassigen Restaurants, schicken Bars und Clubs, einladenden Cafés und exklusiven Modeboutiquen. Zu den interessantesten Museen der Stadt gehört das **Atlanta History Center,** verfügt es doch über die herkömmlichen Ausstellungsflächen hinaus auch über einen abwechslungsreich gestalteten Außenbereich. Der Schwerpunkt des Museums liegt auf der Entwicklung der Stadt von 1835 bis zum Beginn des 21. Jh. In weiteren Abteilungen geht es um die Geschichte des Bundesstaats Georgia bzw. des amerikanischen Südens. Im Außenbereich ist mit dem heute als Restaurant dienenden **Swan House** ein Anwesen aus dem Jahr 1928 samt umgebender Gärten zu sehen. Im Kontrast zu diesem eleganten Haus steht die ländlich-einfache **Tullie Smith Farm** im Stil des 19. Jh., auf der Schafe und Ziegen gehalten werden (130 W. Paces Ferry Rd., Tel. 404-814-4000, www.atlantahistorycenter.com, Mo–Sa 10–17.30, So 12–17.30).

## Stone Mountain Park

Etwa zwanzig Autominuten östlich von Atlanta an der Straße 78 gehört der **Stone Mountain Park**, eine originelle Mischung aus Kommerz und Natur, zu den großen Attraktionen im Umkreis der Stadt. Eine ganze Armee von Handwerkern war jahrzehntelang damit beschäftigt, ein 28 m hohes und 58 m breites Relief aus der glatten Nordwand des Stone Mountain herauszuarbeiten. Die Szene aus dem Bürgerkrieg zeigt das im Süden verehrte Triumvirat Jefferson Davis, Robert E. Lee und ›Stonewall‹ Jackson hoch zu Ross.

Für Großstädter ist das Parkgelände ein beliebtes Freizeitziel mit Einrichtungen wie einer Seilbahn auf den Stone Mountain, einem ›Mississippi‹-Schaufelraddampfer auf dem Stone Mountain Lake, großem Freizeitangebot für Kinder und einer nächtlichen Laser-Show. Eine kleine Plantage besteht aus Gebäuden vom Anfang des 19. Jh., darunter ein typisches Herrenhaus und eine Sklavenunterkunft (Hwy 78 E., Tel. 770-498-5690, www.stonemountainpark.com, Attraktionen März–Dez. 10–17 Uhr, im Sommer länger).

**Atlanta Convention and Visitors Bureau:** 233 Peachtree St. NE., Atlanta, GA 30303, Tel. 404-521-6600, Fax 404-577-3293.

**Omni Hotel** [1]: 100 CNN Center, Tel. 404-659-0000, Fax 404-525-5050, www.omnihotels.com. Stadthotel mit über 1000 Zimmern und Suiten, 2 Restaurants, Kabel-TV, Health Club mit Spa, Pool und Businesscenter. 160–220 $.

**Shellmont Inn** [2]: 821 Piedmont Ave. NE., Tel. 404-872-9290, Fax 404-872-5379, www.shellmont.com. Viktorianisches, etwas museal ausgestattetes B & B vom Ende des 19. Jh. mit Zimmern im Haupthaus oder im benachbarten Carriage House, manche mit Kamin und Whirlpool. 125–200 $.

**Holiday Inn-Express** [3]: 244 North Ave. NW., Tel. 404-881-0881, Fax: 404-874-8838, www.holiday-inn.com. 100 Zimmer großes ordentliches Hotel, sauber und ohne Schnickschnack. Ab 110–160 $.
**Howard Johnson Plaza Suites** [4]: 54 Peachtree St., Tel. 404-223-5555, www.hojo.com. Nur Suiten mit Wohn- und Schlafraum, manche ein wenig ältlich eingerichtet, mit Kaffeemaschine, Mikrowelle, Kühlschrank. Ab 89 $.
**E Hotel Downtown** [5]: 70 John Wesley Dobbs Ave. NE., Tel. 404-659-2660, keine Webseite. Zur Ausstattung gehören Swimmingpool und Fitnesscenter. 59–99 $.
**Stratford Inn** [6]: 585 Pkwy Dr., Tel. 404-607-1010, Fax 404-892-8146, keine eigene Webseite. Nur mit dem Nötigsten ausgestattete Zimmer. 51 $.
**Stone Mountain State Park Camping** [7]: Tel. 770-498-5710. Östlich von Atlanta an der I-285 gelegener Campingplatz.

**Morton's Steakhouse** [8]: 303 Peachtree St. NE., Tel. 404-577-4366, tgl. Dinner 17.30–23, So bis 22 Uhr. Perfekt gebratene Steaks mit ausgezeichneten Beilagen, aber teuer. Ab 50 $.
**Ray's in the City** [9]: 240 Peachtree St., Tel. 404-524-9224, Mo–Fr 11–22, Sa 16–22 Uhr. Beliebtes Seafood-Restaurant mit frisch zubereiteten Speisen. 15–30 $.
**The Abbey** [10]: 163 Ponce de Leon Ave., Tel. 404-876-8532, tgl. 18–22 Uhr. Umgebaute neogotische Kirche, die wie Franziskanermönche gekleideten Kellner servieren Kalbskotelett (32 $), Hähnchenbrust (19,50 $) oder Lammrücken (34 $).
**Thelma's Kitchen** [11]: 768 Marietta St. NW., Tel. 404-688-5855, Mo–Fr 7.30–16.30, Sa 8–15 Uhr. Einfaches Lokal, aber bodenständige Küchenkunst; gute Hähnchen, Steaks und vegetarische Gerichte. Hauptgang 4–12 $.

**Lenox Square:** 3393 Peachtree Rd. NE., www.simon.com/mall, Mo–Sa 10–21, So 12–18 Uhr. Eine der größten Malls im amerikanischen Südosten, in der man nicht nur alles bekommt, was man braucht, sondern sich auch noch bestens beim *window shopping* oder in einem der über zwei Dutzend gastronomischen Betriebe vergnügen kann.
**Your DeKalb Farmer's Market:** 3000 E. Ponce de Leon Ave., Decatur östlich des Stadtzentrums, www.dekalbfarmersmarket.com, tgl. 9–21 Uhr. Großer Markt mit Spezialitäten aus 30 Ländern, tgl. 9–21 Uhr.

**Blind Willie's:** 828 N. Highland Ave., Tel. 404-873-2583, Mo–Do 20–1, Fr–Sa 20–2.30 Uhr. Kleines, aber ausgezeichnetes Jazz-Lokal, benannt nach der aus Georgia stammenden Jazz-Größe Blind Willie McTell.
**Dante's Down The Hatch:** 3380 Peachtree Rd., Tel. 404-266-1600, www.dantesdownthehatch.com, Mo–Sa ab 16, So ab 17 Uhr. Das Lokal ist im Stil eines historischen Seglers ausgestattet. Man sitzt ›an Bord‹ oder auf der ›Hafenmole‹. Jeden Abend außer Mo guter Jazz.
**Sambuca Jazz Café:** 3102 Piedmont Rd., Tel. 404-237-5299, www.sambucajazzcafe.com. Elegantes Nachtlokal im Stadtteil Buckhead mit wechselnden musikalischen Darbietungen, Auftritte tgl. ab 19.30.
**Mama's Country Showcase:** 3952 Covington Hwy, Decatur, Tel. 404-288-6262, Do 20–1, Fr 20–4, Sa 20–3 Uhr. Riesiges Lokal mit Countrymusic, fünf Bars, Tanzflächen und mechanisches Bullenreiten.

**Atlanta Symphony Orchestra:** 1293 Peachtree St. NE., Tel. 404-733-5000, www.atlantasymphony.org. Profiliertes Orchester, das 1977 anlässlich der Amtseinführung von US-Präsident Carter und 1996 bei der Eröffnungsfeier der Olympiade spielte.
**Atlanta Opera:** 728 W. Peachtree St. NW., Tel. 404-881-8801, www.atlantaopera.org. Die Oper gehört zu den Flaggschiffen der lokalen Kulturszene. Aufführungen z. T. im Fox Theatre.
**Atlanta Ballet:** 1400 W. Peachtree St. NE., Tel. 404-873-5811, www.atlantaballet.com. Das älteste permanente Ballett der USA führt Stücke wie ›Carmen‹, ›Hamlet‹, der ›Nussknacker‹ und das ›Requiem‹ von Mozart auf.
**Actor's Express:** 887 W. Marietta St., Tel. 404-875-1606, www.actorsexpress.com. Innovative Theater-Gesellschaft mit modernen und klassischen Stücken.

**Ein Fensterputzer in Downtown Atlanta bei seiner schwindelerregenden Arbeit**

**Feste/Veranstaltungen**
**Cracker Barrel 500** (März): Autorennen.
**Atlanta Jazz Festival** (Mai).
**Lesbian and Gay Pride Festival** (Juni): Schwulen- und Lesbenfest mit Paraden.
**Black Arts Festival** (Juli): 10-tägiges Fest afroamerikanischer Kunst.
**Peach Bowl Parade** (Dez.): Silvesterfest mit Musikkapellen aus ganz Amerika.

**Vergnügnungspark:** Six Flags Over Georgia, 7561 Six Flags Rd. an der I-20 West, Tel. 770-948-9290, www.sixflags.com, unterschiedliche Öffnungszeiten. Großer Vergnügungspark mit vielen ›nervenzerfetzenden‹ Fahrbetrieben, Broadway-Shows und breites Angebot für Kinder aller Altersklassen.
**Touren:** City Segway Tours, Underground Atlanta, Tel. 1-877-734-8687, www.CitySegwayTours.com, tgl. Mitte Febr.–Mitte Dez. Besichtigungstouren mit dem Segway Human Transporter, Mindestalter 12 J., Reservierung obligatorisch.
**Museumstag:** ›First Thursday‹, jeden 1. Do im Monat 17–21 Uhr. Freier Eintritt in 18 Kunstgalerien, Museen und anderen Kultureinrichtungen (Tel. 404-658-1877).

**Flugzeug:** Hartsfield International Airport, Tel. 404-768-4100, www.atlanta-airport.com. Der Flughafen liegt 10 Meilen südöstlich von Downtown. Die Terminals innerhalb des Flughafens werden von einer permanent verkehrenden Bahn bedient. Zwischen den Terminals und der Stadt pendeln Züge und Busse des MARTA-Verkehrssystems. Flugverbindungen in alle Welt. Alle Mietwagenfirmen sind vertreten.
**Bahn:** Brookwood Station, 1688 Peachtree Rd., Tel. 1-800-872-7245, www.amtrak.com. Amtrak-Züge fahren täglich z. B. nach Washington D. C. (ca. 11,5 Std.) oder nach Louisiana.
**Bus:** Greyhound Terminal, 232 Forsyth St., Garnett St. MARTA Station, Tel. 1-800-231-2222, www.greyhound.com. Busse in alle Landesteile.
**Öffentlicher Nahverkehr:** Die Verkehrsgesellschaft MARTA (Metropolitan Atlanta Rapid Transit Authority, www.itsmarta.com) betreibt zwei U-Bahn- und diverse Buslinien (5–1 Uhr).
**Taxi:** Für Taxis bezahlt man einen Grundpreis von 2 $ für die erste Meile und 25 Cent für jede weiteren 230 Meter. Vom Flughafen in die Stadtmitte kostet ein Taxi für zwei Personen ca. 25 $.

# Die Blauen Berge

Reiseatlas S. 20

**Eine Tour durch die Blue Ridge Mountains im Staatendreieck Georgia, North Carolina und Tennessee führt nicht nur durch erhabene Berglandschaften im Great Smoky Mountains National Park, sondern am Fuß der Appalachen auch durch interessante Kleinstädte, die Heimat der Cherokee-Indianer und kommerzialisierte Touristen-Mekkas.**

Nicht einmal eine Autostunde nördlich von Atlanta beginnt das Terrain langsam anzusteigen und kündigt an, was sich am Horizont immer deutlicher als blaue Höhenlinie abzeichnet: die Blue Ridge Mountains. Als südlicher Teil der gewaltigen Appalachenkette, die von der kanadischen Grenze bis in die amerikanischen Südstaaten reicht, verlieren die Blauen Berge auf dem Staatsgebiet von Georgia langsam an Höhe und enden schließlich am Rande der großen Erdnussebenen.

Georgia teilt sich die Blue Ridge Mountains mit den Nachbarstaaten North Carolina und Tennessee, in denen die Gebirgskette im berühmten Great Smoky Mountains National Park in einer Art grandiosem Finale noch einmal alle Register landschaftlicher Schönheit zieht. Mit jährlich mehr als 20 Mio. Gästen wird der Nationalpark häufig als einer der meistbesuchten in den USA bezeichnet, was manche Naturfreunde erschreckt. Wahrheit ist jedoch, dass die Besucherstatistik von der zentralen Parkstraße ›gefälscht‹ wird, die zu den wenigen in Ost-West-Richtung über die südlichen Appalachen führenden Routen zwischen Tennessee und North Carolina gehört und deshalb auch von vielen Durchreisenden benutzt wird. Abseits der Straße kann man in den Great Smokys große Gebiete finden, in denen man keiner Menschenseele begegnet.

In den Ausläufern der Blauen Berge können Besucher die meist kleinen Ortschaften wie Amerikas erstes Goldrauschstädtchen Dahlonega und das in bayerischem Weiß-Blau daherkommende Helen genießen. Anhänger von Thomas Wolfe werden sich in Asheville auf die Spuren des bekanntesten Sohnes der Stadt begeben, der in der Pension seiner Mutter an seinem Welterfolg ›Schau heimwärts, Engel‹ schrieb.

An der östlichen Flanke der Great Smoky Mountains breitet sich in der reizvollen Appalachen-Landschaft das Stammesgebiet der Cherokee mit der ›Hauptstadt‹ Cherokee aus. Hotels, Motels, Inns und viele Geschäfte säumen die Straßen, in denen es nur einen Gelderwerb zu geben scheint: Tourismus.

## Am Fuß der Blauen Berge

### Lake Sidney Lanier

**Reiseatlas:** S. 20, D/E 4

Nördlich von Atlanta liegt mit dem **Lake Sidney Lanier** ein bekanntes Ferienparadies. Der vom Chattahoochee und Chestatee River gespeiste See wurde nach dem einheimischen Dichter und Komponisten Sidney Lanier (1842–1881) benannt, der die Schönheit der Natur in vielen seiner Werke lobte. Bei den Olympischen Sommerspielen 1996 wurden am See die Ruder- und Kajakwettbewerbe ausgetragen, was dem Gewässer als Freizeitdestination Popularität verschaffte. Für die Bevölkerung im Großraum Atlanta war der Lake Lanier schon lange vorher ein Urlaubs- und Wochenendtipp, weil er schnell erreichbar und mit Straßen um seine 540 Meilen langen Uferlinien gut erschlossen ist. An vielen Seeabschnitten gibt es Campingplätze, Sportanlagen, Wasserparks, Unterkünfte, Picknickstellen und Badestrände.

## Dahlonega

**Reiseatlas:** S. 20, D 4
Seit 1954 erinnert das jährlich im Oktober stattfindende Goldrausch-Festival im Städtchen **Dahlonega** an das wahrhaft goldene Zeitalter der Stadt. 1828 fanden Goldsucher hier das erste Gold auf amerikanischem Boden. In der 3600 Einwohner großen Gemeinde sind die Spuren des ersten amerikanischen Goldrausches noch sichtbar. Im **Dahlonega Gold Museum** erzählt ein Film über das Leben und die Arbeit der damaligen Goldsucher. In den Ausstellungen sind Nuggets und Goldmünzen ausgestellt, die aus lokalem Material geprägt wurden (1 Public Sq., Tel. 706-864-2257, Mo–Sa 9–17, So 10–17 Uhr). Einen authentischeren Eindruck bekommen Besucher bei einer 45-minütigen professionellen Tour durch die **Consolidated Gold Mine,** in der das erste Gold gefördert wurde (185 Consolidated Gold Mine Rd., Tel. 706-864-8473, www.consolidatedgoldmine.com, im Sommer 10–17, im Winter 10–16 Uhr).

## Helen

**Reiseatlas:** S. 20, E 3
Wie sich Amerikaner Bayern vorstellen, wird in der kleinen Ortschaft **Helen** deutlich. An der Durchgangsstraße flattern vor Geschäften weiß-blaue Fahnen im Wind, in denen Lederhosen, Bierkrüge, Kuckucksuhren und Weihnachtskugeln die Verkaufsrenner sind. Überdimensionale Gartenzwerge, Windmühlen und Weihnachtsmänner dekorieren Georgias bayerischen Außenposten, wobei Authentizität dort mangelndem Geografiewissen zum Opfer fällt, wo sich Lokale wie Black Forest Restaurant, Old Heidelberg Restaurant und Hofbrauhaus Inn um Gäste bemühen.

## Asheville

**Reiseatlas:** S. 20, E/F 3
Der westlichste ›Zipfel‹ des Staatsgebietes von North Carolina markiert die Nordost-Grenze von Georgia. Größte Stadt ist dort mit dem 60 000 Einwohner zählenden Asheville eine Hochburg der Art-déco-Architektur und ein Wallfahrtsort für Liebhaber amerikanischer Literatur.

Das **Thomas Wolfe Memorial** besteht aus dem 1880 erbauten, durch einen Brand 1998 schwer beschädigten Old Kentucky Home, das von der Mutter des Schriftstellers Thomas Wolfe (1900–1938) als Pension betrieben wurde. Wo der Autor seine Jugendjahre verbrachte, spielt auch sein erster autobiografischer Roman ›Schau heimwärts, Engel‹. Sechs Jahre nach dem Feuer konnte das Memorial neu eröffnet werden, doch sind immer noch nicht alle Erinnerungsstücke restauriert. Hinter dem Haus informiert ein modernes Besucherzentrum u. a. mit einer audio-visuellen Präsentation über Leben und Werk des Schriftstellers. Nach seinem frühen Tod wurde Wolfe auf dem Riverside Cemetery bestattet, wo schon 28 Jahre zuvor der Erzähler William Sydney Porter alias O. Henry (1862–1910) zur letzten Ruhe gebettet worden war (52 N. Market St., Tel. 828-253-8304,

### Mit dem Autor unterwegs

#### Fürstlicher Palast

Amerikas Versailles steht bei Asheville in North Carolina. **Biltmore Estate** ist ein gewaltiges Schloss im Stil der französischen Renaissance und spiegelt das Geltungsbedürfnis der Industriedynastie der Vanderbilts wider (s. S. 344).

#### Bei Indianern zu Gast

Zu einem echten Touristen-Mekka hat sich die Ortschaft **Cherokee** in der gleichnamigen Indianerreservation entwickelt. Dort werden zwar Geschichte und Alltag der Native Americans demonstriert, es geht aber auch um harte Touristendollars (s. S. 344).

#### Appalachen-Höhepunkt

Der **Great Smoky Mountains National Park** mit seiner reizvollen Berglandschaft ist das Vorzeigestück der südlichen Appalachen (s. S. 344).

www.wolfememorial.com, Di–Sa 9–17, So 13–17, im Winter bis 16 Uhr).

### Biltmore Estate

Diese größte Privatresidenz der USA ließ der Enkel des legendären Eisenbahnkönigs und Finanziers Cornelius Vanderbilt, George Vanderbilt, zwischen 1889 und 1895 inmitten eines reizvollen Parks bauen. Hausarchitekt Richard Morris Hunt schuf ein Schloss mit 255 Räumen, das, dem Baustil der französischen Renaissance nachempfunden, gern als Amerikas Versailles apostrophiert wird. Gemälde europäischer Meister wie Renoir und Whistler, fernöstliches Porzellan, wertvolle Teppiche und Antiqitäten sowie ein Schachspiel, über dem Napoleon auf der Insel St. Helena grübelte, erwarben Vanderbilt und Hunt auf Sammelreisen durch Europa und den Orient – auf zwei Etagen kann man die Kostbarkeiten des Palastes besichtigen (1 Approach Rd., Tel. 828-225-1333, www.biltmore.com, Jan.–Mitte März tgl. 9–16, Mitte März–Dez. 8.30–17 Uhr).

### Cherokee

Am Rande der **Cherokee Indian Reservation** (www.cherokee-nc.com) gelegen hat sich der Ort ganz dem Tourismus verschrieben. Im Reservat leben 10 500 Nachfahren jener Indianer, die in der ersten Hälfte des 19. Jh. auf dem ›Trail of Tears‹ nach Oklahoma deportiert wurden (s. S. 30). Über dieses dunkle Kapitel der Geschichte sowie über die Kultur der Cherokee informiert das **Museum of the Cherokee Indian** (Hwy 441/Drama Rd., Tel. 828-497-3481, tgl. 9–17 Uhr).

Einen lebhaften Eindruck vom früheren Indianerleben vermittelt das **Oconaluftee Indian Village** im Stil von 1750, in dem die Native Americans ihre Handwerkskunst bei der Anfertigung von Zeremonienmasken, Steingravierungen und wunderschön geflochtenen Körben demonstrieren (Hwy 441 N., Tel. 828-497-2111, www.oconalufteevillage.com, Mai–Okt. tgl. 9–17.30 Uhr).

Ebenso wie die meisten anderen indianischen Reservationen setzen auch die Cherokee als Einnahmequelle auf das Glücksspiel. Dass das Spielkasino Harrah's Cherokee sich als Hotspot der Unterhaltung in der Region längst etabliert hat, zeigen die Namen der dort auftretenden Künstler wie Kenny Rogers, Jay Leno, Bill Cosby, BB King und Loretta Lynn (777 Casino Dr., Tel. 828-497-7777, www.harrahs.com).

## Great Smoky Mountains

**Reiseatlas:** S. 20, D/E 2/3
Tennessee und North Carolina teilen sich den 85 km langen und 30 km breiten **Great Smoky Mountains National Park**, dessen höchste Erhebungen zu den prominentesten Punkten im amerikanischen Osten zählen. Auf der mitten durch das Naturschutzgebiet führenden Newfound Gap Road herrscht im Sommer ständige Rushhour.

Als Kontrastprogramm dienen Wanderwege wie etwa der 11 km lange Alum Cave Bluffs Trail, der einen Höhenunterschied von fast 900 m überwindet, oder der 4 km lange Chimneys Tops Trail in nahezu menschenleeren Parkabschnitten mit Laub- und Nadelwald, kleinen Seen und Bächen und sanft geschwungenen Bergkuppen. Der längste Hiking Trail im Park ist der 109 km lange Abschnitt des Appalachian Trail über den 2080 m hohen Clingman's Dome, von dem man über die vom ›rauchigen‹ Dunst eingehüllten Höhenzüge blickt, die dem Park den Namen gaben (Visitor Information: Tel. 865-436-1200, www.nps.gov/grsm, durchgehend geöffnet, Eintritt frei).

### Gatlinburg und Pigeon Forge

**Reiseatlas:** S. 20, E 2
In unmittelbarer Nähe der nördlichen Parkgrenze stellt **Gatlinburg** mit konzentrierten Ansammlungen von Motels, Shopping Malls, Souvenirläden, Vergnügungsparks und Restaurants einen starken Kontrast zur Naturszenerie im Nationalpark her. Die in einem engen Tal liegende Touristenhochburg präsentiert

**Die Cherokee haben einen neuen Gelderwerb entdeckt: Fotomodell**

sich wie eine Voralpenversion von Torremolinos. Im Hochsommer ist auf der Durchgangsstraße kaum ein Durchkommen, weder für Autos noch für Fußgänger.

Zu den jüngsten Attraktionen des Orts gehört **Ripley's Aquarium of the Smokys,** ein interessantes Meeresaquarium mit über 3 m langen Haien, 8000 exotischen Fischen wie gefräßigen Piranhas und etwas gruselig wirkenden japanischen Spinnenkrabben, den größten Krustentieren der Welt (88 River Rd., Tel. 865-430-8808, www.ripleysquariumofthesmokies.com, So–Do 9–21, Fr 9–23 Uhr).

Auch im benachbarten **Pigeon Forge** regiert der ungebremste Kommerz. Jedes Sommerwochenende bricht eine gewaltige Welle von Urlaubern über den Ort herein, die wild entschlossen sind, sich in Vergnügungsparks wie **Dollywood** in Shows und Theatern zu amüsieren (1020 Dollywood Ln., Tel. 865-428-9488, www.dollywood.com) oder in gewaltigen Malls und Outlets bis zum Umfallen einzukaufen.

i **Pigeon Forge Department of Tourism:** P. O Box 1390, Pigeon Forge, Tennessee 37868, Tel. 865-453-8574, www.mypigeonforge.com.

**La Quinta Inn:** 219 Emert St., Tel. 865-429-3010, www.laquintainnpigeonforge.com. Nur Nichtraucherzimmer mit Kaffeemaschine, Frühstück inkl. Ab 60 $.

**Blick in die Weiten der Great Smoky Mountains**

**Days Inn:** 2760 Pkwy, Tel. 865-453-4707, www.daysinn.com. Größeres Motel mit 144 Zimmern, einige mit Whirlpools ausgestatteten Suiten, beheizter Pool. Ab 60 $.

**Bennett's Pit Bar-B-Que:** 2910 Pkwy, Tel. 865-429-2200, tg. 8–21, Sa–So bis 22 Uhr. Man speist in rustikaler Atmosphäre; ausgezeichnete BBQ-Gerichte. Dinner 12–22 $.
**Old Mill:** 164 Old Mill Ave., Tel. 865-429-3463, tgl. 7.30–21 Uhr. Serviert werden hier nicht nur gebratene Rinderleber, Ribeye-Steaks und Brathähnchen, sondern auch Seafood-Platten – typisch ländliche, deftige Küche ohne großen Schnickschnack. Dinner ab 12 $.

## Knoxville und Umgebung

**Reiseatlas:** S. 20, D 2
Bevor Nashville Hauptstadt von Tennessee wurde, spielte das heute 165 000 Einwohner große Knoxville am Ufer des Tennessee River diese Rolle. Erster weißer Siedler war 1786 General James White, der seine sieben Blockhütten mit einem Palisadenzaun umgab. **White's Fort** ist heute ein kleines Freilichtmuseum mit historisch eingerichteten Blockhütten, in denen lediglich die eingebauten Klimaanlagen an das 20. Jh. erinnern (205 E. Hill Ave., Tel. 865-525-6514, www.discoveret.org/jwf, wechselnde Öffnungszeiten).

Außer mit afrikanischem Großwild wie Giraffen, Elefanten und Gorillas, Vögeln, Reptilien und vielen Säugetierarten beschäftigt sich der **Knoxville Zoo** hauptsächlich mit der Aufzucht von Roten Pandas und hat sich damit weltweit einen hervorragenden Ruf geschaffen (3500 Knoxville Zoo Dr., Tel. 865-637-5331, www.knoxville-zoo.com, Mo–Fr 9–16.30, Sa–So 9.30–18 Uhr).

### Sequoyah Birthplace Museum

**Reiseatlas:** S 20, D 3
Eroberten sich andere berühmte Indianer wie Sitting Bull, Crazy Horse oder Geronimo hauptsächlich im Kampf gegen die weiße Zivilisation einen prominenten Platz in den Annalen der US-Geschichte, machte sich der Cherokee Sequoyah (1776–1843) einen Namen durch eine beispiellose Kulturleistung. Er wurde 1760 als Sohn einer Cherokee und eines deutschen Händlers geboren und indianisch erzogen. Auf der Jagd verletzte er sich am Bein und blieb sein Leben lang körperbehindert. Durch Missionarsschulen wurde er auf die englische Schriftsprache aufmerksam und machte sich an die Aufgabe, seiner eigenen Sprache ebenfalls eine Schrift zu geben. Nach 12 Jahren hatte er ein aus 85 Zeichen bestehendes Cherokee-Alphabet erfunden. Auf Cherokee erschienen in der Folge mehrere Publikationen, 1828 sogar die Zeitschrift ›Cherokee Phoenix‹ (Sequoyah Birthplace Museum, Citico Rd., Vonore, TN 37885, Tel. 423-884-6246, Mo–Sa 9–17, So 12–17 Uhr).

# Von Atlanta nach Nashville

Reiseatlas S. 19/20

**Erinnerungen an längst untergegangene Indianerkulturen, Sehenswürdigkeiten wie die berühmte Chattanooga Choo-Choo-Eisenbahn und von Malzduftnebeln umgebene Whiskey-Brennereien liegen am Weg nach Nashville, Amerikas uneinnehmbarer Zitadelle der Countrymusic.**

Funde prähistorischer Pfeilspitzen lassen Archäologen und Anthropologen darauf schließen, dass Menschen schon vor über 12 000 Jahren nördlich von Atlanta bei Cartersville lebten. Liegen diese frühen Zeiten weitgehend im Dunkel der Geschichte, kann die Wissenschaft über spätere Perioden genauere Auskunft geben. Das gilt etwa für die so genannte Mississippi-Periode in der Zeit zwischen 1000 und 1600 unserer Zeitrechnung. Am Mississippi begannen damals die Menschen den Boden zu kultivieren und neue gesellschaftliche Organisationsformen zu entwickeln, was nach Osten ausstrahlte und auch in Georgia bei den Etowah Indian Mounds eine neue Kultur entstehen ließ.

Einzige größere Stadt zwischen Atlanta und Nashville ist Chattanooga gleich hinter der Tennessee-Grenze. Vor wenigen Jahrzehnten noch ein großes, langweiliges Kaff am Ufer des Tennessee River, trug die Stadtsanierung mittlerweile Früchte und verwandelte die Grenzmetropole in eine populäre Touristendestination. Erster Meilenstein auf dem Weg in eine bessere Zukunft war der Bau des Tennessee Aquarium, das sich früher ausschließlich mit Süßwasser-Lebewesen beschäftigte, seit seiner Erweiterung aber auch Spezies aus den Weltmeeren zeigt.

Nashville hebt sich mit seinem modernen Kern von anderen US-Städten vergleichbarer Größe dadurch ab, dass viele Sehenswürdigkeiten im kompakten Zentrum zu Fuß leicht erreichbar sind. Ein zweiter Unterschied: Hektik und Aufgeregtheit sind keine ausgeprägten Kennzeichen der Bevölkerung in der Hauptstadt von Tennessee. Die Gelassenheit passt zur bodenständigen Countrymusic, mit der Nashville seit Jahrzehnten aufs Engste verbunden ist. Im Jahr 1925 begann eine Radiostation mit der Übertragung von Tanzveranstaltungen. Die Sendungen wurden zu einem Riesenevent, das sich durch die modernen Medien seit damals zwar veränderte, aber nach wie vor zu den bedeutendsten Kulturereignissen der Stadt gehört.

## Auf dem Weg nach Tennessee

**Reiseatlas:** S. 20, D 4

Bei Cartersville nördlich von Atlanta lebten während der Mississippi-Periode offenbar mehrere tausend Indianer auf der **Etowah Indian Mounds Historic Site** und bauten mit sechs Bestattungs- und Zeremonialhügeln erstaunliche Anlagen. Neben den Gebeinen von Toten stießen Forscher in den abgeflachten Aufschüttungen auf Überreste eines Indianerdorfes, darunter Grabbeigaben wie aus Kupfer getriebene Ohrbehänge, diverser Haarschmuck und einzigartige Steinfiguren. Die Gegenstände sind in einem kleinen Museum ausgestellt (813 Indian Mound Rd. SE., Tel. 770-387-3747, www.georgiastateparks.org, Di–Sa 9–17, So 14–17.30 Uhr).

Außerhalb der Ortschaft Calhoun westlich der I-75 liegt mit der **New Echota State Historic Site** eine zweite bedeutende historische Stätte. An dieser Stelle gründeten die Cherokee-Indianer im Jahr 1825 die Hauptstadt ihrer Indianischen Republik, die sich weit über die Grenzen von Georgia hinaus bis nach North Carolina, Tennessee und Alabama erstreckte. Auf dem Gelände stehen zahlreiche restaurierte oder rekonstruierte Gebäude wie das Council House, der Oberste Gerichtshof, die Vann Tavern und eine Druckerei, in der mit dem ›Cherokee Phoenix‹ die erste indianische Zeitung in der von Sequoyah (s. S. 347) entwickelten Cherokee-Schrift veröffentlicht wurde (1211 Chatsworth Hwy NE., Tel. 706-624-1321, http://ngeorgia.com/parks/new.html, tgl. 9–17 Uhr).

## Rome

**Reiseatlas:** S. 19, C 4

Seinem anspruchsvollen Namen wird der Ort durch seine Lage auf sieben Hügeln gerecht, zwischen denen sich das kleine historische Zentrum mit backsteinernen Häusern ausbreitet. Die Romulus-und-Remus-Skulptur vor der City Hall war 1929 ein Geschenk des italienischen Diktators Mussolini. Aus einer Schule im Blockhausstil baute die Mäzenin Martha Berry 1902 das nach ihr benannte **Berry College** auf, zu dem über 35 Gebäude auf einem riesigen Campus gehören, der eher einer alten Klosteranlage ähnelt. Die knapp 2000 Studenten werden in teils prächtigen Bauten unterrichtet, die Geldgeber wie Henry Ford und Andrew Carnegie finanzierten (2277 Martha Berry Hwy NW., Tel. 706-232-5374, www.berry.edu).

Im Ort steht mit dem **Chieftain's Museum** die 1794 erbaute Residenz des berühmten Cherokee-Häuptlings Major Ridge. Ende 1835 schloss er in der Überzeugung, das Fortbestehen der Cherokee zu sichern, mit der US-Regierung einen Vertrag, mit dem er das gesamte Staatsgebiet der Cherokee für ca. 5 Mio. $ und ein neues Territorium in Oklahoma an die USA verkaufte. Die Vereinbarungen ließen den Indianern zwei Jahre Zeit, um sich ins Exil nach Oklahoma zu begeben. Da der Vertrag von der Cherokee-Regierung nie abgesegnet wurde, betrachteten ihn die meisten Stammesmitglieder als nicht rechtskräftig. Wenige Jahre zuvor hatte Ridge die Verabschiedung eines Gesetzes veranlasst, das den Verkauf von Stammesgebieten mit der Todesstrafe belegte. Im Museum beschäftigen sich die Ausstellungen hauptsächlich mit dem berüchtigten ›Trail of Tears‹ bzw. mit der Deportation der Cherokee nach Oklahoma (501 Riverside Pkwy, Tel. 706-291-94 94, www.chieftainsmuseum.org, Di–Fr 9–15, Sa 10–16 Uhr).

### Mit dem Autor unterwegs

#### Chattanooga erleben

**Chattanooga Choo-Choo:** Kein Besucher kehrt der Stadt den Rücken, ohne die weltbekannte Museumseisenbahn gesehen zu haben (s. S. 349).

**Tennessee Aquarium:** Das Ufer des Tennessee River in Chattanooga ist über die Jahre nicht zuletzt durch das erweiterte Tennessee Aquarium und das benachbarte IMAX Theatre zum touristischen Epizentrum geworden (s. S. 350 f.).

**Lookout Mountain**: Wer sich in freier Natur bewegen und die wunderbare Aussicht auf Chattanooga genießen will, kann sich auf dem Lookout Mountain südlich des Stadtzentrums nach Herzenslust vergnügen (s. S. 351).

#### Mekka der Countrymusic

**Country Music Hall of Fame:** Wer sich für die Musikszene in den Vereinigten Staaten interessiert, kommt um einen Besuch in Nashville nicht herum. (s. S. 355).

## Chattanooga

**Reiseatlas:** S. 19, C 3

Unmittelbar hinter der Staatsgrenze von Tennessee liegt eine Südstaatenmetropole mit einem wohlklingenden, einprägsamen Namen: das 160 000 Einwohner große **Chatta-nooga**. Glenn Miller machte ihn in den 1940er Jahren weltweit mit dem Lied ›Chattanooga Choo-Choo‹ bekannt, das sich auf eine historische Eisenbahn bezog. In Deutschland verhalf Udo Lindenberg dem Song 1983 mit der deut-

**Bekannteste Sehenswürdigkeit in Chattanooga: der Chattanooga Choo-Choo**

schen Version ›Letzter Zug nach Pankow‹ zu neuer Popularität. Der Chatta-nooga Choo-Choo gehört in der Stadt am Tennessee River zu den zugkräftigsten Besuchermagneten. Die Dampflokomotive steht bunt bemalt im ehemaligen **Southern Railway Terminal,** der seit Jahren als Hotel genutzt wird und Betten sogar in historischen Bahnwaggons anbietet (s. S. 351).

## An der Riverfront

Ein amerikanisches Magazin wählte Chattanooga vor einiger Zeit zur besten amerikanischen Stadt für Fußgänger. Die Auszeichnung verdient sich die Stadt u. a. mit dem River Walk, der dem Ufer des Tennessee River folgt. Auf dem zentralen Abschnitt im Stadtzentrum führt bei Ross's Landing eine Freitreppe direkt zum Fluss, auf dem an heißen Sommertagen Wassersportler in Kanus, Booten und Gummiflößen in den Fontänen eines Springbrunnens um die kühlsten Plätze wetteifern.

Jahre vergingen, ehe die Stadtväter das Ufer des breiten Tennessee River als Freizeitzone erkannten. Heute dient die neu gestaltete Riverfront als jüngstes Vorzeigestück einer sinnvollen Stadtsanierung.

## Tennessee Aquarium

Unter den Attraktionen der Stadt nimmt das hoch gelobte **Tennessee Aquarium** einen besonderen Platz ein. In jüngster Vergangenheit um das Doppelte des bisherigen Ausstellungsplatzes erweitert, gilt es zurzeit als größtes Süßwasseraquarium der Welt, das mehr als 9000 Fische, Vögel, Säugetiere und Reptilien in ihren natürlichen Lebensräumen zeigt. Die einzelnen Teile sind so perfekt nachgebaut, dass man glauben könnte, Alligatoren, Fischotter, Schildkröten, Welse und Piranhas in freier Wildbahn zu beobachten. Eine Nachbildung zeigt etwa typische Abschnitte des Tennessee River von seiner Quelle im Appalachengebirge bis zum Golf von Mexiko. Hinter einem anderen Fenster blicken Besucher staunend auf eine riesige Zypresse und fragen sich, wie es den Aquarium-Architekten gelang, den gewaltigen Baum ins dritte Stockwerk zu verpflanzen. Manche Becken sind mehrere Etagen hoch, sodass man beim Gang durch die halbdunklen Gänge von oben nach unten den Eindruck bekommt, trockenen Fußes immer tiefer in einen See zu steigen. Im neuen Teil des Aquariums begegnen Besucher Meereslebewesen und exotischen

Schmetterlingen (1 Broad St., Tel. 423-265-0695, www.tnaqua.org, tgl. 10–18 Uhr).

In der Nachbarschaft des Aquariums zeigt das **IMAX 3D Theatre** auf einer Riesenleinwand atemberaubende dreidimensionale Filme etwa über Haie in Mexiko, Kolumbien, Ägypten und Polynesien oder eine Safari in Südafrika, bei der man dem Großwild so nahe kommt, dass man fast glauben könnte, eine reale Situation zu erleben (Tel. 1-800-262-0695, tgl. ab 11 Uhr).

## Bluff View Art District

Auf einer Klippe hoch über dem Tennessee River hat sich der **Bluff View Art District** über die Jahre zu einem populären Ausgehviertel mit Restaurants, Cafés, Galerien und Boutiquen entwickelt. Zu diesem Stadtteil gehört auch das umgebaute und erweiterte **Hunter Museum of American Art** mit einer hervorragenden Sammlung amerikanischer Kunst. Unter den Gemälden befinden sich Werke von Künstlern wie Thomas Cole von der Hudson River School, von Vertretern des amerikanischen Impressionismus wie Mary Cassatt, John Twachtman, Lila Cabot Perry und Maurice Prendergast und Arbeiten abstrakter Expressionisten wie Willem de Kooning (10 Bluff View, Tel. 423-267-0968, www.huntermuseum.org, Mo–Di und Fr–Sa 10–17, Mi und So 12–17 Uhr).

Kunst und Natur verbindet der **River Gallery Sculpture Garden** am Steilufer des Flusses miteinander. Knapp zwei Dutzend originale Kunstwerke sind entlang befestigter Wege im Freien aufgestellt (400 E. 2nd St., tgl. 10 Uhr bis Sonnenuntergang, Eintritt frei).

## Lookout Mountain

Einen grandiosen Blick über die Stadt und ihre Umgebung hat man vom Point Park auf dem Lookout Mountain, auf dessen Spitze die Zahnradbahn Lookout Mountain Incline Railway führt. Auf dem Berg liegen die aus bizarren Felsformationen und engen Schluchten bestehenden Rock City Gardens. Kinder haben ihren Spaß in einem unterirdischen Märchengarten. In einen dunklen Bergstollen sind beleuchtete Nischen mit Szenen aus bekannten Märchen und Legenden eingelassen (1400 Patten Rd., tgl. 9–17 Uhr).

Ein schmaler Pfad führt durch Tropfsteinhöhlen zu den gewaltigen, im Berginneren befindlichen **Ruby Falls,** die mit 44 m zu den höchsten und ungewöhnlichsten Wasserfällen östlich der Rocky Mountains zählen (1720 S. Scenic Hwy, Tel. 423-821-2544, www.rubyfalls.com, tgl. ab 8 Uhr).

i **Chattanooga Area Convention & Visitors Bureau:** 2 Broad St., Chattanooga, TN 37402, Tel. 423-756-8687, Fax 423-265-1630, www.chattanoogafun.com.

**Mayor's Mansion Inn:** 801 Vine St., Tel. 423-265-5000, Fax 423-265-5555, www.mayorsmansioninn.com. B & B im ehemaligen Wohnsitz des Bürgermeisters mit edler Inneneinrichtung und 18 wunderschönen Zimmern. Ab 150 $.

**Pettit House:** 109 Ochs Hwy, Tel. 423-821-4740, www.pettithouse.com. Stilvolles B & B mit hohen Räumen, orientalischen Teppichen auf Dielenböden, Bad und Frühstück. 125–195 $.

**Chattanooga Choo Choo Holiday Inn:** 1400 Market St., Tel. 423-266-5000, Fax 423-265-4635, www.ichotelsgroup.com. Hotellobby und Restaurant befinden sich im restaurierten Bahnhof vom Beginn des 20. Jh. Eisenbahnfans können stilecht in einem der umgebauten viktorianischen Bahnwaggons übernachten. Ab 110 $.

**Motel 6:** 2440 Williams St., Tel. 423-265-7300, Fax 423-265-1140, www.motel6-chattanooga-downtown.com. Einfaches Motel mit ordentlichen Zimmern. Ab 42 $.

**Lookout Valley KOA Kampground:** 3714 Cummings Hwy, Tel. 706-657-6815. Auf dem Boden des Staatsgebiets von Georgia liegender, gut ausgestatteter Platz.

**Big River Grille & Brewing Works:** 222 Broad St., Tel. 423-267-2739, tgl. 11–22 Uhr. Nach Pasta Jambalaya (13 $) oder Hawaii-Hähnchen (13 $) und selbst gebrautem Bier kann man die Kleinbrauerei besichtigen.

# Promille-Wunderland: Alkoholgesetze

Thema

**Eigenartige Gesetze in einem Land, in dem selbst die bigotten Pilgerväter auf ihrer Pionierreise in die Neue Welt auf der ›Mayflower‹ mehr Bier als Trinkwasser transportierten und dessen erster Präsident George Washington zu den ersten kommerziellen Schnapsbrennern des Landes gehörte.**

Auch lange nach Ende der Prohibitionszeit (1917–1933) existieren in den USA noch Alkoholgesetze, wie sie in Europa gänzlich unbekannt sind. Dabei unterscheiden sie sich von Staat zu Staat und von Landkreis zu Landkreis. Selbst manche Städte und Ortschaften besitzen ein eigenes Regelwerk zum Alkoholkonsum. US-Standard für alle Bundesstaaten sind nur zwei Bestimmungen: Das Mindestalter für Alkoholkauf und -konsum liegt bei 21 Jahren, die Promillegrenze für Autofahrer bei 0,8 Promille.

Jenseits dieser beiden ›nationalen‹ Gesetze existiert ein unübersichtlicher Dschungel aus Bestimmungen und Verordnungen, in denen gelegentlich nicht einmal Einigkeit über Definitionen herrscht. Manche Gesetze betreffen nur destillierte Alkoholika wie Whiskey und Wodka, andere schließen Bier und Wein mit ein. In Virginia existieren beispielsweise ›trockene‹ Landkreise mit ›feuchten‹ Städten. In anderen Bundesstaaten gibt es zwar keine entsprechenden Alkoholgesetze, aber per Referendum sorgen die Bürger in Städten und Gemeinden selbst für entsprechende Regularien.

So genannte Blue Laws verbieten hie und da etwa den Verkauf von alkoholischen Getränken an Sonntagen und manchen Feiertagen. In manchen Supermärkten werden Bier- und Weinregale an ›verbotenen‹ Tagen mit einer Sichtblende verhängt, damit niemand auf die Idee kommt, einen Sixpack an die Kasse zu schleppen. Die Zahl der Sonntagsverbote scheint jedoch rückläufig, weil für viele Geschäfte der Sonntag nach dem Samstag der zweitwichtigste Verkaufstag der Woche ist und viele Filialleiter auf den Umsatz mittels Alkoholika nicht verzichten wollen.

Ein Beispiel dafür ist das neuenglische Städtchen Rockport nördlich von Boston. Dort dämmerte im Frühjahr 2005 ein neues Zeitalter heran. Seit Mitte des 19. Jh. war die Ortschaft ›trocken‹ gewesen, weil sich seinerzeit eine einzelne Frau mit ihrem unerbittlichen Feldzug gegen den Alkohol durchgesetzt hatte. 2005 fand wieder einmal eine Abstimmung über die lokalen Alkoholgesetze statt, und diesmal entschieden die Einwohner, das seit über einem Jahrhundert gültige Verkaufsverbot in Geschäften bzw. das Ausschankverbot in Lokalen aufzuheben.

Besonders in Imbissketten und Fastfood-Lokalen muss man in der Regel auf das Gläschen Wein oder Bier zum Essen verzichten. Der Grund: Nur wer für seinen Betrieb eine Alkohollizenz erworben hat, darf alkoholische Getränke ausschenken. Da solche Lizenzen aber nicht gerade preiswert sind, verzichten manche Lokale darauf. Andere bieten ›BYO‹ an, was ›bring your own‹ bedeutet, d. h. man kann Wein oder Bier selbst mitbringen und vor Ort verzehren. Für die Bereitstellung von Öffnern und Gläsern wird hie und da ein so genanntes ›Korkgeld‹ verlangt. Größere Restaurants besitzen in den meisten Fällen eine Alkohollizenz, weil sie wissen, dass ihre Gäste gern ein Glas zum Essen genießen.

**212 Market Restaurant:** 212 Market St., Tel. 423-265-1212, tgl. Lunch und Dinner. Farbenfrohes Lokal mit Empore und ungezwungener Atmosphäre, Mo–Fr 16–19 Uhr Happy Hour mit Live-Musik, Spinat-Ravioli mit Artischockenherzen, Oliven und Feta-Pesto-Sauce 17,95 $.
**Mt. Vernon:** 3509 Broad St., Tel. 423-266-6591, Mo–Fr 11–21.30, Sa 16.30–21.30 Uhr, So Ruhetag. Schellfisch-Filet mit Kräutern und Limonen 11 $, Sirloin-Steak 11 $, hervorragende Desserts wie Amaretto Cream Pie oder Apfelkuchen nach Hausrezept 3,50 $.

**Chattanooga Market:** 1826 Carter St., www.chattanoogamarket.com, Mo–Sa 12–18 Uhr. Lebhafter Markt für Obst und Gemüse, Töpfereien, Kunsthandwerk und Live-Musik. Das Marktcafé öffnet um 11 Uhr.
**Lodge Discount Factory Outlet:** 5th at Cedar St., South Pittsburg, www.lodgemfg.com, Mo–Sa 9–19, So 12–18 Uhr. Outlet nur für Küchen- und Backgeräte.

**Riverbend Festival** (Juni): Chattanoogas größtes, 9 Tage dauerndes Stadtfest mit Jazz, Blues, Country und klassischer Musik, Bildhauer und Maler stellen ihre Arbeiten aus, Gastronomen servieren Südstaatenküche.

**Dampfertouren:** Southern Belle Riverboat, 201 Riverfront Pkwy, Pier 2, Tel. 423-266-4488, www.chattanoogariverboat.com. Fahrten mit einem ›Mississippi‹-Dampfer auf dem Tennessee River.

**Öffentlicher Nahverkehr:** Im 5- bis !0-Min.-Takt fahren kostenlose Elektrobusse die wichtigen Punkte der Innenstadt an (Tel. 423-629-1473, www.carta-bus.org.).

## Im Whiskey-Imperium

**Reiseatlas:** S. 19, B 3
Über die Ortschaft Lynchburg kann man sich eigentlich nur wundern. Über dem Stadtkern um das Courthouse liegt tagtäglich ein malziger Whiskeygeruch, der nicht etwa Bars und Kneipen, sondern der 1866 gegründeten, für Besucher geöffneten Whiskeybrennerei **Jack Daniel's Distillery** entströmt. Widersinnig daran ist, dass Lynchburg in einem abstinenten Landkreis liegt, in dem das hochprozentige Getränk weder verkauft noch konsumiert werden darf.

Im Visitor Center können sich Besucher vor Führungen durch den Betrieb über Einzelheiten und Geschichte der holzkohlegefilterten Tennessee-Whiskey-Herstellung informieren. Wer auf ein Pröbchen hofft, ist falsch am Platz (10 Short St., Tel. 931-759-4715, www.jackdaniels.com, tgl. 9–16.30 Uhr).

Eine zweite Whiskeybrennerei befindet sich nordöstlich von Lynchburg bei der Ortschaft Normandy. Auch bei **George Dickle** kann man sich durch den Betrieb führen lassen (Cascade Hollow Rd., Tel. 931-857-31 24, Anschluss 230, www.dickel.com, Di–Sa 9–16 Uhr).

## Franklin

**Reiseatlas:** S. 19, B 2/3
Ziegelgepflasterte Bürgersteige führen im Zentrum der 20 000-Seelen-Ortschaft an reizvollen viktorianischen Hausfassaden vorbei, hinter denen sich elegante Boutiquen, Antiquitätengeschäfte, Kunstgalerien, Souvenirläden, gepflegte Restaurants und Imbisse für den ›schnellen‹ Hunger verbergen. Charme und Attraktivität des Städtchens verdrängen die Tatsache, dass bei Franklin Ende November 1864 eine nur fünf Stunden dauernde Bürgerkriegsschlacht stattfand, die 8000 Soldaten das Leben kostete, darunter sechs Generäle der Konföderierten.

Die Schlacht bei Franklin setzte auch dem 1830 erbauten **Carter House** zu. In dem Ziegelgebäude, das ein Bürgerkriegsmuseum mit einer Video-Präsentation beherbergt, schlugen damals über 1000 Kugeln ein und machten es zu einem der am stärksten beschädigten Gebäude des Kriegs, das die Feindseligkeiten dennoch überstand (1140

Columbia Ave., Tel. 615-791-1861, tgl. Mo–Sa 9–17, So 13–17 Uhr).

Auch an der **Carnton Plantation** ging der Bürgerkrieg nicht spurlos vorbei. Die wunderschöne Villa mit einer Säulenfassade diente den Südstaatentruppen als Feldlazarett, in dem Hunderten Verletzten die letzte Stunde schlug. Über 1500 Gefallene wurden von der Hausherrin Carrie McGavock auf ihrem eigenen Grund und Boden auf einem privaten Friedhof bestattet, der immer noch in der Garten- und Parklandschaft des Anwesens existiert. Die damaligen Ereignisse beschreibt der Schriftsteller Robert Hicks in seinem 2005 erschienenen Roman ›The Widow of the South‹ (1345 Carnton Ln., Tel. 615-794-0903, www.carnton.org, Mo–Sa 9–17, So 13–17 Uhr).

## Natchez Trace Parkway

Franklin liegt am historischen, 444 Meilen langen **Natchez Trace Parkway**, der im Städtchen Natchez im Bundesstaat Mississippi beginnt und im 15 Meilen von Franklin entfernten Nashville endet. Vor rund 8000 Jahren trampelten große Bisonherden über diesen Pfad, den später Indianer, Trapper, Händler, Missionare und Soldaten benutzten. Die Gefahren, die auf ihm durch Indianer, Banditen und wilde Tiere lauerten, brachten ihm den Namen ›Teufels Rückgrat‹ ein.

Anfang des 19. Jh. war diese Route die einzige Verbindung zwischen der zivilisierten Welt an der Ostküste und der Zivilisationsgrenze am Mississippi. Mit der Erfindung des Dampfschiffes erübrigte sich der strapaziöse Landweg, der im 20. Jh. zu einer modernen Touristenroute ausgebaut wurde (www.nps.gov/natr).

i **Williamson County Visitor Information Center:** 209 E. Main St., Franklin, TN 37064, Tel. 615-591-8514, Fax 615-790-5337, www.visitwilliamson.com.

**Best Western Franklin Inn:** 1308 Murfreesboro Rd., Tel. 615-790-0570, www.bestwesternfranklin.com. Tadelloses Hotel mit Pool, Businesscenter, Fitnesseinrichtungen, Frühstück inkl. Ab 65 $.

**Best Value Inn & Suites:** 4201 Franklin Commons, Tel. 615-591-5678, Fax 615-591-5676, www.motelfranklin.com. Größeres Motel mit Pool und ordentlichen Standardzimmern bzw. Suiten. Ab 44 $.

**Factory at Franklin:** 230 Franklin Rd., www.factoryatfranklin.com, tgl. ab 9 Uhr. In elf ehemaligen Fabrikgebäuden wurden Geschäfte und Restaurants eingerichtet. Darüber hinaus gibt es ein breites Angebot an Unterhaltungsmöglichkeiten. Häufig finden dort Kunstausstellungen, Konzerte und Theateraufführungen statt.

# Nashville

**Reiseatlas:** S. 19, B 2

Jedem Amerikaner ist Nashville als Wiege der Countrymusic bekannt, die Stars wie Hank Williams und Willie Nelson zu Rang und Ansehen verhalf und mit Garth Brooks und Reba McIntyre neuere Stars feiert. Dass die 490 000 Einwohner große Metropole gleichzeitig Sitz von Regierung und Parlament von Tennessee ist, fällt im Leben der Stadt weniger ins Gewicht.

Im Unterschied zum größten Teil der Ostküste liegt Nashville nicht in der Eastern Time Zone, sondern in der Central Time Zone, d. h. der Zeitunterschied zu Deutschland beträgt nicht mehr 6, sondern 7 Stunden.

## Country-Institutionen

Im Jahr 1892 als Gospelkirche erbaut, diente das **Ryman Auditorium** später als Theater, in dem Berühmtheiten wie Sarah Bernhardt, Enrico Caruso, Orson Welles und Mae West vom Publikum bejubelt wurden. In der zweiten Hälfte des 20. Jh. machte die Einrichtung eine beispiellose Karriere als Wiege der Countrymusic. Von 1943 bis 1973 traten auf der Bühne sämtliche Stars dieser Musikrichtung auf. 1994 wieder einmal umgebaut, finden in dem 2100 Plätze großen Auditorium heute unterschiedliche Kulturveranstaltungen statt (116 Fifth Ave. N., Tel. 615-458-8700, www.ryman.com, Führungen und Backstage-

Touren an veranstaltungsfreien Tagen 9–16 Uhr).

## Grand Ole Opry

Außer im Winter, wenn die **Grand Ole Opry** ins Ryman Auditorium umzieht, finden in dieser riesigen Konzerthalle die Countrykonzerte mit der Elite der Country-Sängerinnen und –sänger statt. Niemand stört sich daran, dass während der von Radio und Fernsehen übertragenen Veranstaltungen auf der Bühne Werbung für Scheuermilch und Brotaufstrich gemacht wird. Im **Grand Ole Opry Museum** dokumentieren Multi-Media-Shows die Karrieren von großen Countrystars und zeigen Memorabilien in Hülle und Fülle (2802 Opryland Dr., Tel. 615-871-5043, Mo–Sa 9–17, So 13–17 Uhr).

## Country Music Hall of Fame

Rund 37 Mio. Dollar war dem musikverrückten Nashville die Walhalla der bekanntesten Countrygrößen wert, die 2001 eröffnet wurde. Wer schon immer einmal den Armee-Entlassungsschein von Johnny Cash, den goldenen Cadillac von Elvis Presley oder weitere 3000 Memorabilien mehr oder weniger berühmter Sänger und Sängerinnen sehen wollte, ist dort an der richtigen Stelle. Eine unter dem Titel ›Sing me back Home‹ stehende Dauerausstellung mit Kostümen, Memorabilien, Musikinstrumenten, Fotografien und Song-Manuskripten ermöglicht Besuchern eine Reise durch viele Jahrzehnte Countrymusic (222 Fifth Ave. S., Tel. 615-416-2001, www.countrymusichalloffame.com, tgl. 9–17 Uhr).

## State Capitol

Der Sitz der Regierung des Bundesstaats Tennessee liegt auf einem Hügel in Downtown und lässt an seinem Äußeren unschwer neogriechische Vorbilder erkennen. Das 1859 nach Plänen von William Strickland fertig gestellte Gebäude ist von einem Park mit zahlreichen Monumenten umgeben, darunter eine Reiterstatue des siebten US-Präsidenten Andrew Jackson, der aus Nashville stammte. Zusammen mit seiner Ehefrau ist der 11. US-Präsident James K. Polk in diesem Park zur letzten Ruhe gebettet (Charlotte Ave. zwischen 6th und 7th Ave., Tel. 615-741-2692, www.state.tn.us, Mo–Fr 9–16 Uhr, Eintritt frei).

## Museumstour

Im Jahr 1934 im Art-déco-Stil erbaut, beherbergt das frühere Hauptpostamt mit dem **Frist Center for the Visual Arts** eine wichtige Einrichtung der lokalen Kunstszene. Das Zentrum besitzt zwar nur eine kleine eigene Sammlung, zeigt aber das ganze Jahr über interessante Wanderausstellungen etwa über venezianische Glaskunst, Landschaftsfotografie oder französische Impressionisten (919 Broadway, Tel. 615-244-3340, www.fristcenter.org, Mo–Mi und Fr–Sa 10–17.30, Do 10–20, So 13–17 Uhr).

Das **Tennessee State Museum** schlägt einen Bogen über 15 000 Jahre Vergangenheit von prähistorischen Zeiten über die angloamerikanische Besiedlungsgeschichte bis hin zum Bürgerkrieg und die darauf folgende Zeit. Historisches Mobiliar, Waffen, Flaggen und viele Memorabilien an Berühmtheiten wie Andrew Jackson, Daniel Boone, James K. Polk, David Crockett und Sam Houston machen das Museum zu einer wertvollen historischen Fundgrube (Fifth/Deaderick St., Tel. 615-741-2692, www.tnmuseum.org, Di–Sa 10–17, So 13–17 Uhr, Eintritt frei).

Dass Nashville gelegentlich als ›Athen des Südens‹ bezeichnet wird, hängt mit einer Jahrhundertausstellung zusammen, die 1897 im Centennial Park stattfand. Als repräsentatives Zentrum entstand damals aus Gips und Holz eine maßstabsgetreue Nachbildung des **Parthenons** in Athen, der 1931 in einem deutlich widerstandsfähigerem Sandstein nachgebaut wurde.

Neben den städtischen Kunstsammlungen mit Werken wichtiger amerikanischer Künstler ist dort eine 13 m hohe Statue der Athene zu sehen, der griechischen Göttin der Weisheit, Wehrhaftigkeit und Künste (West End Ave./25th Ave., Tel. 615-862-8431, www.nashville.gov/parthenon, Di–Sa 9–16.30, So 12.30–16.30 Uhr).

## Richtig Reisen-Tipp: Countrysound zum Anfassen

Die musikalische Seele von Nashville ist in rauchgeschwängerten Kneipen am besten spürbar, wo jeden Abend Nachwuchstalente auf Minibühnen stehen und ein Hut oder Plastikeimer zwecks Gage herumgeht. Seit der Prohibition gelten manche Straßenzüge als Paradies für Musikfans und Nachtschwärmer.

Wenn die Großen der Countrymusic im Winter nicht in der Grand Ole Opry, sondern wie früher im Ryman Auditorium auftraten, liefen sie in den Pausen schon einmal schnell um die Ecke, um in **Tootsie's Orchid Lounge** (422 Broadway, Tel. 615-726-0463, www.tootsies.net, tgl. ab 19 Uhr) ein Gläschen zu trinken. Sind die Stars in dem kleinen Lokal nicht persönlich anwesend, sind sie zumindest auf Autogrammfotos an den Wänden präsent. Jeden Abend gibt es Live-Musik, und wer einen Platz an einem Tisch ergattern will, sollte früh genug kommen.

An alte Zeiten erinnert die versteckte **Printer's Alley** im Zentrum von Nashville, wo heute noch Lokale wie die **Bourbon Street Blues & Boogie Bar** (220 Printer's Alley, Tel. 615-242-5837, www.bourbonstreetblues.com, tgl. ab 16 Uhr) das historische Musikerbe verwalten.

Aus der Reihe fällt das kleine **Bluebird Café** (4104 Hillsboro Rd., Tel. 615-383-1461, www.bluebirdcafe.com, tgl. ab 18 Uhr). Es liegt nicht im Musikzentrum der Stadt, sondern am Stadtrand in einer Shoppingzeile und hat schon einer ganzen Reihe von Musikern eine Bühne geboten, die es von hier aus in den nachfolgenden Jahren bis in die großen Konzerthallen des Landes schafften.

Wer der Countrymusic in Nashville überdrüssig wird, kann sich in die Rhythm & Blues-Szene flüchten. Als deren Inbegriff gilt der **B.B. King's Blues Club** (152 Second Ave., Tel. 615-256-2727, So–Do 17–1 Uhr), in dem der Meister und Eigentümer B. B. King selbst gelegentlich zur Gitarre greift. Das Lokal besitzt zwei Bühnen und bietet zu den allabendlichen Shows ein Dinner an.

**Typisch Nashville: Countrymusiker beim Auftritt in Tootsie's Orchid Lounge**

**The Hermitage** war die Privatresidenz des siebten amerikanischen Präsidenten Andrew Jackson (1767–1845), der von 1829 bis 1837 das höchste Staatsamt bekleidete. Er ging u. a. als Verantwortlicher für die brutale Vertreibung der Indianerstämme des Südostens in die Annalen der Geschichte ein.

1834 brannte seine Villa ab und wurde zwei Jahre später wieder aufgebaut. Die Innenräume sind mit Mobiliar und Kunstwerken ausgestattet wie zu Jacksons Lebzeiten. Der Politiker ist neben seiner Frau Rachel in einem Pavillon auf dem Grundstück bestattet (4580 Rachel's Ln., Tel. 615-889-2941, www.thehermitage.com, tgl. 9–17 Uhr, 3. Woche im Januar geschlossen).

**Nashville Visitor Information Center:** Gaylord Entertainment Center, 501 Broadway, Tel. 615-259-4747, www.musiccityusa.com.

**Hermitage Hotel:** 231 Sixth Ave. N., Tel. 615-244-3121, Fax 615-254-6909, www.thehermitagehotel.com. Bestes Hotel zwischen Memphis und Atlanta mit einer fürstlichen Lobby, luxuriös ausgestatteten Zimmern und Suiten, in denen es den Gästen an nichts fehlt. Ab 220 $.

**Carole's Yellow Cottage:** 801 Fatherland St., Tel. 615-226-2952, www.bbonline.com/tn/yellowcottage. Viktorianisches Haus aus dem Jahr 1902 mit hohen Zimmern mit Dielenfußboden sowie Gemälden an den Wänden, Kabel-TV, nur für Nichtraucher. 70–160 $.

**Fiddlers Inn:** 2410 Music Valley Dr., Tel. 615-885-1440, Fax 615-883-6477, www.fiddlers-inn.com. Bei der Grand Ole Opry gelegenes Motel mit Pool und Businesscenter, ordentliche Zimmer. 70–110 $.

**The Bound'ry:** 911 20th Ave. S., Tel. 615-321-3043, nur Dinner. Großes Lokal mit einem Interieur im neogriechischen Stil und mediterran inspirierten Speisen. 20–50 $.

**Hog Heaven:** 115 27th Ave. N., Tel. 615-329-1234, So–Mo Ruhetag. Lokal mit lockerer Atmosphäre und zünftigen Fleischgerichten wie BBQs und gebratenem Geflügel. 10–20 $.

**Bluebird Café:** 4104 Hillsboro Rd., Tel. 615-383-1461, nur Dinner. Gut besuchtes Lokal, weil es zu einer guten Auswahl von Fisch- und BBQ-Gerichten häufig live Countrymusic gibt. 10–20 $.

**Hatch Showprint:** 316 Broadway, Tel. 615-256-2805, Mo–Sa 10–18 Uhr. Wer als Reisemitbringsel ein Poster eines Countrystars sucht, wird in dieser seit 1879 existierenden Druckerei sicher fündig.

**Opry Mills:** 433 Opry Mills Dr., www.oprymills.com, Mo–Sa 10–21.30, So 11–19 Uhr. Riesiger Shopping- and Entertainment-Komplex mit über 200 Geschäften, Restaurants und Kinos.

Ein typisches Souvenir aus Nashville sind Cowboystiefel, die man zum Teil in hervorragender Qualität bekommt. Im Zentrum und an der Church Street gibt es zahlreiche Geschäfte.

**Wildhorse Saloon:** 120 Second Ave. N., Tel. 615-902-8200, www.wildhorsesaloon.com, tgl. ab 11 Uhr. Das Lokal verbindet ein beliebtes Restaurant mit einer lebhaften Musikszene.

**Gold Rush:** 2205 Elliston Pl., Tel. 615-327-2809, www.goldrushnashville.com, tgl. 11–2 Uhr. Mexikanische Speisen, ein Billardzimmer, eine Martini-Bar und eine Western-Bar.

**Tennessee Performing Arts Center:** 505 Deaderick St., Tel. 615-782-4000, www.tpac.org. In diesem weit über Nashvilles Stadtgrenze hinaus bekannten Kulturzentrum haben die Nashville Symphony, das Tennessee Repertory Theatre, die Nashville Opera und das Nashville Ballet ihre Spielstätten. Innerhalb des Komplexes stehen vier Auditorien mit bis zu 2400 Plätzen zur Verfügung.

**Dampfertouren:** General Jackson Showboat, Gaylord Opryland Complex, 2800 Opryland Dr., Tel. 615-889-1000, www.gaylordhotels.com. Unterschiedliche Touren an Bord eines ›Mississippi‹-Dampfers mit Dinner und Unterhaltung.

# Der Antebellum Trail

Reiseatlas S. 23

**Von Zerstörungen des Bürgerkriegs weitgehend verschont, haben sich zwischen Athens und Macon in Georgia einige Ortschaften zur Touristenroute Antebellum Trail organisiert. Die ›Pfunde‹, mit denen sie wuchern können, sind wunderschöne Straßenzüge mit über 150 Jahre alten Villen und ›Lebkuchenhäusern‹ wie aus dem Bilderbuch.**

Weiße Pflanzervillen, endlose Baumwollfelder, schattige Alleen aus jahrhundertealten knorrigen Eichen, dampfende Sümpfe, Magnoliengärten und Damen der besseren Gesellschaft in wippenden Reifröcken, die durch elegante Plantagenhäuser schreiten: Trotz vieler Veränderungen in den vergangenen Jahrzehnten lässt sich solche Idylle im amerikanischen Süden zwischen der supermodernen Millionenstadt Atlanta und der Atlantikküste nach wie vor finden.

Am 90 Meilen langen Antebellum Trail, der östlich von Atlanta im Universitätsstädtchen Athens beginnt und in Macon am Ocmulgee River endet, hat nur in mehreren kleineren Städtchen alte Südstaatenherrlichkeit überlebt. Denn im Bürgerkrieg fielen auf dem Gebiet der ehemaligen Südstaaten-Konföderation viele Städte und Gemeinden den blutigen Auseinandersetzungen zum Opfer. Ein Beispiel dafür sind einige Regionen in Georgia, wo Nordstaaten-General William T. Sherman auf seinem Marsch vom zerstörten Atlanta nach Savannah eine Schneise der Verwüstung schlug. Seine Soldaten plünderten und brandschatzten, gleichgültig ob es sich um militärisch wichtige Einrichtungen handelte oder nicht. Sie nahmen sich von Farmen und Feldern alles, was sie verwerten konnten, und machten nicht einmal vor Sklavenhütten Halt.

Von der brutalen Strategie der verbrannten Erde blieben im betreffenden Landesteil von Georgia nur wenige Orte verschont. Madison etwa hatte das Glück, dass Senator Joshua Hill vor Ort seinen strahlend weißen Landsitz errichtet hatte. Er war mit General Shermans Bruder befreundet und galt als Gegner der Südstaatensezession. Bei einem Treffen mit dem General setzte sich Hill erfolgreich für eine Verschonung von Madison ein, das aus diesem Grund den größten Teil seiner Häuser aus der Zeit vor dem Bürgerkrieg behielt und zum architektonischen Juwel am Antebellum Trail werden konnte.

›Lebkuchenhäuser‹ nennen die Amerikaner ihre schmucken Anwesen, deren hölzerne Balkonbrüstungen und weiß getünchte Fassaden aussehen wie Zuckerwerk auf einem Lebkuchenherz. Außer diesen stimmungsvollen Häusern, die nicht selten von wunderschönen, gepflegten Gärten umgeben sind, entstanden in der Vorkriegszeit auch noble Paläste, die ein Licht auf die Lebensweise der damaligen Highsociety werfen. Die Plantage Tara aus ›Vom Winde verweht‹ sucht man aber auch am Antebellum Trail vergeblich: Sie stand nur in den Filmstudios von Hollywood.

## Athens

**Reiseatlas:** S. 23, B 1
Noch heute bildet der 1785 gegründete Campus in Athens mit über 300 Gebäuden einen Teil des historischen Erbes der Stadt. Auf dem parkähnlichen Universitätsgelände fallen säulengeschmückte Gebäude im klassizistischen Stil auf, der sich 1832 mit dem Bau

der Universitätskapelle durchzusetzen begann und der Stadt den Beinamen The Classic City (Stadt der Klassik) eintrug. Gemälde aus der italienischen Renaissance und der amerikanischen Gegenwart und viele Kunstgegenstände aus aller Welt sind im zur Universität gehörenden **Georgia Museum of Art** ausgestellt.

Das 1845 im klassizistischen Stil erbaute **Taylor-Grady-House** schmücken 13 dorische Säulen als Symbole der amerikanischen Gründungsstaaten. Ebenfalls griechischen Vorbildern verpflichtet ist das 1857/58 errichtete **President's House** des ehemaligen Präsidenten der University of Georgia mit einer Fassade aus korinthischen und Flanken aus dorischen Säulen. Das älteste Haus von Athens, das **Church-Waddel-Brumby House,** wurde um 1820 als Wohnsitz eines Mathematikprofessors erbaut und dient nun als Touristeninformation.

Athens hat sich keineswegs nur als wissenschaftliche Hochburg und architektonisches Schaustück einen Namen gemacht, sondern auch als Musikerkolonie, in der junge Künstler in die Fußstapfen von aus Georgia stammenden Größen wie Otis Redding, Little Richard und James Brown traten. Das gilt in erster Linie für die drei lokalen, auch international bekannten Gruppen Indigo Girls, B-52 und R.E.M. sowie den Sänger Kenny Rogers.

**Athens Welcome Center:** 280 E. Dougherty St., Athens, Tel. 706-353-1820, Fax 706-353-1770, www.visitathensga.com. Kommentierte, 90-minütige ›Classic City Tours‹ per Kleinbus.

**Magnolia Terrace:** 277 Hill St., Tel. 706-548-3860, Fax 706-369-3439, www.bbonline.com/ga/magnoliaterrace. Stilvolles Haus eines reichen Baumwollhändlers von 1912. Jedes der 8 Gästezimmer mit eigenem Bad. 85–150 $.

**Grand Oaks Manor B & B:** 6295 Jefferson Rd., Tel. 706-353-2200, Fax 706-353-7799, www.bbonline.com/ga/nicholson. Gästezimmer inkl. eigenem Bad, Telefon, TV und Klimaanlage. 109–159 $.

## Mit dem Autor unterwegs

### Klassizistische Provinz

Mit seinen vielen klassizistischen Gebäuden strahlt **Athens** die Atmosphäre eines eleganten Landstädtchens aus (s. S. 358).

### Viktorianische Schönheiten

**Madison** ist die hübscheste Gemeinde am Antebellum Trail, die ihre Attraktivität u. a. dem wunderschönen viktorianischen **Hunter House** und dem klassizistischen **Joshua Hill House** verdankt (s. S. 359).

### Bürgerpaläste

Schönste Architekturzeugnisse aus dem 19. Jh. sind in Macon am Ende des Antebellum Trail das grandiose **Hay House** und das **Old Cannonball House** (s. S. 362).

**40 Watt Club:** 285 W. Washington St., Tel. 706-549-7871, www.40watt.com, Mo–Sa ab 20 Uhr. Der bekannteste Musikklub von Georgia profitierte in der Vergangenheit von den Berühmtheiten der lokalen Szene wie R.E.M. und B-52.

**AthFest** (Juni): Musikfest mit über 120 Bands, die ein Wochenende lang drinnen und draußen spielen, www.athfest.com.

# Madison

**Reiseatlas:** S. 23, B 1

Der nicht einmal 4000 Einwohner zählende Ort gilt als Perle des Antebellum Trail und sieht in manchen Straßenzügen aus wie ein gepflegtes Freilichtmuseum. Beim Morgan County Courthouse im Zentrum, das sich mit einem kuppelförmigen Uhrturm zu erkennen gibt, laufen die von historischen Häusern gesäumten Straßen zusammen.

Viele der stattlichen Villen und hübschen Cottages entlang South Main und Academy Street entstanden zwischen 1830 und 1860, als Kaufleute und Farmer der Region mit

**Einem verwunschenen Märchenschloss ähnelt das viktorianische Hunter House**

Baumwolle zum Teil äußerst lukrative Geschäfte machten.

Das am meisten fotografierte Anwesen in Madison ist das märchenhafte **Hunter House** aus dem Jahr 1883. Seinen unnachahmlichen Reiz bezieht das im Queen-Anne-Stil errichtete Haus von seiner verwinkelten Bauweise mit Erkern und Dachgauben, einem umlaufenden, überdachten und mit Balustraden versehenen Balkon sowie einem traumhaften Garten mit Azaleenbüschen und rankenden Rosen am Gartenzaun (580 S. Main St.). Neben dem über 170 Jahre alten **Dovecoat House** (201 S. Main St.) zählt das **Joshua Hill House** (485 Old Post Rd.) zu den schönsten Bauten der Stadt. Hausherr dieses neogriechischen Palastes mit schneeweißen Säulen um die Fassaden war Senator Joshua Hill, der mit persönlichem Einsatz dafür sorgte, dass die Stadt im Bürgerkrieg nicht zerstört wurde.

i **Madison-Morgan Chamber of Commerce:** 115 E. Jefferson St., Madison, GA 30650-1362, Tel. 706-342-4454, www.madisonga.org. Im Mai und Dezember finden

Touren durch Privathäuser statt (www.tour madison.com).

**Madison Oaks Inn:** 766 E. Ave., Tel. 706-343-9990, www.madisonoaksinn.com. Prächtiges, in einem Park liegendes Anwesen im Greek-Revival-Stil von 1905, sehr gepflegte Zimmer mit Frühstück. 185–250 $.
**Brady Inn:** 250 N. 2nd St., Tel. 705-342-4400, Fax 705-342-9287, www.bradyinn.com. B & B in einem viktorianischen Cottage, 7 Gästezimmer mit eigenem Bad, nur März–Juni und Sept.–Dez. 100 $.

**Days Inn:** 2001 Eatonton Rd., Tel. 706-342-1839, Fax 706-342-1839, www.daysinn.com. Kettenmotel in Interstate-Nähe außerhalb des Orts. Ab 60 $.

**Ye Olde Colonial Restaurant:** 108 E. Washington St., Tel. 706-342-2211, tgl. außer So Lunch und Dinner. Ausgezeichnete Südstaaten-Gerichte in einem alten Bankgebäude aus dem Jahr 1800. Ab 14 $.

## Auf dem Weg nach Macon

**Reiseatlas:** S. 23, C 1/2
Das historische Ortsbild von **Eatonton**, wo knapp 7000 Menschen leben, präsentiert sich Besuchern weniger auffällig als in Madison, wenngleich in zahlreichen Nebenstraßen sehenswerte Häuser aus dem 19. Jh. stehen. Im Ort wurde 1848 Joel Chandler Harris (1848–1908) geboren, der mit dem Hasen Br'er Rabbit und dem Fuchs Br'er Fox zwei populäre Fabelgestalten schuf, die in vielen seiner ›Uncle Remus‹-Geschichten auftauchen. Das Uncle Remus Museum mit einem Kamin und einigen wenigen Memoriabilien ist in einem Blockhaus untergebracht, das aus zwei originalen Sklavenhütten zusammengesetzt wurde (114 N. Madison Ave., Tel. 706-485-6856, www.uncleremus.com, Mai–Sept. 10–17 Uhr).

Vorbei am Lake Sinclair, der 1953 durch den Staudamm am Oconee River entstand, erreicht man **Milledgeville**, von 1803 bis 1868 Hauptstadt von Georgia. An die damalige Zeit erinnert das 1806 erbaute Old State Capitol, in dem 1861 der so genannte Sezessionskonvent zusammentrat. Nach dreitägiger, erbitterter Debatte beschlossen die Delegierten den Austritt aus der amerikanischen Union, womit sich Georgia im Bürgerkrieg auf die Seite der Südstaaten schlug. Seit Jahren ist im Hauptgebäude und den später errichteten Nebengebäuden mit dem **Georgia Military College** eine Militäruniversität untergebracht. Das 1838 fertig gestellte klassizistische **Old Governor's Mansion** mit säulengeschmückter Fassade gehört ebenfalls zu den geschichtsträchtigen Anwesen.

**Nicht vom Wind verwehte Spuren:** Die Einwohner von Milledgeville behaupten gern, die beiden Hauptdarsteller des Bürgerkriegsepos ›Vom Winde verweht‹, Clark Gable und Vivien Leigh, seien vor Beginn der Aufnahmen in dieses Städtchen geschickt worden, um den so genannten ›Southern Twang‹ zu üben, den schleppenden Akzent der Südstaaten.

# Macon

**Reiseatlas:** S. 23, B 2
Größte Stadt und Endpunkt des Antebellum Trail ist die 106 000 Einwohner zählende Stadt **Macon** am Ocmulgee River, der den Landstrich zwischen den Piedmont-Hügeln im Norden und der Küstenebene im Süden durchfließt. Im Jahr 1823 gegründet, wurde der Ort zu einem Geschäftszentrum inmitten ausgedehnter Plantagen. Wohlhabende Zeitgenossen ließen im Zentrum imposante Bürgerpaläste errichten, die zum Teil noch erhalten sind.

## Noble Villen

Zu den dekorativsten Beispielen des Italian-Renaissance-Revival-Stils gehört das 24 Zimmer große **Hay House**. Der in einem Garten liegende Prachtbau mit einer geschwungenen Freitreppe zum Haupteingang entstand zwischen 1855 und 1859. Solche Paläste mit Stuckwerk, Kristallleuchtern, antikem Mobiliar und erlesenem Porzellan befinden sich heute nur noch selten in Privatbesitz, weil die Aufwendungen für Instandhaltung in der Regel zu hoch sind. Das gilt auch für das vom Georgia Trust for Historic Preservation unterhaltene Hay House. Zur Zeit seiner Fertigstellung beeindruckte es nicht nur durch sein reizvolles Äußeres, das vom Kontrast zwischen dem roten Ziegelwerk und den schneeweißen Säulen, Balkonen und Fensterumrandungen lebt.

Im Innern kam modernste Technik zum Einsatz etwa mit einer zentralen Wasserversorgung, einem Aufzug und einem ausgeklügelten Belüftungssystem (934 Georgia Ave., Tel. 478-742-8155, www.georgiatrust.org, Führungen tgl. 10–16 Uhr).

Als einziges Gebäude der Stadt wurde das **Old Cannonball House** während des Bürgerkriegs beschädigt. Im Flur des 1853 für einen Richter gebauten Hauses liegt eine Eisenkugel, die 1864 von den Unionstruppen abgefeuert wurde. Der Schaden war nicht allzu groß, da das Geschoss zwischen den ionischen Säulen an der Fassade einschlug, ein Fenster zerbrach und im Fußboden stecken blieb. Die mit edlem Mobiliar, wertvollen Teppichen und Kunstwerken ausgestatteten Zimmer lassen auf einen luxuriösen Lebenswandel der damaligen Bewohner schließen (856 Mulberry St., Tel. 478-745-5982, www.cannonballhouse.org, Führungen Mo–Sa 10–17 Uhr).

## Ruhmeshallen

In der etwa 4000 m² großen **Georgia Music Hall of Fame** werden extravagante Memorabilien von mehr als 450 Künstlern aus Georgia gezeigt, darunter Exponate bekannter Musikgrößen wie beispielsweise Little Richard, Otis Redding, die Allman Brothers Band und James Brown ausgestellt, die in Macon ihre Karriere begannen. Zu den herausragenden Künstlern in dieser Ruhmeshalle gehört Ray Charles (1930–2004), der in Albany (Georgia) zur Welt kam und dessen Version von ›Georgia On My Mind‹ zur Nationalhymne des Bundesstaats erklärt wurde (200 Martin Luther King Jr. Blvd., Tel. 478-750-8555, www.gamusichall.com, Mo–Sa 9–17, So 13–17 Uhr).

Die populäre und viel besuchte **Georgia Sports Hall of Fame** dokumentiert Leben und Karrieren der Helden unterschiedlicher Sportarten von Golf und Football bis Baseball, Basketball und Autorennsport. Die Vitrinen dieses größten Sportmuseums im Staat sind voll von persönlichen Erinnerungsstücken wie Trikots, Sportschuhen und Preisen. Im Locker Room (Umkleideraum) fallen keine Hüllen, sondern werden Sportausrüstung, Videos von Spielen und Wettbewerben, Starfotos und Trainingskleidung verkauft (301 Cherry St., Tel. 478-752-1585, www.gshf.org, Mo–Sa 9–17, So 13–17 Uhr).

## Ocmulgee National Monument

Schon 10 000 Jahre vor der Gründung von Macon durchstreiften nomadisierende Jäger die Uferzonen des Ocmulgee River. Nachweise ihrer Existenz fanden Archäologen in Form einfacher Speer- und Pfeilspitzen. Aus viel späterer Zeit stammen die Zeugnisse, die Forscher außerhalb des heutigen Stadtzentrums im **Ocmulgee National Monument** fanden. Dort lebte zwischen 900 und 1400 eine Ackerbau treibende Gemeinde der so genannten Mississippi-Kultur, die sich seit etwa 750 n. Chr. vom mittleren Mississippi-Tal über weite Gebiete der zentralen und östlichen USA ausbreiteten.

Die Mississippi-Indianer bauten am Ocmulgee River erstaunliche Anlagen. Unweit des Visitor Center, in dem zahlreiche Funde ausgestellt sind und ein Film über die Indianer gezeigt wird, befindet sich die Rekonstruktion eines mit Erde bedeckten Zeremonialgebäudes, das aus der Entfernung wie ein abgerundeter Hügel aussieht. Unter dem runden, durch einen zentralen Pfeiler gestützten Holzdach versammelten sich vermutlich die politischen und religiösen Führer der Gemeinde. Das Volk lebte in Hütten auf den Anhöhen über dem Flussufer. Im Südteil des National Monument liegen zwei Temple Mounds, aufgeschüttete, abgeflachte Hügel, auf denen in rechteckigen Holzbauten wahrscheinlich wichtige Zeremonien abgehalten wurden. Im Museum von Ocmulgee sind viele der Mississippi-Kultur zugeordnete Gegenstände ausgestellt. Andere Exponate, hauptsächlich Töpfereien, weisen auf Woodland-Ursprünge hin oder gehören zur Lamar-Kultur, die sich der Mississippi-Zeit seit dem 14. Jh. anschloss (1207 Emery Hwy, tgl. 9–17 Uhr, Tel. 478-752-8257, www.nps.gov/ocmu, Eintritt frei).

**Macon-Bibb County Convention & Visitors Bureau:** 200 Cherry St., Macon GA 31208, Tel. 478-743-3401, Fax 478-745-2022, www.maconga.org.

**1842 Inn:** 353 College St., Tel. und Fax 478-741-1842, www.1842inn.com. Prachtvoller Säulenbau mit 22 Zimmern, Wandteppiche, Antiquitäten, alte Gemälde, manche Zimmer mit Whirlpool und offenem Kamin, Frühstück inkl. 139–230 $.

**Best Western Inn:** 2400 Riverside Dr., Tel. 478-743-6311, Fax 478-743-9420, www.bestwestern.com. Gediegenes Haus mit Pool und eigenem Restaurant. 59 $.

**Travelodge:** 5000 Harrison Rd., Tel. 478-471-6116, www.travelodge.com. Kettenmotel mit Standardzimmern und größeren Suiten, Innenpool, Dataports. 46 $.

**The Back Burner:** 2242 Ingleside Ave., Tel. 478-746-3336, Di–Sa 11.30–14 und 18–21.30 Uhr. Der aus Nizza stammende Chefkoch zaubert hervorragende französische Gerichte auf den Tisch. Dinner 18–30 $.

**Hooters of Macon:** 112 Riverside Pkwy, Tel. 478-471-7675, tgl. ab 11.30 Uhr. Lockeres Kettenrestaurant, zu dessen Geschäftspolitik hübsche Bedienungen gehören, die in Hot Pants amerikanische Kost servieren. Ab 7 $.

**Karla's Shoe Boutique:** 603 Cherry St., Tel. 478-741-2066, Mo–Fr 10–17.30, Sa 10–16 Uhr. Die Besitzerin des Schuhgeschäfts ist die Tochter von Otis Redding. Sie verkauft Designer-Schuhmode.

**Old Asia Gallery & Antiques:** 3170 Vineville Ave., Tel. 478-755-1978, Di–Sa 11–17 Uhr. Asiatische Antiquitäten und Sammlerstücke.

**Grand Opera House:** 639 Mulberry St., Tel. 478-301-5300, www.mercer.edu/thegrand. 1884 erbautes Opernhaus mit einer der größten Bühnen des Südens, die für Theateraufführungen genutzt wird.

**Historic Douglass Theatre:** 355 Martin Luther King Jr. Blvd., Tel. 478-742-2000. In diesem Theater began Otis Redding seine Karriere. Heute finden dort unterschiedliche Veranstaltungen und Kinovorführungen statt.

**Feste/Veranstaltungen**

**Cherry Blossom Festival** (März): 10-tägiges Kulturfest, dessen Anlass 285 000 alljährlich blühende Kirschbäume sind, www.cherryblossom.com.

# Die Küste von Georgia

Reiseatlas S. 24, 26

**Inselhüpfen kann am Atlantiksaum von Georgia zur Sucht werden. Kein Wunder, dass sich Amerikas Millionäre manche der Traumparadiese schon im 19. Jh. selbst zum Geschenk machten. Heute gehört die Inselwelt ebenso wie Überbleibsel der Plantagenkultur und Kleinstädte zum touristischen Repertoire des Bundesstaats.**

Bizarr geformte Buchten, Landvorsprünge, Halbinseln, Marsch- und Sumpfgebiete und vor allem eine Kette von Barriere-Inseln, die sich im Norden nach South Carolina und im Süden nach Florida fortsetzt, prägen die 100 Meilen lange Küste des Bundesstaats Georgia. Einerseits handelt es sich bei manchen Küstenabschnitten um fast unberührte, im Falle etwa von Cumberland oder Sapelo Island nur von wenigen Menschen bewohnte Flecken.

Andererseits wurden einige der so genannten Golden Isles wie Jekyll Island und Sea Island bereits im 19. Jh. von Erholung suchenden Industriemagnaten in noble Millionärsresorts verwandelt, die mit wunderschönen subtropischen Landschaften, gepflegten Golfanlagen, kilometerlangen Sandstränden und fürstlichen Nobelherbergen heute oft öffentlich zugänglich sind. Brücken und Dämme sorgen dafür, dass diese Inselparadiese vom Festland aus leicht erreichbar sind.

Die natürlichen Voraussetzungen an der Georgia-Küste, die ungewöhnliche Geologie des Meeresbodens eingeschlossen, sorgen dafür, dass die Gezeitenunterschiede deutlicher ausfallen als in anderen Atlantikanrainern. Das wiederum hat Sümpfe und Marschen entstehen lassen, in denen eine spezielle Flora und Fauna zur natürlichen Vielfalt beiträgt. Das größte Süßwassersumpfgebiet Nordamerikas liegt im Küstenhinterland und verbindet Georgia und Florida miteinander. Der riesige Okefenokee Swamp mit seinen Kanälen, Teichen und Seen voll von braunem Moorwasser bildet für Alligatoren, Schildkröten und Vögel einen idealen Lebensraum, für Besucher eine reizvolle Erfahrung mit einer exotischen Naturlandschaft.

Von Savannah abgesehen liegen an der Atlantikküste keine größeren Städte. Über Orten wie Brunswick und Darien, in deren Häfen sich Fischkutter knarzend aneinander reiben, liegt bis heute der Hauch alter Kolonialzeiten, gemischt mit dem romantisch-melancholischen Flair des Südens. Dazu passen Magnolien, Hartriegel, Jasmin und vor allem die immergrünen Eichen, aus deren wunderschönen Kronen zottelige ›Bärte‹ aus Spanischem Moos hängen.

## Ziele an der Küste

### Okefenokee Swamp

**Reiseatlas:** S. 24, D 4

Die Indianer sprachen vom ›Land der bebenden Erde‹, wenn sie den riesigen, 1800 $km^2$ großen **Okefenokee Swamp** meinten, der von der südöstlichsten Ecke von Georgia ins benachbarte Florida hinüberreicht. Der Name rührt vom bis zu 5 m tiefen Torfboden her, der in Schwingungen gerät und Baumwipfel in nächster Umgebung zittern lässt, wenn man sich darauf entsprechend bewegt.

Bester Ausgangspunkt für Touren in den Sumpf ist die Ortschaft Waycross. Weite Gebiete sind nur per Boot über die 120 Meilen langen, mit moorbraunem Wasser gefüllten

Kanäle zugänglich. An wenigen Stellen führen Holzstege durch das Naturparadies, an denen sich kapitale Alligatoren sonnen oder langbeinige Weißreiher durch die blühenden Seerosen staken. Weiße Wolken hängen wie Federbetten am Himmel, wenn sich am späteren Vormittag der Nebel verzogen hat. Bäume tragen würdige Zottelbärte aus gekräuseltem Moos und werfen ihre Schatten über die grüne Wildnis, die für fast fünf Dutzend Reptilien- und ebenso viele Amphibienarten einen einzigartigen Lebensraum bildet (US Hwy 1 S., Waycross, Georgia 31501, Tel. 912-283-0583, www.okeswamp.com, tgl. 9–17.30 Uhr, es werden Boots- und Kanutouren angeboten).

## Cumberland Island National Seashore

**Reiseatlas:** S. 24, E 4

Das 6 Meilen vor der Küste liegende Cumberland Island National Seashore ist nur von St. Marys aus per Fähre zugänglich. Die Ranger des National Park Service achten darauf, dass jeweils nur eine begrenzte Anzahl von Besuchern auf das abgelegene, mit Sumpfgebieten, Stränden, Eichenwäldern und Dünen ausgestattete Inselreich übersetzt, wo es weder Hotels noch sonstige touristische Einrichtungen gibt.

Einige in Privatbesitz befindliche Gebiete schürten in vergangenen Jahren Diskussionen über eine touristische Entwicklung bzw. den Bau eines Damms in das Naturschutzgebiet. 1996 machte es Schlagzeilen, als sich in der winzigen First African Baptist Church am Burbank Point John F. Kennedy Jr. und Carolyn Bessette das Ja-Wort gaben.

**Mainland Visitor Information Center:** St. Marys, GA 31558, Tel. 877-860-6787, www.nps.gov/cuis, tgl. 8.15–16.30 Uhr.

**Fähre:** Verbindungen März–Nov. ab St. Marys, tgl. 9 und 11.45, ab Cumberland Island tgl. 10.15 und 16.45, im Hochsommer auch 14.45 Uhr; im Winter keine Fähren Di–Mi, kein Transport von Autos, Rädern oder Kajaks.

### Mit dem Autor unterwegs

**Zivilisationsferne**

Natur pur bietet sich etwa bei Ausflügen in das Naturschutzgebiet Cumberland Island National Seashore (s. S. 365).

**Inselhüpfen**

Die **Golden Isles** sind als Millionärsinseln bekannt. Sie bieten aber auch für Besucher mit kleinerem Reisebudget all das, was einen Urlaub zum Erlebnis macht (s. S. 366).

## Brunswick

**Reiseatlas:** S. 24, E 3

Im Küstenstädtchen Brunswick liegen bunt angestrichene Shrimp-Kutter im natürlichen Hafen vor Anker, die nachts auf Fang fahren. Mächtige Eichen säumen die Straßen und bilden in den schwülheißen Sommermonaten grüne, schattige Tunnel.

Vom Zentrum der Mitte des 18. Jh. aus einer Plantage entstandenen Stadt abgesehen, überlebten an nur wenigen Küstenabschnitten solch stolze Bäume, weil bis ins 20. Jh. Holzexport und Schiffsbau großen Bedarf an Rohstoff hatten. An der Ecke Albany und Prince Street reckt **Lovers' Oak** sein riesiges Blätterdach in den Himmel. Der ungefähr 900 Jahre alte Baum besitzt einen Stammdurchmesser von 4 m.

**Brunswick-Golden Isles Chamber of Commerce:** 4 Glynn Ave., Brunswick, Georgia 31520, Tel. 912-265-0620, Fax 912-265-0629, www.brunswick-georgia.com.

**Hostel in the Forest:** 3901 Hwy 82, Tel. 912-264-97 38, www.foresthostel.com, zwischen 10 und 20 Uhr telefonische Reservierung, sie ist obligatorisch. Außergewöhnliche Jugendherberge mitten im Wald an einem kleinen Teich. Man kann in spartanisch eingerichteten runden Holzhütten übernachten oder – sofern man schwindelfrei ist – in richtigen Baumhütten. Erste Nacht 20 $, jede weitere Nacht 15 $.

**Die reizvolle Küstenlandschaft von Sea Island**

**Glücksspiel auf hoher See:** Emerald Princess Casino Cruises: 1 Gisco Point Dr., Tel. 912-265-3558, www.emeraldprincesscasino.com. Tgl. Fahrten 19–24 Uhr in internationale Gewässer außerhalb der 3-Meilen-Zone, wo Glücksspiel erlaubt ist, ab 18 J.

## Golden Isles

**Reiseatlas:** S. 24, E 3

Brunswick öffnet das Tor zu den Golden Isles, einem Dutzend kleinerer Inseln vor der Küste, von denen einige unter Naturschutz stehen und teilweise schwer zugänglich sind, während vier Inseln seit Jahrzehnten renommierte Urlaubsziele mit luxuriösen Hotels und Golfanlagen bilden. Sie sind mit dem Festland durch Brücken bzw. Dämme verbunden.

## Jekyll Island

**Reiseatlas:** S. 24, E 3

Zu Beginn des 20. Jh. schufen sich schwerreiche Unternehmer vom Schlage der Rockefellers, Astors, Vanderbilts und Pulitzers auf der kleinen Insel ein abgeschottetes Refugium, in dem die Mitglieder des amerikanischen ›Millionaire's Club‹ bei Golf und Bridge in aller Ruhe Geschäftsabschlüsse tätigen konnten. Da die aus New York, Boston und Philadelphia stammenden ›Yankees‹ trotz ihres immensen Wohlstands in Georgia nicht gern gesehen waren, kauften sie die damals unbewohnte Insel und verwandelten sie in eine luxuriöse Ferienkolonie, wovon Jekyll Island heute noch zehrt. Gleichzeitig gründeten sie den Jekyll Island Club, der früher

so exklusiv war, dass John D. Rockefeller aus Kostengründen auf eine Mitgliedschaft verzichtete.

Heute ist das 10 $km^2$ große Jekyll Island, ›America's best kept secret‹, der Öffentlichkeit zugänglich, sofern Besucher am Mauthäuschen drei Dollar Eintritt bezahlen. Hinter der Schranke tut sich eine eigene Welt auf mit ›manikürten‹ Rasenflächen, Tennis Courts, Golfplätzen, Restaurants, Cafés und hübschen Geschäften.

Natürlich besitzt dieses Kleinod aus Ruhe und Natur auf der dem offenen Atlantik zugewandten Seite auch wunderschöne Strände, an denen man an manchen Tagen sogar mit etwas Glück vom Land aus Delfine beobachten kann.

i **Convention & Visitors Bureau:** 1 Beachview Dr., Tel. 912-635-3636, www.jekyllisland.com.

**Jekyll Island Club Hotel:** 371 Riverview Dr., Tel. 912-635-2600, Fax 912-635-2818, www.jekyllclub.com. Traditionsreiche Renommieradresse mit eigenem Strand, Tennis- und Golfanlagen sowie einem großen Schwimmbad. 129–399 $.
**Villas by the Sea:** 1175 N. Beachview Dr., Tel. 912-635-2521, Fax 912-635-2569, www.jekyllislandga.com. Nur wenige Schritte vom Strand entfernte 1-, 2- oder 3-Zimmer-Wohnungen mit Küche. 99–399 $.
**Jekyll Island Quality Inn and Suites:** 700 N. Beachview Dr., Tel. 912-635-2202, Fax 912-635-2927, www.jekyllislandquality.com. Zimmer und 2-Zimmer-Suiten mit Küche, Kaffeemaschine, Außenpool. Ab 72 $.
**Jekyll Island Campground:** 1197 Riverview Dr.,Tel. 912-635-3021. Sehr gut ausgestatteter Platz mit Zugang zum Strand.

**Latitude 31:** 1 Pier Rd., Tel. 912-635-3800, tgl. Lunch und Dinner. An der Jekyll Marina genießt man frisches Seafood zum grandiosen Sonnenuntergang. Ab 16 $.
**SeaJay's Waterfront Cafe & Pub:** 1 Harbor Rd., Tel. 912-635-3200, tgl. Lunch und Dinner. Das Hafenlokal bietet jeden Tag wechselnde Tagesgerichte an. Do–Sa Live-Musik. Ab 15 $.

## Sea Island

**Reiseatlas:** S. 24, E 3

Von Brunswick führt ein gebührenpflichtiger Damm nach Sea Island und St. Simons Island hinüber. Beiderseits des Dammes und der beiden Brücken dehnt sich von kleinen Tümpeln und Wasserwegen durchzogenes Marschland aus.

Das winzige Sea Island, noch kleiner als Jekyll Island, ist unter betuchten Touristen eine bekannte Adresse, weil sich dort mit den **Sea Island Resorts** eine der luxuriösesten Ferienhotelanlagen an der Atlantikküste befindet, die sich neben dem Spitzenhotel The Cloisters aus mehreren anderen Unterkünften zusammensetzt. Im Jahr 2005 fand dort in abgeschotteter Atmosphäre der G8-Gipfel der acht führenden Industrienationen der Welt statt (The Cloister, 100 Retreat Vlg., Tel. 912-638-3611, Fax 912-634-0623, www.seaisland.com. Ab 240 $).

### St. Simons Island

An der Nordspitze von **St. Simons Island** ließ der britische General Oglethorpe 1736 mit Fort Frederica eine Bastion errichten, um das Georgia-Territorium gegenüber dem spanischen Florida abzusichern. In der Nähe steht in einer südseehaft anmutenden Umgebung die über 100 Jahre alte Christ Church mit einem sehenswerten Friedhof. Ein hübscher Flecken zum Ausspannen ist der kleine Park in der Nähe des Leuchtturms von St. Simons mit einer Bootsanlegestelle und einem schattigen Picknickplatz.

## Am Altamaha River

**Reiseatlas:** S. 24, E 3

Wo sich bis Anfang des 19. Jh. ein Zypressensumpf am Ufer des Altamaha River entlangzog, begann ein Farmer aus Charleston um 1807 mit dem Aufbau der **Hofwyl-Broadfield Plantation**, dessen Schwiegersohn nach seinem Tod den Betrieb übernahm und vergrößerte, sodass dort schließlich 357 Sklaven beschäftigt waren. Nach dem Bürgerkrieg gab es keine Sklavenarbeit mehr, und die Plantage begann über Jahrzehnte zu verfallen, bis ihr schließlich eine Reihe von Hurrikans 1915 den Todesstoß versetzten. 1973 vermachten die Besitzer das Land dem Staat Georgia, der das Terrain als ›Historic Site‹ unter Schutz stellte.

Heute ähnelt die ehemalige Plantage eher einem verwilderten Park mit moosdrapierten Eichen, Magnolien- und Kamelienbäumen. Im Haupthaus ist ein kleines Museum eingerichtet, in dem ein Film über das frühere Farmer- und Sklavenleben gezeigt wird (5556 US Hwy 17 N., Tel. 912-264-7333, www.gastateparks.org/info/hofwyl, Di–Sa 9–17, So 14–17.30 Uhr).

Im historischen Stadtzentrum von **Darien** mit seinen Antiquitätengeschäften und Kunsthandwerksläden geht es beschaulich zu. Das ändert sich nicht einmal dann, wenn im Waterfront Park die Shrimpskutter ablegen oder vom Meer zurückkehren. Im Park findet jedes Jahr das *Blessing of the Fleet*-Festival statt, bei dem unter großer Anteilnahme der Bevölkerung und mit einer Parade jeweils an einem Sonntag im Frühjahr die Fischereiflotte der Stadt gesegnet wird.

An der Mündung des Altamaha River errichteten die Briten im Jahr 1721 mit **Fort King George** den südlichsten Militärposten ihres Einflussgebietes in Nordamerika, um rivalisierende Mächte und Indianer in Schach zu halten. Als Besatzung der Anlage, die aus einem rekonstruierten Blockhaus aus Zypressenstämmen, Baracken und Erdwällen besteht, dienten schottische Highlander, die sich auch heute wieder abenteuerlich bewaffnet und in Schottenröcke gekleidet an den Palisadenzäunen des Forts sehen lassen (1600 Wayne St., Tel. 912-437-4770, www.gastateparks.org/info/ftkinggeorge, Di–Sa 9–17, So 14–17.30 Uhr).

**Chamber of Commerce:** 105 Fort King Georgia Dr., P. O. Box 1497, Darien, Georgia 31305, Tel. 912-437-6684, www.mcintoshcounty.com.

**Alexander's Historic Inn:** 306 Fort King George Dr., Tel. 912-437-3430, Fax 912-437-3430, www.alexandershistoricinn.com. Reizvolles zweigeschossiges Anwesen mit typischen Südstaatenbalkonen und nobel ausgestatteten Suiten. Ab 140 $.

**Blue Heron Inn:** Sea Breeze Rd., Tel. 912-437-4304, www.blueheroninngacoast.com. Fünf freundlich eingerichtete Gästezimmer in einem hübschen Haus am Rand von Salzwassermarschen. 85–130 $.

**Georgia Islands Factory Shoppes**: Exit 49 von der I-95, www.horizongroup.com, Mo–Sa 10–20, So 11–18 Uhr. Shopping-Paradies mit Geschäften vieler Branchen.

# 10 Savannah

Cityplan S. 373

**Traumhafte Eichenalleen, Hunderte wunderschöner Stadtpaläste aus dem 18. und 19. Jh., schattige Plätze mit historischen Monumenten und Südstaatenflair an allen Ecken und Enden berauschten Besucher der Stadt schon immer. Henry Miller ließ sich zu dem Kommentar hinreißen: »Savannah gleicht einem lebenden Denkmal, um das noch eine sinnliche Aura schwebt wie um das alte Korinth.«**

Die 140 000 Einwohner große Küstenmetropole ist Verwaltungssitz des Chatham County und einer der führenden Seehäfen im amerikanischen Südosten, der früher mit Baumwolle viel Geld verdiente, heute mit Werften, Industrien für Papier, Chemie und Nahrungsmittelverarbeitung Geschäfte macht. Wer daraus auf rauchende Fabrikschlote und von Lagerhäusern gesäumte Straßen schließt, irrt kräftig. Savannah spielt eine perfekte Rolle als elegante Diva des Südens, ein bisschen exzentrisch und exotisch, wie es sich für eine Grande Dame gehört, mit einem spürbaren Hang zum Morbiden, was ihrer ausgeprägten Lebenslust jedoch keinen Abbruch tut.

Savannah ist die älteste Stadt Georgias. Sie wurde 1733 vom englischen General James Oglethorpe gleichzeitig mit der Kolonie Georgia gegründet, um einem eventuellen Vordringen der Spanier von Florida her Einhalt gebieten zu können. Oglethorpe überließ nichts dem Zufall, sondern plante die Straßenzüge am Reißbrett. An den Schnittpunkten ließ er im Zentrum 24 Plätze im Stil kleiner Parkanlagen bauen, von denen heute noch 21 existieren. Diese von Brunnen, Obelisken und Statuen geschmückten Oasen sind von wunderschönen Villen aus dem 18. und 19. Jh. umgeben, die hinter schmiedeeisernen Zäunen in überbordenden Gärten und Palmenhainen versinken. Das romantische, an alte Zeiten erinnernde Stadtbild etwa um den Chippewa Square und den Wright Square gefiel Regisseuren wie Robert Zemeckis und Robert Redford so gut, dass sie es zur Kulisse ihrer Filme ›Forrest Gump‹ und ›Die Legende von Bagger Vance‹ machten.

Dass sich Savannah seit Mitte der 1990er Jahre zu einem touristischen Glanzpunkt entwickelte, verdankt es u. a. dem New Yorker Journalisten John Berendt. Er verfasste 1994 über Savannah den dokumentarischen Roman ›Mitternacht im Garten der Lüste‹, der ein ungeschminktes Sittengemälde der Stadt entwirft. Die Geschichte dreht sich um einen reichen Antiquitätenhändler, der des Mordes an einem Homosexuellen angeklagt wird. Nachdem Clint Eastwood den Stoff verfilmt hatte, war Savannah nicht nur in den Vereinigten Staaten schlagartig berühmt.

Stadtbesucher, die Film bzw. Roman kennen, wollen zwar häufig den Tatort des tatsächlich geschehenen Mordes beim Mercer House am Monterey Square sehen. Noch zugkräftiger sind in den Augen vieler Touristen aber kilometerlange Eichenalleen, in denen die gewaltigen Kronen riesiger Bäume grüne Tunnel bilden. Der Victory Drive und die Washington Avenue sind sehenswerte Beispiele dafür.

## Der historische Distrikt

Das örtliche **Visitor Information Center** **1** ist im ehemaligen Bahnhof der Central of Georgia Railroad Station untergebracht. Man bekommt dort alle Informationen über die

## Mit dem Autor unterwegs

### Romantische Straßen

**Victory Drive** und **Washington Avenue** gehören zu den grandiosen Eichenalleen im Süden der Stadt, die das typische Südstaatenflair nicht nur spür-, sondern auch sichtbar machen (s. S. 369).

### Kunst und urbanes Treiben

Kunstkenner schätzen das **Telfair Museum of Art,** das älteste Kunstmuseum des Südens (s. S. 370).
Die **Historic Savannah Waterfront** am Ufer des Savannah River präsentiert sich zwar als Touristenmeile. Aber auf der River Street fällt es einem leicht, sich die längst vergangene Geschichte der Stadt als Umschlagplatz für Baumwolle vorzustellen (s. S. 372).

### Inselabstecher

**Tybee Island** liegt nur ca. 20 Autominuten vom Zentrum von Savannah entfernt. In der Nähe des dekorativen Leuchtturms kann man erholsame Strandspaziergänge unternehmen und Inselatmosphäre schnuppern (s. S. 374).

Stadt und kann sich anhand von Dokumenten, Dioramen und Filmen einen Überblick über Geschichte und Sehenswürdigkeiten der Stadt verschaffen.

### Bekannte Museen

Die mit Statuen von Rubens, Raffael, Michelangelo und Rembrandt geschmückte Fassade des **Telfair Museum of Art** 2 ist ein Hinweis darauf, dass sich dort das älteste, 1818 gegründete Kunstmuseum des Südens mit Gemälden, Skulpturen und dekorativen Kunstgegenständen befindet. Die Ausstellungen wurden der Öffentlichkeit bislang in zwei Gebäuden präsentiert. 2006 soll mit dem Neubau des Jepson Center for the Arts eine dritte Niederlassung hauptsächlich für Wanderausstellungen hinzukommen (Telfair Museum: Telfair Sq., Tel. 912-232-1177, www.telfair.org, Mo 12–17, Di–Sa 10–17, So 13–17 Uhr; siehe auch S. 374, Owens-Thomas House; Jepson Center for the Arts, West York/Barnard St.).

Im 18. und 19. Jh. spielte der Überseehandel zwischen England und Amerika eine wichtige Rolle. Vor allem in der Zeit bis zum Beginn des Bürgerkriegs 1861 profitierte Savannah von diesem Geschäft, weil es zu den wichtigsten Umschlagplätzen weltweit für Baumwolle gehörte. Im Jahr 1819 ließ sich der Schiffseigner William Scarbrough das elegante Scarbrough House bauen, in dem

**Der Springbrunnen im Forsyth Park: eine Südstaatenkulisse wie aus dem Bilderbuch**

heute das **Ships of the Sea Museum** 3 eingerichtet ist. Zu seiner Flotte gehörte das Handelsschiff ›S. S. Savannah‹, das als erstes Dampfschiff den Atlantik überquerte. In den Ausstellungen ist neben vielen anderen Modellen, nautischen Antiquitäten und Gemälden auch eine maßstabsgerecht verkleinerte Kopie der ›Savannah‹ zu sehen. Sie hatte sich im Mai 1819 auf ihre große Fahrt nach Europa begeben und dabei in Liverpool, Stockholm, St. Petersburg, Kopenhagen und Arendal in Norwegen Station gemacht. Vier Jahre später verunglückte sie vor der Küste von New York und sank (41 Martin L. King Jr. Blvd. Tel. 912-232-1511, www.shipsofthesea.org, Di–So 10–17 Uhr).

## City Market

Schon vor über 200 Jahren war die Gegend um den **City Market** 4 der ›Bauch von Savannah‹. Bauern und Fischer boten ihre frischen Erzeugnisse an, und zur Atmosphäre der Gegend trugen Barbiere bei, die ihre Kunden im Freien rasierten, während in der Nachbarschaft Pferde beschlagen wurden. In diesem alten Zentrum entstand ein neues Viertel aus verkehrsberuhigten Straßen mit kleinen Geschäften, die vor lauter Blumenkübeln kaum zu sehen sind, mit Restaurants für jeden Geschmack und jede Preiskategorie, Eisdielen, Delikatessengeschäften und alten begrünten Pferdekarren, die eine Spur Authentizität in die Fußgängerpromenaden mit Dutzenden Kunstgalerien bringen sollen. Straßenmusikanten und Bands sorgen an Wochenenden für Gratisunterhaltung (Jefferson/W. Saint Julian St., Tel. 912-232-4903, www.savannahcitymarket.com.

## Historic Savannah Waterfront

Savannahs Wasserkante ist nicht der Atlantiksaum, sondern weiter landeinwärts gelegen das Ufer des Savannah River, der die Grenze zwischen South Carolina und Georgia markiert. Gleichzeitig stattet er die Hafenstadt mit einer eindrucksvollen Kulisse aus. An der **Historic Savannah Waterfront** 5 reihen sich ehemalige Lagerhäuser mit verwitterten Fassaden aneinander. Statt großer Ballen von Baumwolle stapeln sich in den Kellern heute Bierfässer von Kneipen und Pubs, die neben Candy Stores und gemütlichen Restaurants das Straßenbild bestimmen. Allabendlich wird die holprige Kopfsteinpflasterpromenade am Ufer zur Flaniermeile für die Einwohner der Stadt und zur Showbühne für Jongleure und Straßenmusikanten, bis die Sonne hinter dem Gewirr aus Ladekränen im Hafen jenseits der Brücke nach South Carolina untergegangen ist (www.savriverstreet.com).

## Stadtrundgang

Am nördlichen Ende der Bull Street ist der Kuppelbau der **City Hall** 6 nicht zu übersehen, wo Angestellte der Stadtverwaltung über Aktenbergen schwitzen. Als das im Renaissance-Revival-Stil erbaute Rathaus im Januar 1906 eingeweiht wurde, kamen 10 000 Bürger, um das Ereignis zu feiern. Der repräsentative Bau besteht größtenteils aus Granit mit einigen Kalksteinverblendungen und Terrakotta-Dekor. Zwei Statuen, die Kunst und Kommerz symbolisieren, schmücken den Balkon im dritten Obergeschoss. Der Turm war bis 1987 mit Kupfer gedeckt, bekam dann aber einen hauchdünnen Belag aus 23-karätigem Gold, nicht zu Lasten der Steuerzahler, sondern eines wohlhabenden Bürgers (Bull/Bay St., Tel. 912-651-6410, www.ci.savannah.ga.us).

Rechts vom Rathaus erinnert die neoromanische Ziegelfassade der **Cotton Exchange** 7 an die Baumwollära, die Savannah zu beträchtlichem Wohlstand verhalf. Heute ist sie Sitz der lokalen Freimaurerloge. Der Löwenbrunnen vor dem Gebäude tauchte in der Vergangenheit auf so vielen Broschüren auf, dass er heute als eine Art Symbol der Stadt gilt (100 E. Bay St.).

## Savannah: Cityplan

### Sehenswürdigkeiten

1 Savannah Visitor Information Center
2 Telfair Museum of Art
3 Ships of the Sea Museum
4 City Market
5 Historic Savannah Waterfront
6 City Hall
7 Cotton Exchange
8 Johnson Square
9 Owens-Thomas House
10 Wright Square
11 Chippewa Square
12 Cathedral of St. John the Baptist
13 Forsyth Park

### Übernachten

1 Foley House Inn
2 Forsyth Park Inn
3 Best Western Historic District
4 Thunderbird Inn
5 Skidaway Island State Park Campground

### Essen und Trinken

6 Belford's Savannah Seafood & Steaks
7 Shrimp Factory
8 Moon River Brewing Co.
9 Crab Shack

Der noch im Gründungsjahr von Savannah 1733 angelegte **Johnson Square** 8 ist der älteste unter den City Squares. Namensgeber war Robert Johnson, erster Gouverneur Georgias. Heute bildet der Platz das grüne Herz mitten im Bankenviertel der Stadt. Im Mittelpunkt erinnert ein Denkmal an Nathanial Greene (1742–1786), der als Generalquartiermeister im Unabhängigkeitskrieg nach George Washington der wichtigste Befehlshaber war.

Das 1819 nach Plänen des Architekten William Jay fertig gestellte **Owens-Thomas**

**House** 9 hat zwei Funktionen. Zum einen gilt es Architektur-Interessierten als schönstes amerikanisches Beispiel des englischen Regency-Stils, der in der Phase zwischen dem Georgian- und viktorianischen Stil von 1790 bis 1830 modern war. Zum anderen gehört das Owens-Thomas House zum Telfair Museum of Art und zeigt zahlreiche dekorative Stücke und Mobiliar, mit dem es von den Hausbesitzern zwischen 1750 und 1830 eingerichtet war (124 Abercorn St., Tel. 912-233-9743, www.telfair.org, Mo 12–17, Di–Sa 10–17, So 13–17 Uhr).

### Plätze und Parkanlagen

Am **Wright Square** 10 an der Bull Street fand der Häuptling der zur Creek-Nation gehörenden Yamacraw-Indianer, Tomo-Chi-Chi, in Anwesenheit von Oglethorpe 1739 seine letzte Ruhestätte. Tomo-Chi-Chi hatte sich als guter Freund der Engländer bewährt. Er handelte mit Oglethorpe einen Vertrag aus, der die rechtlichen Grundlagen für die Besiedlung von Georgia bildete. Der Häuptling besuchte 1734 im Alter von 84 Jahren mit seiner Frau Senaukee den englischen Hof und wurde vom König sowie dem Erzbischof von Canterbury empfangen. Er starb 1739 im Yamacraw Indian Village und wurde auf eigenen Wunsch nach Savannah gebracht, um inmitten seiner englischen Freunde mit militärischen Ehren zur letzten Ruhe gebettet zu werden (Bull Street zwischen State und York Street).

Im Zentrum des **Chippewa Square** 11 steht das Denkmal des Stadtgründers James Oglethorpe (1696–1785). Die vom Bildhauer Daniel Chester French entworfene Bronzestatue stellt den britischen General in einer damals üblichen Generalsuniform dar, das gezückte Schwert in der Hand und den entschlossenen Blick nach Süden gewandt, wo in Florida mit den Spaniern der potentielle Feind stand (Bull Street).

Die 1876 erbaute katholische **Cathedral of St. John the Baptist** 12 weist eine Reihe interessanter Bauteile auf und besitzt Kunstgegenstände, die im Jahr 1898 ein Feuer im Großen und Ganzen unbeschadet überstanden. Dazu gehören etwa einige schöne Buntglasfenster. Eine Brandstiftung im Jahr 2003 zerstörte u. a. die Kanzel, von der eine originalgetreue Rekonstruktion angefertigt wurde mit in Italien angefertigten Schnitzfiguren der vier Evangelisten (222 E. Harris St., www.savannahcathedral.org).

An heißen Sommertagen sammeln sich die Menschen im wunderschönen **Forsyth Park** 13 um den 1858 entstandenen viktorianischen Brunnen, der Abkühlung verschafft. Savannahs größter Stadtpark ist eine grüne Oase der Ruhe, in der man unter bemoosten Eichen und Kamelien durch die mit Azaleen bestandene Parkanlage wandern oder von den Bänken aus die Jogger beim Rundendrehen beobachten kann (Bull und Gaston Street).

## Außerhalb von Savannah

**Reiseatlas:** S. 24, E 2

Zehn Meilen südöstlich des heutigen Stadtzentrums gründete Noble Jones, einer der ersten britischen Kolonisten in Georgia, im Jahr 1737 auf der Isle of Hope die **Wormsloe Plantation.** Vom ursprünglichen Haupthaus sind nur noch einige Überreste übrig. Im 1828 erbauten neuen Herrenhaus sind zahlreiche Artefakte ausgestellt. Die meisten Besucher unternehmen den Abstecher zur Plantage, um die zum Haus führende, eine Meile lange Eichenallee zu sehen (7601 Skidaway Rd., Tel. 912-353-3023, www.wormsloe.org, Di–Sa 9–17, So 14–17 Uhr).

Am Weg nach Tybee Island bewacht das zwischen 1829 und 1847 erbaute **Fort Pulaski** die Mündung des Savannah River in den Atlantik. Die sternförmige Anlage, ein intaktes Beispiel der Militärarchitektur des 19. Jh., lag während des Bürgerkriegs 1862 eineinhalb Tage lang unter dem Beschuss der Unionstruppen, ehe sie eingenommen werden konnte (US 80, etwa 15 Meilen östlich von Savannah, Tel. 912-786-5787, www.nps.gov/fopu, tgl. 8.30–17.15 Uhr).

War der Bummel durch den historischen Stadtkern anstrengend, kann ein erholsamer Badetag auf **Tybee Island** östlich von Savan-

**Parken leicht gemacht:** Der Visitor DayPass erlaubt das zeitlich unbegrenzte Parken auf allen öffentlichen Parkplätzen und in Garagen der Stadt zum Pauschalpreis von 8 $. Den Pass kann man beim Visitor Center und in vielen Hotels kaufen (Parking Services, Tel. 912-651-6470).

nah einen Aufenthalt abrunden. Von der Spitze des 1867 erbauten Leuchtturms, zu dem ein kleines Museum gehört, überblickt man das paradiesische Inselreich, das sich zum Schwimmen und Muschelnsammeln bestens eignet (Tybee Island Light Station, Tel. 912-786-5801, www.tybeelighthouse.org, tgl. außer Di 9–17.30 Uhr).

**Savannah Visitor Information Center:** (301 Martin Luther King Blvd., Savannah, GA 31401, Tel. 912-944-0455, www.savcvb.com, Mo–Fr 8.30–17, Sa–So 9–17 Uhr).

**Foley House Inn** [1]: 1 W. Hull St., Tel. 912-232-6622, www.foleyinn.com. Traumhaftes B & B im historischen Kern, 19 individuell mit englischem und französischem Mobiliar ausgestattete Räume, in denen man geradezu fürstlich unterkommt. Ab 180 $.
**Forsyth Park Inn** [2]: 102 W. Hall St., Tel. 912-233-6800, Fax 912-233-6804, www.forsythparkinn.com. Historisches B & B am Forsyth Park mit reizend eingerichteten Zimmern und einem romantischen Cottage. 150–225 $.
**Best Western Historic District** [3]: 412 W. Bay St., Tel. 912-233-1011, www.bestwestern.com. Hotel mit wohnlichen Zimmern und Außenpool in zentraler Lage. Ab 120 $.
**Thunderbird Inn** [4]: 611 W. Oglethorpe Ave., Tel. 912-232-2661, Fax 912-233-5551, www.thethunderbirdinn.com. Hotel in Downtown mit hell eingerichteten, freundlichen Zimmern. 99–139 $.
**Skidaway Island State Park Campground** [5]: Diamond Causeway, 6 Meilen südöstlich von Savannah, Tel. 912-598-2300, www.gastateparks.org/info/skidaway.

Westlich der Stadt an der I-95 liegen zahlreiche preisgünstige Motels.

**Belford's Savannah Seafood & Steaks** [6]: 315 W. St. Julian St., Tel. 912-233-2626, Mo–Sa 8–22, So Brunch 11.30–15 Uhr. Serviert werden Köstlichkeiten wie Limonen-Pfeffer-Lachs 22 $, Krabbenkuchen $ 26 oder Ribeye-Steak 27 $.
**Shrimp Factory** [7]: 313 E. River St., Tel. 912-236-4229, tgl. ab 11 Uhr. Auf Seafood spezialisiertes Touristenlokal an der Wasserkante, Maine-Lobster 27 $, Shrimps & Chicken Jambalaya 20 $.
**Moon River Brewing Co.** [8]: 21 W. Bay St., Tel. 912-447-0943, tgl. Lunch und Dinner. Kleinbrauerei mit Restaurant, Sirloin-Steak mit Beilagen 15,75 $, Chicken & Sausage Creole 14 $.
**Auf Tybee Island:**
**Crab Shack** [9]: 40 Estill Hammock Rd., Tel. 912-786-9857, www.the crabshack.com, tgl. ab 18 Uhr. Außerhalb gelegenes rustikales Lokal, das als Geheimtipp gehandelt wird und in dem man im Garten essen kann; ein halbes Dutzend Austern mit Sauerrahm und Kaviar (8,99 $), ein halbes Pfund Shrimps mit Maiskolben und Butter (17,99 $), Königskrabben aus Alaska (34,99 $), Frozen Margarita (4,50 $).

Im Stadtzentrum gehört die **Broughton Street** zu den besten Einkaufsstraßen mit Modegeschäften, Souvenirboutiquen und Geschäften zahlreicher anderer Branchen.

**Stadtbesichtigungen:** Old Town Trolley Tours, 234 Martin Luther King Blvd., Tel. 912-233-0083, www.historictours.com/savannah. An der 90-minütigen Tourroute liegen 14 Stopps.
**Savannah Walks,** 37 Avercorn St., Tel. 912-238-9255, www.savannahwalks.com. Zahlreiche geführte Touren zu Fuß mit unterschiedlichen Themen.
**Bootstouren:** Savannah's Riverboat Cruises: 9 E. River St., Tel. 912-232-6404, www.savannahriverboat.com. Ausflüge mit der ›River Queen‹ oder der ›Georgia Queen‹.

# Die Küste von South Carolina

Reiseatlas S. 24

**Subtropisches Klima macht die Küste von South Carolina zu einem sehr beliebten Ziel für die unterschiedlichsten Urlauber. Auf Hilton Head Island trifft sich die sportlich aktive Highsociety beim Golfen oder Segeln, in Beaufort spannen Naturfreunde aus, in Myrtle Beach gehen Familien baden, und in Charleston treffen sich alle Südstaaten-Romantiker.**

Niemand kommt an Charleston vorbei, der Perle der 190 Meilen langen Küste von South Carolina. Dort vermischen sich Charme, Geschichte und Tradition zu einem wunderschönen Straßenbild. Das romantische, von einer Spur Melancholie eingefärbte Flair des Südens ist in kaum einer anderen Stadt an der Atlantikküste so spürbar wie auf der Halbinsel zwischen Cooper und Ashley River, wo man durch Alleen mit prächtigen Villen und schattige Nebenstraßen mit märchenhaften Gärten flanieren kann – von den alten Plantagen einmal abgesehen, auf denen von Grünzeug überwucherte Zypressenteiche, moosdrapierte Eichen und vornehme Herrenhäuser an Geschichten wie ›Onkel Toms Hütte‹ und ›Vom Winde verweht‹ erinnern.

Mit einer Fläche von 108 km² ist Hilton Head Island die größte Insel der Atlantikküste zwischen New York und Florida. Dem Umriss nach wie ein Schuh geformt, besteht das Eiland aus Marschland, Kiefernwäldern sowie einem knapp 20 km langen von Palmen und Magnolien gesäumten Sandstrand auf der Atlantikseite. Ihr modernes Gesicht als Freizeitparadies für betuchte Urlauber erhielt die Insel nach 1956, als sie durch eine Straßenverbindung ans Festland angebunden wurde.

Myrtle Beach hat über die Jahre mehrere Titel errungen: Welthauptstadt der küstennahen Golfplätze, Campingmetropole der USA, Mekka des Minigolfsports und Ferienhochburg von College-Studenten. Tatsächlich hat es der Ort mit über 100 Golfanlagen geschafft, seine Saison über die ›Bademonate‹ hinaus im Frühjahr und Herbst auf neun Monate im Jahr durch günstige Angebote für Golfer zu verlängern. Lediglich von Mitte November bis Mitte Februar kann die lokale Tourismusbranche ihre Batterien aufladen, bevor in der zweiten Februarhälfte Winterflüchtlinge aus den nördlichen US-Bundesstaaten ihre Golfschläger auspacken. Im Mai wird es dann laut in Myrtle Beach, wenn über den Badeort Horden marodierender Spring-Break-Studenten herfallen, die nach Auffassung älterer Einheimischer bis zum Letzten entschlossen drei Semesterferienziele verfolgen: Sonnenbrand, Leberzirrhose und ›Interaktion‹ mit dem anderen Geschlecht. Sobald die Massenorgie zu Ende gegangen ist, reisen die ersten Familien zum Jahresurlaub an.

## Hilton Head Island

**Reiseatlas:** S. 24, E 2

Riesige, mit spanischem Moos überzogene Eichen säumen den Weg in Richtung Atlantik. Durch dichten Nadelwald und endloses Marschland geht die Fahrt bis an den Intracoastal Waterway. Jenseits der Brücke dehnt sich ein Inselparadies mit 34 000 ständigen Einwohnern aus. Im Sommer werden sie von 45 000 Besuchern zur Minderheit gemacht, von denen viele eine Golfausrüstung mitschleppen. Denn außer kilometerlangen Stränden mit pulverfeinem Sand besitzt das exklusive, vom warmen Golfstrom umspülte Eiland 22 exzellente Golfanlagen. Berühmtes-

**Maritim angehauchte Romantik auf der Urlauberinsel Hilton Head**

ter Platz ist der 1969 angelegte Harbour Town Golf Links, auf dem schon alle Weltklasseprofis die Schläger schwangen und auf dem auch Amateure spielen dürfen; die Greenfee kostet allerdings zwischen 180 und 250 $. Spektakulär liegt das 18. Loch, von dem man auf den Leuchtturm der Sea Pines Plantation blickt. Jedes Jahr wird auf der Anlage das Heritage Classic ausgetragen. Neben Golf spielt auf der Insel hauptsächlich Tennis eine Rolle.

## Strände

Zwar sind alle Strände auf der Insel öffentlich, aber nicht überall zugänglich, weil viele Uferzonen verbaut oder in Privatbesitz sind. Zum Schwimmen und Sonnenbaden eignen sich folgende fünf Strände, zu denen es öffentliche Zugangswege gibt: **Alder Lane Beach** (am South Forest Beach Drive), **Coligny Beach** (am Coligny Circle), **Driessen Beach Park** (am Ende der Bradley Beach Road), **Folly Field Beach Park** (Folly Field Road) und **Islanders Beach Park** (abseits der Folly Field Road). An jedem dieser Strände gibt es Toiletten, Umkleidekabinen, Duschen, kleine Verkaufsstände und in der Hauptsaison eine Strandaufsicht.

i **Hilton Head Island Welcome Center:** 71 Pope Ave., Tel. 800-621-1518, 888-271-7666, www.islandvisitorcenter.com.

**Hilton Head Island Chamber of Commerce:** 1 Chamber Dr., Tel. 843-785-3673, www.hiltonheadisland.org. Ausführliche Informationen über Veranstaltungen findet man in den drei Inselzeitungen ›Hilton Head Monthly‹, ›Hilton Head News‹ und ›The Island Packet‹.

**Westin Resort:** Port Royal Plantation, 2 Grasslawn Ave., Tel. 843-681-4000, www.starwoodhotels.com/westin. Luxusresort mit 3 Pools, Golf- und Tennisanlagen. Ab 199 $.

**Holiday Inn Oceanfront:** 1 S. Forest Beach Dr., Tel. 843-785-5126, www.hihiltonhead.com. Alle Zimmer mit Kühlschrank und Kaffeemaschine, Bügeleisen. Direkt am Meer gelegen, mit Pool und toller Beachbar. Ab 189 $.

**Red Roof Inn:** 5 Regency Pkwy, Tel. 848-686-6808, www.redroof.com. Standardhotel mit Pool, Kinder unter 18 J. im Elternzimmer kostenlos. Ab 70 $.

## Mit dem Autor unterwegs

### Traumhaftes Charleston

Natürlich ist die gesamte **historische Altstadt von Charleston** eine Sehenswürdigkeit der ganz besonderen Art. Neben dem wunderschönen Ortsbild mit grandiosen Häusern sollte man sich das hervorragende **South Carolina Aquarium** (s. S. 379) und vor allem die **Villen an der East Battery** (s. S. 382) nicht entgehen lassen. Für historisch Interessierte ist eine Besuch des **Fort Sumter** (s. S. 380) als der Ort unverzichtbar, wo im amerikanischen Bürgerkrieg im Jahr 1861 der erste Schuss fiel.

### Ziele für Genießer

Naturfreunde finden an der Küste von South Carolina viele zivilisationsferne Flecken. Einer davon ist der **Huntington Island State Park** östlich von Beaufort (s. S. 379).
Eine Reise durch den Süden wird hauptsächlich durch die **Südstaatenromanik** zum Erlebnis. Außerhalb von Charleston gehören in diesem Zusammenhang die zahlreichen **Plantagen** zu den schönsten Sehenswürdigkeiten (s. S. 383).
Will man im Urlaub etwas erleben und Inselatmosphäre schnuppern, hat man in der Badehochburg **Myrtle Beach** (s. S. 386) reichlich Gelegenheit dazu.

### Am Abend unterwegs

Der **Broadway at the Beach** (s. S. 387) in **Myrtle Beach** ist mit seinen Kneipen und Clubs das Epizentrum der Unterhaltung nach Sonnenuntergang.

**Alexander's:** 76 Queens Folly Rd., Tel. 843-785-4999, tgl. 17–22 Uhr. Feine Fisch- und Fleischspezialitäten, große Weinkarte. Early-Bird-Angebote von 17–17.45 Uhr. Ab 19 $.
**Old Oyster Factory:** Marshland Dr., Tel. 843-681-6040, tgl. 17–22 Uhr. Steaks und Seafood mit schönem Blick auf den Broad Creek. Ab 18 $.
**Taste of Thailand:** 807 William Hilton Pkwy, Tel. 843-341-6500, Mo–Sa 17–23 Uhr. Thailändische Spezialitäten nach Originalrezepten. Ab 12 $.

**In Bluffton:**
**Tanger Outlet:** 1414 Fording Island Rd., Tel. 843-837-4339, Mo–Sa 10–21, So 12–18 Uhr. Outlet mit 100 Niederlassungen wie GAP, Banana Republic, Vitamins World, Samsonite und Polo Ralph Lauren.

**Monkey Business:** 25 Park Plaza,Tel. 843-686-3545, Di–So 20–2 Uhr. Dance Club mit heißen Rhythmen.
**Salty Dog Café:** 232 S. Sea Pines Dr., Tel. 843-671-2233, www.saltydog.com, März–Nov. tgl. 11–24 Uhr. Am südlichen Inselende, Tische im Freien mit Blick auf das Wasser und Live-Musik. Ab 6 $.

**Harbour Fest:** Shelter Cove Harbour, www.sheltercovehiltonhead.com. Juli–Aug. jeden Di (bei Regen Mi) 18–21.30 Uhr. Kostenlose Unterhaltung mit Feuerwerk und vielen Essensständen.

**Touren:** Bei der Chamber of Commerce (s. S. 377) kann man Führungen durch das Marschland sowie in das Pinckney Island National Wildlife Refuge buchen. Beliebt sind Bootstouren mit Delfin-Fütterung; Reittouren: Lawton Stables, Tel. 843-671-2586, Kajak-Touren: Awesome Expeditions, Tel. 843-842-9763.

## Beaufort

**Reiseatlas:** S. 24, E 2
Abseits der Küstenstraße 17 führt Beaufort an einem Atlantikabschnitt mit mehreren kleinen Inseln ein entrücktes Dasein. An einer sanft geschwungenen Bucht gelegen, macht das Küstendorf einen geradezu märchenhaften Eindruck mit wunderschönen Villen zwischen uralten Eichen, aus deren Kronen zottige Rauschebärte hängen. Statt städtischer Hektik bestimmt gemächliches Tempo den Alltag.

Beauforts größte Attraktion sind nicht die liebevoll restaurierten Häuser aus der Kolonialzeit und auch nicht die Kopfsteinpflasterstraßen mit alten Gaslaternen, sondern die östlich der Stadt liegenden Inseln, die über Brücken und Dämme erreichbar sind. In stillen Wasserläufen spiegeln sich bunte Shrimpskutter.

Im **Huntington Island State Park** kann man sich aus der Vogelperspektive von einem knapp 50 m hohen Leuchtturm aus einen Überblick über diese abgeschiedene Welt aus Sandstrand, Marschlandschaften und Wanderwegen machen oder von der hölzernen Pier den Seemöwen und Delfinen zuschauen. Im State Park kann man auf einem Campingplatz mit Cabins übernachten und sich im Besucherzentrum informieren (an der US 21 etwa 25 km östlich von Beaufort, 2555 Sea Island Pkwy, Tel. 843-838-2011, www.southcarolinaparks.com, tgl. 6–18, im Hochsommer bis 21 Uhr).

## 11 Charleston

**Reiseatlas:** 24, F 2, Cityplan: S. 381

Die 1670 zu Ehren des englischen Königs Charles gegründete Stadt pflegt wie kein anderer Ort in den USA aristokratische Plantagenherrlichkeit und Südstaatencharme. Unterhalten sich Amerikaner über alte Städte ihres Landes mit unverkennbarem Stadtbild und unverwechselbarem Flair, ist meist schnell von Charleston die Rede. Mit rund 1500 historischen Gebäuden bildet es ein lebhaftes Open-Air-Museum voller Luxuspaläste, Stadthäuser und Cottages. Ob groß oder klein: Fast alle Gebäude stehen hinter rosenumrankten Holzzäunen oder schmiedeeisernen Einfriedungen in prachtvollen Gärten, die für die meisten Einheimischen eine Art Visitenkarte sind.

Die **städtische Besucherinformation** 1 ist in einem 1856 erbauten ehemaligen Bahndepot eingerichtet. Professionelles Personal steht Besuchern mit Rat und Tat zur Verfügung. Man bekommt dort auch detaillierte Stadtpläne, Eintrittskarten und Auskunft über Preisermäßigungen auf die Tickets für manche Sehenswürdigkeiten und Veranstaltungen.

### Historische Spuren

Das **Aiken-Rhett House** 2 ist unter den Gebäuden der Stadt das einzige mit allen Nebengebäuden erhaltene Anwesen aus der Zeit vor dem Bürgerkrieg. Während das Haupthaus mit Mobiliar und Innenausstattung im Großen und Ganzen so erhalten wurde, wie es 1858 aussah, gelten unter den Nebengebäuden vor allem die ehemaligen Sklavenunterkünfte als ›Raritäten‹, weil sie die einzigen in der Stadt selbst sind, die man besichtigen kann (48 Elizabeth St., Tel. 843-723-1159, www.historiccharleston.org, Mo–Sa 10–17, So 14–17 Uhr).

Der Wohlstand von Charleston in früherer Zeit beruhte in erster Linie auf der Produktion der zahlreichen Reisplantagen im Hinterland. Ein Schwerpunkt der Ausstellungen des **Charleston Museum** 3 liegt auf der Darstellung von Leben und Arbeit auf diesen Ländereien. Manche Exponate wie Fossilien und Walskelette reichen aber noch viel weiter in die Geschichte der Stadt zurück. Zum Museum gehört das um ca. 1803 entstandene **Joseph Manigault House,** in dem erlesenes amerikanisches, englisches und französisches Mobiliar auf den gehobenen Lebensstil damaliger Reispflanzer schließen lässt (360 Meeting St., Tel. 843-722-2996, www.charlestonmuseum.org, Mo-Sa 9–17, So 13–17 Uhr).

### South Carolina Aquarium

Das ausgezeichnete **South Carolina Aquarium** 4 beschäftigt sich zwar auch mit den faszinierenden Geheimnissen des Amazonas. Der Schwerpunkt liegt aber auf der Flora und Fauna in den Naturräumen von South Carolina vom Ozean über die Küstenebene und das Piedmont bis in die Berglandschaft der Appalachen. Vor allem die ozeanischen Becken fesseln mit Meeresbewohnern wie Haien, Muränen und Quallen die Zuschauer. Neben dem Aquarium zeigt das Charleston IMAX Theatre auf Großleinwand projizierte Filme (100 Aquarium Wharf, Tel. 843-577-

FISH, www.scaquarium.org, April–Mitte Aug. Mo–Sa 9–16, So 12–18, Mitte Aug.–Ende März Mo–Sa 9–17, So 12–17 Uhr; IMAX Theatre, www.charlestonimax.com).

## Erinnerungen an den Bürgerkrieg

Charleston hat US-Geschichte geschrieben. In Fort Sumter auf einer künstlich angelegten Insel im Charleston Harbor fiel im April 1861 der erste Schuss im amerikanischen Bürgerkrieg, als die Truppen der Konföderierten das von Unionssoldaten gehaltene Fort angriffen und nach 34-stündigem Kampf einnahmen. In den folgenden knapp zwei Jahren war die Befestigungsanlage hart umkämpft und wurde in dieser Zeit fast völlig zerstört, ohne dass die Südstaatentruppen ihren Widerstand aufgegeben hätten. Im **Fort Sumter Visitor Education Center** 5 erklären zahlreiche Ausstellungen den Ausbruch des Kriegs. Dort legen auch die Bootstouren zu Hafenrundfahrten und einstündigen Besichtigungen von Fort Sumter ab (340 Concord St., Tel. 843-883-3123, www.nps.gov/fosu, tgl. 8.30–17.30 Uhr, Eintritt frei; Fort-Sumter-Touren, Tel. 843-881-7337, www.fortsumtertours.com). In der ehemaligen Markthalle aus dem Jahr 1841 baute die Organisation Daughters of the Confederacy das kleine **Confederate Museum** 6 auf, in dem Flaggen, Uniformen, Waffen und viele Memorabilien an die konföderierten Truppen zu sehen sind, die im Bürgerkrieg 1861 bis 1865 den Verbänden der Union gegenüberstanden (Market Hall, 188 Meeting St., Tel. 843-723-1541, Sa/So 12–16 Uhr).

## Für Museumsfans

Das **Gibbes Museum of Art** 7 konzentriert sich in seinen Ausstellungen auf amerikanische Kunst und versucht dabei, vor allem die Werke lokaler Künstler im Auge zu behalten. Neben einer hervorragenden Porträt- und Miniaturensammlung sind Landschaftsgemälde, Skulpturen und Fotografien zu sehen (135 Meeting St., Tel. 843-722-2706, www.gibbesmuseum.org, Di-Sa 10–17, So 13–17 Uhr).

## Charleston: Cityplan

### Sehenswürdigkeiten

1 Visitor Center
2 Aiken-Rhett House
3 Charleston Museum
4 South Carolina Aquarium
5 Fort Sumter Visitor Education Center
6 Confederate Museum
7 Gibbes Museum of Art
8 Powder Magazine
9 Slave Mart Museum
10 Old Exchange and Provost Dungeon
11 Cabbage Row
12 Rainbow Row
13 East Battery
14 Edmondston-Alston House
15 White Point Gardens

### Übernachten

1 French Quarter Inn
2 The Elliott House Inn
3 The Anchorage Inn
4 King Charles Inn
5 Indigo Inn
6 Camping: Charleston KOA

### Essen und Trinken

7 Grill 225
8 FIG
9 Hyman's Seafood Company
10 Sticky Fingers
11 Baker's Cafe

Ältestes öffentliches Gebäude in Charleston ist das 1712 innerhalb der Stadtmauer erbaute **Powder Magazine** 8, in dem früher Schießpulver gelagert wurde. Zwar entstand 1748 ein neues, dafür geeignetes Lager, aber der alte Turm behielt seine Funktion bis zu den Tagen der amerikanischen Revolution. Heute beherbergt er einige Ausstellungen der städtischen historischen Gesellschaft über Charleston zu Kolonialzeiten (79 Cumberland St., Tel. 843-805-6730, www.historiccharleston.org, Mitte März–Anfang Sept. Mo–Sa 10–17, So 14–17 Uhr).

Mary St
Wragg Sq
Ann St
Chapel St
Charlotte St
Radcliffe St
John St
Warren St
King Street
Hudson St
Henrietta St
Concord St
Charleston Maritime Center
Vanderhorst St
Marion Square
Meeting Street
East Bay Street
St Philip St
Calhoun St
Minotti St
Burns Ln
Laurens St
The College of Charlston
George St
Society St
Anson St
Liberty St
Coming St
Hasell St
Wentworth St
Pritchard St
Pinckney St
Guingard St
Pitt St
Beaufain St
Market St
West St
Princess St
Fulton St
Cliford St
Magazine St
Cumberland St
St Philip's Church
Jacob's St
St Mary's Church
Queen St
Vendue Rge
Cooper River
Waterfront Park
Short St
St John's Church
Chalmers St
State St
Broad St
HISTORIC DISTRICT
St Michael's Pl.
Elliott St
New St
Logan St
Legare St
Orange St
Tradd St
Limehouse St
Greenhill St
First Baptist Church
Water St
Gibbes St
Ladson St
Lamboll St
Atlantic St
Church St
South Battery
Murry Blvd.
East Battery
Charleston Harbor
0
250
500 m

**Blick in Charlestons Uferpromenade East Battery**

An düstere Zeiten erinnert in der Chalmers Street das **Slave Mart Museum** 9, wo 1863 die letzte Sklavenversteigerung stattfand. Ausstellungen zeichnen die Geschichte der menschenverachtenden Zwangsarbeit in den Südstaaten nach, seit im Jahr 1670 die ersten Arbeitskräfte von Afrika nach Georgia deportiert worden waren. In Charleston fand der Sklavenhandel in einer Halle statt, nachdem die ›menschliche Ware‹ nach 1856 nicht mehr unter freiem Himmel verkauft werden durfte (6 Chalmers St., Tel. 843-724-7395, Mo–Sa 10–17, So 14–17 Uhr).

In den 1771 von den Briten erbauten Gewölben von **Old Exchange and Provost Dungeon** 10 wurden während des Revolutionskriegs amerikanische Patrioten eingesperrt. Heute veranschaulichen animierte Wachsfiguren in einem historischen Museum Szenen aus dem amerikanischen Unabhängigkeitskrieg (112 E. Bay St., Tel. 843-727-2165, www.oldexchange.com, tgl. 9–17 Uhr).

Bei der Church Street zweigt die kleine Privatgasse **Cabbage Row** 11 ab. Sie war für den Schriftsteller DuBose Heyward das Vorbild für die Catfish Row seines Romans ›Porgy‹, der nach der Musik von George Gershwin als Oper ›Porgy and Bess‹ 1935 weltberühmt wurde. Das Libretto zur Oper verfasste Heyward zusammen mit Ira Gershwin. Wegen der Rassenthematik durfte das Stück in Charleston selbst allerdings erst in den 1970er Jahren aufgeführt werden (89–91 Church St.).

## Straßen mit Charakter

Die aus dem 18. Jh. stammenden 14 Wohnhäuser in einer Reihe sind zwar unter dem Namen **Rainbow Row** 12 bekannt, aber keineswegs tatsächlich in Regenbogenfarben gestrichen, sondern vielmehr in dezenten Pastellfarben gehalten. Ursprünglich befanden sich Läden im Erdgeschoss und Wohnungen im Obergeschoss. Damals lagen die Gebäude direkt am Wasser, sodass die Kaufleute schnellen Zugang zu den nahe liegenden Schiffen hatten (79–107 E. Bay St.).

Charlestons Uferpromenade **East Battery** 13 ist ein Laufsteg romantischer Eitelkeiten: eine Antebellum-Villa schöner und prächtiger als die andere, manche davon Märchenpaläste mit schneeweißen Säulenfassaden und ausladenden Balkonen. Die eigentliche East Battery besteht aus einer breiten Kaimauer, welche die Villenpromenade vor dem Meer schützt und heute ein Treffpunkt von Flaneuren, Joggern und Skatern ist.

Zu den prächtigsten Villen gehört das **Edmonston-Alston House** 14. Mitte der 1820er-Jahre wurde es für einen schottischen Kaufmann errichtet, der sich über sein fürstliches Heim nicht lange freuen konnte, weil ihn 1837 wirtschaftliche Schwierigkeiten zum Verkauf zwangen. Ein Nachfolger entschied sich bei einer Renovierung des Hauses für den neogriechischen Stil, der das Anwesen heute noch prägt. Edles Mobiliar, Silber und Porzellan gestalten das Innere so wohnlich, als seien die letzten Besitzer erst kürzlich ausgezogen (21 East Battery, Tel. 843-722-7171, www.middletonplace.org, Führungen Di–Sa 10–16.30, So/Mo 13.30–16.30 Uhr.

Die Halbinsel, auf der Charleston zwischen Cooper und Ashley River liegt, endet an der Südspitze mit den **White Point Gardens** 15. In der kleinen Parkanlage stehen mächtige Eichen, historische Statuen, Monumente und Kanonen, die früher den Hafen schützten. In einem kleinen Pavillon finden häufig Hochzeiten und Konzerte statt. In der Umgebung fahren Pferdekutschen die Straßen mit den schönsten Villen ab.

## Plantagen bei Charleston

South Carolina war im 19. Jh. einer der größten Lieferanten von Reis in der westlichen Welt. Am Stadtrand von Charleston haben mehrere Plantagen überlebt. Heute produzieren sie keinen Reis mehr, sondern stehen als Touristenattraktionen für romantisches Südstaatenflair.

Die **Boone Hall Plantation** zählt zu den ältesten noch bewirtschafteten Betrieben des Südens. Vom Eingang des Geländes führt eine Allee mit mächtigen Eichen zum 1936 erbauten Plantagenhaus, durch das man sich von kostümierten Hausdamen führen lassen kann. Einige Sklavenquartiere, die mit vor Ort hergestellten Ziegeln gemauert wurden, haben den Zeitenwechsel überlebt (Hwy 17 N., Mount Pleasant, Tel. 843-884-4371, www.boonehallplantation.com, Sept.–Ende März Mo–Sa 9–17, So 13–16 Uhr, sonst Mo–Sa 8.30–18.30, So 13–17 Uhr).

Nicht weit vom Ufer des Ashley River entfernt entstand zwischen 1738 und 1742 der gewaltige zweistöckige Backsteinbau der **Drayton Hall**, der über zweieinhalb Jahrhunderte hinweg baulich nahezu unverändert blieb und auch den Bürgerkrieg schadlos überstand. Die 15 Zimmer der Residenz sind nicht mehr eingerichtet. Seinen unvergleichlichen Reiz bezieht das Anwesen durch seine traumhafte Lage auf einer großen, von Bäumen umgebenen Rasenfläche (3380 Ashley River Rd., 9 Meilen nördlich von Charleston, Tel. 843-769-2600, www.draytonhall.org, März–Okt. tgl. 10–16 Uhr, Führungen zur vollen Stunde).

Wunderschöne Seerosenteiche mit hübschen Brücken, Sumpflandschaften mit mächtigen Sumpfzypressen, überbordende Blumenbeete und mächtige Eichen mit Moosbärten machen die **Magnolia Plantation** zu einer traumhaften Anlage. Über 900 unterschiedliche Kamelien- und 250 Azaleenarten verteilen sich über das Areal, zu dem auch der Audubon Swamp Garden gehört. Die 24 ha große, von Bretterstegen durchzogene Sumpfwildnis mit mächtigen Zypressen ist für Alligatoren und viele Vogelarten ein idealer Lebensraum (3550 Ashley River Rd., Tel. 843-571-1266, Fax 843-571-5346, www.magnoliaplantation.com, tgl. 8 Uhr bis Sonnenuntergang).

Anfang des 18. Jh. waren in Kontinentaleuropa und in England formale, nach strikten Prinzipien angelegte Gärten in Mode. Die landschaftsgärtnerische Idee fasste auch in den USA Fuß. Ein wunderschönes Beispiel dafür ist **Middleton Place**, um dessen 1755 erbautes Herrenhaus sich grandios gestaltete, zum Teil in Terrassen angelegte Gärten ausbreiten, die innerhalb von 10 Jahren von ca. 100 Sklaven geschaffen worden sein sollen (4300 Ashley River Rd., Tel. 843-556-60 20, www.middletonplace.org, tgl. 9–17 Uhr).

**Charleston Area Convention & Visitors Bureau:** 375 Meeting St., P. O. Box 975, Charleston, SC 29402, Tel. 843-853-8000, Fax 843-853-0444, www.charlestoncvb.com.

**French Quarter Inn** [1]: 166 Church St., Tel. 843-722-1900, www.fqicharleston.com. Angenehmer Luxus im historischen Distrikt. Rund um die Uhr kostenloser Kaffee in silbernen Samowaren, Frühstück auf der Terrasse, nachmittags Wein und Käse am Kamin. Der ›Pillow-Concierge‹ hält eine Auswahl unterschiedlicher Kopfkissen bereit. Ab 199 $.

**Elliott House Inn** [2]: 78 Queen St., Tel. 843-723-1855, www.elliotthouseinn.com. Gediegenes B & B im Stil des 18. Jh. Schöne Gartenanlage mit Pool, stilvolles Ambiente nicht nur beim Frühstücken, am Nachmittag gibt es Käse und Wein auf der Veranda, kostenloser Fahrradverleih. 109–180 $.

**The Anchorage Inn** [3]: 26 Vendue Range, Tel. 803-723-8300, www.anchoragencharleston.com. 17 Zimmer und 2 Suiten im Stil des 18. Jh. 89–189 $.

**King Charles Inn** [4]: 237 Meeting St., Tel. 843-723-7451, www.kingcharlesinn.com. Geschmackvoll eingerichtetes Best Western mit Pool und Restaurant, WLAN, Parken, Nachmittagswein mit Käse sowie Frühstück inkl. Ab 139 $.

**Indigo Inn** [5]: 1 Maiden Ln., Tel. 843-577-5900, www.indigoinn.com. 40 Räume im Stil des 18. Jh., schöner ruhiger Garten, üppiges Frühstück. Ab 89 $.

**Charleston KOA Kampground** [6]: Ladson, Tel. 843-797-1045, 20 Meilen nordöstlich der Stadt, www.koa.com, ganzjährig. Mit Pool, Cabins und Lodges.

**Grill 225** [7]: 225 E. Bay St., Tel. 843-26-4222, www.grill225.com, Mo–So 11.30–15, 17.30–22 Uhr, Fr–Sa länger. Hervorragendes Steakhaus sowie bestes Seafood zu gesalzenen Preisen. Steaks 32–36 $.

**FIG** [8]: 223 Meeting St., Tel. 843-805-9500, www.eatatfig.com, Mo–Do 18–23, Fr–Sa 18–24 Uhr. Bistro mit frischer, französisch inspirierter Küche, die Zutaten stammen von den Farmen rund um Charleston. Spezialität ›Hanger Steak‹ 18 $.

**Hyman's Seafood Company** [9]: 215 Meeting St., Tel. 843-723-6000, www.hymansseafood.com, tgl. 11–23, Nov.–Feb. Mo–Do nur bis 21.30 Uhr. Sehr lebhaftes Lokal, beliebte Seafood-Gerichte wie gebratene Flunder, Tunfisch, Snapper und Mahi. Reservierung empfohlen. Ab 10 $.

**Typisches Südstaatenflair: Oase der Ruhe auf der Litchfield Plantation**

**Sticky Fingers** 10: 235 Meeting St., Tel. 843-853-7427, www.stickyfingersonline.com, tgl. 11–23 Uhr. Beste BBQ-Ribs in diversen Saucen, Entscheidungsschwache wählen den Sampler und trinken einen Pitcher Bier dazu. Ab 10 $.

**Baker's Cafe** 11: 214 King St., Tel. 843-577-2694, www.bakerscafe.com, Frühstück und Lunch. Ideal für den Start in den Tag, große Auswahl beim Frühstück, es gibt u. a. Cappuccino sowie Croissants und Spezialitäten wie ›Russian Tea Cake Muffin‹. Ab 8 $.

## Georgetown

**Reiseatlas:** S. 24, F 1

Von ehemaligen Reis- und Indigoplantagen umgeben, hat sich der 9000 Einwohner große ehemalige Fischereiflecken ein aus dem 19.

Jh. stammendes Ortsbild bewahrt. Einige der bekanntesten Sehenswürdigkeiten liegen jedoch außerhalb.

### Hampton Plantation

Wie es zur Sklavenzeit auf den Plantagen des Südens zuging, erfahren Besucher auf der **Hampton Plantation** südwestlich von Georgetown. Das wunderschöne, um 1750 errichtete Haupthaus mit einer von Säulen geschmückten Fassade und die umliegenden Wirtschaftsgebäude dieser ehemaligen Reisplantage war eine Zeit lang Wohnsitz des aus der Gegend stammenden Poeten Archibald Rutledge (1950 Rutledge Rd., 16 Meilen südwestlich von Georgetown abseits der US 17, Tel. 843-546-9361, www.discoversouthcarolina.com/stateparks, Ende Mai–Anfang Sept. tgl. 11–16, sonst Do–Mo 13–16 Uhr, Geländebesichtigung gratis).

### Brookgreen Gardens

Wer genau hinsieht, entdeckt auf dem Gelände der **Brookgreen Gardens** nördlich von Georgetown eine Eichenallee, die früher einmal die Zufahrt zu einer Reisplantage war. Heute verbinden sich auf dem Gelände Kunst und Natur. Im Garten sind zwischen Baumgruppen, Brunnen und Grünanlagen über 550 Skulpturen amerikanischer Künstler des 19. und 20. Jh. aufgestellt, darunter Werke von bekannten Bildhauern wie Frederic Remington und Daniel Chester French (3 Meilen südlich von Murrells Inlet an der US 17, Tel. 843-237-4218, www.brookgreen.com, Juni–Sept. Mi–Fr 9.30–21, Sa–Di 9.30–17, Okt.–Mai tgl. 9.30–17 Uhr).

Auf Tara Auf Pawley Island 15 Meilen nördlich von **Georgetown** kann der Traum Wirklichkeit werden, wie Scarlett O'Hara in ›Vom Winde verweht‹ zu übernachten. Am Ende einer 500 m langen Eichenplantage liegt mit **Litchfield Plantation** ein wunderbarer Südstaatenpalast, der unter österreichischer Leitung als Edel-Bed & Breakfast geführt wird und keine Wünsche offen lässt (Kings River Rd., P. O. Box 290, Pawleys Island, SC 29585, Tel. 843-237-9121, Fax 843-237-1041, www.litchfieldplantation.com, 138–620 $).

## Myrtle Beach

**Reiseatlas:** S. 24, F1

Einen unumstrittenen Platz unter den renommiertesten Badeorten an der Atlantikküste hat Myrtle Beach, South Carolinas Antwort auf Mallorca. Soweit das Auge reicht, reihen sich am Grand Strand Freizeiteinrichtungen aneinander – Motels für jedermann, Hotelbauten eher groß als schön, Vergnügungsparks mit Geisterbahnen und Karussells, Bademodengeschäfte, Hamburgerküchen und Imbissstuben. Schon vor Jahren hat am Grand Strand, wie der 90 km lange Sandstreifen um Myrtle Beach heißt, die Countrymusic Einzug gehalten. In den beiden großen Theatern Dixie Stampede und The Carolina Opry finden allabendlich Konzerte und Shows mit Stars und Sternchen statt. Kulturangebote gehören aber nicht unbedingt zu den Stärken des Orts. Die wahren Attraktionen sind neben dem fast 100 km langen Sandstrand Golfplätze, Minigolfanlagen, Achterbahnen und Go-Kart-Kurse. Die Zahl der ständigen Einwohner liegt zwar nur bei etwa 25 000. In der Hauptsaison leben aber gut und gern 150 000 Menschen in der Gegend, darunter zu Beginn der Saison viele Studenten, die Myrtle Beach in den letzten Jahren als Ziel für ihre Semesterferien auserwählten.

i **Myrtle Beach Area Chamber of Commerce:** 1200 N. Oak St., P. O. Box 2115, Myrtle Beach, SC 29577, Tel. 843-626-7444, www.myrtlebeachinfo.com.

**Ocean Dunes Resort & Villas:** 201 75th Ave. N., Tel. 843-449-7441, Fax 843-449-0558, www.stockbin.com. 403 Räume direkt am Sandstrand am nördlichen Ende des Orts, mit Pools, Saunas und Dampfbädern. Ab 80 $.

**Boardwalk Beach Resort:** 2301 N. Ocean Blvd., Tel. 843-448-8545, www.boardwalkresort.com. Lebhaftes Resort mit 6 Pools, der Sandstrand liegt vor der Haustür. Zimmer und Suiten teilweise mit Küche, von 50–200 $ je nach Jahreszeit.

**Myrtle Beach: Hier geht es in den Sommermonaten hoch her**

**Forest Dunes Resort:** 5511 N. Ocean Blvd., Tel. 843-449-0864, www.forestdunes. com. Am Strand, 3 Pools, Suiten für bis zu 6 Personen. Ab 55 $.

**Myrtle Beach KOA Kampground:** 5th Ave., South Myrtle Beach, Tel. 843-448-3421, www.myrtlebeachkoa.com, ganzjährig. Großer Platz mit Pool, voll eingerichteten Cabins, in der Nähe eines Vergnügungsparks.

In Myrtle Beach gibt es Campingplätze wie Sand am Meer.

**The Melting Pot:** 5001 N. Kings Hwy, Tel. 843-692-9003, Mo–So 17–22 Uhr. Fondues, soweit die Karte reicht, zum Dessert gibt es Schokoladenfondue, große Weinkarte. Ab 15 $.

**Fusco's:** 5308 N. Ocean Blvd., Tel. 843-497-0440, tgl. Dinner. Ausgezeichnete italienische Küche, vor 18 Uhr 10 % Rabatt. Ab 14 $.

**Sea Captain's House:** 3002 N. Ocean Blvd., Tel. 843-448-8082, tgl. 7–22 Uhr. Frühstück, Lunch und Dinner mit Strandblick. Ab 6 $.

**Bass Pro Shops Outdoorworld:** 10177 N. Kings Hwy., Tel. 843-361-4800, www.basspro.com, Mo–Sa 9–22, So 10–19 Uhr. Alles für das Leben im Freien, mit Restaurant Islamorada Fish Co.

**Coastal Grand Mall:** 2000 Coastal Grand Circle, www.coastalgrand.com, Mo–Sa 10–21, So 12–18 Uhr. Große Mall, Food Court und die Kaufhäuser Belk, Dillard's und Sears.

**Barefoot Landing:** North Myrtle Beach, www.bflanding.com. Ansammlung von über 100 Geschäften und 13 Outlets, Restaurants, House of Blues an der Wasserfront.

**Broadway at the Beach:** www.broadwayatthebeach.com. Unterhaltung im XXL-Format und für alle, wer sich hier langweilt, ist selbst schuld: 100 Geschäfte, 20 Restaurants, 10 Nachtclubs, Wasserpark, romantische Gondelfahrten mit singenden Gondolieren, in der Saison jeden Dienstagabend Feuerwerk.

**Sun Fun Festival** (Anfang Juni): Vier Tage voller Aktivitäten etwa mit Schönheitswettbewerb, Bootsrennen, Paraden, Flugshows und Fallschirmspringen, www.sunfunfestival.com.

Kapitel 5

# Florida

# Auf einen Blick: Florida

## Sonne, Sand und Surfen

Fabelhafte Landschaften und angenehmes Meeresklima lockten vor über 100 Jahren die ersten Touristen an Floridas Küsten. Heute stehen subtropische Naturkulissen wie weiße Sandstrände, von Palmenwäldchen dekorierte Inseln und warme Surferreviere zwar immer noch hoch im Kurs. Seit damals entwickelten sich zwischen der Georgia- und Alabama-Grenze im Norden und dem Künstler- und Touristenmekka Key West im Süden aber Dutzende hochkarätiger Attraktionen, die Florida zum Abenteuerspielplatz sowohl für Kinder als auch Erwachsene gemacht haben. Das quirlige Duo Miami und Miami Beach garantiert Großstadtleben unter Palmen. In der exklusiven Millionärsenklave Palm Beach mischen sich normale Touristen unter die amerikanische Highsociety. Im Weltraumbahnhof Kennedy Space Center kommen Besucher dem Orbit ganz nahe. Vor der Ostküste und auf den Florida Keys laden Hunderte Schiffswracks zum Schatztauchen ein. Und in Orlando entstand innerhalb weniger Jahrzehnte auf früher moskitoverseuchtem Brachland das größte, populärste und schillerndste Vergnügungspark-Imperium der Welt.

Floridas gigantisches, modernes Freizeitangebot könnte zum Schluss verleiten, der Sunshine State sei ein sehr junger Staat. Tatsächlich reicht dessen nichtindianische Geschichte weiter in die Vergangenheit zurück als sonst auf US-Boden. Bereits im Jahr 1565 gründeten die Spanier mit St. Augustine die älteste, bis in die Gegenwart ständig besiedelte Stadt im gesamten Nordamerika.

## Highlights

12 **Miami Beach:** Das pastellfarbene Art-déco-Viertel South Beach (s. S. 401).

13 **Key West:** Das elektrisierende Ende der Florida Keys (s. S. 409).

14 **Orlando:** Vergnügungspark-Paradies mit zahlreichen Themenparks (s. S. 444).

15 **Kennedy Space Center:** Weltraumbahnhof am Cape Canaveral (s. S. 454).

## Panorama-Routen

**Florida Keys:** Die ca. 100 Meilen lange Kette der Florida Keys mit 42 größeren und Myriaden kleinerer Inseln gilt mit subtropischen Landschaften und karibischem Flair als Sympathieträger des Sunshine State (s. S. 405).
**Südliche Golfküste:** Zwischen Naples und Sarasota säumen kleinere Städte und naturverbundene Inseln die malerische Küste am Golf von Mexiko (s. S. 418).
**First Coast:** Zwischen Daytona Beach und Amelia Island kommt keine Langeweile auf. Großstadtpflaster wie in Jacksonville und historische Sehenswürdigkeiten wie in St. Augustine wechseln sich ab mit leeren Inselstränden, viktorianischen Ortsbildern und modernen Freizeiteinrichtungen (s. S. 454).

## Reise- und Zeitplanung

Von **Orlando und den Vergnügungsparks** wird man in einem normalen Urlaub nur Bruchteile zu sehen bekommen, weil die Angebote riesig und die Preise gesalzen sind. An einem Besuchstag schafft man etwa von den großen Disney-Parks selbst im Schnelldurchgang höchstens zwei.

In Orlando kann man eine ca. zweiwöchige Rundreise beginnen, die über das Kennedy Space Center die Ostküste entlang nach Miami führt. Von dort geht es nach Naples an die Golfküste und über Fort Myers und Tampa Bay zurück nach Orlando. Wer etwas mehr Zeit investieren kann, sollte von Miami einen mindestens dreitägigen Abstecher auf die Florida Keys einplanen.

## Richtig Reisen-Tipps

**Wellness unter Palmen:** In Miami und Miami Beach gibt es für die Besucher eine Vielzahl von Wellnessangeboten (s. S. 402).

**Abenteuer im Korallenriff:** Der John Pennekamp Coral Reef Park in Key Largo bietet ausgezeichnete Möglichkeiten, das Inselreich der Florida Keys kennen zu lernen (s. S.407).

**Mit Indianern auf der Pirsch:** In der Big Cypress Seminole Indian Reservation bietet ein indianisches Unternehmen Touren durch die Naturlandschaft an (s. S. 417).

**Shell Hunting:** Auf Sanibel und Captiva Island ist Muschelnsuchen zum Volkssport geworden. Vor allem nach Stürmen wird nach Raritätengesucht (s. S. 420).

**Disneypreise:** Wer die Disney-Parks besuchen möchte, muss tief in die Taschen greifen (s. S. 451).

## Klima und Reisezeit

Grundsätzlich existieren auf der lang gezogenen Florida-Halbinsel zwei Klimazonen mit unterschiedlichen Wetterbedingungen. Beste Reisezeit für die südliche Hälfte des Landes sind die kühleren Monate des Jahres. Etwa von Miami bis nach Key West herrschen selbst im tiefsten Winter – von seltenen Frosteinbrüchen abgesehen – frühlingshafte Temperaturen bei geringen Niederschlägen. Deshalb reicht die Hochsaison auf den Florida Keys auch von November bis April.

In der nördlichen Hälfte beginnt die Hauptreisezeit im Mai und dauert bis Oktober. Im Panhandle und an der First Coast klettern die Temperaturen bis auf 27 °C. Hurrikane treten hauptsächlich in den Monaten Juli bis Oktober auf.

# Miami und Miami Beach

Cityplan S. 396

**Wer von Miami schwärmt, meint meist Miami Beach. Das metropolitane Duo ist durch die Biscayne Bay und zwei unterschiedliche Charaktere voneinander getrennt. Miami ist der eher geschäftsmäßige Teil. Miami Beach hat dynamisches Lebensgefühl und karibisches Flair für sich gepachtet. Multikulturelle Hotspots sind beide Städte.**

Mit ca. 2,4 Mio. Einwohnern bilden Miami und Miami Beach das größte urbane Ballungszentrum in Florida. Genau genommen sind ebenso wie Miami Beach auch South Miami, Coral Gables und Bal Harbour eigenständige Städte. Sie werden aber gemeinhin der so genannten Metropolitan Area (Ballungsraum) zugerechnet, die sich zwischen dem 25. und 26. Grad nördlicher Breite ausdehnt und damit ungefähr auf dem Wendekreis des Krebses liegt, an dem geografisch die Subtropen beginnen.

Das größtenteils auf dem Festland gelegene Miami hat in den vergangenen Jahren mit Büro- und Bankentürmen seine Skyline immer weiter in den Himmel getrieben und zusammen mit dem Inselreich Miami Beach kräftig an seinem funkelnden Image als sonnenverwöhnte Trendsetter-Metropole gearbeitet. Noch in den 1980er Jahren war der Ruf der Stadt nicht eben der beste. Hohe Kriminalität, Rassenunruhen, eine gewaltige Welle von Kubaflüchtlingen zum Teil zweifelhafter Reputation und der Abstieg zur internationalen Drehscheibe des Heroin- und yKokainhandels und gleichzeitig zur Geldwaschanlage der mächtigen kolumbianischen Drogenkartelle hinterließen tiefe Kratzer auf dem Image von Miami.

Mitte der 1980er Jahre zeichnete sich zumindest für die Wirtschaft ein Silberstreifen am Horizont ab. Das Handelsvolumen mit lateinamerikanischen Staaten nahm ständig zu, und im Zentrum von Miami begannen wieder Banken und Unternehmenszentralen zu bauen, während der Touristenstrom in die südlichste Großstadt von Florida anzusteigen begann. Diesem Ziel diente auch die filmische Werbekampagne der Fernsehserie ›Miami Vice‹, die in vielen Ländern der Erde ausgestrahlt wurde und eine wichtige Botschaft vermittelte: Miami ist zwar ein heißes Pflaster, aber auch eine der spannendsten Metropolen unter Amerikas Großstädten.

Das gilt vor allem für Miami Beach, das auf dem südlichsten Zipfel einer vorgelagerten Insel liegt und vom Festland über mehrere Brücken bzw. Dämme leicht erreichbar ist. Damals begann sich die subtropische Schönheit zum Trendsetter zu entwickeln. Innerhalb weniger Jahre verwandelten sich die bis dahin heruntergekommenen Fassaden des Art-déco-Viertels unter den Händen von Maurern, Malern und Designern in eine glamouröse Filmkulisse. Fast über Nacht mauserte sich Miami Beach zur hippen Modemetropole und zum Treffpunkt der internationalen Schickeria.

## Downtown Miami

Das Zentrum von Miami macht seinen Besuchern einen ersten Überblick leicht. Die kostenlose vollautomatisierte Hochbahn von Downtown, der so genannte People Mover, dreht zwei Schleifen durch das Stadtzentrum, wobei eine Schienenstrecke u. a. mitten durch das Cen-Trust Building hindurchfährt. Von den wie von Geisterhand bewegten Waggons hat man den besten Blick über

## Mit dem Autor unterwegs

### Unbedingt anschauen!

Eines der sehenswertesten Anwesen im Großraum Miami ist die **Villa Vizcaya**. Sie liegt in einem märchenhaften Garten, dessen Wasserkante an der Biscayne Bay im venezianischen Stil hergerichtet ist (s. S. 398).

Ob mit oder ohne Kinder: Das **Miami Seaquarium** bietet gute Unterhaltung und lehrreiche Stunden für all jene, die sich für Meerestiere begeistern können (s. S. 399).

Das Art-déco-Viertel **South Beach** an der Südspitze von Miami Beach ist das architektonische Schaustück der Stadt, das vor allem bei nächtlicher Neonbeleuchtung einen starken Eindruck hinterlässt (s. S. 401).

### Kubanisches Flair

Ihr kubanisches Gesicht zeigt die Metropole im Stadtteil **Little Havana** mit vielen kubanischen Restaurants und Cafés (s. S. 394).

### Die schönsten Strände

Direkt am Ocean Drive in Miami Beach zieht sich ein kilometerlanger Strand entlang. Eine ruhigere Atmosphäre besitzt aber die **Bill Baggs Recreation Area** an der Südspitze von Key Biscayne (s. S. 399).

### Gratisattraktionen

Abends und am Wochenende finden in **Bayside Marketplace** häufig kostenlose Konzerte am Hafen statt. Nebenbei kann man einkaufen gehen oder in einem der zahlreichen Lokale sitzen (s. S. 393).

**CocoWalk** im Zentrum von Coconut Grove ist ein unterhaltsames Einkaufs- und Kneipenzentrum, in dem das Flanieren Spaß macht (s. S. 398).

### Nach Sonnenuntergang

Der **Ocean Drive** im Stadtteil South Beach in Miami Beach ist das Nonplusultra des Nachtlebens im südlichen Florida. Ein Lokal reiht sich dort ans andere. Ein wirklich heißer Flecken für Nachtschwärmer und ›Tresenfreunde‹: Mango's Tropical Café (s. S. 401).

### ›No-go‹-Viertel

Miamis Problemzonen liegen hauptsächlich nördlich von Downtown. Die Stadtviertel Liberty City und Hialeah sollte man tunlichst meiden, weil sie zu den sozialen Brennpunkten der Stadt gehören. Will man diese Gegend mit dem Auto durchqueren, benutzt man am besten die großen Schnellstraßen.

Downtown Miami. Eine Station des People Mover befindet sich am Bayfront Park.

Günstiger Ausgangspunkt für eine Besichtigung von Downtown ist **Bayside Marketplace** **1**, ein großzügig gestalteter Komplex aus Restaurants, Straßencafés und Boutiquen direkt an der Biscayne Bay. 10 Mio. Besucher pro Jahr beweisen dessen Popularität. Abends und am Wochenende platzt die Gegend fast aus den Nähten, wenn kostenlose Live-Konzerte einheimischer Künstler stattfinden oder sich gelegentlich bekannte Stars sehen lassen. Von Bars und Restaurants blickt man auf den Hafen oder auf die Skyline der Stadt, was vor allem kurz nach Sonnenuntergang ein Erlebnis ist (401 Biscayne Blvd., Tel. 305-577-3344, Mo–Do 10–22, Fr–Sa 10–23, So 11–20 Uhr, Bars und Restaurants längere Zeiten).

Lauteste und lebhafteste Geschäftsstraße ist die in Ost-West-Richtung verlaufende und von Geschäften gesäumte Flagler Street. Am Dade County Courthouse vorbei führt der Weg zum **Metro-Dade Cultural Center** **2**. Die Piazza dieses Zentrums mit mediterranem Flair wird um die Mittagszeit zur Lunch-Oase für Geschäftsleute und Büroangestellte. Das um den Platz herumgruppierte Kulturzentrum besteht aus drei Gebäuden, die sich architektonisch mit Bogenfenstern, Ziegeldächern und schmiedeeisernen Verzierungen an den spanischen Baustil anlehnen (101 W. Flagler St.).

Die **Miami-Dade Public Library,** die Zentralbibliothek der Stadt und des Landkreises,

**Miamis Skyline trägt am Abend ein geheimnisvoll glitzerndes Outfit**

besitzt einen riesigen Bestand an Literatur über Florida (Tel. 305-375-5010, Mo–Mi und Fr–Sa 10–17, Do 9–21, So 13–17 Uhr). Mit prähistorischen Ausstellungsstücken, Exponaten zur Kultur der Seminolen-Indianer, Tonbildschauen und Dokumentationen über die wilden 1920er Jahre gibt das **Historical Museum of Southern Florida** Einblicke in die bewegte Geschichte von Süd-Florida und Miami (Tel. 305-375-1492, www.historicalmuseum.org, Mo–Sa 10–17, 3. Do 10–21, So 12–17 Uhr). Der Schwerpunkt des kleinen **Miami Art Museum (MAM)** liegt auf nord- und südamerikanischer Kunst mit einer Reihe von Werken bekannter Künstler wie Alexander Calder und Robert Rauschenberg. Die Tage des Museums im Metro-Dade Cultural Center sind gezählt, da die Ausstellungen voraussichtlich Ende 2007 in den neuen **Museum Park Miami** umziehen werden (Tel. 305-375-3000, www.miamiartmuseum.org, Di–Fr 10–17, jeden 3. Do 10–21, Sa–So 12–17 Uhr, Mo Ruhetag).

Wo der Bicentennial Park südlich der Zufahrt zum MacArthur Causeway bislang keine große Augenweide war, baut die Stadt Miami gegenwärtig den neuen **Museum Park Miami** 3. Das umgestaltete Gelände an der Biscayne Bay soll bis voraussichtlich Ende 2007 das neue Miami Art Museum und das neue Miami Museum of Science erhalten.

## Little Havana

Im Straßenbild der Großstadt ist der karibische Einfluss vielerorts unübersehbar, aber nirgendwo so deutlich wie im Stadtteil **Little**

**Havana** 4 um die Calle Ocho, wie die südwestliche 8th Street von den Einheimischen genannt wird – eine Ansammlung von Billigläden mit Textilien, Kinderspielzeug und Gebinden von Plastikblumen, mit denen die Einwohner gern die glitzernden Bronzeschreine ihrer Hausheiligen schmücken.

Die Straßenzüge des Viertels enthüllen die wahre Identität von Miami als Stadt, die zwar geografisch auf US-Boden liegt, demografisch aber längst latinisiert und damit Teil der Karibik ist. In den Cafés und Schnellküchen ist auf ›internationale Verständigung‹ angewiesen, wer kein Spanisch spricht. Spezialitäten wie etwa Milanesa (Schnitzel), Baho (kubanischer Eintopf) und Schweinefleisch mit schwarzen Bohnen fehlen auf kaum einer Speisekarte.

# Coral Gables

Keine Stadt im Großraum Miami pflegt ihren eigenen Stil so konsequent wie Coral Gables. Die Gemeinde entstand in den 1920er Jahren, als die Südostküste von Florida einen Bauboom erlebte. Im Unterschied zu anderen Spekulanten, die es vornehmlich auf das schnelle Geld abgesehen hatten, tat sich der Gründer von Coral Gables, George Merrick, als Ästhet hervor. Auf Reisen hatte er die Mittelmeerregion kennen gelernt, deren Architektur und Städteplanung er zum Vorbild nahm. So entstanden breite, palmengesäumte Boulevards, offene Plätze mit Brunnen und stuckverzierten Hausfassaden, die ebenso im spanischen Süden stehen könnten.

## Stadtrundgang

Als der Ort in den 1920er Jahren aus dem Boden gestampft wurde, brachen Bautrupps das Baumaterial für die Häuser zum Teil aus dem Korallengestein des Untergrunds. Einer dieser Steinbrüche wurde nicht zugeschüttet, sondern in den 3 Mio. Liter Süßwasser fassenden **Venetian Pool** 5 verwandelt, ein traumhaft schönes Freibad unter Palmen. Neben dem kristallklaren Wasser sorgen Einfassungen aus dekorativem Korallenfelsen, Blumen, ein prächtiger Wasserfall, Palmen und hübsche Gebäude im mediterranen Stil um die Liegewiese für Tropenatmosphäre (2701 DeSoto Blvd., Tel. 305-460-5306, www.venetianpool.com, Mo–Fr 11–16.30, im Sommer bis 19.30, Sa–So 10–16.30 Uhr).

Bauliches Wahrzeichen von Coral Gables ist das monumentale **Biltmore Hotel** 6 mit einem 90 m hohen, der Giralda im spanischen Sevilla nachgebildeten Turm. Früher gingen in der Nobelherberge prominente Gäste wie Bing Crosby, Ginger Rogers, Judy Garland und Al Capone ein und aus. Im hoteleigenen Pool, von dem man auf den vermutlich mit der Nagelschere gestutzten Rasen blickt, führte früher kein Geringerer als Leinwandtarzan Johnny Weissmuller Regie, der als olympischer Goldmedaillengewinner der Highsociety das Schwimmen

## Miami – Miami Beach: Cityplan

### Sehenswürdigkeiten

1 Bayside Marketplace
2 Metro-Dade Cultural Center
3 Museum Park Miami
4 Little Havana
5 Venetian Pool
6 Biltmore Hotel
7 Lowe Art Museum
8 Coco Walk
9 The Barnacle
10 Villa Vizcaya
11 Miami Museum of Science
12 Miami Seaquarium
13 Bill Baggs Cape Florida State Recreation Area
14 Parrot Jungle and Gardens
15 Children's Museum
16 Port of Miami
17 Ocean Drive
18 Wolfsonian
19 Bass Museum
20 Holocaust Memorial
21 Ancient Spanish Monastery

### Übernachten

1 Miami Marriott Biscayne Bay
2 Waldorf Hotel
3 Miami River Inn
4 Days Inn International Airport
5 Riviera Court Motel
6 Banana Bungalow
7 Miami Everglades
8 Miami South

### Essen und Trinken

9 The Forge
10 Caffe Abbracci
11 Joe's Stone Crab Restaurant
12 News Café

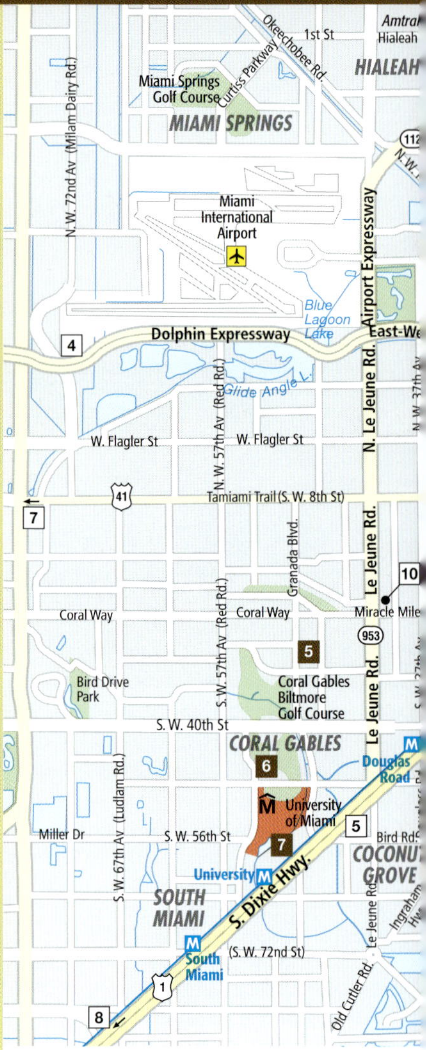


beibrachte (1200 Anastasia Ave., Tel. 305-445-1926, Fax 305-913-3159, www.biltmorehoTel.com).

Mitten durch das mediterran anmutende Stadtgebiet zieht sich der Granada Boulevard, der wie die meisten anderen Straßen

einen spanischen Namen trägt. Am südlichen Abschnitt dehnt sich der mit einem eigenen Schwimmbad ausgestattete Campus der University of Miami aus, auf dem das **Lowe Art Museum** 7 Kunst aus der Renaissance und dem Barock, europäische, präkolumbische, asiatische und afrikanische Kunst sowie Werke amerikanischer Künstler des 19. Jh. zeigt (1301 Stanford Dr., Tel. 305-284-3535, www.lowemuseum.org, Di–Mi und Fr–Sa 10–17, Do 12–19, So 12–17 Uhr, Mo Ruhetag).

# Coconut Grove

Das lebhafte Schickeria-Viertel mit Bistros und teuren Boutiquen sieht sich gerne in der Rolle als südliches Pendant des New Yorker Greenwich Village – nicht ganz zu Unrecht. The Grove, wie die Einheimischen ihr Viertel nennen, stand in den 1960er und 1970er Jahren bei Künstlern, Schriftstellern und Bohemiens als Wohnsitz hoch im Kurs. Heute liegt seine Anziehungskraft in bekannten Restaurants, Galerien, Theatern, Nachtclubs, schicken Straßencafés und tonangebenden Musiklokalen. Die Hauptattraktion ist der nicht weit von der Biscayne Bay entfernte schneeweiße **Coco Walk** 8, ein elegantes Einkaufszentrum mit luftigen Restaurants, Bars, Geschäften und einem Kino. Der aus mehreren Ebenen bestehende, fast antik anmutende Komplex mit Treppenaufgängen, hübschen Balustraden und verwinkelten Terrassen umschließt einen Innenhof mit Ständen voller Parfümflakons, Sonnenbrillen und modischen Accessoires (3015 Grand Ave., Tel. 305-444-0777, www.cocowalk.com, So–Do 11–22, Fr–Sa 11–24, manche Bars bis 2 Uhr, Eintritt frei).

## Museumstrio

Neben Lifestyle und Trend ist in **The Grove** die Vergangenheit mit **The Barnacle** 9 vertreten. Der Schiffsbauer Ralph Munroe ließ dieses Cottage mit breiten Balkonen im ausgehenden 19. Jh. errichten. Zahlreiche Details weisen auf die handwerkliche Herkunft des Hobby-Architekten hin, der hauptsächlich lokale Materialien benutzte und das Haus zwecks besserer Durchlüftung und zum Schutz vor Überflutung auf Stelzen setzen ließ. Ein hinzugefügtes Untergeschoss machte aus dem ursprünglichen Pfahlbau ein ganz gewöhnliches Haus (3485 Main Hwy, Tel. 305-448-9445, Do–Mo 9–16 Uhr).

Der Name der **Villa Vizcaya** 10 ist baskischen Ursprungs und bedeutet hoch gelegener Platz. 1000 teils europäische Fachkräfte waren jahrelang mit dem Bau des Prachtbaus im Stil der italienischen Renaissance beschäftigt, ehe der Industrielle James Deering einziehen konnte. Auf 34 Räume verteilen sich in dem zum Museum umgewandelten Palast Möbel und Kunstgegenstände, die der Bauherr auf Reisen durch die Alte Welt erstand. Um die wertvollen Kunstwerke vor der salzigen Luft und der durch die Meeresnähe verursachten Feuchtigkeit zu schützen, deckte man den Innenhof später mit einer Glaskuppel ab. In einer Bucht vor der Villa liegt eine winzige Felsinsel in Form einer venezianischen Barke. Die Villa ist von einem wunderschönen Park mit Statuen, Wasserbecken und Brunnen umgeben (3251 S Miami Ave., Tel. 305-250-9133, www.vizcayamuseum.org, tgl. 9.30–16.30 Uhr).

Shows im Planetarium, ein Wildlife Center mit Reptilien und seltenen Greifvögeln, die nach Verletzungen dort hochgepäppelt werden, und interaktive naturwissenschaftliche Einrichtungen machen den Besuch im **Miami Museum of Science** 11 kurzweilig. Das Museum wird bis Ende 2007 in neue Räumlichkeiten im Museum Park Miami umziehen (3280 S. Miami Ave., Tel. 305-646-4200, www.miamisci.org, tgl. 10–18 Uhr).

## Süd-Miami

Der **Fairchild Tropical Garden** ist ein reizender botanischer Garten mit tropischer und subtropischer Vegetation um mehrere Seen. Man kann sich von einer Tram durch die Anlage fahren lassen (10901 Old Cutler Rd., Tel. 305-667-1651, www.fairchildgarden.org, tgl. 9.30-16.30 Uhr). Im **Monkey Jungle** können sich über 400 Primaten im offenen Gelände bewegen, während Besucher hinter Gittern bleiben müssen (14805 SW 216th St., Tel. 305-235-1611, www.monkeyjungle.com, tgl. 9.30–17 Uhr). Viel Auslauf haben Tiere im **Miami Metrozoo,** wo sie größtenteils in Freigehegen gehalten werden (12400 SW 152 St., Tel. 305-251-0400, www.miamimetrozoo.com, tgl. 9.30 –17.30 Uhr).

In der **World & U.S. Chess Hall of Fame** werden große Schachmeister geehrt und vorgestellt – von Anatoly Karpov bis Bobby Fisher und Tigran Petrosian bis Boris Spassky (13755 SW. 119th Ave. Tel. 786-242-4255, www.chessmuseum.org, Do–Sa 10.30–17, So 13–17 Uhr).

**Papageienpärchen auf Parrot Jungle Island in Miami**

## Virginia Key und Key Biscayne

Südlich von Downtown zweigt vom Bayshore Drive der Rickenbacker Causeway ab, der eine Verbindung zu zwei Inseln in der Biscayne Bay herstellt.

Auf Virginia Key ist das **Miami Seaquarium** 12 seit Jahren ein Anziehungspunkt für Familien, die Delfinen, Seelöwen und vor allem dem riesigen Killerwal Lolita bei Shows zuschauen wollen. Noch wichtiger als die Unterhaltung des Publikums ist den Betreibern der Schutz und die Aufzucht bedrohter Tierarten wie etwa von Seekühen (4400 Rickenbacker Cswy, Tel. 305-361-5705, www.miamiseaquarium.com, tgl. 9.30–18 Uhr).

Die längliche, 5 Meilen vom Festland entfernt gelegene Koralleninsel Key Biscayne ist für die Stadtbevölkerung ein attraktives Naherholungsziel mit malerischen Stränden und der **Bill Baggs Cape Florida State Recreation Area** 13 an der südlichsten Spitze. Der 1825 erbaute Leuchtturm mit einer Aussichtsplattform überstand 1836 einen Angriff der Seminolen und während des Bürgerkriegs die Einnahme durch die Südstaatentruppen (1200 S. Crandon Blvd., Tel. 305-361-5811).

## 12 Miami Beach

Der Mac Arthur Causeway, eine von mehreren Verbindungen von Miami nach Miami Beach, lässt sich durch den schlanken Freedom Tower leicht finden, der an dessen Zufahrt steht. Ein Damm führt über einige Inseln wie etwa Palm Island, wo Gangsterboss Al Capone residierte, zum südlichen Ende der Stadt Miami Beach.

### Am Mac Arthur Causeway

Wer im Papageiendschungel nur Schönheiten mit buntem Gefieder erwartet, wird über die Vielfalt an Tieren und Pflanzen in den **Parrot Jungle and Gardens** 14 überrascht sein. Zwar sind exotische Papageien die Hauptat-

**Am Ocean Drive: exotisches Nachtleben in karibischer Atmosphäre**

traktion. Aber außer ihnen bevölkern Orang-Utans, Affen, Alligatoren, darunter ein seltener Albino-Alligator, nachtaktive Tiere und viele Reptilien die Anlage. Bei speziellen Shows beweisen etwa Papageien ihre Lernfähigkeit. Für Kinder wurde eigens ein Streichelzoo eingerichtet (11000 SW. 57th Ave., Tel. 305-400-7000, www.parrotjungle.com, tgl. 10–18 Uhr).

Mit interessanten, interaktiven Ausstellungen sollen Kinder im **Children's Museum** 15 an Themen wie gesunde Ernährung, Geld und Konsum, Umgang mit Haustieren, Kommunikation und Meeresleben herangeführt werden (980 Mac Arthur Cswy, Tel. 305-373-5437, www.miamichildrensmuseum.org, tgl. 10–18 Uhr).

Südlich des Mac Arthur Causeway ist der **Port of Miami** 16 leicht an den dort liegenden Kreuzfahrtschiffen erkennbar. Über die Jahre entwickelte er sich zum größten Kreuzfahrthafen der Welt mit jährlich mehr als drei Millionen Passagieren. An den Kais in der Biscayne Bay legen die größten Schiffe der

Welt an, von denen manche über 2000 Passagiere an Bord nehmen können (Dante B. Fascell Port of Miami, Tel. 305-371-7678, Fax 305-347-4843, www.co.miami-dade.fl.us/portofmiami).

## South Beach

Im südlichsten Teil von Miami Beach zogen in den 1930er Jahren Maurer in Windeseile ganze Art-déco-Straßenzeilen in die Höhe, mit denen die Zeit der wirtschaftlichen Depression gestalterisch überwunden werden sollte. So entstand mit South Beach ein Viertel, das durch geometrische Bauten mit vielfältigen Ornamenten gekennzeichnet ist. In pastellfarbenen Stuckverzierungen tauchen an den Fassaden einheimische Vogelarten sowie Trauben- und Melonenmotive auf, die Türen und Fenster umranken. ›SoBe‹, wie South Beach bei den Einheimischen heißt, besitzt seit den späten 1980er Jahren Kultstatus und glänzt mit Hotels, Geschäften und Restaurants im Art-déco-Stil schöner denn je (Art Déco Welcome Center, 1001 Ocean Dr., Tel. 305-531-3484, www.mdpl.org. Die Miami Design Preservation League bietet Führungen durch den Stadtteil an).

## Hauptattraktionen

Prächtige Art-déco-Schönheiten reihen sich am **Ocean Drive** 17 aneinander, der am palmengesäumten, unverbauten Sandstrand verläuft. Tagsüber herrscht unter zahllosen bunten Sonnenschirmen einen Steinwurf von der Meeresbrandung entfernt Hochbetrieb. Abends zieht die aufgeheizte Strandgemeinde zum kulinarischen Spaziergang in neonbeleuchtete Restaurants um, ehe man in Poolbars und Diskotheken dem Morgen entgegenfeiert.

Das **Wolfsonian** 18 versucht eine Antwort auf die Frage zu geben, wie im Zeitraum zwischen 1885 und 1945 Kunst und Design von der Geschichte und menschlichen Erfahrungen geprägt wurden und diese Einflüsse widerspiegeln. Dabei geht es u. a. um die Wechselwirkung von Kunst und Propaganda etwa im Dritten Reich, aber auch um den Einfluss des Zeitgeistes auf die Gestaltung alltäglicher Gebrauchsgegenstände (1001 Washington Ave., Tel. 305-531-1001, www.wolfsonian.fiu.edu, Ende Mai–Anfang Sept. Do–Fr 12–21, Sa–So 12–18, sonst Mo–Di, Sa–So 12–18, Do–Fr 12–21 Uhr).

Das sich Art-déco-Stil präsentierende **Bass Museum** 19 hat sich auf europäische Kunst des Mittelalters und der Renaissance spezialisiert und zeigt in diesem Zusammenhang Werke von Dürer und Rubens. Daneben sind aber auch Sammlungen aus Amerika und Asien zu sehen. Außerdem bietet das Mu-

## Richtig Reisen-Tipp: Wellness unter Palmen

In den USA sind Wellness, Fitness und Gesundheit wichtige Themen, denen sich immer mehr Spas in Hotels und Resorts mit hauseigenen Abteilungen widmen. In der Regel werden Programme in Packages angeboten, die nicht nur auf weibliche, sondern auch auf männliche Kundschaft ausgerichtet sind.

Im eleganten **Doral Golf Resort & Spa** in Miami kommt man sich vor wie in einer toskanischen Villa mit subtropischem Flair. Über zwei Dutzend kollektive Programme von Yoga bis Tai Chi werden durch individuelle Programme wie Gesichtsmassagen, Body-Fango, Hydrotherapie und Kräuterpackungen ergänzt. Zum Personal gehören Ernährungsberaterinnen, die Computeranalysen nicht nur über tägliche Kalorienmengen, sondern auch über mangelnde Vitamine und Mineralien erstellen (4400 NW. 87th Ave., Tel. 305-592-2000, Fax 305-594-4682, www.doralresort.com, Tages-Packages 185–495 $). Das **Eden Roc Resort** mit seinem Spa und dem Lifestyles Wellness Center liegt direkt am langen Sandstrand von Miami Beach. Eine breite Treppe führt in die Lobby des Spa, wo Massagetherapien, magnetisches Schröpfen, Körperfettanalysen, Akupunktur, Stress-Management und Körperpackungen zu den individuellen Anwendungen gehören. Sie werden durch Seminare über Naturheilmittel, Aerobic, Zumba Dance und Yoga-Übungen am Strand komplettiert (4525 Collins Ave., Miami Beach, Tel. 305-531-0000, Fax 305-674-5555, www.edenrocresort.com, ab 120 $ für 50-minütige Behandlung). Mit einer Fitness-Beratung oder Reflexzonen-Massage kann man einen Tag im Spa des **Sheraton Bal Harbour Beach Resort** in Bal Harbour beginnen. Dort gehören Cellulitis-Behandlungen, therapeutische Maniküre und Pediküre, Aromamassagen und spezielle Hautbehandlungen zum Standard (9701 Collins Ave., Bal Harbour, Tel. 305-868-2591, Fax 305-868-2459, www.sheratonbalharbourresort.com, Sampler Package 145 $).

seum zeitgenössische Kunst etwa mit Video-Präsentationen oder Fotos von Marilyn Monroe (2121 Park Ave., Tel. 305-673-7530, www.bassmuseum.org, Di–Sa 10–17, So 11–17, 2. Do 10–21 Uhr).

Ein aus Hunderten kleiner Menschenskulpturen bestehender, in den Himmel greifender Arm mit offener Hand steht im Mittelpunkt des beeindruckenden **Holocaust Memorial** 20. Die Anlage besteht aus einem Meditationsgarten mit Seerosenteich und umliegenden niedrigen Gebäuden wie einer kleinen Kuppel der Kontemplation, einer Wand der Erinnerung mit vielen eingravierten Namen von Opfern der Naziherrschaft und dem so genannten Lonely Path, einem gemauerten Tunnel, in den nur durch Mauerritzen Helligkeit eindringt (1933–1945 Meridian Ave., Tel. 305-538-1663, www.holocaustmmb.org, tgl. 9–21 Uhr).

### Ancient Spanish Monastery

Der kalifornische Zeitungsmagnat und Kunstsammler William R. Hearst, den Orson Welles in seinem Film ›Citizen Kane‹ verkörperte, erstand 1925 auf einer Europareise im spanischen Segovia ein aus dem 12. Jh. stammendes Kloster, ließ es in durchnummerierte Einzelteile zerlegen und in die USA verschiffen. Erst 1964 wurde das historische Gemäuer ausgepackt und in North Miami zusammengefügt. Heute ist das **Ancient Spanish Monastery** 21 an der Bausubstanz gemessen das älteste Museum auf amerikanischem Boden mit historischen Kunstwerken wie einer über 700 Jahre alten geschnitzten Christusstatue und antikem Mobiliar wie einem Holzschrank, den schon Papst Urban VII. (1623–1644) benutzte (16711 W. Dixie Hwy, North Miami Beach, Mo–Sa 10–16, So 12–16 Uhr).

**Greater Miami Convention & Visitors Bureau:** 701 Brickell Ave., Suite 2700, Miami, FL 33131, Tel. 305-539-3000, Fax 305-539-3113, www.gmcvb.com.
**Miami Beach Visitors Center:** 1920 Meridian Ave., Miami Beach, FL 33139, Tel. 305-672-1270, Fax 305-548-4336, www.miamibeachchamber.com.

**Miami Marriott Biscayne Bay** 1: 1633 N. Bayshore Dr., Tel. 305-374-3900, Fax 305-375-0597, www.marriott.com. Zentral gelegenes, luxuriöses Hotel. Von den meisten Zimmern blickt man auf die Biscayne Bay. 159–219 $.
**Waldorf Hotel** 2: 860 Ocean Dr., Tel. 305-531-7684, Fax 305-672-6836, www.waldorftowers.com. Art-déco-Hotel im ›Auge des Sturms‹, kleine, aber saubere Zimmer. Im Untergeschoss verkauft der hauseigene Supermarkt Bier, Wein, Kosmetikartikel und Zeitungen bzw. Zeitschriften. 99–179 $.
**Miami River Inn** 3: 118 SW. South River Dr., Tel. 305-325-0045, Fax 305-325-9227, www.miamiriverinn.com. Miamis einziges B & B mit 38 Zimmern bzw. 2-Zimmer-Apartments, Pool im Garten. 69–149 $.
**Days Inn International Airport** 4: 7250 NW. 11th St., Tel. 305-261-4230, Fax 305-264-9685, www.daysinn.com. Kettenmotel am Flughafen mit Standardzimmern, Außenpool und Fitness-Geräten. 70–100 $.
**Riviera Court Motel** 5: 5100 Riviera Dr., Tel. 305-665-3528, keine Webseite. Zweigeschossiges Hotel mit sauberen Zimmern, kleiner Pool, relativ ruhige Lage in Universitätsnähe, manche Zimmer mit voll eingerichteter Küche. 70–80 $.
**Banana Bungalow** 6: 2360 Collins Ave., Tel. 305-538-1951, Fax 305-531-3217, www.bananabungalow.com. Populäre, bestens ausgestattete Unterkunft für Rucksackreisende mit Pool und Restaurant, wo es Mahlzeiten für unter 4 $ gibt. Bett im 6er-Zimmer 17–19 $, EZ und DZ ab 68 $.
**Miami Everglades** 7: 20675 SW. 162nd Ave., Tel. 305-233-5300, www.miamicamp.com. Platz mit Stellplätzen, hübschen Blockhäuschen und Freizeiteinrichtungen.
**Miami South/Everglades KOA** 8: 20675 SW. 162nd Ave., Tel. 305-233-5300, www.koakampgrounds.com. Zelt- und Stellplätze, Supermarkt.

**The Forge** 9: 432 W. 41st St., Tel. 305-538-8533, Mo–Do 16–24, Fr–Sa 17–3, So 12–24 Uhr. Mit Antiquitäten und internationaler Kunst dekoriertes Toprestaurant mit französisch geprägter Küche auf hohem Niveau. Hauptgerichte ab 27 $.
**Caffe Abbracci** 10: 318 Aragon Ave., Tel. 305-441-0700, Mo–Fr 11.30–15, So–Do 18–23.30, Fr–Sa 18–0.30 Uhr. Ein Highlight für Liebhaber italienischer Küche in romantischer Umgebung. 15–30 $.
**Joe's Stone Crab Restaurant** 11: 11 Washington Ave., Tel. 305-673-0365, Okt.–Mai Lunch und Dinner, Mai–Anfang Aug. nur Dinner. Bekanntes Krabbenrestaurant mit guten Gerichten, Reservierung empfehlenswert. Hauptgerichte ab 15 $.
**News Café** 12: 800 Ocean Dr., Tel. 305-538-6397, 24 Std. Im Trend liegendes Café mit Sandwiches, Frühstück rund um die Uhr, Omelettes und einem Zeitungskiosk zwecks Lesestoff. 6–17 $.

**Dadeland Mall:** 7535 N. Kendall Dr., südlich von Downtown, www.simon.com, Mo–Sa 10–21.30, So 12–19 Uhr. Überdachte Riesen-Mall mit knapp 200 Geschäften, Food Court und Kinderspielplatz.

**Mango's Tropical Café:** 900 Ocean Dr., Tel. 305-673-4422, www.mangostropicalcafe.com. Klasse-Lokal mit tgl. lateinamerikanischer Live-Musik, zu der Bedienungen im engen Leoparden-Dress auf dem Tresen tanzen.
**Alcazaba:** 50 Alhambra Plaza, Coral Gables, Tel. 305-447-6102, Mi 17.30–3.30, Do–Sa 22–3.30 Uhr. Klub mit lateinamerikanischer Musik.
**Jazid:** 1342 Washington Ave., Miami Beach, Tel. 305-673-9372, Mo–So 21–5 Uhr. Lokal für Anhänger von Jazz und Rhythm & Blues. Adressen und Veranstaltungskalender findet man in ›This Week in Miami – Miami Beach‹.

**Cafés und Restaurants laden in Miamis Bayside Marketplace zum Verweilen ein**

Die Zeitung gibt es in allen Hotels und an Kiosken.

Hochburg der lokalen Kulturszene ist das **Gusman Center for the Performing Arts** mit einer fast ganzjährigen Saison (www.gusmancenter.org) .
Im **Jackie Gleason Theater of the Performing Arts:** Washington Ave./17th St., Tel. 305-673-7300, www.gleasontheater.com, ist das **Beach Symphony Orchestra** zu Hause.
Das **Actors' Playhouse:** 280 Miracle Mile, Coral Gables, Tel. 305-444-9293, www.actorsplayhouse.org, ist ein Musiktheater mit einem 600 Plätze großen Zuschauerraum, der vom Ensemble für Aufführungen genutzt wird.

**Feste/Veranstaltungen**
**Calle Ocho Festival** (März): Kubanisches Fest mit Musik und Paraden in Little Havana.
**Caribbean Carnival** (Okt.): Karibisches Fest mit farbenfrohen Paraden in Miami.

**Flugzeug:** Miami International Airport, Tel. 305-876-7000, www.miami-airport.com. Der Flughafen liegt 5 Meilen nordwestlich der Stadt und wird von den meisten nationalen und internationalen Gesellschaften angeflogen, auch von US-Billigfliegern. Ein Bus pendelt rund um die Uhr zwischen Flughafen und Downtown und hält auf Wunsch an großen Hotels. Auch ein Metrobus fährt ins Stadtzentrum, Fahrzeit ca. 15 Min.
**Bahn:** Amtrak Terminal, 8303 NW. 37th Ave., Tel. 800-872-7245, www.amtrak.com. Die Fahrt etwa nach New York dauert 26–29 Std.
**Bus:** Greyhound Lines Terminal, 4111 NW. 27th St., Miami, Tel. 305-871-1810, www.greyhound.com. Busse in alle Richtungen, auch auf die Florida Keys.
**Öffentlicher Nahverkehr:** Miami-Dade Transit, Tel. 305-770-3131, www.miamidade.gov/transit. Die Hochbahn Metrorail fährt 21 Stationen im Stadtzentrum von Miami an und ist kostenlos zu benutzen.

# Die Florida Keys

Reiseatlas S. 31/32

**Die Bezeichnung Keys leitet sich vom spanischen *cayo* (Sandinsel) ab. Hunderte kleiner und größerer Eilande aus ehemaligen Korallenstöcken bilden eine außergewöhnliche Inselbrücke bis ins entfernte Key West. Die Touristen- und Künstlerkolonie liegt nur noch 150 km von Kuba entfernt – ein Hinweis auf das karibische Flair der Florida Keys.**

Amerikas Annäherung an die Karibik besteht aus einer über 200 km langen, schmalen und sanft gebogenen Inselkette, die im Golf von Mexiko ›zerbröselt‹. Was sich zwischen Key Largo und Key West aneinander reiht, ist nur scheinbar eine entrückte Welt aus Korallenriffen und Eilanden. Längst wurden die Keys durch eine Straßenverbindung erschlossen, und längst büßte das Inselreich im Ansturm der Urlauber viel von seinem früheren Robinson-Crusoe-Flair ein. Dennoch blieb auf der Inselkette zwischen Atlantik und Golf von Mexiko vielerorts karibisches Ambiente erhalten.

Der spanische Seefahrer Ponce de León und der Chronist Antonio de Herrera waren wahrscheinlich die ersten Europäer, die 1513 die Florida Keys sichteten. Danach hatten die Landkrümel auf Seekarten zwar ihren festen Platz, doch blieben die auf der Inselkette seit langem lebenden Calusa-Indianer bis in das 18. Jh. von Weißen unbedrängt.

Die entscheidende Stunde der Keys schlug im 20. Jh. Henry Morton Flagler gab 1906 das Startzeichen für die Fortführung der Florida East Coast Railway über Miami hinaus bis nach Key West. Die Schienenkonstruktion sollte zu einem wahrhaft internationalen Unternehmen werden. Mit eigens aus Deutschland importiertem Spezialzement ließ Flagler Stützpfeiler für Brücken in das seichte Wasser zwischen die Inseln stellen, als ob technische Probleme nicht existierten. Stahl kam aus Pennsylvania, Kies vom Hudson River im Staate New York und rund 5000 Arbeiter strömten aus aller Herren Länder herbei, viele aus Irland. Schon im ersten Jahr fiel über das Projekt ein Hurrikan her, bei dem 130 Menschen umkamen. Aber selbst als ein weiterer Wirbelsturm drei Jahre später 60 km neu verlegte Gleise ins Meer fegte, vermochte dies Flaglers Willen zur Vollendung der Bahn keinen Abbruch zu tun. Am 22. Januar 1912 erlebte der 82-jährige Unternehmer in einem privaten Luxuswaggon die Jungfernfahrt nach Key West persönlich mit.

Flagler war schon über 20 Jahre tot, als am Labour Day 1935 wieder einmal ein fürchterlicher Sturm über den Florida Keys tobte und schwere Brecher die Brückenstützen einrissen – das endgültige Aus für die Bahnlinie. Stattdessen machte man sich an den Bau einer Straßenverbindung, die 1938 vollendet war und noch heute streckenweise parallel zum alten Bahngleis verläuft. 1982 renovierten Bautrupps die Strecke nach Key West von Grund auf und erneuerten 37 der insgesamt 42 Brücken. Der Orientierung dienen so genannte Mile Marker (MM): Key West als südlichster Punkt liegt bei MM 0, in Florida City auf dem Festland steht als letzte Markierung MM 127. Bayside bedeutet westliche Seite, Oceanside Atlantikküste.

## Upper Keys

**Reiseatlas:** S. 32, E 3/D 4
Die Inselkette der Florida Keys lässt sich geografisch in zwei Abschnitte unterteilen. Die Upper Keys schließen den gesamten Bereich

## Mit dem Autor unterwegs

### Strandpartys sind hip

Wer außer den natürlichen Reizen der Florida Keys auch Menschen kennen lernen will, hat dazu im **Holiday Isle Resort** bei Strandpartys in der Poollandschaft gute Gelegenheit (s. S. 407).

### Ein Erlebnis

**Der John Pennekamp Coral Reef Park** auf Key Largo ist eine gute Gelegenheit, sich mit Flora und Fauna der Florida Keys vertraut zu machen (s. S. 407).

›Schwimmen mit Delfinen‹ wird als Spezialprogramm vom **Dolphin Research Center** auf Grassy Key (s. S. 408), aber auch vom **Theatre of the Sea** auf Islamorara (s. S. 408) angeboten.

### Unbedingt anschauen!

**Key West** ist das mit Abstand sehenswerteste Städtchen auf den Florida Keys mit vielen traumhaft schönen Häusern in üppigen Gärten (s. S. 409).

**Mel Fisher Maritime Museum** in Key West zeigt erlesene Schätze, die Jahrhunderte in spanischen Schiffswracks auf dem Meeresboden lagen, ehe sie gehoben wurden (s. S. 410).

### Die besten Plätze zum Baden

Der Sandstrand im **Bahia Honda State Park** liegt inmitten einer zauberhaften subtropischen Idylle (s. S. 408). Auch zahlreiche Beaches in Key West können sich sehen lassen wie etwa der Strand beim **Fort Zachary Taylor** (s. S. 412).

vom Biscayne National Park bis Marathon ein, die Lower Keys reichen von der Seven Mile Bridge bis nach Key West.

Bevor Hwy 1 die Florida Keys erreicht, bietet sich bei Homestead ein Abstecher zum **Biscayne National Park** an. Die 730 km$^2$ große Parkfläche des Naturschutzgebiets besteht zu 95 % aus Wasser, von etwa 30 unbewohnten Inseln abgesehen, auf denen sich seit der Entdeckung von Florida durch die Spanier nicht allzu viel verändert haben dürfte. Hotels, Restaurants und selbst Imbissbuden sucht man auf dem Parkgebiet vergebens. Auf dem größten Eiland, dem 11 km vom Festland entfernten Elliot Key, setzen Ausflugsboote Besucher für eine Wanderung auf einem Naturlehrpfad ab. Wer etwas von der fantastischen Unterwasserwelt mit Naturschwämmen, Seeanemonen, Horn- und Gehirnkorallen, Venusfächern und Seefedern sowie Rochen, Muränen, Aalen, Delfinen und Meeresschildkröten sehen will, ist auf ein Boot bzw. auf Taucher- oder Schnorchelausrüstung angewiesen (9700 SW. 328th St., Homestead, FL 33033-5634, Tel. 305-230-7275, www.nps.gov/bisc).

### Key Largo

**Reiseatlas:** S. 32, E 3

Mit knapp 50 km ist Key Largo das längste Glied in der Kette der Florida Keys. Die gleichnamige Stadt wurde erst 1952 auf diesen Namen getauft, zuvor hieß sie Rock Harbor. Immobilienfirmen setzten die Änderung aus Imagegründen durch, nachdem vier Jahre vorher John Houston dort einige Einstellungen des Gangsterstreifens ›Key Largo‹ mit Humphrey Bogart, Lauren Bacall und Edward G. Robinson gedreht hatte. Heute befindet sich am Mile Marker 104 mit dem ›Caribbean Club‹ das damalige Set, in dem die Wände mit Film-Memorabilien dekoriert sind. 1996 kehrten die Filmemacher zurück und nutzten die Kneipe als Drehort einiger Szenen für den Thriller ›Blood & Wine‹ mit Jack Nicholson und Jennifer Lopez (Tel. 305-451-9970, Fr–Sa Live-Musik, So abend Karaoke).

In die Kinogeschichte ging auch der beim Holiday Inn Key Largo im Wasser dümpelnde Flussdampfer ›African Queen‹ ein, mit dem Katherine Hepburn und Humphrey Bogart im gleichnamigen Abenteuerfilm durch Afrika schipperten. Heute wird der Oldtimer für Touristenausflüge genutzt.

Im Juni 2002 wurde im **Florida Keys National Marine Sanctuary** 6 Meilen vor der Küste der 150 m lange Militärfrachter ›Spiegel Grove‹ als Teil eines neuen künstlichen Korallenriffs auf Grund gesetzt. Seit damals haben sich auf allen Schiffsteilen Algen, Schwämme, Austern und Korallen angesiedelt, die das in 41 m Tiefe liegende Wrack über die Jahre vollkommen umhüllen werden (www.spiegelgrove.com).

**Chamber of Commerce:** 106000 Overseas Hwy, Key Largo, FL 33037, Tel. 305-451-4747, Fax 305-451-4726, www.keylargochamber.org.

**Jules' Undersea Lodge:** MM 103, Tel. 305-451-2353, Fax 305-451-4789, www.jul.com. Die Lodge zählt zu den ungewöhnlichsten Hotels in den USA, denn es handelt sich dabei um ein ehemaliges Forschungslabor auf dem Meeresgrund. Das Unterwasserhotel verfügt heute allerdings über alle Annehmlichkeiten und sogar über TV und Telefon. Ab 295 $ pro Person; 3-stündiger Aufenthalt 95 $ pro Person.
**Holiday Inn Key Largo:** 99701 Overseas Hwy, Tel. 305-451-2121, Fax 305-451-5592, www.holidayinnkeylargo.com. Alle Zimmer mit 2 Doppelbetten, Kabel-TV, tropisch anmutende Poollandschaft. 99–255 $.
**Best Western Suites at Key Largo:** 201 Ocean Dr., MM 100, Tel. 305-451-5081, Fax 305-451-4173, www.bestwestern.com. 40 Suiten mit jeweils einem Zimmer, nicht an der Küste gelegen, Außenpool. 120–180 $.
**Marina del Mar Resort:** 527 Caribbean Dr., MM 100, Tel. 305-451-4107, Fax 305-451-1891, www.marinadelmarkeylargo.com. 1- oder 2-Zimmer-Studios, viele mit Küche und Whirlpool. Ab 99 $.

**Frank Keys Café:** MM 100, Tel. 305-453-0310, nur Dinner, Di Ruhetag. Viktorianisches Lokal, in dem man draußen essen kann; zum Ambiente passt der Snapper mit Tropenfrüchten und Rum-Sauce. 12–30 $.
**Fish House:** MM 102,4, Tel. 305-451-4665, tgl. Lunch und Dinner. Hoch gelobtes Fischrestaurant mit Fischmarkt, Königskrabben und Kokosnuss-Shrimps, aber auch Fleischspeisen und Pasta. Dinner 10–25 $.

## Richtig-Reisen-Tipp: Abenteuer im Korallenriff

Von Fort Lauderdale im Norden bis in den äußersten Süden der Florida Keys erstreckt sich an der Atlantikküste das einzige Korallenriff der kontinentalen USA mit 52 Korallenarten, die den Lebensraum für etwa 500 Arten von Fischen bilden. Ein Teil dieses Riffs liegt im **John Pennekamp Coral Reef Park,** wo Taucher und Schnorchler die Unterwasserwelt erkunden können. Im Abschnitt Key Largo Dry Rocks wurde eine 3 m große und 2 t schwere Christusstatue aus Bronze als Taucherattraktion im Meer versenkt. Die Riffe im Park beginnen etwa 5 km vor der Küste. Entsprechend spezialisierte Unternehmen rüsten Wassersportler mit allem Notwendigen aus und bringen sie mit Booten in die Tauchreviere. Im Winter herrscht Hochbetrieb unter der Wasseroberfläche, doch sind die Tauchmöglichkeiten im Sommer am besten, wenn das Wasser am ruhigsten ist und kein Wellengang den Meeresgrund aufrührt. Wer bei Unterwasserbeobachtungen lieber trocken bleibt, kann Ausflüge mit Booten unternehmen, die einen Glasboden haben (MM 102,5, Tel. 305-451-1202, www.pennekamppark.com, tgl. 8 Uhr bis Sonnenuntergang; im Visitor Center gibt es ein Aquarium und Filmvorführungen).

## Islamorada

**Reiseatlas:** S. 32, E 4
Südlich des Städtchens Tavernier beginnt das Inselquartett Islamorada, ein Mekka der Hochseeangler. Nirgends ist es einfacher, ein Boot samt Skipper und Ausrüstung für einen Angelausflug zu mieten. Wenn die Jachten am Nachmittag von den Ausflügen zurückkehren, bestehen gute Chancen, hie und da einen gefangenen blauen Marlin zu fotografieren.

Islamorada ist nicht nur ein Paradies für Wassersportler und Naturfreunde, sondern auch für Party-Fans. Zum **Holiday Isle Resort** gehören Poollandschaften und Tiki-Bars im polynesischen Stil, in denen schon nachmittags am Sandstrand unter Palmen Strandpartys mit karibischer Live-Musik und Tanz die Stimmung anheizen (84001 Overseas Hwy, Tel. 305-664-2321, Fax 305-664-2703, www.holidayisle.com).

Das **Theater of the Sea** bietet eine Kombination aus Aquarium und Tierpark und führt Besuchern das Meeresleben der Florida Keys vor. Am beliebtesten sind die regelmäßigen Shows mit Delfinen, Seelöwen und Papageien. Wer zusammen mit Delfinen, Rochen und Seelöwen schwimmen möchte, hat hier dazu Gelegenheit. Im Eintrittspreis ist auch eine Fahrt mit einem Glasbodenboot enthalten (84721 Overseas Hwy, MM 84.5, Islamorada, Tel. 305-664-2431, www.theaterofthe sea. com, tgl. 9.30–16 Uhr).

Im **Dolphin Research Center** auf Grassy Key wurde in den 1950er Jahren die populäre Fernsehserie ›Flipper‹ gedreht. Heute ist das Zentrum eine bekannte Touristenattraktion. Delfin-Trainerinnen demonstrieren, wie und auf welche Handsignale die Meeressäuger reagieren. Im Rahmen eines speziellen Programms darf man zu den Stars der Shows ins Becken steigen und einige Runden mit ihnen schwimmen (58901 Overseas Hwy, Tel. 305-289-0002, www.dolphins.org, tgl. 9–17 Uhr).

**Islamorada Chamber of Commerce:** MM 82,5, in einem roten Bahnwaggon, P. O. Box 915, Islamorada, FL 33036, Tel. 305-664-4503, Fax 305-664-4289, www.isla moradachamber.com.

**Chesapeake Resort:** 83409 Overseas Hwy, Tel. 305-664-4662, Fax 305-664-8595, www.chesapeake-resort.com. Gut ausgestattetes Ferienhotel auf der Atlantikseite mit hoteleigenem Strand und Jachthafen. Ab 175 $.

**Casa Thorn:** 114 Palm Ln., Tel. 305-852-3996, Fax 305-852-3996, www.casathorn.com. Gäste können in diesem B & B zwischen Suiten im indonesischen, marokkanischen oder pazifischen Stil wählen oder in normalen Suiten übernachten. 69–225 $.

**Smuggler's Cove:** 85500 Overseas Hwy, Tel. 305-664-5564, tgl. 11–22 Uhr. An einer Marina gelegenes bodenständiges Lokal mit ungekünstelter, schmackhafter Küche von Seafood bis Steaks und von Pasta bis vegetarisch. 7–25 $.

**Lorelei Restaurant:** MM 82, Bayside, Tel. 305-664-4656, tgl. 17–22.30 Uhr. Stimmungsvolles Lokal direkt am Wasser mit Tischen drinnen oder draußen, Dinner ab 13 $. In der angrenzenden Cabana Bar feiern Gäste den Sonnenuntergang.

**Fahrradverleih:** Tavernier Bicycles and Hobbies: 91910 Overseas Hwy, Tavernier, Tel. 305-852-2859, www.tavernier bikes.com. Vermietung von Fahrrädern.

### Marathon

**Reiseatlas:** S. 32, D 4

Im geografischen und kommerziellen Zentrum der Florida Keys liegt die Ortschaft **Marathon**. Die während Flaglers Eisenbahnbau als Arbeitercamp und Materiallager entstandene Gemeinde entwickelte sich zum größten Touristenzentrum des Inselreichs nach Key West. Neben einem 18-Loch-Golfplatz lockt der Ort mit dem längsten Anglerpier der Welt, der aus knapp 20 km langen, alten Brückenabschnitten besteht.

## Lower Keys

**Reiseatlas:** S. 31/32, C 4/D 4

Südlich von Marathon spannt die Seven Mile Bridge den Bogen zwischen Upper und Lower Keys. Für Henry Flaglers Ingenieure war dieses Projekt beim Bau der Eisenbahnlinie nach Key West die größte Herausforderung. Über 700 Arbeiter verloren durch Unfälle ihr Leben. Alljährlich im April wird die Brücke an einem Sonntagvormittag für den Seven Mile Bridge Run gesperrt, eines der bekanntesten Sportereignisse auf den Keys.

Wer anstatt ein anstrengendes Rennen zu bestreiten lieber an einem Badestrand auf der faulen Haut liegt, findet am Südende der Brücke im **Bahia Honda State Park** ein geeig-

**Abendstimmung an der Schiffsanlegestelle von Marathon**

netes Plätzchen. Hoch über den Palmen hält eine Bauruine besonderer Art die Erinnerung an weniger unbeschwerte Tage aufrecht: eine teilweise eingestürzte Brücke, aus deren Fahrbahn ein Hurrikan ein etwa 200 m langes Stück herausriss. Der sandige Badestrand im Park gehört zu den schönsten auf den Florida Keys, und das Meer eignet sich hier zum Schwimmen und Schnorcheln (MM 37, Tel. 305-872-3210, www.bahiahondapark.com).

### Big Pine Key

Hauptinsel der Lower Keys ist **Big Pine Key**. Ihr äußeres Erscheinungsbild unterscheidet sich durch dichte Kiefernwälder deutlich von den übrigen Florida Keys. Eine Besonderheit bietet auch das National Key Deer Refuge mit einer Population von ca. 300 Hirschen, die nur eine Schulterhöhe von etwa 60 cm erreichen. Mit Blue Hole befindet sich in diesem Schutzgebiet der größte künstlich angelegte Süßwassersee der Inselkette. Neben dem Schutz von Wild widmet sich das Great White Heron Refuge auch dem Schutz von Weißreihern. Das Looe Key National Marine Sanctuary wiederum hat sich zwar auch dem Schutz von Meeresleben verschrieben, ist aber darüber hinaus ein geschätztes Tauchrevier (Looe Key Dive Center, MM 27,5, Tel. 305-872-2215, www.divefla keys.com).

## 13 Key West

**Reiseatlas:** S. 31, C 4

Südlichste Insel der Florida Keys ist Key West, unumstrittenes Epizentrum touristischer Wirbelstürme, Treffpunkt der Schwulenszene und Floridas reizvoller karibischer Ableger. Früher einmal ein entlegenes Piratennest, regieren heute im sympathischen Städtchen Kommerz und American Way of Life, in den sich ein gehöriger Schuss karibische Exotik mischt.

Das Leben der Menschen, die sich seit Beginn des 19. Jh. auf Key West niederließen, war in Anbetracht der begrenzten wirtschaftlichen Möglichkeiten nicht leicht. Viele lebten von der Plünderung von Schiffswracks oder ließen sich für Seenotrettungen gut bezahlen. Später wurden Konserven- und Zigarrenfabriken angesiedelt, sodass in der zweiten Hälfte des 19. Jh. Key West zur größten Stadt in Florida aufstieg. 1886 ließ ein Großfeuer den Traum vom Wohlstand in einem Chaos aus Ruß und Asche versinken, aus dem sich Key West erst Jahrzehnte später zu erholen begann.

## Conch Republic

Teil der Inselgeschichte ist eine amüsante Posse aus der jüngeren Vergangenheit. Als die Polizei im April 1982 auf den Upper Keys Straßensperren errichtete und jedes aus dem Süden kommende Fahrzeug nach illegalen Einwanderern und Drogen durchsuchte, brachten die Kontrollen zahlreiche Einwohner so in Rage, dass sie ihre Insel kurzerhand für von den USA unabhängig erklärten und die Conch Republic ausriefen (*conchs* werden die Einwohner von Key West genannt). Diese Unabhängigkeitserklärung war zwar nicht ganz ernst gemeint, unterstrich aber die im Süden der Florida Keys tief verwurzelte, durch die geografische Abgelegenheit verständliche Unabhängigkeit der Bewohner. Noch heute lassen sich Touristen gegen eine Gebühr einen Pass der Conch Republic ausstellen.

## Rundgang durch die Museen

Alles, was zwei Beine hat, trifft sich abends beim Sonnenuntergang zur Open-Air-Fete am Mallory Square. Gaukler und Musikanten, Artisten und Händler, Kunstgewerbler und Schaulustige bereiten sich bei dieser ›Traditionsveranstaltung‹ auf die lange Nacht bei Country und Calypso, bei Frozen Margarita und Conch Chowder (Muschelsuppe) vor.

Im 1891 erbauten Zollhaus der Stadt dokumentiert das **Key West Museum of Art & History** die Geschichte der Stadt und mancher ihrer Bürger wie etwa Ernest Hemingway, an den seine Uniform aus dem Zweiten Weltkrieg und zahlreiche Memorabilien erinnern. Andere Ausstellungen beschäftigen sich mit Piraten und deren dunklen Geschäften sowie der amerikanischen Navy, die versuchte, den Seeräubern das Handwerk zu legen (281 Front St., Tel. 305-295-6616, tgl. 10–15 Uhr).

Amerikas berühmtester Schatztaucher Mel Fisher (s. S. 411) sorgte zu Lebzeiten für viele Schlagzeilen. Zu seinen spektakulärsten Unternehmungen gehörte die Suche nach zwei 1622 gesunkenen spanischen Galeonen, deren unermessliche Schätze er mit seiner Crew hob und zum Teil im **Mel Fisher Maritime Museum** ausstellte. Die Vitrinen des Hauses sind voller Münzen und Waffen, Goldbarren und Schmuck, Porzellan und Devotionalien aus purem Silber. Besucher erhalten auch Einblick in die Unterwasserarchäologie sowie die bei der Schatzsuche benötigte technische Ausrüstung (200 Greene St., Tel. 305-294-2633, www.melfisher.org, tgl. 9.30–17 Uhr).

Harry S. Truman (1884–1972), von 1945 bis 1953 US-Präsident, kam nach dem Zweiten Weltkrieg erstmals nach Key West, um eine Erkältung auszukurieren. Die Insel gefiel ihm so gut, dass er im so genannten **Little White House** in den folgenden Jahren häufig seinen Urlaub verbrachte. Die dort ausgestellten Objekte erzählen interessante Details und Geschichten über Truman (111 Front St., Tel. 305-294-9911, www.trumanlittlewhitehouse.com, tgl. 9–17 Uhr).

Nachhaltigen Einfluss auf die Popularität von Key West hatte der von Ernest Hemingway 1931 gefasste Entschluss, seinen Wohnsitz dorthin zu verlegen. Der Nobelpreisträger wirbt posthum an allen Ecken und Enden für die 25 000 Einwohner zählende Gemeinde, die alljährlich über 1 Mio. Besucher empfängt. Für viele von ihnen ist eine Besichtigung des in einem üppigen Tropengarten liegenden **Hemingway Home & Museum** ein Muss. Der berühmte Hausherr verbrachte dort mit Unterbrechungen acht Jahre seines Lebens und schrieb Romane wie ›Wem die Stunde schlägt‹, ›Tod am Nachmittag‹ und ›In einem anderen Land‹ (907 Whitehead St., Tel. 305-294-1575, www.hemingwayhome.com, Führungen tgl. 9–17 Uhr).

# König der Schatztaucher: Die Mel-Fisher-Story

Thema

**Die Nachricht kam am 20. Juli 1985 um 13.05 Uhr von der ›Dauntless‹, die 40 Meilen westlich von Key West im azurblauen Wasser dümpelte. Kapitän Kane Fisher konnte seine Aufregung kaum verbergen, als er seinem Vater Mel Fisher die sensationelle Nachricht per Radio übermittelte: »Leg die Karten weg. Wir haben den Jackpot geknackt!«**

Nach über 16 Jahren mühsamer Suche war der Traum des Schatzsuchers endlich wahr geworden: Seine Crew hatte das auf dem Meeresgrund liegende Wrack der spanischen ›Nuestra Señora de Atocha‹ gefunden. Schon als Teenager hatte Mel Fisher von der Schatzsuche in fernen Meeren geträumt. 1964 machte er sich erstmals an die Arbeit und hob über 1000 Goldmünzen aus einer 1715 gesunkenen Galeone. Der Erfolg spornte ihn an, nach der 1622 mit unermesslichen Schätzen an Bord untergegangenen ›Atocha‹ zu suchen, über die er in einem Tauchführer gelesen hatte. Gleichzeitig beschäftigte er sich mit dem Schwesterschiff ›Santa Margarita‹ und hatte Glück, als er 1980 an Bord des historischen Seglers Gold und andere Reichtümer im Wert von über 20 Mio. $ entdeckte.

Die fünf Jahre später gefundene ›Atocha‹ stellte alle Erwartungen in den Schatten. Aus ihrem geborstenen Bauch bargen Fishers Taucher 47 Tonnen Silber, 150 000 Goldmünzen und Goldbarren und Hunderte unbearbeiteter Smaragde zwischen einem halben und 77 Karat, darunter einen einzelnen Edelstein mit einem Wert von über 2 Mio. US-$. Insgesamt wurden die Schätze der ›Atocha‹ auf 400 Mio. $ veranschlagt. Um Schmuckstücke, Münzen, Dekorationsstücke, Waffen und nautische Artefakte ausstellen zu können, kaufte Amerikas berühmtester Schatzsucher in Key West eine ehemalige Station der Küstenwache und gründete die gemeinnützige Mel Fisher Maritime Heritage Society als Trägerin eines Schatzmuseums. Mel Fisher war nicht nur ein erfolgreicher Schatztaucher. Er verstand es auch, sein abenteuerliches Geschäft gewinnbringend zu vermarkten.

Als Tauchpionier bildete er im Laufe seines Lebens 65 000 ›Kollegen‹ aus, die ebenfalls Schatztaucher zum Teil in seinem eigenen Team werden wollten. Außerdem drehte er unter Wasser zahlreiche Kinofilme, Dokumentationen, Werbespots und lehrreiche Anleitungen für angehende Taucher. Als das Fernsehen noch in den Kinderschuhen steckte, hatte er bereits eine wöchentliche Show mit Unterwasserabenteuern im regelmäßig ausgestrahlten Programm. Auch auf dem Gebiet der Tauchausrüstung erwies sich Fisher als Pionier. Er entwickelte neue Tauchanzüge, Unterwasserkameras, Gasharpunen und andere nützliche Gegenstände bei der Jagd auf dem Meeresgrund. Seine Frau Dolores hielt viele Jahre lang mit über 55 Stunden den Weltrekord im Dauertauchen der Frauen.

Die verdrießlichsten Momente im Leben von Mel Fisher waren nach seinem eigenen Bekunden nicht die tiefen Enttäuschungen über jahrelang ausbleibende Funde, sondern Auseinandersetzungen im Gerichtssaal über Besitzansprüche auf seine gehobenen Schätze. Erst als er dem Staat Florida 25 % seiner jährlichen Funde garantierte, endeten die juristischen Geplänkel. Seinen letzten Kampf, dieses Mal gegen den Krebs, verlor Mel Fisher 1998 im Alter von 76 Jahren.

In der Nachbarschaft führen insgesamt 88 Stufen zur Aussichtsplattform eines im Jahr 1848 erbauten Leuchtturms hinauf, wo den Betrachtern Key West zu Füßen liegt.

## Südliches Key West

Eine Riesenboje mit schwarzen, gelben und roten Streifen kennzeichnet den südlichen Landpunkt des zusammenhängenden Staatsgebiets der USA. Die Insel Kuba ist von diesem Punkt nur noch 90 Meilen entfernt. Die Boje ist wahrscheinlich der in Key West am häufigsten fotografierte Punkt (Whitehead/South St.).

## Fort Zachary Taylor

Im Bürgerkrieg war das strategisch gelegene Fort von den Unionstruppen besetzt, die von dort aus den Schiffsverkehr um die Südspitze von Florida kontrollierten. In einigen Räumen der Festung sind Ausstellungen über den Krieg eingerichtet (am Ende der Southard St., Tel. 305-292-6713, www.floridastateparks.org, tgl. 8 Uhr bis Sonnenuntergang).

**Key West Information Center:** 1601 N. Roosevelt Blvd., Key West, Florida 33040, Tel. 1-888-222-5148 oder 305-292-5000, www.keywestinfo.com.
**Key West Chamber of Commerce:** 402 Wall St., Key West, FL 33040, Tel. 305-294-2587, www. keywestchamber.org.

**Key West B & B:** 415 William St., Tel. 305-296-7274, Fax 305-293-0306, www.keywestbandb.com. Wunderschönes viktorianisches Anwesen von 1898 mit zum Teil luxuriösen Zimmern, Jacuzzi, Sauna, Frühstück inkl. 79–285 $.
**Duval Inn:** 511 Angela St., Tel. 305-295-9531, www.duvalinn.com. Farbenfroh dekorierte Zimmer in einem reizenden Haus aus dem 19. Jh., beheizter Außenpool, Frühstück inkl. 79–169 $.
**Southern Cross Hotel:** 326 Duval St., Tel. 305-294-3200, Fax 305-292-5412, www.southerncrosshotel.com. Normale Zimmer, Mini-Suiten und Penthouse-Suiten, alle mit eigenem Bad und Klimaanlage. Ab 79 $.
**Key West Youth Hostel:** 718 South St., Tel. 305-296-5719, Fax 305-296-0672, www.keywesthostel.com. Jugendherberge mit Radverleih, Mitglieder 28 $, sonst 31 $.
**Boyd's Key West Campground:** 6401 Maloney Ave., Stock Island, Tel. 305-294-1465, www.boydscampground.com. Platz am Meer mit Pool, Supermarkt und Busverbindung in die Stadt.

**Michaels Restaurant:** 532 Margaret St., Tel. 305-295-1300, tgl. 17.30–23 Uhr. Eines der besten Restaurants auf den Florida Keys mit hervorragenden Seafood- und Fleischgerichten aus einer mehrfach preisgekrönten Küche. 17–30 $.
**Conch Republic Seafood Company:** 631 Greene St., Tel. 305-294-4403, tgl. Lunch und Dinner. Lokal am alten Hafen mit Blick aufs Meer. Tunfisch-Steaks, exotisch mariniertes Hähnchen, Schweinefleisch-Medaillons. Dinner ca. 17 $.

**Sloppy Joe's:** 201 Duval St., Tel. 305-294-5717, www.sloppyjoes.com, tgl. ab 9 Uhr. In Hemingways ehemaliger Stammkneipe gibt es zum Teil schon am Vormittag Live-Musik.
**Schooner Wharf Bar:** 202 William St., Tel. 305-292-3302, tgl. Lunch und Dinner. Wo früher eine Shrimps-Fabrik stand, strömt heute Bier und dampft frisches Seafood.

**Hemingway Days Festival** (Juli): Fest zu Ehren von Ernest Hemingway.
**Fantasy Fest** (Okt.): einwöchiges Kostümfest, das einem deutschen Karneval ähnelt.

Key West besitzt zahlreiche Strände, die vom Ort aus gut erreichbar sind. Beliebt ist der Strand beim **Fort Zachary Taylor** im State Park mit einer felsigen Uferzone (Zugang durch Truman Annex an der Southard St.). Mehrere Strände reihen sich an der südlichen Küste aneinander wie etwa der künstlich aufgeschüttete Sandstrand am **Smathers Beach,** wo zahlreiche wassersportliche Aktivitäten angeboten werden, es gibt zudem viele Imbissstände.

# Everglades National Park

Reiseatlas S. 32

**Das wogende Meer aus Ried- und Sägegras reicht von Horizont bis Horizont, nur unterbrochen von kleinen Hainen aus Buschwerk, Palmen oder Zypressen. Bewegungslos trocknet ein Schlangenhalsvogel auf einem Baumstumpf in der Morgensonne sein gespreiztes Gefieder. Nichts lässt erahnen, dass in diesem Naturparadies Krisenstimmung herrscht.**

Der rund 12 000 $km^2$ große Park besteht aus einer riesigen Ebene mit äußerst geringem Gefälle nach Südwesten. Auf einer Breite von 100 km fließt über dieses Marschland sehr langsam Süßwasser, das aus nördlicher gelegenen Depots stammt, vor dessen Eindeichung vor allem aus dem Lake Okeechobee. Niederschläge tragen zur Wasserversorgung vor allem zwischen Ende Mai und Oktober bei, wenn sich im subtropischen Klima häufig Gewitter entladen und schwere Regen niedergehen. Für Moskitos und andere Insekten, die eine wichtige Rolle in der Nahrungskette der Tiere bilden, ist dieses feuchtschwüle Klima ideal. Besucher freuen sich weniger über solche Bedingungen und reisen deshalb hauptsächlich in den Wintermonaten an. Dann trocknen die Everglades bis auf verstreute Wasserlöcher aus, um die sich viele Tiere, vor allem auch Alligatoren, aufhalten.

Das Ökosystem der Everglades hat sich während der letzten Jahrzehnte dramatisch verändert. Wachsende Städte und expandierende landwirtschaftliche Nutzflächen drängten die Wildnis immer weiter zurück. Aus den Seen im zentralen Südflorida zweigten große Kanalsysteme Wasser zur Versorgung vor allem des Großraumes Miami ab, wodurch die Everglades immer weniger versorgt wurden. Über Düngung und Pflanzenschutz gerieten Pestizide wie DDT ins Wasser und erreichten über die Nahrungskette viele Tierarten. Bei Sumpfvögeln etwa wirkte sich das Gift besonders verheerend aus. Eierschalen wurden im Laufe der Zeit so dünn, dass sie zerbrachen, noch ehe die Küken schlüpften. Der Vogelbestand ging bei manchen Arten dadurch um 90 % zurück.

Bis das Zusammenspiel relevanter Faktoren im riesigen Naturschutzgebiet wie etwa die Bedeutung der gemächlichen Veränderung des Wasserstandes erkannt waren, verging viel Zeit. Jahrelang hatte man die Wasserzufuhr über Schleusen geregelt, wodurch der Wasserspiegel viel zu schnell sank oder stieg. Dadurch fanden in der Übergangsphase zwischen dem feuchten Sommer und dem trockenen Winter etwa Vögel keine Gelegenheit mehr, Nester zu bauen und Eier auszubrüten. Zudem hatten die Sumpfgebiete Floridas für viele lange nur den einen Zweck, sie zwecks Gewinnung von zusätzlichem Ackerland trockenzulegen.

## Der südliche Nationalpark

**Reiseatlas:** S. 32, D 3

Bevor man auf der Straße 9336 die Parkgrenze erreicht, bietet die **Everglades Alligator Farm** die Möglichkeit, mit den größten in den Everglades vorkommenden Reptilien auf Tuchfühlung zu gehen. Die 1985 gegründete Farm züchtet Alligatoren und zeigt Besuchern in Florida heimische Tiere wie Krokodile, Kaimane, Vögel, Schlangen und Spinnen (40351 SW. 192nd Ave., Homestead, Tel. 305-247-2628, www.everglades.com, tgl. 9–18 Uhr).

Direkt am Eingang des Parks lohnt sich ein Stopp im **Ernest F. Coe Visitor Center,** in

## Mit dem Autor unterwegs

### Touren zu Fuß

**Beim Royal Palm Visitor Center** führen mit dem **Anhinga Trail** und dem **Gumo Limbo Trail** zwei leicht zu gehende Wege bzw. Holzstege durch die typische Everglades-Landschaft, in der man Alligatoren, Wasserschildkröten, Schlangen und viele unterschiedliche Vögel sehen kann (s. S. 414).

### Stippvisite bei Indianern

**Das Miccosukee Indian Village** ist zwar durch und durch touristisch aufgezogen, aber das Kennenlernen des Kunsthandwerks und der traditionellen Lebensweise der Indianer ist trotzdem interessant (s. S. 416).

**In der Big Cypress Seminole Indian Reservation** lohnen sich zwei Unternehmungen: die **Billie Swamp Safari** mit umgebauten Lastwagen durch die Landschaft und der Besuch im ausgezeichneten **Ah-Tah-Thi-Ki Museum** über Geschichte und Alltag der Seminolen-Indianer (s. S. 417.

dem mehrere Filme über den Park, über seine Flora und Fauna und über Hurrikans gezeigt werden. Im Herbst 2005 erlitt der Park durch die Wirbelstürme Katrina und Wilma so schwere Schäden, dass er temporär geschlossen werden musste.

Nur vier Meilen entfernt befindet sich das **Royal Palm Visitor Center** mit zwei nicht einmal einen Kilometer langen, aber lohnenden Naturpfaden. Der nach dem Schlangenhalsvogel benannte **Anhinga Trail** besteht aus einem asphaltierten Weg und Holzstegen und bietet Besuchern Gelegenheit, in Freiheit lebende Alligatoren, Vögel, Schildkröten und Wasserschlangen zu beobachten. Der nach einem Baum mit kupferroter Borke benannte **Gumo Limbo Trail** beginnt ebenfalls am Besucherzentrum und windet sich durch eine Dschungelvegetation mit schlanken Königspalmen, wilden Kaffeebäumen und anderen Arten, auf deren Ästen sich Moose, Epiphyten und Orchideen angesiedelt haben.

### Aussichtspunkte

Auf der Fahrt ins touristische Parkzentrum **Flamingo** bestehen zahlreiche Möglichkeiten, um an Aussichtspunkten auf Stegen oder Pfaden die Wildnis in Augenschein zu nehmen. Beim **Pa-hay-okee Oberlook** führt ein Dielensteg durch die Landschaft und ein Aussichtsturm bietet einen wunderbaren Blick über das Kerngebiet der Everglades. Nach weiteren sechs Meilen erreicht man **Mahogany Hammock** mit einem 500 m langen Boardwalk durch das ›Meer aus Sägegras‹ und einen Mahagony-Wald. Einer dieser Mahagony-Bäume (Swietenia mahogani)

ist als der größte seiner Art in den USA gekennzeichnet.

**Paurotis Pond,** eines von zahlreichen Gewässern entlang der Hauptstraße, ist nach einer in den Everglades seltenen, um den See aber häufig vorkommenden Palmenart benannt. Bei Meile 30,5 beginnt der **Mangrove Wilderness Trail,** der nur rund 700 m lang ist und über einen Holzsteg durch Mangrovenbewuchs zum **West Lake** führt. Das Thema Mangroven ist auf diesem Weg deshalb so interessant, weil drei in Florida vorkommenden Arten an dieser Stelle wachsen: rote, schwarze und weiße Mangroven, die mit ihren hölzernen ›Beinen‹ Erdreich festhalten und über lange Zeiträume hinweg sogar Inseln bauen können.

Die Parkstraße endet in **Flamingo** an der Florida Bay, das sich zu einem ›Dorf‹ mit Einrichtungen wie Motel, Restaurant, Bootsverleih und Supermarkt entwickelt hat. Im vergangenen Jahrhundert war die Siedlung nur per Boot erreichbar und hauptsächlich für Vogeljäger interessant. Heute ist die Ansiedlung das Urlauberzentrum der südöstlichen Everglades, von wo aus man Bootsausflüge, Kanutouren und Wanderungen unternehmen kann.

**Alligatoren sind die größten Reptilien, die im Everglades National Park vorkommen**

**Ernste Warnung, Alligatoren sind gefährlich. Nicht füttern!**

i **Ernest Coe Visitor Center:** 40001 US 9336, Homestead, FL 33034, Tel. 305-242-7700, www.everglades.national-park.com, tgl. 8–17 Uhr. Das **Royal Palm Visitor Center** liegt 4 Meilen vom Parkeingang entfernt, Tel. 305-247-6211, tgl. 8–17 Uhr.

**In Flamingo:**
**Flamingo Lodge:** 1 Flamingo Lodge Hwy. Seit 2005 wegen Hurrikanschäden geschlossen. Lodge und Restaurant werden voraussichtlich erst 2007 wiedereröffnet.
**Long Pine Key Campground:** 6,8 Meilen vom Parkeingang, Toiletten, fließendes Wasser, keine Duschen; **Flamingo Campground:** am Ende der Parkstraße, kalte Duschen.

## Der nördliche Nationalpark

**Reiseatlas:** S. 32, D 2
Vom Hwy 41 führt bei **Shark Valley** eine 15 Meilen lange Schleife durch die Sumpflandschaft der Everglades, die man entweder mit einem geliehenen Rad oder mit einem Touristenzug fahren kann. Am Wendepunkt der Straße steht ein 12 m hoher Aussichtsturm, von dessen Plattform man einen beeindruckenden Blick über die Landschaft hat (2-stündige Tramtouren, Tel. 305-221-8776, tgl. 9.30, 11, 12 und 15 Uhr. Am Trambahnhof kann man auch Räder ausleihen).

### Miccosukee Indian Village

Unmittelbar an der Nordgrenze der Everglades sichern sich die Bewohner des **Miccosukee Indian Village** am Tamiami Trail ihren Anteil am Geschäft mit der Natur. Das Dorf liegt in einer 30 000 ha großen, 1934 eingerichteten Reservation, die von etwa 500 Miccosukee bewohnt wird, die sich von den weiter nördlich lebenden Big Cypress Seminole Indians (s. S. 417) abspalteten. Im Dorf selbst können Gäste den Indianern bei Schnitz-, Patchwork- und Korbflechtarbeiten zusehen. (MM 70, US. 41, Tel. 305-223-8380, www.miccosukeeresort.com/mivillage.html, tgl. 9–17 Uhr).

Das **Miccosukee Resort & Gaming** östlich des Dorfes will nicht so richtig in das traditionelle Bild einer Indianergemeinde passen. Hunderte Spielautomaten, Pokertische und Bingohallen demonstrieren im Hotelkasino, dass der Miccosukee-Stamm den Selbstverwaltungsstatus seiner Reservationen erfolgreich nutzte. Mit über 1000 Video-Spielautomaten, mehreren Dutzend Pokertischen, einem Hotel und einem Golfplatz hat man sich neue Einnahmequellen erschlossen (Hwy 41/Krome Ave., 500 SW. 177th Ave., Tel. 1-877-242-6464, www.miccosukeeresort.com).

## Big Cypress National Preserve

Wie mit dem Lineal gezogen, durchquert der Highway 41, der so genannte Tamiami Trail, die riesigen Sumpfgebiete des Everglades National Park in Ost-West-Richtung. Als Fortsetzung des Parks dehnt sich die Naturlandschaft in nördlicher Richtung über die bekannte Alligator Alley (I-75) aus, die ähnlich schnurgerade wie der Tamiami Trail durch das **Big Cypress National Preserve** führt. Dieses Naturschutzgebiet erhielt seinen Namen nach den mächtigen, mehrere Hundert Jahre alten Sumpfzypressen, die in den 1930er und 1940er Jahren leider größtenteils der Holzindustrie zum Opfer fielen. Am nordöstlichen Rand des Gebiets dehnt sich die Big Cypress Seminole Indian Reservation aus.

## Everglades City

**Reiseatlas:** S. 31, C 2

Folgt man dem Tamiami Trail nach Westen, bekommt man ein Gefühl für die Weiten des Sumpflandes. Die Straße 29 biegt in südlicher Richtung in den westlichsten Parkabschnitt bei Everglades City ab. Dort werden anderthalbstündige Fahrten mit Ausflugsbooten durch die der Küste vorgelagerten Ten Thousand Islands angeboten, wobei man Delfine, Greif- und Stelzvögel beobachten kann.

i **Gulf Coast Visitor Center:** Everglades City Ranger Station, Tel. 239-695-3311, tgl. 9–16.30 Uhr.

### Richtig Reisen-Tipp: Mit Indianern auf der Pirsch

Von der Alligator Alley biegt bei Exit 49 in nördlicher Richtung die Nebenstraße 833 ab, die nach 19 Meilen den Eingang zur **Big Cypress Seminole Indian Reservation** erreicht. Das indianische Unternehmen **Billie Swamp Safari** veranstaltet in dieser von Sümpfen, Feuchtgebieten und kleinen Wäldchen geprägten Landschaft Touren mit geländegängigen Fahrzeugen, auf denen man unter professioneller Führung Flora und Fauna des zentralen Südflorida kennen lernen kann (HC-61, P. O. Box 46, Clewiston, Florida 334 40, Tel. 863-983-6101, Fax 863-983-9396, www.seminoletribe.com/safari). Nach dem Ausflug in die Natur bietet sich ein Besuch im **Ah-Tah-Thi-Ki Museum** an, das sich mit der Kultur der Seminolen gegen Ende des 19. Jh. auseinander setzt. Lebensgroße Puppen tragen typische Seminolentrachten und wunderschönen Perlenschmuck. Außerdem sind Waffen und viele Gebrauchsgegenstände ausgestellt, die Aufschluss über das Alltagsleben der Florida-Indianer geben (County Rd. 833, Tel. 863-902-1113, www.seminoletribe.com/museum, Di–So 9–17 Uhr).

**Everglades City Motel:** 310 Collier Ave., Tel. 239-695-4224, Fax 239-695-2557, www.evergladescitymotel.com. Standardzimmer mit 2 Doppelbetten, Klimaanlage und Bad, manche auch mit Küche. 60–150 $.
**Ivey House B & B:** 107 Camellia St., Tel. 239-695-3299, www.iveyhouse.com. Gäste können im Inn, in der Lodge oder im Cottage unterkommen. Ab 75 $.

**Captain's Table Hotel:** 102 E. Broadway, Tel. 239-695-4211, tgl. 11–21 Uhr. Hotel-Restaurant mit großer Auswahl speziell an Seafood-Gerichten. 10–20 $.
**Oyster House Restaurant:** Chokoloskee Cswy, Tel. 239-695-2073, tgl. 11–22 Uhr. Shrimps mit Kräutern 18 $, geschmorte Austern 17 $, Captain Platter 22 $.

# Südliche Golfküste

Reiseatlas S. 29, 31

**Klassische Reiseziele an der Ostküste wie Miami, Palm Beach und Daytona Beach haben Konkurrenz bekommen. Die südliche Golfküste macht dem atlantischen Osten die Gunst der Urlauber streitig. Makellose Sandstrände, malerische Inseln, moderne Städte und attraktive Sehenswürdigkeiten sind Pfunde, mit denen die Golfküste ebenso wuchern kann wie mit weniger frequentierten Orten.**

Von den täglich ca. 1000 Menschen, die nach Florida ziehen, lassen sich etwa 80 % südlich der Linie Tampa/Orlando nieder, viele davon an der Golfküste. Grund sind die günstigen Lebensverhältnisse mit einem ganzjährig angenehmen Klima, vor allem aber zwischen Oktober und Mai, mit niedriger Kriminalitätsrate und einer reizvollen subtropischen Naturkulisse. Viele Amerikaner und in zunehmendem Maß auch Europäer reisen in der kalten Jahreszeit zum Überwintern an die südliche Golfküste und treten damit in die Fußstapfen von Berühmtheiten wie Henry Ford, Thomas Edison und Charles Lindberg, die dort ihre Winterresidenzen einrichteten.

Der Küste hauptsächlich bei Fort Myers und Sarasota sind typische Sandbankinseln vorgelagert, die zu den exklusivsten Urlaubsorten des westlichen Florida zählen. Auf Longboat Key etwa führt die Küstenpromenade an Nobelresidenzen, luxuriösen Golfklubs und First-Class-Resorts vorbei. Selbst der Rasen in den Parkanlagen wächst dort offensichtlich akkurater als sonstwo im Sunshine State. Zum obligatorischen Sonnenuntergang findet man sich am Strand auf Lido Key ein, wo allabendlich die große Stunde der Fotografen schlägt.

Wem der Sinn eher nach freier Natur steht, verbringt die Zeit vermutlich lieber am Strand auf Sanibel und Captiva Island, wo günstige Meeresströmungen für die schönsten Muschelstrände Amerikas sorgen. Im Hinterland der Küste liegt mit Fort Myers die größte Stadt an der südlichen Golfküste. Dort tüftelte Thomas Edison bis zu seinem Tod im Jahr 1931 an genialen Erfindungen. Sein in einem schönen Garten gelegenes Heim an der Palmenallee McGregor Boulevard ist zweifellos die größte Besucherattraktion der Stadt.

Andere Küstenstädte brauchen sich hinter Fort Myers nicht zu verstecken. Sarasota gilt als Floridas Hochburg der Kunst und verdankt diesen Ruf dem Kunstmuseum des ehemaligen Zirkuskönigs John Ringling, der seit den 1920er Jahren eine für Amerika einmalige Sammlung zusammentrug. Naples sieht aus, als würden Nacht für Nacht Heinzelmännchen Straßen und Gehsteige fegen.

## Naples

**Reiseatlas:** S. 31, C 2
Südlichste Stadt am Golf von Mexiko ist das schon vor Jahrzehnten von Pensionären als Alterswohnsitz entdeckte Naples. In jüngster Zeit schickte sich die gepflegte 21 000-Seelen-Gemeinde mit ihrem kleinen, aber herausgeputzten Zentrum an, Palm Beach den Rang als Prominententreff abzulaufen. Nirgendwo auf US-Boden gibt es mehr Golflöcher pro Kopf der Bevölkerung, und über ein mangelndes Angebot an Boutiquen, Designerläden und Nobelrestaurants kann sich auch niemand beklagen. Im Sommer lockt der 10 Meilen lange Sandstrand mit seinem 300 m ins Meer ragenden Pier Badetouristen

an, im Winter wirbt das Städtchen mit Temperaturen, die bis auf 20 °C klettern.

**Visitor & Information Center:** 2390 Tamiami Trial N., Naples, FL 34103, Tel. 239-262-6141, Fax 239-262-8374, www.naples chamber.org.

**Baymont Inn & Suites:** 185 Bedzel Circle, Tel. 239-352-8400, Fax 239-352-8401, www.baymontinns.com. Freundliche Zimmer mit Kingsize- oder zwei Doppelbetten, beheizter Außenpool, Münzwaschmaschinen. 50–100 $.

**Fairways Resort:** 103 Palm River Blvd., Tel. 239-597-8181, Fax 203-597-5413, www.fairwaysresort.com. In einer Gartenanlage gelegenes Hotel. Die Hälfte der 46 Zimmer ist mit einer Küche ausgestattet. Frühstück wird in einem klimatisierten Gartenpavillon serviert. 65–145 $.

**Dock at Crayton Cove:** 845 12 Ave. S., Tel. 239-263-9940, tgl. ab 11 Uhr. Am Hafen gelegenes einfacheres Lokal mit Seafood, Salaten, Steaks, Pasta-Gerichten und einer Raw Bar für Austern. So 11–14 Uhr Brunch.

## Die Küste von Lee County

### Fort Myers Beach

**Reiseatlas:** S. 31, B 1

Gewissermaßen im Schatten der bekannten Inseln Sanibel und Captiva hat sich Fort Myers Beach auf Estero Island zu einem populären Badeort entwickelt. Strand und Wasserqualität sind ähnlich fantastisch wie bei den bekannten Nachbarn, die Preise aber weitaus günstiger. Außerdem profitiert der Küstenflecken von seiner Reputation, zu den sichersten Stränden im ganzen Sunshine State zu gehören. Vor allem Familien mit Kindern genießen das Baden und Sandburgenbauen an dem breiten Sandstreifen, der flach wie ein Bügelbrett ins Meer hinaus verläuft. Auf dem hölzernen Pier versammeln sich gegen Abend braune Pelikane, um in der Nähe der Feierabendangler auf einen schmackhaften Happen zu warten. Schon nachmittags rüsten sich die Musikkneipen am Strand für ausgelassene Festivitäten. Jeden Sonntag veranstaltet das Lokal ›The Bridge‹ eine ausgelassene Reggae Dock Party mit Rock- und Pop-Bands (708 Fisherman's Wharf, Tel. 941-765-0050, 14–23 Uhr).

### Mit dem Autor unterwegs

#### Tolle Strände und Trauminseln

Von **Naples** (s. S. 418) im Süden bis nach **Longboat Key** (s. S. 423) im Norden ist die Küste des südwestlichen Florida von wunderbaren weißen Sandstränden gesäumt, die Badeurlauber genauso begeistern wie Muschelsucher und Strandläufer.

**Sanibel und Captiva** haben an der südlichen Golfküste längst Kultstatus. Damit verbunden waren in den letzten Jahren steigende Preise und immer schicker werdende Hotels und Resorts (s. S. 419).

#### Für Kunst-Fans

Mit Kunst aus der Renaissance- und Barockzeit hat sich das **John and Mable Ringling Museum of Art** in Sarasota längst unter die besten Kunstmuseum des Sunshine State eingereiht (s. S. 422).

### Sanibel und Captiva

**Reiseatlas:** S. 31, B 1

Unter den Urlaubszielen der Golfküste besitzt das Lee County um Fort Myers einen klingenden Namen, in erster Linie wegen des kleinen, exklusiven Inselreichs vor diesem Küstenabschnitt. Seit 1963 verbindet ein mautpflichtiger Damm **Sanibel** und **Captive** mit dem Festland. Zunächst erreicht die Straße das 20 km lange und 3 km breite **Sanibel Island**, das 7000 ›Insulaner‹ ihre ständige Heimat nennen. Sanibel wie auch der nördliche Nachbar Captiva Island gelten mit ihren unverbauten Stränden als Mekka für Muschelsucher (s. S. 420). Beide sind für Nobelhotels, luxuriöse Ferienhäuser und

## Richtig Reisen-Tipp: Shell Hunting

Nirgendwo ist der Anblick gebückt gehender Menschen mit vor die Füße gerichtetem Blick ein so häufiges Phänomen wie auf Sanibel und Captiva Island. Beide Inseln gelten als Paradiese für Muschelsucher, weil wegen der günstigen Meeresströmungen dekorative Kalkschalen in riesigen Mengen angeschwemmt werden. Die hübschen Fundstücke werden aber auch in so gigantischen Mengen als Reisemitbringsel weggeschleppt, dass Kenner inzwischen eher empfehlen, etwa auf das nur per Boot erreichbare Gasparilla Island oder auf andere Barriere-Inseln auszuweichen, wo selbst seltene Muscheln noch in Hülle und Fülle zu finden sind.

Andere lohnende Strände, an denen bis zu 400 unterschiedliche Arten von Muscheln und Schnecken vorkommen, sind Lovers Key State Park in Fort Myers und Tigertail Beach County Park auf Marco Island südlich von Naples. Die beste Zeit für Shell Hunting ist die Saison von Dezember bis März. Man sollte die Ebbe abwarten, weil bei Niedrigwasser größere Strandabschnitte trocken liegen. Die Strände um Venice sind weniger für Muscheln als vielmehr für angeschwemmte Haifischzähne berühmt. Die Größen variieren stark, von wenigen Millimetern bis zur stolzen Länge von etwa 7,5 cm. So große Funde sind selten geworden, seitdem Riesenzähne unter Souvenirjägern ganz besonders begehrt sind. Praktischen Anschauungsunterricht vermittelt das **Bailey Matthews Shell Museum** auf Sanibel Island, das u. a. die Privatsammlung des Schauspielers Raymond Burr alias Perry Mason ausstellt (3075 Sanibel-Captiva Rd., Tel. 239-395-2233, www.shellmuseum.org, tgl. 10–16 Uhr).

wunderschöne Ferienanlagen bekannt. Am besten lassen sich die Inseln mit ihren seltenen Vögeln, Schmetterlingen, Flamingos und Pelikanen per Fahrrad erkunden, da vor allem Sanibel ein dichtes Netz von Radwegen besitzt. Bei Bootsausflügen ist die Chance groß, auf Delfine oder Manatees zu treffen. Im Naturschutzgebiet
**J. N. ›Ding‹ Darling Wildlife Refuge** führen mehrere Wege durch Palmen und Palmettobuschwerk zu einem 12 m hohen Beobachtungsturm, von dem man die Tier- und Pflanzenwelt studieren kann (1 Wildlife Dr., Tel. 239-472-1100, www.dingdarlingsociety.org, Sa–Do 7.30 Uhr bis Sonnenuntergang, Fr geschlossen).

i **Sanibel & Captiva Islands Chamber of Commerce:** 1159 Causeway Rd., Sanibel Island, Florida 33957, Tel. 239-472-1080, Fax 239-472-1070, www.sanibel-captiva.org.

**Tropical Winds Motel & Cottages:** 4819 Tradewinds & Jamaica Dr., Tel. 239-472-1765, Fax 239-472-1765, www.sanibeltropicalwinds.com. Cottages direkt am Strand zum Teil für bis zu 8 Personen, voll ausgerüstet. Ab 150 $.
**Parrot Nest:** 1237 Anhinga Ln., Tel. 239-472-4212, www.parrotnest.com. Sechs mit kleinen Küchen ausgestattete Zimmer am östlichen Ende von Sanibel. 89–179 $.

### Fort Myers

**Reiseatlas:** S. 31, C 1
Jahrzehntelang tüftelte in **Fort Myers** der geniale Erfinder Thomas A. Edison an elektrischen Glühbirnen und Telegrafen. Am Ufer des Caloosahatchee River baute er in einem überaus üppigen Tropengarten das **Thomas A. Edison's Winter Home,** in dem er zwischen 1886 und 1931 beinahe alle Wintermonate verbrachte. In seinem Labor experimentierte Edison vor Ausbruch des Ersten Weltkriegs im Regierungsauftrag auch an der Herstellung von künstlichem Gummi, weil die USA von Importen unabhängig werden wollten.

Diese Erfindung lag auch ganz im Interesse von Edisons Freund, dem Automobilkönig Henry Ford, der 1915 auf dem Nachbargrundstück das bescheidene **Ford's Home** kaufte. Im Innern sieht das Anwesen

**Am Palmenstrand von Fort Myers**

des schwerreichen Auto-Magnaten zwar so aus wie zu seinen Lebzeiten, doch existiert ein Großteil der Originalausstattung nicht mehr. Auf dem Parkplatz der beiden Promi-Anwesen steht ein riesiger Banyan-Baum, den der Gartennarr Edison 1925 als kleines Pflänzchen vom Reifenfabrikanten Harvey Firestone geschenkt bekommen hatte (2350 McGregor Blvd., Tel. 239-334-7419, Führungen Mo–Sa 9–16, So 12–16 Uhr).

**Lee County Visitors & Convention Bureau:** 12800 University Dr., Suite 550, Fort Myers, FL 33907, Tel. 239-338-3500, Fax 239-334-1106, www.fortmyers-sanibel.com.

**Hibiscus House:** 2135 McGregor Blvd., Tel. 239-332-2651, Fax 239-332-8922, www.thehibiscushouse.net. Einziges B & B der Stadt aus dem Jahr 1912 mit 5 Gästezimmern, alle mit eigenem Bad und Internetzugang. 90–150 $.

**La Quinta Inn:** 4850 S. Cleveland Ave., Tel. 239-275-3300, Fax 239-275-6661, www.lq.com. Ordentliche Zimmer mit Kaffeemaschine und kostenlosem Highspeed-Internetzugang, Außenpool. 59–92 $.

**Raintree RV Resort:** 19250 N. Tamiami Trail, North Fort Myers, Tel. 239-731-1441, Fax 239-731-0032, www.raintreerv.com. Mit Palmen und Blumen hübsch angelegter, sehr gut ausgestatteter Campingplatz mit Pools.

**Seminole Campground:** 8991 Triplett Rd., North Fort Myers, Tel. 239-543-2919. Bewaldeter Platz, Laden, Pool und heiße Duschen.

**Cru:** 13499 US 41, Tel. 239-466-3663, Mo–Do 11–22, Fr–Sa 11–23 Uhr. Teures Nobelrestaurant mit neuseeländischem Lammfleisch, Bisonsteaks aus Colorado, Paella und einer ausgezeichneten Auswahl von Weinen. 31–50 $.

**The Veranda:** 2122 Second St., Tel. 239-332-2065, tgl. 11–14.30 und 17.30–22 Uhr. Seafood, Fleischgerichte und Pasta in schönem viktorianischem Ambiente. 20–30 $.

**Sanibel Factory Stores:** 20350 Summerlin Rd., www.outletsonline.com, Mo–Sa 10–21, So 11–18 Uhr. 55 Geschäfte für Fabrikverkauf.

**Florentinischer Skulpturengarten des Ringling Museum of Art in Sarasota**

## Sarasota

**Reiseatlas:** S. 29, B 3
Vor 100 Jahren war fast die gesamte südliche Golfküste abgelegene Wildnis. In Sarasota stand um 1900 eine Hand voll Häuser, ehe Winterurlauber die fischreichen Gewässer, die tropische Vegetation und die frühlingshaften Januartemperaturen entdeckten. Einer der einflussreichsten war John Ringling. Er kam 1920 nach Sarasota und blieb etwas länger als ursprünglich geplant – 16 Jahre. Heute gehören seine Hinterlassenschaften zum Sehenswertesten der Stadt. Er hatte es im Ölgeschäft und als Grundstücksspekulant zu einem riesigen Vermögen gebracht. Zudem betrieb er mit seinen vier Brüdern einen Zirkus und betätigte sich nebenbei als begeisterter Kunstsammler.

### Das Ringling Imperium

Auf Reisen durch die Alte Welt hatte Ringling sein Herz für Renaissance- und Barock-Kunst entdeckt. Werke aus beiden Epochen holte er von Italien und Spanien nach Florida, darunter Statuen, Säulen und Brunnen, die alle Teil des 1929 eröffneten **John and Mable Ringling Museum of Art** wurden. Bis zu seinem Tod 1936 kaufte der Zirkuskönig über 600 Gemälde und zahlreiche Skulpturen, darunter unschätzbare Werke von Veronese, Rubens und Moretti. Das inmitten eines Parks gelegene, einem florentinischen Palazzo im Renaissance-Stil nachempfundene Museum umschließt einen wunderschönen offenen Innenhof mit Skulpturengarten (5401 Bay Shore Rd., Tel. 941-359-5700, www.ringling.org, Mo–Fr 8.30–17 Uhr).

Auf dem bis an die Sarasota-Bucht reichenden Ringling-Besitz steht außer einem Zirkusmuseum mit Kostümen, Kulissen, Requisiten und alten Werbeplakaten die dem Dogenpalast in Venedig nachempfundene Residenz **Cà d'Zan**, die Ringling von 1926 an als Wohnsitz diente. Das schöne, mit Terrakotta-Dekor geschmückte Anwesen, dessen Name durch die Verballhornung der italienischen Übersetzung von ›Johns Haus‹ entstand, verbindet viele unterschiedliche Stilelemente z. B. aus der italienischen und französischen Renaissance, dem Barock und der moderneren Architektur miteinander. Über der aus 30 Räumen und 14 Bädern bestehenden Residenz erhebt sich ein knapp 20 m hoher Turm, in dem in früheren Zeiten ein Licht brannte als Zeichen für die Anwesenheit des Hausherrn.

### Sarasota Classic Car Museum

Um Schätze aus Lack, Blech und Chrom geht es in dieser Oldtimerausstellung, in der das älteste Auto Baujahr 1903 ist und bekannte Markennamen wie Bentley, Cadillac und Ferrari auftauchen. Zu den Stars zählt ein Mercedes Roadster, der früher einmal von John Lennon gefahren wurde, und der Mini Cooper von Paul McCartney. Neben Automobilen stellt das Museum alte Musikautomaten aus (5500 N. Tamiami Trail, Tel. 941-355-6228, www.sarasotacarmuseum.org, tgl. 9–18 Uhr).

### Botanische Gärten

Kenner zählen die **Marie Selby Botanical Gardens** zu den schönsten in den USA. Hinter dem Eingang öffnet sich ein Reich von über 6000 zum Teil seltenen Orchideen, wunderschönen Bromelien, blühenden Pflanzen und Farnen, die in Gewächshäusern oder im Freien wachsen (811 S. Palm Ave., Tel. 941-366-5731, www.selby.org, tgl. 10–17 Uhr).

Das zoologische Pendant zu diesem botanischen Paradies bilden die **Sarasota Jungle Gardens** mit 70 Tierarten von der Burmesischen Python bis zum Flamingo und vom Alligator bis zum Rotschwanzbussard (3701 Bay Shore Rd., Tel. 941-355-5305, www.sarasotajunglegardens.com, tgl. 9–17 Uhr).

**Sarasota Visitor Information Center:** 655 N. Tamiami Trail, Tel. 941-957-1877, Fax 941-951-2956, www.sarasotafl.org.

**Residence Inn:** 1040 University Pkwy, Tel. 941-358-1468, Fax 941-358-0850, www.marriott.com. 78 Suiten mit getrennten Wohn- und Schlafräumen, Frühstück inkl. Ab 120 $.

**Best Western Golden Host Resort:** 4675 N. Tamiami Trail, Tel. 941-355-5141, Fax 941-355-9286, www.bestwestern.com. Kettenhotel mit Standardzimmern, großer Außenpool, Kabel-TV, Kaffeemaschine, kostenloser Highspeed-Internetzugang. 100–140 $.

**Sun 'n Fun Resort Campground:** 7125 Fruitville Rd., Tel. 941-371-2505, www.sunnfunfl. com. Viele Annehmlichkeiten wie große Poollandschaft.

**Cafe l'Europe:** 431 St. Armands Circle, Tel. 941-388-4415, www.cafeleurope.net, tgl. 11–22.30 Uhr. Der Küchenchef kombiniert französische, spanische und karibische Elemente und komponiert exzellente, bereits preisgekrönte Gerichte. 12–35 $.

**Marina Jack:** Island Park, Tel. 941-365-4232, tgl. 11.30–2 Uhr. Neben Seafood werden typische US-Klassiker serviert. Man kann draußen essen. $12–30.

**St. Armands Circle:** Ringling Causeway über die Sarasota Bay nach St. Armands Key. Um den Platz liegen ca. 130 Einkaufsmöglichkeiten diverser Branchen.

## De Soto National Memorial

**Reiseatlas:** S. 29, B 3

Die Reise Richtung Tampa Bay tritt man am besten über **Longboat Key** an. Auf der Meerseite verläuft der Gulf of Mexico Drive vorbei an manikürten Golfplätzen, Ansammlungen von Privatvillen und Nobelherbergen mit eigenen Sandstränden. Landeinwärts liegt am Südufer des Manatee River das **De Soto National Memorial**, wo der Spanier Hernando de Soto 1539 mit 600 Soldaten die erste größere Landexpedition im Südosten der USA begann. Sie diente dem Zweck, die sagenumwobenen ›Sieben goldenen Städte von Cibola‹ zu finden, endete aber in einem Fiasko, weil die spanischen Schatzjäger kein Gramm Gold auftreiben konnten. De Soto kam bei diesem Unternehmen im Jahr 1542 am Mississippi ums Leben. Im Besucherzentrum wird ein 20-minütiger Film über die historischen Ereignisse gezeigt (Rtes 64/564, Tel. 941-792-0458, www.nps/gov/deso, tgl. 8–17.30 Uhr).

# Tampa Bay, nördliche Golfküste und Panhandle

Reiseatlas S. 29, 27, 25/26

**Großstadtflair in Tampa, Kunstgenuss in St. Petersburg, Beach Life im dynamischen Clearwater Beach: Neben Stadtatmosphäre kennt die nördliche Golfküste auch stille, paradiesische Badeplätze, die besonders an der Küste des Panhandle einen hervorragenden Ruf genießen.**

Die tief in die Golfküste hineinreichende Tampa Bay beginnt bei der 24 km langen und 54 m hohen Sunshine Skyway Bridge, auf der sich die Route 19 über die Bucht von Bradenton nach St. Petersburg hinüberschwingt. Die Stadt Tampa hatte 1884, als die von Henry Plant gebaute Eisenbahn an die Bay fertig gestellt war, erst 700 Einwohner, begann danach aber schnell zu wachsen. Damals wurde die Mündung des Hillsborough River, an dem die Stadt liegt, für Ozeanfrachter ausgebaut. Danach entwickelte sich der Küstenflecken bis 1890 zu einem Städtchen mit 5000 Einwohnern. Heute ist Tampa mit 304 000 Einwohnern die drittgrößte Stadt Floridas und siebtgrößter Hafen der USA.

So modern sich die Bay-Metropole mit ihrer Hochhaus-Skyline und populären Vergnügungsparks auch gibt: Einige ihrer touristischen Schätze stammen aus vergangenen Zeiten wie etwa das von Zwiebeltürmchen geschmückte Tampa Bay Hotel des Eisenbahnkönigs Henry Plant. Ein weiteres Relikt aus der Vergangenheit ist der Stadtteil Ybor City, wo früher Tausende Arbeiterhände Zigarren drehten und den Stadtteil zu einer Hochburg des ›Blauen Dunstes‹ machten.

Wer an der nördlichen Golfküste die Strände genießen will, ist auf der Pinellas-Halbinsel und vor allem im Panhandle gut aufgehoben, wo etwa Panama City Beach als Badehochburg gilt. Auf den vorgelagerten Sandbankinseln des ›Pfannenstiels‹ trifft man auf naturbelassene Sandsäume, die zu den schönsten in den ganzen USA zählen.

## Tampa

**Reiseatlas:** S. 29, B 2

Gemeinsam mit St. Petersburg gehörte Tampa in den 1980er Jahren zu den Städten mit der am schnellsten wachsenden hispanischen Bevölkerung in Florida. Die Wolkenkratzer-Skyline der Stadt warf im Zentrum um die sechs Blocks lange Fußgängerzone Franklin Street Mall immer längere Schatten über ältere Gebäude wie etwa die aus dem beginnenden 20. Jh. stammende Sacred Heart Church, das U.S. Courthouse von 1905 und die 1915 erbaute Tampa City Hall. Auch wirtschaftlich sind die Fortschritte Tampas unübersehbar. Über 30 % aller Beschäftigten von Hightech-Unternehmen in Florida stehen in und um Tampa in Lohn und Brot. Mit Erfolg versucht die Stadtverwaltung seit Jahren, die vor Jahrzehnten einsetzende Stadtflucht zu bremsen und wieder mehr Leben in die Innenstadt zurückzubringen.

### Auf Stadttour

Ein Bestandteil des seit Jahren laufenden innerstädtischen Revitalisierungsprogramms war auch der Bau des drei Stockwerke hohen, von einer Glaskuppel überwölbten **Florida Aquarium.** Der Komplex gab über 10 000 unterschiedlichen Meerestieren und -pflanzen eine neue Heimat. Jeden Tag werden Besucher mit Taucher-Shows im Haifischbecken unterhalten und können sich selbst mit den Meeresbewohnern anfreunden. Im Café Ray kann man seine Eindrücke bei einer Kaffeepause verarbeiten. Als neuestes Highlight wird Besuchern die Möglichkeit geboten, mit bunten Fischen in einem eindrucksvoll nachgebildeten Korallenriff zu schwimmen. Das IMAX-Kino nebenan zeigt Dokumentarfilme über Unterwasserwelten (701 Channelside Dr., Tel. 813-273-4000, www.flaquarium.org, tgl. 9.30–17 Uhr).

Im Jahr 1891 ließ der Eisenbahnindustrielle Henry B. Plant das **Tampa Bay Hotel** im orientalischen Stil mit Zwiebeltürmchen erbauen, als habe sich der Architekt durch den Kreml in Moskau inspirieren lassen. Die Luxusherberge mit 500 Zimmern, zwei Ballsälen, Billardräumen und Kasino mit Schwimmbad war das erste vollständig elektrifizierte Gebäude in Tampa, dessen Gäste mit Rikschas durch die langen Wandelhallen und den tropischen Garten fuhren. 1933 brachte die Stadt in einem Flügel die University of Tampa unter.

Was klassische griechische und römische Kunst anbelangt, besitzt das **Tampa Museum of Art** eine der besten Sammlungen im Land. Aber auch zeitgenössische Kunst kommt nicht zu kurz, wie etwa eine Galerie zeigt, die amerikanische Künstler und Künstlerinnen wie Georgia O'Keeffe vorstellt. Museumspark und Skulpturengarten profitieren von der schönen Lage am Ufer des Hillsborough River (600 N. Ashley Dr., Tel. 813-274-8130, www.tampagov.net, Di–Sa 10–17, 3. Do 10–21 Uhr, freier Eintritt Sa 10–12 und 3. Do im Monat 17–21 Uhr).

## Busch Gardens

Kaum jemand stattet Tampa einen Besuch ab, ohne die Busch Gardens gesehen zu haben, eine Kombination aus Zoo und Freizeitpark. Zu einem Publikumsrenner wurde das **Myombe Reserve**, eine Primatenabteilung mit Schimpansen und Gorillas. In einem weiteren Teil der Gärten bildeten Landschaftsgestalter eine **afrikanische Savanne** nach, in der alle Großtiere des Schwarzen Kontinents vertreten sind. Auch bei den typischen Fahrvergnügungen dominiert das Thema Afrika, wie etwa beim Ritt in Gummibooten über die Stromschnellen des Congo River oder bei der ›Rhino Rally Off-Road-Safari‹. Für noch

## Mit dem Autor unterwegs

### Unbedingt anschauen!

**In Tampa:** Seit seiner Eröffnung hat sich das **Florida Aquarium** im Zentrum von Tampa zu einem Besuchermagneten entwickelt, u. a. weil dort interessante Aktivitäten angeboten werden. Allein das grandios hergerichtete Freigehege für Gorillas und die täuschend ähnliche Nachbildung der afrikanischen Savanne machen einen Besuch in den **Busch Gardens** lohnend (s. S. 425 f.).

**In St. Petersburg:** Für Kunstliebhaber ist das **Salvador Dalí Museum** mit einer der weltweit größten Sammlungen von Werken des spanischen Künstlers ein Muss (s. S. 429).

### Kitsch im Topformat

Der Kitsch ist zwar kaum zu überbieten, aber eine einmalige Attraktion ist das Unterwasserballett der Meerjungfrauen in **Weeki Wachee** (s. S. 431).

### Die schönsten Strände

Ungetrübte Badefreuden versprechen die wunderbaren Strände im **Fort de Soto Park** (s. S. 429). Auch die Strände im **Panhandle** sind für ihre Sauberkeit und Schönheit bekannt (s. S. 433).

### Gratisattraktionen

Im Vogelhospital **Suncoast Seabird Sanctuary** tut sich immer etwas, und deshalb gibt es dort auch immer etwas zu sehen (s. S. 430).

Pensacola dient seit vielen Jahrzehnten als Marinefliegerbasis und besitzt mit dem **National Museum of Naval Aviation** ein interessantes Flugzeugmuseum (s. S. 435).

### Sicherheit

So schön die Strände im Panhandle auch sind: Schwimmer sollten vorsichtig sein, weil es in den letzten Jahren zu mehreren Hai-Attacken auf Menschen kam.

**Flamingos in einem karibisch anmutenden Teil der Busch Gardens**

mehr Gänsehaut sorgt das 3-D-Horror-Movie ›Haunted Lighthouse‹ (3000 E. Busch Blvd., Tel. 866-353-8622, www.buschgardens.com, häufig wechselnde Öffnungszeiten, meist 9–18 Uhr).

Der **Lowry Park Zoo** entwickelte sich seit 1937 aus einem kleinen Tierheim und hat heute einen ausgezeichneten Ruf u. a. als Einrichtung, die sich mit einem Forschungs- und Rehabilitationszentrum z. B. der Rettung vom Aussterben bedrohter Seekühe verschrieben hat. Neben Manatees kann man im Lowry Park viele andere Wasserlebewesen und Reptilien wie Alligatoren und einheimische Schlangen sehen, aber auch afrikanisches Großwild, Primaten, Tiger und viele Vogelarten. Jüngeren Besuchern wird der Streichelzoo gefallen, in dem die Tiere gefüttert werden dürfen (1101 W. Sligh Ave., Tel. 813-935-8552, www.lowryparkzoo.com, tgl. 9.30–17 Uhr).

Mit simulierten Hurrikans, einer Fahrt mit dem Fahrrad in 10 m Höhe auf einem Stahlseil, Planetarium-Shows und auf eine Riesenleinwand projizierten IMAX-Filmen lockt das **Museum of Science and Industry** Jung und

Alt. An Dutzenden interaktiven Einrichtungen kann man die Wirkungsweise der Naturgesetze studieren und interessante Fakten etwa über den menschlichen Körper oder Luftfahrttechnologien erfahren (4801 E. Fowler Ave., Tel. 813-987-6000, www.mosi.org, Mo–Fr 9–17, Sa–So 9–21 Uhr).

## Ybor City

Tampas historischer Kern Ybor City war früher ein Zentrum von 200 Zigarrenmanufakturen, in denen 12 000 kubanische, spanische und italienische Zigarrendreher jährlich 700 Mio. Zigarren rollten. Industriell hergestellte Produkte läuteten den Niedergang der Branche ein.

Bei Stadtführungen lernt man die teils im letzten Viertel des 19. Jh. errichteten Gebäude kennen und kann in der **Gonzalez y Martinez Cigar Factory** (7th Ave./21st St., tgl. 10–18 Uhr) und im historischen **Ybor City Museum** flinken Händen bei der manuellen Herstellung von Rauchwaren zusehen. Das in einer ehemaligen italienischen Bäckerei von 1923 untergebrachte Museum ist Teil des Ybor City Museum State Park, zu dem auch die Casita, die Wohnung eines ehemaligen Zigarrendrehers, und zahlreiche Memorabilien an die große Zeit von Ybor City gehören (1818 E. 9th Ave., Tel. 813-247-6323, www.sybormuseum.org, tgl. 9–17 Uhr).

Die Zeiten, als der Ort vom blauen Dunst lebte, sind längst vorbei. Einige wenige Straßenzüge und Häuserblocks erinnern an die Vergangenheit, als die Stadt von 20 000 Einwanderern geprägt wurde, die im historischen Viertel viele Spuren hinterließen. Die 7th Street schmückt sich mit restaurierten Fassaden aus dem letzten Jahrhundert, auf alt getrimmten Straßenlaternen, schmiedeeisernen Zäunen und Balkongittern. Hauptsächlich an Wochenenden demonstriert der Stadtteil sein bis heute gebliebenes lateinamerikanisches Flair: Fünf Dutzend Restaurants, Bars und Nachtclubs machten aus der ehemaligen Zigarrenmetropole ein populäres Nachtschwärmerziel, das am Samstagabend mit Reggae-Kneipen, Salsa-Tempeln und Margarita-Bars bis zu 30 000 Besucher anzieht.

An das spanische Erbe erinnert das mit Azulejos verzierte **Columbia Restaurant**. In dem reizvoll eingerichteten Lokal lassen fast jeden Abend Flamenco-Rhythmen die kleine Bühne erzittern. Als traditioneller Gaumenschmaus wird seit 100 Jahren warmes Cuban Sandwich mit Schinken, Schweinefleisch, italienischer Salami, Emmentalerkäse und Mixed Pickles serviert (2025 E. 7th Ave., Tel. 813-248-3000, www.columbiarestaurant.com, tgl. 11–22 Uhr).

**Tampa Bay Convention & Visitors Bureau:** 400 N. Tampa St., Suite 2800, Tampa, FL 33602, Tel. 813-223-1111, Fax 813-229-6616, www.visittampabay.com.

**Radisson Bay Harbor Hotel:** 7700 Courtney Campbell Cswy, Tel. 813-281-8900, Fax 813-281-0189, www.radisson.com/tampafl. Große Zimmer mit Blick auf die Bucht oder die Stadt, Außenpool direkt an der Wasserkante. Ab 169 $.
**Best Western The Westshore Hotel:** 1200 N. Westshore Blvd., Tel. 813-282-3636, Fax 813-282-0055, www.thewestshorehotel.com. Airport-Shuttle, Frühstück inkl., Fitness-Studio, Außenpool. 59–149 $.

**Bern's Steakhouse:** 1208 S. Howard Ave., Tel. 813-251-2421, tgl. 17–23 Uhr. Außergewöhnlich gute Steaks in allen Variationen, riesige Getränkeauswahl, zum Dessert geht man in den ›Dessertroom‹ und genießt einen der zahllosen Digestivs. Ab 23 $.
**Valencia Garden:** 811 W. Kennedy Blvd., Tel. 813-253-3773, www.valenciagarden.com, Mo–Fr 11–14.30, Mo–Sa 17–22 Uhr. Seit 1927 werden hier schmackhafte authentische spanische und kubanische Speisen serviert, kubanisches Sandwich und Suppe 7,25 $, Paella für zwei Personen 38 $.
**Mel's Hot Dog:** 4136 E. Busch Blvd., Tel. 813-985-8000, So–Do 11–20, Fr–Sa 11–21 Uhr. Mel ist eine Institution in Tampa. Wer schon immer einen ›echten‹ Hot Dog probieren wollte, sollte es hier tun. Ab 4 $.

**The Rack:** 1809 W. Platt St., Tel. 813-250-1595, tgl. 16–3 Uhr. Billardhalle mit gutem Essen, sogar Sushi: Bei jüngeren Gästen steht das Lokal wegen seiner lockeren Atmosphäre hoch im Kurs. 10–15 $.
**Hyde Park Café:** 1806 W. Platt St., Tel. 813-254-2233, Di–Do 19–3, Fr 17–3, Sa 19–3 Uhr. Drei Bars unter einem Dach, Platz zum Tanzen nach unterschiedlichen Musikrichtungen.

**Wasserfreizeitpark:** Adventure Island, 1001 Malcolm McKinley Dr., Tel. 813-987-5660, www.floridaparks.co.uk/adventure_island, häufig wechselnde Öffnungszeiten, meist 9–18 Uhr. Tropischer Wasserpark mit Rutschen, Wasserfällen, Stromschnellen und Pools.

**Flugzeug:** Tampa International Airport (TPA), www.tampaairport.com. Direkt von Deutschland aus angeflogener Flughafen, 8 km westlich der Stadt. Fahrzeit ins Zentrum 15 Min. Busse, Taxis und Limousinen bringen Passagiere in die Stadt.
**Bahn:** Tampa Union Station, 601 Nebraska Ave. N., Tel. 813-221-7600 oder 1-800-872-7245, www.amtrak.com. Von Tampa fahren Züge nach Miami und nach Jacksonville und von dort weiter Richtung New York bzw. New Orleans.
**Bus:** Greyhound Lines Terminal, 610 Polk St., Tel. 813-229-2174 oder 1-800-231-2222, www.greyhound.com. Verbindungen in viele Städte in Florida und in andere US-Staaten.

## St. Petersburg

**Reiseatlas:** S. 29, B 3
Die 240 000 Einwohner zählende Stadt liegt am äußersten Zipfel der Pinellas-Halbinsel. Wegen der statistisch errechneten 361 Sonnentage im Jahr entwickelte sie sich im ausgehenden 19. Jh. zum bevorzugten Pensionärsziel, aus dem seit damals eine Freizeit- und Kulturhochburg wurde.

Der Dreh- und Angelpunkt des öffentlichen Lebens in St. Petersburg liegt ca. 800 m vor der Stadt auf meerumspültem Grund: auf dem großen **Pier.** Vor allem am Abend wird der mehrere Hundert Meter lange Pier, auf dem man kostenlos mit dem Pierbus hin und her fahren kann, zu einem Treffpunkt von Jung und Alt. An seinem Ende steht ein fünfgeschossiger Riesenbau, der wie eine kopfüber im Meer versenkte Pyramide aussieht. Auf dem Dach des Gebäudes, in dem Restaurants und Geschäfte eingerichtet sind, befindet sich eine Aussichtsplattform, von der man einen Panoramablick über die Stadt und die Küste genießt. Im zweiten Stockwerk kann man im **Pier Aquarium** kostenlos die charakteristische Meeresflora und -fauna der Ostküste Floridas besichtigen (800 Second Ave. NE., Tel. 813-821-6164).

### Museums-Highlights

Das international bekannteste Museum der Stadt, das **Salvador Dalí Museum**, besitzt eine der größten Sammlungen von Werken des spanischen Surrealisten weltweit, die aus Ölgemälden, Aquarellen und Zeichnungen sowie ca. 1 000 Grafiken, Skulpturen und anderen Werken besteht und einen Gesamtwert von weit über 125 Mio. $ hat (1000 3rd St. S., Tel. 727-823-3767, www.salvadordalimuseum.org, Mo–Mi und Fr–Sa 9.30–17.30, Do 9.30–20, So 12–17.30 Uhr).

Die Palette der Ausstellungen des **Museum of Fine Arts** reicht von griechischer und römischer Kunst über Sammlungen präkolumbianischer Gegenstände bis hin zu Gemälden französischer Impressionisten und amerikanischer Künstler wie Thomas Moran und Georgia O'Keeffe. Auch aus dem Fernen Osten, aus Afrika und dem Orient finden sich in den Kollektionen des Museums sehenswerte Stücke (255 Beach Dr. NE., Tel. 727-896-2667, www.fine-arts.org, Di–Sa 10–17, So 12–17 Uhr).

## Pinellas Peninsula

**Reiseatlas:** S. 29, A/B 2/3

Wie ein tropfenförmiger Landzipfel schirmt die **Pinellas-Peninsula** die Tampa-Bucht vom Meer ab, lässt aber eine breite Passage zwischen Golf von Mexiko und Bucht frei, die von der Sunshine Skyway Bridge überspannt wird. Die 28 Meilen lange Meerseite der Halbinsel säumen auf vorgelagerten Inseln gelegene Badeorte, zwischen denen die Gemeindegrenzen nur noch schwer erkennbar sind. Höchstens anhand eines zwischen Motelreihen und Häuserfassaden versteckten Ortsschilds lässt sich herausfinden, wo der eine Ort aufhört und der andere beginnt. Bei der Fahrt auf dem Gulf Boulevard könnte man sich wie in einer Stadt fühlen, gäben nicht Baulücken hie und da den Blick sowohl nach Osten auf die Boca Ciega Bay als auch nach Westen auf den Golf von Mexiko frei mit seinem etwa 100 m breiten weißen Sandstrand, den man über zahlreiche Zugänge erreicht.

An Sommerwochenenden zieht in den Straßenzügen von St. Petersburg meist gähnende Leere ein, weil viele Einwohner die Zeit am St. Pete Beach verbringen. Vor der prächtigen Kulisse des korallenfarbenen **Don Cesar Beach Resort** glättet die Brandung des Golfes den flachen Sandstrand. Das in der Abendsonne wie ein rosafarbenes Schloss leuchtende Hotel mit einem Interieur aus marmornen Böden und Pfeilern beherbergt Gäste mit dickeren Brieftaschen. Erst seit den 1970er Jahren dient der kolossale Bau wieder als Hotel, nachdem er seit der Weltwirtschaftskrise als Warenlager, Trainingszentrum für Sportler und als Militärlazarett zweckentfremdet wurde (3400 Gulf Blvd., Tel. 727-360-1881, www.doncesar.com, 300–500 $).

### Fort de Soto Park

Im äußersten Süden der Pinellas-Peninsula führt die Route 679 auf die fünf Inseln des **Fort de Soto Park**. Trotz des Namens bestimmte nicht Hernando de Soto die Geschichte des Küstenfleckens, sondern sein dort 1513 ankernder Landsmann Ponce de León. Reste einer Befestigungsanlage stammen vom Ende des 19. Jh., als die Tampa Bay während des Spanisch-Amerikanischen Kriegs 1898 durch ein Fort geschützt werden sollte, das allerdings nie fertig gestellt wurde. Innerhalb der Parkgrenzen liegen traumhafte Sandstrände, die zu den schönsten in den USA gehören, Bootsanlegestellen, Campingplätze, Piers für Angler, Radwege und ein markierter Kanupfad (Tel. 727-582-2267, www.pinellascounty.org/park/05_Ft_DeSoto.htm).

### Auf dem Weg nach Clearwater Beach

Das Dorf **John's Pass Village** wurde aus groben Planken und rostigem Wellblech um einen rot-weiß getünchten Leuchtturm so zusammengezimmert, als hätten dort schon Walfänger im 19. Jh. ihre Heimkehr gefeiert.

Auf Dielenstegen können Besucher auf verschiedenen Ebenen durch diese Touristenattraktion spazieren. In manchen Bretterbuden sind Restaurants und Kneipen eingerichtet, in denen raue Kehlen zur Gitarre oder zum Banjo singen. Weniger atmosphärisch sind die endlosen Verkaufsstände mit T-Shirts, Badelaken und Sonnenbrillen, mit denen man Galaxien von Kunden versorgen könnte (www.johnspass.com).

## Suncoast Seabird Sanctuary

In Indian Shores befindet sich seit 1971 mit dem **Suncoast Seabird Sanctuary** eines der größten Hospitäler der Welt für frei lebende Vögel, die krank wurden oder Unfälle erlitten. Die meisten Verletzungen, die dort behandelt werden, rühren von Angelhaken her. Bevorzugt beschäftigen sich die Helfer mit braunen Pelikanen, die in manchen Teilen Amerikas und der übrigen Welt fast ausgestorben sind, während sie an den Küsten Floridas allgegenwärtig sind. Mit Begeisterung wird in der Vogelklinik die Geschichte von Pax erzählt, dem ersten in Gefangenschaft geborenen Pelikan, der fünf Jahre nach seiner Freilassung aus eigenem Antrieb zurückkehrte, um sich eine Verletzung behandeln zu lassen (18328 Gulf Blvd., Tel. 727-391-6211, www.seabirdsanctuary.org, tgl. 9 Uhr bis Sonnenuntergang, Eintritt frei).

## Clearwater Beach

Unumstrittenes Bade-Mekka im Umkreis der Tampa Bay ist Clearwater Beach. Nirgendwo an der Golfküste schlägt der Badetourismus so hohe Wellen wie am dortigen Sandstrand, der von großen und kleinen Hotels, Pizzabäckereien, Souvenirläden, Restaurants, einem Jachthafen und palmengeschmückten Parks gesäumt wird. Jeden Abend trifft man sich beim Straßenfest am Pier 60 zum Sonnenuntergang. Ein Besuch im **Clearwater Marine Aquarium** lohnt sich wegen der vielen Meerestiere, die dort nach Krankheiten oder Unfällen wieder hochgepäppelt werden (249 Windward Passage, Tel. 727-441-1790, www.cmaquarium.org, Mo–Fr 9–17, Sa 9–16, So 11–16 Uhr).

**St. Petersburg/Clearwater Area Convention & Visitors Bureau:** 13805 58th St. N., Suite 2-200, Clearwater, FL 33760, Tel. 727-464-7200, www.floridasbeach.com.

**Travelodge Beachview Resort:** 401 S. Gulfview Blvd., Tel. 727-446-8305, Fax 727-447-5293, www.travelodge.com. Kettenmotel mit ordentlichen Zimmern und beheiztem Pool. 100–140 $.

**Amber Tides Motel:** 420 Hamden Dr., Tel. 727-445-1145, Fax 727-445-1145, www.ambertides-motel.com. Zimmer ohne großen Luxus, manche mit Küche. Es gibt einen Pool im Freien. 55–85 $.

**Clearwater Travel Resort:** 2946 Gulf to Bay Blvd., Tel. 727-791-0550. Campingplatz mit 150 Plätzen, bescheidene Ausstattung.

**Heilman's Beachcomber Restaurant:** 447 Mandalay Ave., Tel. 727-442-4144, tgl. ab 11.30 Uhr. Saftige Steaks, Seafood, Lamm, Pasta-Gerichte. Dinner 14–30 $.

**Frenchy's Saltwater Café:** 419 Poinsettia Ave., Tel. 727-461-6295, tgl. 11–23 Uhr. Einfaches Lokal mit Tischen drinnen und draußen und Bar. Auf der Speisekarte findet jeder etwas. Dinner 6–13 $.

**Shephard's Backyard Tiki Bar:** Shephards Beach Resort, Tel. 1-800-237-8477, www.shephards.com/tiki-bar.asp, tgl. ab 11 Uhr. Bar im polynesischen Stil auf einer Plattform über dem Wasser mit Reggae-Musik, Bikini-Tanz und Go-Go-Girls.

**Liquid Blue:** 22 N. Fort Harrison Ave., Clearwater, Tel. 727-466-4000, www.clubliquidblue.com, Mo–Fr 16–2, Sa–So 21–2 Uhr. Moderner Nachtclub zum Tanzen zu Live-Musik.

**Clearwater Jazz Holiday** (Okt.): 4 Tage und Nächte bester Jazz.

**Partyschiff:** Captain Memo's Pirate Cruise, Clearwater Marina, Tel. 727-446-2587, www.pirateflorida.com, tgl. mehrere Fahrten. Party-Schiff im Stil eines Piratenschiffs mit Reggae & Steel-Band-Musik, Bier, Wein und Champagner.

**Delfinbeobachtung:** Seascreamer, Clearwater Marina, Tel. 727-447-7200, www.seascreamer.com, tgl. ab 12 Uhr mehrere Fahrten mit einem riesigen Speed Boat zur Delfinbeobachtung.

## Die nördliche Golfküste

Zeigt sich die Tampa Bay mit ihren Städten und Badeorten als eine vom Tourismus stark frequentierte Golfregion, führt eine Fahrt von Clearwater über **Tarpon Springs** nach Norden in die Provinz. Je weiter man sich von der Tampa Bay entfernt, desto ländlicher wird die Gegend. Griechische Einwanderer begannen um die Jahrhundertwende das Geschäft mit Naturschwämmen, die an diesem Küstenabschnitt in Mengen im Meer vorkamen. Unverkennbar prägen noch heute Nachfahren der Südeuropäer die Touristenhochburg Tarpon Springs. Schlendert man um die Mittagszeit an der Hafenpromenade entlang, hallt Sirtaki-Musik aus den Restaurants, begleitet vom Duft nach Gyros, gebratenem Hammel und geharztem Wein. In den Seitenstraßen spielen alte Männer nach mediterraner Manier an kleinen Tischen Domino. Am Hafen legen Fischkutter ab, auf denen Taucher Touristen die Naturschwammernte demonstrieren.

### Weeki Wachee

**Reiseatlas:** S. 29, B 1

Eine weltweit vermutlich einmalige Attraktion erwartet Besucher in **Weeki Wachee**. Im 40 m tiefen Topf der Weeki-Wachee-Quelle führen als Wassernixen ausstaffierte junge Damen und verkleidete Männer, von in einem abgedunkelten Raum sitzenden Zuschauern nur durch eine Glasscheibe getrennt, in etwa vier Meter Tiefe Hans Christian Andersens Märchen ›Die kleine Meerjungfrau‹ auf. Darsteller und Darstellerinnen müssen sich einem speziellen Training unterziehen, damit sie für einzelne Szenen genug Luft haben, ehe sie sich an eigens eingerichteten Sauerstoffschläuchen bedienen (6131 Commercial Way, Tel. 352-596-2062, www.mermaid.weekiwachee.com, Do–Fr 12 und 14.30, Sa–So 11 und 14.30 Uhr, im Hochsommer häufigere Shows).

Auf demselben Gelände kann man auf dem Weeki Wachee River eine Bootsfahrt

**Die Wassernixen von Weeki Wachee: Märchenstunde einmal ganz anders**

unternehmen oder den Wasserpark **Buccaneer Bay** mit vielen Rutschen und Wasserattraktionen genießen (März–Sept. tgl. 10–17 Uhr).

## Homosassa Springs

**Reiseatlas:** S. 29, B 1

Die Ortschaft Homosassa Springs zieht mit dem **Homosassa Springs Wildlife State Park** viele Besucher an. Um den Quelltopf des gleichnamigen Flusses entstand ein Park mit einheimischen Tierarten wie Alligatoren, Ottern, Pumas, Schlangen, Bären und teilweise auch bedrohten Spezies. Publikumslieblinge sind Seekühe, die in Homosassa eine Zufluchts- und Aufzuchtstätte fanden. Die Parkverwaltung richtete ein Unterwasser-Observatorium ein, von dem man die Manatees beobachten kann (4150 S. Suncoast Blvd., Tel. 352-628-5343, www.homosassasprings.org/Homosassa.cfm, tgl. 9–17.30 Uhr).

## Cedar Key

**Reiseatlas:** S. 27, B 4

Ein Damm führt in ein subtropisch anmutendes Reich von etwa 40 Inseln, deren ›Hauptstadt‹ **Cedar Key** in der zweiten Hälfte des 19. Jh. Endstation einer von Amelia Island verlegten Eisenbahn war. Über diese Schienenstrecke transportierten Loks Zedernholz zur Ostküste, das zur Herstellung von Bleistiften auch nach Deutschland verschifft wurde. Als die Zedernwälder geplündert waren, versank Cedar Key in einen Dornröschenschlaf, aus dem es bis heute nicht erwacht ist. Der Tourismus hält sich in Grenzen, was dem Ort offensichtlich gut bekommt. Auf dem Pier sitzen Angler und Pelikane einträchtig nebeneinander und warten auf den großen Fang. Die in Hafennähe teils noch von alten Häusern aus Zedernholzplanken gesäumten Dorfstraßen erwachen nur dreimal pro Jahr zum Leben: wenn im April das Sidewalk Art Festival stattfindet, am 4. Juli der Unabhängigkeitstag gefeiert wird und im Oktober die Besucher zum Seafood Festival herbeiströmen. Naturfreunde können sich auf mehrere Naturpfade begeben und dabei Flora und Fauna genießen.

# Tallahassee

**Reiseatlas:** S. 26, F 2

Auf einem flachen Hügel mitten im Stadtzentrum steht das 1845 erbaute **Old Capitol** mit einer säulengeschmückten Fassade, einer kleinen Kuppel und markisendekorierten Fenstern, die dem Bau das Aussehen eines altehrwürdigen Nobelhotels verleihen. Längst ›außer Betrieb‹, sind im Innern die ehemaligen Räume des Senats und des Repräsentantenhauses, Gemäldegalerien mit Porträts einstiger Gouverneure und historische Exponate zur Geschichte der Stadt zu sehen. Direkt dahinter bewahrheitet das 22 Stockwerke hohe **New Capitol** den Satz, dass neu nicht unbedingt auch schöner bedeuten muss. Auf der obersten Etage des Betonklotzes wurde eine Aussichtsplattform eingerichtet (Monroe St./Apalachee Pkwy, Mo–Sa 10–17, So 12–17 Uhr).

Am Rande des Regierungsbezirks ist die Geschichte von Florida seit prähistorischer Zeit im **Museum of Florida History** mit einem gewaltigen Mastodon, Schätzen einer spanischen Galeone und Erinnerungsstücken an den Bürgerkrieg dokumentiert (R. A. Gray Building, 500 S. Bronough St., Tel. 850-245-6400, http://dhr.dos.state.fl.us/museum, Mo–Fr 9–16.30, Sa 10–16.30, So 12–16.30 Uhr).

## Archäologische Stätten

Auf der **Lake Jackson Mounds State Archaeological Site** stießen Archäologen auf sechs künstlich aufgeschichtete Hügel einer von ca. 1000 bis 1450 existierenden indianischen Kultur. Funde wie Muschelhalsketten, Armbänder und Fußringe lassen darauf schließen, dass die Stätte als zeremonielles Zentrum diente und die Indianer Handelsbeziehungen mit anderen Gruppierungen pflegten (3600 Indian Mound Rd., Tel. 850-922-6007, www.floridastateparks.org/lakejacksmounds, tgl. 8 Uhr bis Sonnenuntergang).

An einer zweiten Ausgrabungsstätte, der **San Luis Archaeological Site,** wo Ausgrabungsstücke wie Töpferwaren und Schmuck gefunden wurden, stand ein Apalachee-Indianerdorf, lange bevor spanische Mönche

1656 mit dem Bau einer Mission begannen, die bis 1704 als Zentrum der spanischen Missionen im westlichen Florida diente. Sowohl die indianischen wie die Missionsbauten wurden zum Teil rekonstruiert (2021 Mission Rd., Tel. 850-487-3711, http://dhr.dos.state.fl.us/archaeology, Di–So 10–16 Uhr).

### Ein Paradies für Tiere

Südlich von Tallahassee umgibt der **Edward Ball Wakulla Springs State Park** die Quelle des Wakulla River, die mit 72 m Tiefe und einem Ausstoß von 2 Mio. l Wasser pro Minute zu den größten der Erde zählt. Der Wakulla River fließt durch ein Paradies für Alligatoren, Reiher, Wasserhühner, Schlangenhalsvögel und Ibisse, das sich über Urwälder und Sümpfe mit Zypressen und undurchdringlichem Dickicht ausdehnt. Vor Ort wurden die ersten Tarzan-Filme mit Johnny Weissmuller gedreht (550 Wakulla Park Dr., Tel. 850-224-5950, www.floridastateparks. org/wakulla springs, tgl. 8 Uhr bis Sonnenuntergang).

**Visitor Information:** 106 E. Jefferson St., Tel. 850-413-9200, beim Kapitol.

**Quality Inn & Suites:** 2020 Apalachee Pkwy., 850-877-4437, www.qualityinn.com. 2,2 Meilen südlich an der US 27 gelegen, gute Ausstattung der kleinen Suiten, mit Pool und Frühstück. Ab $ 79.
**Shoney's Inn:** 2801 N. Monroe St., Tel. 850-386-8286, www.shoneysinn.com. Einige Zimmer mit Whirlpool. Ab $ 49.

**Barnacle Bill's:** 1830 N. Monroe St., Tel. 850-385-8734, tgl. 11–23 Uhr. Hamburger, Chicken Wings und Seafood in vielen Variationen, im Sommer offene Austernbar, tgl. Happy Hour von 15–19 Uhr. Zwölf Austern 8,49 $.
**Bahn Thai:** 1319 S. Monroe St., Tel. 850-224-4765, Mo-Fr 11-14.30, 17–22, Fr–Sa 17–22.30 Uhr. 126 überwiegend thailändische, exotisch gewürzte Speisen machen die Auswahl schwer. Ab 10 $ .
**Carlos Cuban Cafe:** 402 E. Tennessee St., Tel. 850-222-8581, Mo–Fr 11–14.30, Mo–Sa 17–22 Uhr. Authentische kubanische Gerichte wie Hühnchen mit schwarzen Bohnen und Reis, feine Sandwiches zum Lunch. Ab 7 $.

## Die Panhandle-Küste

### Unterwegs nach Pensacola

**Reiseatlas:** S. 26/25, E 3 – A 2
Untrüglicher Beweis für das Aschenputtel-Dasein des Panhandle ist das Städtchen **Apalachicola** an der gleichnamigen Bucht. Im vergangenen Jahrhundert machte man im Hafen mit der Verschiffung von Granit und Baumwolle lukrative Geschäfte. Doch schon vor Jahrzehnten verwandelte sich der Ort in einen unbedeutenden, wenn auch stimmungsvollen Küstenflecken.

Östlich von Apalachicola überspannt die 5 km lange Gorrie Bridge die Bucht und markiert die Grenze zwischen der Eastern und Central Time Zone (Uhren eine Stunde vor stellen!). Der Arzt John Gorrie (1803–55) erfand den Prototyp der in Amerika unverzichtbaren Klimaanlage, um Gelbfieber- und Malariapatienten in den schwülen Sommermonaten in kühlen Krankensälen pflegen zu können. Das winzige **Gorrie Museum** hält die Erinnerung an den Erfinder aufrecht, wenngleich die dort aufgestellte Kühlanlage nur ein Nachbau ist – das Original gehört zu den Sammlungen des Smithsonian Institute in Washington D. C. (46 6th St., Tel. 850-653-9347, www.floridastate parks.org, Do–Mo 9–12 und 13–17 Uhr).

Wie eine Hühnerkralle greift die **St. Joseph Peninsula** ins Meer hinaus, eine schmale Sandbank mit einem State Park am westlichen Ende. An den makellosen Stränden, die zu den saubersten und schönsten auf amerikanischem Territorium zählen, kann man sich ungestört der Robinson-Crusoe-Romantik hingeben oder 240 unterschiedliche Vogelarten beobachten. Vorsicht beim Baden! In der Gegend gab es schon mehrere Hai-Attacken (T. H. Stone Memorial St. Joseph Peninsula State Park, 8899 Cape San Blas Rd., Tel. 850-227-1327, tgl. 8 Uhr bis Sonnenuntergang).

Der 40 000 Einwohner große Badeort **Panama City Beach** bedeutet für den Pfannenstiel Floridas, was Rimini für die italienische Adriaküste ist. Nur: Der schneeweiße Sandstrand und das türkisfarbene Wasser sind blitzsauber. In Ranglisten der schönsten US-Strände tauchte Panama City Beach schon mehrfach auf vordersten Plätzen auf. Das ist umso erstaunlicher, als direkt neben dem Strand die von Hotelburgen, Restaurants, Souvenirläden und Vergnügungsparks gesäumte Küstenstraße verläuft. Im Sommer herrscht auf diesem ›Miracle Mile Strip‹ hektischer Kirmesbetrieb.

## Museum of Man in the Sea

Nicht nur bei schlechtem Wetter lohnt sich der Besuch des Museums, das einen Überblick über menschliche Unterwasserunternehmungen vom U-Boot bis zum Einsatz von ferngelenkten Tauchmodulen gibt. Interessante Ausstellungen beschäftigen sich mit gehobenen Schätzen aus vor Jahrhunderten gesunkenen spanischen Galeonen oder mit Techniken der Offshore-Erdölbohrung (17314 Panama City Beach Pkwy, Tel. 850-235-4101).

**Panama City Beach Convention & Visitors Bureau:** P. O. Box 9473, Panama City Beach, FL 32417, Tel. 850-233-6503, www.thebeachloversbeach.com.

**Edgewater Beach Resort:** 11212 Front Beach Rd., Tel. 850-235-4044, www.edgewaterbeachresort.com. Großes Hotel mit zahlreichen Sport- und Freizeitmöglichkeiten. Ab 104 $.

**Bikini Beach:** 11001 Front Beach Rd., Tel. 850-234-3392, www.bikinibeachresort.com. Nur wenige Schritte zum Strand, Pool und Poolbar. Im März herrscht hier Hochbetrieb, wenn die Studenten ›einfallen‹. Ab 80 $.

**Super 8 Panama City Beach:** 11004 Front Beach Rd., Tel. 850-234-7334, www.super8.com. Mit großem Swimmingpool, nur einen Katzensprung vom Strand entfernt. Ab 70 $.

**Campers Inn:** 8800 Thomas Dr., Tel. 850-234-5731, www.pcbchcampersinn.com, ganzjährig. Platz für Wohnmobile und Zelte, rustikale Cabins können angemietet werden.

**Emerald Coast RV Beach Resort:** 1957 Allison Ave., Tel. 850-235-0924, www.rvresort.com, ganzjährig. Luxuriöser Campingplatz mit vielen Sportangeboten, schöne Häuschen können angemietet werden.

**Casa de Fogo:** 7715 Front Beach Rd., Tel. 850-249-4554, tgl. Lunch und Dinner. Brasilianisches Steakhouse, Fleischesser werden es lieben: Lamm, Rind, Schwein, auch Shrimps vom Grill, ›All-you-can-eat‹-Buffet inkl. Salatbuffet 21,95 $.

**Boar's Head:** 17290 W. Hwy 98A, Tel. 850-234-6628, www.boarsheadrestaurant.com, tgl. 16.30–22 Uhr. Fisch- und Fleischgerichte vom Holzkohlegrill, Fr, Sa Live-Musik in der Taverne. Ab 14 $.

**Captain Anderson's Restaurant:** 5551 N. Lagoon Dr., Tel. 850-234-2225, www.captanderson.com, Feb.–Okt. Mo–Sa 16–22 Uhr. Direkt am Wasser, Shrimps in vielen Variationen, Lobster, Crab Meat, Seafoodplatten sowie Angussteaks, gute Weinkarte. Ab 11 $.

Das Nachtleben findet hauptsächlich entlang dem Thomas Drive statt.

**Club La Vela:** 8813 Thomas Dr., Tel. 850-234-3866, www.lavela.com. Angeblich der größte Nachtclub Amerikas mit vielen Themenräumen, eigenem Pool und Strand. Beliebt sind Bikini-, Wet-Shirt- und Male-Hardbody-Wettbewerbe. Frühjahr und Sommer jeweils Sa–So um 13 Uhr. Rechtzeitiges Erscheinen ist sinnvoll!

## Santa Rosa Island

**Reiseatlas:** S. 25, B 2

Die prachtvollen Strände auf **Santa Rosa Island** erreicht man über eine Brücke bei Navarre. Auf einer Länge von 90 km schützt die schmale Sandbank, die Teil der Gulf Island National Seashore ist, die Küste. An einigen Stellen führen zwecks Schutz der Vegetation Stege über die Dünen zum Strand.

Santa Rosa Island endet im Westen in der Bucht von Pensacola, die 1822 als Standort einer Marinebasis ausgewählt wurde. Um diesen Militärstützpunkt gegen Angriffe von der Golfseite zu schützen, entstand Fort Pickens (1829–1834). 1886 wurde es zum Gefängnis des prominentesten ›Staatsfeindes der USA‹, des legendären Apachenhäuptlings Geronimo (Fort Pickens Rd., Tel. 850-934-2635, www.pensacolasgreatest.com/FortPickens.html, tgl. 9.30–17 Uhr).

## Pensacola

**Reiseatlas:** S. 25, A 1

Was an historischen Überresten aus der Vergangenheit der heute 250 000 Einwohner zählenden Stadt erhalten ist, reicht in die erste Hälfte des 19. Jh. zurück. Schon damals profitierte Pensacola von seinem geschäftigen Hafen, in dem Waren und Rohstoffe, vor allem Holz, umgeschlagen wurden. Ein buntes Völkchen von indianischen Jägern, weißen Siedlern, Seeleuten und Händlern verlieh dem Ort ein kosmopolitisches und zugleich stimmungsvolles Flair, das sich im historischen Kern heute noch erahnen lässt.

Im **Historic Pensacola Village** zeigen alte Häuser, wie die Menschen im 19. Jh. lebten. Als ältestes Anwesen der Stadt gilt das **Charles Lavalle House** von 1810, ein Cottage im kreolischen Stil. Mit einer Einrichtung im viktorianischen Stil präsentiert sich das klassizistische **Dorr House** von 1871, dessen schneeweiße Säulenfront beeindruckt.

Handel und Industrie der Stadt im 19. Jh. dokumentieren das **Museum of Commerce** und das **Museum of Industry** anhand alter Läden, einer Druckerei und ehemaliger Transportmittel. Im **Wentworth Museum,** einem repräsentativen Bau im Neo-Renaissance-Stil, war früher die Stadtverwaltung untergebracht, ehe historische und archäologische Ausstellungen einquartiert wurden. In der Old Christ Church von 1832 ist das **Pensacola Historic Museum** beheimatet, das die Besitztümer ehemaliger wohlhabender Siedler von indianischen Töpfereien bis zu kostbaren Gegenständen aus Glas zeigt (205 E. Zaragoza St., Tel. 850-595-5985, www.historicpensacola.org, Mo–Sa 10–16.30 Uhr).

### Museum of Naval Aviation

Was der Stadt über wirtschaftliche Talsohlen der jüngeren Vergangenheit hinweghalf, war ihre militärische Bedeutung als Marinefliegerbasis. Seit 1911 trainierten die Piloten für ihre Einsätze im Ersten Weltkrieg auf Wasserflugzeugen, von denen neben vielen modernen Militärflugzeugen ein Exemplar im **National Museum of Naval Aviation** ausgestellt ist. Im IMAX Theatre werden spannende Filme über die Fliegerei gezeigt. Weit über die Landesgrenzen hinaus bekannt ist die Naval Air Station als Heimat der Blue Angels, einer legendären, seit 1946 bestehenden Kunstfliegerstaffel (Navy Blvd., Tel. 850-452-3604, www.naval.aviation.museum, tgl. 9–17 Uhr, Eintritt frei).

**Pensacola Tourist Information Center:** 1401 E. Gregory St., Pensacola, FL 32501, Tel. 850-434-1234, www.visitpensacola.com.

**Ramada Inn Bayview:** 7601 Scenic Hwy, Tel. 850-477-7155, www.ramadabayview.com. Großes Hotel mit Pool, Restaurant und Pianobar. Alle Räume mit Balkon. Ab 59 $.

**Microtel Inn & Suites:** 8060 Lavelle Way, Tel. 850-941-8902, www.microtelinn.com. Nettes Motel mit kleinerem Pool, Frühstück ist inkl. Ab 49 $.

**Navarre Family Campground:** 9201 Navarre Pkwy (Hwy 98), zwischen Pensacola und Fort Walton Beach, Tel. 850-939-2188, www.navarrebeachcampground.com, ganzjährig geöffnet. Rustikale Cabins können angemietet werden.

**Skopelos on the Bay:** 670 Scenic Hwy., Tel. 850-432-6565, Di–Sa 17–21.30, Fr auch 11.30–14.30 Uhr. Steaks, Seafood und griechische Köstlichkeiten wie Moussaka mit Krabbenfleisch oder Lamm auf Zucchini-Linguini. Ab 15 $.

**Scenic 90 Café:** 701 Scenic Hwy, Tel. 850-433-8844, tgl. Frühstück und Lunch. Schöner, glitzernder Diner, ideal zum Frühstücken. Ab 3 $.

# Die Ostküste

Reiseatlas S. 28, 30, 32

**Seit Ende des 19. Jh. sonnt sich Floridas Atlantikküste in dem Ruf, alle Voraussetzungen eines sonnenverwöhnten Ferienparadieses zu erfüllen. Jahr für Jahr bestätigen diesen Anspruch Urlauber aus aller Herren Länder. Küstenabschnitte wie Gold und Treasure Coast und renommierte Städte wie Palm Beach und Fort Lauderdale haben nichts von ihrer magischen Anziehungskraft verloren.**

Üppige Natur und selbst im Winter angenehmes Klima veranlassten vor über 100 Jahren Amerikas Highsociety, dem in Eis und Schnee erstarrten Norden den Rücken zu kehren, um im frühlingshaften Florida die kalte Jahreszeit zu verbringen. Die Vorarbeit dafür hatte eine gewisse Julia Tuttle geleistet. Sie kam im Jahr 1875 per Postdampfer im damaligen Niemandsland um Miami an und setzte sich in den Kopf, eine Stadt zu gründen. Voraussetzung dafür war eine verkehrstechnische Erschließung der Region. Nach einem Kälteeinbruch, der weiter im Norden viele Zitrusplantagen vernichtet hatte, schickte sie dem Eisenbahnbauer Henry Morton Flagler eine duftende Orangenblüte, die den Industriellen offensichtlich davon überzeugte, seine Ostküsteneisenbahn bis nach Südflorida fortzuführen.

Heute steht Floridas Atlantikküste bei amerikanischen Urlaubern und Touristen aus aller Welt mit weißen Sandstränden, schmalen, für Badeferien idealen Barriere-Inseln, warmen Surferrevieren wie um Cocoa Beach und interessanten Städten immer noch hoch im Kurs. Nach wie vor sind viele Stellen am östlichen Meeressaum des Sunshine State Synonyme für Sonne, Brandung und unbeschwertes Leben, gewissermaßen das atlantische Pendant zur kalifornischen Pazifikküste. In den vergangenen Jahrzehnten entstanden nördlich des Großraumes Miami aber auch viele neue Gründe, der Ostküste einen Besuch abzustatten – vom sehenswerten Fort Lauderdale über die abenteuerlichen Wracktaucherreviere an der sprichwörtlichen Schatzküste bis zur exklusiven Millionärsenklave Palm Beach mit märchenhaften Nobelhotels und traumhaften Golfanlagen, von Sehenswürdigkeiten wie Museen und State Parks ganz zu schweigen.

Floridas so genannte Goldküste beginnt in Miami und endet im renommierten Palm Beach. An diesem Küstenabschnitt liegen Städte mit bekannten Namen wie Boca Raton und Hollywood, die längst fester Bestandteil der Kataloge von Reiseanbietern sind. Für Palm Beach sind die vielen Palmen typisch, die der Schickeria-Hochburg den Namen gaben. Sie sollen von einem im Jahr 1878 havarierten spanischen Schiff stammen, das mit 20 000 Kokosnüssen an Bord vor der Küste auf Grund lief. Die Siedler pflanzten die angeschwemmten Nüsse, und Henry Morton Flagler war so begeistert von der Palmenoase, dass er hier später einen charmanten Urlaubsort bauen ließ.

## Die Goldküste

**Reiseatlas:** S. 32, E 4 – F 1
Goldküste nennen die Einheimischen den von Miami bis nach Palm Beach reichenden Küstenabschnitt unbescheiden, an dem die bekanntesten Badeorte der Ostküste liegen. Der Name bezieht sich nicht nur auf den goldfarbenen Sand der Strände, sondern

auch auf den Wohlstand der Bewohner, der hauptsächlich im Millionärswinkel Palm Beach zum Ausdruck kommt.Der Einzugsbereich des Großraumes Miami reicht weit nach Norden und ist selbst noch im 145 000 Einwohner zählenden **Hollywood** spürbar. Der Badeort besitzt einen 8 km langen Sandstrand unter Palmen, an dem der so genannte Boardwalk entlangführt. Allerdings handelt es sich schon lange um keinen Dielensteg mehr, sondern um eine asphaltierte Promenade mit vielen Geschäften, Kneipen, Straßencafés, Restaurants und Sport-Shops, in denen man Fahrräder und Fun Cycles für mehrere Personen ausleihen kann.

## Seminole Indian Reservation

**Reiseatlas:** S. 32, E 2

An der Stadtgrenze zwischen Hollywood und Fort Lauderdale liegt im Küstenhinterland die Reservation der Seminolen-Indianer, die in jüngerer Vergangenheit geradezu dramatische Veränderungen erlebte. Um neue Einkommensquellen zu schaffen, folgten die Native Americans dem Beispiel anderer Reservationen und bauten das mit über 1000 Spielautomaten, Pokertischen und Wetteinrichtungen ausgestattete **Seminole Indian Casino** und das **Seminole Hard Rock Hotel** (One Seminole Way, Tel. 1-800-937-0010, www.seminolehardrock.com).

Zu diesen beiden Komplexen kam mit **Seminole Paradise** ein Einkaufs-, Restaurant- und Unterhaltungszentrum mit Geschäften, 10 Restaurants und ebenso vielen Nachtclubs hinzu. Um Besuchern die traditionelle indianische Lebensart vor Augen zu führen, entstand das **Seminole Okalee Indian Village,** in dem handgefertigter Schmuck, indianische Kleidung, Körbe und Holzschnitzarbeiten ausgestellt werden. Täglich finden mehrere Alligatoren- und Schlangen-Shows statt (5845 S. State Rd. 7, Tel. 954-792-1213, www.seminoletribe.com).

## Fort Lauderdale

**Reiseatlas:** S. 32, E 2

Mit 150 000 Einwohnern ist **Fort Lauderdale** nicht nur nach Miami die zweitgrößte Stadt an der Ostküste, sondern auch eine der sehenswertesten. Von Palmen gesäumte Kanäle und Wasserstraßen, Buchten und Inseln durchziehen sie und machen aus ihr eine der ›feuchtesten‹ Stadtlandschaften Floridas. Wohin man auch blickt: Die nächste Jacht ist nicht weit. Die 1838 gegründete Stadt macht auf den ersten Blick einen typisch amerikanischen Eindruck. Das gilt sowohl für die Hochhäuser im Zentrum als auch für das Altstadtviertel und die am Ufer des New River angelegte Promenade, die sich bei abendlicher Beleuchtung von einer malerischen Seite zeigt. Hauptgeschäftsmeile ist der in Ost-West-Richtung verlaufende Las Olas Boulevard mit Restaurants und Fachgeschäften. Dort geht es nach Sonnenuntergang genauso bunt und lebendig zu wie auf dem ›Strip‹, der

## Mit dem Autor unterwegs

### Nachtleben bei Indianern

Beste Unterhaltung ist in der **Seminole Indian Reservation** garantiert, in der man sich im Spielkasino, in den Lokalen und Nachtclubs von **Seminole Paradise** oder im traditionellen **Seminole Okalee Indian Village** vergnügen kann (s. S. 437).

### Reizvolle Straßen

Selbst wer wenig Zeit hat, sollte sich einen abendlichen Spaziergang auf dem Riverwalk in **Fort Lauderdale** gönnen (s. S. 438).
In der Millionärsenklave **Palm Beach** muss man die grandiosen Villen am **Ocean Drive** und die Shoppingmeile **Worth Avenue** gesehen haben (s. S. 441).

### Die besten Badeplätze

Die Strände von **Hollywood** und **Fort Lauderdale** eignen sich für Urlauber, die Badespaß gerne mit sportlichen Freizeitaktivitäten und City Life verbinden (s. S. 437). Beschaulicher geht es an den Stränden auf den Barriere-Inseln der **Treasure Coast** zu (s. S. 442). Surfer kommen am ehesten in **Cocoa Beach** auf ihre Kosten (s. S. 443).

Küstenstraße Atlantic Boulevard (Hwy A1A). An dieser Vergnügungsmeile zieht sich auf der Meerseite kilometerweit der Sandstrand von Fort Lauderdale hin. Auf der gegenüberliegenden Seite folgt ein Resort-Hotel dem anderen mit Bars, Restaurants und Straßenkneipen, in denen der Frozen Margarita in Strömen fließt.

Zu den kulturellen Attraktionen der Stadt zählt das **Museum of Art** mit europäischer und amerikanischer Malerei des 19. und 20. Jh. In jüngerer Vergangenheit erwarb das Haus auch eine Sammlung von Werken von 90 kubanischen Künstlern, die entweder in den USA oder in anderen Teilen der Welt im Exil leben (1 E. Las Olas Blvd., Tel. 954-525-5500, www.moafl.org, tgl. 11–19, Do bis 21 Uhr).

Die **International Swimming Hall of Fame** stellt olympische Memorabilien aus über 100 Nationen aus und ehrt natürlich die bekanntesten Schwimmer von gestern und heute. Außer einer musealen Seite besitzt der Komplex aber auch eine praktische, denn vor Ort trainieren nach wie vor die Mitglieder des olympischen Turmspringer-Kaders der USA (1 Hall of Fame Dr., Tel. 954-462-6536, www.ishof.org, tgl. 9–19 Uhr).

**Abstecher auf die Bahamas:** Die Inselgruppe der Bahamas liegt von Floridas Küste nur wenige Stunden entfernt. Vom Fährhafen Port Everglades laufen Kreuzfahrtschiffe zwei Inselziele an: die Hauptstadt Nassau (einfache Fahrt 8 Stunden) und die Stadt Freeport auf Grand Bahama Island (einfache Fahrt 5 Stunden). An Bord sorgen eine karibische Steel Band und in ausgehöhlten Ananasfrüchten servierte Tropendrinks für Stimmung. Spielkasino und Verpflegung sind inklusive (Discovery Cruise Lines, 1850 Eller Dr., Ste. 402, Fort Lauderdale, Florida 33316, Tel. 305-525-7800).

**Greater Fort Lauderdale Convention & Visitor's Bureau:** 100 E. Broward Blvd., Suite 200, Fort Lauderdale, FL 33301, Tel. 954-765-4466, www.sunny.org.

**Bahia Mar Beach Resort:** 801 Seabreeze Blvd., Tel. 954-764-2233, Fax 954-523-5424, www.bahiamarhotel.com. Hotel am Strand, alle Gästezimmer sind freundlich eingerichtet, Highspeed-Internet, Kaffeemaschine, Safe und Minibar. 109–199 $.

**Howard Johnson Ocean Edge:** 700 Fort Lauderdale Beach Blvd., Tel. 954-563-2451, Fax 954-564-8153, www.hojoftlaud.com. Großes Hotel, nur durch eine Straße vom Strand getrennt, mit ordentlichen Zimmern und eigenem Restaurant. 70–125 $.

**Backpackers Beach Hostel:** 2115 N. Ocean Blvd., Tel. 954-567-7275, Fax 954-567-9697, www.fortlauderdalehostel.com. Wenige Meter vom Strand gelegene Jugendherberge. 18 $.

**Chima:** 2400 E. Las Olas Blvd., Tel. 954-712-0580, tgl. Lunch und Dinner. Brasilianisches Steakhouse, in dem Gauchos ausgezeichnete Grillspezialitäten servieren. Das All-you-can-eat-Buffet kostet 40 $.

**Sloppy Joe's:** 17 S. Fort Lauderdale Beach Blvd., Tel. 954-522-7553, tgl. Lunch und Dinner. Beach-Restaurant mit Hochbetrieb bei Sonnenuntergang, Parmesan-Chicken 12 $, Shrimps Alfredo 15 $, Fish and Chips 13 $.

**Sukhothai:** 1930 E. Sunrise Blvd., Tel. 954-764-0148, tgl. Lunch und Dinner. Eine der besten Thai-Küchen in der Gegend mit hervorragenden Curries. Ab 12 $.

**Sawgrass Mills:** 12801 W. Sunrise Blvd., Sunrise, www.sawgrassmillsmall.com, Mo–Sa 10–21.30, So 11–20 Uhr. Floridas größte Shopping- und Entertainment-Mall mit über 300 Fachgeschäften, Restaurants und Kinos.

**Beethoven by the Beach:** Sommermusikfestival am Strand mit der Florida Philharmonic, Tel. 954-561-2997, www.floridaphilharmonic.org.

**Feste/Veranstaltungen**

**Cajun Zydeco Crawfish Festival** (Mai): Kulinarisches Fest mit Cajun-Spezialitäten.

**Blues Festival** (Nov.): Musikfestival am Riverwalk.

**Winterfest** (Dez.): Mit Bootsparaden auf dem Intracoastal Waterway.

**Bootstouren:** Jungle Queen Riverboat, 801 Seabreeze Blvd./Rte AIA, Bahia Mar Yacht Basin, Tel. 954-462-5596, Reservierung obligatorisch. An Bord des auf historisch getrimmten Boots kommt bei 3-stündigen Fahrten Mississippi-Atmosphäre auf.

**Flugzeug:** Fort Lauderdale-Hollywood International Airport (FLL), www.fll.net. Der Flughafen liegt 8 km vom Stadtzentrum entfernt. Fahrzeit in die Stadt 15 Min. Einige Fluglinien wie etwa LTU fliegen ihn direkt von Deutschland aus an. Mietwagen, Limousinen, Taxis und Busse stehen zur Verfügung.
**Bahn:** Amtrak Terminal, 200 SW. 21st Terrace, Tel. 954-587-6692, www.amtrak.com. Fernzüge an die Ost- und Westküste.

# Palm Beach

**Reiseatlas:** S. 32, E/F 1
Auf einer schmalen Insel zwischen Atlantik und Lake Worth gelegen, gehört **Palm Beach** zu den bekanntesten Orten an der Ostküste. Den Ruf als Mekka der Reichen und Berühmten verdankt die 10 000 Einwohner zählende Gemeinde dem Flair einer Ende des 19. Jh. entstandenen Millionärsenklave. Mit Henry Flaglers East Coast Railway ließ sich der Küstenflecken leicht erreichen, was viele Industriemagnaten und Stars aus dem Show Business hauptsächlich im Winter nutzten. Daran hat sich bis heute nichts geändert.

Palm Beach fällt nicht nur wegen seiner Schickeria-Szene, sondern auch wegen seiner sehenswerten Architektur auf. Für den mediterranen Stil zahlreicher Bauten war Addison Mizner verantwortlich, der seine Energien nach dem Ende einer Boxerkarriere in den Zeichenstift umleitete und seit 1918 seine in Europa gemachten Erfahrungen architektonisch umsetzte. Schon wenige Jahre später hatte sich der Autodidakt zum Hausarchitekten vieler Bauherren hochgearbeitet. Mizner kopierte den südeuropäischen Baustil und erwarb sich damit nicht nur in Palm Beach, sondern auch in Boca Raton hohes Ansehen.

## The Breakers

Das bekannteste Bauwerk des Orts stammt allerdings nicht von Mizner. 1926 eröffnete mit **The Breakers** ein monumentaler Hotelpalast mit einer gewaltigen, an eine gotische Kathedrale erinnernden Lobby und über 800 Zimmern, umgeben von Sandstrand und gepflegten Golfanlagen, wofür das Architektenduo Schultze und Weaver die Pläne entworfen hatte. Die direkt am Strand liegende Nobelherberge bietet selbst anspruchsvollen Gästen reichlich Luxus: 8 Restaurants, 3 Bars, einen Coffeeshop, 4 Swimmingpools, Whirlpool, Fitnessraum und zahlreiche Boutiquen. Wer Erholung nötig hat, kann sich im mit Fitnesszentrum, Sauna, 17 Behandlungsräumen sowie Massage- und Schönheitssalon ausgestatteten Beach Club & Spa verwöhnen lassen (1 S. County Rd., Tel. 561-655-6611, Fax 561-659-8403, www.thebreakers.com, ab 250 $).

## Whitehall Mansion

Als Mizner 1918 nach Palm Beach kam, stand auch ein anderes Juwel der lokalen Architektur bereits – das 1901 errichtete Whitehall Mansion, in dem das **Henry M. Flagler Museum** untergebracht ist. Der weiße Palast mit einer Fassade aus dorischen Säulen kostete die erkleckliche Summe von 4 Mio. $, was dem Eisenbahnkönig Flagler offensichtlich als angemessenes Hochzeitsgeschenk für seine dritte Frau Lily erschien. Die Eingangshalle ist mit sieben unterschiedlichen Marmorarten aus Italien und Vermont prächtig ausgestaltet. Unter den 73 Räumen befindet sich ein Ballsaal im Stil von Ludwig XVI. und eine Bibliothek im Stil der italienischen Renaissance. Im Obergeschoss zeugen 16 Schlafgemächer in unterschiedlichen Stilrichtungen von orientalisch bis englisch davon, dass für die Gäste des Hauses nichts zu gut und zu teuer war. Neben Silber-, Porzellan- und Gemäldesammlungen ist ›The Rambler‹ ausgestellt, Flaglers Luxuswaggon mit wert-

vollen Intarsienarbeiten, tapezierter Decke und Lüster in Tulpenform (1 Whitehall Way, Tel. 561-655-2833, www.flagler.org, Di–Sa 10–17, So 12–17 Uhr).

## Millionärsmeilen

Da man Berühmtheiten auch in Palm Beach selten zu Gesicht bekommt, konzentriert sich das Interesse vieler Besucher auf die zum Teil grandiosen Residenzen und Villen, die sich am **Ocean Drive** aneinander reihen. Ein Highlight ist der im Besitz des New Yorker Baulöwen Donald Trump befindliche Privatclub **Mar-a-Lago**. Der im spanisch-maurischen Stil 1923 erbaute Palast mit 118 Räumen ist der Öffentlichkeit nicht zugänglich. Man sieht ihn aber von der Straße aus (1100 S. Ocean Dr.).

Palm Beach besitzt mit der **Worth Avenue** eine attraktive Shoppingmeile, die häufig in einem Atemzug mit dem berühmten Rodeo Drive in Beverly Hills genannt wird. Sie lädt nicht nur zum Schaufenstergucken und Einkaufen ein, sondern macht mit ihren hübschen Fassaden, zahlreichen versteckten Passagen und Innenhöfen auch das Flanieren unterhaltsam. Neben Edelboutiquen von Armani, Chanel, Gucci, Calvin Klein, Giorgio Armani, Hermès, Sonia Rykiel, Valentino und Louis Vuitton findet man unter den über 200 Geschäften auch Läden, die Preiswerteres anbieten.

## West Palm Beach

**Reiseatlas:** S. 32, E/F 1

Palm Beach ist von der Nachbarstadt **West Palm Beach** durch den Lake Worth getrennt. Die Unterschiede zwischen den beiden Gemeinden sind unübersehbar. West Palm Beach ist kein Refugium der Highsociety, sondern eine ›normale‹ Stadt mit großen Shopping Malls, aber auch einem Kulturangebot, das sich sehen lassen kann.

Die permanenten Kollektionen des **Norton Museum of Art** bestehen aus europäischer und amerikanischer Kunst des 19. und 20. Jh., chinesischen Sammlungen sowie zeitgenössischer Kunst und Fotografie. Zu den großen Europäern gehören Gauguin, Matisse, Miró, Monet und Picasso, während in der amerikanischen Sektion Künstler wie Hopper, O'Keeffe, Pollock und Sheeler vertreten sind (1451 S. Olive Ave., Tel. 561-832-5196, www.norton.org, Mo–Sa 10–17, So 13–17 Uhr).

**Adlerskulptur am Royal Poinciana Way**

Im **South Florida Science Museum** sind in der ägyptischen Galerie Artefakte aus dem Ägypten vor der Zeitenwende ausgestellt, darunter eine echte Mumie, während es in der Space Gallery um Ausstellungen amerikanischer und russischer Raumfahrtgeräte, Astronautenausrüstungen und Meteoriten geht. Ein lebendes Korallenriff ist im hauseigenen Aquarium Lebensraum für Haie und viele exotische Meeresbewohner, die man in einem Touch Tank auch anfassen kann (4801 Dreher Trail N., Tel. 561-832-1988, www.sfsm.org, Mo–Fr 10–17, Sa 10–18, So 12–18 Uhr).

i **Palm Beach County Convention and Visitors Bureau:** 1555 Palm Beach Lakes Blvd., Suite 800, West Palm Beach, FL 33401, Tel. 561-233-3000, Fax 561-471-3990, www.palmbeachfl.com.

**Tropical Gardens:** 419 32nd St., West Palm Beach, Tel. 561-848-4064, Fax 561-848-2422, www.tropicalgardensbandb.com. Karibisch anmutendes B & B mit Zimmern im Haupthaus und in hübschen Cottages um einen türkisgrünen Pool. 90–160 $.

**Palm Beach Historic Inn:** 365 S. Country Rd., Tel. 561-832-4009, Fax 561-832-6255, www.palmbeachhistoricinn.com. Das hübsche Inn aus dem Jahr 1921 besitzt das Flair vergangener Tage. Alle Zimmer haben eine sehr geschmackvolle Einrichtung. Ab 90 $.

**Colony Hotel:** 155 Hammon Ave., Tel. 561-655-5430, Fax 561-659-8104, www.thecolonypalmbeach.com. Exquisites Boutique-Hotel mit kostenlosem Internetzugang. Ab 169 $.

**The River House:** 2373 PGA Blvd., Palm Beach Gardens, Tel. 561-694-1188, So–Do 17–22, Fr–Sa 17–22.30 Uhr. Restaurant am Wasser mit guten Seafood-Gerichten und großer Weinauswahl, Tunfisch-

Steak 26 $, Hähnchenbrust vom Mesquiteholzgrill 20 $, Lamm-Koteletts 25 $.
**Mark's City Place:** 700 S. Rosemary Ave., West Palm Beach, Tel. 561-514-0770, Mo–Do 17–123, Fr–Sa 17–24, So bis 22.30 Uhr. Man kann auf mehreren Ebenen essen oder sich an der Sushi-Bar bedienen, Mi Abend Live-Jazz. Dinner ab 17 $.

**Bahn:** Amtrak Terminal, 201 S. Tamarind Ave., Tel. 561-832-6169, www.amtrak.com. West Palm Beach liegt an der Bahnstrecke zwischen Miami und New York.

## Die Barriere-Inseln

**Reiseatlas:** S. 30, E 3 – F 4
Der Festlandsküste sind lang gestreckte, schmale Barriere-Inseln wie North Hutchinson Island, Hutchinson Island und Jupiter Island vorgelagert, auf denen sich viele County und State Parks sowie etwa 40 Strände befinden, die zu den schönsten in den USA gehören. Wer eher menschenleere Strände sucht, ist mit dem nur per Boot erreichbaren **St. Lucie Inlet State Park** an der nördlichen Spitze von Jupiter Island gut bedient, von wo ein gänzlich unverbauter Strand bis zum **Hobe Sound Wildlife Refuge** weiter im Süden reicht. Ein Schnorchelparadies mit seichtem Wasser ist **Bathtub Reef Park** am Südende von Hutchinson Island, wo ein Riff für ruhiges Wasser sorgt. **Pepper Park** auf dem nördlichen Hutchinson Island ist eine gute Adresse für jene, die von Piers aus angeln oder sich Boote mieten wollen. Am Strand reiten kann man im **Frederick Douglass Memorial Park** südlich des Fort Pierce Inlet.

An der Küste von Hobe Sound und am Jensen Beach, aber auch an vielen anderen Stellen entlang der Ostküste kommen von Mitte Mai bis August Tierliebhaber auf ihre Kosten. Man kann sich nächtlichen Führungen anschließen, um streng geschützte Wasserschildkröten beim Nestbau und bei der Eiablage zu beobachten. Zahlreiche Organisationen zwischen Melbourne und Fort Lauderdale bieten solche Führungen vor allem im Juni und Juli an (eine Liste von Organisationen findet sich im Internet unter: www.myfwc.com/seaturtle/Education/2006_Watches_List.htm).

Jupiter Island bietet ein Naturschauspiel anderer Art. Im **Blowing Rocks Preserve** nördlich von Tequesta wusch die Brandung auf einer Länge von 2 km Höhlen aus den Kalkfelsen der Küste. Bei günstigem Wasserstand spritzt eindringendes Meerwasser durch so genannte *blowholes* wie Geysire in den Himmel (574 S. Beach Rd., Hobe Sound, tgl. 9–16.30 Uhr).

# Treasure Coast

**Reiseatlas:** S. 30, E 3 – F 3/4
Bei Palm Beach beginnt die Treasure Coast und zieht sich Richtung Norden bis nach Melbourne hin. Den Namen Schatzküste erhielt der Atlantiksaum aus gutem Grund. Seit dem 16. Jh. sanken dort Hunderte von Schiffen, die meist samt Ladung noch heute auf Grund liegen. 1715 etwa geriet eine spanische Flotte mit 11 Schiffen auf dem Weg von Südamerika nach Europa in einen fürchterlichen Sturm und versank, wobei über 1000 Menschen ums Leben kamen. Die Segelschiffe sollen unermessliche Schätze an Gold, Silber und Juwelen an Bord gehabt haben. Seit 1988 gelang es professionellen Schatzsuchern, die Kostbarkeiten teilweise zu heben (einen Plan mit bekannten Schiffswracks findet man im Internet unter: www.cr.nps.gov/nr/travel/flshipwrecks/floridamap.htm).

Wertvolle Schätze aus der 1715 havarierten spanischen Flotte sind in Fort Pierce im Treasure Room des **St. Lucie County Historical Museum** ausgestellt. Dabei handelt es sich um Gold- und Silbermünzen, Töpferwaren, Zinngeschirr und nautische Artefakte (414 Seaway Dr., Tel. 772-462-1795, www.stlucie.lib.fl.us/museum, Di–Sa 10–16, So 12–16 Uhr). **Gilbert's Bar House of Refuge** bei Stuart ist die letzte von ehemals fünf Rettungsstationen für Schiffbrüchige, die an der Ostküste in den 1870er Jahren gebaut wurden. In den Ausstellungen finden sich u.a. Dokumente über Schiffsunglücke (301 SE. Mac Arthur Blvd., Hutchinson Island, Mo–Sa

**Prächtige Lobby des Luxushotels The Breakers am Strand von Palm Beach**

10–16, So 13–16 Uhr). Die größten Sammlungen an Wrackschätzen besitzt das **McLarty Treasure Museum** in Vero Beach mit Porzellan, religiösen Gegenständen, Waffen, Münzen, alltäglichen Gerätschaften, Schiffsglocken und Schmuck (13180 N. A1A, Vero Beach, Tel. 772-589-2147, tgl. 10–16.30 Uhr).

## Cocoa Beach

**Reiseatlas:** S. 30, E 2

An Floridas Ostküste liegende Dutzende idealer Surferstrände. Das Paradies der Wellenreiter ist Cocoa Beach, wo Wellen ungestört durch vorgelagerte Riffe an den Strand rollen. Vom sandigen Saum der Küste reicht ein 250 m langer hölzerner Pier ins Meer. Auf ihr kann man im Pier Restaurant Pausen einlegen oder sich zu einem erfrischenden Getränk an die schattige Mai Tiki Bar setzen, die sich am äußersten Ende des Piers befindet und einen idealen Aussichtspunkt auf die Küstenlandschaft bildet.

**Cocoa Beach Area Chamber Of Commerce:** 400 Fortenberry Rd., Merritt Island, FL 32952, Tel. 321-454-2022, Fax 321-383-0107, www.visitcocoabeach.com.

**Holiday Inn Cocoa Beach-Oceanfront:** 1300 N. Atlantic Ave., Tel. 321-783-2271, Fax 321-799-8569, http://hicocoabeach-oceanfront.felcor.com. Großes Hotel direkt am Strand mit zwei Restaurants, zwei Cafeterias und zahlreichen Möglichkeiten für Sport. Wer eher eine private Atmosphäre bevorzugt, kann in einem von insgesamt 14 Häuschen inkl. eigener Küche wohnen. 120–300 $.

**Luna Sea B & B Motel:** 3185 N. Atlantic Ave., Tel. 321-783-0500, Fax 321-784-6515, www.lunaseacocoabeach.com. Ruhiger Familienbetrieb mit beheiztem Pool, BBQ-Platz, manche Zimmer mit Küche. 50–80 $.

**Ron Jon Surf Shop:** 4151 N. Atlantic Ave., Tel. 321-799-8888, www.ronjons.com, tgl. 24 Std. geöffnet. Riesiges Geschäft mit allem, was man für den Surfsport braucht.

**Surfen:** Cocoa Beach Surfing School: 150 E. Columbia Ln., Tel. 321-868-1980, www.cocoabeachsurfingschool.com. Privatstunden für Einzelpersonen und Gruppenkurse mit Lehrern, die früher zum Nationalteam der USA gehörten.

# 14 Orlando und die Vergnügungsparks

Cityplan S. 448

**Themenparks, Rennkurse, Aquarien, Zoos für Land- und Meerestiere, Wasserparks mit abenteuerlichen Rutschen, Filmstudios, Kneipenviertel, Dinner-Theater, Kunstmuseen, Alligatorengehege: Amerikas Abenteuerspielplatz Nr. 1 ist eine verrückte Welt, in der sich alles nur um eines dreht: Amüsement um jeden Preis.**

Weltweit hat das gut 200 000 Einwohner große Orlando den Ruf einer uneinnehmbaren Zitadelle der Vergnügungsindustrie mit über 110 000 Hotelzimmern und ca. 4500 Restaurants. Jahr für Jahr kommen 40 Mio. Touristen in diesen Teil des Sunshine State – Tendenz steigend. Genau genommen liegt dieser vibrierende Kosmos nicht in Orlando, sondern zwischen der Stadt und dem südlichen Nachbarn Kissimmee. Vor 150 Jahren befand sich in dieser Gegend lediglich ein abgelegenes Camp für Soldaten, die gegen Seminolen-Indianer kämpften. Der Anschluss an das Eisenbahnnetz brachte 1880 den ersten Kontakt mit der Außenwelt. Aber die Gegend blieb ein moskitoverseuchtes Brachland, bis der Disney-Konzern nach geheim gehaltenen Grundstücksverhandlungen, um die Preise nicht in die Höhe zu treiben, 1964 ca. 25 000 m² Sumpfland kaufte, um einen Vergnügungspark nach dem Vorbild von Disneyland in Anaheim (Kalifornien) zu errichten. In Rekordzeit waren die Bauarbeiten beendet, und bereits 1971 konnten die Tore zum großen Besucherspaß geöffnet werden.

An Nachahmern sollte es in den folgenden Jahren nicht fehlen. Weitere Großfirmen erkannten das wirtschaftliche Potential der entstehenden Vergnügungsindustrie und versuchten, sich ebenfalls ein Stück vom »großen, profitablen Kuchen« zu sichern. Neben schwergewichtigen Einrichtungen wie Universal Studios, Sea World und Gatorland siedelten sich viele kleine Parks und Attraktionen an, in deren Umfeld wiederum Shopping Malls, Restaurants, Museen, Shows, Golfanlagen, riesige Parkplätze und Myriaden von Hotels aller Preiskategorien entstanden.

Beachtet man beim Besuch der Parks einige Grundregeln, kann man sich längere Wartezeiten ersparen. Sowohl bei Universal (Universal Orlando Resort Multi-Day Tickets) als auch bei Disney (Fastpass) gibt es spezielle Tickets, mit denen man ein oder zwei Stunden früher Zutritt zu den Parks bekommt als normale Besucher oder um Warteschlangen herumkommt. Grundsätzlich gilt: so früh wie möglich an der Kasse erscheinen, weil die Besucherströme bis zum frühen Nachmittag kontinuierlich anwachsen.

## Walt Disney World

Unumstrittener Marktführer im Riesenangebot der Themenparks ist das aus vier eigenständigen Teilen bestehende, über eine Fläche von 50 km² verteilte **Walt Disney World.** Es besteht aus den vier Themenparks Magic Kingdom, Epcot Center, Animal Kingdom und MGM Studios, den beiden Wasserparks Typhoon Lagoon und River Country sowie 31 Hotels und beschäftigt Tag für Tag über 5 000 Angestellte, die als Aschenputtel, Mickey Maus, Goofy oder in sonstigen Jobs unterwegs sind (Lake Buena Vista, Tel. 407-939-6244, http://disneyworld.disney.go.com. In der Regel öffnen Magic Kingdom, Epcot und die MGM Studios ganzjährig um 9 Uhr ihre Pforten, Animal Kingdom um 8 Uhr. Gäste von Disney-Hotels können die Parks eine Stunde früher betreten. Die Öffnungszeiten ändern sich bisweilen bei speziellen Events. Jede Besucherinformation hat die Öffnungszeiten in der Broschüre ›Disney: Times & Information‹ vorrätig).

## Magic Kingdom

Im vor allem für Kinder geeigneten **Magic Kingdom** 1 gelangt man von der im Stil des 19. Jh. gestalteten Main Street in sieben unterschiedliche ›Länder‹ wie etwa Fantasyland mit einem Aschenbrödelschloss, Tomorrowland mit Anleihen an das Raumfahrtzeitalter und Adventureland, wo sich Familien ihren Weg durch einen Dschungel bahnen und gegen Piraten ›kämpfen‹. Die Chancen, Mickey Mouse, Donald Duck, Goofy, Pluto oder einer anderen Disneyfigur über den Weg zu laufen, sind in diesem Park am günstigsten. Häufig finden Paraden statt, bei denen alle kostümierten Darsteller gemeinsam auftreten.

## EPCOT-Center

Wahrzeichen des **EPCOT Center** 2 ist das Spaceship Earth in Form eines riesigen Golfballs. Dieser Disney-Park bietet Hightech-gesteuerte Attraktionen, welche die Errungenschaften von Wissenschaft, Technik und Industrie zum Thema haben. Ein zweiter Teil von EPCOT, World Showcase, besteht aus elf Nationalitätendörfern wie China, Frankreich, Japan, Norwegen, Marokko und Italien, die schon an ihrer Architektur dem jeweiligen Land zugeordnet werden können. Den ganzen Tag über finden in diesen Dörfern typische Open-Air-Veranstaltungen wie Auftritte von Artisten aus dem Reich der Mitte oder venezianischer Karneval statt.

## Animal Kingdom

Seit der Eröffnung 1998 hat sich **Animal Kingdom** 3 zu einem ganz besonderen Besuchermagneten entwickelt. Im 200 ha großen Park leben exotische Tiere in Landschaften, die der Wirklichkeit täuschend echt nachempfunden sind, ob es sich um afrikanische Savannen oder asiatische Tigerreviere handelt. Holpert man vom Harambe-Village mit der Kilimanjaro-Safari an Bord eines umgebauten Lastwagens über wacklige Brücken und ausgefahrene Pisten an Löwen und Giraffen vorbei, fühlt man sich unwillkürlich in ein ostafrikanisches Tierschutzgebiet versetzt. In einer reizvollen Landschaft leben Gorillas, die auf dem Pangani Forest Exploration Trail zu sehen sind. Im Asienteil des Parks führt der Maharaja Jungle Trek an halb verfallenen Tempeln vorbei, zwischen deren malerischen Ruinen man Tiger beobachten kann.

## Disney-MGM Studios

Einen Blick hinter die Kulissen von Film- und Fernsehproduktionen lassen die **Disney-MGM Studios** 4 zu. Im Stil von Steven Spielberg gibt's jede Menge Action in der ›Indiana Jones Stunt Show‹ bei Kampfszenen und Explosionen, während Besucher im Set

## Mit dem Autor unterwegs

### Die wichtigsten Parks

Die Klassiker unter den Vergnügungsimperien sind die vier großen **Disney-Parks** (s. S. 444 f.) und die **Universal Studios** (s. S. 448). Für Tierfreunde sind **Gatorland** und **Sea World** (s. S. 446) empfehlenswerte Adressen.

### Für Abenteuerlustige

Manchmal bilden sich im stilechten Harambe-Dorf zwar lange Warteschlangen bei der abenteuerlichen **Kilimanjaro-Safari,** aber das Warten lohnt sich wirklich.
Fans von Abenteuerfilmen werden sich bei der gut gemachten **Indiana Jones Stunt Show** in den Disney-MGM Studios an manche Kinoszene erinnern (s. S. 445).

### Für Unternehmungslustige

Am **Universal City Walk** reihen sich Musikclubs und Lokale aneinander, darunter auch das **Bob Marley Restaurant** mit abendlichem Reggae und ein Ableger von **Pat O'Brien's** in New Orleans (s. S. 452).

von ›Krieg der Sterne‹ das Gefühl haben, mit Lichtgeschwindigkeit durch den Orbit zu rasen. Noch intensiver werden die Nerven im ›Twilight Zone Tower of Terror‹ beansprucht. Wer einen echten Adrenalinkick benötigt, kann sich in dem düsteren Hotelturm in einem Aufzug mit atemberaubender Geschwindigkeit nach oben katapultieren lassen, ehe der Lift in völliger Dunkelheit ins Bodenlose zu fallen scheint, wobei sich die Schreckensfahrt jedes Mal ändert. Dem tatsächlichen Filmgeschäft kommt man in den Fertigungsräumen von Zeichentrickfilmen am nächsten, wo Originalskizzen zu sehen sind und Zeichner bei der Arbeit sitzen.

## Kleinere Parks

Schon Jahre bevor sich der Disney-Konzern in Orlando niederließ, existierte mit den **Cypress Gardens** 5 ein Park, der eine Mischung aus botanischem Garten und Show-Revier für Wasserski-Akrobatinnen darstellte. Vor einigen Jahren musste der Park schließen, weil immer mehr Besucher wegblieben. Rettung versprach ein Umbau mit zahlreichen Fahrbetrieben wie in anderen Vergnügungsparks. Geblieben sind aber die um ein Seeufer gelegenen reizvollen Parkanlagen, in denen sich hübsche Damen in wallenden Südstaatenkostümen fotografieren lassen (6000 Cypress Gardens Blvd., Winter Haven, Tel. 863-324-2111, www.cypressgardens.com, wechselnde Öffnungszeiten, meist 10–16 Uhr).

In **Gatorland** 6 tummeln sich Baby-Alligatoren ebenso wie furchterregende ausgewachsene Exemplare. Natürlich kommt auch diese Attraktion nicht ohne Shows aus, wie etwa Ringkämpfe mit Alligatoren beweisen. Am publikumswirksamsten sind Raubtierfütterungen, bei denen Wärter Schubkarrenladungen an Fisch und Fleisch an die gierigen Echsen verteilten. Ein Hauch von Crocodile-Dundee-Feeling mag aufkommen, wenn man das Package ›Trainer for a Day‹ bucht, das in Wahrheit allerdings nur zwei Stunden dauert (14501 S. Orange Blossom Trail, Tel. 1-800-393-5197, www.gatorland.com, tgl. 9–17 Uhr).

Neben Hightech-Einrichtungen und Filmkulissen gelten im Freizeitimperium von Orlando hauptsächlich exotische Tiere und Meereslebewesen als besondere Attraktionen. Als faszinierender Meereszoo präsentiert sich **Sea World** 7 mit einer Wal- und Delfinstation, einer arktischen Forschungsstation, Hallen für Pinguine, Seelöwen und Otter sowie einem riesigen Becken für die Hauptattraktion – Shamu, den Killerwal. Neben den einzelnen Tierpräsentationen gibt es unterschiedliche Sonderprogramme wie ›Animal Care Experience‹, d. h. man kümmert sich einen Tag lang unter fachkundiger Anleitung etwa um verwaiste Seekuhkinder, Seelöwen oder Walrösser. Das Programm ›Dine with Shamu‹ verbindet einen lukullischen Schmaus am Meeres-

**Orlandos City Walk ist das Vergnügungszentrum der Universal Studios**

früchte-Buffet mit einem informativen Treffen mit einem Orka-Tiertrainer, der Wissenswertes über die riesigen Meeressäuger berichten kann (7007 Sea World Dr., Tel. 407-351-3600, www.seaworld.com, tgl. ab 9 Uhr, Schließungszeiten variieren).

## Am International Drive

Von den Vergnügungsparks einmal abgesehen spielt sich das Leben vor allem auf und um den **International Drive** 8 ab, der parallel zur I-4 verläuft. An dieser Straße reihen sich Hotels, Geschäfte, unzählige Restaurants und Attraktionen aneinander, die vor allem nach Schließung der Parks für viel Betrieb sorgen.

Die Ausstellung ›Titanic – Ship of Dreams‹ besitzt auch über 200 Originalstücke der ›Titanic‹ und viele Memorabilien aus Filmen, die über die wohl berühmteste Schiffshavarie der Welt gedreht wurden (Mercado, 8445 International Dr., Tel. 407-248-1166, www.titanicshipofdreams.com, tgl. 10–20 Uhr).

Man kommt ins Staunen, wenn man auf dem International Drive an **Wonderworks** vorbeifährt. Das Bauwerk sieht aus, als sei es auf das Dach gekippt worden. Im Innern kann man ein Erdbeben der Stärke 5,3 am eigenen Leib verspüren. Außerdem gibt es viele interaktive Hightecheinrichtungen, die Besucher ausprobieren können (9067 International Dr., Tel. 407-351-8800, www.wonderworksonline.com, tgl. 9–24 Uhr).

## Orlando: Cityplan

### Sehenswürdigkeiten

1 Magic Kingdom
2 EPCOT Center
3 Animal Kingdom
4 Disney-MGM Studios
5 Cypress Gardens
6 Gatorland
7 Sea World
8 International Drive
9 Universal Studios
10 Islands of Adventure

### Übernachten

1 Royal Pacific Resort
2 Staybridge Suites
3 Four Points Hotel Lakeside
4 Red Roof Inn
5 Disney's Fort Wilderness Resort

### Essen und Trinken

6 Emeril's
7 Roy's
8 Romano's Macaroni Grill
9 Ponderosa Steakhouse

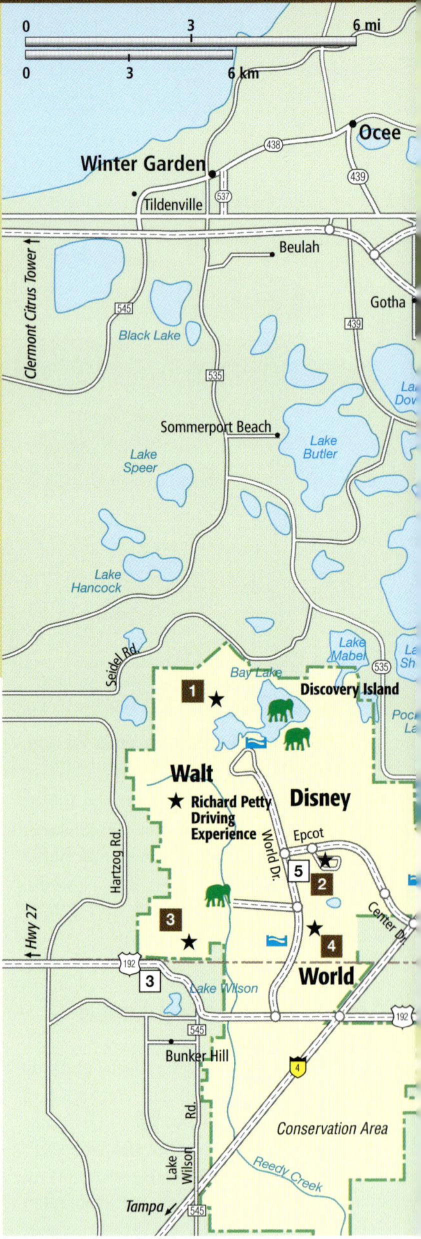


## Universal Studios

Härtester Konkurrent der Disney-MGM Studios sind die **Universal Studios** 9, in denen es ebenfalls um Kulissen und Inszenierungen berühmter Filme wie ›Jurassic Park‹, ›Zurück in die Zukunft‹, ›Der weiße Hai‹, ›E. T.‹ oder ›Men in Black‹ geht. Schon der Eingangsbereich des Parks gibt sich sehr attraktiv. Ein geradezu futuristisch anmutendes System von Rolltreppen und Personenförderbändern transportiert Besucher von den Parkdecks zum Eingang des so genannten CityWalk, wo sich exzellente Restaurants, Bars, Nachtclubs und Geschäfte befinden und das größte Hardrock-Café der Welt Gäste bewirtet. Durch diese ›Vorstadt‹ gelangt man zum eigentlichen Themenpark. Man kann im nachgebauten Manhattan der 1920er Jahre den Blues Brothers bei einem Ständchen

ORLANDO
Winter Park
Daytona Beach
Ocala
Goldenrod
Aloma
University Blvd
Amtrak
Mead Botanical Gardens
Lake Baldwin
Lake Irma
Orlando Sports Stadium
Eastern Bellway
Lake Orlando
Lake Fairview
Edgewater Dr.
John Young Pkwy
Orange
Hiawassee Rd.
Pine Hills Rd.
Silver
Star
Rd.
Lawne Lake
Fairvilla
Pine Hills
Bob Carr Performing Arts Center
W Colonial Dr.
Orlovista
Church Street Station
Lake Eola Park
City Hall
Greyhound
Orlando Executive Airport
Holland East-West Expwy
E Colonial Dr.
Titusville
Lake Underhill
Rd.
Semoran Blvd.
Goldenrod Rd.
Curry Ford Rd.
Lake Mann
Lake Hiawassa
Hiawassee Rd.
Kirkman Rd.
Clear Lake
Amtrak
Orange Ave.
Turkey Lake
Lake Holden
Conway Rd.
Pershing
Ave.
Gatlin Ave.
Conroy Rd.
Lake Catherine
Americana Blvd
Orange Blossom Trail
Edgewood
Little Lake Conway
Conway
Hoffner Ave.
Lake Cain Hills
Lake Jessamine
Lake Marsha
Lake Conway
Judge
Rd.
Narcoossee Rd.
Merritt Island
Spring Lake
Wet 'n' Wild
Lake Ellenor
Pine Castle
Turkey Lake Rd
Sand Lake Rd.
Sky Lake
Tangelo Park
Belle Isle
Lake Mare Prairie
Beeline Expwy (Toll)
Morningside Park
Taft
Big Sand Lake
International Dr.
Bee Line Expwy (Toll)
Orlando International Airport
Buck Lake
Lake Nona
Red Lake
Central Florida Pkwy
Vineland
Lake Willis
Dr.
Shingle Creek
John Young Pkwy
Florida Turnpike (Toll)
Lake Buena Vista
Mud Lake
Flamingo
Lake Bryan
International
Central Florida Greeneway (Toll)
ORANGE CO
OSCEOLA CO
Old Dixie Hwy
Xanadu House of the Future
Boggy Creek Rd.
Fells Cove
Lake Cecile
Alligatorland Safari Zoo
Vine St.
Main St.
East Lake Tohopekaliga
Medieval Times
Kissimmee Municipal Airport
Bermuda Ave.
Kissimmee
Lake Tohopekaliga
Osceola County Art and Culture Center
Poinciana Blvd.
Tampa, Lake Wales

**Stunt Show zu ›Indiana Jones‹ in den Disney MGM Studios in Orlando**

zuhören, durch eine Kopie von Fisherman's Wharf in San Francisco flanieren oder sich im Set des Katastrophenthrillers ›Twister‹ von einem Hurrikan ordentlich durchschütteln lassen. Natürlich kommen auch die Universals nicht ohne nervenkitzelnde Fahrbetriebe aus. Bei der Show ›Fear Factor Live‹ können Zuschauer mitspielen und ihren Mut testen.

## Islands of Adventure

Zu den Universals gehören die **Islands of Adventure** 10. Dort dürfen Besucher in haarsträubenden Hightech-Rides wie ›Amazing Adventures of Spider-Man‹, ›The Incredible Hulk‹ und den ›Dueling Dragons‹-Achterbahnen ihre Mägen auf Belastbarkeit testen. Zu den wahrhaft beeindruckenden Erfahrungen zählt die Simulation eines Erdbebens der Stärke 8,6 auf der Richterskala in einer Station der U-Bahn von San Francisco – Wassereinbruch, berstende Deckenträger und brennender Tanklastwagen inklusive (1000 Universal Studios Plaza, Tel. 407-363-8220, www.universalorlando.com, tgl. ab 9 Uhr).

i **Orlando/Orange County Convention & Visitors Bureau:** 8723 International Dr., Orlando, FL 32819, Tel. 407-363-5872, www.orlandoinfo.com; www.go2orlando.com, im Mercado Mediterranean Shopping Village. Hier bekommt man die ›Magicard‹ für Ermäßigungen in Hotels und Geschäften.

**Royal Pacific Resort** 1: 6300 Hollywood Way, Tel. 407-503-3000, www.lewshotels.com/hotels/orlando. Schöne, exotisch anmutende Anlage mit reizvoller Poollandschaft, Spa und ausgezeichnetem Restaurant ›Emeril‹. Nahe Universal Studios, sehr angenehm ist der Bootstransfer zum abendlichen Drink auf dem Universal City Walk. Ab 200 $.

**Staybridge Suites** 2: 8480 International Dr., Tel. 407-352-2400, Fax 407-352-4631, www.staybridgesuites.orlando.ichotelsgroup.com. Ideal für Familien, schöner Pool, Waschautomaten, Suiten mit zwei Zimmern, zwei Bädern und Küche. Ab 180 $.

**Four Points Hotel Lakeside** 3: Kissimmee, 7769 W. Irlo Bronson Memorial Hwy, Tel. 407-396-2222, www.bestwestern.com. 651 gut ausgestattete Räume in der Nähe von Disney World mit 5 Pools, Spielplatz, Minigolf und Shuttles nach Disney World, Universal Studios und Sea World. Ab 59 $.

## Richtig Reisen-Tipp: Disneypreise

Tief durchatmen! Man gönnt sich ja sonst nichts. Wer diese Devise beherzigt, verkraftet die gesalzenen Eintrittspreise in den Disney-Einrichtungen vielleicht leichter. Unter www.tickets.disney.go.com erhält man einen Vorgeschmack. Ärgerlich ist die verwirrende Preisgestaltung, die zu einem längeren Studium der ›Magic Your Way‹-Tickets zwingt.

Ein Tagesticket für einen Park kostet Erwachsene 63,64 $, Kinder zwischen 3 und 9 Jahren 51,12 $. Ab 10 Jahren (!) gilt für Kinder der Erwachsenenpreis. Zusätzliche Tage werden geringfügig preiswerter, für vier Tage Parkeintritt beträgt die Summe für eine Familie mit einem Kind zwischen 3 und 9 Jahren insgesamt 551,68 $. Dabei darf aber zwischen den Parks nicht gewechselt werden. Möchte die Familie ›pendeln‹, muss man für die Option ›Parkhopper‹ zusätzlich zahlen: ein Tag kommt dann für Erwachsene auf 100,91 $, Kinder 88,40 $, d. h. vier Tage kosten die Familie 663,50 $. Da die Parks anstrengend sind, lohnt sich ein 7-Tages-Ticket, das kaum teurer ist. Die Familie würde inklusive Parkhopperoption dafür 673,09 $ zahlen. Wasserparks kann man gleich mitbuchen: 7 Tage Parks, Parkhopperaufpreis und Eintritt in die Wasserparks kommen dann für die gleiche Familie auf stolze 816,92 $.

Das **Magic Your Way Package** beinhaltet Parkeintritt (Anzahl der Tage wählbar), Übernachtung und Flughafentransfer. Zudem dürfen die Hotelgäste eine Stunde früher in einen der Parks (die Parks variieren täglich) oder dürfen länger bleiben. Disney World bietet diverse Komplettpakete mit Parkeintritt, Parkhopperoption und Unterkunft zwischen ca. 1350 und 3000 $ für 6 Übernachtungen und 7 Tage Parkeintritt für zwei Erwachsene und ein Kind. Wer mit Zelt oder Camper anreist, kann ebenfalls ›Packages‹ buchen. Sämtliche Kombinationsmöglichkeiten sind online im Voraus auszurechnen unter: www.disneyworld.disney.go.com/wdw/index.

**Red Roof Inn** [4]: 5621 Major Blvd., Tel. 407-313-3100, www.redroofinn.com. Ordentliches Kettenmotel mit Standardzimmern nur einen Katzensprung von den Universal Studios entfernt. Ab 50 $.

**Disney's Fort Wilderness Resort** [5]: Walt Disney World Resort, Lake Buena Vista, Tel. 407-934-7639, www.disneyworld.disney.go.com, ganzjährig. Sehr gut ausgestatteter Platz auch für Zelte; Cabins mit Küche; in der Nähe liegt die Tri-Circle-D Ranch, auf der Kinder Reitstunden auf Ponies nehmen können.

**Emeril's** [6]: 6000 Universal Blvd., Tel. 504-525-4937, www.emerils.com, So–Do 17.30–22, Fr bis 23 Uhr. Restaurant des bekannten Emeril Lagasse. Spezialitäten aus Louisiana wie z. B. Hühnchen mit schwarzen Bohnen oder Avocado-Tarte. Ab 30 $.

**Roy's** [7]: 7760 W. Sand Lake Rd., Tel. 407-352-4844, www.roysrestaurant.com, tgl. Dinner und Lunch. Kunstvoll arrangierte Speisen im hawaiianischen Stil, überwiegend Seafood. Ab 17 $, festes Menü 33 $.

**Romano's Macaroni Grill** [8]: Kissimmee, 5320 W. Irlo Bronson Memorial Hwy, Tel. 407-396-6155. Lebhafte Atmosphäre bei Pizza und Pasta. Ab 10 $.

**Ponderosa Steakhouse** [9]: 6362 International Dr., Tel. 407-352-9343, Frühstück, Lunch & Dinner. Steaks, Hähnchen, Seafood. Hauptgang ab 10 $.

Zahlreiche **Dinner-Theater** bieten während des Essens aufwendige Shows. Bei der Pirates Dinner Show, (6400 Carrier Dr., www.piratesdinneradventure.com) geht es um verwegene Freibeuter, während es sich bei den Arabian Nights (6225 W. Irlo Bronson Hwy, Tel. 407-239-9223, www.arabian-nights.com) um ein orientalisches Märchen mit Reitershows dreht. Sleuths Mystery Dinner Show (7508 Universal Blvd., Tel. 407-363-1985, www.

sleuths.com) unterhält mit einem auf der Bühne gespielten Krimi. Mittelalterliche Ritterturniere stehen im Mittelpunkt bei Medieval Times (4510 W. Irlo Bronson Hwy, Tel. 407-396-1518, www.adventuresinflorida.net/MedievalTimes.htm). Und bei Dolly Parton's Dixie Stampede Dinner and Show (8251 Vineland Ave., 47 $, Tel. 407-238-4455, www.dixiestampede.com) dreht sich alles um den Wilden Westen (die meisten Shows kosten 40–50 $).

**Belz Festival Bay Mall:** 5250 International Dr., www.belz.com, Mo–So 10–21, So 12–19 Uhr. Attraktiver Mix aus Geschäften, Restaurants, 20 Kinos und einem Indoor-Skateboarding Park. In der Mall befindet sich:
**Ron Jon's Surf Shop:** Tel. 407-481-2555, www.ronjons.com, Mo–Sa 9–22, So 10–21 Uhr. Surfer finden hier alles für ihren Sport und können direkt vor Ort ihre neuen Bretter in drei Wellenpools testen.
**Florida Mall:** 8001 S. Orange Blossom Trail, www.simon.com, Mo–Sa 10–21, So 12–18 Uhr. Sozusagen ein Angriff auf die Reisekasse: Dillard's, JCPenney, Lord & Taylor, Macy's, Nordstrom, Saks Fifth Avenue, Sears und 250 andere Shops oder Restaurants inklusive eigenem Hotel.
**Mall at Millenia:** 4200 Conroy Rd., www.mallatmillenia.com, Mo–Sa 10–21, So 12–19 Uhr. Alles, was das Herz begehrt: Cartier, Gucci, Chanel, Burberry, Louis Vuitton, Zara, Lacoste, Tiffany & Co sowie Bloomingdale, Macy's.

**Universal City Walk:** vor den Universal Studios, www.citywalk.com, tgl. 11–2 Uhr. Attraktives Vergnügungsviertel mit Restaurants, Kinos, Klubs und Bars, viele Tische im Freien. Besonders am Wochenende herrscht großer Andrang. Der ›City Walk Party Pass‹ gewährt für 9,95 $ Einlass zu sämtlichen Musikclubs.
**Downtown Disney mit Pleasure Island:** Buena Vista Dr., tgl. bis 2 Uhr. Gegenstück zum City Walk mit dem größten Walt-Disney-Shop der Welt, Restaurants, Klubs und der großen Show ›Cirque du Soleil La Nouba‹.

**Orlando Centroplex:** 600 W. Amelia St., Tel. 407-849-2000, www.orlandocentroplex.com. Großer Komplex für Sport- und Kulturveranstaltungen.

**Freizeitpark mit Kulturevents:** Loch Haven Cultural Park, N. Mills Ave., Tel. 407-896-4231. ›Kulturmeile‹ von Orlando auf großem Freizeitgelände mit drei Seen, Parkanlagen und dem Shakespeare Theater.

**Flugzeug:** Orlando International Airport, Tel. 407-585-4000, www.orlando

sanfordairport.com Er wird von mehreren Fluggesellschaften aus Deutschland angeflogen. Lynx-Busse fahren nach Downtown (Linie 11 und 51) und zum International Drive (Linie 42). Alle großen Mietwagenfirmen sind mit Büros vertreten.

**Bahn:** Amtrak Terminal, 1400 Sligh Blvd., Tel. 1-800-872-7245, www.amtrak.com. Züge fahren nach Miami und in alle anderen Landesteile.

**Bus:** Greyhound Lines Terminal, 555 N. John Young Pkwy, Tel. 407-292-3440, www.greyhound.com. Busse in alle Richtungen.

**Öffentlicher Nahverkehr:** Die I-Ride Trolleys fahren alle 15 Min. die 54 mit ›I-RIDE‹-Schildern gekennzeichneten Haltestellen am International Drive an (die Einzelfahrt kostet 1 $, Kinder benötigen bis 12 J. keinen Fahrschein, das Tagesticket gibt es für 3 $, www.iridetrolley.com, tgl. 8–22.30 Uhr).

**Lynx-Busse:** www.golynx.com. Die Busse verkehren im Großraum Greater Orlando. Die Haltestellen sind mit dem Abdruck einer Luchspfote gekennzeichnet, für das Einzelticket bezahlt man 1,50 $, für den Tagespass 3,50 $., tgl. 6–0 Uhr.

**Im Hai-Tunnel in Seaworld meint der Besucher, auf dem Meeresboden zu sein**

# Space Coast und First Coast

Reiseatlas S. 28, 30

**Wegen des Kennedy Space Center auch Weltraumküste genannt, dominiert am Cape Canaveral Hightechindustrie. Der restliche Nordosten ist von der Metropole Jacksonville abgesehen eine Mischung aus verträumten Kleinstädten und historischen Schauplätzen, die dieser Region den Namen ›Erste Küste‹ gegeben haben.**

Bis in die Zeit nach dem Zweiten Weltkrieg waren die atlantischen Inseln bei Titusville eine Welt für sich aus Schilfgras, Sand und Wasserwegen. Doch schon wenige Jahre später wählte die NASA den isolierten Küstenflecken als Standort ihrer Raumfahrtprogramme aus. Mit John Glenn flog am 20. Februar 1962 der erste Amerikaner in den Orbit. Im Zuge des Apollo-Programms betrat am 21. Juli 1969 Neil Armstrong als erster Mensch den Mond. Sechs weitere Landungen auf dem Erdtrabanten folgten bis 1972. Ende der 1970er Jahre bahnte sich mit der Entwicklung der Space Shuttles und den ersten erfolgreichen Flügen eine neue Ära an. Ihre dunkelsten Stunden erlebte die NASA mit der Explosion der Raumfähre ›Challenger‹ 1986, bei der sieben Besatzungsmitglieder den Tod fanden, und 2003, als die ›Columbia‹ beim Wiedereintritt in die Erdatmosphäre mit ebenfalls sieben Astronauten an Bord verglühte.

Der Nordosten Floridas hat sich aber nicht nur als Ziel für Raumflug-Amateure einen Namen gemacht, sondern ist auch an Landschaften, Städten, Sehenswürdigkeiten und Freizeitmöglichkeiten gemessen ein Schwergewicht. Daytona Beach etwa ist seit langem ein Zentrum des Badetourismus. Dort ist der breite, flache Sandstrand die eigentliche Promenade, an der Autos und Motorräder auf- und abfahren dürfen.

Keine Stadt auf dem Boden Floridas präsentiert sich Besuchern mit so unverwechselbar spanischem Flair wie St. Augustine. Das heutige Touristenziel wurde 1565 von Seefahrern und Siedlern von der Iberischen Halbinsel gegründet und rühmt sich heute als älteste Stadt auf US-amerikanischem Boden. Je weiter man an der First Coast nach Norden fährt, desto ruhiger wird jenseits der Riesenstadt Jacksonville die Landschaft mit den abgeschiedenen Talbot Islands und mit Amelia Island fast an der Grenze zum Nachbarstaat Georgia. Größte Stadt auf der Insel ist Fernandina Beach, ein idyllischer Provinzflecken, der sich im Abglanz des viktorianischen Zeitalters sonnt und Beschaulichkeit quasi zu seinem Markenzeichen gemacht hat.

## 15 Kennedy Space Center

**Reiseatlas:** S. 30, E 1

Millionen Schaulustiger statten Jahr für Jahr dem Weltraumbahnhof Kennedy Space Center einen Besuch ab. Seit Jahren starten dort US-Raumshuttles zu ihren Missionen in den Orbit, und selbst die Apollo-Unternehmen, die in den Mondlandungen ihren Höhepunkt fanden, wurden dort vorbereitet und durchgeführt. Das **Kennedy Space Center** bildet gewissermaßen die Eingangslobby zum riesigen NASA-Gelände am Cape Canaveral. Im Freien ist ein Raketengarten mit in den Himmel ragenden Trägersystemen aufgebaut. Außerdem ist eine gewaltige Saturnrakete zu sehen, die bei den Apolloflügen eingesetzt wurde. Häufig stellen sich auf dem Gelände Astronauten den Fragen des Publikums. Man kann am Programm ›Lunch with an Astronaut‹ teilnehmen und sich nach einem Mittagessen von Astronauten über Raumflugerlebnisse berichten lassen. Ein Erlebnis ganz besonderer Art sind die wechselnden 3-D-Filme, die zum Teil von Astronauten gedreht wurden und die auf den Riesenleinwänden der beiden IMAX Theatres vorgeführt werden.

Den besten Eindruck von den NASA-Aktivitäten bekommt man bei einer ›NASA Up-Close Tour‹ per Bus über das Gelände. Stopps werden u. a. beim Apollo/Saturn V Center mit einer 110 m langen Trägerrakete, der Observation Gantry in der Nähe einer Space-Shuttle-Rampe und beim International Space Station Center eingelegt. Dort erfährt man alles über Bau und Betrieb der Internationalen Raumstation ISS, welche die NASA zusammen mit Partnerorganisationen in Europa, Kanada, Japan und Russland verwirklicht.

Eine zweite Tour trägt den Namen ›Cape Canaveral: Then & Now‹. Sie verbindet die Kennedy Space Center Tour mit einem Ausflug zu den ehemaligen Startrampen der Mercury-, Gemini- und Apollo-Projekte.

### U.S. Astronaut Hall of Fame

Westlich vom Kennedy Space Center besitzt die **Astronaut Hall of Fame** die weltweit größte Sammlung an originalen Ausrüstungsgegenständen von Astronauten, Raumkapseln der Mercury-, Gemini- und Apollo-Missionen und interaktive Einrichtungen, an denen man sich der Erdanziehungskraft enthoben fühlt wie beim Spaziergang über die Mondoberfläche oder in einem Simulator die vierfache Erdanziehungskraft zu spüren bekommt (6225 Vectorspace Blvd., Tel. 321-449-4444, tgl. 10–18.30 Uhr).

**Kennedy Space Center:** 11 Meilen östlich der I-95 an der SR 405, Tel. 321-449-4444, www.nasa.gov/centers/kennedy, tgl. 9–17.30 Uhr. Bei Shuttle-Starts ist das Besucherzentrum geschlossen. Informationen über bevorstehende Shuttle-Starts im Internet unter: www.kennedyspacecenter.com/launches/scheduleStatus.asp.

## Mit dem Autor unterwegs

### Zeitreisen!

Neben den Vergnügungsparks bei Orlando gehört der **Weltraumbahnhof Kennedy Space Center** zu den populärsten Besucherattraktionen im nördlichen Florida (s. S. 454). Ein Spaziergang durch den historischen Kern von **St. Augustine** weckt Erinnerungen an ein längst vergangenes Florida (s. S. 457).

### Ein besonderes Erlebnis!

Der flache Badestrand in **Daytona Beach** wird an Sommerwochenenden zum Rummelplatz von Auto- und Motorradfahrern. Vom Main Street Pier kann man den Betrieb, den man gesehen haben muss, wie von einem Logenplatz beobachten (s. S. 456 f.).

### Spaß am Strand

Möchte man die schönen Strände im **Fort Clinch State Park** auf **Amelia Island** genießen, sollte man wissen, dass die Wassertemperaturen hier niedriger sind als im südlichen Florida, aber zum Sonnenbaden reicht es allemal (s. S. 461).

**Holiday Inn Merritt Island:** 260 E. Merritt Island Cswy, Tel. 407-452-7711, Fax 407-452-9462. Kein anderes Hotel liegt näher beim Kennedy Space Center. 80–200 $.
**Best Western Space Shuttle Inn:** 3455 Cheney Hwy/Rte 50, Titusville, Tel. 321-269-9100, Fax 321-383-4674, www.bestwestern.com. Gut ausgestattetes Hotel mit geräumigen Zimmern und diversen Sportgelegenheiten, Frühstück inkl. 70–90 $.

## Daytona Beach

**Reiseatlas:** S. 28, F 4
Der Sandstrand von Daytona Beach trennt den Atlantik von einer aus Hotels, Motels und Apartmentklötzen bestehenden Stadtkulisse. So weit unterscheidet sich der Badeort kaum von anderen Küstenflecken. Was Daytona Be-

**Riesenraketen im Apollo/Saturn V Center auf dem NASA-Gelände**

ach aber so besonders macht, ist seine intime Verbindung mit dem liebsten ›Spielzeug‹ der Amerikaner: dem fahrbaren Untersatz.

Schon zu Beginn des 19. Jh. donnerten im benachbarten Ormond Beach Rennwagen den Strand entlang. An diese Vorgeschichte knüpft die Rennbegeisterung der Einwohner und Besucher von Daytona Beach an, die sich alljährlich zu mehreren Veranstaltungen auf dem Daytona International Speedway treffen.

Auch an normalen Wochenenden demonstrieren Auto- und Motorradbesitzer ihre tiefgehende PS-Treue. Wer etwas auf sich hält, bezahlt an einem Tickethäuschen 5 $ und erwirbt damit die Berechtigung, mit dem Fahrzeug am Strand auf und ab fahren oder für einen Badenachmittag parken zu dürfen. An Sommerwochenenden verwandelt sich der Atlantiksaum in einen Laufsteg der Eitelkeiten. Trägerinnen knapper Bikinis patrouillieren in Begleitung gebräunter Muskelmänner in offenen Sportwagen. Teenager bugsieren Strandbuggys auf der Suche nach dem anderen Geschlecht durch die Menschenmengen, die sich zwischen geparkten Autos und Motorrädern im Sand räkeln. Bester Logenplatz, um das sehenswerte Chaos zu beobachten, ist der 400 m weit ins Meer ragende **Main Street Pier,** über den man mit einer Seilbahn fahren kann.

## Motorsport

Normalerweise beginnt das Rennjahr mit den 16-tägigen Speedweeks im Februar, bei denen auch das berühmte ›Daytona 500‹ gefahren wird, gefolgt von der ›Bike Week‹ mit Dutzenden von Veranstaltungen im März. Die Reihe der Veranstaltungen zieht sich bis zum Dezember hin, ehe eine kurze Winterpause eintritt.

## Daytona International Speedway

Der Hochgeschwindigkeitskurs existiert seit 1959 und besteht aus einer 4 km langen ovalen Rennbahn, die von hohen Seitenwänden flankiert wird. Als erstes Rennen wurde am 22. Februar 1959 vor mehr als 41 000 Zuschauern das erste Daytona 500 ausgetragen, das bis heute das populärste Rennen geblieben ist und jedes Jahr bis zu 150 000 Zuschauer anzieht (1801 W. International Speedway Blvd., Tel. 386-947-6800, www.daytonainternationalspeedway.com).

### Daytona USA

Teil des Rennkomplexes ist mit **Daytona USA** eine Ausstellung, die einen guten Überblick über die Geschichte des lokalen Rennsportes gibt und dabei natürlich auch die besten Fahrer vorstellt. Neben zerbeulten Stock Cars sind Geländemotorräder, Rennmotorräder, Sportwagen und Go-Karts ausgestellt. Eine halbstündige Tour in einem offenen Trolley führt auf die Rennstrecke und macht Teilnehmer mit vielen interessanten Einzelheiten vertraut (1801 W. International Speedway Blvd., Tel. 386-947-6800, www.daytonausa.com, tgl. 9–19 Uhr).

**Daytona Beach Area Convention & Visitors Bureau:** 126 E. Orange Ave., Daytona Beach, FL 32114, Tel. 386-255-0981, Fax 386-255-5478, www.daytonabeach.com.

**The Villa:** 801 N. Peninsula Dr., Tel./Fax 386-248-2020, keine Webseite. Gepflegtes Anwesen im spanischen Stil mit vier Nichtraucher-Zimmern. 125–250 $.
**Lilian Place B & B:** 111 Silver Beach Ave., Tel. 386-323-9913, www.lilianplace.com. Das hübsche viktorianische B & B inspirierte den Schriftsteller Stephen Crane (1871–1900) zu seiner Kurzgeschichte ›Männer im Boot‹, alle Zimmer mit Klimaanlage und eigenem Bad. Ab 100 $.
**Travelodge Ocean Jewels Resort:** 935 S. Atlantic Ave., Tel. 386-252-2581, Fax 386-257-3608, www.oceanjewelsresort.com. Über 100 Zimmer mit kleiner Küche, Suiten mit 1 oder 2 Zimmern, Außenpool, Fitness-Studio. 60–100 $.
**Daytona Beach Campground:** 4601 Clyde Morris Blvd., Tel. 386-761-2663. Platz mit beheiztem Pool und Supermarkt.
**Harris Village and RV Park:** 1080 N. US 1, Ormond Beach, Tel. 386-673-0494, Fax 386-672-5716, www.harrisvillage.com. Platz nur für Erwachsene mit allen Einrichtungen.

**Riccardo's Italian Restaurant:** 610 Glenview Blvd., Tel. 386-253-3035, tgl. Dinner ab 17 Uhr. Nach italienischen Originalrezepten zubereitete Köstlichkeiten. 10–20 $.
**Hungarian Village Restaurant:** 424 S. Ridgewood Ave., Tel. 386-226-0115, Di–Sa Dinner, So–Mo Ruhetag. Ungarische Spezialitäten von Lamm, Schwein oder Ente. 10–18 $.

Mehrere Lokale liegen in der Main St. und deren Umgebung wie etwa:
**Froggy's Saloon:** 800 Main St., Tel. 386-254-8808, www.froggyssaloon.com, Mo–Di 11–19, Do–Sa 19–3 Uhr. Hier hat man die Decke mit angehefteten Geldscheinen in einen Dollarhimmel verwandelt.
**Love Bar:** 116 N. Beach St., Tel. 386-252-7600, geöffnet Di–Sa 15–3 Uhr. Vor allem Fr und Sa überschlägt sich die Stimmung, wenn Gäste zwischen dem Tresen und der Tanzfläche in der benachbarten **Groove Dance Bar** pendeln,Tanz ab 22 Uhr.
**Boot Hill Saloon:** 301 Main St., Tel. 386-258-9506. Das rustikale Lokal ist Treffpunkt für hartgesottene Biker, oft Live-Musik.

## St. Augustine

**Reiseatlas:** S. 28, E 2/3
Mit nicht einmal 12 000 Einwohnern ist St. Augustine eine Kleinstadt, historisch und touristisch aber ein ›Schwergewicht‹ als ältester nichtindianischer Ort auf dem Staatsgebiet der USA. Er wurde 1565 vom spanischen Seefahrer Pedro Menendez de Aviles gegründet, 42 Jahre bevor englische Siedler in Jamestown an Land gingen. Enge Gassen, Häuser im spanischen Stil mit malerischen Innenhöfen, hübschen Balkonen und schmiedeeisernen Gittern vermitteln eine mediterrane Atmosphäre. Zu ihr trägt auch die reizvolle Bridge of Lions bei, die zwischen Stadtzentrum und Anastasia Island den Matanzas River überspannt. Ihr Mittelteil gewährt als Zugbrücke großen Schiffen freie Durchfahrt.

## Historische Stätten

Die strategisch günstige Lage am ›Tor‹ nach Florida machte St. Augustine jahrhundertelang zu einer heftig umkämpften Bastion. Um sie zu schützen, wurde 1672 das **Castillo de San Marcos** errichtet, die älteste gemauerte Verteidigungsanlage der USA. Das Baumaterial bestand aus relativ weichem Muschelkalk (*coquina* oder *tabby* genannt), der sich beim Beschuss des Forts hervorragend bewährte, weil er nicht splitterte, sondern nachgab und Kanonenkugeln, wie Augenzeugen zu berichten wussten, ›wie ein weicher Käse‹ auffing.

Heute untersteht die mittelalterlich anmutende Anlage mit dekorativen Ecktürmchen der Nationalparkverwaltung. Bevor San Marcos von Touristen gestürmt wurde, erfüllte es seine letzte militärische Funktion im 19. Jh. als Gefängnis für Seminolen-Indianer, die sich der Deportation nach Oklahoma widersetzten. Unter den Inhaftierten befand sich auch Häuptling Osceola, dem 1837 die Flucht aus dem als ausbruchsicher geltenden Gemäuer gelang (1 Castillo Dr., Tel. 904-829-6506, www.nps.gov/casa, tgl. 9–17 Uhr).

Die Fußgängerzone St. George Street führt mitten durch die historische Altstadt und ist nicht nur von unvermeidlichen Souvenirläden und Imbissständen gesäumt, sondern auch von den ältesten Bauwerken der Stadt. Zu ihnen gehört das wahrscheinlich um die Mitte des 18. Jh. aus Zypressen- und Zedernholz erbaute **Oldest Wooden Schoolhouse**, in dem der Schulalltag wie vor 200 Jahren dargestellt wird (14 St. George St., Tel. 904-824-0192, www.oldestwoodenschoolhouse.com, tgl. 9–17 Uhr).

Zahlreiche restaurierte bzw. rekonstruierte Häuser aus der spanischen Kolonialzeit vor 1763 bilden das **Spanish Quarter.** Handwerker, Hausfrauen, Bedienstete und Soldaten sind in für die damalige Zeit typischer Kleidung kostümiert und führen Besuchern das Alltagsleben des 18. Jh. vor Augen (29 St. George St., Tel. 904-825-6830, www.positivelystaugustine.com/spanqtr.htm, tgl. 9–17.30 Uhr).

Ältestes ziviles Gebäude in der Stadt ist das **Gonzalez-Alvarez House** aus dem frühen 18. Jh. Ursprünglich handelte es sich um ein eingeschossiges Haus, dem später eine

**Das spanische Viertel, eine der ältesten europäischen Siedlungen der USA**

zweite Etage in Holzbauweise hinzugefügt wurde. In den Räumen wurde ein kleines stadtgeschichtliches Museum eingerichtet (14 St. Francis St., Tel. 904-824-2872, www.oldesthouse.org, tgl. 9–17 Uhr).

## Flaglers Vermächtnis

Eine kleine Parkanlage mit Brunnen trennt das ehemalige, vom Eisenbahnmagnaten Henry M. Flagler (1830–1913) erbaute Alcazar Hotel von der King Street. In dem andalusisch-orientalischen Bau ist seit 1948 das **Lightner Museum** mit Antiquitäten, Sammlungen von mechanischen Musikinstrumenten, einem viktorianischen Dorf und Kollektionen von Tiffany-Glas untergebracht (75 King St., Tel. 904-824-2874, www.lightnermuseum.org, tgl. 9–17 Uhr).

Als ein Monument aus der jüngeren Vergangenheit zieht im Stadtzentrum das **Flagler College** die Blicke auf sich. Der Gebäudekomplex mit roten Ziegeldächern, quadratischem Turm, Innenhof mit Palmen, Brunnen und üppigem Terrakotta-Dekor wurde 1888 als Hotel Ponce de Léon eröffnet. 1968 wurde das Luxushotel in ein College verwandelt. Besuchern ist der Zugang zur Rotunde erlaubt, einer runden Eingangshalle mit Mosaikboden und holzgeschnitzten Pfeilern, die zwei sich nach oben verjüngende Galerien tragen, über dem sich eine ausgemalte Kuppel wölbt (74 King St., Tel. 904-819-6400, www.flagler.edu, tgl. Führungen 10 und 14 Uhr).

## Im Süden von St. Augustine

Südlich der Stadt widmet sich die **St. Augustine Alligator Farm** der Aufzucht von Alligatoren und Krokodilen, doch fanden in diesem subtropischen Tierpark auch Affen, viele Vogelarten sowie Riesenschildkröten eine Heimat. Unbestreitbar der Größte war bis vor einigen Jahren Gomek, ein rund 1300 kg schweres Krokodil aus Papua-Neuguinea, das seine Alligatorenkollegen wie Winzlinge aussehen ließ und seit seinem Ableben 1997 in präpariertem Zustand in einem eigenen Pavillon zu bestaunen ist (999 Anastasia Blvd., S. A1A Hwy, Tel. 904-824-3337, www.alligatorfarm.com, tgl. 9–17 Uhr).

Der spanische Begriff *matanzas* bedeutet so viel wie Gemetzel und bezeichnet zugleich eine 14 Meilen südlich von St. Augustine auf einer Barriere-Insel liegende gleichnamige Stätte, an der im Gründungsjahr der Stadt 1565 spanische Soldaten 330 Franzosen umbrachten. Zwischen 1740 und 1742 entstand dort zum Schutz der Südflanke der Stadt das kleine **Fort Matanzas.** Um die Anlage zu besichtigen, muss man mit einer Fähre vom Festland übersetzen (8635 A1A S., Tel. 904-471-0116, www.nps.gov/foma, tgl. 9–17.30 Uhr, kostenloser Fährservice 9.30–16.30 Uhr).

Eine Filmgesellschaft aus Hollywood baute 1938 zwischen St. Augustine und Flagler Beach ein Meerwasserbecken, um dort gehaltene Große Tümmler für Filme einfacher als im Meer auf Zelluloid bannen zu können. Daraus entstand in Laufe der Jahre unter dem Namen **Marineland of Florida** eine populäre Touristenattraktion, die unterschiedliche Aktivitäten mit Delfinen anbietet (9600 Oceanshore Blvd., Tel. 904-471-1111, www.marineland.net, tgl. 9–16.30 Uhr).

i **St. Augustine, Ponte Vedra & The Beaches Visitors & Convention Bureau:** 88 Riberia St., Suite 400, St. Augustine, FL 32084, Tel. 904-829-1711, 1-800-653-2489, www.visitoldcity.com.

**House of Sea and Sun:** 2 B St., Tel. 904-461-1716, Fax 904-461-1319, www.houseofseaandsun.com. Direkt am Meer ca. 5 Meilen außerhalb der Stadt gelegenes hübsches B & B aus den 1920er Jahren. An Wochenenden 2 Nächte Minimum. Ab 139 $.
**Victorian House:** 11 Cadiz St., Tel. 904-824-5214, Fax 904-824-7990, www.victorianhousebnb.com. Viktorianisches B & B mit operettenhaft ausstaffierten Zimmern. Ab 109 $.
**Kenwood Inn:** 38 Marine St., Tel. 904-824-2116, Fax 904-824-1689, www.thekenwoodinn.com. Wunderschönes, zentral gelegenes B & B im viktorianischen Stil mit breiten Balkonen. Ab 95 $.
**Pirate Haus Inn:** 32 Treasury St., Tel. 904-808-1999, Fax 904-808-1999, www.piratehaus.com. Im historischen Distrikt gelegenes B & B,

**Bei St. Augustine sind die Sandstrände breit und flach**

das auch als Jugendherberge dient. Zimmer ab 45 $, Betten im Schlafsaal 16,50 $.

**Old City House Inn:** 115 Cordova St., Tel. 904-826-0113, tgl. Dinner ab 17.30 Uhr. B & B von 1873 mit fabelhaftem Restaurant, Drunken Pig (Schweinekoteletts auf einem Rotkohlbett) 17 $, Steak vom Angus-Rind 24 $.

**Raintree Restaurant:** 102 San Marco Ave., Tel. 904-824-7211, tgl. Dinner ab 17.30 Uhr. Bereits mehrfach preisgekröntes viktorianisches Restaurant, Tunfisch im Cajun-Stil mit Brandy flambiert 19 $, Hummer-Ravioli mit Mango Salsa 9 $.

**Tavern on the Bay:** 20 Ave. Menendez, Tel. 904-810-1919, tgl. ab 11.30 Uhr. Einfacheres Lokal an der Bayfront mit Steaks, Salaten, vegetarischen Speisen und Burgers. Ab 8 $.

## Jacksonville

**Reiseatlas:** S. 28, D/E 2

Mit über 2000 $km^2$ zählt Jacksonville zu den flächenmäßig größten Städten der USA und platziert sich mit 740 000 Einwohnern noch vor Miami. In der Besiedlungs- und Wirtschaftsgeschichte der Stadt war der St. Johns River, der das Zentrum in zwei Hälften teilt, als Transportader ein wichtiger Faktor. Heute verleiht er Jacksonville mit parkähnlichen Uferpromenaden eine reizvolle Kulisse. Direkt am Wasser liegt **Jacksonville Landing,** das vom gleichen Architekten entworfen wurde wie der Bayside Marketplace in Miami.

Das **Cummer Museum of Art and Gardens** ist das größte Kunstmuseum im Nordosten von Florida und stellt europäische Kunst vom 12. bis zum 20. Jh. aus mit Werken von Rubens, Gaddi, Aertsen und Vasari. Der Schwerpunkt der amerikanischen Abteilung liegt auf der Landschaftsmalerei des 19. Jh. Einen hervorragenden Ruf hat die Sammlung von über 700 Stücken Meißener Porzellan (829 Riverside Ave., Tel. 904-356-6857, www.cummer.org, Di und Do 10–21, Mi, Fr–Sa 10–17, So 12–17, Di 16–21 Uhr Eintritt frei).

Die Main Street Bridge führt an das südliche Flussufer zum **Museum of Science and History**, das aus einem wissenschaftlichen Zentrum mit Experimenten zum Selbstprobieren, dem Alexander Brest Planetarium, einer astronomischen Ausstellung und einer Abteilung für Kinder besteht (1025 Museum Circle, Tel. 904-396-6674, www.themosh.org, Mo–Fr 10–17, Sa 10–18, So 13–18 Uhr).

## Amelia Island

**Reiseatlas:** S. 28, E 1/2
Im äußersten Nordosten endet das Staatsgebiet des Sunshine State mit der malerischen Küstenlandschaft von Amelia Island. Die Insel rühmt sich, der einzige Flecken in den USA zu sein, über dem seit der ersten Besiedlung Mitte des 16. Jh. acht unterschiedliche Flaggen wehten.

### Fernandina Beach

Einziges Städtchen auf dem lang gezogenen Eiland ist Fernandina Beach mit knapp 9000 Einwohnern. Die zentrale Centre Street durch den **Fernandina Beach Historic District** sieht aus wie im späten 19. Jh. Über 400 viktorianische Bauten bilden das Altstadtviertel und lassen erahnen, dass das Städtchen im 19. Jh. als Exporthafen von Zypressenholz, das per Bahn aus Cedar Key an der Golfküste herangeschafft wurde, viel Geld verdiente. Nachdem die Insel im beginnenden 20. Jh. mangels Rohstoff auf den Holzexport verzichten musste, verlagerten örtliche Geschäftsleute ihre Aktivitäten auf den Shrimps-Fang, der bis heute neben dem Tourismus die wichtigste Einnahmequelle ist. Die idyllische Südstaatenruhe wird nur am ersten Maiwochenende gestört, wenn über 150 000 Besucher zum jährlichen Shrimps-Festival anreisen. Eine Institution im Zentrum des Städtchens ist der 1878 erbaute **Palace Saloon** an der Centre Street, die älteste Taverne in Florida.

### Fort Clinch

Einen Blick in die Vergangenheit erlaubt der **Fort Clinch State Park** am nordöstlichsten Punkt Floridas. Das Fort wurde 1847 als Küstenbefestigung errichtet, um die Schifffahrt auf dem St. Mary's River sowie den Hafen von Fernandina zu schützen, erwies sich aber schon wenige Jahrzehnte später als überflüssig und wurde aufgegeben. Auf dem Parkgebiet lädt ein 4 km langer Strand aus feinem Quarzsand mit über 12 m hohen Dünen zum Baden ein (2601 Atlantic Ave., Tel. 904-261-4212, www.floridastateparks.org/fortclinch, tgl. 8–18 Uhr.)

i **Amelia Island Chamber of Commerce:** 102 Center St., P. O. Box 472, Fernandina Beach, FL 32034, Tel. 904-261-3248, www.islandchamber.com.

**Williams House:** 103 S. 9th St., Tel. 904-277-2328, Fax 904-321-1325, www.williamshouse.com. Viktorianisches B & B mit luxuriöser Ausstattung. In einem geheimen Raum wurden früher flüchtige Sklaven versteckt. 180–250 $.
**Fairbanks House:** 227 S. 7th St., Tel. 904-277-0500, Fax 904-277-3103, www.fairbanks house.com. Viktorianischer Palast mit Zimmern, in denen man in einem fürstlichen Ambiente fast wie in einem Museum aus dem 19. Jh. nächtigt, Frühstück inkl. Ab 170 $.
**Bailey House:** 28 S. 7th St., Tel. 904-261-5390, Fax 904-321-0103, www.baileyhouse.com. Märchenhaftes B & B im Queen Anne-Stil mit Türmchen, Dachgauben und umlaufender Terrasse. Alle Zimmer klimatisiert, mit TV und eigenem Bad. Ab 139 $.
**Fort Clinch State Park:** Straße A1A, Tel. 904-277-7274, www.floridastateparks.org. Für Camper gibt es zwei kleine Plätze.

**Le Clos:** 20 S. 2nd St., Tel. 904-261-8100, Mo–Sa Dinner ab 17.30 Uhr, So Ruhetag. Französisch inspirierte Küche auf hohem Niveau, Lamm mit Kartoffelgratin 26 $, provenzalische Jakobsmuscheln 23 $.
**Beech Street Grill:** 801 Beech St., Tel. 904-277-3662, tgl. 18–22 Uhr. Mehrfach ausgezeichnete Küche in reizvollem viktorianischen Ambiente. Hauptgerichte ab 17 $.

**Kajaktouren:** Kayak Amelia, Tel. 904-251-0016, www.kayakamelia.com. Unterschiedliche geführte Touren durch die Küstengewässer, auch Vollmondtouren.

# Register

# Register

KANADA
QUEBEC
ONTARIO
Quebec
Montreal
Ottawa
1 / 2
VERMONT
Bangor
3 / 4
MAINE
Portland
NEW HAMPSHIRE
Lake Superior
MINNESOTA
Duluth
Minneapolis
St. Paul
WISCONSIN
Madison
Milwaukee
Lake Michigan
MICHIGAN
Lake Huron
Toronto
Lake Ontario
Boston
9 / 10
MASSACHUSSETTS
Providence
RHODE ISLAND
CONNEC-TICUT
5 / 6
Niagara Falls
Buffalo
Syracuse
7 / 8
NEW YORK
New York
Detroit
Lake Erie
Cleveland
IOWA
Des Moines
Chicago
ILLINOIS
OHIO
11 / 12
Pittsburgh
PENNSYLVANIA
13 / 14
NEW JERSEY
Philadelphia
Baltimore
DELAWARE
Washington D.C.
17 / 18
MARYLAND
Indianapolis
INDIANA
Springfield
Cincinnati
15 / 16
WEST VIRGINIA
VIRGINIA
St. Louis
Mississippi
MISSOURI
Springfield
19 / 20
KENTUCKY
21 / 22
Nashville
Knoxville
NORTH CAROLINA
TENNESSEE
Chattanooga
ARKANSAS
Memphis
SOUTH CAROLINA
Atlantic Ocean
Birmingham
23 / 24
Atlanta
Charleston
MISSISSIPPI
ALABAMA
Savannah
Montgomery
GEORGIA
25 / 26
27 / 28
Mobile
Tallahassee
Jacksonville
LOUISIANA
FLORIDA
New Orleans
29 / 30
Orlando
Tampa
St. Petersburg
Gulf of Mexico
31 / 32
Miami
BAHAMAS
Florida Keys
Straits of Florida

## Legende

- Autobahn, gebührenpflichtig (Tollway)
- Autobahn, gebührenfrei (Freeway)
- Schnellstraße
- Fernstraße
- Hauptstraße
- Nebenstraße
- Straße in Bau
- Straße für Kfz gesperrt
- 95 Interstate Highway
- 130 U.S. Highway
- 29 State Highway, State Route
- Tunnel
- Eisenbahn
- Fähre
- Staatsgrenze
- Bundesstaatsgrenze
- Nationalpark; Naturpark
- Reservat, Sperrgebiet
- Internationaler Flughafen
- Nationaler Flughafen
- Grenzübergang
- Sehenswürdigkeit
- Regionalpark, Erholungsgebiet
- Leuchtturm
- Windmühle
- Skigebiet
- Berggipfel
- Pass, Joch

# Reiseatlas Osten der USA

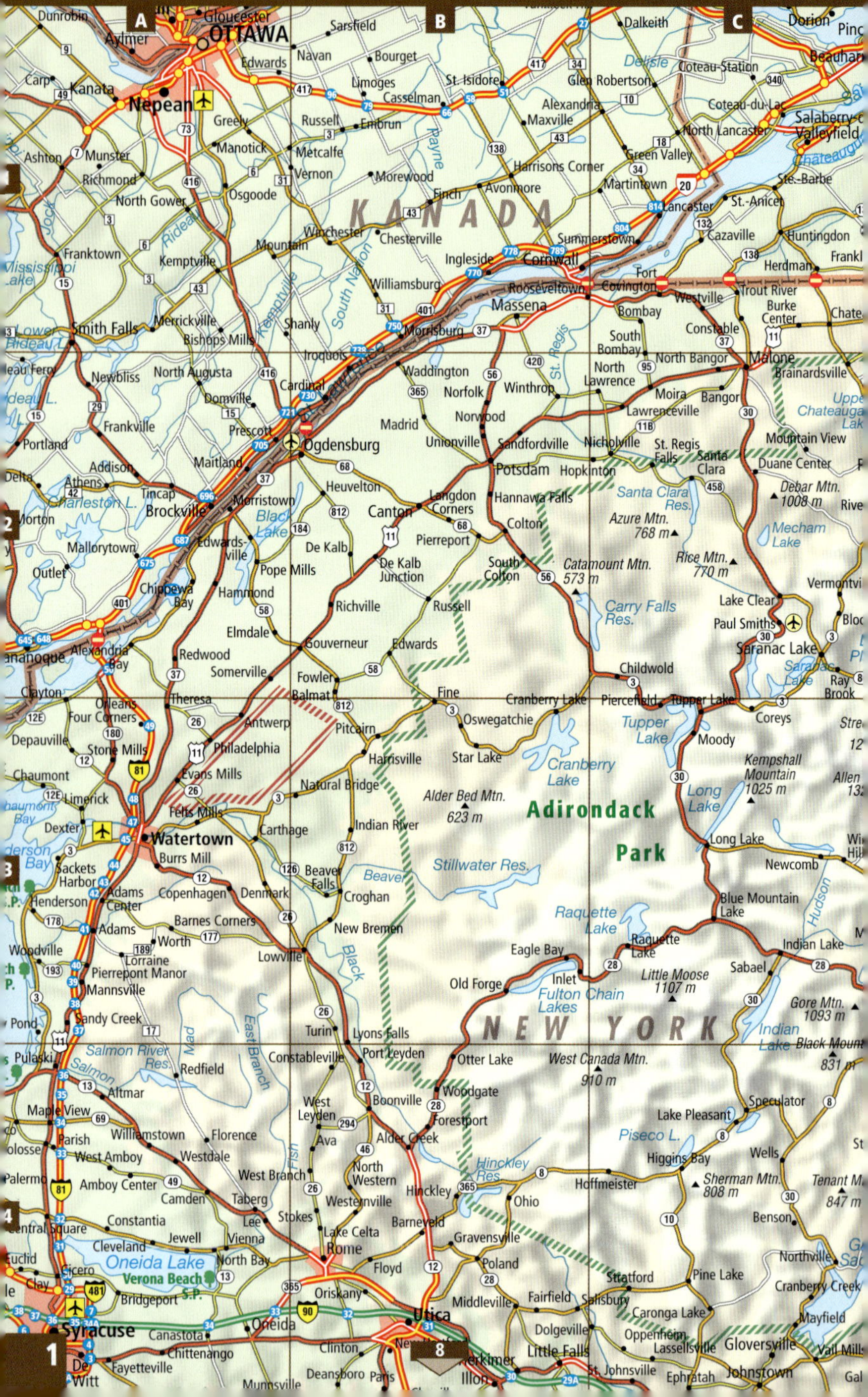
A
B
C
1
2
3
4
OTTAWA
Gloucester
Dunrobin
Aylmer
Sarsfield
Navan
Bourget
Carp
Kanata
Nepean
Edwards
Limoges
Casselman
St. Isidore
Dalkeith
Glen Robertson
Coteau-Station
Coteau-du-Lac
Dorion
Beauharnois
Salaberry-de-Valleyfield
Greely
Russell
Embrun
Alexandria
Maxville
North Lancaster
Green Valley
Ashton
Munster
Manotick
Metcalfe
Richmond
Vernon
Morewood
Harrisons Corner
Martintown
Lancaster
Ste.-Barbe
St.-Anicet
North Gower
Osgoode
Finch
Avonmore
KANADA
Winchester
Chesterville
Summerstown
Cazaville
Huntingdon
Franktown
Kemptville
Mountain
Ingleside
Cornwall
Fort Covington
Herdman
Trout River
Burke Center
Williamsburg
Rooseveltown
Massena
Bombay
Westville
Constable
Smith Falls
Merrickville
Bishops Mills
Shanly
Morrisburg
South Nation
Iroquois
Waddington
South Bombay
North Bangor
Malone
Brainardsville
Newbliss
North Augusta
Cardinal
Norfolk
Winthrop
North Lawrence
Moira
Bangor
Frankville
Domville
Prescott
Madrid
Norwood
Lawrenceville
Portland
Ogdensburg
Unionville
Sandfordville
Nicholville
St. Regis Falls
Santa Clara
Mountain View
Duane Center
Addison
Maitland
Heuvelton
Potsdam
Hopkinton
Santa Clara Res.
Athens
Tincap
Brockville
Morristown
Canton
Langdon Corners
Hannawa Falls
Debar Mtn. 1008 m
Charleston L.
Black Lake
Pierrepont
Colton
Azure Mtn. 768 m
Mecham Lake
Mallorytown
Edwardsville
De Kalb
De Kalb Junction
South Colton
Catamount Mtn. 573 m
Rice Mtn. 770 m
Outlet
Pope Mills
Chippewa Bay
Hammond
Richville
Russell
Carry Falls Res.
Lake Clear
Paul Smiths
Vermontville
Elmdale
Gouverneur
Edwards
Saranac Lake
Gananoque
Alexandria Bay
Redwood
Somerville
Fowler
Childwold
Ray Brook
Clayton
Theresa
Balmat
Fine
Cranberry Lake
Piercefield
Tupper Lake
Coreys
Orleans Four Corners
Depauville
Antwerp
Pitcairn
Oswegatchie
Tupper Lake
Moody
Stone Mills
Philadelphia
Harrisville
Star Lake
Cranberry Lake
Kempshall Mountain 1025 m
Chaumont
Evans Mills
Natural Bridge
Alder Bed Mtn. 623 m
Adirondack Park
Long Lake
Limerick
Felts Mills
Dexter
Watertown
Carthage
Indian River
Long Lake
Newcomb
Burrs Mill
Sackets Harbor
Adams Center
Copenhagen
Denmark
Beaver Falls
Croghan
Beaver
Stillwater Res.
Henderson
Adams
Barnes Corners
New Bremen
Raquette Lake
Blue Mountain Lake
Hudson
Indian Lake
Woodville
Worth
Lorraine
Lowville
Eagle Bay
Raquette Lake
Sabael
Pierrepont Manor
Mannsville
Black
Old Forge
Inlet
Fulton Chain Lakes
Little Moose 1107 m
Gore Mtn. 1093 m
Sandy Creek
Pond
Turin
Lyons Falls
NEW YORK
Indian Lake
Black Mountain 831 m
Pulaski
Salmon River Res.
Redfield
Mad
East Branch
Constableville
Port Leyden
Otter Lake
West Canada Mtn. 910 m
Salmon
Altmar
Woodgate
West Leyden
Boonville
Forestport
Speculator
Lake Pleasant
Maple View
Parish
Williamstown
Florence
Ava
Alder Creek
Piseco L.
West Amboy
Westdale
Fish
Higgins Bay
Wells
Palermo
Amboy Center
West Branch
North Western
Hinckley Res.
Hoffmeister
Sherman Mtn. 808 m
Tenant Mtn. 847 m
Camden
Taberg
Westernville
Hinckley
Ohio
Central Square
Constantia
Jewell
Lee
Stokes
Barneveld
Benson
Cleveland
Vienna
Lake Celta
Gravensville
Euclid
Oneida Lake
North Bay
Rome
Floyd
Poland
Northville
Cicero
Verona Beach S.P.
Clay
Bridgeport
Oriskany
Middleville
Fairfield
Salisbury
Stratford
Pine Lake
Cranberry Creek
Syracuse
Canastota
Oneida
Utica
Caronga Lake
Dolgeville
Mayfield
Chittenango
Clinton
New Hartford
Herkimer
Little Falls
Oppenheim
Lassellsville
Gloversville
Fayetteville
De Witt
Deansboro
Paris
Ilion
St. Johnsville
Ephratah
Johnstown
Munnsville

8

0 15 km 30 km
0 15 mi 30 mi

1 : 1.500.000
1 cm = 15 km
1 cm = 9.3 Meilen

A
B
C
1
2
3
4
MAINE
NEW HAMPSHIRE
White Mountains
Chartierville
Snow Mtn. 1203 m
Connecticut Lakes S.P.
St-Malo
Happy Corner
Pittsburg
Lake Francis S.P.
East Hereford
Stewartstown
Colebrook
Dixville Notch 570 m
Dixville Notch S.P.
Errol
North Stratford
Nashstream S.F.
Stratford
Guildhall
Groveton
Milan Hill S.P.
Milan
Lancaster
Berlin
Cascade
Jefferson
Whitefield
Gorham
Littleton
Bethlehem
Mt. Washington 1917 m
Pinkham Notch
Crawford Notch S.P.
Franconia Notch 578 m
Bretton Woods
Crawford Notch
Jackson
Glen
The Flume
Lincoln
North Woodstock
Kancamagus Pass 881 m
Kancamagus Hwy.
Echo Lake State Park
North Conway
Conway
Passaconaway
Nat'l. Forest
Thornton
Chocorua
Sandwich
Squam Lake
Holderness
Ashland
Moultonboro
Lakes Region
Meredith
Lake Winnipesaukee
Wellington S.P.
Bristol
Weirs Beach
Wolfeboro
Laconia
Winnisquam
Tilton
Belmont
Alton
Franklin
Canterbury
Farmington
Loudon
Pittsfield
Winslow S.P.
Warner
Contoocook
Epsom
Concord
Bear Brook S.P.
Pawtuckaway S.P.
Hooksett
Hillsborough
Goffstown
Raymond
Epping
Massabesic Lake
MANCHESTER
Bedford
Derry
East Hampstead
Amesbury
Kingston
Exeter
Durham
Newmarket
North Hampton
Northwood
Rochester
Dover
Sanford
East Lebanon
Alfred
West Kennebunk
Kennebunk
Kennebunkport
Wells
Ogunquit
Cape Neddick
York
Kittery
Portsmouth
Odiorne Pt. S.P.
Rye Beach
Rye Harbor S.P.
Hampton
Hampton Beach
Hampton Beach S.P.
Salisbury Beach S.P.
Biddeford
Saco
Ferry Beach S.P.
Old Orchard Beach
Crescent Beach S.P.
Scarborough
West Scarborough
Cape Elizabeth
Two Lights S.P.
South Portland
PORTLAND
Casco Bay
Westbrook
Gorham
South Windham
North Windham
Windham
Waterboro
Newfield
Limerick
Wakefield
Wentworth S.P.
Ossipee
Center Ossipee
West Ossipee
Cornish
Kezar Falls
Hiram
Steep Falls
Sebago Lake
Sebago Lake S.P.
Denmark
Fryeburg
Bridgton
Naples
Dry Mills
Gray
West Gray
Yarmouth
Freeport
Bradbury Mtn. S.P.
Brunswick
Topsham
Bath
Woolwich
Harpswell
South Harpswell
Bailey Island
Popham Beach
Popham Beach S.P.
Lisbon Falls
Wiscasset
Richmond
Edgecomb
Lewiston
Auburn
Mechanic Falls
North Bridgton
Lovell
Waterford
Norway
South Paris
West Paris
Lynchville
Turner
Monmouth
Hallowell
Augusta
Manchester
North Leeds
West Sumner
Livermore
Livermoore Falls
Brookton
Readfield
Great Pond
Belgrade Lakes
Oakland
Waterville
Vassalboro
Framington Falls
Farmington
Wilton
Dixfield
Mexico
Rumford
Frye
Andover
Grafton Notch State Park
Upton
Old Speck Mtn. 1262 m
Puzzle Mtn. 955 m
Hanover
Newry
Bethel
Mt. Zircon 683 m
Gilead
Evans Notch State Park
North Chatham
Speckled Mtn. 877 m
Androscoggin River
Umbagog Lake
South Arm
Byron
Weld
Mt. Blue S.P.
Tumbledown Mtn. 925 m
Elephant Mtn. 1150 m
Richardson Lakes
Mooselookmeguntic Lake
Wilsons Mills
Oquossoc
Rangeley
Aziscohos Lake
West Kennebago Mtn. 1129 m
East Kennebago Mtn. 1166 m
Eustis
Snow Mtn. 1203 m
Flagstaff Mtn. 761 m
Flagstaff Lake
Bigelow Mtn. 1265 m
Stratton
Carrabassett
Sugarloaf Mtn. 1291 m
Mt. Abraham 1234 m
Appalachian Trail
Dallas
Madrid
Phillips
Strong
Kingfield
Caratunk
Moxie Mtn. 892 m
Kennebec River
Abbot Village
Bingham
Cambridge
Solon
Athens
North Anson
Madison
Skowhegan
Norridgewock
Androscoggin River
Kennebec River
Connecticut River
Cog R.R.


10

D
E
F
1
2
3
4
Dover-Foxcroft
Lagrange
Passadumkeag
446 m
Sabao Mtn.
331 m
Nicatous Lake
Crawford Lake
Grove
Meddybemps
West Pembroke
Bradford
Charleston
Greenfield
Eagle Mtn.
329 m
Costigan
Penobscot
Hudson
Wesley
Dennysville
Cobscook Bay S.P.
Dexter
East Corinth
Kenduskeag
Old Town
Peaked Mtn.
286 m
Lead Mtn.
450 m
Beddington
Northfield
Whiting
Corinna
Aurora
Orono
West Levant
East Machias
Newport
Carmel
Bangor
Deblois
Whitneyville
Cutler
Pittsfield
Mariaville
Waltham
Eastbrook
East Holden
Orrington
Columbia Falls
Roque
Roque Bluffs S.P.
Bluffs
Cross Island
Newburgh
Cherryfield
Harrington
Jonesport
Dixmont
Winterport
Monroe
Milbridge
South Addison
Unity
Bucksport
Ellsworth
Sullivan
Grand Manan Channel
Brooks
Freedom
Prospect
Surry
Lamoine S.P.
Gouldsboro
Great Wass Island
Swanville
Penobscot
Searsport
Trenton
Winter Harbor
Belmont Corner
Blue Hill
Bar Harbor
Acadia National Park
Belfast
Castine
Peninsula
Mt. Desert Island
Liberty
Southwest Harbor
Searsmont
Little Deer Isle
South Liberty
Camden Hills S.P.
Lincolnville
Deer Isle
Bass Harbor
Atlantic
Swans Island
Union
Camden
West Rockport
Stonington
Frenchboro
Warren
Rockland
Isle au Haut
Vinalhaven
Waldoboro
Birch Pt. S.P.
Vinalhaven Island
Acadia National Park
Friendship
Port Clyde
Matinicus
Monhegan
Atlantic Ocean

# Cleveland, Buffalo, Niagara Falls, Rochester, Lake Erie

11

0 15 km 30 km
0 15 mi 30 mi
1 : 1.500.000
1 cm = 15 km
1 cm = 9.3 Meilen
D
E
F
1
2
3
4
6
7
12
Lake Ontario
Wilson
Niagara-on-the-Lake
Youngstown
Wrights Corner
Medina
Albion
Murray
Parma
Greece
Rochester
St. Catharines
Grimsby
Thorold
Niagara Falls
Lockport
Shelby
Barre Center
Brockport
Gates
North Chili
Smithville
Bismarck
Fonthill
Niagara Falls
Niagara Res. S.P.
South Lockport
Alabama
Elba
Byron
Bergen
North Tonawanda
Welland
Chippawa
Tonawanda
Akron
Batavia
Le Roy
Caledonia
West Henrietta
Snyder
Kenmore
Amherst
Darien Lakes S.P.
Wainfleet
Gasline
Fort Erie
Buffalo
Depew
Avon
Lima
Lancaster
Town Line
Darien
Bethany
Pavilion
East Bl
Port Claiborne
Long Beach
Crystal Beach
West Seneca
Attica
Greigsville
Lakeville
Lackawanna
East Aurora
Wyoming
Geneseo
Hemlock
Varysburg
Conesus Lake
Lake View
Hamburg
Perry Center
Mount Morris
Honeoye
North Java
Warsaw
Letchworth S.P.
Hemlock L.
Eden
Colden
Holland
Rock Glen
Java Center
Groveland
Irving
Chaffee
Bliss
Pike
Nunda
Dansville
Wayland
Silver Creek
Sardinia
Collins Center
Arcade
Hunt
Dunkirk
Sheridan
Springville
Fredonia
Forestville
Gowanda
Riceville
Sandusky
NEW YORK
Fillmore
Garwoods
Haskinville
Dayton
Ashford Hollow
Machias
Farmersville Station
Caneadea
Arkport
Brocton
Balcom
Ashford
Birdsall
Hornell
Cassadaga
Cattaraugus
Cadiz
Belfast
Leon
Ellicottville
Rockville
Almond
Hartfield
Chautauqua Lake
Little Valley
Phillips Creek
Canisteo
Ellington
Conewango
Ischua
Belmont
Gerry
Randolph
Great Valley
Cuba
Scio
Stow
Salamanca
Maplehurst
Andover
South Canisteo
Wellsville
Lakewood
Jamestown
Vandalia
Greenwood
Obi
Allentown
Stillwater
Frewsburg
Olean
Bolivar
Rexville
Niobe
Allegheny S.P.
Portville
Ceres
Shongo
Lander
Allegheny Nat'l. Rec. Area
Bradford
Eldred
Myrtle
Shinglehouse
Genesee
Mills
Lottsville
Millport
Elmer
Youngsville
North Warren
Allegheny Reservoir
Rew
Larabee
Custer City
Hebron Center
Gold
Ulysses
Westfield
Pittsfield
Warren
Lewis Run
Farmers Valley
Coleburg
Brookland
Garland
Marshburg
Smethport
Port Allegany
Rogertown
Coudersport
West Pike
Gaines
Allegheny
Cobham
Weldbank
Mount Jewett
Crosby
Wrights
Sweden Valley
Galeton
Tidioute
Ludlow
Marvindale
Keating Summit
Sheffield
Barnes
Halsey
Germania
Betula
Austin
Kane
Carter Camp
Hickory
Lynch
Sergeant
East Branch Clarion R. Res.
Costello
Tionesta
Nansen
Sprouls State Forest
De Young
Wilcox
Elk S.F.
Sizerville
Kellettville
Driftwood
Emporium
Cross Fork
Nat'l. Forest
Johnsonburg
Truman
Tionesta
Roses
Cameron
Newmansville
Tamarack
Ridgway
Sterling Run
PENNSYLVANIA
St. Marys
Leeper
Dents Run
Hyner
Haneyville
Cook Forest S.P.
Driftwood
Fryburg
Brandy Camp
Benezette
Shintown
Clarington
Cooksburg
Sinnemahoning
Elmo
Challenge
Weedville
Medix Run
Shippenville
Brockway
Richardsville
Clarion
Tyler
Day
Hazen
Penfield
Mechanicsville
Sabula
Karthaus
Lock Ha
Sligo
Frogtown
Brookville
Shannondale
Du Bois
Croft
Beech Creek
Rimersburg
Rathmel
Luthersburg
Pine Glen
Mayport
Drifting
Moshannon
New Bethlehem
Clearfield
Frostburg
Chestnut Grove
Big Run
Distant
Grampian
Allport
Wingate
Punxsutawney
Curwensville
Morrisdale
Black Moshannon S.P.
Hublersbu
Mahoning Cr. L.
McGees Mills
Philipsburg
Julian
Dayton
Mahaffey
Bellefon
Trade City

A
B
C
1
2
3
4
6
7
13
Lake Ontario
Fair Haven Beach S.P.
Oneida Lake
Verona Beach S.P.
Rochester
Greece
Irondequoit
Webster
West Webster
East Rochester
Gates
North Chili
Pultneyville
Sodus Point
Sodus
Ontario
Lake Bluff
Red Creek
Hannibal
Fulton
North Victory
South Hannibal
Bundys
Volney
Colosse
Palermo
Parish
West Amboy
Amboy Center
Camden
Constantia
Central Square
Phoenix
Cleveland
Jewell
Euclid
Clay
Cicero
Bridgeport
Alton
Wolcott
Butler
Victory
South Sodus
Rose
Baldwinsville
Syracuse
Canastota
Chittenango
Fayetteville
DeWitt
Macedon
Palmyra
Newark
Lyons
Clyde
Savannah
South Butler
Cato
Jordan
Weedsport
Elbridge
Westvale
Sennett
Nedrow
Skaneateles
Caledonia
West Henrietta
Victor
Manchester
Avon
Lima
East Bloomfield
Canandaigua
Geneva
Seneca Falls
Waterloo
Auburn
Fleming
Union Springs
Skaneateles L.
Owasco L.
Niles
Borodino
La Fayette
Oran
Pompey
Cazenovia
New Woodstock
Geneseo
Greigsville
Lakeville
Conesus Lake
Hemlock
Canandaigua L.
Honeoye L.
Hemlock L.
Flint
Fayette
Romulus
Hall
Rushville
Bristol Springs
Seneca Lake
Levanna
Aurora
Scipio Center
Cayuga Lake
Moravia
Spafford
Tully
Scott
De Ruyter
Truxton
Mount Morris
Groveland
Middlesex
Penn Yan
Willard
Ovid
Lodi
Genoa
Locke
Summerhill
Cortland
Homer
East Homer
McGraw
South Otselic
Naples
Branchport
Dansville
Wayland
North Cohocton
Cohocton
Keuka L.
Dundee
Finger Lakes Nat'l. Forest
Valois
Covert
Myers
Groton
Freeville
Dryden
Solon
Taylor
Pitcher
Cincinnatus
Garwoods
Haskinville
Wallace
Pulteney
Urbana
Keuka
Reynoldsville
Ithaca
Varna
Harford
Marathon
Willet
Upper Lisle
Arkport
Avoca
Howard
Hornell
Almond
Hammondsport
Bath
Tyrone
Watkins Glen
Burdett
Montour Falls
Newfield
Caroline
Richford
Hunts Corners
Whitney Point
Lisle
Triangle
Savona
Beaver Dams
Canisteo
Cohocton
Alpine
West Danby
Willseyville
Berkshire
Newark Valley
Post Creek
Millport
Cayuta
Spencer
Candor
Cameron
Andover
South Canisteo
Painted Post
Horseheads
Sullivanville
Van Etten
Glen Castle
Maine
Greenwood
Jasper
Corning
East Corning
Elmira
Southport
Lockwood
Owego
Endicott
Binghamton
Rexville
Woodhull
Addison
Tioga
Lindley
Lowman
Waverly
Smithboro
Kirkwood
Mills
Knoxville
Elkland
Cowanesque Res.
Daggett
Fassett
Gillett
Sayre
Athens
Windham Center
Choconut
Elmer
Westfield
Ulysses
Hammond Res.
Little Marsh
Tioga Res.
Snedekerville
Milan
North Orwell
St. Joseph
Hallstead
Brookland
Shortsville
Holliday
Roseville
Cross Roads
Burlington
Ulster
Rome
Birchardville
Heart Lake
West Pike
Stokesdale
Mansfield
Sylvania
Towanda
Rushville
Montrose
Gaines
Wellsboro
Covington
Mainesburg
Troy
Monroeton
Stevensville
Lawton
Dimock
Galeton
Germania
Blossburg
Alba
West Franklin
Franklindale
Wyalusing
Camptown
Auburn Center
Springville
Canton
Le Roy
Susquehanna
Lynn
Lemon
Carter Camp
Morris
Hartfield
Hoytville
Gleason
Grover
Liberty
Wheelerville
New Albany
Laddsburg
Mehoopany
Sproul State Forest
Shunk
Estella
Dushore
Lovelton
Forkston
Tunkhannock
Eatonville
Buttonwood
Ralston
Forksville
Satterfield
Mildred
Evans Falls
Worlds End S.P.
Lopez
Tamarack
English Center
Bodines
Hillsgrove
Noxen
Beaumont
Trout Run
Loyalsockville
Barbours
Laporte
Ricketts Glen S.P.
Kunkle
Hyner
Haneyville
Pine
Brookside
Stimets Knob 635 m
Sonestown
Lehman
Dallas
Beech Glen
Tivoli
Red Rock
Kingston
Salladasburg
Montoursville
Williamsport
Hughesville
Unityville
Plymouth
Hunlock Creek
Benton
Shickshinny
Jersey Shore
Muncy
Opp
Pine Summit
Mountain Top
Avis
Oval
Montgomery
Stillwater
Mocanaqua
Lock Haven
Rauchtown
Allenwood
Millville
Forks
Beach Haven
Beech Creek
Exchange
Jerseytown
Berwick
Mifflinville
Booneville
Carroll
Tiadaghton State Forest
Milton
Buckhorn
Lamar
Hublersburg
Lewisburg
Danville
Bloomsburg
Grovania
Hazleton
Humboldt
Shumans
Zion
Woodward
Mifflinburg
Linntown
Riverside
Numidia
Zion Grove
Nesquehoning
Laurelton
Northumberland
Elysburg
Brandonville
Penn Hall
Susquehanna

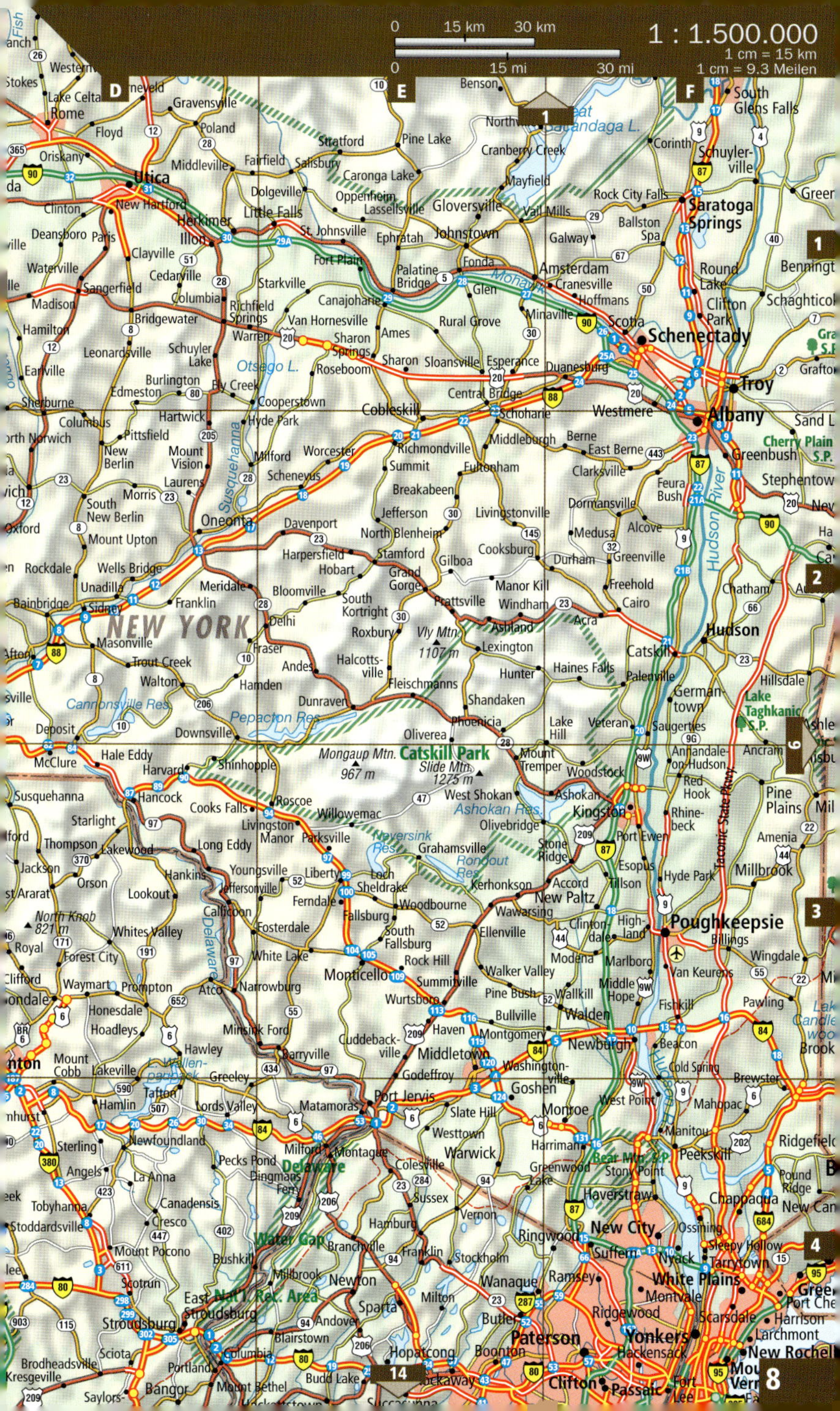

1 : 1.500.000
1 cm = 15 km
1 cm = 9,3 Meilen
0 15 km 30 km
0 15 mi 30 mi
D
E
F
1
2
3
4
6
8
14
NEW YORK
Utica
Rome
New Hartford
Herkimer
Ilion
Little Falls
Dolgeville
Gloversville
Johnstown
Amsterdam
Saratoga Springs
Schenectady
Troy
Albany
Cobleskill
Oneonta
Sidney
Bainbridge
Delhi
Catskill
Hudson
Kingston
Poughkeepsie
Newburgh
Middletown
Port Jervis
Monticello
New Paltz
Ellenville
Liberty
Hancock
Honesdale
Stroudsburg
East Stroudsburg
Paterson
Yonkers
White Plains
New Rochelle
Peekskill
Ossining
New City
Haverstraw
Nyack
Warwick
Goshen
Newton
Sparta
Clifton
Passaic
Hackensack
Boonton
Catskill Park
Slide Mtn. 1275 m
Mongaup Mtn. 967 m
Vly Mtn. 1107 m
North Knob 821 m
Ashokan Res.
Pepacton Res.
Cannonsville Res.
Otsego L.
Great Sacandaga L.
Hudson River
Mohawk
Susquehanna
Delaware
Taconic State Pkwy.
Cherry Plain S.P.
Lake Taghkanic S.P.
Bear Mtn. S.P.
Delaware Water Gap Nat'l Rec. Area
Rondout Res.
Neversink Res.
L. Wallenpaupack

A
B
C
1
2
3
4
2
8
14
Glens Falls
Corinth
Schuyler-ville
Saratoga Springs
Ballston Spa
Round Lake
Clifton Park
Schenectady
Troy
Albany
Greenbush
Feura Bush
Alcove
Greenville
Cairo
Catskill
Palenville
Hudson
Germantown
Saugerties
Annandale-on-Hudson
Red Hook
Rhinebeck
Port Ewen
Esopus
Hyde Park
Poughkeepsie
Marlboro
Middle Hope
Beacon
Cold Spring
West Point
Peekskill
Stony Point
Ossining
Nyack
White Plains
Yonkers
Hackensack
Mount Vernon
New Rochelle
Larchmont
Scarsdale
Harrison
Port Chester
Greenwich
Stamford
Norwalk
Westport
Fairfield
Bridgeport
Stratford
Trumbull
Shelton
Derby
Danbury
Ridgefield
Brewster
Mahopac
Chappaqua
Pound Ridge
New Canaan
Salem
Arlington
Greenwich
Cambridge
North Bennington
Schaghticoke
Bennington
Grafton Lakes S.P.
Grafton
Williamstown
North Adams
Berlin
Sand Lake
Cherry Plain S.P.
Mt. Greylock
1064 m
Adams
Stephentown
New Lebanon
Hancock
Pittsfield
Canaan
Chatham
Austerlitz
Stockbridge
Great Barrington
Hillsdale
Lake Taghkanic S.P.
Sheffield
Ashley Falls
Ancram
Salisbury
Lakeville
Pine Plains
Millerton
Amenia
Millbrook
Wingdale
Pawling
Kent
New Milford
Brookfield
Lake Candlewood
Torrington
Litchfield Hills
Litchfield
Watertown
Waterbury
Southbury
Sandy Hook
New Preston
Berkshire
Hills
Massachusetts
Connecticut
Appalachian Trail
Green Mtn. Nat'l. Forest
Mt. Snow
Londonderry
Rawsonville
Grafton
Saxtons River
East Jamaica
West Wardsboro
Newfane
Putney
Searsburg
Wilmington
Jacksonville
Brattleboro
Hinsdale
Bernardston
Charlemont
Greenfield
Deerfield
Conway
Savoy
Windsor
Dalton
Williamsburg
Northampton
Easthampton
Chester
Huntington
Russel
Otis
Westfield
West Springfield
New Boston
Norfolk
Winsted
Granby
Simsbury
Canton
Avon
Harwinton
Hartford
Bristol
Framington
New Britain
Southington
Plantsville
Meriden
Wallingford
Bethany
Hamden
New Haven
West Haven
Branford
Guilford
Madison
Middletown
Durham
Higganum
East Haddam
Deep River
Essex
Old Saybrook
Old Lyme
Fenwick
East Lyme
Waterford
New London
Groton
Ledyard
Rocky Neck S.P.
Mashantucket Pequot Ind. Res.
Charlestown
Alstead
Bellows Falls
Walpole
South Stoddard
East Sullivan
Keene
Marlborough
Monadnock S.P.
Winchester
Fitzwilliam
Jaffrey
Henniker
Washington
North Branch
Antrim
Hancock
Peterbo
Winchendon
Northfield
Baldwinville
Gardner
Athol
Templeton
Westminster
Millers Falls
South Deerfield
Quabbin Reservoir
Barre
Barre Plains
North Amherst
Amherst
Hadley
South Hadley
Belchertown
Granby
Holyoke
Ware
Worcester
Spencer
Springfield
Brimfield
Sturbridge
Southbridge
Somers
Stafford Springs
Windsor Locks
Putnam
Pomfret
Vernon
Manchester
Storrs
Mansfield Center
Brooklyn
Canterbury
Hebron
Willimantic
Jewett City
Colchester
Norwich
Orient Beach S.P.
Orient
Gardiners Bay
Greenport
Shelter Island
Southold
Peconic
Long Island
Mattituck
Jamesport
Riverhead
Flanders
North Haven
Bridgehampton
East Hampton
Tuckahoe
Southampton
Hampton Bays
Westhampton
Long Island Sound
Sound Beach
Port Jefferson
Shoreham
Stony Brook
Northport
Kings Park
Huntington
Ridge
Coram
Commack
Glen Cove
Jericho
Mastic

D
E
F
3
1
2
3
4
Concord
Pawtuckaway S.P.
Durham
Newmarket
Kittery
Portsmouth
Odiorne Pt. S.P.
Hooksett
Raymond
Epping
North Hampton
Rye Beach
Rye Harbor S.P.
Massabesic Lake
Exeter
Hampton
Hampton Beach
Kingston
East Hampstead
Hampton Beach S.P.
Amesbury
Seabrook
Salisbury Beach S.P.
Derry
Newburyport
Londonderry
Salem
Haverhill
Hudson
Nashua
Georgetown
Halibut Pt. S. P.
Pigeon Cove
Rockport
Methuen
Lawrence
Ipswich
Essex
Andover
Lowell
Topsfield
Cape Ann
Gloucester
Pepperell
Middleton
Beverly
Manchester-By-The-Sea
Chelmsford
Ayer
Salem
Massachusetts Bay
Marblehead
Woburn
Saugus
Concord
Swampscott
Stow
Nahant
Lexington
Hudson
Cambridge
Boston Bay
Marlborough
BOSTON
Brookline
Wompatuck S.P.
Cohasset
Wellesley
Westborough
Norwood
Weymouth
Scituate
Granby
Millis
Walpole
Randolph
Milford
Marshfield
Rockland
Stoughton
Duxbury
Brockton
Myles Standish Mon. S.P.
Foxboro
Mansfield
Provincetown
Cape Cod National Seashore
Wellfleet
Woonsocket
Plymouth
Cape Cod Bay
Cape Cod
Halifax
Attleboro
Eastham
Middleboro
Ellisville Harbor S.P.
Pawtucket
Taunton
Myles Standish S.F.
East Brewster
Brewster
West Wareham
Scusset Beach S.R.
PROVIDENCE
Dighton
Sandwich
Dennis
RHODE ISLAND
Assonet
Barnstable
Yarmouth Port
Chatham
New Bedford
Buzzards Bay
Fall River
West Warwick
Warren
Hyannis
South Yarmouth
Monomoy Nat'l. Wildlife Refuge
Bristol
North Dartmouth
Anthony
Warwick
Cotuit
New Bedford
East Falmouth
Tiverton
South Dartmouth
Monomoy Island
Wickford
Hamilton
Portsmouth
Falmouth
Demarest Lloyd S.P.
Woods Hole
South County
Jamestown
Horseneck Beach S.P.
Vineyard Haven
Oak Bluffs
Kingston
Sakonnet
Edgartown
Muskeget Channel
Wakefield
Newport
Gay Head Cliffs
Nantucket Island
Ashaway
Narragansett
Rhode Island Sound
Galilee
Gay Head
Nantucket
Charlestown
Martha´s Vineyard
Block Island Sound
Block Island
Block Island
Downs S.P.
Montauk Point S.P.
Atlantic Ocean

A
B
C
1
2
3
4
5
15
Akron
Tallmadge
Edinburg
Randolph
Portage Lakes
Hartville
Green
Canal Fulton
Louisville
Alliance
Massillon
Canton
East Canton
North Industry
Richville
Bolivar
Zoar
Wilmot
Strasburg
Dundee
Zoarville
Dover
New Philadelphia
Uhrichsville
Dennison
Stillwater
Peoli
Birmingham
Winterset
Salesville
Senecaville
Batesville
Somerton
Malaga
Summerfield
Caldwell
Stafford
Woodsfield
Wayne
Graysville
Antioch
Nat'l. Forest
Harriettsville
Lower Salem
Bloomfield
Lowell
Marietta
Vienna
Williamstown
Belpre
Parkersburg
Waverly
Willow Island
Deerfield
Berlin L.
Westville
Salem
Damascus
Freeburg
North Georgetown
Bayard
Minerva
Augusta
Waynesburg
Carrollton
Mechanicstown
Lisbon
Kensington
Millport
Salineville
Wellsville
Hammondsville
Bergholz
Stratton
Empire
Toronto
Kilgore
Germano
Perrysville
Leesville L.
OHIO
Scio
Tappan L.
Jewett
Richmond
Steubenville
Hopedale
Deersville
Clendening Lake
Cadiz
West Chester
Piedmont
Freeport
New Athens
Smyrna
Sewellsville
Piedmont Lake
Morristown
St. Clairsville
Warnock
Barnesville
Quaker City
Bellaire
Centerville
Alledonia
Captina
Powhatan Point
Beallsville
Clarington
Sunfish
Canfield
Youngstown
Boardman
New Springfield
Middleton
East Palestine
Rogers
Negley
West Point
East Liverpool
Chester
Arroyo
Weirton
Follansbee
Avella
Smithfield
Robyville
Raymond
Bethany
West Liberty
Clearview
Wheeling
Bethlehem
Dallas
Limestone
Moundsville
Glen Easton
Cameron
Kansooth
Kent
Proctor
New Martinsville
Newdale
Minnie
Maud
Pine Grove
Sistersville
Kidwell
Friendly
Middlebourne
Bens Run
Arvilla
Dart
Wade
St. Marys
Alma
Lima
Hebron
Pike
Pennsboro
Volcano
Leachtown
Harrisville
Cisco
Slate
Elizabeth
Macfarlan
Smithville
Morristown
Palestine
Munday
Burnt House
Bigbend
Annamoriah
Grantsville
Reedy
Peniel
Spencer
Arnoldsburg
Linden
Orma
Cedarville
Glenville
Little Kanawha
Gem
Napier
Flatwoods
Burnsville
Burnsville Lake
Ireland
Rock Cave
Roanoke
Weston
Copley
Linn
Camden
Coxs Mills
Auburn
Leopold
Churchville
Goodhope
Berea
Pullman
Market
Blandville
Avon
Big Isaac
Smithburg
Flint
Sedalia
Wallace
Wilbur
Jacksonburg
Curtisville
Shinnston
Edinburg
Harlansburg
New Castle
New Wilmington
Oakland
Ellwood City
Portersville
Koppel
Beaver Falls
New Brighton
Rochester
Beaver
Baden
Conway
Economy
Aliquippa
Ambridge
Raccoon Creek S.P.
Coraopolis
Avalon
Crafton
Dormont
Bridgeville
Slovan
Cecil
Woodrow
Canonsburg
Washington
Claysville
West Alexander
Sparta
Amity
Nineveh
Graysville
Waynesburg
Wind Ridge
Aleppo
Spraggs
Blacksville
Hundred
Wadestown
Fairview
Glover Gap
Grant Town
Farmington
Fairmont
Whitehall
Gypsy
McGee
Clarksburg
Nutter Fort
Bridgeport
West Milford
Lost Creek
Brownton
Elk City
Century
Hodgesville
Rangoon
Buckhannon
Homer
Adrian
French Creek
Tallmansville
Alexander
Adolph
Czar
Cassity
Mabie
Dailey
Mill Creek
Grove City
Eau Claire
Parker
North Washington
Karns City
Chicora
Moraine S.P.
Lake Arthur
Mount Chestnut
Butler
Coyleville
West Winfield
Evans City
Hannahstown
Slate Lick
Cooperstown
Fernway
Natrona Heights
Tarentum
Lower Burrell
McCandless
Allison Park
New Kensington
PITTSBURGH
Penn Hills
Plum
Murrysville
Monroeville
Brentwood
Bethel Park
McKeesport
Irwin
Glassport
Elizabeth
Jefferson
Linden
New Stanton
Monogahela
Monessen
Charleroi
Ruffs Dale
Scottdale
California
Bealllsville
Marianna
Ten Mile
Brownsville
Connellsville
Allison
Waltersburg
Dry Tavern
Jefferson
Fairdale
Hibbs
Keisterville
Uniontown
Khedive
Paisley
Fairchance
Chalkhill
Kirby
Masontown
Smithfield
Farmington
Mount Morris
Point Marion
Clifton Mills
Core
Star City
Cheat Lake
Cheat Neck
Daybrook
Booth
Morgantown
Dellslow
Valley Point
Everettville
Riversville
Masontown
Reedsville
Arthurdale
Kingwood
Halleck
Borgman
Terra Alta
Newburg
Tunnelton
Thornton
Denver
Amboy
Fellowsville
Grafton
Tygart Lake
Flemington
Macomber
Etam
Erwin
Clemtown
Silver Lake
Arden
Philippi
Nestorville
St. George
Parsons
Montrose
Hendricks
Hambleton
Belington
Kerens
Monongahela Nat'l. Forest
Harding
Junior
Sully
Elkins
Norton
Coalton
Bowden
Wymer
Beverly
Bemis
Glady
Whitmer
Job
Shavers Fork
Millersburg 30 km
Muskingum
Ohio
Tuscarawas
Atwood L.
Seneca Lake
Wolf Run Lake
Buffalo
Youghiogheny
Allegheny

D
E
F
6
1
2
3
4
13
16
PENNSYLVANIA
Du Bois
Clearfield
Karthaus
Croft
Pine Glen
Drifting
Moshannon
Beech Creek
Rauchtown
Booneville
Lamar
Hublersburg
Woodward
Luthersburg
Rathmel
Shannondale
Mayport
Frostburg
Big Run
Chestnut Grove
Grampian
Curwensville
Allport
Morrisdale
Black Moshannon S.P.
Philipsburg
Wingate
Bellefonte
Zion
Punxsutawney
McGees Mills
Mahaffey
Boardman
Madera
Osceola Mills
Julian
Pennhall
Dayton
Trade City
Newburg
Centre Hall
State College
Potters Mills
Plumville
Marion Center
Arcadia
Houtzdale
Smithmill
Sandy Ridge
Port Matilda
Atwood
Five Points
Westover
Prince Gallitzin S.P.
Glasgow
Bald Eagle
Warriors Mark
Pine Grove Mills
Milroy
McClure
Home
Clymer
Pine Flats
Glendale L.
Barnesboro
Patton
Van Ormer
Tyrone
Franklinville
Rothrock S.F.
Reedsville
McAlisterville
South Bend
Indiana
Nicktown
McAlevys Fort
Lewistown
Carrolltown
Dean
Ashville
Buckhorn
Water Street
Menno
Mifflintown
Jacksonville
Brush Valley
Strongstown
Twin Rocks
Ebensburg
Altoona
Huntingdon
Walnut
Old Port
Dilltown
Munster
McConnellstown
Mill Creek
Reeds Gap
Honey Grove
Ickes
Robinson
Seward
Hollidaysburg
Portage
Wilmore
Marklesburg
Raystown Lake
Mount Union
Kistler
Johnstown
Westmont
Beaverdale
Roaring Spring
Barneytown
Cross Keys
Andersonburg
Latrobe
Ferndale
Blue Knob S.P.
Pavia
Trough Creek S.P.
Cassville
Waterloo
Carlisle
Ligonier
Davidsville
Elton
Windber
Weyant
Martinsburg
Shy Beaver
Orbisonia
Pine Grove Furnace S.P.
McCrea
Saltillo
Saxton
Dudley
Doylesburg
Quemahoning Res.
Osterburg
Loysburg
Shade Gap
Stahlstown
Donegal
Hooversville
Langdondale
Waterfall
Newville
Forbes S.F.
Fishertown
Cessna
Roxbury
Stoystown
Tatesville
Willow Hill
Shippensburg
Stoughstown
Reels Corners
Everett
Metal
Pine Grove Furnace
Somerset
Allegheny Tunnel
Bedford
Breezewood
Saluvia
Cowans Gap S.P.
Nyesville
Chambersburg
New Centerville
Brotherton
Manns Choice
Tussey Mtn.
McConnellsburg
Mount Union
Appalachian Trail
Scullton
New Lexington
Berlin
Roxbury
Fort Loudon
St. Thomas
Ursina
Garrett
Chaneysville
Needmore
Gettysburg
Harnedsville
Meyersdale
Hyndman
Centerville
Upton
Quincy
Listonburg
Chesapeake & Ohio Canal
Amaranth
Dott
Mercersburg
Greencastle
Zullinger
Waynesboro
Wellersburg
Barrelville
Grantsville
Corriganville
Flintstone
Hancock
Clear Springs
Monterey
Frostburg
Cumberland
Nat'l. Hist. Park
Berkley Springs
Cherry Run
Williamsport
Wilson
Catoctin Mtn. Park
Thurmont
Hagerstown
Bittinger
New Germany
Avilton
Midland
Spring Gap
Great Cacapon
Pinkerton Knob
Marlowe
Catoctin
McHenry
Savage River S.F.
Lonaconing
Rawlings
Oldtown
Short Gap
Paw Paw
540 m
Hedgesville
Falling Waters
Boonsboro
Gambrill S.P.
Westernport
Fort Ashby
Green Springs
Levels
Martinsburg
Swanton
Dawson
Springfield
Unger
Shepherdstown
Middletown
Frederick
Piedmont
Keyser
Three Churches
Forks of Cacapon
Glengary
Tablers
Kearneysville
Elk Garden
New Creek
Slanesville
Georges Pk.
Jefferson
Monrovia
Burlington
Romney
535 m
Cross Junction
Inwood
Ranson
Halltown
Gormania
Junction
Shanks
Augusta
Capon Bridge
Charles Town
Brunswick
Mount Storm
Gainesboro
Lovettsville
Tuscarora
Purgitsville
Delray
High View
Gore
Hayfield
Clear Brook
Taylorstown
Lucketts
Dickerson
Scherr
Medley
Yellow Spring
Albin
Rippon
Hillsboro
Waterford
Germantown
Kirby
Capon Spring
Winchester
Berryville
Round Hill
Seneca Creek S.P.
Maysville
Old Fields
Rio
Hamilton
Leesburg
Arthur
Arkansas
Wardensville
Stephens City
Armel
Boyce
Bluemont
Philomont
Potomac
Moorefield
Baker
Lebanon Church
Middletown
Millwood
White Post
Oatlands
Great Falls
Cabins
Rig
George Washington
Mount Olive
Paris
Upperville
Ashburn
Hopeville
Petersburg
Lost City
Lost River
Strasburg
Cedarville
Middleburg
Herndon
Dorcas
Toms Brook
Riverton
Manassas Gap 285 m
Arcola
Landes
Lost River S.P.
Mathias
Columbia Furnace
Woodstock
Front Royal
Delaplane
Halfway
Chantilly
Rocks
Nat'l. Forest
Detrick
Linden
Markham
Marshall
The Plains
Catharpin
Chester Gap
Milam
Edinburg
Bentonville
Hume
Old Tavern
Gainesville
Upper Tract
Basye
Mount Clifton
Mt. Marshall 1010 m
Orlean
Bethel
Bergton
Mt. Jackson
Rileyville

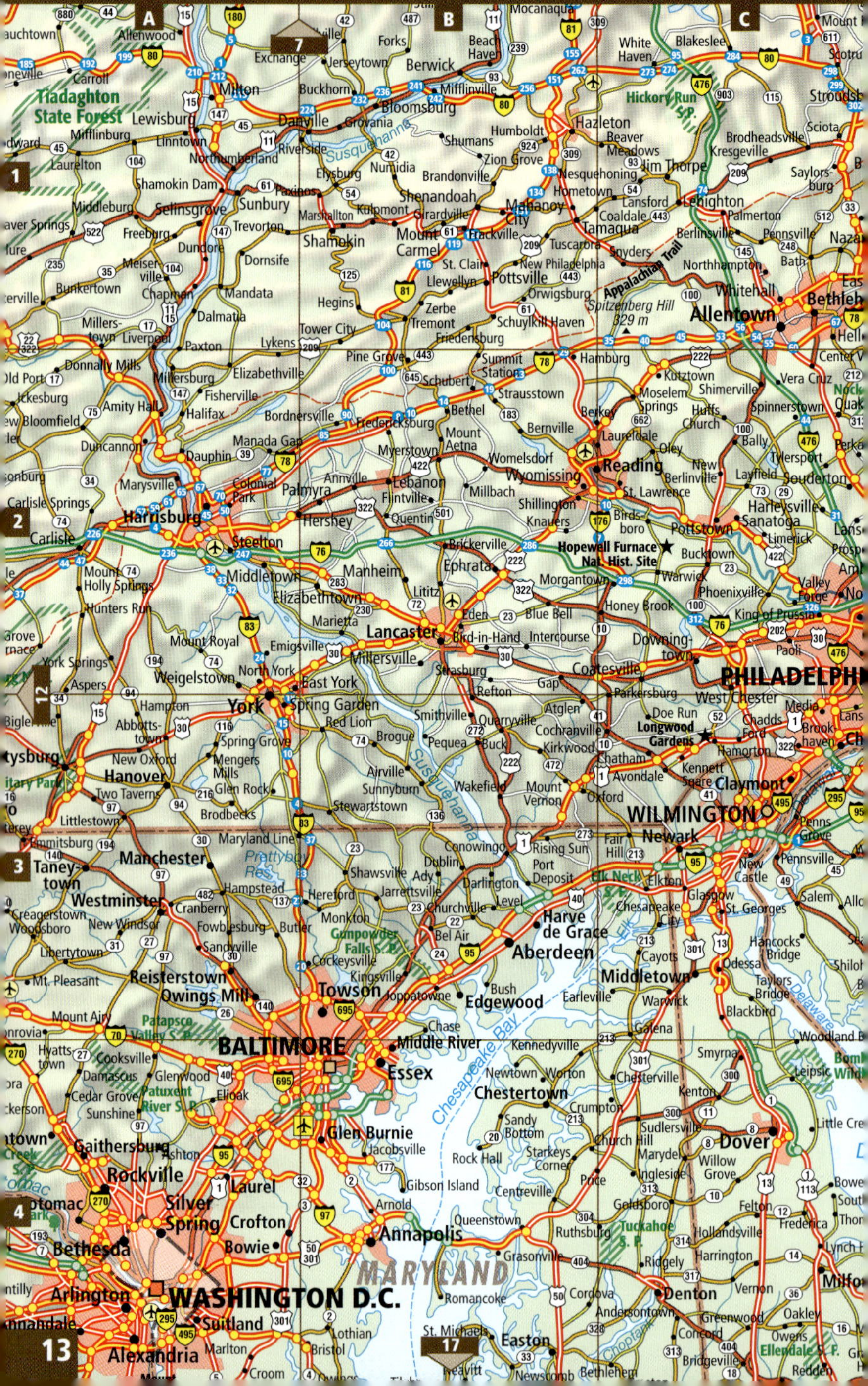
A
B
C
7
12
17
1
2
3
4
Tiadaghton State Forest
Hickory Run S.P.
Appalachian Trail
Spitzenberg Hill 329 m
Hopewell Furnace Nat. Hist. Site
Longwood Gardens
Susquehanna
Chesapeake Bay
Delaware
Patapsco Valley S.P.
Patuxent River S.P.
Gunpowder Falls S.P.
Elk Neck S.P.
Tuckahoe S.P.
Ellendale S.F.
Prettyboy Res.
MARYLAND
Milton
Lewisburg
Danville
Bloomsburg
Berwick
Hazleton
Sunbury
Shamokin
Mount Carmel
Shenandoah
Pottsville
Tamaqua
Jim Thorpe
Lehighton
Allentown
Hamburg
Reading
Harrisburg
Carlisle
Hershey
Lebanon
Lancaster
York
Hanover
Pottstown
Coatesville
PHILADELPHIA
West Chester
WILMINGTON
Newark
New Castle
Elkton
Manchester
Westminster
Towson
BALTIMORE
Essex
Aberdeen
Havre de Grace
Edgewood
Chestertown
Middletown
Glen Burnie
Annapolis
Gaithersburg
Rockville
Silver Spring
Laurel
Bowie
Crofton
Bethesda
Arlington
WASHINGTON D.C.
Alexandria
Suitland
Dover
Denton
Easton
Milford

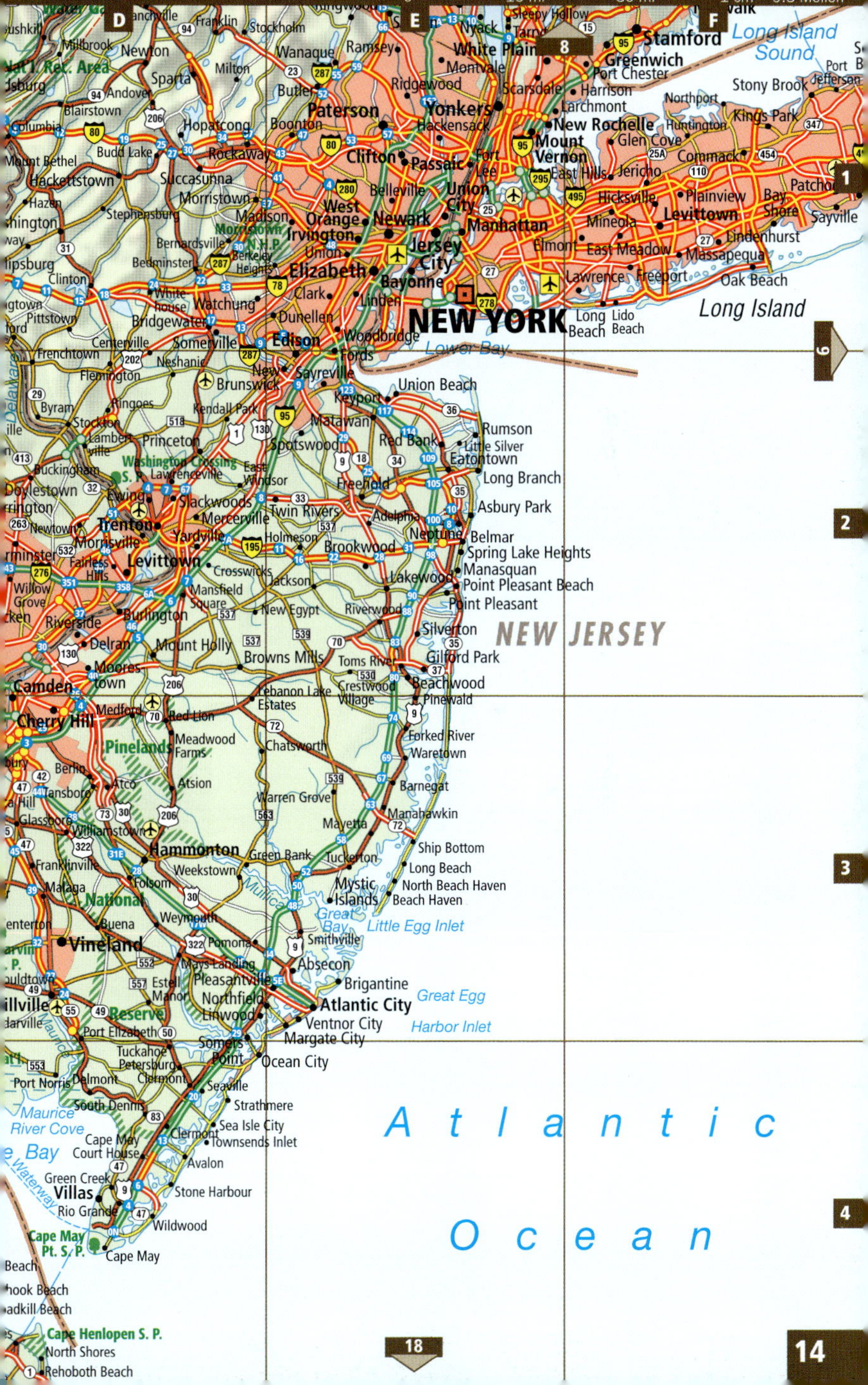
D
E
F
8
1
2
3
4
9
18
Franklin
Stockholm
Newton
Milton
Sparta
Andover
Blairstown
Wanaque
Ramsey
Butler
Nyack
White Plains
Montvale
Sleepy Hollow
Stamford
Greenwich
Port Chester
Long Island Sound
Stony Brook
Port Jefferson
Ridgewood
Yonkers
Scarsdale
Harrison
Larchmont
Northport
Kings Park
Paterson
Hackensack
New Rochelle
Huntington
Hopatcong
Boonton
Mount Vernon
Glen Cove
Commack
Columbia
Budd Lake
Rockaway
Clifton
Passaic
Fort Lee
East Hills
Jericho
Mount Bethel
Hackettstown
Succasunna
Belleville
Union City
Hicksville
Plainview
Patchogue
Morristown
West Orange
Newark
Manhattan
Mineola
Levittown
Bay Shore
Sayville
Hazen
Stephensburg
Madison
Irvington
Jersey City
Belmont
East Meadow
Lindenhurst
Massapequa
Bernardsville
Morristown N.H.P.
Berkeley Heights
Union
Elizabeth
Bayonne
Lawrence
Freeport
Oak Beach
Phillipsburg
Clinton
Bedminster
White House
Clark
Watchung
Linden
NEW YORK
Long Island
Pittstown
Bridgewater
Dunellen
Long Beach
Lido Beach
Centerville
Somerville
Edison
Woodbridge
Frenchtown
Neshanic
Fords
Lower Bay
Flemington
New Brunswick
Sayreville
Union Beach
Byram
Ringoes
Kendall Park
Keyport
Matawan
Stockton
Lambertville
Princeton
Spotswood
Red Bank
Rumson
Little Silver
Eatontown
Buckingham
Washington Crossing S. P.
Lawrenceville
East Windsor
Freehold
Long Branch
Doylestown
Ewing
Slackwoods
Twin Rivers
Adelphia
Asbury Park
Warrington
Newtown
Trenton
Mercerville
Neptune
Belmar
Morrisville
Yardville
Holmeson
Brookwood
Spring Lake Heights
Fairless Hills
Levittown
Crosswicks
Manasquan
Willow Grove
Jackson
Lakewood
Point Pleasant Beach
Mansfield Square
Point Pleasant
Riverside
Burlington
New Egypt
Riverwood
Silverton
NEW JERSEY
Delran
Mount Holly
Browns Mills
Toms River
Gilford Park
Moorestown
Camden
Lebanon Lake Estates
Crestwood Village
Beachwood
Pinewald
Cherry Hill
Medford
Red Lion
Pinelands
Meadwood Farms
Chatsworth
Forked River
Waretown
Berlin
Atco
Atsion
Barnegat
Warren Grove
Williamstown
Manahawkin
Mayetta
Glassboro
Hammonton
Green Bank
Ship Bottom
Franklinville
Weekstown
Tuckerton
Long Beach
Malaga
Folsom
Mystic Islands
North Beach Haven
Beach Haven
Buena
Weymouth
Great Bay
Little Egg Inlet
Vineland
Pomona
Smithville
Mays Landing
Absecon
Estell Manor
Pleasantville
Brigantine
Millville
Northfield
Linwood
Atlantic City
Great Egg Harbor Inlet
Port Elizabeth
Ventnor City
Margate City
Somers Point
Ocean City
Tuckahoe
Petersburg
Port Norris
Delmont
Clermont
Seaville
South Dennis
Strathmere
Maurice River Cove
Clermont
Sea Isle City
Townsends Inlet
Cape May Court House
Atlantic Ocean
Avalon
Green Creek
Villas
Stone Harbour
Rio Grande
Wildwood
Cape May Pt. S. P.
Cape May
Beach
Broadkill Beach
Cape Henlopen S. P.
North Shores
Rehoboth Beach

A
B
C
11
20
1
2
3
4
WEST VIRGINIA
Charleston
Beckley
Roanoke
Martinsville
Bluefield
Princeton
Wytheville
Marion
Galax
Mount Airy
Blacksburg
Christiansburg
Radford
Pulaski
Salem
Covington
Lewisburg
White Sulphur Springs
Summersville
Oak Hill
Fayetteville
Hinton
Pearisburg
Monongahela
National
Forest
Jefferson
National
Forest
Mount Rogers
Nat'l. Rec. Area
Appalachian Trail
Blue Ridge Pkwy.
New River George
Nat'l. River
Carnifex Ferry Battlefield S.P.
Droop Mtn. Battlefield S.P.
Watoga S.P.
Holly River S.P.
Fairy Stone S.P.
Bluestone Lake
Claytor Lake
Summersville Lake
Sutton Lake
Lake Moomaw
Smith Lake
Mabry Mill
Pinnacles of Dam 797 m
Beamer Knob 1014 m
Grassy Knob 1308 m
Walker Mtn.
Peters Mtn.
Back Creek Mtn.
Cheat
Tygart Valley
Guyandotte
Meadow
Dan
Frametown
Sutton
Flatwoods
Falls Mill
Elmira
Orma
Linden
Sandeeville
Harmony
Kenna
Kentucky
Walton
Looneyville
Stinson
Newton
Left Hand
Romance
Gold-town
Blundon
Cotton
Clendenin
Valley Fork
Ivydale
Duck
Tesla
Birch River
Erbacon
Diana
Hacker Valley
Cleveland
Czar
Adolph
Huttonsville
Mill Creek
Helvetia
Pickens
Monterville
Durbin
Valley Head
Mingo
Webster Springs
Cowen
Slatyfork
Cass
Green Bank
Dunmore
Frost
Marlinton
Huntersville
Minnehaha Springs
Campbelltown
Buckeye
Mill Point
Seebert
Hillsboro
Droop
Renick
Neola
Bacova
Mountain Grove
Warm Springs
Mitchelltown
Ashwood
Carloover
Natural Well
Falling Spring
Clearwater Park
Douthat S.P.
Clifton Forge
Low Moor
Callaghan
Alleghany
Crows
Glen Wilton
Sugarloaf
Gala
Eagle Rock
Oriskany
Buchanan
New Castle
Fincastle
Abbott
Daleville
Troutville
Cloverdale
Catawba
Villamont
Stewartsville
Clearbrook
Boones Mill
Burnt Chimney
Wirtz
Glade Hill
Rocky Mount
Callaway
Ferrum
Endicott
Henry
Sydnorsville
Figsboro
Charity
Woolwine
Stanleytown
Collinsville
Fieldale
Patrick Springs
Spencer
Horse Pasture
Ridgeway
Critz
Stuart
Sandy Ridge
Price
Eden
Prestonville
Stoneville
Danbury
Madison
Wentworth
Reidsville
Belews
Pilot Mountain
Francisco
White Plains
Claudville
The Hollow
Fancy Gap
Cana
Lambsburg
Laurel Fork
Hillsville
Dugspur
Willis
Floyd
Copper Valley
Indian Valley
Hiwassee
Poplar Camp
Pilot
Check
Copper Hill
Bent Mountain
Shawsville
Glenvar
Elliston
McDonalds Mill
Newport
Huffman
Simmonsville
Maggie
Kite
Rich Creek
Pembroke
Ripplemead
Eggleston
McCoy
Staffordsville
Poplar Hill
Dublin
Mechanicsburg
Crandon
Bland
Ceres
Chatham Hill
Atkins
Rural Retreat
Sugar Grove
Cripple Creek
Ivanhoe
Speedwell
Woodlawn
Elk Creek
Bridle Creek
Volney
Independence
Grant
Konnarock
Trout Dale
Grassy Creek
Lansing
Piney Creek
Twin Oaks
Edmonds
Sparta
Laurel Springs
Cherry Lane
Glendale Springs
Index
Jefferson
Smethport
Warrensville
Halls Mills
McGrady
Traphill
Thurmond
Fairview
Baywood
Rocky Gap
Chapel
Bastian
Gratton
Cove Creek
Tazewell
Springville
Tiptop
Adria
Bandy
Asberrys
Bramwell
Boissevain
Yukon
Gary
Montcalm
Northfork
Kimball
Welch
Roderfield
Spanishburg
Athens
Elgood
Speedway
Pipestem
Camp Creek
Herndon
Bud
Wolf Pen
Mullens
Pineville
Stephenson
Maben
Saulsville
Jesse
Sabine
Campus
Bolt
Glen Daniel
Lester
Sophia
Mabscott
Nimitz
Ghent
Sandstone
Glenray
Ronceverte
Alderson
Pence Springs
Hilldale
Pickaway
Union
Forest Hill
Indian Mills
Lindside
Reines Corner
Gap Mills
Sweet Springs
Jordan Mines
Paint Bank
Caldwell
Frankford
Crawley
Williamsburg
Charmco
Rainelle
Meadow Bridge
Smoot
Elton
Danese
Clifftop
Lookout
Russellville
Quinwood
Leivasy
Nettie
Mount Nebo
Fenwick
Richwood
Craigsville
Calvin
Muddlety
Drennen
Gauley Bridge
Ansted
Smithers
Glasgow
Belva
Indore
Bickmore
Clay
Hartland
Bomont
Cressmont
Elkview
Big Chimney
Malden
Sanderson
Marmet
Dunbar
South Charleston
Rounland
Hernshaw
Racine
Sharon
Standard
Seth
Robson
Mahan
Elk Run Junction
Gordon
Clear Creek
Rock Creek
Pax
Piney View
Bolt
Mount Rogers

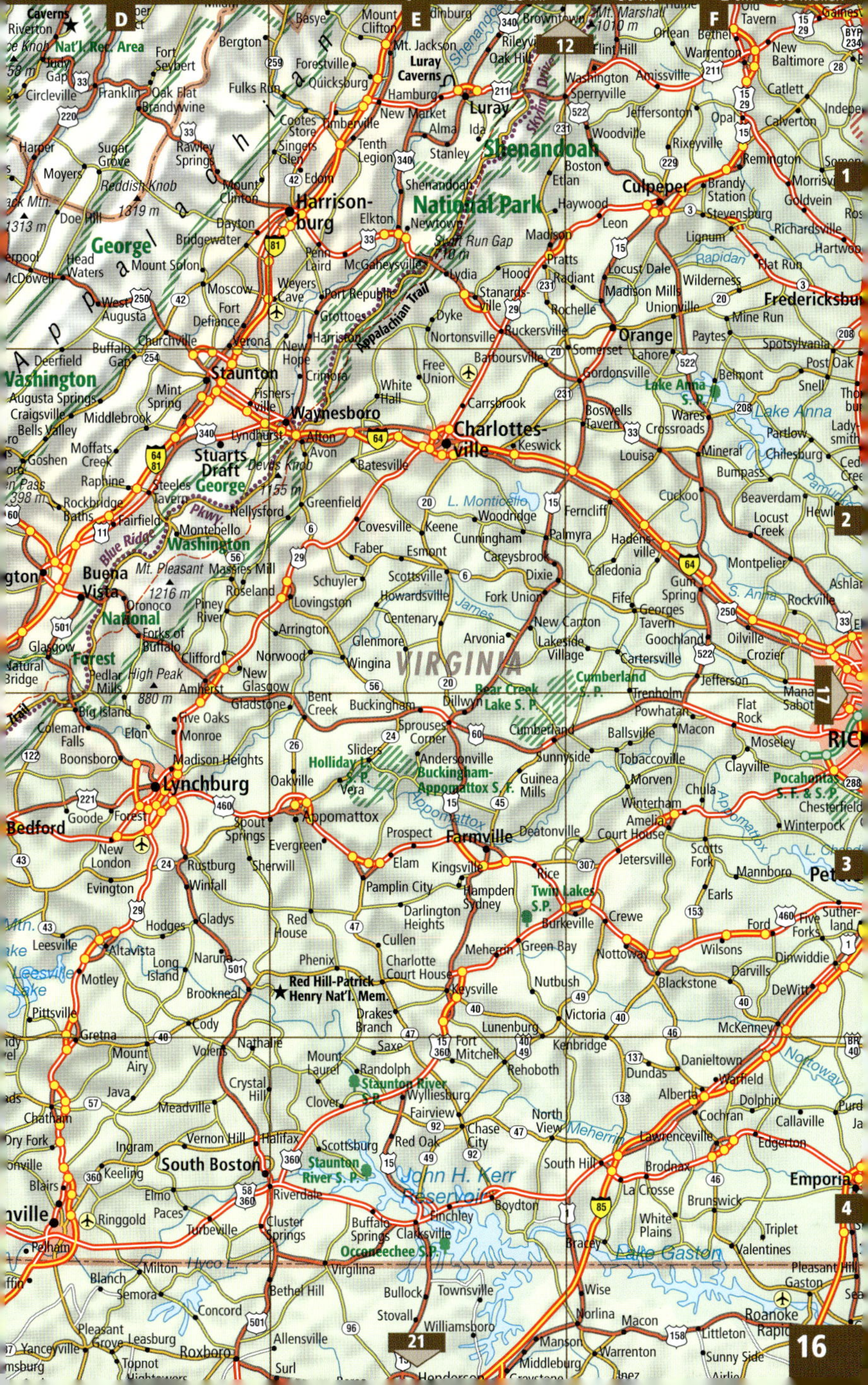
D
E
F
12
17
21
1
2
3
4
Appalachian
Shenandoah National Park
Skyline Drive
Appalachian Trail
Blue Ridge Pkwy.
George Washington
Jefferson
National Forest
VIRGINIA
Harrisonburg
Staunton
Waynesboro
Charlottesville
Culpeper
Orange
Fredericksburg
Luray
Lynchburg
Appomattox
Farmville
Buena Vista
Bedford
South Boston
Emporia
Lake Anna
Lake Anna S. P.
John H. Kerr Reservoir
Lake Gaston
Leesville Lake
Twin Lakes S.P.
Staunton River S. P.
Occoneechee S.P.
Holliday L. S. P.
Buckingham-Appomattox S. F.
Bear Creek Lake S. P.
Cumberland S. P.
Pocahontas S. F. & S. P.
Red Hill-Patrick Henry Nat'l. Mem.
Luray Caverns
Reddish Knob 1319 m
Mt. Marshall 1010 m
Devils Knob 1155 m
Mt. Pleasant 1216 m
High Peak 880 m
Natural Bridge
Rockbridge Baths
Stuarts Draft
Lexington
Amherst
Madison Heights
Victoria
Blackstone
Crewe
Burkeville
Keysville
Chase City
Clarksville
South Hill
Lawrenceville
Kenbridge
Lunenburg
Halifax
Danville
Ringgold
Pelham
Milton
Roxboro
Henderson
Warrenton
Manson
Middleburg
Littleton
Roanoke Rapids
Sunny Side
Gordonsville
Louisa
Mineral
Madison
Elkton
Grottoes
Bridgewater
Dayton
Crozet
Scottsville
Dillwyn
Buckingham
Cumberland
Powhatan
Amelia Court House
Chula
Jetersville
Dinwiddie
McKenney
Lake Monticello
Sweet Briar
Altavista
Gretna
Chatham
Hurt
Brookneal
Charlotte Court House
Drakes Branch
Nathalie
Virgilina
Boydton
Bracey
La Crosse
Brodnax
Alberta
Warfield
Danieltown
Dundas
Rehoboth
Fort Mitchell
Meherrin
Green Bay
Rice
Prospect
Pamplin City
Hampden Sydney
Darlington Heights
Cullen
Red House
Phenix
Evergreen
Spout Springs
Rustburg
Evington
Forest
New London
Goode
Boonsboro
Big Island
Monroe
Elon
Coleman Falls
Glasgow
Arrington
Lovingston
Schuyler
Roseland
Massies Mill
Nellysford
Afton
Greenfield
Batesville
Covesville
Keene
Esmont
Howardsville
Yancey Mills

WASHINGTON D.C.
MARYLAND
Alexandria
Suitland
Manassas
Woodbridge
Dale City
Mount Vernon
Gunston Hall
Waldorf
St. Charles
Cambridge
Easton
Fredericksburg
Lexington Park
St. Marys City
Crisfield
Tangier Island
Chesapeake Bay
Potomac
Rappahannock
Fort A. P. Hill
Westmoreland S. P.
Tappahannock
Warsaw
Kilmarnock
Lake Anna
Ashland
Mechanicsville
RICHMOND
Petersburg
Hopewell
Petersburg Nat'l. Battlefield
Pocahontas S. F. & S. P.
Shirley
Berkeley
Westover
Evelynton
Sherwood Forest
Williamsburg
York River S. P.
Colonial Nat'l. Hist. Park
Yorktown
Chippokes Plantation S. P.
James
NEWPORT NEWS
HAMPTON
Hampton Roads
NORFOLK
PORTSMOUTH
Chesapeake
Suffolk
Franklin
Emporia
Great Dismal Swamp
Dismal Swamp
Nat'l. Wildlife Refuge
Chesapeake Bay Bridge Tunnel
Cape Henry Memorial
Cape Charles
Kiptopeke S. P.
Plum Tree Island Nat'l. Wildlife Refuge
Blackwater Nat'l. Wildlife Refuge
Glen Martin Nat'l. Wildlife Refuge
Patterson S. P.
Calvert Cliffs S. P.
Intracoastal Waterway
Smith Island
Smith Point
Point Lookout
New Point Comfort
Windmill Point
Elizabeth City
Roanoke Rapids
A
B
C
1
2
3
4
13
16
21

D
E
F
14
1
2
3
4
22
Ellendale
Redden
Coverdale Crossroads
Georgetown
Harbeson
North Shores
Rehoboth Beach
Dewey Beach
Rehoboth Bay
DELAWARE
Woodland
Bryans Store
Warwick
Delaware Seashore S. P.
Dagsboro
Pepper
Clarksville
Bethany Beach
Laurel
Shaft Ox Corner
Johnson
Columbia
Delmar
Selbyville
Fenwick Island
Bishop
Parsons-burg
Pittsville
Whaleyville
Berlin
Ocean City
West Ocean City
Powellville
Whiton
Eden
Longridge
Ironshire
Newark
Whiteburg
Snow Hill
Spence
Princess Anne
Assateague Island
Pocomoke S. F.
Girdletree
Assateague Island
National Seashore
Stockton
Chincoteague Bay
Goodwill
George Island
New Church
Oak Hall
Chincoteague
Atlantic
NASA Wallops Flight Center
Modest Town
Assawoman Island
Metompkin Island
Accomac
Cedar Island
Wachapreague
Parramore Island
VIRGINIA
Hog Island
Shoal Island
Atlantic
Ocean
ACH
Combat
Nat'l.
Refuge
ORTH CAROLINA

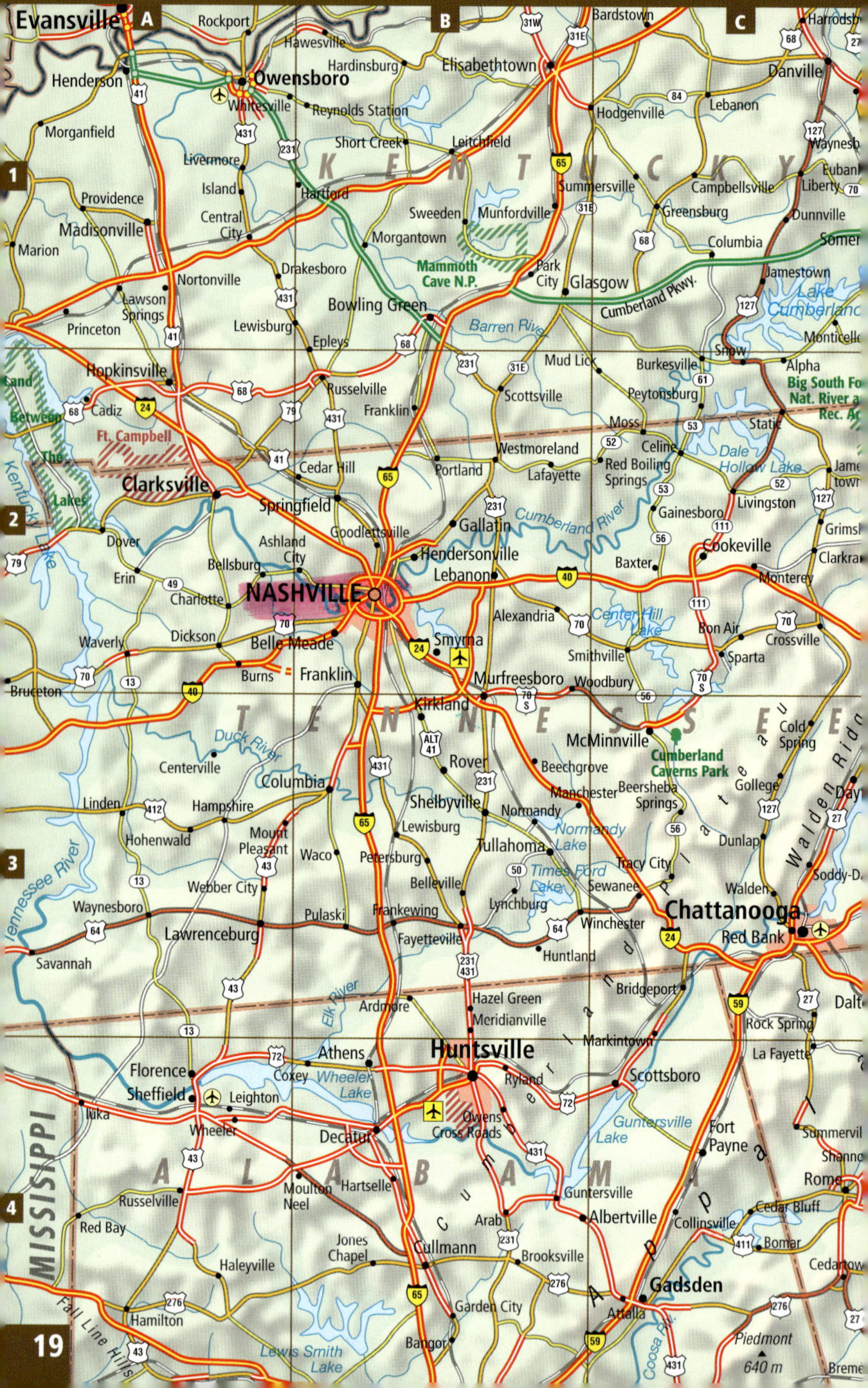
A
B
C
1
2
3
4
K E N T U C K Y
T E N N E S S E E
A L A B A M A
MISSISIPPI
Evansville
Rockport
Hawesville
Henderson
Owensboro
Whitesville
Hardinsburg
Reynolds Station
Elisabethtown
Bardstown
Harrodsb
Danville
Lebanon
Hodgenville
Waynesb
Morganfield
Livermore
Short Creek
Leitchfield
Eubank
Liberty
Campbellsville
Summersville
Island
Hartford
Providence
Madisonville
Marion
Central City
Sweeden
Munfordville
Greensburg
Dunnville
Columbia
Somer
Morgantown
Mammoth Cave N.P.
Park City
Glasgow
Drakesboro
Nortonville
Jamestown
Lawson Springs
Princeton
Lewisburg
Bowling Green
Cumberland Pkwy.
Lake Cumberland
Barren River
Epleys
Monticello
Hopkinsville
Mud Lick
Burkesville
Snow
Alpha
Land Between The Lakes
Cadiz
Russelville
Scottsville
Peytonsburg
Big South Fork Nat. River a Rec. A
Ft. Campbell
Franklin
Moss
Static
Westmoreland
Celina
Dale Hollow Lake
Jamestown
Cedar Hill
Portland
Lafayette
Red Boiling Springs
Kentucky Lake
Clarksville
Springfield
Gallatin
Cumberland River
Gainesboro
Livingston
Grimsl
Dover
Ashland City
Goodlettsville
Cookeville
Clarkra
Bellsburg
Hendersonville
Baxter
Erin
Charlotte
NASHVILLE
Lebanon
Monterey
Alexandria
Center Hill Lake
Bon Air
Crossville
Waverly
Dickson
Belle Meade
Smyrna
Smithville
Sparta
Bruceton
Burns
Franklin
Murfreesboro
Woodbury
Kirkland
McMinnville
Cold Spring
Duck River
Centerville
Rover
Beechgrove
Cumberland Caverns Park
Columbia
Manchester
Beersheba Springs
Gollege
Linden
Hampshire
Shelbyville
Normandy
Dayt
Hohenwald
Mount Pleasant
Lewisburg
Normandy Lake
Dunlap
Waco
Petersburg
Tullahoma
Walden Ridge
Tennessee River
Belleville
Times Ford Lake
Tracy City
Soddy-D
Webber City
Lynchburg
Sewanee
Walden
Waynesboro
Frankewing
Winchester
Chattanooga
Pulaski
Lawrenceburg
Fayetteville
Red Bank
Savannah
Huntland
Bridgeport
Hazel Green
Elk River
Ardmore
Meridianville
Rock Spring
Dalt
Markintown
Athens
Huntsville
La Fayette
Florence
Coxey
Wheeler Lake
Ryland
Scottsboro
Sheffield
Leighton
Iuka
Wheeler
Owens Cross Roads
Guntersville Lake
Fort Payne
Summervil
Decatur
Shanno
Rome
Moulton
Hartselle
Guntersville
Cedar Bluff
Russelville
Neel
Arab
Albertville
Collinsville
Red Bay
Jones Chapel
Cullmann
Bomar
Brooksville
Cedartow
Haleyville
Gadsden
Garden City
Attalla
Hamilton
Fall Line Hills
Lewis Smith Lake
Bangor
Coosa R.
Piedmont
640 m
Breme
Cumberland Plateau
Appalachian

0 25 km 50 km
0 25 mi 50 mi

1 : 2.500.000
1 cm = 25 km
1 cm = 15.5 Meilen

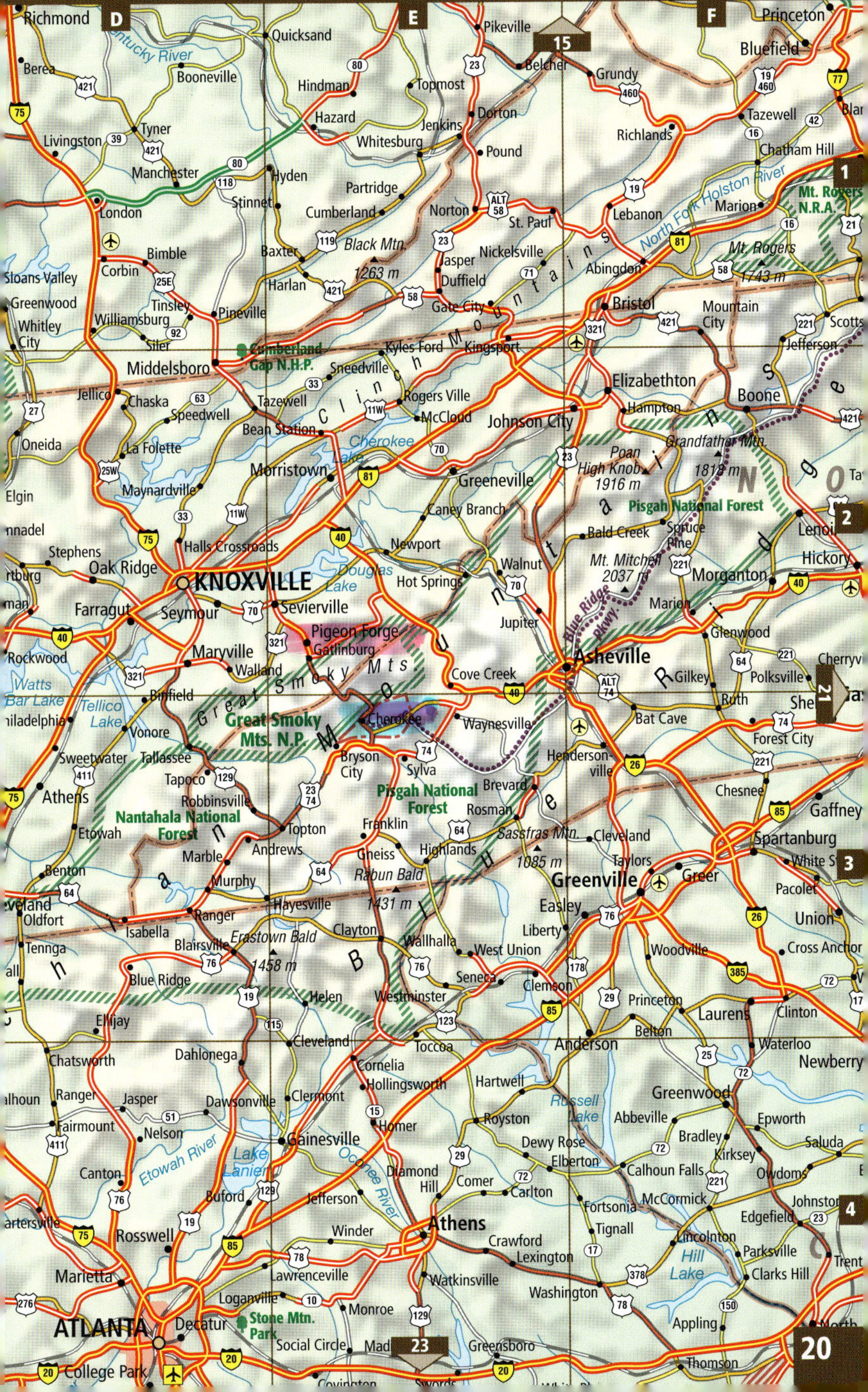

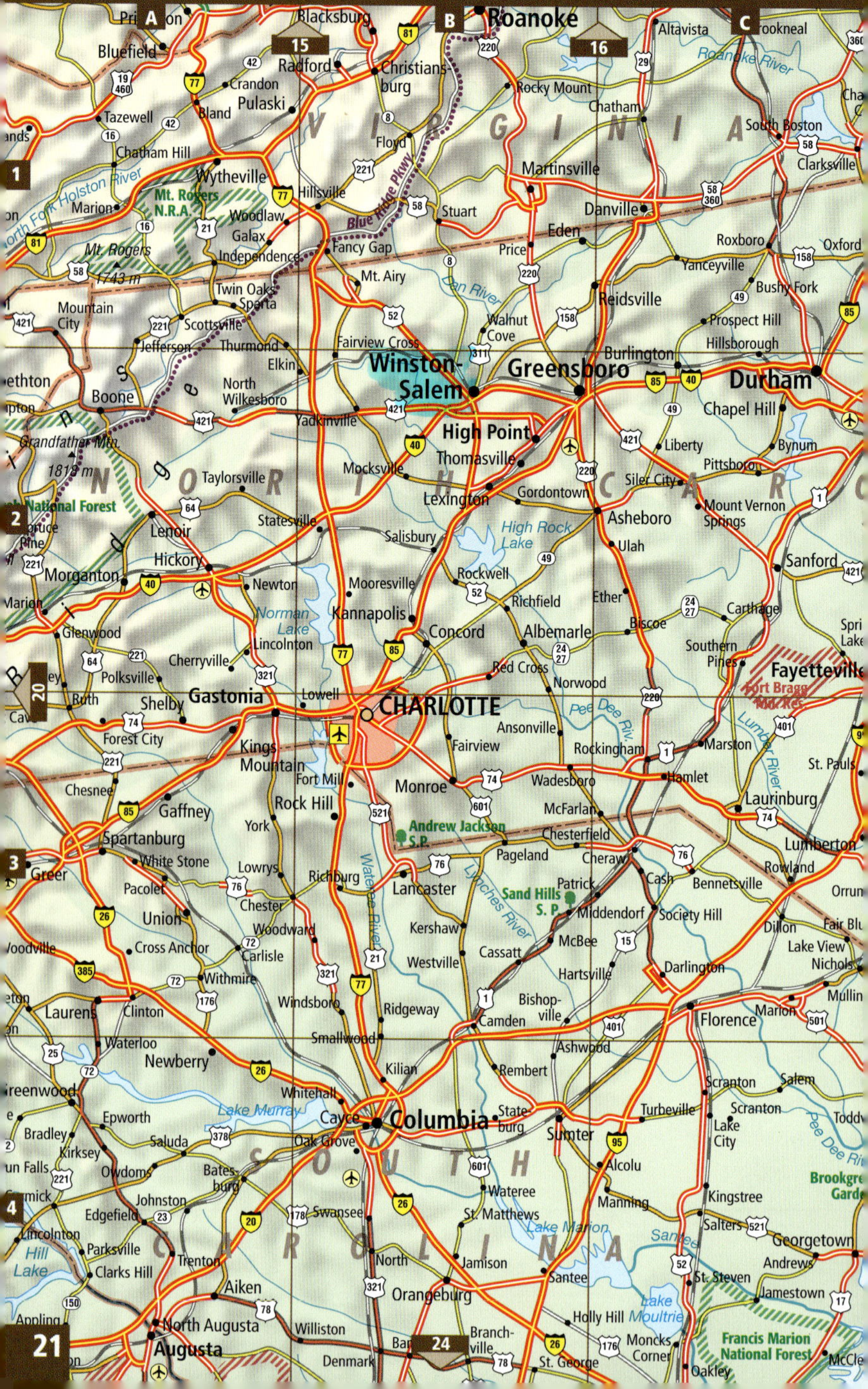
A
B
C
15
16
20
24
1
2
3
4
VIRGINIA
NORTH CAROLINA
SOUTH CAROLINA
Blue Ridge Pkwy
Bluefield
Princeton
Blacksburg
Roanoke
Altavista
Brookneal
Radford
Christiansburg
Crandon
Pulaski
Bland
Tazewell
Chatham Hill
Rocky Mount
Chatham
South Boston
Clarksville
Roanoke River
Floyd
Martinsville
Danville
Wytheville
Mt. Rogers N.R.A.
North Fork Holston River
Marion
Hillsville
Woodlawn
Galax
Independence
Fancy Gap
Stuart
Mt. Rogers 1743 m
Eden
Price
Roxboro
Oxford
Yanceyville
Bushy Fork
Mt. Airy
Dan River
Twin Oaks
Sparta
Reidsville
Prospect Hill
Hillsborough
Mountain City
Scottsville
Jefferson
Thurmond
Elkin
Fairview Cross
Walnut Cove
Burlington
Winston-Salem
Greensboro
Durham
Chapel Hill
Bethton
Boone
North Wilkesboro
Yadkinville
High Point
Liberty
Bynum
Grandfather Mtn. 1818 m
Thomasville
Mocksville
Pittsboro
Taylorsville
Lexington
Gordontown
Siler City
Mount Vernon Springs
National Forest
Statesville
Asheboro
Lenoir
Spruce Pine
Salisbury
High Rock Lake
Ulah
Hickory
Morganton
Newton
Mooresville
Rockwell
Sanford
Marion
Norman Lake
Kannapolis
Richfield
Ether
Carthage
Glenwood
Lincolnton
Concord
Albemarle
Biscoe
Southern Pines
Spring Lake
Cherryville
Polkville
Red Cross
Norwood
Fayetteville
Fort Bragg Mil. Res.
Ruth
Shelby
Gastonia
Lowell
CHARLOTTE
Pee Dee Riv.
Lumber River
Forest City
Kings Mountain
Ansonville
Fairview
Rockingham
Marston
St. Pauls
Chesnee
Fort Mill
Monroe
Wadesboro
Hamlet
Gaffney
Rock Hill
McFarlan
Laurinburg
Spartanburg
York
Andrew Jackson S.P.
Chesterfield
Lumberton
Greer
White Stone
Lowrys
Pageland
Cheraw
Rowland
Pacolet
Chester
Richburg
Lancaster
Lynches River
Cash
Bennettsville
Union
Wateree River
Sand Hills S.P.
Patrick
Middendorf
Society Hill
Orrum
Woodville
Woodward
Kershaw
Dillon
Fair Bluff
Cross Anchor
Carlisle
Westville
McBee
Cassatt
Lake View
Nichols
Withmire
Hartsville
Darlington
Mullins
Winnsboro
Ridgeway
Bishopville
Laurens
Clinton
Camden
Florence
Marion
Waterloo
Smallwood
Ashwood
Newberry
Kilian
Rembert
Scranton
Salem
Greenwood
Whitehall
Lake Murray
Cayce
Columbia
Stateburg
Turbeville
Lake City
Bradley
Epworth
Oak Grove
Sumter
Pee Dee River
Kirksey
Saluda
Ninety Six
Bates-burg
Alcolu
Brookgreen Gardens
Owdoms
Wateree
Manning
Kingstree
Edgefield
Johnston
Swansee
St. Matthews
Lake Marion
Santee
Salters
Georgetown
Lincolnton
Parksville
Trenton
North
Jamison
Andrews
Hill Lake
Clarks Hill
Aiken
Orangeburg
St. Steven
Jamestown
Lake Moultrie
North Augusta
Williston
Holly Hill
Appling
Augusta
Barnwell
Branchville
Moncks Corner
Francis Marion National Forest
Denmark
St. George
Oakley
McClellanville

0 25 km 50 km
0 25 mi 50 mi
1 : 2.500.000
1 cm = 25 km
1 cm = 15.5 Meilen

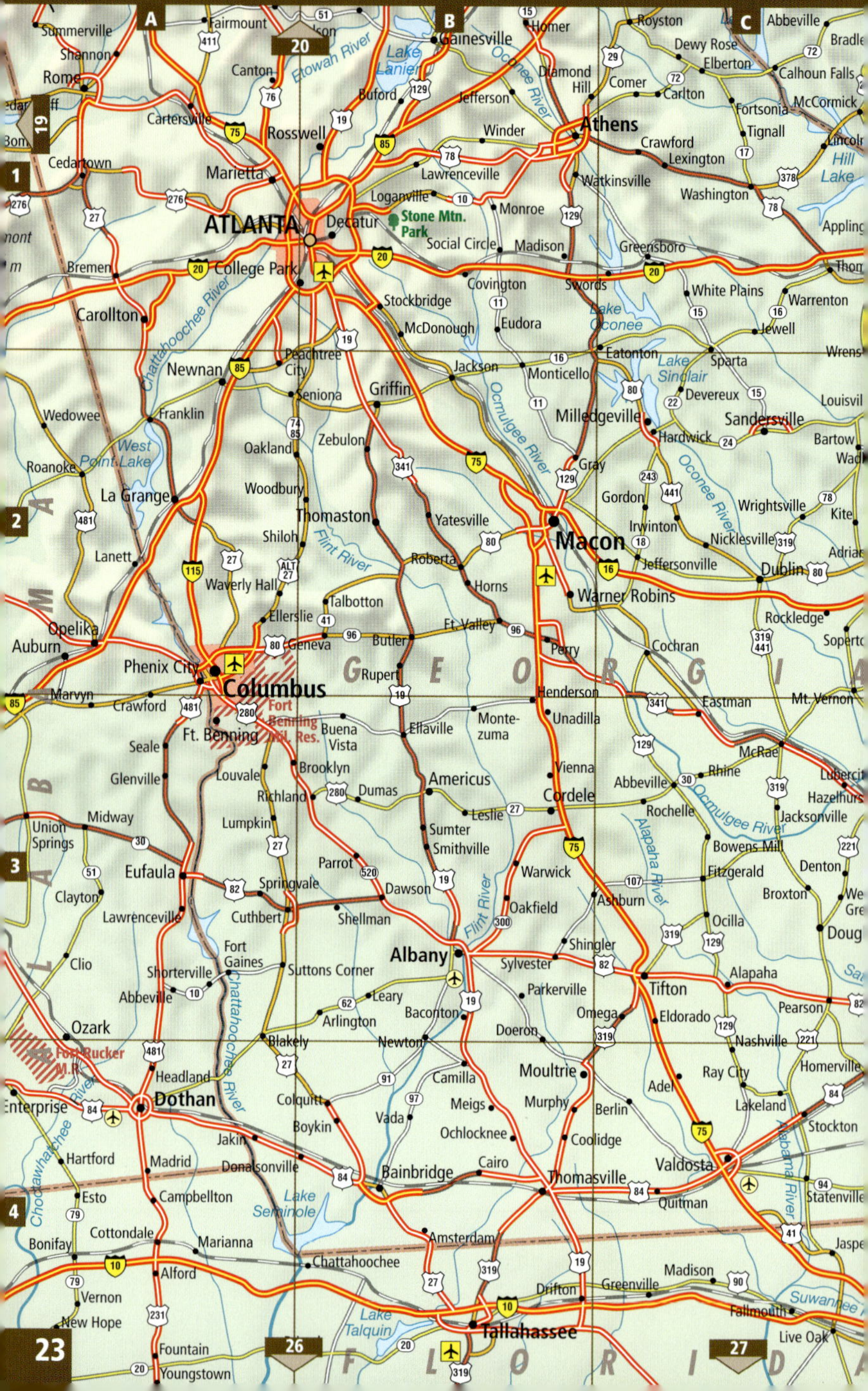
A
B
C
1
2
3
4
20
19
26
27
Summerville
Shannon
Rome
Fairmount
Canton
Etowah River
Lake Lanier
Gainesville
Homer
Oconee River
Royston
Abbeville
Dewy Rose
Elberton
Calhoun Falls
Bradley
Comer
Carlton
Diamond Hill
Fortsonia
McCormick
Tignall
Buford
Jefferson
Cartersville
Rosswell
Winder
Athens
Crawford
Lexington
Washington
Hill Lake
Lincoln
Cedartown
Marietta
Lawrenceville
Watkinsville
Loganville
Monroe
ATLANTA
Decatur
Stone Mtn. Park
Social Circle
Madison
Greensboro
Appling
Bremen
College Park
Covington
Swords
White Plains
Warrenton
Thomson
Carollton
Chattahoochee River
Stockbridge
McDonough
Eudora
Lake Oconee
Jewell
Wrens
Newnan
Peachtree City
Jackson
Monticello
Eatonton
Lake Sinclair
Sparta
Seniona
Griffin
Devereux
Louisville
Wedowee
Franklin
Milledgeville
Sandersville
Roanoke
West Point Lake
Zebulon
Ocmulgee River
Hardwick
Bartow
Oakland
Gray
Wadley
La Grange
Woodbury
Gordon
Oconee River
Wrightsville
Kite
Thomaston
Yatesville
Irwinton
Shiloh
Macon
Nicklesville
Adrian
Lanett
Flint River
Roberta
Jeffersonville
Dublin
Waverly Hall
Horns
Warner Robins
Talbotton
Rockledge
Ellerslie
Ft. Valley
Opelika
Auburn
Geneva
Butler
Perry
Cochran
Soperton
Phenix City
Rupert
GEORGIA
Columbus
Fort Benning Mil. Res.
Henderson
Eastman
Mt. Vernon
Marvyn
Crawford
Ft. Benning
Unadilla
Buena Vista
Ellaville
Monte-zuma
Seale
McRae
Vienna
Lumber City
Glenville
Brooklyn
Rhine
Hazlehurst
Louvale
Americus
Abbeville
Richland
Dumas
Cordele
Rochelle
Jacksonville
Union Springs
Midway
Leslie
Ocmulgee River
Lumpkin
Sumter
Alapaha River
Bowens Mill
Smithville
Denton
Eufaula
Parrot
Warwick
Fitzgerald
Springvale
Broxton
Clayton
Dawson
West Green
Lawrenceville
Cuthbert
Oakfield
Ashburn
Shellman
Ocilla
Douglas
Flint River
Fort Gaines
Albany
Shingler
Clio
Suttons Corner
Sylvester
Alapaha
Shorterville
Tifton
Abbeville
Leary
Parkerville
Chattahoochee River
Baconton
Omega
Eldorado
Pearson
Arlington
Ozark
Doerun
Nashville
Fort Rucker M.R.
Blakely
Newton
Homerville
Headland
Camilla
Moultrie
Ray City
Adel
Enterprise
Dothan
Colquitt
Meigs
Murphy
Berlin
Lakeland
Vada
Stockton
Boykin
Ochlocknee
Jakin
Coolidge
Hartford
Madrid
Donalsonville
Cairo
Valdosta
Bainbridge
Thomasville
Esto
Campbellton
Lake Seminole
Quitman
Statenville
Alabama River
Choctawhatchee River
Cottondale
Amsterdam
Bonifay
Marianna
Jasper
Chattahoochee
Alford
Madison
Vernon
Drifton
Greenville
Suwannee River
New Hope
Lake Talquin
Tallahassee
Fallmouth
Live Oak
Fountain
Youngstown
FLORIDA
ALABAMA

0 25 km 50 km
0 25 mi 50 mi
1 : 2.500.000
1 cm = 25 km
1 cm = 15.5 Meilen

A
B
C
1
2
3
4
Pensacola
Milton
Crestview
De Funiak Springs
Eglin Air Force Base
Valparaiso
Niceville
Fort Walton Beach
Destin
Foley
West Pensacola
Warrington
Myrtle Grove
Gulf Breeze
Pensacola Bay
Santa Rosa Sound
Santa Rosa Island
Choctawhatchee Bay
Blackwater River S.F.
Gulf Islands National Seashore
Perdido Key S.R.A.
Big Lagoon S.R.A.
Fort Pickens
Henderson Beach S.R.A.
Rock Bayou S.R.A.
Grayton Beach S.R.A.
Gulfarium
Santa Rosa Beach
Bay Minette
Gulf Shores
Orange Beach
Gulf Beach
Pensacola Beach
Navarre
Mary Esther
Freeport
Point Washington
Seagrove Beach
Seaside
Inlet Beach
Hollywood Beach
Laguna Beach
Bahama Beach
Panama City
ALABAMA
FLORIDA
Florala
Paxton
Century
Jay
50 m
200 m
Gulf of Mexico

1 : 1.500.000
1 cm = 15 km
1 cm = 9.3 Meilen

A
B
C
1
2
3
4
24
26
29
Pelham
Meigs
Cairo
Thomasville
Lapham-Patterson House St. Hist. Site
Pebble Hill Plantation
Moncriefs Store
Metcalf
Monticello
Tallahassee
Lake Miccosukee
Miccosukee
Bradfordville
Chaires
Lloyd
Waukeenah
Drifton
Lamont
Wacissa
Woodville
Natural Bridge Battlefield St. Hist. Site
Wakulla Springs St. Pres.
Wakulla
Newport
San Marcos de Apalache St. Hist. Site
Port Leon
Wakulla Beach
Shell Point
Apalachee Bay
Aucilla River
Covington
Eridu
Nutall Rise
Scanlon
Blue Springs
Hampton Springs
Perry
Forest Capital State Museum
Foley
Fenholloway
Boyd
Shady Grove
Ebb
Moseley Hall
Greenville
Madison
Hopewell
Lee
Ellaville
Pinetta
Cherry Lake
Hanson
Belville
Blue Springs
Suwannee River S.P.
Valdosta
The Crescent Complex
Moody Air Force Base
Banks Lake N.W.R.
Lakeland
Homerville
Quitman
Kinderlou
Twin Lakes
Brownstown
Statenville
Jennings
Jasper
GEORGIA
FLORIDA
Stephen Foster St. Folk Culture Center
Live Oak
White Springs
Lake City
Olustee Battlefield St. Hist. Site
Osceola National Forest
Wellborn
Watertown
Columbia
Ichetucknee Springs S.P.
O'Leno S.P.
Fort White
High Springs
Devil's Millhopper State Geological Site
Newberry
Archer
Trenton
Chiefland
Manatee Springs S.P.
Fanning Springs
Cross City
Old Town
Mallory Swamp
Pompkin Swamp
Salem
Adams Beach
Dekle Beach
Keaton Beach
Fish Creek
Steward City
Deadman Bay
Horseshoe Beach
Horseshoe Cove
Shired Island
Suwannee
Suwannee Sound
Gulf of Mexico
Cedar Key St. Museum
Cedar Key
Cedar Keys National Wildlife Refuge & Wilderness
Waccasassa Bay
Yankeetown
Inglis
Withlacoochee Bay
Lake Rousseau
Crystal River
Crystal Bay
Citrus Springs
Beverly Hills
Homosassa Springs
Homosassa Springs Wildlife State Park
Yulee Sugar Mill St. Hist. Site
Chassahowitzka
Chassahowitzka National Wildlife Refuge
Williston
Bronson
Gulf Hammock
Rosewood
Sumner
Lebanon Station
Red Level
Peacock Springs S.R.A.
Luraville
Mayo
Branford
O'Brien
McAlpin
Suwannee River
Fred Bear Museum
Alachua

1 : 1.500.000
1 cm = 15 km
1 cm = 9.3 Meilen
0 15 km 30 km
0 15 mi 30 mi

A
B
C
27
31
1
2
3
4
Gulf of
Mexico
50 m
Bay
Withlacoochee Bay
Crystal Bay
Yankeetown
Inglis
Dunnellon
Red Level
Citrus Springs
Crystal River
Beverly Hills
Holder
Stokes Ferry
Marion Oaks
Withlacoochee River
Hernando
Homosassa Springs
Lecanto
Inverness
Homosassa Springs Wildlife State Park
Yulee Sugar Mill St. Hist. Site
Homosassa
Chassahowitzka
Withlacoochee S.F.
Ft Cooper S.P.
Floral City
Pineola
Stafford
Chassahowitzka National Wildlife Refuge
Royal Highlands
Chinsegut N.W.R.
Lake Lindsay
Istachatta
Bushnell
Brooksville
Bayport
Weeki Wachee Spring
Weeki Wachee
Wiscon
Powell
Hill 'n Dale
Spring Lake
Garden Grove
Dixie
Spring Hill
Aripeka
Hudson
Bayonet Point
Jasmine Estates
Port Richey
Griffin Park
Gowers Corner
Greenfield
Darby
Jessamine
Dade City
New Port Richey
Anclote Key State Preserve
Elfers
Holiday
Sponge Center
Tarpon Springs
Palm Harbor
Ozona
Moon Lake Estates
Drexel
Land O'Lakes
Odessa
Lake Fern
Cosme
Citrus Park
Oldsmar
Pasco
San Antonio
Quail Hollow
Wesley Chapel
Zephyrhills
Lutz
Busch Gardens
Temple Terrace
Hillsborough River S.P.
Thonotosassa
Clarkwild
Caladesi Beach
Dunedin
Safety Harbor
Clearwater Beach
Clearwater
Belleair
Largo
Indian Rocks Beach
Rocky Creek
Old Tampa Bay
TAMPA
Tampa Int'l Airport
Mango
Seffner
Plant City
Brandon
Progress Village
Gibsonton
Hillsborough Bay
Pinellas Park
Redington Beach
Madeira Beach
Treasure Island
ST. PETERSBURG
Historical Museum
St. Petersburg Beach
Tampa Bay
Sun City
Sun City Center
Ruskin
Wimauma
Little Manatee River S.R.A.
Fort De Soto Park
Egmont Key S.P.
De Soto National Memorial
Anna Maria
Holmes Beach
Bradenton Beach
Piney Point
Terra Ceia
Palma Sola
Memphis
Palmetto
Bradenton
Samoset
Oneco
Tallevast
Parrish
Oak Knoll
Whitfield Estates
Sarasota
Selby Gardens
Siesta
Fruitville
Bee Ridge
Crescent Beach
Coral Cove
Osprey
Vamo
Oscar Scherer S.R.A.
Laurel
Nokomis
Venice
South Venice
Myakka River S.P.
Warm Mineral Springs
North Port
Port Charlotte
Harbor Heights
El Jobean
Englewood
Punta Gorda Beach
Grove City
Charlotte Beach
Rotonda West
Don Pedro Island S.R.A.
Cape Haze
Placida
Punta Gorda
Solana
Gasparilla Island S.R.A.
Boca Grande
Gasparilla Island
Point Boca Grande
Charlotte Harbor
Cayo Costa S.P.
Cayo Costa
Bokeelia
Pine Island
Matlacha
North Captiva Island
Edison Home
North Fort Myers
Cape
Fort Myers
Lehigh Acres
Buckingham
Fort Myers Shores
Belleview
Monroes Corner
Summerfield
Oklawaha
Lake Weir
Forest
Pittman
Weirsdale
Lady Lake
Dallas
Lake Yale
Umatilla
Fruitland Park
Wildwood
Rutland
Leesburg
Lake Griffin
Orange Bend
Eustis
Coleman
Adamsville
Sumterville
Okahumpka
Lake Harris
Yalaha
Tavares
Lane Park
Zellwood
Lake Dora
Lake Apopka
Center Hill
Beville's Corner
St. Catherine
Mabel
Mascotte
Winter Garden
Citrus Tower
Ridge Manor
Tarrytown
Groveland
Clermont
Rital
Trilby
Clay Sink
Bay Lake
Lake Louisa
Lake Louisa S.P.
Windermere
Universal Studios
Walt Disney World
Lacoochee
Clinton Heights
Vitis
Eva
Poyner
Rock Ridge
Polk City
Davenport
Crystal Springs
Kathleen
Providence
Gibsonia
Griffin
Lakeland
Auburndale
Lake Alfred
Knights
Eagle Lake
Winter Haven
Cypress Gardens
Medulla
Lake Hancock
Hopewell
Bartow
Gordonville
Alafia
Mulberry
Pebbledale
Crooked Lake Park
Lithia
Pinecrest
Pierce
Bradley
Picnic
Agricola
L. Buffum
Pembroke
Fort Meade
Brewster
Fort Lonesome
West Frostproof
Bowling Green
Paynes Creek St. Hist. Site
Fort Green Springs
Torrey
Duette
Wauchula
Vandolah
Griffins Corner
Myakka Head
Ona
Zolfo Springs
Lorraine
Moffitt
Buchanan
Verna
Limestone
Sweetwater
Parmalee
Myakka City
Edgeville
Gardner
Pine Level
Cubitis
Sandy
Arcadia
Joshua
Nocatee
Fort Odgen
Ridge Harbor
Cleveland
Babcock
Acline
Tropical Gulf Acres
Pirate Harbor
Bayshore

0 15 km 30 km
0 15 mi 30 mi

1 : 1.500.000
1 cm = 15 km
1 cm = 9.3 Meilen

A
B
C
F
1
2
3
4
29
Don Pedro Island S.R.A.
Cape Haze
Placida
Gasparilla Island S.R.A.
Boca Grande
Gasparilla Island
Point Boca Grande
Charlotte Harbor
Tropical Gulf Acres
Pirate Harbor
Bokeelia
Cayo Costa S.P.
Cayo Costa
Pine Island
Pine Isl. Sound
Matlacha
North Captiva Island
Captiva
Flamingo Bay
Sanibel Island
St. James City
Sanibel
Punta Rassa
North Fort Myers
Bayshore
Fort Myers Shores
Alva
Denaud
La Belle
Edison Home
Tice
Buckingham
Lehigh Acres
Cape Coral
Fort Myers
Caloosahatchee River
Fort Myers Villas
Felda
Fort Myers Beach
San Carlos Park
Corkscrew
Lake Trafford
Corkscrew Swamp
Estero
Estero Island
Estero Bay
Koreshan S.H.S.
Corkscrew Swamp Sanctuary
Lover's Key S.P.
Everglades Wonder Garden
Bonita Beach
Bonita Shores
Bonita Springs
Wiggins Pass S.R.A.
Naples Park
North Naples
Vanderbilt Beach
Jungle Larry's African Safari Park
Big Cypress
Golden Gate
Fakahatchee
Naples
Swamp
East Naples
Strand
Belle Meade
Fakahatchee Strand St. Preserve
Isle of Capri
Jerome
Collier-Seminole S.P.
Royal Palm Hammock
Copeland
Marco Island
Collier City
Goodland
Carnestown
Everglades City
Kice Island
Cape Romano
Gullivan Bay
Ten Thousand Islands
Ten Thousand Islands N.W.R.
Gulf of Mexico
Great White Heron National Wildlife Refuge
Big Pine Key
Big Torch Key
Summerland Key
Ramrod Key
Marquesas Keys
Key West National Wildlife Refuge
Key West
Stock Island
El Chico
Perky
Big Coppit Island
Boca Chica Key
Boca Grande Channel
Smathers Beach
75
41
31
80
78
29
82
850
846
849
858
884
765
767
775
865
867
951
84
856
92
939
940

0 15 km 30 km 1 : 1.500.000
0 15 mi 30 mi 1 cm = 15 km
1 cm = 9.3 Meilen

**Abbildungsnachweis**
Bildagentur F1online, Frankfurt Bartel: S. 216/217
Bildagentur Huber, Garmisch-Partenkirchen Damm: S. 377; Gräfenhain: S. 92, 148/149, 404; Newman: S. 18; Picture/Finders: S. 288, 394/395; Schmid: S. 388/389, 421
Bilderberg, Hamburg Arnold: S. 139; Artur: S. 198; Bassemeyer: S. 336/337; Bickle: Titelbild, S. 82/83; Boisvieux: S. 115; Drexel: S. 341; Ginter: S. 260, 273, 311, 387; Leeser:S. 177; Schmid: S. 414/415
Manfred Braunger, Freiburg S. 13, 17, 24, 33, 38/39, 50, 67, 72, 78, 94, 100, 111, 112/113, 119, 130, 142/143, 146, 154, 164/165, 179, 181, 185, 204/205, 212, 223, 226, 228/229, 234, 237, 244, 253, 263, 264/265, 267, 274, 278/279, 296, 300, 304, 308, 317, 321, 326/327, 334, 345, 350, 356, 360/361, 370/371, 399, 400/401, 422, 426/427, 443, 446/447, 450, 452/453
laif, Köln Heeb: S. 54/55, 84/85, 200, 290/291 (Klappe vorne), 346/347, 366/367, 382, 384/385, 431, 458; Holland.Hoogte: S. 98/99; Meier: S. 440; Modrow: S. 27, 70, 126/127, 136, 157, 161, 409, 456; Neumann: S. 416, 460; Rapho: S.134; Sasse: S. 43, 48, 170/171, 189, 195
Look Bildagentur, München Heeb: S. 295; Johentges: S. 319
picture-alliance, Frankfurt Ehlers: S. 60; Meyer: S. 10/11; Rose: S. 105
Jochen Tack, Essen S. 14 (Klappe hinten)

**Kartografie**
DuMont Reisekartografie, Puchheim
© MAIRDUMONT, Ostfildern

**Umschlagfotos**
Titelbild: Hafenansicht von Maine
Umschlagklappen: Jefferson Memorial in Washington (vorn), Financial District in New York (hinten)

**Über den Autor:** Manfred Braunger ist Reisejournalist und Fotograf. Als Student machte er seine erste große USA-Rundreise, kreuz und quer durch das Land der ›unbegrenzten Möglichkeiten‹ – und kam seither nicht mehr los von Amerika. Im DuMont Reise Verlag veröffentlichte er neben verschiedenen Reiseführern über die USA das Reise-Taschenbuch ›Elsass‹.

**Hinweis:** Autor und Verlag haben alle Informationen mit größtmöglicher Sorgfalt geprüft. Gleichwohl sind Fehler nicht vollständig auszuschließen. Alle Angaben erfolgen ohne Gewähr. Bitte schreiben Sie uns! Über Ihre Rückmeldung zum Buch und über Verbesserungsvorschläge freuen sich Autoren und Verlag:
**DuMont Reise Verlag,** Postfach 3151, 73751 Ostfildern, E-Mail: info@dumontreise.de


Grafisches Konzept: Groschwitz, Hamburg
Druck: Rasch, Bramsche
Buchbinderische Verarbeitung: Bramscher Buchbinder Betriebe